KB139636

데이터 분석가가
반드시 알아야 할 모든 것

파이썬 코드와 캐글 데이터셋으로 실습하는

데이터 분석가가
반드시 알아야 할 모든 것

파이썬 코드와 캐글 데이터셋으로 실습하는

지은이 황세웅

펴낸이 박찬규 엮은이 최용 디자인 북누리 표지디자인 Arowa & Arowana

펴낸곳 위키북스 전화 031-955-3658, 3659 팩스 031-955-3660

주소 경기도 파주시 문발로 115 세종출판벤처타운 311호

가격 38,000 페이지 636 책규격 188 x 240mm

초판 발행 2023년 01월 19일

ISBN 979-11-5839-381-6 (93000)

등록번호 제406-2006-000036호 등록일자 2006년 05월 19일

홈페이지 wikibook.co.kr 전자우편 wikibook@wikibook.co.kr

Copyright © 2023 by 황세웅

All rights reserved.

Printed & published in Korea by WIKIBOOKS

신저작권법에 의해 한국 내에서 보호를 받는 저작물이므로 무단 전재와 복제를 금합니다.
이 책의 내용에 대한 추가 지원과 문의는 위키북스 출판사 홈페이지 wikibook.co.kr이나
이메일 wikibook@wikibook.co.kr을 이용해 주세요.

데이터 분석가가
반드시 알아야 할 모든 것

파이썬 코드와 캐글 데이터셋으로 실습하는

황세웅 지음

위키북스

황세웅

선문대학교 SW융합대학 AI소프트웨어학과 교수로 머신러닝, 인공지능, 파이썬 프로그래밍을 가르치며, 여러 기업의 기술 자문을 맡고 있다. 연세대학교에서 센서 데이터를 활용한 실시간 대중교통체계(Real-time Public Transportation Systems) 연구로 박사학위를 받았으며, 약 8년간 코오롱, 롯데 그룹 등에서 데이터 분석가 및 데이터 사이언티스트로서 다양한 비즈니스 도메인의 데이터를 분석하고 추천 시스템, 수요 예측 알고리즘 등의 모델을 구축 및 운영했다.

이메일: indimoa@gmail.com
깃허브: https://github.com/c-karl

"Life is a Matter of Direction, Not Speed."

경영 전략부터 마케팅, 인사(HR) 등 기업의 거의 모든 분야에서 데이터를 빼놓고는 이야기할 수 없는 시대가 됐다. 소위 '노련한 경영진의 감'이라는 것도 결국에는 축적된 데이터에 기반한 축약된 의사결정 과정이다. 데이터를 분석할 때는 비즈니스 도메인에 대한 깊은 이해가 우선되어야 하며, 통계적인 관점에서 객관적으로 데이터를 바라봐야 한다. 인간은 세상을 바라볼 때 온갖 인지적 편향에 영향을 받는다. 자신이 본래 믿고 있는 대로 정보를 선택적으로 받아들이고 임의로 판단하는 확증편향을 갖기도 하고, 선택 과정을 통해 이미 필터링된 일부의 정보만으로 잘못된 판단을 내리는 생존자 편향을 갖기도 한다.

이러한 통계학 기반의 데이터 분석은 과거와 현재 데이터를 활용한 현상의 해석에 관점을 둔 방식이다. 반면 머신러닝은 과거와 현재 데이터를 다차원의 변수로 사용해 미래를 예측하는 알고리즘을 생성하는 것에 주안점을 둔다. 통계학은 기초 체력과 같은 것이고 이를 바탕으로 복잡하고 정교한 머신러닝 모델을 만드는 것이다. 통계학의 확률적 이론과 에러를 최소화하는 원리를 기반으로 머신러닝, 데이터 과학이 완성된다.

필자는 약 8년간 현업에서 데이터 분석 및 머신러닝 모델링 일을 하며, 생각보다 많은 분석가들이 개념적인 확실한 이해 없이 코드만 붙여서 업무를 하는 것을 봤다. 특히 기존에 다른 영역의 업무를 하다가 데이터 분석가로 전향한 이들은 비즈니스적인 이해도는 높지만 전체적인 데이터 분석 프로세스를 올바르게 구성하는 것에 많은 어려움을 겪는다. 머신러닝은 데이터를 제대로 이해한 다음에 가공 및 전처리해야만 의미가 있다. 효과적인 결정을 할 수 있도록 도움을 주는 것이 데이터 분석의 주된 목적임에도 머신러닝 모델에만 매몰되어 방향을 잡지 못하는 것이다.

그래서 이 책은 데이터 분석가들이 각 업무 단계를 깊이 있게 이해하고 일할 수 있도록 '개념서'의 역할을 하고자 한다. 처음 비즈니스 문제를 정의하는 단계부터 데이터 준비, 모델링 및 평가, 그리고 스토리텔링까지, 데이터 분석가라면 반드시 알아야 하는 모든 내용을 다룬다. 불필요한 수식과 이론을 최대한 배제하고, 비전공자라도 개념을 쉽게 이해할 수 있도록 구성했다. 이 책을 통해 데이터 분석가들이 분석 역량을 강화할 수 있기를 바란다. 본문에 나와있는 파이썬 예제 코드는 필자의 깃허브 저장소에서 다운받을 수 있다.

- https://github.com/c-karl/DA_DS_Book001

이 책이 출판되기까지 아낌없이 도움을 주신 위키북스 박찬규 대표님, 문장과 단어 하나까지 꼼꼼하게 함께 고민해주고 다듬어 주신 최용 님, 이대엽 님, 이현정 님께 진심으로 감사의 인사를 드린다.

이 책의 대상 독자

- 데이터 분석, 머신러닝 업무를 배우고자 하는 초심자 및 학생

- 파이썬 프로그래밍 언어와 관련된 기본적인 내용을 알고 있는 사람

- 업무 중 지속적으로 참고할 만한 책을 원하는 현업 데이터 분석가

이 책은 실무에서 데이터를 분석하기 위한 교과서적인 책이다. 대부분의 책이 통계학이나 기계학습 중 어느 한쪽에 치중한 것에 반해, 이 책은 '실무 데이터 분석'이란 확실한 목표 아래 데이터 분석가들이 알아야 할 기본 지식을 총망라하고 있다.

〈공공데이터 전략위원회 위원장 이준기 교수〉

데이터 시대에 데이터 분석 전문가가 쓴 제대로 된 데이터 분석 서적을 만났다. 처음 데이터를 접하는 사람부터 학생, 그리고 현업의 데이터 분석가까지 모두에게 필요한 내용을 얘기해주듯 쉽게 정리된 책이다. 데이터를 다루는 분들은 꼭 한 번씩 읽어 제대로 된 데이터 과학(Data Science)의 이해를 접하시기 바란다.

〈롯데멤버스 김혜주 대표이사〉

다년간 만나본 데이터 분석가들은 대부분 기본이 약했다. 통계적 기반이 부족하든가, 개발하는 모델이 어떤 문제를 해결하기 위한 것인지 모른다든가, 머신러닝/딥러닝부터 혹은 파이썬부터 시작했던 분들께 감히 일독을 권한다. 문제를 해결하는 데이터분석가로 성장하는 데 훌륭한 밑거름이 되어줄 것이다.

〈Beaver Works 김철관 본부장〉

03 부

데이터
분석하기

01

데이터 기초체력 기르기

01

통계학 이해하기

이번 장에서는 데이터 분석을 하기에 앞서 통계학적 소양이 필요한 이유와 함께 통계학의 정의와 기원 등에 대해서 알아보겠다. 특히 1.4 절에서 기술 통계와 추론 통계의 특성을 구분하여 이해함으로써 통계학이 데이터 분석과 데이터 과학에서 어떻게 사용되는지 알아보도록 하자.

1.1 왜 통계학을 알아야 할까?

증권 애널리스트가 되려면 경제학을 기본적으로 알고 있어야 한다. 마찬가지로, 데이터 과학을 수행함에 있어 통계학은 없어서는 안 될 기본 소양이라 할 수 있다. 데이터 과학은 기초 통계로부터 발전해 왔으며, 그 의미를 해석함에 있어서도 통계 이론에 기반해야 한다. 물론 잘 만들어진 데이터 과학 패키지가 워낙 많아서 간단한 해석 방법만 알면 클릭 몇 번으로 제법 복잡한 분석 결과를 도출할 수도 있다. 하지만 통계학이라는 기본기가 충족되지 않은 상태에서 데이터 과학을 하는 것은 위험하다. 분석 결과가 진정 의미가 있는 것인지, 잘못된 부분은 없는지, 있다면 어떻게 개선해야 하는지를 알 수 없기 때문이다.

마케팅 분야에서 오래전부터 수행해 오던 A/B 테스트, 상관분석 등도 통계학에 기반한 데이터 분석이다. 현대 통계학이 시작되는 1900년대, 영국의 SF 소설 작가 H. G 웰스(Hebert George Wells, 1866~1946)는 "읽기, 쓰기 능력과 마찬가지로 통계학적 사고 역시 사회인이 갖춰야 할 기본 교양이 될 것이다."라고 말했다. 100년이 흐른 지금, 거의 모든 산업 분야에서 통계적 사고를 통해 기존의 문제점들을 해결하고 새로운 도전의 성공 확률을 높이고 있다.

간단한 예로, A라는 가전제품 판매 회사는 매달 데이터베이스에 등록된 모든 회원에게 SMS를 발송한다. 이러한 판촉 활동을 통해 증가하는 연 수익이 10억 원으로 측정됐다. 하지만 SMS 발송 비용이 7억 원이어서 판촉 활동의 효율성이 낮았다. 그래서 판촉 효과가 높을 것으로 예측되는 특정 고객에만 보내는 '최적화'를 했다. 그랬더니 증가하는 연 수익이 8억 원으로 줄었지만 SMS 발송 비용이 3억 원으로 줄어 결국 최종 수익은 3억 원에서 5억 원으로 증가했다. 이처럼 기업 수준의 의사결정에는 통계학적 사고를 통한 분석이 기업의 성장과 도태를 결정짓는 중요한 요인이 될 수 있다.

누구나 데이터를 다루는 시대가 됐지만 데이터를 효과적으로 다루고자 한다면 언제나 통계학적 사고가 필요하다. 같은 데이터를 보더라도 통계학을 제대로 아는 사람은 모르는 사람과는 확연히 다른 인사이트를 가질 수 있다. 간혹 블랙박스로 보이는 머신러닝, 딥러닝도 알고 보면 통계라는 철골 구조물로 만들어진 건물이라 할 수 있다. 일반적으로 데이터 과학의 전체 프로세스는 다음 그림과 같은 순서로 진행된다.

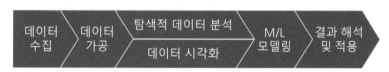

그림 1.1 데이터 과학의 프로세스

먼저 가공한 데이터를 통해 탐색적 데이터 분석(exploratory data analysis)을 하면서 데이터를 이해하고 해석한다. 이 과정에서 데이터의 분포, 연관성, 확률 등을 통계적으로 깊이 있게 분석한다. 그래야만 효과적인 머신러닝 모델을 기획하고 적용할 수 있다. 그리고 모델을 적용할 때는 수많은 테스트와 수정을 반복한다. 모델의 결괏값을 통해 문제점을 찾아내고 개선 방향을 도출하는 것도 통계학에 대한 이해가 뒷받침돼야 한다.

특히 우리가 궁금해하는 현상의 원인을 찾아내고 미래를 예측하기 위해서는 가설을 설정하고 통계적인 분석을 통해 가설을 검정해야 한다. 이는 곧 확률분포와 신뢰구간 추정과 이어진다. 통계와 확률에서 우리가 통계적 모형으로 주로 활용하는 이항분포, 정규 분포, t 분포 등을 이해할 수 있어야 데이터 과학의 전체 프로세스를 수행할 수 있다.

지금부터 데이터 과학의 기본, 통계학에 대해서 알아보자. 통계학에서 기본이 되는 평균, 분산, 표준편차 등의 기술 통계 개념과 데이터 분석을 할 때 기존 데이터에 이런 다양한 통계량을 어떻게 해석하는지 알아볼 것이다. 여기에서 기초 통계를 모두 다루지는 않는다. 통계학에 관심이 더 가는 사람들은 별도의 통계학 교재를 탐독해 보길 권한다.

1.2 머신러닝과 전통적 통계학의 차이

앞에서 머신러닝도 기본은 통계학으로 이루어졌다고 했다. 하지만 머신러닝과 전통적 통계학은 분명한 차이가 있다. 머신러닝의 주된 목적은 예측(Prediction)이고 통계학의 주된 목적은 해석(explanation)이다. 따라서 머신러닝은 예측력이 얼마나 높은가에 집중한다. 예를 들어 사진을 얼마나 정확히 구별하느냐 또는 고객의 구매를 얼마나 정확히 예측하는가를 기준으로 한다. 그렇기 때문에 분석 모형의 복잡성(complexity)이 높으며, 고질적인 문제인 과적합(overfitting)[1] 해결에 집중한다.

좋은 예로, 미국의 OTT 서비스 업체 넷플릭스가 시행했던 100만 달러 상금의 영화 추천 시스템 개선 알고리즘 대회가 있다. 넷플릭스는 기존의 자체 영화 추천시스템보다 10% 이상 개선된 성능을 보이는 팀에 상금을 지급하기로 했다. 대회가 끝난 결과, 실제로 10% 이상 개선을 보인 팀들이 나왔다. 하지만 모델 자체가 워낙 복잡하여 비효율적이며, 해석이 불가능하여 결국 실제 시스템에 적용하지 못했다.(물론 이후 대회에서는 대회의 알고리즘을 차용하기도 했다.)

데이터 과학의 분야는 통계학, 머신러닝, AI 등의 영역이 미묘하게 뒤섞여 있다. 전통적 통계학과 머신러닝은 교집합의 관계를 가지고 있다. 머신러닝은 통계학의 일부 특성을 활용한 응용과학 분야이다. 그림 1.2는 SAS institute[2]에서 정의한 데이터 과학 분야의 영역 다이어그램이다.

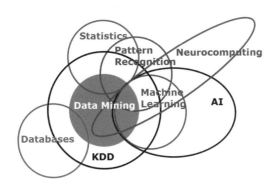

그림 1.2 데이터 과학 분야의 영역 다이어그램

통계학은 모델의 신뢰도를 중시하며 복잡성보다는 단순성을 추구한다. 각 변수의 영향력에 대한 해석과 모집단에서 추출한 샘플의 가정(Assumption)과 통계적 적합성에 집중한다. 즉 전통적 통계학은 확률

---

1 과적합: 학습 데이터를 과하게 학습하여 예측 데이터에 대한 정확도가 감소하는 현상.
2 https://blogs.sas.com/content/subconsciousmusings/2014/08/22/looking-backwards-looking-forwards-sas-data-mining-and-machine-learning/

을 통해 가설을 검증하고 추정 모델을 통해 데이터를 해석하는 것에 목적을 둔다. 이렇게 보면 전통적 통계학은 무언가 고지식하고 우리가 진정 하고자 하는 데이터 과학과는 다소 맞지 않는 것으로 보일 수 있다. 하지만 앞에서도 강조했듯이 이러한 통계학의 확률적 이론과 에러를 최소화하는 원리를 기반으로 머신러닝, 데이터 과학이 완성된다. 통계학은 모델의 기초 체력과 같은 것이고 이를 바탕으로 복잡하고 정교한 머신러닝 모델을 만드는 것이다.

현대의 머신러닝은 단순한 데이터 학습과 예측에서 더 나아간다. 데이터는 계속해서 증가하고 또 변화하기 때문에 이를 고려한 학습과 예측 프로세스를 설계하는 것 자체를 머신러닝으로 본다. 다시 말해 진정한 머신러닝은 데이터의 학습과 분류, 예측을 목적으로 프로그래밍 된 것이 아니라 데이터의 학습과 분류, 예측 자체를 학습하도록 프로그래밍 된 것이다. 이는 뒤에서 배울 딥러닝(deep learning)이나 강화 학습(reinforcement learning)과도 관련이 있다. 통계학과 머신러닝의 차이를 요약하면 표 1.1과 같다.

표 1.1 전통적 통계학과 머신러닝의 차이

	통계학	머신러닝
접근 방식	확률변수를 통해 자료생성과정(Data Generating Process: DGP)을 파악.	알고리즘 모델을 생성.
기반	수학, 이론	비선형 데이터 피팅(Data fitting)
목표	가설 검정, 현상 해석	예측 정확도 향상
변수(차원)	10개 이하의 소수 변수 활용	다차원의 변수 활용
활용	과거와 현재 데이터를 활용한 현상의 해석	과거와 현재 데이터를 활용한 미래 예측
접근 방향	가설 → 데이터	데이터 → 가설

앞에서도 말했지만, 통계학은 과거와 현재 데이터를 활용하여 현상을 해석하고 의미를 찾는 것에 집중하는 반면 머신러닝은 미래를 예측하고, 모델에 기반한 정확한 분류나 선택을 하는 것에 목적을 둔다. 통계학은 확률변수를 통해 통계적 수치를 검정하는 방향으로 접근하지만 머신러닝은 예측 정확도를 높이기 위한 알고리즘을 적용한 모델을 생성하는 것에 집중한다. 그리고 머신러닝은 보통 수십 개에서 많게는 수백 개의 변수를 활용하여 모델을 만든다. 이러한 차이 때문에 일반적으로 통계학은 우선 가설을 설정하고 데이터를 확인하고, 머신러닝은 데이터를 기반으로 가설을 끌어내어 검증하는 경향이 있다. 하지만 이는 상황에 따라 다를 수 있으므로 절대적인 차이는 아니다.

1.3   통계학의 정의와 기원

통계학(statistics)은 자료를 수집, 분석하여 그 분석 결과를 통해 효율적인 의사결정을 하는 기법을 연구하는 학문이다. 의사결정은 저녁 메뉴를 정하는 간단한 것에서부터 기업의 경영 정책에 이르기까지 우리 생활의 거의 모든 영역에서 이뤄진다. 자료(데이터)는 의미가 있는 형태인 '정보'로 전환됐을 때 의사결정에 도움이 될 수 있다. 백만 줄이 기록된 고객 전표 자체로는 의미를 얻기가 힘들다. 전표의 자료들을 보기 쉽게 요약하거나 도표로 나타내기도 하고 더 나아가서는 날씨와 매출의 관계 등을 볼 수 있게 할 수 있다. 이렇게 자료가 가공되어 의미가 생기고 의사결정에 도움이 되도록 하는 것이 통계학이다.

통계학은 인구조사를 하면서 생겨났다. 기원전 약 3000년경에 이집트 피라미드를 건설하기 위한 최초의 통계 조사 조직에 대한 기록이 있다. 고대 로마에서는 군 징집 대상을 파악하기 위해 인구 조사를 실시했고, 대부분의 국가에서 병사를 모으거나 세금을 걷기 위해 인구 통계를 사용했다. 17세기에 들어서면서 수리적 기법이 견고 해졌고 점차 학문적으로 자리 잡기 시작했다. 영국의 상인이었던 정치산술(political arithmetic)의 창시자 존 그랜트(John Graunt, 1620~1674)는 런던시가 1602년부터 작성해온 출생과 사망에 대한 주간 기록표 23년 치를 분석했다.

그림 1.3 존 그랜트

나이별, 성별, 사망 원인별 등으로 정리된 자료를 통해 무역과 전염병 사이의 관계를 밝혀내기도 했다. 예를 들어 x라는 독립변수와 y라는 종속변수의 인과관계를 상정하는데, x는 해당 지역의 월간 무역 발생 횟수, y는 해당 지역의 사망률을 대입한다. 구체적으로 들어가면 당시에 당연한 것으로 받아들여지는 통설인 귀무가설(H0, Null Hypothesis)과 이에 대한 반대 예상인 대립가설(H1, alternative hypothesis)을 통해 귀무가설이 유의하지 않다는 것을 증명하는 방법을 사용한다. 이를 검정(test)이라 하는데, 검정은 과거 16~17세기 인류의 근대화 흐름을 뒷받침하는 핵심 논리를 이루고 있다. 또한 서양의 과학혁명과도 연결이 되어 과학 기술의 발전의 토대가 됐다.

- X(독립변수): 해당 지역의 월간 무역 횟수
- Y(종속변수): 해당 지역의 사망률
- H0(귀무가설): 해당 지역의 월간 무역 횟수는 사망률과 관련이 없다.
- H1(대립가설): 해당 지역의 월간 무역 횟수는 사망률에 (+) 영향을 미친다.

근대의 통계학은 크게 영국, 독일, 프랑스 세 개의 국가에서 큰 발전을 일으켰다. 영국의 정치산술파 통계학은 창시자 존 그랜트를 따라 패티(W. Petty, 1623~1687)의 인구통계표, 핼리혜성으로 유명한 에드먼드 핼리(Edmond Halley, 1656~1742)의 보험수학과 생명표 등이 탄생했다. 핼리의 생명표는 예를 들어 '20세인 사람이 그 해에 사망할 확률은 100분의 1이고 50세인 사람은 39분의 1이다'라는 식으로 통계적으로 연령에 따른 사망 확률을 예측했다.

독일 대학파 통계학의 창시자인 콘링(H. Conring, 1606~1681)은 국정론을 통해 정치, 경제, 사회, 토지, 인구 등 국가 요소들을 통계적으로 정리하고 국가를 파악하고자 했고 아헨발(Achenwall Gottfried, 1719~1772)은 통계학(Statistik)이라는 용어를 처음으로 사용했다. 그리고 프랑스에서는 순열과 조합으로 확률 계산의 기초를 마련한 베르누이(Daniel Bernoulli, 1700~1782)와 정규분포, 최소제곱법 등의 개념을 고안한 가우스(Carl Friedrich Gauss, 1777~1855) 그리고 확률론을 체계화한 라플라스(Pierre-Simon Laplace, 1749~1827) 등의 인물들을 통해 확률론을 발전시켰다.

그림 1.4 근대 통계학의 발전

통계학은 데이터 과학과 머신러닝 모델링을 위한 일종의 응용과학이라 할 수 있다. 1800년대 후반 회귀분석의 아버지 프랜시스 골턴(Francis Galton, 1822~1911), 수리 통계학의 대표적 창시자인 칼 피어슨(Karl Pearson) 등의 인물들을 통해 현대 통계학이 발전해 왔다. 통계학이 최근의 데이터 과학으로 발전하도록 다리 역할을 한 사람은 존 튜키(John Wilder Tukey)라 할 수 있다. 그는 데이터 분석이라는 새로운 과학적 학문을 제안하여, 통계적 추론을 데이터 분석의 하나의 구성 요소로 정의했다.

그림 1.5 프랜시스 골턴

프랜시스 골턴 경은 영국의 인류학자이다. 골턴은 1859년 발표된 '종의 기원'에서 많은 영향을 받았다. 또한 그 자신이 의사로 교육받았기 때문일 수도 있고, 탐험가로 세계를 돌아다니면서 생긴 인류학적 관심을 정량적으로 표현하고자 했다. 그는 이후 유전에 관해 연구하기 위해 가계도(pedigree)와 신체 계측(biometrics)을 연구 대상으로 삼았다. 유전에 관한 1869년 저작인 《유전적 천재(Hereditary Genius)》에선 이름난 집안들을 조사했고, 1885년 영국 과학 진흥 협회 인류학 분과 연설 발표에선 부모와 자녀의 키 분포를 분석했다.

1889년에 발간된 '자연적 유전(Natural Inheritance)'에서는 키에 나타난 특징을 예술적 능력이나 결핵에 걸릴 경향 등에 적용하기도 했다. 이 과정에서 골턴은 통계학을 다시 썼다고 해도 과언이 아니다. 사분위수(quartile), 백분율(percentile), 표준편차(standard deviation) 개념에 이름을 붙인 사람이 골턴이다. 중앙값(median, 변량(variable)을 크기 순서로 정렬했을 때 중앙에 위치하는 값)을 대푯값으로 사용했던 것도 그다. 무엇보다 앞서 언급한 **회귀**, 더 정확히는 **평균으로의 회귀(regression to the mean)**를 발견한 것도 골턴이다.

통계학의 아버지라 불리는 칼 피어슨(Karl Pearson, 1875~936)은 영국에서 태어나서 세상의 모든 사건은 독립적으로 일어나지만 서로 **상관관계**를 가지고 있으므로 **상관관계**를 맺는 두 변수 중에서 하나의 변수를 알면 다른 변수를 알 수 있다는 **상관관계 계수(correlation coefficient)**의 개념을 창시했다. 또한 피어슨은 1911년에 유니버시티 칼리지 런던에 세계 최초의 통계학과인 응용통계학과를 설립하여 첫 번째 교수가 됐다. 이를 통해 그가 통계학의 아버지임을 알 수 있다.

그림 1.6 칼 피어슨

그의 연구 분야는 매우 광범위하여, 과학사 · 과학론을 비롯한 철학적인 분야에서부터 응용수학 · 수리통계학에 이르기까지 많은 업적을 남겼다. 또한 생물측정학의 수립에도 공헌했으며, 우생학에 기여하는 등 지극히 다방면적인 학문적 성과를 성취했다. 특히 인류의 유전에 관한 통계적 분석, 두 개의 계측, 결핵의 통계 등으로 유명하다.

존 튜키(John Wilder Tukey, 1915~2000)는 미국의 수학자이자 통계학자다. 그는 통계를 공학과 컴퓨터 과학 분야에 접목하기 위해 끊임없는 노력을 했다. **그가 창시한 탐색적 데이터 분석(EDA) 분야는 현대 데이터 과학의 토대가 됐다.** 그는 데이터 분석의 미래라는 논문에서 기존 통계학에 개혁이 필요함을 주장했다.

그림 1.7 존 튜키

이번 장에서 우리는 이러한 통계적 모형의 기본 개념들을 살펴볼 것이다. 검정을 하려면 확률 모형을 알아야 하는데, 확률모형은 y=f(x) 함수로 규정되는 수리 모형에서 오차인 e가 추가된 개념이다. 그림 1.8을 보자. 두 축의 교차점은 (0, 0)이고 오른쪽과 위로 갈수록 1씩 늘어나고 그 반대는 1씩 줄어드는 단순한 그래프 면이다.

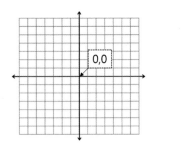
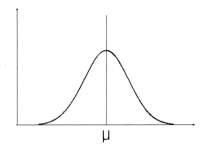

그림 1.8 확률분포의 개념

이 그래프를 과녁이라 치고 화살을 쏜다고 했을 때, 정중앙에 맞기도 하고 때론 가장자리에 맞기도 할 것이다. 화살을 무한대에 가깝게 쐈다고 가정했을 때, 각 화살이 맞은 지점과 (0, 0) 지점과의 거리는 그림 1.8의 오른쪽과 같은 좌우대칭인 종 모양의 분포를 나타낼 것이다. 이러한 분포의 특성을 설명하는 이론이 통계학에서 가장 중요한 이론이라 해도 과언이 아닌 중심극한정리다. 앞으로 차근차근 모수와 표본에 따른 확률분포의 개념을 익히도록 하겠다.

1.4   기술 통계화 추론 통계

앞에서 머신 이번 절에는 통계학의 큰 분류인 기술 통계(descriptive statistics)와 추론 통계(inferential statistics)에 대해서 알아보겠다. 데이터 과학, 데이터 분석을 본격적으로 하려면 이 둘을 적절히 활용해야 한다. 기술 통계와 추론 통계는 데이터를 통해 얻고자 하는 목적이 무엇인가에 따라 구분된다. 먼저 기술 통계의 단어를 풀어서 그 의미를 해석해 보자.

1.4.1 기술 통계

기술 통계는 문자 그대로 주어진 데이터의 특성을 사실에 근거하여 설명하고 묘사하는 것이다. 데이터를 어떻게 설명할 수 있을까? 가장 기본적인 방법이 그 데이터의 내뭇값을 설명하는 것이다. 예를 들어 30

명이 있는 A 학급 학생들의 키를 설명(기술 통계)하고자 한다면 30명의 키를 일일이 나열하는 것은 아무 의미가 없을 것이다. 하지만 평균 키를 설명한다면 누구나 쉽게 A 학급의 키를 파악할 수 있을 것이다. 조금 더 자세히 들어가면 남자 학생의 평균 키는 173cm, 여자 학생의 평균 키는 163cm 이런 식으로 카테고리를 나눠서 설명할 수도 있다.

"기술(통계) = descriptive = 서술[묘사]하는, 사실에 근거한, 설명적인, 도형의"

이것이 기술 통계의 본질이다. 전체 데이터를 쉽고 직관적으로 파악할 수 있도록 설명해 주는 것이다. 물론 대푯값에는 평균 말고도 중앙값(median), 최빈값(mode) 등 다양하다. 또한 평균은 가중평균, 기하평균, 조화평균 등 다양한 기법이 존재한다. 이처럼 기술 통계는 여러 가지 기준을 활용하여 데이터를 설명하는 것이다.

그리고 데이터를 설명하는 방법 중에 각각의 값이 퍼진 정도, 최댓값과 최솟값의 범위 등 다양한 방법이 있다. 평균 키가 같더라도 대부분이 160~170cm 대인 A 학급과 150~190cm 대로 넓게 분포한 B 학급은 분명 특성이 다르므로 이러한 요소도 수치적으로 설명해 줄 필요가 있는 것이다. 이렇게 기술 통계를 내는 것을 데이터 과학에서는 EDA(Exploratory Data Analysis)라고 한다. 한국어로는 탐색적 데이터 분석이라 한다. 이러한 과정을 통해 날것의 데이터를 의사결정을 위한 정보로 탈바꿈하는 것이다.

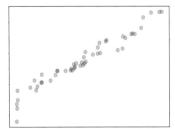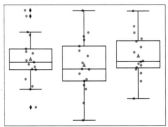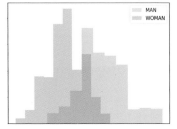

그림 1.9 산점도, 박스 플롯, 히스토그램

기술 통계는 보통 시각화를 많이 사용한다. 단순히 수치만 적어 놓는 것보다는 그림이나 그래프를 통해서 표현하는 것이 훨씬 효과적이기 때문이다. 인포그래픽 등 데이터 시각화는 정보를 효과적으로 전달할 수 있는 중요한 방법이다. 그림 1.9와 같이 두 축에 따라 데이터가 어떻게 분포하는지, 각 카테고리별로 데이터가 어떻게 퍼져 있는지, 구간별로 얼마나 집중되어 있는지 등을 쉽게 설명할 수 있다. 다양한 데이터 시각화 기법들은 10장 '데이터 탐색과 시각화'에서 자세히 다룰 것이다.

1.4.2 추론 통계

기본적으로 추론 통계는 표본 집단으로부터 모집단의 특성을 추론하는 것이 목적이다. 모집단은 연구자가 관심 있어 하는 대상 전체 집합을 의미하고 표본은 연구자가 모집단에서 일부를 추출한 부분집합을 의미한다. 모집단과 표본은 다음 장에서 자세히 다룰 것이다. 앞에서 A 학급 학생들의 평균 키를 예시로 살펴봤다. **추론 통계는 한 학급의 통계치를 통해 학교 전체 학생의 통계치를 추정하는 것이다.** 예를 들어 A 학급의 평균 키가 170cm라고 했을 때, '학교 전체 학생의 평균 키가 167~173cm 구간 내에 존재할 확률이 어느 정도다.'라는 식으로 추론을 하는 것이다.

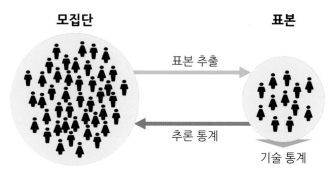

그림 1.10 기술 통계와 추론 통계 개념 예시

비슷한 예로 노트북 생산 공장에서 100대의 노트북 표본의 배터리 수명이 5시간 30분이라고 했을 때 공장에서 생산되는 모든 노트북의 평균 배터리 수명도 정확히 5시간 30분이라고 할 수 있을까? 그렇지 않을 것이다. 추론 통계는 표본으로 구한 5시간 30분이라는 통곗값을 통해 모집단의 배터리 수명을 나타내는 모수(parameter) 값이 얼마인지, 모수 값이 특정 구간 내에 존재할 확률이 얼마인지를 추정하는 데 쓰인다.

"추론(통계) = inferential = 추리의, 추정에 의한"

우리가 선거 시즌에 자주 듣는 "이번 투표는 OOO 후보의 지지율이 OO%로 신뢰 구간 OO%입니다."와 같은 멘트에서 나오는 신뢰 구간을 구하는 것이 추론 통계라 할 수 있다. 그리고 데이터 과학을 통해 본격적으로 머신러닝 모델을 만들고 예측이나 분류를 하는 것 등이 추론 통계에 해당된다. 기술 통계와 추론 통계의 통합적인 프로세스를 정리하면 다음과 같다.

"표본의 특성을 분석 → 특성의 일반화 여부 판단 → 모집단의 특성으로 수정"

통계학에 익숙하지 않은 독자들은 추론 통계가 머릿속에 바로 그려지지 않을 것이다. 추론 통계는 데이터의 편향과 분산, 확률 분포, 가설 검정과 유의도(p-value) 등 많은 개념을 알고 있어야 비로소 이해할 수 있다. 그렇다고 추론 통계가 기술 통계보다 더 중요하다고 단정 지을 수는 없다. 기술 통계가 있어야 추론 통계가 가능한 것이고 기술 통계를 확실히 했을 때보다 정확한 인사이트를 얻을 수 있다. 첫 단추를 잘못 끼우면 결국 마무리도 제대로 될 수 없다. 물론 추론 통계가 데이터 과학의 주축을 맡고 있지만 기술 통계는 그 기반과 같은 요소다.

모집단과 표본추출

이번 장에서는 모집단과 표본의 정의와 함께 표본의 검정통계량을 통해 모집단의 특성을 추정 및 검정하는 방법에 대해서 알아보겠다. 그리고 표본조사를 하기 위한 표본 추출 방법들과 이 과정에서 발생하는 편향들에 대해서 알아보겠다. 이를 통해 표본 추출 시에 편향을 최소화하는 방법들을 확인하고 효과적으로 표본 추출을 하는 방법을 익힌다.

2.1 모집단과 표본, 전수조사와 표본조사

통계 분석을 하려면 분석하고자 하는 대상의 데이터가 있어야 한다. 이러한 분석 대상 전체의 집합을 **모집단**(population)이라 한다. 그리고 모집단의 부분집합, 즉 모집단의 일부를 추출한 것을 **표본**(sample)이라 한다. 일반적인 상황에서 모집단의 데이터를 모두 구해서 통계 분석 및 머신러닝을 하는 것은 무리가 따른다. 방대한 데이터에 따른 컴퓨팅 파워의 부담은 둘째 치더라도, 전체 데이터를 모으는 것부터 쉽지가 않다. 모집단의 자료 전체를 조사 및 분석하여 정보를 추출하는 것을 **전수조사**라 하며, 모집단에서 추출한 표본을 통해 모집단의 정보(평균, 표준편차 등)를 추정하고 검정하는 것을 **표본조사**라 한다. 앞에서 다룬 기술 통계와 추론 통계와 상당히 연관이 깊은 개념이다.

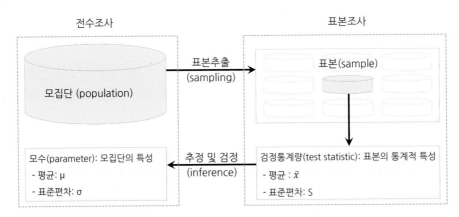

그림 2.1 전수조사와 표본조사 개념 예시

전통적이고 가장 대표적인 전수조사는 선거 투표다. 전체 국민의 투표 데이터를 통해 결과를 도출하기 때문이다. 물론 깜빡 잊거나 시간이 여의치 않아 투표를 못 한 사람의 의사는 반영되지 않았기 때문에 완전한 모집단은 아니다. 하지만 투표를 하지 않은 사람들은 기권으로 간주한다면 전체 국민의 의사를 반영한 것이기 때문에 모집단의 데이터를 활용한 전수조사라 할 수 있다.

그런데 우리는 선거 투표를 하기 전에 여론조사를 한다. 바로 표본조사를 해서 모집단의 결과를 유추하는 것이다. 모집단 전체를 조사하면 가장 정확하겠지만 비용과 시간이 막대하게 들기 때문에 일부 인원들의 의견만을 수집한다. 그렇기 때문에 적은 표본만으로도 최대한 높은 정확도를 이끌어 내는 것이 중요하다.

그래서 효과적인 표본조사를 하기 위해서는 표본 추출을 잘해야 한다. 표본 추출은 다양한 방법이 존재하며, 데이터의 형태나 분포에 따라 올바른 방법을 선택해야 한다. 자세한 표본 추출 방법은 뒤에서 다룰 것이다. 간단한 사례 하나만 소개하자면, 1936년, 미국 대통령 선거 여론조사의 대역전 사건이다. 워낙 유명해서 많은 사람들이 알고 있을 것이다. 당시 루스벨트(Franklin Roosevelt)와 랜던(Alfred Landon) 후보가 대통령 선거 경합을 벌이고 있었는데, '리터러리 다이제스트(Literary Digest)'라는 인기 잡지사가 구독자와 잠재독자 약 1,000만 명의 표본조사를 하여 237만 명의 데이터를 수집했다. 다이제스트는 랜던이 56% 지지율로 당선될 것을 예측했다. 반면 당시 작은 여론조사 기관인 갤럽은 단지 1,500명의 표본조사를 통해 루스벨트가 56% 지지율로 당선될 것을 예측했다. 결과는 갤럽의 승리였다.

그림 2.2 조지 갤럽(George Horace Gallup, 1901~1984)

왜 237만 명과 1,500명이라는 큰 표본 수 차이에도 불구하고 갤럽이 보다 정확한 예측을 할 수 있었을까? 바로 올바른 표본추출의 힘이다. 당시 다이제스트는 중산층 이상인 유선전화 가입자와 자동차 소유자들을 표본으로 추출했다. 이는 전체 모수를 반영하지 못하고, 편향된 표본을 추출하게 만든다. 반면 갤럽은 최대한 다양한 계층의 유권자들에게 분산하여 여론조사를 실시했다. 그래서 적은 표본임에도 불구하고 높은 모집단의 대표성을 가질 수 있었던 것이다.(하지만 갤럽의 2020년 바이든 vs 트럼프 대선 예측은 틀렸다.)

이처럼 표본 추출 방법 하나까지도 데이터과학의 성과에 큰 영향을 미친다. 그렇기 때문에 기초 통계에 해당되는 모수와 표본의 개념과 추출 원리를 확실하게 이해할 필요가 있다. 최근 컴퓨팅 파워가 좋아지고 빅데이터 분석이 트렌드가 되면서 표본추출이 필요 없을 것이라 오해하기도 한다. 하지만 전체의 빅데이터를 활용한다고 해서 실제 모수를 대표하는 것이 아니며, 머신러닝 모델링의 예측력이나 분류 정확도가 높아지는 것도 아니다. 데이터 안에는 다양한 편향과 이상치들이 존재하기 때문에 이를 효과적으로 제거한 표본을 추출해야 한다. 물론 표본은 모집단의 통계적 수치를 100% 정확하게 반영하지 못한다. 따라서 최대한 모집단의 특성을 반영할 수 있도록 표본을 추출하는 노하우가 무엇보다 중요하다. 앞으로 데이터의 통계적 특성과 표본 추출 방법을 알아보도록 하겠다.

2.2   표본조사를 하는 이유와 데이터과학 적용 방법

앞에서 선거 지지도 여론조사 예시를 통해 표본추출 방법의 중요성에 대해서 알아봤다. 그럼 표본추출은 언제, 얼마나, 어떻게 해야 하는 것일까? 데이터 과학을 위한 분석 모델링 단계에서는 수많은 테스트와 검증을 한다. 머신러닝 모델에 사용하기 위한 데이터를 가공하는 단계에서도 원하는 데이터 구조가 완성될 때까지 여러 번의 시행착오를 거친다. 따라서 이 모든 단계를 대량의 전체 데이터로 수행하면 많은 시간과 비용이 소모된다. 기업에서 테라바이트(TB) 급의 고객 데이터 분석 프로젝트를 실시한다고 했을 때, 아무리 분석 기술이 좋아졌다고 해도 분석 모델링 단계에서 전수 데이터를 모두 사용하는 것은 비효율적이다. 선거 지지도 여론조사를 전수조사로 하는 것과 마찬가지다.

따라서 **최종 분석에는 전체 데이터를 사용하더라도, 분석 모델이 완성될 때까지는 표본 데이터를 활용하는 것이 경제적, 시간적으로 유리하다.** 데이터는 어느 정도 이상 확보되면 모수와 표본 통계량의 차이가 거의 없어진다. 통계학자들의 시뮬레이션 결과에 따르면, 일반적으로 최소 200개 이상의 표본이 확보되면 분석이 가능하다. 하지만 변수의 개수나 표본분산에 따라 더 많은 표본이 필요할 수 있다. 통계적으로 변수 하나당 최소 30개의 관측치가 필요하다. 예를 들어 20개의 변수를 사용하는 예측 모델을 만든다면 최소 600개의 표본 관측치를 가지고 테스트를 진행해야 한다.

데이터 가공 및 변환이 수도 없이 일어나는 **예측 및 분류 모델링 단계에서는 적절한 표본을 추출해서 진행하고 전체 프로세스가 완성됐을 때 전체의 데이터를 사용하여 최종적인 모델 성능을 확인하고 예측 및 분류를 하는 것이 좋다.** 그리고 전수 데이터를 사용할 때도, 이상치 제거 및 결측값 처리, 데이터 표준화 등의 기법이 필요하다. 이러한 방법들도 앞으로 자세히 다룰 것이다.

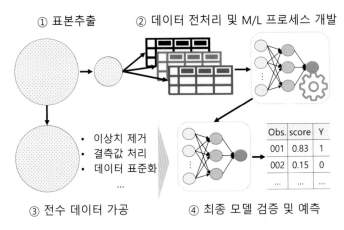

그림 2.3 표본 추출을 활용한 데이터 과학 프로세스

이처럼 모집단이 무한히 많은 경우 외에도 **모집단에 대한 정확한 파악이 불가능하거나 자동차 충격 테스트와 같은 파괴적인 조사를 해야 할 경우에도 표본조사를 해야 한다.** 자동차가 충격에 얼마나 안전한지 측정하기 위해 생산되는 모든 자동차를 조사할 수는 없기 때문이다. 한정된 표본으로 최대한 모집단과 일치하는 통계치를 산출해야 한다.

그러면 이번에는 관점을 약간 바꿔서, 표본 조사를 통해 모집단의 크기를 유추하는 방법을 알아보자. 일반적인 여론조사나 시장조사는 그 대상이 명확하기 때문에 모집단이 어느 정도 되는지 쉽게 알 수 있다. 서울 시장 후보 여론조사의 모집단은 투표권을 가진 서울시민 수이고, 20~30대 여성을 타깃으로 하는 의류 국내 기업의 소비자 모집단은 대한민국의 20~30대 여성 수다.

그런데 만약 서울시 관악구에 살고 있는 길고양이가 총 몇 마리인지를 알아내려면 어떻게 해야 할까? 물론 엄청나게 많은 인력을 투입해서 관악구에 돌아다니는 길고양이를 모두 포획하면 전체 모집단의 수를 알아낼 수 있을 것이다. 하지만 이는 비효율적이고 비용이 많이 든다. 이럴 때 사용하는 표본조사 방법이 **표지 재포획법(marking-and-recapture method)**이다.

방법은 다음과 같다. 우선 관악구의 길고양이 중 일부분, 예를 들어 100마리를 포획한다. 그리고 포획했던 100마리를 알아볼 수 있는 표식을 남기고 다시 풀어준다. 그리고 며칠 정도 시간이 지나고, 다시 무작위로 길고양이 100마리를 포획한다. 그러면 일부는 저번에 남겼던 표식이 있을 것이다. 이렇게 표식이 있는 길고양이의 비율을 통해 관악구의 길고양이 모집단 수를 추정할 수 있다. 이를 수식으로 나타내면 다음과 같다.

$$\frac{100}{N} \approx \frac{n}{100}$$

왼쪽의 분수는 전체 모집단 N 중에서 처음에 포획해서 표식을 남겼던 100마리 길고양이를 뜻하고 오른쪽의 분수는 두 번째로 포획했던 100마리 길고양이 중에서 표식이 남아있는 n 마리의 길고양이를 뜻한다.

즉 만약 두 번째 포획했을 때 표식이 남아있는 고양이가 10마리라면 관악구의 길고양이는 1,000마리라고 추정할 수 있다. 전체 중에 100마리는 100마리 중에 10마리(10분의 1)이므로, 100마리에 10을 곱해주는 것이다. 이러한 방식은 서식지에 사는 생물들의 군집의 밀도를 파악하거나, 유동 인구를 추정할 때 사용된다. 포획-재포획(capture-recapture) 또는 관찰-재관찰(sight-resight) 법으로도 불린다. 이제 표본조사를 하기 위해 필요한 이론인 편향(bias)과 분산(variance), 표본 추출 방법 등에 대해서 알아보자.

2.3　표본추출에서 나타나는 편향의 종류

모집단과 표본은 자연적으로 차이가 존재한다. 1,000개의 관측치가 있는 모집단에서 999개를 추출한 표본이라 해도 그 평균과 분산은 약간의 차이가 날 것이다. 이러한 모집단과 표본의 자연 발생적인 변동을 **표본 오차(sampling error)**라 한다. 즉 같은 크기의 두 개의 표본을 주의해서 추출한다고 해도 완전히 동일한 표본을 얻는 것은 거의 불가능할 것이다. 표본오차는 추론통계의 개념을 이해하는 데 중요한 개념이다. 이를 제외한 변동을 **비표본 오차(non-sampling error)**라고 한다. 비표본 오차의 한 원인이 바로 **편향(bias)**이다. 편향은 표본에서 나타나는 모집단과의 체계적인 차이다. 표본 추출 과정에서는 대표적으로 다음과 같은 편향이 발생할 수 있다.

- **표본추출편향(sample selection bias):** 표본 추출 과정에서 체계적인 경향이 개입되어 모집단에서 편향된 표본만 추출되는 경우.

  예) 루스벨트가 대통령 선거에 출마할 당시 전화번호부를 통해 파악한 주소를 이용하여 여론조사를 실시했다. 그런데 그 당시에는 전화 보급이 완전히 대중화되기 전이었다. 그래서 여론조사의 표본은 전화기가 있는 부유한 가정 위주로 이뤄졌고, 가난한 사람에게 인기 있는 루스벨트에게 불리한 예측이 나왔다.

- **가구편향(household bias):** 모집단의 부분 집단 단위에서 하나의 관측치씩 추출하는 경우 크고 적은 집단이 작고 많은 집단보다 적게 추출되는 경우.

  예) 각 가구의 집 전화를 통해서 여론조사를 실시할 경우, 가족구성원이 많은 가정의 사람이 가족구성원이 적은 가정의 사람보다 추출될 확률이 줄어 전체적인 표본의 균형이 맞지 않는 결과가 생겨난다.

- **무응답편향(non-response bias):** 설문에 응답하지 않는 사람들과 응답하는 사람들에 체계적인 차이가 있는 경우.

  예) 지지 정당 설문의 경우 시간적 여유가 있어서 설문에 쉽게 응하는 사람과 바빠서 응답을 하지 않는 사람들 간에 지지하는 정당이 차이가 있다면 표본에 편향이 발생한다.

- **응답편향(response bias):** 설문 형식의 문제, 응답자의 심리적 이슈에 의해 표본이 영향을 받는 경우.

  예) 선거 당일 치러지는 출구조사에서, 설문자가 사회적 시선이나 여론의 분위기 때문에 조사원들의 답변에 일부러 거짓을 말하여 편향이 발생한다.(브래들리 효과)

브래들리 효과란 여론 조사를 할 때 **피조사자가 자신의 생각이나 신념을 밝히기 어려워하여 거짓된 응답을 하는 현상**이다. 1982년 미국 캘리포니아 주지사 선거 당시, 흑인인 토머스 브래들리와 백인인 조지 튜크미지언이 경합을 벌이고 있었다. 그런데 여론조사에서는 브래들리가 우세했음에도 불구하고 선거에서는 듀크미지언이 당선됐다. 일부 백인들이 자신의 인종적 편견을 숨기기 위해 흑인을 지지한다는 거짓된 응답을 했던 것이다. 이와 비슷한 느낌으로 샤이 지지층이 있다. 2016년 미국 대선에서도 도널드 트럼프를 지지하는 샤이 트럼프(Shy Trump)가 여론조사에서는 잘 나타나지 않았다가 선거 결과를 뒤집기도 했다. 이렇게 **사람들의 심리적인 조건에 따라 통계적 편향이 발생할 수 있다.**

표본오차(sampling error)
모집단의 모수와 표본의 통계량 간의
차이로 인해 통계치가 모수치의 주위에
분산되어 있는 정도

- 우연(chance)
- 표본 수의 부족
  ⋮

비표본오차(non-sampling error)
자연 발생적인 표본오차를 제외한 변동

- 조사원의 미숙
- 자료의 그릇된 해석
- 편향(bias)
  - 표본추출편향
  - 가구편향
  ⋮

그림 2.4 표본오차와 편향

이러한 표본 편향은 확률화(randomization) 등의 방법을 통해 최소화하거나 없앨 수 있다. 확률화란 모집단으로부터 편향이 발생하지 않는 표본을 추출하는 방법을 의미한다. 이렇게 추출한 표본을 확률표본(random sample)이라 한다. 모집단에서 표본이 추출될 확률이 동등한지 여부에 따라 확률추출과 비확률추출로 구분한다. 그리고 모집단에서 이미 추출한 표본을 다시 모집단에 되돌려 놓고 추출하는지, 빼고 추출하는지에 따라 복원추출과 비복원 추출로 구분한다. 이에 대한 개념과 표본 추출 방법은 뒤에서 다루도록 하겠다.

2.4 인지적 편향의 종류

데이터 과학 및 데이터 분석은 숫자를 면밀히 살펴보고 결론을 도출해 내는 작업이다. 그래서 얼핏 생각하면 매우 객관적이고 정확한 것 같다. 하지만 앞에서 분석가가 표본을 어떻게 선택하는가에 따라서 결과가 정반대로 나왔던 것처럼, 주관적인 판단이나 고정관념이 결과에 많은 영향을 미친다. 앞장에서는 표본추출 단계에서 수반되는 편향들에 대해서 알아보았고, 이번에는 분석가의 성향이나 상황에 따라 비논리적인 추론을 내리는 패턴인 인지적 편향(Cognitive bias)에 대해서 알아보자.

인지적 편향은 인지심리학, 사회심리학 분야에서 제시한 개념이다. 인지심리학자인 트버스키(Amos Tversky)와 행동경제학자 대니얼 카너먼(Daniel Kahneman)이 **사람들은 언제나 합리적으로 생각하고 행동하는 것이 아니며, 휴리스틱(heuristic)을 통해 왜곡된 지각으로 결정을 하는 경우가 많다**고 주장했다. 대표적으로 다음과 같은 5가지의 인지적 편향이 있다.

2.4.1 확증 편향(confirmation bias)

자신이 본래 믿고 있는 대로 정보를 선택적으로 받아들이고 임의로 판단하는 편향이다. 인간은 주어진 정보를 자신의 입맛대로 필터링하려는 성향을 가지고 있다. 이는 의사결정 단계는 물론 정보 수집 단계에서도 나타난다. 데이터의 통계량은 조건에 따라 다양하게 나올 수 있으므로 자신의 판단에 대한 확신을 더해주는 방향으로만 데이터를 조정하기도 한다. 이를 데이터 분석가들 말로는 소위 '데이터를 마사지한다.'라고 표현하기도 한다. 확증편향에 의해 처음부터 생각해 두었던 가설에 유리한 방향으로 정보를 수집하고 해석하는 것은 명백한 오류이며 분석의 신뢰성을 떨어뜨린다. 이를 방지하기 위해 두 명 이상의 분석가가 크로스 체크를 하거나, 뒤에서 다룰 블라인드 분석을 수행한다.

2.4.2 기준점 편향(anchoring bias)

분석가가 가장 처음에 접하는 정보에 지나치게 매몰되는 편향이다. 처음 표본을 통해서 나왔던 통계가 머릿속에 각인되어, 다른 분석 결과를 무시하거나 과소평가하는 것이다. 일상 생활에서도 이러한 기준점 편향이 적용된다. 예를 들어 연봉 협상을 할 때, 처음으로 제안받는 금액이 협상의 기준점으로 자리 잡아, 그 범위 내에서 연봉을 협상하게 된다. 이는 생각의 틀을 만들어내어, 합리적인 결정을 방해한다.

2.4.3 선택 지원 편향(choice-supportive bias)

확증편향과 유사한 개념으로 **본인이 의사결정을 내리는 순간 그 선택의 긍정적인 부분에 대해 더 많이 생각하고 그 결정에 반대되는 증거를 무시하게 되는 편향이다.** 확증편향은 기존의 상식과 고정관념으로 정보와 근거들을 선택적으로 수용한다. 하지만 선택 지원 편향은 주어진 정보들을 통해 의사결정이 이루어진 순간부터 편향성을 가진다는 점에서 차이가 있다.

2.4.4 분모 편향(denominator bias)

분수 전체가 아닌 분자에만 집중하여 현황을 왜곡하여 판단하게 되는 편향이다. 예를 들어 역사적으로 사망자가 가장 많았던 전쟁을 꼽는다 했을 때, 제2차 세계대전의 사망자는 약 7천만~1억만 명으로 가장 많다. 하지만, 전체 인구를 분모로 고려하면, 8세기 중국에서 발생한 '안록산의 난'이 4천만 명의 사망자로 가장 많은 사상자를 발생시켰다. 제2차 세계대전이

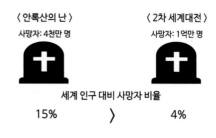

그림 2.5 분모편향 예시

발생했던 1940~1950년대 세계 인구는 약 25억 명으로 약 4%가 사망했고, 안록산의 난은 15%나 되기 때문이다. 이처럼 분모를 무시하면 잘못된 판단을 내릴 수 있다.

그리고 주의할 점은, 비율도 분모 편향의 영향을 받을 수 있다는 것이다. 예를 들어 1990년대 국내 은행 평균 예금 금리는 10% 안팎이었다. 그리고 2010년대 금리는 2.5%가량 됐다. 이 수치만 보면 1990년대 가 훨씬 좋은 시대로 보인다. 저축만 잘 해 두어도 연간 10% 이상씩 수익이 나기 때문이다. 그런데 금리 와 필수 관계인 물가 상승률을 분모로 적용하면, 이야기가 달라진다. 1990년대 물가상승률은 6% 대에 달했던 반면, 2020년대 물가상승률은 0.5%에 불과하다. 즉, 물가상승률을 고려했을 때 1990년대의 금리가 결코 2020년대보다 훌륭하다고 할 수 없는 것이다.

2.4.5 생존자 편향(survivorship bias)

소수의 성공한 사례를 일반화된 것으로 인식함으로써 나타나는 편향이다. 제2차 세계대전 당시, 전투기는 전력상 매우 중요하고 비쌌기 때문에, 격추되면 손실이 컸다. 그래서 엔지니어들은 전장에서 돌아온 전투기들의 총탄 자국들을 분석하여 취약한 부분을 보강하기로 했다.

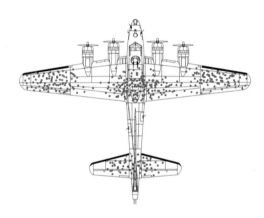

엔지니어들은 외상이 많은 부분에 추가 장갑을 덧대면 생존율이 높아질 것이라 생각하여 일반적으로 총알 자국이 많았던 날개와 꼬리 부분을 보강하려고 했다. 그런데 분석을 총괄한 연구원이 날개가 아닌,

그림 2.6 제2차 세계대전 당시 전투기의 총탄 자국 예시

조종석과 엔진 부분을 집중적으로 보완해야 한다고 주장했다. 그의 분석에 따르면, 전투기 전체 부위의 피격 확률은 비슷함에도 불구하고 조종석과 엔진 부분의 총탄 자국이 적은 이유는 그 부분이 치명적이기 때문에 전투기들이 귀환하지 못했기 때문이라는 것이다. 만약 그의 통찰이 없었다면, 엔지니어들은 헛수고만 했을 것이다. 이처럼 이미 선택 과정을 통해 필터링된 일부의 정보만으로 잘못된 판단을 내리는 것을 생존자 편향이라 한다.

2.5 머신러닝 모델 측면의 편향과 분산

앞에서 사람의 주관적 판단에 따르는 편향들에 대해서 알아보았다. 하지만 편향이 머신러닝 모델에서 어떻게 나타나는지를 아는 것도 상당히 중요하다. 편향을 제대로 이해하기 위해서는 분산도 함께 이해해야 한다. 편향은 예측값들이 정답과 일정하게 차이가 나는 정도를 의미하며, 분산은 주어진 데이터 포인트(예를 들어 평균)에 대한 모델 예측의 가변성을 뜻한다. 예를 들어 그림 2.7과 같은 정답 값이 있다고 해 보자. 머신러닝 모델 두 개를 학습했고 정답 값을 대략적으로 예측하는 A 모델과 정확히 예측하는 B 모델이 있다고 가정해 보자.

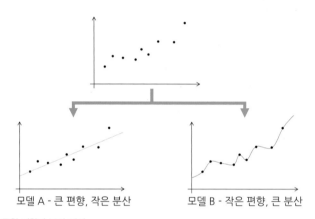

그림 2.7 머신러닝 모델을 통한 편향과 분산 예시

A 모델은 예측값을 나타내는 선이 단순하게 그어져 있다. 그렇기 때문에 정답과 예측값과의 차이가 클 수밖에 없다. 그래서 이는 편향이 크다고 한다. 반면 A 모델은 일반화가 잘되어 있으므로 예측값이 일정한 패턴을 나타낸다. 그렇기 때문에 예측값의 변동성이 적다. 이를 분산이 작다고 말한다. 이제 모델 B를 보자. 예측값이 정답과 완벽히 일치한다. 따라서 모델 B는 편향이 매우 작다고 할 수 있다. 하지만 예측값이 매우 들쑥날쑥하게 위치해 있어서 만약 다른 정답 값이 주어지면 예측값과의 차이가 모델 A보다 오히려 더 커질 수도 있다. 이를 '분산이 크다'고 말한다.

이쯤 되면 눈치챘겠지만, 편향과 분산은 트레이드오프 관계다. 예측이나 분류 모델을 만들 때 주어진 학습 데이터에 잘 맞도록 모델을 만들수록 편향은 줄어들고 분산은 증가할 수밖에 없다. 이러한 둘 간의 균형을 잘 맞춰 상황에 맞는 최적의 모델을 만드는 것이 데이터 과학자의 역할이다.

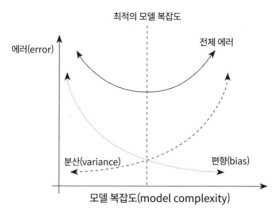

그림 2.8 편향과 분산의 트레이드오프 관계

그림 2.8에서 볼 수 있듯이 모델의 복잡도가 상승할수록 편향은 감소하지만 분산은 증가한다. 실제 실무 상황에서는 전체 에러, 즉 정확도뿐만 아니라 비용과 정확도의 가치 등을 종합적으로 고려하여 최적의 모델 복잡도를 선택해야 한다. 이러한 이론이나 노하우는 뒤에서 계속해서 다룰 것이다.

마지막으로 편향과 분산을 개념적으로 잘 설명하는 대표적인 예시를 확인해 보자. 군대를 다녀온 예비군이라면 영점사격을 잘 알고 있을 것이다. 표적에 총을 쐈을 때 타깃과 좀 떨어지더라도 모든 구멍이 일정하게 모여 있으면 탄착군이 잘 형성됐다고 한다. 이를 분산이 작은 것이라 할 수 있고, 타깃 주변으로 구멍이 몰린 상황을 편향이 적은 것이라 할 수 있다.

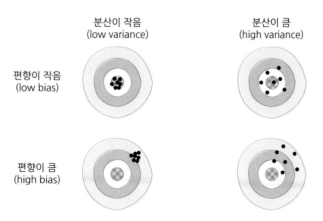

그림 2.9 편향과 분산의 개념 비교

왼쪽 상단의 표적은 이상적으로 정중앙에 점이 몰려 있다. 이는 편향과 분산이 모두 작은 상태다. 반면 오른쪽 상단은 편향은 작지만 분산이 크기 때문에 정가운데에서 약간 벗어난 점들이 보인다. 일반적인 머신러닝 모델은 이러한 형태를 갖는다. 이렇게 분산이 큰 이유는 모델의 복잡성이 너무 커서 과적합이 일어났기 때문이다. 과적합의 개념과 해결 방법은 뒤에서 자세히 다룰 것이다. 오른쪽 하단의 표적은 편향과 분산이 모두 큰 상태로 모델로서 효과가 없는 상태다. 마지막 왼쪽 하단의 표적은 분산은 적지만 편향이 크다. 이런 경우는 정답 값을 제대로 설명할 수 있는 변수가 부족한 상태라 할 수 있다. 그렇기 때문에 표본 추출 방법을 바꾸거나 새로운 변수를 탐색하거나 고도화된 데이터 가공 방식을 적용해야 한다. 아직 데이터 과학에 익숙하지 않은 사람들에게는 잘 와닿지 않을 수 있다. 앞으로 다룰 내용들을 차근차근 익혀 나간다면 모두 이해할 수 있을 것이다.

2.6   표본 편향을 최소화하기 위한 표본 추출 방법

앞에서 표본추출에 따라 발생할 수 있는 통계적 오류와 원인들에 대해서 살펴봤다. 그러면 이제부터 표본오류와 비표본 오류를 최대한 줄이면서 표본추출을 할 수 있는 방법에 대해서 알아보자. 실제 데이터 분석 업무에서 표본추출은 상당히 자주 수행하는 작업이다. 개념을 확실히 알아 두는 것이 좋다.

우선 **표본추출을 두 가지 관점에서 바라볼 필요가 있다. 첫째는 데이터 수집 단계의 표본 추출이다.** 지방선거 여론조사를 위한 대상자 선정이나, 기업이 시장조사를 하기 위해 설문조사 표본을 구하는 것과 같은 상황에서의 표본추출이다. **둘째는 기업에서 이미 가지고 있는 몇 천만 건의 고객 정보데이터, 인터넷 기업의 웹 로그 데이터 등과 같은 이른바 빅데이터에서 분석 모델링을 위한 적절한 크기의 표본데이터를 추출하는 것이다.** 일반적인 통계 서적에서는 첫 번째와 같은 상황에서의 표본추출 과정을 주로 다룬다. 하지만 기업의 데이터 분석 실무에서는 두 번째 상황의 표본추출을 하게 되는 경우가 더 많다.

데이터 수집 단계의 표본추출은 일반적으로 다음과 같은 단계로 구성된다.

모집단 확정

조사대상이 되는 사람, 사물, 조직, 지역 등의 전체 집합을 구체적으로 정의

↓

표본 프레임 결정

모집단에 포함되는 조사 대상의 목록 설정

예) A회사 직원을 모집단으로 확정한 경우, 현 시점의 인사 시스템에 등록된 임직원의 목록

↓

표본 추출방법 결정

확률표본추출과 비확률표본추출, 복원과 비복원 추출 중 적절한 방법 선택

↓

표본크기 결정

조사의 유형, 시간, 예산 등을 고려하여 추출할 표본의 크기를 결정

↓

표본추출

선정된 조사 대상들을 추출

이미 보유하고 있는 대용량의 데이터에서 표본을 추출하는 순서도 이와 크게 다르지 않다. 모집단과 표본프레임이 이미 결정되어 있으므로, 표본을 추출할 방법과 크기를 결정하면 된다. 하지만 이전에 모집단이 분석 목적에 맞게 세팅이 되어 있는지 확인을 해야 한다. 모집단의 데이터셋이 올바르게 구성되어 있지 않으면 표본추출은 의미가 없다. 데이터 세팅 및 검증에 대해서는 데이터 전처리 부분에서 자세히 살펴볼 것이다. **데이터에 이상이 없는 모집단과 표본프레임이 확정이 되면 확률 표본추출과 비확률 표본추출 방법 그리고 복원추출과 비복원추출 중 적절한 방법을 선택해야 한다.**

거의 대부분의 경우에는 확률 표본추출방법을 사용한다. 모든 분석 대상이 무작위로 추출될 확률을 미리 알 수 있을 때 사용된다. 그렇기 때문에 표본의 통계량을 통한 모집단의 모수에 대한 추론이 가능하다. 그리고 편향을 최대한 제거할 수 있어 표본의 신뢰도가 높다. 데이터 수집단계의 표본추출의 경우에는 때로 표본프레임 설정이 어렵기 때문에 확률 표본추출방법을 사용할 수 없을 수도 있지만, 보유데이터에서 표본을 추출할 경우에는 확률 표본추출방법을 사용한다. 확률 표본추출방법은 대표적으로 단순 무작위 추출방법, 계층적 표본추출방법, 층화 표본추출방법, 군집 표본추출방법 등이 있다.

단순 임의 추출방법은 우리가 흔히 경험하는 제비뽑기나 로또 당첨 번호를 선정하듯이 표본을 추출한다. 때문에 모집단의 모든 구성단위가 표본으로 선정될 확률이 동일하다. 모집단에 대한 사전지식이 없는 경우에 유용한 방법이다. 다른 표본추출방법에 비해 쉽고 빠르기 때문에 가장 일반적으로 쓰인다.

계층적 표본추출방법은 모든 구성단위에 일련번호를 부여한 뒤 일정한 간격으로 표본을 선택하는 방법이다. 예를 들어 1,000개의 모집단에서 100개의 표본을 추출하는 경우 1번부터 1,000번 중 10번, 20번, 30번…을 추출하는 것이다. 이 방법은 모집단 전체에 걸쳐 등간격으로 공평하게 표본이 추출되는 장점이 있지만 모집단의 배열에 일정한 주기성이 있는 경우에는 표본의 대표성이 결여될 수 있다.

층화 표본추출방법은 모집단이 특정한 기준으로 분류가 가능할 때 쓰일 수 있는 방법이다. 예를 들어 A 기업의 고객을 구매등급별로 나누어서 각 등급에서 일정수의 표본을 무작위로 추출하는 것이다. 이렇게 모집단을 특정 기준에 따라 소집단(strata)으로 나누려면 모집단에 대한 사전지식과 분류 기준에 대한 충분한 근거가 필요하다. 이 방법은 표본을 단순 임의 추출방법으로 선정했을 때 표본이 편중될 수 있는 위험을 보완한다.

군집 표본추출방법은 층화 표본추출방법처럼 모집단을 특정한 기준으로 분류한 뒤, 그중 하나의 소집단을 선택하여 분석하는 방법이다. 하나의 소집단이 선택되면 상황에 따라 소집단 전체나 일부를 표본추출한다. 이 방법은 모집단이 방대한 상황에서 표본추출이 쉽지 않을 때 유용하다. 하지만 특정 기준으로 분류된 하나의 소집단만을 표본으로 두기 때문에 전체 모집단의 모수를 반영하지 못할 수도 있다는 단점이 있다.

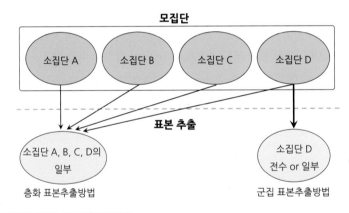

그림 2.10 **층화 표본추출방법과 군집 표본추출방법 비교**

그리고 복원추출과 비복원 추출은 말 그대로 추출했던 표본을 원래 모수에 복원시켜서 다시 추출이 가능하도록 하는가 그렇지 않은가에 따라 구분되는 방식이다.

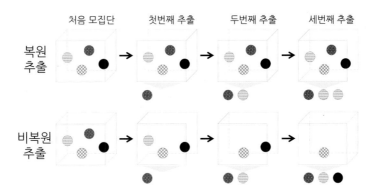

그림 2.11 복원추출과 비복원추출 예시

복원추출법(sampling with replacement: SWR)은 처음 모집단에서 추출된 표본을 되돌려 넣고 다음 표본을 추출하는 방법이다. 그렇기 때문에 동일한 표본이 중복해서 선택될 수 있다. 이 방식은 표본을 뽑은 후 모집단을 다시 복원시키기 때문에 표본공간은 독립적으로 변화가 없다. 모집단에서 A라는 표본을 한 번 뽑았다고 해서 다시 A 표본이 추출될 확률이 줄어들거나 하지 않는 것이다.

비복원추출법(sampling without replacement: SWOR)은 처음 모집단에서 추출된 표본을 되돌려 넣지 않고 다음 표본을 추출하는 방법이다. 따라서 표본을 하나 하나 추출하는 행위는 표본공간을 바꾸는 종속사건이 된다. 즉, 표본을 추출하면 다음 표본들의 추출 확률에 영향을 미치는 것이다.

일반적으로 모집단에 비해 추출하려는 표본의 양이 작으면 복원 추출이나 비복원 추출이나 차이가 거의 없다. 하지만 모집단의 크기가 별로 크지 않거나 추출하는 표본이 20% 이상으로 많은 경우에는 복원추출 방식이 편향을 더 줄일 수 있다. 만약 1부터 10까지 총 10개의 관측치가 들어있는 모집단에서 4개를 복원추출을 할 경우, 가능한 순서표본의 개수는 $10 \times 10 \times 10 \times 10 = 10^4$가 된다. 반면, 비복원추출을 하면 $10 \times 9 \times 8 \times 7 = {}_{10}P_4 = 5040$이 된다.

03

변수와 척도

이번 장에서는 독립변수, 종속변수 등의 개념을 익히고 변수 간의 인과관계, 상관관계, 의사관계 등에 대해서 알아본다. 그리고 변수의 데이터적 속성이라 할 수 있는 척도의 종류를 알아본다. 변수의 척도는 크게 질적 척도와 양적 척도로 나뉘며, 질적 척도는 명목척도와 서열척도로 구분되고 양적 척도는 등간척도와 비율척도로 구분된다. 뒤에서 각 척도의 특성을 자세히 알아보자.

3.1 변수의 종류

데이터과학, 데이터분석은 변수와 변수의 관계를 밝혀내는 활동이라고 할 수 있다. 따라서 변수들의 개념과 관계를 명확하게 숙지하고 있는 것이 무엇보다 중요하다. 우선 변수는 그 값들을 가감승계(+, −, ×, ÷)로 연산을 하는 것이 의미가 있는지 없는지에 따라 양적변수와 질적변수로 구분된다. 양적변수는 사람 수나 휴대폰 판매량과 같이 정숫값만 취할 수 있는 이산변수(discrete variable)와 길이나 무게처럼 연속적인 모든 실숫값을 취할 수 있는 연속변수(continuous variable)로 나눌 수 있다. 질적변수는 성별, 종교, 직업 등과 같은 비계량적 변수로서 속성을 숫자로 변환하더라도 수치적 의미는 가지고 있지 않다. 예를 들어 남성을 1, 여성을 2로 변환했을 때, 여성(2) − 남성(1) = 1이 될 수 없는 것이다. 자세한 내용은 척도의 종류 절에서 다룰 것이다.

변수의 관계적 측면으로 보면, 독립변수(independent variable)와 종속변수(dependent variable)가 관계의 핵심이다. 이 둘은 원인과 결과의 관계다. 예를 들어 흡연과 폐암의 관계라 하면, 흡연은 원인인 독립변수고 폐암은 결과인 종속변수다. 독립변수와 종속변수는 학문 분야나 상황에 따라 다양하게 불린다. 특히 패턴인식, 기계학습 분야에서는 독립변수를 특징(feature)이라고 부른다. 다음 그림을 통해 독립변수와 종속변수의 다양한 용어를 확인할 수 있다.

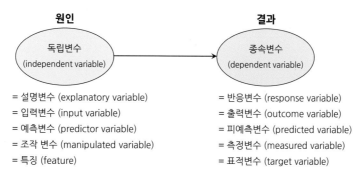

그림 3.1 독립변수와 종속변수의 다양한 표현

독립변수와 종속변수는 기본적으로 서로 상관관계를 갖고 있다. 예를 들어 독립변수는 혈중알코올농도이고 종속변수는 운전 중 사고 발생률이라 가정해 보자. 혈중알코올농도가 증가할수록 사고 발생률도 증가할 것이다. 이처럼 두 변수의 수치가 상관성을 갖는 것을 상관관계라 한다. 유의할 점은 독립변수 간에도 상관관계를 가질 수 있다는 점이다. 앞의 혈중알코올농도 예시에서 '전날 수면시간'이라는 독립변수가 추가됐다고 해보자. 혈중알코올농도와 전날 수면시간은 약간의 상관관계를 가질 수 있다. 전날에 술자리를 오래 해서 수면시간이 부족할 수 있기 때문이다. 반면 '연령'이라는 독립변수는 혈중알코올농도와 상관관계가 거의 없을 수도 있다.

나중에 자세히 다루겠지만 독립변수 간에는 상관관계가 없어야 한다. 물론 그런 경우는 거의 없기 때문에 독립변수 간에 상관관계를 최소화해 줄 필요가 있다. 독립변수 간의 상관관계가 높으면 독립변수들과 종속변수와의 연관성을 측정하기 어렵기 때문이다. 그리고 독립변수와 종속변수는 단순한 상관관계가 아닌 원인과 결과의 관계를 가지고 있어야 한다. 혈중알코올농도가 원인이고 사고 발생률이 결과인 관계는 성립하지만, 사고 발생률이 원인이고 혈중알코올농도가 결과인 관계는 어색하다. 이처럼 우리는 어떠한 현상을 종속변수로서 설명하기 위해 원인이 될 수 있는 요소를 찾아내고 올바른 독립변수의 관계로 설정해야 한다.

변수 간의 관계가 항상 단순한 원인과 결과의 관계만 있지는 않을 것이다. 독립변수와 종속변수 외에도 통제변수, 매개변수, 조절변수 등이 있다. 통제변수는 실험이나 설문조사를 할 때 종속변수에 영향을 줄 수 있는 외부 요소를 통제하기 위해 사용되는 변수다. 예를 들어 혈중알코올농도와 사고 발생률을 밝히는 모델에서 수집된 데이터가 어떤 경우는 밤에 측정되고 어떤 경우는 낮에 측정되거나 또는 어떤 경우는 맑은 날씨에 측정되고 어떤 경우는 폭우가 쏟아지는 날씨에 측정된다면 독립변수가 종속변수에 주는 영향력에 편향이 생길 것이다. 따라서 데이터 측정 시에는 시간, 날씨, 온도 등을 일정하거나 무작위적으로 배분되도록 통제해 줄 필요가 있다. 이것이 통제변수다. 나머지 매개변수와 조절변수는 다음 절에서 살펴보도록 하겠다.

3.2 변수 관계의 종류

변수 간의 다양한 관계를 이용하면 복잡한 통계적 관계성도 분석이 가능하다. 또한 변수의 관계를 잘 이해해 놓으면 논리적 오류, 인과관계의 오류를 어느 정도 예방할 수 있다. 우리 주변의 데이터들은 매우 복잡하게 얽혀 있다. 때문에 미묘한 변수 간 관계의 차이를 잘 구분하지 못하면 힘들게 분석 프로젝트를 수행하고서 엉뚱한 결과를 내놓는 실수를 초래할 수 있다. 이제부터 대표적으로 많이 쓰이는 몇 가지의 변수 관계들을 살펴보자.

인과관계(causal relationship)는 독립변수와 종속변수의 기본적 관계다. 변수가 다른 변수의 원인이 되는 영향을 미친다. 우리 인간의 과학 역사 자체가 원인과 결과의 관계를 규명하는 활동의 역사라 할 수 있을 정도로 인과관계는 세상을 바라보는 기본적인 관점이다.

상관관계(correlational relationship)는 변수 간에 관련성이 존재하는 관계다. 이는 인과관계의 상위개념으로 볼 수 있다. 변수 간에 양(+) 혹은 음(−)의 관련을 갖고 있으나, 꼭 한 변수가 다른 변수의 원인인 것은 아니다. 단순히 변수 간에 상관성이 있으면 그 변수들은 상관관계인 것이다. 따라서 인과관계는 상관관계이기도 하다. 독립변수 간에도 상관관계가 있을 수 있으며, 이는 다중공선성[1]이라는 문제를 불러 일으킬 수 있다. 자세한 내용은 상관분석 내용을 참고하면 된다.

> 두 변수가 완전한 독립관계일 때 상관계수는 반드시 0이다. 하지만 상관계수가 0이어도 두 변수는 독립관계가 아닐 수도 있다. 바꿔 말해 두 변수가 독립관계가 아니어도 상관계수는 0이 될 수 있다. 이는 상관계수를 구하는 수식에서 발생하는 하나의 허점이다.

---

1 독립변수들 간의 상관관계가 존재하여 독립 변수의 변화에 따른 종속 변수의 변화량을 크게 하여 통계적 정확도가 감소되는 현상.

독립관계(independent relationship)는 변수 간에 상관성, 즉 상관계수가 0인 관계이다. 독립변수의 이름이 독립(independent)인 것도, 독립변수들 간에는 상관성이 없는 독립관계이기 때문이다. 데이터 분석에 있어서 독립변수 간은 서로 독립관계여야 한다.

의사관계(spurious relationship)는 변수 간에 상관성은 있지만, 그 상관성이 다른 변수에 의해 나타난 관계이다. 쉬운 예로, 일별 아이스크림 판매량과 익사사고 발생 수에 높은 상관관계가 나왔다고 하자, 사람들이 아이스크림을 많이 먹으면 물에 빠져 죽게 되는 것일까? 원인은 '기온'이라는 제3의 변수와의 관계 때문이다. 기온이 오르면 아이스크림 판매량이 증가하고, 물놀이를 가는 사람이 많아지면서 자연스럽게 익사 사고도 증가하게 된 것이다. 데이터 분석 사례에서 이런 경우가 생각보다 자주 발생한다. 이런 오류를 방지하기 위해서는 단순한 통계 수치에만 연연하지 않고 변수에 대한 깊은 이해와 함께 논리적 개연성을 항상 생각하며 분석을 해야 한다.

양방향적 인과관계(reciprocal causality)는 두 변수가 서로 간에 인과적 영향을 미치는 관계다. 예를 들어 A기업의 투자금과 매출액의 관계를 보면, '초기투자 → 매출액 증가 → 후기투자 → 매출액 증가'와 같은 양방향적 인과관계를 나타낼 수 있다.

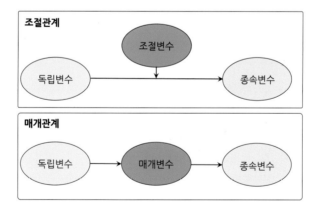

그림 3.2 조절관계와 매개관계

조절관계(moderating relationship)는 독립변수와 종속변수 사이에서 강하고 불확정적인 영향을 미치는 관계다. 예를 들어 직원들의 업무만족도에 따른 기업 매출(종속변수)의 변화를 알아보는 모델이 있다고 생각해 보자. 이러한 업무만족도(독립변수) → 기업 매출(종속변수) 간의 관계에서 '성별'이라는 조절변수가 추가되는 것이다. 이로써 남성이면서 업무만족도가 변화할 때 기업매출의 증감과 여성이면서의 업무만족도와 기업매출 변화 관계를 분석할 수 있다. 이렇게 성별이 업무만족도와 기업매출의 조절관계가 되는 것이다.

매개관계(mediational relationship)는 독립변수와 종속변수의 중간에서 매개변수가 개입되어 독립변수의 영향을 종속변수에 전달하는 관계다. 따라서 매개관계에서는 시간적 차원이 포함돼 있다. 매개변수가 독립변수와 종속변수의 중간다리의 역할을 하는 것이다. 매개관계는 조절관계와 달리 독립변수, 종속 변수와 직접 영향을 주고받는다. 처음에는 조절관계와 매개관계의 구분이 다소 어려울 수 있다. 조절관계는 독립변수와 종속변수 간 관계의 강도를 조절해 주는 역할을 하고, 매개관계는 독립변수의 영향을 종속변수로 전달하는 역할을 한다.

구조방정식 모델과 변수

회귀분석, 요인분석 등에 사용되는 구조방정식 모델에서는 조금 다른 변수 개념을 사용한다. 여기에서는 구조방정식의 간단한 개념과 변수에 대해서만 훑고 넘어가자. 구조방정식 모델은 "측정모형과 이론모형을 통해서 모형 간의 인과관계를 파악하는 방정식 모형"이라고 정의할 수 있다. 일반적으로 알고 있는 독립변수와 종속변수의 관계를 보다 복잡하게 구현하는 데 효과적인 분석방법이다.

독립변수와 종속변수가 다수 존재하여 종속변수 간의 관계까지 파악해야 하는 모델의 경우에는 단순한 회귀분석 모델은 각각의 모든 변수들 간의 유의치를 보지 못한다. 하지만 구조방정식은 독립—종속 변수 간은 물론 종속—종속 변수 간의 모든 유의치를 볼 수 있다. 이에 따라 구조방정식의 변수 개념도 약간은 고차원적이다. 독립변수와 종속변수의 개념은 관측변수(observed variable)와 잠재변수(latent variable)로 표현되고, 외생변수(exogenous variable)와 내생변수(endogenous variable)의 개념으로도 확장이 가능하다.

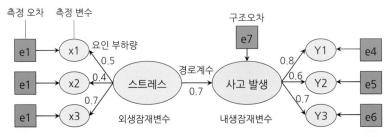

그림 3.3 구조방정식 모델 예시

관측변수(독립변수)들이 모여서 하나의 잠재변수(종속변수)를 설명하게 되고 그 잠재변수가 다른 잠재변수와 관계를 갖게 되면서, 독립변수의 역할을 하는 외생변수가 되기도 하고 종속변수의 역할을 하는 내생변수가 되기도 한다. 이러한 관계는 외생 잠재변수, 내생 잠재변수, 외생관측변수, 내생관측변수로 표현되기도 한다.

3.3   척도의 종류

원활한 데이터 분석을 하기 위해서는 데이터를 통계적 분석이 가능하도록 객관적 척도로 변환하는 작업이 우선되어야 한다. 척도는 측정하고자 하는 대상을 수치화하는 것에 사용되는 일종의 측정 도구다. 척도는 변수의 성질에 따라 총 4가지로 분류된다. 우선 변수가 질적/양적인가에 따라 질적척도(범주형 척도)와 양적척도(연속형 척도) 분류된다. 그리고 질적척도는 속성값을 범주로 나타내는지 순위로 나타내는지에 따라 **명목척도**와 **서열척도**로 분류된다. 양적척도는 절대적 기준인 영점이 존재하는가에 따라 **등간척도**와 **비율척도**로 나뉜다. 명목–서열–등간–비율 척도는 뒤로 갈수록 포함하고 있는 정보의 양이 점점 많아진다.

그림 3.4 질적 척도와 양적 척도

명목척도(nominal scale)는 조사대상의 속성이나 범주를 구분하기 위한 목적으로 만들어진 척도다. 다른 척도들보다 정보량이 가장 적다. 순서, 거리 및 원점의 개념이 없기 때문에 숫자로 변환한다 해도 순서나 크기에 의미가 없다. 구분을 위한 단순한 기호에 불과하기 때문에 변수 간의 사칙연산(+, −, ×, ÷)은 의미가 없는 것이다. 대표적인 예로 운동선수의 등번호 숫자의 차이로 크고 작음을 측정할 수가 없고 숫자로 변환한 혈액형 정보를 더하고 빼는 것은 의미가 없다.

서열척도(ordinal scale)는 조사대상의 속성 크기를 측정하여 대상 간의 순서관계를 측정하는 척도이다. 서열척도는 명목척도와 같이 대상을 서로 구분할 수 있는 정보도 포함하고 있다. 성적 1, 2, 3등처럼 서열을 통해 조사대상을 구분할 수 있다. 아울러 조사대상 간의 순서와 우위에 대한 정보를 함께 포함하고 있다. 하지만 순서 사이의 간격에 대한 정보는 가지고 있지 않다. 예를 들어 한 학급의 성적 1등과 2등은 순서에 대한 정보는 가지고 있지만, 1등과 2등의 구체적인 점수 차이에 대한 정보는 가지고 있지 않다.

등간척도(interval scale)는 서열척도가 가지고 있는 정보와 함께 조사대상이 가지고 있는 속성의 '상대적 크기'의 차이를 비교할 수 있는 정보도 가지고 있다. 섭씨온도의 경우 1도, 2도, 3도가 같은 간격으로 나누어져 있으므로 속성 간의 상대적 차이를 가감(+, −)하는 것이 가능하다. 30도는 20도보다 10 도가 높다고 할 수 있다. 하지만 절대 0점은 정의할 수 없기 때문에 곱하기나 나누기를 할 수는 없다. 쉽게 말해 영상 20도가 영상 10도의 두 배라고 할 수 없는 것이다. 섭씨온도에는 0도가 있어서 기준점이 있는 것으로 생각될 수도 있으나 0도는 수많은 물질 중 물이 어는점의 기준일 뿐 절대적인 0이라고 할 수 없다.

비율척도(ratio scale)는 가장 많은 정보를 담을 수 있는 척도다. 순서에 관한 정보, 대상 간 상대적 크기 정보 그리고 절대적 기준을 통한 비율 정보까지 포함하고 있다. 방금 온도는 20도가 10도의 두 배라고 할 수 없다고 했다. 하지만 비율척도인 몸무게는 100kg이 50kg의 두 배라고 할 수 있다. 절대 기준인 0kg이 존재하기 때문이다. 이렇게 비율척도는 가감승계(+, −, ×, ÷)가 모두 가능하다.

표 3.1 척도의 종류에 따른 포함 정보의 차이

종류		포함 정보			
질적척도	명목척도	범주			
	서열척도	범주	순서		
양적척도	등간척도	범주	순서	상대적 크기	
	비율척도	범주	순서	상대적 크기	절대적 크기

데이터분석 프로젝트를 진행하게 되면 우선 적합한 분석 방법을 잘 선택해야 한다. 아직 다양한 분석 방법들에 대한 설명은 하지 않았지만, 우선 변수의 척도와 종속변수의 유무에 따라 적절한 분석방법을 선택할 수 있는 가이드라인을 확인해 보자. 이 방법을 숙지해 두면 손쉽게 분석 방법을 선택할 수 있다.

우선 종속변수가 존재하는 데이터인지 없는 데이터인지에 따라 구분이 된다. 그리고 독립변수와 종속변수가 어떠한 척도로 이루어져 있는가에 따라 분석 방법이 달라진다. 그림 3.5를 통해 확인해 보자. 그림에 나오는 대부분의 분석 방법들은 이 책에서 다룰 것이다. 지금은 간단하게 훑어보고 나중에 실제 데이터를 가지고 프로젝트나 연습을 할 때 참고하면 많은 도움이 될 것이다.

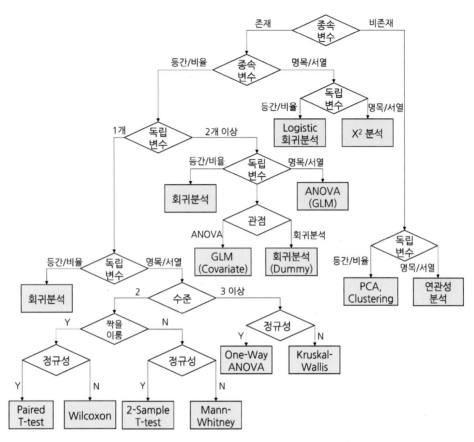

그림 3.5 변수의 척도에 따른 분석 방법

04

데이터의 기술 통계적 측정

이번 장에서는 데이터의 기술 통계적 측정을 위한 방법들에 대해서 알아보겠다. 기술 통계는 1.4.1. 기술 통계에서 다뤘듯이 주어진 데이터의 특성을 사실에 근거하여 설명하고 묘사하는 것이다. 데이터의 중심 성향이라 할 수 있는 평균값, 최빈값, 중앙값 그리고 분산과 표준편차, 산포도, 왜도, 첨도 등에 대해서 알아보겠다.

4.1   중심 성향의 측정

만약 데이터가 주어지고 변수 하나를 선택하여 주어진 데이터를 대표할 수 있는 하나의 값을 제시하라고 한다면 어떤 값을 선택해야 할까? 데이터를 대표할 수 있는 하나의 값은 자료의 특성을 파악할 수 있어야 한다. 예를 들어 마우스를 제조하는 A 기업의 신제품에 대한 소비자 만족도를 측정한 데이터가 있다고 하자. 여러 가지 변수가 있겠지만, 이 중 하나의 변수를 선택해서 소비자들의 제품에 대한 만족도를 하나의 값으로 표현한다면 어떻게 해야 할까? 가장 적절한 답은 조사한 표본의 중심성향이라 할 수 있다. 중심성향에는 **평균값(mean)**, **최빈값(mode)**, **중앙값(median)** 등이 있다. 일반적으로는 평균값을 가장 많이 사용한다. 평균 측정 방법은 단순히 모든 값의 합을 전체 관측치의 수 n으로 나누어 구하는 식이지만, 데이터와 상황의 특성에 따라 측정 방법이 조금씩 다르다. 그래서 평균의 개념을 확실하게 정립하지 않으면 데이터 분석 결과를 왜곡하는 일이 벌어질 수 있다.

기본적인 평균값은 데이터 값의 모든 합을 전체 관측치 수로 나누어 구한다. 표본의 n 개 데이터 값이 X_1, X_2, $\cdots$, X_n일 때 표본평균의 산출 수식은 다음과 같다. 누구나 알고 있고 가장 기본적인 방법이다.

$$\bar{x} = \frac{1}{n}\sum_{i=1}^{n} x_i$$

하지만 평균을 구할 때 기계적으로 수식에 대입해서 값을 구하면 안 된다. 평균은 산술평균과 가중평균, 기하평균, 그리고 조화평균 4종류가 있다. 종류에 따라 평균을 구하는 방식이 조금씩 다르다.

산술평균(arithmetic mean)은 앞에 제시한 수식과 같은 기본적인 평균 측정 방법이다. 등간척도나 비율척도로 측정된 데이터를 통해 전체 변숫값을 모두 더한 후 값들의 개수로 나눠준다. 단순하게 한 학급의 평균 몸무게나 키를 구하는 경우에 산술평균을 사용한다. 학급의 인원이 20명이면 20명의 몸무게를 모두 합하고 20으로 나눠주면 학급의 산술평균을 구할 수 있다.

가중평균(weighted mean)은 말 그대로 무거움(重)을 더해(加)서 평균을 구하는 방법이다. 앞의 산술평균의 예에서는 20명인 한 학급의 산술 평균값을 구했다. 이번에는 한 학년의 몸무게 평균을 구한다고 생각해 보자. 한 학년에는 1, 2, 3반이 있고 각 학급의 평균 몸무게는 55, 60, 65라고 해보자. 그러면 학년의 몸무게 평균은 55+60+65/3=60이 합리적인 평균일까? 학급마다 학생수가 다르기 때문에 이런 방법은 문제가 있다. 이런 경우에는 각 학급의 관측치 수를 고려한 가중평균을 구해야 한다. 1반이 15명에 평균 55kg이면 15×55, 2반이 20명에 60kg이면 20×60, 3반이 30명에 65kg이면 30×65의 값에 전체 인원인 65(15+20+30)로 나눠줘야 한다.

$$\frac{(1반(15 \times 55) + 2반(20 \times 60) + 3반(30 \times 65))}{1,2,3반\ 인원(15 + 20 + 30)} \approx 61.15$$

이처럼 더 많은 비중을 차지하는 집단에 가중치를 더해 합리적인 평균값을 구한다. 소비자 물가지수를 구할 때도 이러한 가중평균을 적용한다. 품목마다 물가지수에 미치는 영향도가 다르기 때문에 영향력이 강한 품목에 더 많은 가중치를 주어 합리적인 소비자 물가지수를 산출하는 것이다.

기하평균(geometric mean)은 용어에서 알 수 있듯이 고대 그리스 시절 기하적(도형적) 측정에서 시작됐다. 기하평균은 일반적으로 시간에 따라 비율적으로 변화하는 값의 평균을 구할 때 사용된다. 예를 들어 10만 원으로 주식투자를 시작해서 1년 뒤에 20만 원이 됐고, 또 1년 후에는 20만 원이 160만 원이 됐다면 1년 평균 증가율이 몇 배일까? 산술평균으로 계산하면 2배+8배/2년= 5배가 된다. 그런데 이렇게 구한 평균 5배를 적용해보면 10만 원 × 5배(1년) × 5배(1년) = 250만 원이 되어야 한다. 하지만 실제로 2년 뒤 자산은 160만 원이다. 이렇게 배수의 평균을 단순하게 산술평균으로 구하면 정확하지 않다.

이런 경우에는 매 해의 증가율을 곱한 수의 제곱근 값을 구하는 식으로 평균을 구해야 한다. 1년차에는 2배, 2년차에는 8배가 증가했으니 $\sqrt[2]{2 \times 8}$ = 4배가 기하평균이 된다. 이처럼 기하평균은 시간적으로 변화하는 자료인 물가상승률이나 인구 변동률, 증권 수익률 등을 계산할 때 사용된다.

조화평균(harmonic mean)도 기하평균처럼 시간적으로 변화하는 데이터에서 평균을 측정하는 방법이다. 차이는 기하평균이 비율의 평균을 구하는 것이라면 조화평균은 값의 평균을 구하는 것이다. 대표적인 예로 A 지점에서 B 지점으로 갈 때는 80km/h, 돌아올 때는 120km/h로 왕복했을 경우의 평균속도는 산술평균으로 구하면 100km/h가 된다. 하지만 같은 거리를 더 빠르게 갔을 때는 이동 시간이 줄어들기 때문에 산술평균 계산 방법은 정확하지 않다. 즉, 왕복한 전체 거리를 소요된 시간으로 나누어 계산하는 조화평균 계산 방법을 사용해야 한다. 계산식은 다음과 같다.

$$\frac{2}{\left(\frac{1}{80} + \frac{1}{120}\right)} \approx 96$$

이처럼 정확한 평균 속도는 산술평균으로 구한 100km/h가 아닌 조화평균인 96km/h라고 할 수 있다.

지금까지 중심성향을 나타내는 대표격인 평균에 대해 알아보았다. 아까 말했듯이 중심성향을 나타내는 값으로는 평균 말고도 최빈값과 중앙값이 있다. 왜 이러한 다른 값들도 사용되는지는 다음의 그림을 보면 알 수 있다.

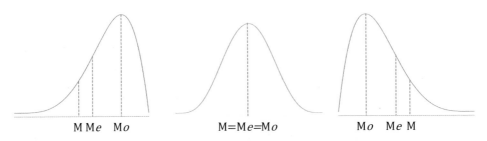

평균(M)＜중앙값(M*e*)＜최빈값(M*o*)   평균(M)＝중앙값(M*e*)＝최빈값(M*o*)   최빈값(M*o*)＜중앙값(M*e*)＜평균(M)

그림 4.1 분포에 따른 평균, 중앙값, 최빈값의 위치

데이터의 분포 형태에 따라 중심성향을 나타내는 대푯값들의 위치가 달라진다. 데이터 분석 프로젝트를 하면 초반에 데이터의 형태를 파악하기 위해 평균, 분산, 최소 최댓값 등을 확인한다. 그런데 극단적으로 크거나 작은 값들이 속해 있으면 평균 값이 큰 영향을 받는다. 또한 변숫값의 분포가 극단적으로 비대칭

인 경우에도 평균으로 중심성향을 파악하기 힘들다. 이런 이유로 중앙값이나 최빈값이 대신 사용되기도
한다.

중앙값(median)은 데이터를 큰 수부터 내림차순으로 나열했을 때 중앙에 위치한 값이다. 중앙값보다
큰 값이 10개 있으면 작은 값도 10개 있는 것이다. 만약 데이터가 홀수 개면 정가운데 있는 값이 중앙값
이 되고 짝수 개면 중앙 부근에 있는 두 값의 산술평균 값이 중앙값이 된다. 임금노동자의 소득 통계의
경우, 고소득층으로 갈수록 임금이 급격히 상승하는 소득 양극화가 심하기 때문에 산술평균은 일반 임금
노동자의 체감 평균을 제대로 반영하지 못한다. 따라서 이런 경우, 중앙값을 함께 제시하여 통계의 합리
성을 보완할 수 있다.

최빈값(mode)은 데이터 중 가장 빈도가 높은 값이다. 빈도로 따지기 때문에 둘 이상이 존재할 수 있고
극단적인 경우 전부 빈도가 동일하여 최빈값이 없을 수도 있다. 평균이나 중앙값과는 달리 명목척도나
서열척도로 이루어진 데이터도 측정이 가능하다는 장점이 있다. 실무에서는 공장에서 생산하는 옷이나
신발의 사이즈 비중을 설정할 때 활용할 수 있다.

4.2 분산과 표준편차

분산(variance)과 표준편차(standard deviation)는 무엇일까? 둘은 거의 같은 개념이다. 단지 분산에
제곱근을 해 주어 값을 조정한 것이 표준편차다. 분산과 표준편차는 데이터의 퍼진 정도를 파악할 수 있
게 해주는 지표다. A와 B집단의 평균이 같다 해도 각 집단의 분산이나 표준편차의 차이에 따라 데이터
의 형태는 완전 다를 수 있다. 다음의 그림을 보면, 평균은 같으나 데이터의 퍼진 정도가 확연히 다른 것
을 알 수 있다.

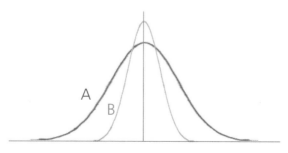

그림 4.2 동일한 평균과 다른 분산 예시

이 분포가 제품 수명이라 가정하면, A 제품은 금방 고장 나기도 하고 오래 사용해도 멀쩡한 경우가 많아 제품에 대한 신뢰성이 떨어질 것이다. 반면 B 제품은 제품 수명이 비교적 일정하여 소비자 불만이 더 적을 것이다. 이처럼 분산의 차이에 따라 데이터로부터 다양한 의미를 도출할 수 있다.

분산이란 정확히 무엇일까? 분산은 산술평균과 각 데이터의 편차를 제곱한 것의 평균이다. 예를 들어 15, 35, 40의 수가 있을 때, 이들의 평균은 30이다. 평균과 각 수의 편차는 다음과 같다.

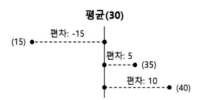

그림 4.3 평균과 편차 예시

편차는 평균과의 차이기 때문에 모두 더하면 당연히 0이 된다. 그래서 편차의 절댓값을 모두 더하고 관측치의 개수인 3로 나눠주면 평균 편차인 10이 나온다. 평균 편차(mean deviation)가 보다 직관적이긴 하지만, 계산기나 컴퓨터를 이용해 계산하는 것이 불편한 이유로 예전부터 분산과 표준편차가 더 일반적으로 사용됐다. 분산은 각 편차를 제곱해서 모두 더한 후 관측치의 개수로 나눠준다. 즉 편차 제곱의 평균값이다.

$$\frac{(-15)^2 + (5)^2 + (10)^2}{3} \approx 166$$

평균 편차는 각 값들이 평균에서 보통 10만큼 떨어져 있다는 것을 바로 알 수 있지만 분산은 제곱 값의 평균이기 때문에 짐작하기가 어렵다. 그래서 분산에 제곱근 값을 구하여 실제 편차의 규모와 유사하게 조정한 것이 표준편차다. 분산과 표준편차는 모집단에서는 σ^2, σ로 표시하고, 표본에서는 S^2, S로 표시한다. 표본의 경우는 관측치의 수(N)가 아닌 **자유도**(n−1)로 나눠줘야 한다.

1920년대에서 1930년대에 걸쳐 벨 연구소에서 근무한 슈하트(W.A. Shewhart, 1891~1967)는 통계적 품질통제(Statistical Quality Control)의 아버지라 불리는 통계학자다. 그는 표준편차의 개념을 사용하여 실제 경영 효율을 높이는 '슈하트 관리도'라는 것을 만들어 냈다. 월 매출이나 전체 샘플 중 불량품의 수 등을 측정하여 평균값보다 표준편차의 3배 크기의 차이(3σ)가 넘게 나면 이상징후로 판단하고 신속한 대처를 하도록 하는 일종의 관리 시스템이었다. 허용치의 상한(UCL; Upper Control Limit)

과 하한(LCL; Lower Control Limit)을 정하고 수치가 이를 넘었을 때, 일반적인 변동량을 넘어섰다고 판단하는 비교적 단순하고 확실한 품질경영 방법이다.

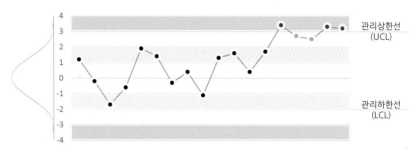

그림 4.4 슈하트 관리도 예시

자유도(degree of freedom)란?

자유도는 자유롭게 선택할 수 있는 숫자의 개수다. 예를 들어 3개의 아무 숫자를 골라 합이 10이 되도록 해야 한다면, 자유도는 2다. 왜냐하면 2개의 숫자는 아무 숫자나 골라도 되지만, 나머지 하나의 숫자는 더했을 때 합이 10이 되는 특정 숫자만 선택할 수 있으므로 자유도가 없기 때문이다. 따라서 전체 세 개 중 하나를 뺀 2가 자유도가 되는 것이다. 모집단의 분산이나 표준편차를 구할 때는 모집단의 수 전체(N)가 자유도가 된다. 하지만 표본의 경우에는 모집단의 평균(μ)이 아닌 표본평균($\bar{X}$)을 통해 통곗값을 산출한다. 그래서 전체 관측치 중 하나는 정해진 표본평균을 맞춰줘야 하기 때문에 자유도를 박탈당한다.

이러한 이론은 다소 이해하기 힘들 수도 있다. 그래서 조금 다른 측면으로 살펴보면, 표본이 모집단보다 분산이 작게 계산되는 경향이 있기 때문이다. 표본을 추출하는 목적이 표본의 통계치로 모집단의 모수를 추정하는 것인데, 표본의 통계치가 심하게 왜곡된다면 표본의 의미가 없어질 것이다. 표본의 분산이 작게 계산되는 것을 완화하기 위해 나눠주는 값을 −1 해줌으로써 모수의 분산과 비슷하도록 조정을 해주는 것이다. 표본수가 증가할수록 분산이 작게 계산되는 경향은 줄어든다. 그에 맞게 −1의 위력도 n이 증가할수록 줄어들기 때문에 표본 수가 많고 적음에 상관없이 자유도(n−1)가 표본의 통계치를 알맞게 조절해 줄 수 있는 것이다.

4.3　산포도와 범위, 사분위수, 변동계수

산포도(dispersion)는 분산도(variation)라고도 불리며 **대푯값을 중심으로 자료들이 흩어져 있는 정도를 의미한다.** 분산과 표준편차를 포괄하는 상위 개념이다. **산포도를 측정하는 방법으로 범위, 분산, 표준편차, 사분위수 범위, 변동계수 등이 있다.** 분산과 표준편차는 앞에서 살펴봤다. 범위는 최솟값부터 최댓값까지를 의미하며 최댓값에서 최솟값을 빼 주면 구할 수 있다. 예를 들어 (7, 4, 12, 23, 8)라는 데이터가 있다면 최댓값은 23, 최솟값은 4이므로 범위는 23-4=19이다.

사분위수(quartile)는 전체 데이터의 순서에 따른 위치 값을 의미한다. 정규분포를 따르지 않거나 산포도가 큰 경우에 사분위수를 자주 사용한다. 사분위수의 범위는 전체 범위를 4개로 나눈 것이다. 예를 들어 1~100까지 데이터가 있으면 1~25는 1사분위수(1Q), 26~50은 2사분위수(2Q), 51~75는 3사분위수(3Q), 76~100은 4사분위수(4Q) 범위에 속하게 된다. 일반적으로 '사분위수'라는 용어는 사분위수 범위를 구분 짓는 경곗값을 의미한다.

- 1사분위수(Q1) = 하위 25% 번째 값(Lower quartile)

- 2사분위수(Q2) = 하위 50%(중앙값(Median))

- 3사분위수(Q3) = 하위 75%(Upper quartile)

- 4사분위수(Q4) = 하위 100%(최댓값)

사분위수 개념은 뒤에서 다룰 박스 플롯(box plot)에서도 중요한 요소로 사용되므로 확실히 익혀 둘 필요가 있다. 1사분위수의 위치는 $(n+1) \times \frac{1}{4}$을 대입하여 구하고 2사분위수(중앙값)의 위치는 $(n+1) \times \frac{2}{4}$, 3사분위수의 위치는 $(n+1) \times \frac{3}{4}$을 대입하여 구하면 된다. 그리고 1사분위수와 3사분위수 사이의 범위를 사분위수 범위(interquartile range, IQR)라고 한다. 사분위수 범위는 전체 데이터의 50%를 포함한다.

그림 4.5 사분위수 개념 예시

사분위수 외에도 데이터 집합을 퍼센트를 이용해서 분할하는 백분위수(percentiles), 전체를 10개의 범위로 나눈 10분위수(deciles)도 산포도를 측정하는 데에 활용한다. 10분위수는 머신러닝 모델 성능 측정 시에도 활용한다.

변동 계수(coefficient of variation, CV)는 표준편차를 산술평균으로 나누어 준 값이다. 표준편차를 평균으로 나누어 줌으로써 다른 두 자료의 산포도를 비교할 수 있다. 두 자료의 평균이 다를 때, 표준편차만으로는 두 자료의 상대적인 데이터 산포 정도를 측정할 수가 없다. 하지만 변동계수는 각 자료의 표준편차와 평균을 함께 활용하기 때문에 서로 다른 자료의 산포도를 비교할 수 있는 것이다.

예를 들어 A집단 30명의 발 사이즈와 키의 산포도를 비교하려 한다면, 표준편차만으로는 산포도를 비교할 수가 없다. 발 사이즈는 보통 평균에서 1cm에서 많아야 3cm 정도씩 차이가 나겠지만, 키는 10cm, 15cm 정도의 범위씩 차이가 날 수 있기 때문이다. 하지만 표준편차를 각각의 평균으로 나누어 주면 변동 값이 표준화되기 때문에 서로의 산포도를 비교할 수 있게 된다. 이러한 변동계수는 경우에 따라서 100을 곱하여 퍼센트(%)로 나타내기도 한다. 한편, 자료의 평균이 0이거나 0에 가까울 경우는 변동계수가 무한히 커지는 일이 발생할 수 있으므로 주의해야 한다.

4.4 왜도와 첨도

분산과 표준편차를 통해 분포의 퍼진 정도를 측정하는 개념에 대해서 알아봤다. 이 외에도 왜도와 첨도라는 개념이 널리 쓰인다. 본격적인 데이터 분석을 시작하기 전에 각 변수의 데이터 분포를 살펴보는 것은 중요하다. 분포를 보는 것만으로도 많은 사전 정보를 얻을 수 있고, 분포가 분석모델이 적절하지 않은 경우에는 사전에 보정을 해줘야 하기 때문이다. 데이터 보정에 관한 내용은 본격적인 데이터 분석 부분에서 다루도록 하겠다.

4.4.1 왜도

왜도(skewness)는 데이터 분포의 좌우 비대칭도를 표현하는 척도다. 즉 데이터의 분포가 얼마나 대칭이 아닌지를 나타낸다. 다음 그림과 같이 데이터의 분포가 왼쪽이나 오른쪽으로 얼마나 치우쳤는지에 대한 정도를 수치로 나타낼 수 있다. 정규분포처럼 분포가 좌우대칭을 이룰수록 왜도값은 작아지고, 한쪽으로 심하게 몰려 있으면 왜도값이 증가한다.

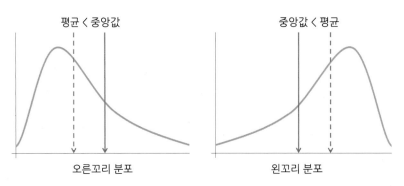

그림 4.6 왜도의 특징

그림 4.6의 왼쪽과 같이 분포가 왼쪽으로 몰려 있고 오른쪽으로 긴 꼬리가 늘어진 형태가 되면 중앙값이 평균보다 크다. 이런 경우에 오른 꼬리 분포(skewed to the right)를 한다고 말한다. 반대로 오른쪽 그림과 같이 평균이 중앙값보다 큰 분포는 왼 꼬리 분포(skewed to the left)를 한다고 한다.

왜도를 측정하는 방법은 여러 가지가 있는데, 피어슨의 비대칭 계수(Pearson's skewness coefficients)가 가장 간단하고 이해하기 쉽다. 평균값, 중앙값, 최빈값 간의 차이를 비교한 후, 그 차이를 표준편차로 나눈 값을 통해 정도를 측정한다. 분포가 어느 정도로 쏠려 있느냐에 따라 평균값과 중앙값, 최빈값 간의 거리가 달라지는 원리를 사용하는 것이다. 이를 수식으로 나타내면 다음과 같다.

$$\frac{3(평균값-중앙값)}{표본의\ 표준편차} \quad or \quad \frac{3(평균값-최빈값)}{표본의\ 표준편차}$$

만약 정규분포라면 평균값과 중앙값, 최빈값이 일치하기 때문에 0이 되고, 분포가 왼쪽으로 치우치고 오른쪽으로 긴 꼬리를 가지면 양수, 반대의 경우에는 음수를 가진다. 보통 0보다 작거나 3보다 크면 데이터가 정규성을 가지지 않는다고 판단한다. 하지만 분야마다 기준이 조금씩 다르고 통계 패키지마다 세팅이 다르기 때문에, 왜도 값은 참고용으로만 사용하고, 정규분포 검정은 다른 방법을 사용하는 것이 좋다.

4.4.2 첨도

첨도(kurtosis)는 분포가 정규분포보다 얼마나 뾰족하거나 완만한지의 정도를 나타내는 척도다. 데이터가 중심에 많이 몰려 있을수록 뾰족한 모양이 되고, 두루 퍼지면 구릉 모양을 띤다. 분산과 표준편차는 데이터의 전반적인 산포경향을 나타내는 것이고, 첨도는 중심에 얼마나 집중적으로 쏠려 있는가를 나타낸다는 차이가 있다.

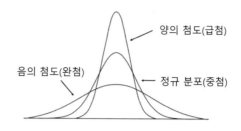

그림 4.7 **첨도의 특징**

첨도 값이 기준보다 크면 양의 첨도 혹은 급첨이라 하고, 작으면 음의 첨도 혹은 완첨이라 한다. 기본적으로는 3이 기준 값이지만, 해석의 편의상 −3을 하여 0을 기준 값으로 하는 경우도 있다. 첨도를 식으로 나타내면 다음과 같다.

$$\frac{\dfrac{\sum_{i=1}^{n} \left(\text{관측치} - \text{표본평균}\right)^4}{\text{전체 관측치 수}}}{\left(\text{표본분산}\right)^2} - 3(\text{경우에 따라})$$

정규분포의 첨도 기준이 0일 경우에는 첨도가 음수로 작을수록 분포는 넓게 퍼져 있게 되고 양수로 클수록 뾰족한 형태의 분포를 갖게 된다.

4.5   표준편차의 경험법칙

일반적인 정규분포에서는 표준편차를 통해 데이터 값들의 범위를 가늠할 수 있다. 이를 경험법칙(empirical rule)이라 하는데, 데이터의 분포가 정규분포로서 종 모양으로 좌우대칭 형태이면 다음과 같은 경험적 사실이 적용될 수 있다.

A. 데이터의 약 68%는 평균으로부터 ±1 표준편차 이내($\mu \pm 1\sigma$)에 속한다.

B. 데이터의 약 95%는 평균으로부터 ±2 표준편차 이내($\mu \pm 2\sigma$)에 속한다.

C. 데이터의 약 99.7%는 평균으로부터 ±3 표준편차 이내($\mu \pm 3\sigma$)에 속한다.

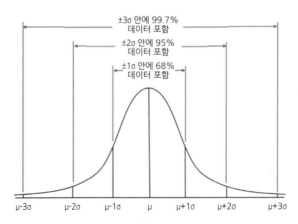

그림 4.8 표준편차의 경험법칙 예시

그림에서 확인할 수 있듯이, 평균으로부터 1표준편차만큼 작은 지점부터 1표준편차만큼 큰 지점 사이에 약 68%의 데이터가 분포해 있다. 이러한 이론을 통해 평균과 표준편차를 가지고 특정 범위의 데이터가 어느 정도의 비중을 차지하는지 유추할 수 있다. 예를 들어 설탕 공장에서 500g짜리 봉지를 생산하는데, 표준편차가 5g이라면 500g과 505g 사이의 설탕 봉지는 전체의 몇 퍼센트일까? ±1 표준편차의 절반의 범위에 속하기 때문에 약 34%에 이를 것이다.

데이터의 약 99.7%가 평균으로부터 ±3 표준편차 이내에 속하기 때문에, 데이터의 최댓값과 최솟값을 추정할 수 있다. 최댓값은 평균에 3표준편차를 더한 값이고, 최솟값은 평균에 3표준편차를 뺀 값으로 추정할 수 있는 것이다. 이를 통해 데이터의 범위는 표준편차의 약 6배에 해당한다는 것을 알 수 있다. 따라서 표준편차의 근사값을 다음과 같이 표현할 수 있다.

$$S \approx \frac{\text{range}(\text{범위})}{6}$$

하지만 경험법칙은 통계적으로 표본의 크기가 최소 100 이상은 되어야 성립한다. 30에서 100 사이에서는 ±2 표준편차, 즉 $S \approx \frac{\text{range}(\text{범위})}{4}$ 가 보다 정확하며, 30 미만의 경우에는 유의미한 범위를 측정할 수 없다. 만약 주어진 데이터가 정규분포가 아니거나 분포를 모를 경우에는 체비셰프의 정리(Chebyshev's theorem)를 적용할 수 있다. 이론에 따르면 분포의 모양과 상관없이 평균값 ±2 표준편차 범위에 반드시 75% 이상의 데이터가 존재하고, ±3 범위에서는 적어도 89%, ±4 범위에서는 적어도 94%가 존재한다. 이 이론은 뒤에서 다룰 중심극한정리와도 관련이 있다.

05

확률과 확률변수

이번 장에서는 확률의 기본 개념과 함께 비조건확률, 결합확률, 조건부 확률 등에 대해 알아보겠다. 이를 통해 표본으로 모수를 추정하는 원리를 파악해 보자. 그리고 이산확률변수와 연속확률변수의 개념을 확인하고 확률 이론의 응용이라 할 수 있는 베이지안 이론과 심슨의 역설에 대해서 알아보자.

5.1 확률의 기본 개념

확률이란 일정한 조건 안에서 특정 사건이 일어날 수 있는 가능성의 정도를 뜻한다. 수치는 0과 1의 범위 사이로 표시한다. 확률 0은 절대 일어나지 않음을 뜻하고 확률 1은 항상 일어남을, 즉 100%를 뜻한다. n 번의 시행 중 사건 A가 번 일어났다면, 사건 A가 일어날 확률 $P(A) = x/n$로 정의할 수 있다.

왜 확률을 알아야 할까? 데이터 분석의 대부분은 모집단 전체가 아닌 표본을 사용한다. 표본을 통해 통계치를 산출할 때는 어느 정도의 오차가 생긴다는 것을 전에 살펴보았다. 이러한 불확실성이 어느 정도인지를 이해하기 위해 확률의 개념을 알 필요가 있다. 지식과 경험을 바탕으로 가능성을 예측(주관적 확률)하거나 주사위를 던져서 특정 숫자가 나올 확률을 판단(객관적 확률)하거나 무수히 많은 실험을 통해 특정 사건이 발생할 수 있는 상대적 확률을 계산(상대 도수 확률)하는 등 확률은 다양한 방법으로 사용될 수 있다.

확률을 이해하기 위해서는 표본 공간과 사건의 개념을 알아 둘 필요가 있다. 표본공간(sample space)은 통계적 실험을 통해 발생할 수 있는 모든 사건의 집합을 뜻한다. 예를 들어, 주사위 두 개를 던져서 나올 수 있는 가능한 모든 사건은 $(1, 1), (1, 2), (1, 3), \cdots (6, 6)$ 총 36가지다. 이 사건들의 집합이 표본 공간이다. 다음으로, 표본 점(sample point)이라고도 불리는 사건(event)은 한 번의 실험을 통해 발생할 수 있는 특정한 결과 혹은 표본공간의 부분집합을 뜻한다. 앞의 주사위 조합 하나 하나가 사건인 것이다. 따라서 사건은 표본공간 밖에서 만들어질 수 없다.

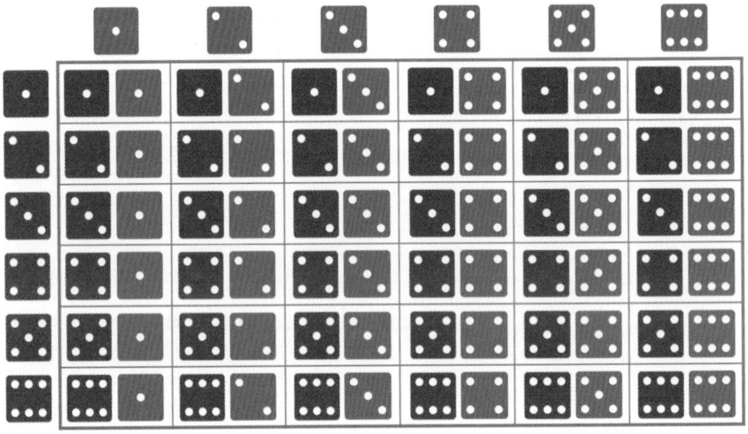

그림 5.1 두 주사위의 표본공간

표본공간의 개념을 조금 더 확장해서 표본추출의 확률에 적용해 보자. 만약 모집단 10개에서 3개를 표본으로 추출할 경우, 특정한 표본이 선택될 확률을 얼마나 될까? 이러한 경우에는 조합(combination)을 이용해 확률을 구할 수 있다. 조합의 수식은 $_nC_r = \dfrac{n!}{r!(n-r)!}$이며, 모집단 10과 표본 3을 대입하면 120의 값이 계산된다. 즉, 특정 표본이 추출될 확률은 $\dfrac{1}{120}$이다. 이처럼 확률은 통계에 있어서 자주 사용되는 개념이며 데이터 분석을 할 때 항상 염두에 두어야 한다.

5.2   확률의 종류

확률을 구하는 경우가 항상 주사위나 동전 뒤집기처럼 단순한 상황만 있지는 않을 것이다. 예를 들어, TV를 생산하는 기업의 제품 A, B, C가 있고 각각은 수원과 대구에서 생산된다고 했을 때, A 제품 전체의 생산비율, 수원에서 생산되는 제품 전체의 생산비율, 대구에서 생산되는 제품이 C일 확률 등 구할 수 있는 확률이 다양하게 존재한다. 일반적으로 확률의 종류에는 비조건 확률, 결합확률, 조건부 확률이 있다.

비조건확률(unconditional probability)은 아무런 조건이 없는 상황에서 사건이 일어날 확률을 뜻한다. 이는 한계확률(marginal probability)이라고도 불리는데, 교차표의 가장자리 여백 쪽에 표시되기 때문에 여백이라는 뜻의 margin이 명칭에 사용된 것이다. 다음 표 5.1에서 확인할 수 있듯이, 별도의 조건 없이 각 제품의 확률 또는 생산지의 확률을 합한 확률이 한계확률이다. 예를 들어 이 기업에서 생산된 제품이 수원에서 생산될 확률은 40%가 되고, 이 기업이 생산한 제품이 B제품일 확률은 30%가 된다. 비조건확률은 P(A), P(B) 등으로 표현한다.

표 5.1 확률 예시를 위한 교차표(전체 제품 1,000 개)

	A 제품	B 제품	C 제품	합계 확률
수원	100 (0.1)	200 (0.2)	100 (0.1)	0.4
대구	200 (0.2)	100 (0.1)	300 (0.3)	0.6
합계 확률	0.3	0.3	0.4	1

결합확률(joint probability)은 표본공간 안에서 일어나는 사건 각각의 조합으로 이루어지는 확률이다. 즉 두 개 이상의 사건이 동시에 일어나는 확률을 뜻한다. 앞의 표에서 생산지가 수원인 동시에 A 제품일 확률이 10%(P = 0.1)인 것과 같은 경우다. 결합확률은 P(A∩B)로 표시하며, 사건의 교집합이라 볼 수 있다.

조건부 확률(conditional probability)은 결합확률과 유사해 보이지만, 하나의 사건이 먼저 발생했다는 조건이 전제된 상황에서 또 다른 사건이 발생할 확률이라는 점에서 차이가 있다. 먼저 조건을 주어 표본공간을 한정 지은 다음, 다른 조건의 확률을 구하기 때문에 조건부 확률은 결합확률보다 확률 값이 높게 측정된다. 예를 들어 수원에서 생산하는 제품 중 C 제품을 생산될 확률을 구한다고 했을 때, 수원에서 생산된 제품은 이미 발생했기 때문에 표본공간은 전체인 1,000이 아닌 수원 제품인 400이 된다. 그래서 C 제품일 확률은 $\frac{100}{400}$, 즉 25%가 되는 것이다. 조건부확률은 동시에 발생하는 결합확률을 첫 번째 조건의 한계확률로 나눠 계산한다. 다시 말해 수원의 C 제품인 결합확률 0.1을 생산지가 수원이라는 한계확률 0.4로 나눠주면, $\frac{0.1}{0.4}$ = 25%가 계산된다. 이는 P(B | A)로 표현하며, 이 중 A가 먼저 전제되는 조건을 의미한다.

5.3   분할과 베이지안 이론

5.3.1 분할

확률의 꽃 베이지안 이론에 들어가기에 앞서, 방금 이야기했던 조건부확률을 분할의 개념으로 좀 더 자세히 살펴볼 필요가 있다. 분할이란, 사건들을 모두 합했을 때 전체 사건들을 포괄하되, 중복이 일어나지 않는 사건들의 집합을 뜻한다. 비슷한 말로 MECE(Mutually exclusive, collectively exhaustive)가 있다. 주사위를 던졌을 때 짝수가 나오는 사건과 홀수가 나오는 사건과 같은 경우가 대표적이다. 그런데 만약 주사위에서 짝수가 나오는 사건과 1이 나오는 사건만 고려한다면, 3과 5가 포함되지 못하므로 분할이 될 수 없다. 그리고 홀수가 나오는 사건과 2 이상의 숫자가 나오는 사건은 3과 5가 중복되므로 역시 분할이 될 수 없다.

이번에는 분할의 개념을 조건부확률과 함께 살펴보자. P(A | B)라는 표현은 B이면서 A인 확률을 B인 확률로 나눠준 것이다. 수식으로 표현하면 다음과 같다.

$$P(A \mid B) = \frac{P(A \cap B)}{P(B)} = \frac{P(A \cap B)}{P(A \cap B) + P(A^c \cap B)}$$

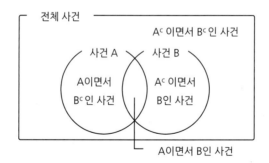

그림 5.2 사건의 분할 예시

이쯤 되면, 학창시절에 배운 집합이 생각날 것이다. 이렇게 전체 사건들을 쪼개서 생각하는 연습이 되어야 베이지안 이론을 수월하게 이해하고 흡수할 수 있다. 베이지안 이론은 기업의 마케팅 캠페인 효과 측정, 상품 가격모델링 등 실무에서 다양하게 쓰일 수 있는 이론이다. 그렇기 때문에 개념을 확실히 알아두면 실제 데이터 분석 프로젝트에 보다 다양하게 접근할 수 있다.

5.3.2 베이지안 이론

베이지안 이론은 영국의 수학자 토마스 베이즈(Thomas Bayes, 1701~1761)가 제시한 확률 이론이다. 사실 베이즈는 수학자보다는 목사였다. 아버지를 따라 신학에 몸담고 있었지만, 취미로 수학 특히 확률을 연구했다. 베이즈 이론은 그가 세상을 떠난 후, 그의 친구에 의해 세상에 알려지게 됐다. 본격적으로 베이지안 이론으로 들어가기 전에, 각 요소의 개념을 확인해 보자.

- **P(A):** A의 사전 확률(현재의 증거)

- **P(B):** B의 사전 확률(과거의 경험)

- **p(B|A):** 사건 A(원인)가 전제됐을 때 사건 B(결과)의 조건부확률(우도 확률, likelihood)

- **p(A|B):** 사건 B(결과)가 발생했다는 조건에서 사건 A(원인)가 발생했을 확률(사후 확률, posterior)

> 사전확률 → 새로운 정보(우도 확률) → 베이즈 정리의 응용 → 사후확률

"사건 발생 전에 이미 가지고 있는 사전확률 p(A)와

우도[1]확률 p(B|A)를 안다면 사후확률 p(A|B)를 계산할 수 있다."

이것이 베이지안 이론의 핵심이다. 즉, 특정한 사건 A가 발생하면 그 사건의 원인이 되는 사건들의 사전확률을 이용하여 사건 A의 원인이 될 수 있는 사후확률을 알아내는 것이다. 다음의 예시를 보면 쉽게 이해할 수 있다.

광고의 예

당신은 제법 규모가 큰 커뮤니티 사이트를 운영하고 있다. 그런데 사이트 규모에 비해 배너광고 수익이 신통치 않다. 광고 클릭률(CTR)이 1%에 불과한 것이다. 그래서 수익을 어떻게 하면 늘릴 수 있을까 고민하던 중, 사이트에 평소 유입되는 남녀의 성비가 남성 80%, 여성 20%라는 정보를 알아냈다. 그래서 남성을 타깃으로 배너광고만 올리면 되겠다 싶었다. 그런데 또 고민이 생겼다. 알고 보니 남성의 광고 클릭률(CTR)은 0.5%인 반면, 여성의 광고 클릭률(CTR)은 무려 3%나 되는 것이었다. 이럴 경우, 어떤 성별을 타깃으로 배너광고를 올리는 것이 더 효과적일까?

---

1 우도(尤度, likelihood): 나타난 결과에 따라 여러 가능한 가설들을 평가할 수 있는 측도. 조건부확률로 표현할 수 있음. 원인(A)이 발생했다는 조건하에서 결과(B)가 발생할 확률 p(B|A).

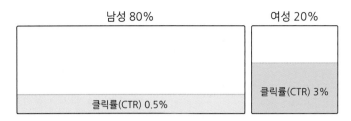

그림 5.3 커뮤니티 사이트의 성비와 클릭률(CTR)

이러한 상황에서 베이지안 이론을 활용하면 광고 전략의 방향을 간단하게 알아낼 수 있다. 먼저 배너광고를 클릭하는 사람 중 남성의 비율이 얼마나 되는지 알아보자.

$$P(\text{남성}|\text{클릭}) = \frac{(\text{클릭}|\text{남성}) \times P(\text{남성})}{P(\text{클릭률})} = \frac{0.005 \times 0.8}{0.01} = 0.4$$

남성의 클릭률과 남성의 확률을 곱해준 다음, 전체 클릭률인 0.01(1%)로 나누어 주었다. 결과는 40%가 나왔다. 나머지 60%는 여성인 것일까? 확인해 보자.

$$P(\text{여성}|\text{클릭}) = \frac{(\text{클릭}|\text{여성}) \times P(\text{여성})}{P(\text{클릭률})} = \frac{0.03 \times 0.2}{0.01} = 0.6$$

계산 결과, 역시 여성이 60%로 나왔다. 따라서 비록 전체 유입 유저의 80%가 남성이지만, 광고를 클릭하는 유저는 여성이 더 많기 때문에(60%), 남성을 타깃으로 배너광고만 올리는 것은 올바른 전략이 아닌 것으로 판단된다. 이 예시는 이해를 돕기 위해 다소 과장이 있다. 그리고 상황이 단순하여 직관으로도 결과를 예상하는 것이 어느 정도 가능하다. 하지만 분류가 단순한 남녀가 아닌 10대 남성, 20대 남성, … 60대 여성 등 복잡하게 나눠지면 베이지안 이론이 매우 유용하게 활용될 수 있다.

질병 양성 확률 구하기의 예

이번에는 베이즈 정리의 개념을 예시로 자주 활용되고 있는 '질병 양성 확률 구하기'로 확인해 보자. A라는 질병이 있다고 해보자. 이 병은 전체 인구의 1%, 즉 10,000명 중 100명 정도가 걸리는 병이다. 어느 날 철수가 병원에서 건강검진을 받았는데, 이 A라는 병에 양성 반응이 나왔다는 진단을 받았다. 철수는 겁에 질려 이 검사의 정확도가 얼마나 되는지 물어봤다. 의사는 정확도가 90%라고 했다. 그러면 철수는 A라는 병에 걸렸을 확률이 90%인 것일까? 다음의 그림을 통해 확인해 보자.

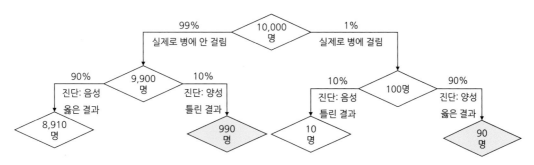

그림 5.4 질병의 발생률과 양성 진단의 정확도에 따른 분류

그림을 보면, 양성으로 진단받은 사람은 1,080(990+90)명이고 양성 판정을 받고 실제로 병에 걸린 사람은 90명이다. 이를 비율로 환산하면 약 8.3%($\frac{90}{1080}$)다. 따라서 철수가 진단에서 양성이 나왔다고 하더라도 실제로 병에 걸렸을 확률은 8.3%에 불과하기 때문에 마음을 가다듬고 다른 병원에서 정밀검사를 해 볼 필요가 있다. 이처럼 베이지안 이론을 활용하여 정확한 결론을 도출하고, 올바른 의사결정을 할 수 있다. 사실 베이지안 이론을 깊이 파고들면 끝이 없지만, 이 정도 기본적인 원리만 이해하고 있어도 데이터 분석의 센스를 확실히 높일 수 있다.

5.4 확률변수의 개념과 종류

앞으로 배울 확률분포를 위해 확률변수(random variable)의 개념을 짚고 넘어갈 필요가 있다. 확률변수는 이름에서도 알 수 있듯이, 확률과 변수의 개념이 합쳐진 것이다. 즉, 측정 값이 변할 수 있는 확률이 주어진 변수가 확률변수다. 표본추출을 어떻게 하는가에 따라 통계량이 달라지는 표본평균이나 표본분산과 같은 것이 대표적인 확률변수라 할 수 있다.

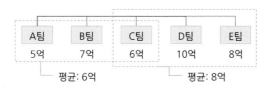

그림 5.5 표본에 따른 확률변수 예시

예를 들어 5개의 팀이 있는 회사의 팀별 작년 이익이 A팀 5억, B팀 7억, C팀 6억, D팀 10억, E팀 8억일 경우, 표본으로 3개의 팀을 표본으로 추출하면 표본 평균이 6억(A, B, C팀)이 될 수도 있고, 8억(C,

D, E팀)이 될 수도 있다. 이처럼 표본 통계량은 확률의 개념이 포함된다. 주사위 실험을 통해서도 확률 변수를 확인할 수 있다. 두 개의 주사위를 던져 나온 값의 합을 나타내는 변수가 있다고 했을 때, 확률변수의 값(x)은 다음과 같이 나온다.

확률 변수의 값	2	3	4	5	6	7	8	9	10	11	12
표본공간	(1,1)	(1,2) (2,1)	(1,3) (2,2) (3,1)	(1,4) (2,3) (3,2) (4,1)	(1,5) (2,4) (3,3) (4,2) (5,1)	(1,6) (2,5) (3,4) (4,3) (5,2) (6,1)	(2,6) (3,5) (4,4) (5,3) (6,2)	(3,6) (4,5) (5,4) (6,3)	(4,6) (5,5) (6,4)	(5,6) (6,5)	(6,6)
확률	$\frac{1}{36}$	$\frac{2}{36}$	$\frac{3}{36}$	$\frac{4}{36}$	$\frac{5}{36}$	$\frac{6}{36}$	$\frac{5}{36}$	$\frac{4}{36}$	$\frac{3}{36}$	$\frac{2}{36}$	$\frac{1}{36}$

이처럼 확률 변수의 값은 표본공간이 크고 작음에 따라 특정 값이 나올 수 있는 확률이 달라진다. 표에서 알 수 있듯이, 두 주사위의 합이 6이 되는 경우가 전체 36개의 경우 중 6개로, 가장 높은 확률을 가지고 있다.

그리고 확률변수는 이산확률변수와 연속확률변수로 구분할 수 있다. 이산확률변수는 앞의 주사위 예시와 같이, 변수가 가질 수 있는 값이 셀 수 있는 실숫값인 변수다. 그리고 변수가 각 실숫값을 가질 수 있는 확률이 주어져 있다. 마치 수열과 같이 a_1, a_2, a_3, …로 이루어지기 때문에 분포를 그려보면 각 값의 지점이 점으로 찍혀서 그려진다. 반면 연속확률분포는 연속형 값을 가지기 때문에 나올 수 있는 값들의 개수를 셀 수가 없다. 즉, 가질 수 있는 값은 무한대(∞)이기 때문에 특정한 값을 가질 수 있는 확률은 0이라 할 수 있다. 따라서 연속확률변수는 특정한 값이 아닌, 특정 구간이 나올 수 있는 확률을 구하는 식으로 접근해야 한다. 자세한 내용은 뒤에서 알아보도록 하자.

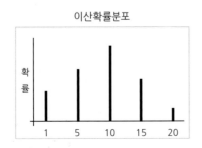
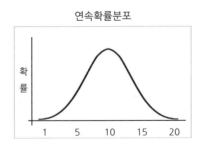

그림 5.6 이산확률분포와 연속확률분포

5.5 심슨의 역설

이 전에 평균에 대해서 배울 때, 평균은 데이터의 모든 정보를 갖고 있는 것이 아니기 때문에 조심해서 해석을 해야 한다고 했다. 마찬가지로 확률이란 요소도 데이터의 정보를 압축해서 보여주는 것이기 때문에 확률의 특성을 고려하지 않으면 잘못된 결과를 도출할 수가 있다. 그러한 대표적 사례로 심슨의 역설(Simpson's Paradox)이 있다. 사람들은 흔히 성공률, 합격률, 당첨률 등등의 정보를 들으면, 그대로 받아들이는 경향이 있다. 하지만 데이터를 자세히 들여다보면 그 데이터의 세부 비중에 따라 전체 대표 확률이 왜곡되는 경우가 생길 수 있다. 다음의 '버클리 대학의 입학 차별' 사례를 살펴보자.

1973년, UC버클리 대학은 대학원 입학 심사 과정에서 성차별이 존재한다고 주장하는 한 여성에게 고소를 당했다. 그 여성은 다음과 같은 입학 자료를 근거로 내세웠다.

	지원자수	합격률
남성	8,442	44%
여성	4,321	35%

표를 확인해 보니, 남성 지원자는 약 8천 명이 지원해서 44%의 인원이 합격했고, 여성은 약 4천 명이 지원해서 35%의 인원만이 합격했다. 9%p의 차이로, 우연이라고 보기에는 무시 못 할 차이로 보인다. 그렇다면 정말 버클리 대학은 여성에게 차별을 두어 여성의 합격률이 낮은 것일까? 이번에는 다음의 학과별 합격률을 확인해 보자.

학과	남성		여성	
	지원자 수	합격률	지원자 수	합격률
A	825	62 %	108	82 %
B	560	63 %	25	68 %
C	325	37 %	593	34 %
D	417	33 %	375	35 %
E	191	28 %	393	24 %
F	373	6 %	341	7 %

학과별로 나누어 상위 학과들의 남녀 학생의 합격률을 보니 6개 학과 중 2개 학과를 제외하고는 모두 여성의 합격률이 높게 나왔다. 어떻게 된 일일까? 대학 전체 합격률을 봤을 때 여성이 낮게 나왔던 이유는, 여성들은 영문학과와 같은 높은 경쟁률의 학과에 주로 지원하는 반면, 남성들은 공과대학 같은 비교적 경쟁률이 낮아 합격률이 높은 학과에 지원했기 때문이다. 그래서 전체를 한꺼번에 보면 여성의 합격률이 낮아 보였지만 개별학과의 합격률은 오히려 여성이 높았던 것이다.

또 다른 예를 들어보자. 어느 기업에서 직원들의 글로벌 역량 강화를 위해 전사적으로 영어 실력 테스트를 진행했다. 출장 등 일정 문제로 테스트를 보지 못한 직원은 따로 추가 테스트를 진행했다. A본부와 B본부 직원들의 테스트 합격률은 다음과 같이 나왔다.

	본 테스트 합격률	추가 테스트 합격률	평균 합격률
A 부서	70%	90%	80%
B 부서	80%	60%	70%

평균 합격률을 보니 A부서의 합격률이 더 높았다. 그렇다면 A부서 직원들의 글로벌 역량이 더 높다고 말할 수 있을까? 이는 '4.1 중심 성향의 측정' 절에서 다뤘던 가중평균과 관련이 있다. 각 테스트에 참여한 인원이 몇 명인가에 따라 실제 평균은 다를 수 있기 때문이다. 만약 각 본부의 테스트 인원이 다음과 같으면 실제 평균 합격률은 B본부가 더 높다.

	본 테스트 합격률	추가 테스트 합격률	가중평균 합격률
A 부서	35/50 (70%)	9/10 (90%)	44/60 (73%)
B 부서	80/100 (80%)	3/5 (60%)	83/105 (79%)

이처럼 데이터를 어떻게 나누고 결합하고 가공하는가에 따라 결과가 정반대로 바뀔 수 있음을 경계해야 한다는 것이 심슨의 역설이다. 통계적 결론이 나왔을 때, 항상 의심을 갖고서 데이터의 원천 단계에서부터 결과의 원인을 확인하는 습관을 갖도록 해야 한다.

확률분포

이번 장에서는 확률분포의 정의와 함께 이산확률분포와 연속확률 분포에 대해서 자세히 알아보겠다. 이산확률분포는 1, 2, 2.5, 7.83과 같이 명확한 값을 갖는 수들의 분포를 의미하며 균등분포, 이항분포, 초기하분포, 포아송분포 등으로 구분된다. 그리고 연속확률분포는 연속적인 공간 안에 확률변수가 가질 수 있는 값이 무한히 많은 분포를 의미하며 정규분포, 지수분포 등으로 구분된다.

6.1 확률분포의 정의와 종류

확률분포는 확률변수가 특정 값을 가질 확률을 나타낸 것이다. 함수로 표현하기도 하며 도수분포표나 그래프로 나타낼 수도 있다. 그래프로 시각화하면 분포의 특성을 직관적으로 이해하기 좋다. **확률분포는 통계적 모형의 기본 토대**라 할 수 있다. 통계 모델을 통해 데이터의 유의성을 판단할 때 데이터의 특정 확률 분포를 가정하고 진행하기 때문이다. 앞에서도 언급했듯이 **확률분포는 확률변수가 가질 수 있는 값들의 특성에 따라 크게 이산확률분포(discrete probability distribution)와 연속확률분포(continuous probability distribution)로 구분된다.** 이산확률분포는 **확률질량함수(probability mass function)**로 표현할 수 있으며 대표적으로 이항 분포, 초기하 분포, 포아송 분포 등으로 나눌 수 있다. 연속확률분포는 **확률밀도함수(probability density function)**로 표현되며 정규(Z) 분포, t분포, 카이제곱(X^2) 분포, F분포, 지수분포 등이 있다.

이산확률분포는 확률변수가 가질 수 있는 값의 개수를 셀 수 있다. 예를 들어 주사위를 던져서 나올 수 있는 경우의 수는 1에서 6까지로 셀 수 있으므로 이산확률분포를 갖는다. 반면 연속확률분포는 키, 시간과 같이 무한히 쪼갤 수 있는 분포를 의미하며 특정 구간 안에서 사건이 발생할 확률을 표현한다. 다음 그림을 통해 대략적인 분포의 형태를 익혀 두자.

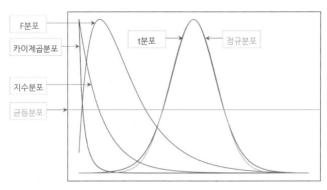

그림 6.1 확률분포의 종류에 따른 형태

그림 6.1을 보면 지수분포의 경우, 확률이 지수적으로 계속해서 감소하는 형태를 보이고 있다. 이러한 분포는 지하철 대기시간과 같은 사례에 적용할 수 있다. 이처럼 데이터가 어떠한 현상에 의해 생겨났는 가에 따라 적용할 수 있는 분포가 달라진다. 정규분포와 거의 동일한 형태를 **가진 t분포는 모집단이 정규 분포를 하더라도 분산(σ^2)을 알 수 없고 표본의 수가 적은 상태에서 평균(μ)에 대한 신뢰구간 추정 및 가 설검정에 쓰이는 분포이다.** 이처럼 모집단의 분포를 알 수 없는 제한된 상황에서 사용하는 분포를 통해 통계적 추론을 하는 것이다. t분포는 정규분포보다 꼬리가 약간 더 두꺼우며 자유도 n에 따라 형태는 조 금씩 변한다. 자유도 n이 커질 때마다 정규분포의 형태에 수렴한다. 관측치가 많으면 결국 정규분포와 동일해지기 때문이다.

표 6.1 이산형 확률분포와 연속형 확률분포

종류	이산형 확률분포	연속형 확률분포
표현 함수	확률질량함수(PMF)	확률밀도함수(PDF)
개념	전체 경우 중 특정 값의 사건이 발생할 수 있는 확률의 크기를 나타냄	전체 경우 중 특정 구간 안에서 사건이 발생할 확률의 크기를 나타냄
특징	특정 값을 가질 확률 계산 가능	특정 값을 가질 확률 계산 불가
주요 분포	이항 분포, 초기하 분포, 포아송 분포	정규(Z) 분포, t 분포, 카이제곱(X^2) 분포, F 분포, 지 수분포

이러한 각 분포의 형태와 원리를 이해하고 있어야 앞으로 배울 머신러닝 모델의 개념을 제대로 익히고 성능을 높이 끌어낼 수 있다. 이제부터 이산확률분포와 연속확률분포의 대표적인 예시들을 확인해 보자.

6.2 이산확률분포

이산확률분포는 이산확률 변수의 확률분포이기 때문에, 실수와 같이 명확한 값을 갖는 분포를 나타낸다.

6.2.1 균등분포

단순한 예를 들어서, 주사위를 던져서 특정 숫자가 나오는 결과를 X라 해보자. 결과 X가 어떠한 값을 가지는지는 $\frac{1}{6}$이라는 명확한 숫자의 확률에 의해 결정되므로 이산확률분포를 가지게 된다. 이 분포를 그래프로 나타내면 다음과 같다.

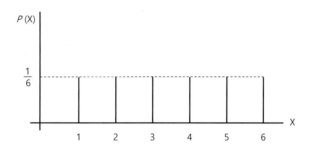

그림 6.2 주사위의 확률분포

이처럼 X가 동일한 확률을 가지는 분포를 **균등분포**(uniform distribution)라 한다. 이제부터 대표적인 이산확률분포인 이항분포, 초기하분포, 포아송분포에 대해서 알아보자.

6.2.2 이항분포

이항분포(binomial distribution)는 이름에서도 알 수 있듯이, 동전의 앞뒤 혹은 성공/실패와 같이 1과 0의 값만을 갖는 분포다. 예를 들어 동전을 5번 던졌을 때 앞면이 1번 나올 확률, 주식 가격이 앞으로 3일간 매일 오를 확률을 구할 때 적용될 수 있다. 이항분포를 이해하기 위해서는 베르누이 시행(Bernoulli trial)의 개념을 짚고 넘어갈 필요가 있다. 베르누이 실행은 이항분포를 나타낼 수 있는, 결과가 두 가지 중 하나만 나오는 시행을 뜻한다. 일반적으로는 시행의 성공에는 1을, 실패에 0을 대응시킨다. 표현을 성공과 실패로 하지만 그것이 좋고 나쁨을 의미하지는 않는다. 베르누이 시행은 각각의 결과가 독립적으로 이루어지기 때문에 처음에 0이 나왔다고 해서 다음에 나올 값에 영향을 받지 않는다. 카지노 게임에서 10번 연속 졌다고 해서 11회 때 이길 확률이 높아지는 것이 아닌 것과 마찬가지다. 그리고 1이 나올 확률과 0이 나올 확률의 합은 항상 1(100%)이 된다.

다시 이항분포 이야기로 돌아가서, 이항분포에 따른 특정 확률 값을 구하기 위해서는 다음과 같은 이항 공식(확률질량함수)을 사용한다.

$$P(X = k) = \frac{n!}{k!(n-k)!} p^k (1-p)^{n-k}$$

- n: 전체 시행 횟수

- X: 성공 횟수를 나타내는 이항확률변수

- k: 성공 횟수

- p: 성공 확률

- 각각의 시행은 상호독립적이다.

- p(성공확률)는 매 시행마다 동일하다.

- n(전체 시행 횟수)은 사전에 정해져 있다.

물론 공식을 완전히 이해하면 좋지만, 개념만 확인하고 넘어가도 무관하다. 수식을 외우는 것이 중요한 것이 아니라, 분석 대상의 데이터가 어떠한 확률분포의 특성을 가지고 있는지를 감지하는 것이 중요하다. 아울러 해당하는 확률함수의 특성을 이해하고 있으면 이항 확률 분석을 하는 것에 큰 무리가 없을 것이다.

6.2.3 초기하분포

초기하분포(hypergeometric distribution)는 이항분포(베르누이 시행)와 달리, 각 시행이 서로 독립적이지 않아서 시행마다 성공할 확률이 달라진다. 왜냐하면 이항분포는 복원추출이지만 초기하분포는 비복원추출이기 때문이다. 복원추출은 표본에서 하나를 추출하고선 다시 표본에 포함시키고 추출하는 방법이다. 그렇기 때문에 매 추출마다 처음의 표본이 그대로 적용된다. 하지만 비복원추출은 한 번 추출하면 다시 채워 넣지 않기 때문에 앞서 추출된 관측치를 제외하고 확률을 계산한다. 예를 들어 남성 2명과 여성 8명으로 이루어진 총 10명의 집단에서 처음에 남성 한 명을 뽑으면 다음에 남성이 뽑힐 확률은 복원 추출의 경우 그대로 $\frac{2}{10}$이지만 비복원추출은 $\frac{1}{9}$이 되는 것이다.

이를 응용하여 좀 더 복잡한 경우에 대입해 보자. A팀 10명, B팀 40명, C팀 50명으로 이루어진 한 회사에서 임의로 10명을 비복원추출로 뽑았을 때 A팀에서 2명이 뽑힐 확률은 어떻게 구할 수 있을까? 우선 전체 100명 중에서 10명을 뽑는 경우의 수는 100 combination 10으로 구할 수 있다. 이 $_{100}C_{10}$이 분모가 되고, 분자는 뽑힌 10명 중 2명은 A팀이고 나머지 8명은 그 외의 팀이 되는 경우의 수가 되어야 한다. 따라서 확률을 수식으로 나타내면 다음과 같다.

$$\frac{_{10}C_2 \times {_{90}C_8}}{_{100}C_{10}}$$

이를 계산하면 A팀에서 2명이 뽑힐 확률은 약 0.4%이다.

6.2.4 포아송분포

포아송분포(poisson distribution)는 일정한 관측 공간에서 특정 사건이 발생하는 횟수를 나타내는 이산확률분포다. 품질관리나 보험상품 개발 등에 주로 사용된다. 예를 들어 새로운 교통사고 보험 상품을 새로 출시하기 위해, 사람들이 특정 연령대 구간에 평균적으로 몇 번의 교통사고를 당하는지 통계적으로 확률값을 구하는 것이다. 그렇게 해야 기업 입장에서 손해를 보지 않으면서, 고객을 유인할 수 있는 합리적인 보험 상품을 개발할 수 있을 것이다.

이항분포나 초기하분포는 총 시행 횟수에 따른 성공과 실패 횟수를 나타내는 반면, 포아송분포는 일정한 시공간 안에서 발생하는 사건의 횟수를 표현한다. 따라서 포아송분포는 성공과 실패, 즉 0과 1의 개념이 존재하지 않으며, 표본의 크기라는 개념 또한 존재하지 않는다. 포아송분포는 다음과 같은 조건을 가지고 있다.

- 발생하는 사건은 양의 정수 형태를 가진다.
- 모든 사건은 독립적으로 발생한다.
- 해당 시공간에서 사건의 발생 비율은 항상 같다.(시공간이 두 배로 늘어나면 발생하는 사건도 두 배로 늘어난다.
- 한 번에 둘 이상의 사건이 발생하지 않는다.

포아송분포는 람다(λ)라는 기댓값을 통해 계산할 수 있다. 람다(λ)는 일정 시공간에서의 평균 사건 발생 횟수를 뜻하며, 평균과 분산에 해당한다. 다음의 포아송분포 확률질량함수 공식을 살펴보자.

$$P(X = x) = \frac{e^{-\lambda}\lambda^x}{x!}$$

- x: 특정 시공간 안에서 발생할 사건의 수

- e: 자연로그의 밑수(2.71828)

- λ: 특정 시공간 안에서의 평균 사건 발생 횟수

예를 들어 어느 콜센터는 10분에 평균 4.5번의 전화가 온다고 했을 때, 이 콜센터에 10분 동안 전화가 7번 올 확률을 구하고자 한다면, 다음과 같이 계산할 수 있다.

$$P(7) = \frac{e^{-4.5}4.5^7}{7!} = 0.0824$$

즉, 이 콜센터에 10분동안 전화가 7번 올 확률은 8.24%인 것이다.

6.3 연속확률분포

앞서 살펴본 이산확률분포는 $\frac{1}{9}$이나 8.24%와 같이 특정 값의 확률을 구하는 것이 가능했다. 하지만 연속확률분포(continuous probability distribution)는 연속적인 공간 안에 확률변수가 가질 수 있는 값이 무한히 많기 때문에, 특정한 값을 가질 확률이 0으로 수렴하게 된다. 자신의 키가 175cm라고 했던 사람의 키가 사실은 정확한 175cm가 아니라 175.254333… cm인 것과 비슷한 이치다. 따라서 연속확률분포는 확률변수 X가 특정 구간(interval)에 속할 확률을 구해야 한다.

만약 10,000명이 속한 집단 A의 키를 조사하여 10cm 단위로 히스토그램을 그리면 다음과 같은 형태가 나올 것이다.

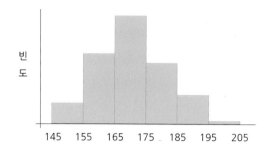

그림 6.3 10cm 단위 키 분포

이를 좀 더 세분화하여 1cm 단위로 히스토그램을 그리면 다음과 같이 조금 더 부드러운 모양의 그래프로 표현될 것이다.

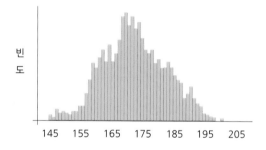

그림 6.4 1cm 단위 키 분포

점점 더 세분화하여 1mm단위, 0.001mm 단위로 쪼개지다 보면 다음과 같은 곡선 형태의 분포가 만들어지게 된다.

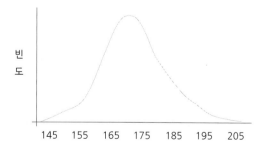

그림 6.5 연속확률의 키 분포

이러한 분포를 연속확률분포 또는 확률밀도곡선이라 표현한다. 전체 분포에서 특정 구간인 a에서 b의 사건이 발생할 수 있는 확률을 구하기 위해서 확률밀도함수(Probability Density Functions, PDF)를 이용한다. 확률밀도함수는 확률변수 X가 가질 수 있는 값과 그에 대응하는 확률을 함수나 표, 그래프로 표현한 것이다. 이산확률분포는 특정 값을 가질 확률을 구하는 것이 가능하기 때문에 확률질량함수를 통해 값의 확률을 구하지만, 연속형 확률분포는 확률밀도함수를 통해 전체 분포 중 특정 면적을 적분을 통해 분리하여 면적의 구간 안에서 사건이 발생할 확률을 계산한다. 다음의 정규분포와 지수분포를 통해 연속형 확률분포에 대해 알아보자.

6.3.1 정규분포

정규분포(normal distribution)는 가장 대표적인 연속확률 분포이다. 통계를 잘 모르는 사람이라도 구릉 모양의 선으로 표현된 분포는 자주 봤을 것이다. 독일의 수학자인 가우스(Karl F. Gauss, 1777~1825)는 물리적 실험에서 발생하는 오차의 확률 분포가 정규 곡선과 같다는 것을 증명하여 정규분포의 개념을 정립했다. 그런 연유로 정규분포를 가우스 분포(Gaussian distribution)라 부르기도 한다.

어느 학교 한 학급의 학생 키 분포, 국내 30세 남성의 수면시간 분포 등 세상의 많은 데이터들은 정규분포로 이루어진다. 자연적인 발생 확률도 정규분포를 따르는 경우가 많다. 다음의 앞면과 뒷면의 이항분포를 가지는 동전던지기 예시를 통해 정규분포를 이해해 보자.

우선 동전을 10번씩 던져서 앞면이 나오는 횟수를 구하고, 이를 무수히 반복했다고 가정해 보자. 아마 앞면이 4, 5, 6번 나오는 경우가 많을 것이고, 0번 혹은 10번 모두 앞면인 경우는 매우 드물 것이다. 이를 막대그래프로 표현하면 다음과 같다.

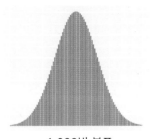

10번 분포   1,000번 분포

그림 6.6 동전을 10번, 1,000번씩 던졌을 때 앞면이 나오는 횟수 분포

정규분포와 매우 유사한 모양을 보인다. 이번에는 횟수를 늘려서 동전을 1,000번씩 던졌다고 가정해보자. 앞면이 500번가량 나온 경우가 많을 것이고, 극단적인 경우는 적을 것이다. 이를 그래프로 나타내면 부드러운 곡선 형태로 분포가 나타난다. 이렇게 동전을 던지는 횟수를 무한이 늘리면 정규분포 형태가 만들어진다. 이는 확률이 동일하지 않은 찌그러진 동전의 경우라도, 중심의 위치가 다를 뿐 마찬가지로 정규분포를 나타내게 된다. 이러한 원리를 통해 모집단에서 추출한 표본에서 계산된 평균과 비율도 정규분포를 따른다.

정규분포가 성립하기 위해서는 몇 가지 조건을 만족해야 한다. 정규분포는 평균과 표준편차에 따라 형태가 조금씩 다르지만, 평균을 중심으로 좌우 대칭의 종 모양의 형태를 가지고 있다. 그러므로 평균과 중앙값, 최빈값이 같다. 그리고 평균을 기준으로 좌우로 1 표준편차($\mu \pm \sigma$) 안에 68.26%의 확률변숫값이 포함된다. 예를 들어 평균이 30이고 표준편차가 5라면, 25~35 안에 약 68%의 값이 포함되는 것이다. 2 표준편차($\mu \pm 2\sigma$) 안에는 95.44%, 3표준편차 안에는 99.74%가 포함된다. 이는 앞서 살펴봤던 표준편차의 경험법칙과 유사하다.

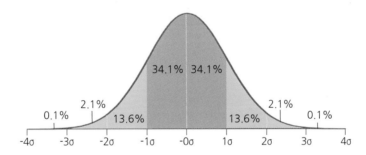

그림 6.7 정규분포 예시

경영 이론 중 품질혁신을 뜻하는 식스시그마(6σ)의 뜻은 평균에서 좌우로 ±6 표준편차의 확률만큼 제품의 품질을 유지한다는 의미를 가지고 있다. 이는 제품 1,00만 개당 3.4개 이하의 불량을 목표로 하는 것으로 거의 무결점 수준의 품질을 이루고자 하는 것이다. 앞의 조건들이 무조건 정확히 일치해야 할 필요는 없지만, 표준편차 범위에 속하는 데이터의 비중은 정규분포의 조건으로 중요하다.

이처럼 정규분포는 그래프의 면적을 계산해 확률을 구한다. 분포의 평균과 분산에 따라 형태에 차이가 나게 되고, 다른 분포끼리 비교를 하고 면적을 계산하는 것은 복잡하고 어렵다. 이러한 불편을 줄이기 위해서는 정규분포를 일괄적인 기준으로 '표준화'를 시켜야 한다. 이렇게 표준화된 정규분포를 표준정규분포(standard normal distribution)라 한다. 각기 다른 정규분포간 비교의 동질성을 만들기 위해 평균이 0, 분산이 1인 표준정규분포의 형태로 변환을 해준다. 확률변수 X의 편차$(X - \mu)$를 표준편차(σ)로 나누어 확률변수를 표준화한 값(Z)으로 변환하면 표준정규분포가 된다. 이를 통해 정규분포상의 구간확률을 쉽게 구하고 비교할 수 있다.

6.3.2 지수분포

지수분포(exponential distribution)는 특정 사건이 발생한 시점으로부터 다음 사건이 발생할 때까지의 시간을 확률변숫값으로 하는 분포를 뜻한다. 앞의 이산확률분포 부분에서 다뤘던 포아송분포가 특정 사건이 발생하는 횟수를 나타내는 변수였다면, 지수분포는 발생하는 사건 다음 사건이 일어날 때까지 대기 시간을 다룬다는 것에 차이가 있다. 길이나 무게는 무한히 쪼갤 수 있듯이, 시간도 특정 구간에 무한한 변숫값이 존재할 수 있으므로 시간을 나타내는 지수분포는 연속확률분포다. 예를 들어 A 가전업체의 A/S센터에 전화가 걸려온 후 다음 전화가 걸려올 때까지의 시간에 대한 확률변수를 그래프로 나타내면 다음과 같은 형태가 될 것이다.

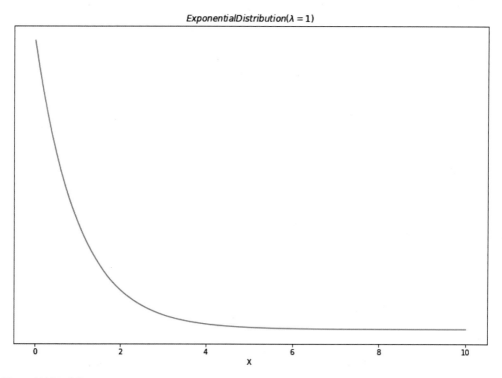

그림 6.8 지수분포 예시

지수분포 그래프에서 알 수 있듯이, 확률변수 X인 시간이 증가할수록 사건이 발생할 확률이 지수적으로 감소하고 있다. 오랜 시간이 지날수록 전화가 한 번도 걸려오지 않을 확률은 매우 적어진다는 의미다. 지수분포는 표준정규분포처럼 절대적인 기준이 없고 평균에 따라 기울기가 정해진다. 지수분포는 포아송 분포와 밀접하게 연관되어 있으므로, 앞에서 다뤘던 포아송분포의 확률밀도함수 기호인 람다(λ)를 사용한다.

지수분포의 확률밀도함수는 $f(x)=\lambda e^{-\lambda x}$로 나타낸다.

- x: 사건과 다음 사건 사이의 시간의 확률변수

- e: 자연로그의 밑수(2.71828)

- λ: 특정 시공간 안에서의 평균 사건 발생 횟수

포아송분포에서 일정 시간동안 평균적으로 발생하는 사건의 횟수를 뜻했던 λ에 역수를 취하면 하나의 사건이 발생한 후, 다음 사건이 발생하기까지의 평균 소요 시간이 된다. 평균을 제곱하면 분산이 되며, 분산에 제곱근을 취한 값인 표준편차는 평균과 동일하다. 이를 정리하면 다음과 같다.

$$\text{지수분포의 (소요시간) 평균: } \mu = \frac{1}{\lambda}$$

$$\text{지수분포의 (소요시간) 분산: } \sigma^2 = \frac{1}{\lambda^2}$$

$$\text{지수분포의 (소요시간) 표준편차: } \sigma = \sqrt{\frac{1}{\lambda^2}}$$

그렇다면 지수분포상의 실제 확률을 구하려면 어떻게 해야 할까? 우선 확률 분포의 경우를 3가지로 나누어 상황에 맞게 적용해야 한다.

1. t 시점 이전에 발생할 확률 $(1-e^{-\lambda x})$

2. t 시점 이후에 발생할 확률 $(e^{-\lambda x})$

3. t 시점과 t' 시점 사이에 발생할 확률 $(-e^{-\lambda x}) - (-e^{-\lambda x})$

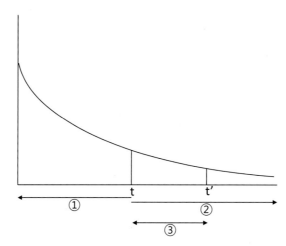

그림 6.9 **지수분포의 확률 발생 경우 예시**

예를 들어 A 가전업체의 A/S센터에 1시간당 평균 5회의 전화가 걸려온다면, 전화 간의 평균 시간 간격은 0.2 시간이 된다. 이는 λ=5이고, $\frac{1}{\lambda} = \frac{1}{5} = 0.2$으로 정리할 수 있다. 즉 포아송분포의 평균 λ은 5이며, 지수분포의 평균은 0.2가 되는 것이다. 이러한 조건에서 전화가 걸려온 후, 30분 이내에 전화가 올 확률은 $1-e^{-5\times0.5}$=1−0.08208=0.918으로 계산할 수 있다. 다시 말해 91.8%의 확률로 전화 후에 30분 안에 또 전화가 올 것이라 해석할 수 있다.

6.4 중심극한정리

지금까지 분포들의 특성에 대해 알아보았다. 실제 분석 프로젝트에서 사용하는 데이터는 분포 형태가 다양하고 편중이 심한 경우도 자주 나타난다. 그런데 통계적 추론과 검증을 위한 대부분의 분석 모델은 데이터가 정규분포라는 가정하에 이뤄진다. 따라서 분석을 위한 데이터는 최대한 정규분포와 일치하는 형태가 되어야 한다. 이를 위한 개념이 바로 중심극한정리(Central Limit Theorem, CLT)이다.

중심극한정리는 데이터의 크기(n)가 일정한 양(예를 들어 30개)을 넘으면, 평균의 분포는 정규분포에 근사한다는 이론이다. 다시 말해 모집단으로부터 무작위로 표본을 여러 번 추출한 다음, 추출된 각각의 표본들의 평균을 분포로 그려보면 정규분포의 형태를 가진다는 것이다.

여기서 주의해야 할 점은 표본의 양이 충분하면, 표본의 평균이 모집단의 평균과 유사해진다는 뜻이 아니라는 것이다. 표본을 여러 번 추출했을 때, '각각의 표본' 평균들의 분포가 정규분포를 이룬다는 것이다. 처음 들으면 바로 이해하기 어려울 수 있다. 다음의 예시를 살펴보자.

A 지역에는 총 100가구가 살고 있다. 이 지역의 표본을 추출하여 평균 가구 수익을 추정하고자 한다. 만약 한 가구만 표본으로 추출한다고 하면 총 100 종류의 표본을 뽑을 수 있을 것이다. 이렇게 추출한 100개의 표본들 각각의 평균을 분포로 그리면 A지역의 가구 수익 분포와 동일한 모양을 가진다. 10가구씩 추출한 표본들의 평균에 대한 분포는 모집단 평균을 기준으로 어느 정도 몰려 있는 완만한 형태의 종 모양을 보인다. 그렇다면 50가구씩 표본 추출을 했을 때는 평균이 어떤 분포를 보일까? 다음의 그림과 같이 정규분포와 흡사한 형태를 보이게 된다. 그리고 만약 90가구씩을 표본으로 뽑는다면 각 표본은 모집단과 매우 유사하기 때문에 평균들이 별 차이가 없을 것이다. 그렇기 때문에 표본 평균의 분포는 바늘처럼 뾰족하게 가운데에 모여 있는 모양을 하게 된다.

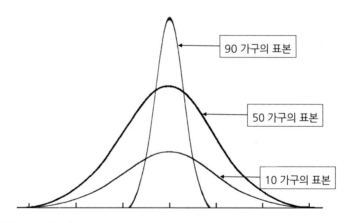

그림 6.10 표본의 양에 따른 표본 평균의 분포

이처럼 표본이 일정 수준 이상의 크기가 되면 표본 평균의 분포가 정규분포에 가까워지게 되기 때문에 전수조사 없이도 표본 평균의 분포를 파악할 수 있다. 이를 통해 모평균의 신뢰구간을 쉽게 구할 수 있다. 일반적으로 표본의 크기가 30 이상이 되면 표본 평균이 정규분포를 한다고 가정한다. 하지만 모집단의 분포가 극단적인 경우에는 더 많은 표본이 필요할 수도 있으므로 되도록 충분한 표본의 수를 확보하는 것이 좋다. 중심극한정리는 통계학에 있어 추정과 가설검정을 위한 핵심적인 이론이라 할 수 있다.

모집단의 분포가 어떤 형태를 가지고 있는지 모르더라도, 표본을 충분히 추출한다면 표본 평균들의 분포가 정규분포를 이루기 때문에 통계적 추정이 가능해진다. 앞에서 배운 정규분포의 좌우 1시그마 포함 비중을 응용해 보자. 예를 들어 만약 추출한 표본의 평균이 87이라면 모수의 실제 평균이 87 $\pm 1\sigma$일 확률은 68%라고 추정할 수 있다.

이러한 원리를 통해 앞으로 다룰 가설검정을 할 수 있으며, 더 나아가 데이터과학을 위한 예측 모델링 등을 할 수 있다. 이렇게 통계는 데이터과학과 면밀히 연결되어 있다. 지금은 필요성을 잘 느끼지 못하더라도, 원리를 잘 이해하고 넘어가면 데이터 분석을 하는 데에 많은 도움이 될 것이다.

가설검정

이번 장에서는 귀무가설과 대립가설의 개념을 익히고 가설 설정부터 대립가설의 채택 및 기각 까지의 가설검정 절차를 살펴본다. 그리고 가설검정을 위한 필수 요소인 유의수준과 p값에 대해서 알아본다. 유의수준과 p값은 대립가설을 채택하거나 기각할지를 판단하는 기준이다. 이를 통해 왼쪽꼬리검정, 양측검정, 오른쪽꼬리검정을 하는 방법을 익힌다. 마지막으로 대립가설의 채택이나 기각이 잘못됐을 때를 의미하는 1종 오류와 2종 오류에 대해서 알아보겠다.

7.1   귀무가설과 대립가설

앞에서 통계는 기술통계와 추론통계로 구분할 수 있고, 추론통계는 통계량을 사용하여 검정을 하는 것이라 했다. 검정을 하려면 검정을 하기 위한 주제가 필요하다. 검정하고자 하는 주제가 곧 가설(Hypothesis)이다. 가설이란 연구문제에 대한 잠정적 결론이다. 대부분의 연구나 데이터 분석은 알고 싶은 정답을 미리 가설로 설정하고, 그 가설이 정말 맞는지를 검정하는 방식으로 진행된다. 가설은 둘 혹은 그 이상의 변수들 간의 관계에 대한 잠정적 결론이다.

예를 들어, '컴퓨터 게임 시간'이라는 독립변수가 있고, '성적'이라는 종속 변수가 있다면, '컴퓨터 게임 시간이 길어질수록 성적은 낮아질 것이다.'라고 가정할 수 있다. 이러한 잠정적인 결론이 가설인 것이다. 일반적으로 가설은 연구나 데이터 분석의 목적이 설정되면 자연스럽게 뒤따라오게 된다. 만약 A학교 학생들의 성적이 부진하여, 학생들의 성적을 향상시키는 것이 목적이라면, 이 목적을 이루기 위한 다양한 가설을 다음과 같이 설정할 수 있다.

- 컴퓨터 게임 시간이 짧아질수록 성적이 향상될 것이다.

- 선생님과 면담시간이 길어질수록 성적이 향상될 것이다.

- 자율학습 시간에 휴대폰 사용을 통제하면 성적이 향상될 것이다.

- 통학 거리가 짧을수록 성적이 향상될 것이다.

- 성적 목표를 구체적으로 설정하면 성적이 향상될 것이다.

'컴퓨터 게임 시간이 짧아질수록 성적이 향상될 것이다.'와 같이 굳이 가설 검정을 하지 않더라도 그럴 것 같은 가설을 설정할 수도 있고, '성적 목표를 구체적으로 설정하면 성적이 향상될 것이다.'와 같이 확실하지는 않지만 의미가 있을 것 같은 것도 가설로 설정할 수 있다. 이러한 가설은 데이터 분석의 나침반이 된다. 가설을 통해 어떤 데이터를 수집해야 하고, 어떤 방향으로 분석을 해야 할지 알 수 있다.

데이터 분석적 측면으로 좀 더 구체적으로 이야기하자면, 우선 데이터 분석은 목적성에 따라 네 가지로 분류할 수 있다.

- **기술적 분석(Descriptive Analytics):** 과거나 현재에 어떤 일이 일어났는지를 파악하기 위한 분석. 데이터의 분포, 추세 등을 분석하여 상황을 모니터링한다.

- **진단적 분석(Diagnostic Analytics):** 과거나 현재에 발생한 사건의 원인을 밝히기 위한 분석. 데이터 간의 관계를 분석하여 인과관계를 찾는다.

- **예측 분석(Predictive Analytics):** 기계학습 모델 등을 사용하여, 미래에 어떤 일이 어느 정도의 확률로 일어날지를 예측한다. 현재는 알 수 없는 결과의 가능성을 파악한다.

- **처방적 분석(Prescriptive Analytics):** 예측되는 미래의 결과를 위해 어떻게 하면 좋을지 처방하기 위한 분석. 제한된 자원을 효과적으로 활용하여 최적의 성과를 낼 수 있도록 방향을 도출한다.

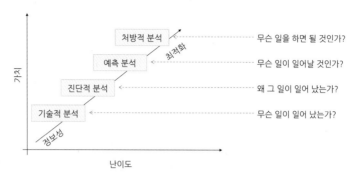

그림 7.1 가트너 분석 단계 모델(Gartner analytics ascendancy model)

기본적인 데이터 확인 수준의 기술적 분석부터, 방향성까지 제시하는 처방적 분석이 있다. 기술적 분석을 제외하고는 모두 가설 설정이 필요하다. 데이터 간의 인과관계를 밝히는 진단적 분석도 '변수 A와 변수 B는 관계가 있을/없을 것이다'라는 가설이 필요하다. 예측 분석과 처방적 분석도 어떤 요소의 변수가 발생할 일, 성과 등에 얼마만큼의 영향을 미칠 것이라는 가설을 설정하여 가설검정을 하는 프로세스로 데이터 분석이 진행된다.

통계학 가설 검정의 궁극적인 목표는 기존의 주장이 옳은지 아니면 새로운 연구나 분석을 통한 주장이 맞는지를 검정하는 것이다. 그러므로 기존의 주장과 새로운 주장에 대한 두 가지 가설이 필요하다. 그 개념이 귀무가설(Null hypothesis)과 대립가설(Alternative hypothesis)이다. 귀무가설은 H_0으로 표기하며, 새로이 증명하고자 하는 가설과 반대되는 가설을 뜻한다. 즉, 집단 간 차이가 없거나 변수의 영향력이 없는 상태를 의미한다. 앞에서 예로 들었던 '컴퓨터 게임 시간이 짧아질수록 성적이 향상될 것이다.'라는 가설을 설정하고자 한다면, '컴퓨터 게임 시간과 성적은 관련이 없다.'가 귀무가설이 된다. 마치 무죄 추정의 원칙과 같이 충분한 증거가 있기 전까지는 귀무가설이 옳은 것으로 가정한다.

- 귀무가설(Null hypothesis): 증명하고자 하는 가설과 반대되는 가설로써, 효과와 차이가 없는 가설을 의미

- 대립가설(Alternative hypothesis): 귀무가설이 기각됐을 때 대안적으로 채택되는 가설(귀무가설과 반대되는 가설)

H_1 혹은 H_a로 표기하는 대립가설은 말 그대로, 귀무가설과 대립되는 결과에 대한 가설이다. 즉, '컴퓨터 게임 시간이 짧아질수록 성적이 향상될 것이다.'가 증명하고자 하는 대립가설이다. 귀무가설과 대립가설은 1900년대 중반 통계학자 로널드 피셔(Ronald Fisher)가 정의한 개념이다. 통계 기반의 가설검정은, 자신이 옳다고 주장하는 내용과 정반대의 가설인 귀무가설을 세우고 가설검정을 하여 귀무가설이 잘못된 것임을 밝힌다. 귀무가설이 옳지 않다면, 반대되는 주장의 대립가설이 옳다고 볼 수 있으므로 이러한

방식으로 가설 설정을 하는 것이다. 이렇게 하는 이유는 대립 가설이 참임을 증명하는 것보다, 귀무가설이 참이 아님을 증명하는 것이 훨씬 쉽기 때문이다.

7.2 가설검정의 절차

앞에서 귀무가설과 대립가설의 개념에 대해서 알아보았다. 그럼 어떤 방식으로 가설검정을 하여 귀무가설을 기각하고 대립가설을 채택하는 절차를 거치는 것일까? 가설검정은 그림 7.2와 같은 절차로 진행된다.

그림 7.2 가설검정의 절차

먼저 검정하고자 하는 가설을 설정한다. 귀무가설은 '차이가 없다.', '영향력이 없다.', '연관성이 없다.'와 같이 설정하고, 대립가설은 '차이가 있다.', '영향력이 있다.', '연관성이 있다.'와 같이 설정한다. 가설을 설정한 뒤에는 귀무가설을 기각하거나 채택하기 위한 기준인 유의수준을 설정한다. 유의수준은 귀무가설이 맞거나 틀린 것을 판단하기 위한 통곗값이다. 유의수준에 대한 개념과 가설 검증 방법은 다음 절에서 다룰 것이다. 유의수준은 일반적으로 0.1, 0.05, 0.01 등으로 설정한다. 가장 흔히 사용되는 기준은 0.05다. 이 의미는, 표본의 통계치가 귀무가설과 같이 나올 확률이 5% 미만이라는 뜻이다. 공식적인 표기 방법은 앞의 '0'을 생략하여, $p > .05$로 표기한다.

유의수준을 설정한 뒤에는 통계 모델을 통해 실험을 수행한다. 집단 간의 평균 차이를 검정하기 위해서는 t-test나 ANOVA를 사용하고, 종속변수에 대한 독립변수의 영향력을 검정하기 위해서는 회귀모델을 사용하는 등, 데이터 형태와 분석 목적에 따라 알맞은 모델을 설정한다. 이러한 방법론들은 이 책의 뒷부분에서 자세히 다룰 것이다. 통계적 검증을 통해 유의확률, 즉 p값(p-value)이 산출됐으면, 앞에서 설정한 유의 수준을 통과하는지 확인한다.

유의수준을 0.05로 설정했다면, p값이 0.05보다 작을 때 귀무가설을 기각하고 대립 가설을 채택한다. 만약 p값이 유의수준보다 높게 나왔다면, 귀무가설과 같은 결과가 나올 확률이 높다는 뜻이므로, 대립가설을 채택할 수 없다. 귀무가설과 p값은 약물 효능 검증 등의 의학 분야에서도 활발히 사용되고 있다. 예를 들어 혈압 개선 약품의 효과를 검정하고자 한다면, 실험군에게는 해당 약품을 처방하고, 대조군에게는 위약(Placebo)을 처방한다. 그랬을 때, 대조군은 실험 전과 후의 혈압이 차이가 없다는 귀무가설이 채택되고, 실험군은 귀무가설이 기각된다면, 이 혈압 개선 약품은 효능이 있는 것으로 판단한다. 이와 함께 그 차이가 어느 정도 나는지, 편차는 어느 정도 되는지 등을 함께 분석한다.

이를 예로 가설 검정 프로세스를 나열하면 다음과 같다.

가설 설정

- 귀무가설: 혈압 개선 약품을 먹었을 때, 혈압의 변화가 없을 것이다.
- 대립가설: 혈압 개선 약품을 먹었을 때, 혈압이 변화할 것이다.

유의수준 설정

- 보편적 기준인 p값(p-value) 〈 .05로 설정

실험 수행

- 실험군 집단의 투약 전과 후의 혈압 평균 t-test
- 대조군 집단의 투약 전과 후의 혈압 평균 t-test

검정 통계량 산출

- 실험군의 p값: 0.001
- 대조군의 p값: 0.21

대립가설 기각/채택 판단

위약을 투약했던 대조군은 실험 전과 후의 혈압 차이가 없었으나, 실험군은 유의수준 내에서 차이가 있으며 혈압이 감소했으므로 귀무가설을 기각하고, 대립 가설 채택

7.3   가설검정의 유의수준과 p값

가설검정은 모집단에 대한 가설이 통계적으로 옳은가를 판별하기 위한 방법이다. 좀 더 자세히 정의하면, 모집단에서 표본을 추출하여 얻은 표본 통계량으로 모집단의 모수가 귀무가설과 맞지 않고 연구가설에 합당한지 판단하기 위한 평가 방법이다. 앞에서 알아봤듯이 귀무가설에 대한 p값(p-value)이 유의수준(Significance level) 안에 들어오는지에 따라 가설의 기각과 채택을 판별한다. 표본의 통계량을 사용하기 때문에 귀무가설을 기각하거나 채택하는 것은 표본의 통계량이 나올 확률을 통해 판단한다. 따라서 표본의 크기에 따라서 같은 통계치라도 귀무가설을 채택할 수도, 기각할 수도 있다.

예를 들어, A 마트와 B마트의 평균 고객 체류 시간이 같지 않은지를 가설검정 하고자 했을 때, 10명의 표본으로 산출된 50분과 55분은 차이가 없다는 귀무가설을 채택할 수도 있다. 반대로 1,000명의 표본으로 산출된 50분과 55분은 차이가 없다는 귀무가설을 기각하여 대립가설을 채택할 수도 있다. 이러한 이유는 가설검정이 표본 통계량을 사용하여 유의수준과 p값을 통해 이루어지기 때문이다.

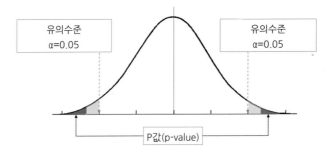

그림 7.3 유의수준과 p값 개념 예시

그림 7.3과 같이 표본의 검정 통계량이 분포상 어디에 들어가는가에 따라 귀무가설을 채택할지 기각할지 판단한다. 유의수준을 0.1로 설정했다면, 분포상 양쪽으로 0.1을 2로 나눈 0.05 지점이 귀무가설을 채택 및 기각하는 기준점이 된다. 가설검정에 의한 p값이 유의수준보다 적은 값으로 나오면 귀무가설을 기각하고, 그 이상으로 나오면 귀무가설을 채택한다. 즉, 유의수준에 따라 채택역과 기각역이 설정된다. 표본에 대한 검정 통계량을 산출해서 실제로 가설검정을 하는 방법은 뒤의 분석 방법론 챕터에서 자세히 다룰 것이다.

유의수준과 반대되는 기준이 신뢰수준(Confidence level)이다. 예를 들어, 모평균(μ)을 추정하기 위해 100번의 실험(샘플링)을 수행했다고 해보자. 실험을 통해 얻은 100개의 표본 평균과 표본 분산이 있을 것이다. 이때 유의수준을 0.05로 설정했다면, 100번의 실험 중 귀무가설이 참임에도 불구하고 귀무가설을 기각하는 오류의 최대 허용 한계를 5번으로 한다는 뜻이다. 유의수준이 0.05면 신뢰수준은 0.95가 된다. 유의수준과 신뢰수준을 합하면 100%가 된다.

가설검정에서 추가적으로 고려해야 할 사항이 있다. 가설검정은 귀무가설의 기각역을 어느 쪽으로 설정하는가에 따라 왼쪽꼬리 검정, 오른쪽 꼬리 검정, 그리고 양측 검정으로 구분된다. 예를 들어, 'A 마트의 일평균 고객이 1,000명이다.'라는 귀무가설을 검정한다고 해보자. 대립가설은 '일평균 고객이 1,000명이 아니다.'가 되기 때문에 1,000명보다 작거나 많을 때 귀무가설을 기각한다. 따라서 이런 경우는 양측 검정에 해당된다.

만약 귀무가설이 'A 마트의 일평균 고객이 1,000명 이상이다.' 라면, 대립가설은 '일평균 고객이 1,000명 미만이다.'가 된다. 그러므로 표본의 검정 통계량이 1,000명보다 적은 경우에만 귀무가설을 기각한다. 이런 경우는 단측 검정(왼쪽꼬리 검정)에 해당된다. 즉, 가설이 '다르다($\neq$)'면 양측검정, '크다($>$)'거나 '작다($<$)'와 같이 한쪽만을 검정하는 경우를 단측 검정이라 한다.

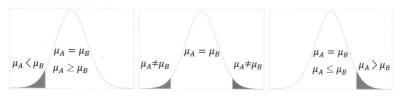

그림 7.4 왼쪽꼬리검정, 양측검정, 오른쪽꼬리검정

유의수준이 0.05라면, 양측검정 시, 0.025씩 두 구간으로 귀무가설 기각 영역이 설정된다. 되도록이면 양측검정보다는 단측 검정을 시행하는 것이 바람직하다. 양측검정은 통계량이 같지 않다는 것만 알 수 있는 반면, 단측 검정은 크거나 작은 방향성에 대한 정보가 포함되기 때문이다. 또한 물론 실제 검정 상황에서는 사전에 방향성을 설정하기 어려운 경우가 많기 때문에, 상황에 따라 적정한 검정 방법을 선택해야 한다.

7.4 1종 오류와 2종 오류

앞에서 가설검정은 확률을 통해 가설을 기각하거나 채택한다고 했다. 이렇게 확률을 통해 판단을 하기 때문에 가설 검정이 100% 확실하다고 할 수는 없다. 실제로는 귀무가설이 옳음에도 불구하고 틀렸다고 검정 결과가 나올 수도 있고, 귀무가설이 잘못됐음에도 옳다고 결과가 잘못 나올 수도 있다. 이러한 경우를 1종 오류(Type Ⅰ Error)와 2종 오류(Type Ⅱ Error)라 한다.

- **1종 오류:** 귀무가설이 참임에도 불구하고 귀무가설을 기각하는 오류.
  (실제로 효과가 없는데 효과가 있다고 판단)

- **2종 오류:** 귀무가설이 거짓임에도 불구하고 귀무가설을 채택하는 오류.
  (실제로 효과가 있는데 효과가 없다고 판단)

1종 오류가 발생할 확률은 α로 나타낸다. 이 값은 유의 수준과 동일한 지표다. 따라서 α가 0.05이면 귀무가설을 잘못 기각할 확률이 5%라는 것을 뜻한다. 1종 오류를 줄이기 위해서는 유의수준의 기준 값을 더 낮추면 된다. 단순한 귀무가설에서 α는 1종 오류가 일어날 확률을 뜻하지만, 복합적인 귀무가설의 경우에는 α가 1종 오류가 발생할 확률의 최대치를 의미한다.

2종 오류가 발생할 확률은 β로 나타내며, 가설검정의 검정력(power)이 커질수록 줄어들게 된다. 검정력은 귀무가설이 거짓일 때 귀무가설을 기각할 확률을 의미하며, 유의 수준, 즉 기각역이 주어지면 표본이 늘어나지 않는 이상 자동으로 결정된다. 따라서 유의수준을 정한다는 것은 검정력을 정한다는 것과 같은 의미다.

α와 β값은 서로 트레이드오프 관계다. 표본의 크기가 동일한 상태에서 α값을 감소시키면 상대적으로 β값이 증가하게 되고, α값을 증가시키면 β값이 감소한다. 따라서 1종 오류와 2종 오류 중 어느 것을 중점적으로 볼지에 따라 기준이 달라질 수 있다.

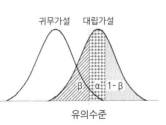

그림 7.5 1종 오류와 2종 오류의 개념 예시

일반적으로 유의수준(α)은 0.05, 1-검정력(β)은 0.2 기준을 사용하며, 1종 오류를 2종 오류보다 더 중요하게 생각한다. 1종 오류는 기존의 명제인 귀무가설을 잘못 판단하기 때문에 문제가 더 커질 수 있다. 예를 들어, 7.2절에서 예시로 들었던 혈압 개선 약품을 테스트한다고 했을 때, 실제로는 이 약이 효과가 없음에도 효과가 있는 것으로 잘못 판단했다면, 개발한 약품 회사는 큰 손해를 입게 될 것이다. 나중에 효과가 없는 것으로 밝혀져 법적 책임을 물게 될 수도 있고, 개발하고 생산한 약품을 모두 폐기해야 하기 때문이다.

다만, 암 진단과 같은 경우에는 1종 오류보다 2종 오류를 더 중요하게 생각하고 환자를 진단한다. 환자가 암에 걸리지 않았다는 귀무가설이 거짓(실제로는 암)인데 귀무가설을 채택하고 대립가설(환자가 암에 걸렸다.)을 기각한다면, 환자는 암 진단을 했음에도 오진으로 인해 치료시기를 놓칠 수 있기 때문이다. 하지만 이 또한 1종 오류에 대해 너무 관대해져 사회적, 정신적 비용을 증가시키는 부작용이 발생할 수 있다. 따라서 가설을 설정하는 목적과 환경을 고려하고 극단적이지 않은 결과가 나오도록 세밀한 실험 설계를 하도록 많은 신경을 써야 한다.

02

데이터 분석
준비하기

08

분석 프로젝트 준비 및 기획

이번 장에서는 데이터 분석의 전체적인 프로세스를 익히고 비즈니스 문제 정의와 분석 목적 도출 방법에 대해서 알아본다. 그리고 데이터 분석 프로젝트 도중에 프로젝트의 목적이 불확실해지는 문제를 해결하기 위한 분석 목적의 전환 방법과 도메인 지식을 습득하는 노하우에 대해서 알아본다. 마지막으로 외부 데이터를 수집하는 데이터 구매, 오픈 데이터 수집, 크롤링 방법을 알아본다.

8.1   데이터 분석의 전체 프로세스

8.1.1 데이터 분석의 3단계

데이터분석의 궁극적인 목표는 의사결정 프로세스를 최적화하는 것이다. 다시 말해 회사의 경영진이 됐든 소비자가 됐든, 그들이 보다 **효과적인 결정을 할 수 있도록 도움을 주는 것이 데이터 분석의 주된 목적**이다. 이를 위해서는 데이터분석을 통한 통계 모델 개발은 물론 데이터 마트 설계 및 구축, 인력 소싱, 데이터 분석가와 실무진 간 협력 관계 등이 통합적으로 잘 연계되어야 한다. 데이터 분석 프로세스는 내외부 데이터를 수집 및 전처리하고, 정제된 데이터셋을 만든 뒤에 분석 모형과 알고리즘을 개발하여 결과물을 의사결정에 사용하는 것으로 진행된다. 상황이나 목적에 따라 조금씩 다르겠지만, 일반적인 데이터 분석 프로젝트의 전체 프로세스를 도식으로 표현하면 다음과 같다.

단계	내용
설계 단계	과제 정의 및 범위(scope) 설정
	인력 구성 및 PM 확보
	실무자&데이터 분석가 간 협의 체계 수립
분석 및 모델링 단계	데이터 분석을 위한 데이터 MART 구축
	데이터 준비 · 가공 · 분석 및 모델 도출
	모델 검증 및 실무 · 경영진 협의
구축 및 활용 단계	모델 적용 및 시스템 구축
	성과 평가 및 추가 · 보완 프로젝트 검토

설계 단계에서는 데이터 분석에 들어가기에 앞서 무엇을 하고자 하는지를 명확히 정의하고 프로젝트를 수행할 인력을 구성한다. 그리고 대부분의 데이터 분석 프로젝트는 데이터를 관리하고 활용하는 실무자가 따로 있고 데이터 분석가가 투입된다. 그렇기 때문에 분석가는 비즈니스 도메인과 데이터에 익숙하지 않다. 따라서 원활한 프로젝트 수행을 위해서 실무자와 분석가 간 협의체계가 잘 이루어져야 한다. 실시간으로 피드백을 받을 수 있는 접촉 체계를 세우는 것이 좋으며, 적어도 일주일에 한 번 이상은 정기적인 미팅을 통해 진행 상황을 공유하는 것이 좋다.

분석 및 모델링 단계에서는 데이터 분석 및 모델링을 위한 서버 환경을 마련하고 본격적인 데이터 분석과 모델링을 한다. 이 책에서는 데이터 분석부터 모델 검증 및 적용을 주로 다룬다. 데이터 분석 단계에서는 데이터 추출, 검토, 가공, 모델링 등의 세부 절차와 부분 반복이 필요하다. 특히 모델의 비즈니스적 적합성을 심도 있게 분석하고, 성능을 평가하는 것이 중요하다. 이러한 절차는 KDD 분석 방법론, CRISP-DM 방법론, SAS사의 SEMMA 방법론 등 다양한 기존의 방법론이 존재한다. 이를 잘 활용하면 어렵지 않게 분석 스케줄링을 할 수 있다. 여기에서는 가장 널리 알려져 있는 CRISP-DM과 SEMMA 방법론을 간단히 소개하겠다.

구축 및 활용 단계에서는 최종적으로 선정된 분석 모델을 실제 업무에 적용하고 그 성과를 측정한다. 모델을 실무에 적용하기 위해서는 생각보다 많은 부서들의 협의가 필요하고 변화시킬 부분이 많이 존재한다. 때에 따라서는 분석 모델을 적용하기 위한 IT 시스템 구축이 필요하다. 그래서 분석 모델 적용을 통한 예상 개선 효과를 측정할 때 시스템 적용을 위한 비용도 함께 고려해야 한다. 모델이 적용된 후에는 기존보다 얼마나 개선됐는지 효과를 측정하고 평가한다. 모델 적용 이전과 이후를 비교하기도 하고 필요에 따라서는 A/B 테스트를 통해 모델 성과를 측정한다. A/B 테스트에 대한 내용은 모델 평가 부분에서 자세히 다루도록 하겠다.

8.1.2 CRISP-DM 방법론

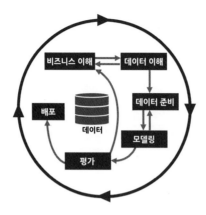

1 단계 – 비즈니스 이해(Business understanding)

- 현재 상황 평가(Assess the current situation)
- 데이터 마이닝 목표 결정(Determine data mining goals)
- 프로젝트 계획 수립(Produce project plan)

2단계 – 데이터 이해(Data Understanding)

- 데이터 설명(Describe data)
- 데이터 탐색(Explore data)
- 데이터 품질 확인(Verify data quality)

3 단계 – 데이터 준비(DATA PREPARATION)

- 데이터 선택(Select your data)
- 데이터 정제(Clean your data)
- 필수 데이터 구성(Construct required data)
- 데이터 통합(Integrate data)

4 단계 – 모델링(MODELLING)

- 모델링 기법 선정(Select modeling technique)
- 테스트 디자인 생성(Generate test design)

- 모델 생성(Build model)
- 모델 평가(Assess model)

5 단계 – 평가(EVALUATION)

- 결과 평가(Evaluate results)
- 프로세스 검토(Review process)
- 다음 단계 결정(Determine next steps)

6 단계 – 배포(DEPLOYMENT)

- 배포 계획(Plan deployment)
- 모니터링 및 유지 관리 계획(Plan monitoring and maintenance)
- 최종 보고서 작성(Final report)
- 프로젝트 검토(Review project)

8.1.3 SAS SEMMA 방법론

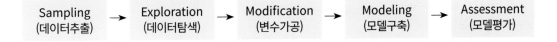

Sampling 단계

- 전체 데이터에서 분석용 데이터 추출
- 의미 있는 정보를 추출하기 위한 데이터 분할 및 병합
- 표본추출을 통해 대표성을 가진 분석용 데이터 생성
- 분석 모델 생성을 위한 학습, 검증, 테스트 데이터셋 분할

Exploration 단계

- 통계치 확인, 그래프 생성 등을 통해 데이터 탐색
- 상관분석, 클러스터링 등을 통해 변수 간의 관계 파악
- 분석 모델에 적합한 변수 선정
- 데이터 현황을 파악하여 비즈니스 아이디어 도출 및 분석 방향 수정

Modification 단계

- 결측값 처리 및 최종 분석 변수 선정
- 로그변환, 구간화(Binning) 등 데이터 가공
- 주성분분석(PCA) 등을 통해 새로운 변수 생성

Modeling 단계

- 다양한 데이터마이닝 기법 적용에 대한 적합성 검토
- 비즈니스 목적에 맞는 분석 모델을 선정하여 분석 알고리즘 적용
- 지도학습, 비지도학습, 강화학습 등 데이터 형태에 따라 알맞은 모델 선정
- 분석 환경 인프라 성능과 모델 정확도를 고려한 모델 세부 옵션 설정

Assessment 단계

- 구축한 모델들의 예측력 등 성능을 비교, 분석, 평가
- 비즈니스 상황에 맞는 적정 임계치(Cut off) 설정
- 분석 모델 결과를 비즈니스 인사이트에 적용
- 상황에 따라 추가적인 데이터 분석 수행

앞에서 설명한 방법론들 외에도 다양한 방법론이 있지만 핵심은 모두 동일하다. 전체적인 흐름을 고려했을 때, **초반부에는 비즈니스 문제와 해결 방향을 명확히 정의하고 데이터를 탐색한다. 중반부에는 데이**

터를 목적에 맞도록 수집 및 가공하고 필요에 따라 머신러닝 모델을 사용한다. 그리고 후반부에는 데이터 분석 결과를 검토 및 검증하고 실제 환경에 적용한다. 이후에는 적용한 방법의 효과를 지속적으로 모니터링하고 성과를 측정하고 보완하는 단계가 수반되어야 한다.

전체 과정은 무조건 단방향으로 진행되지는 않는다. 상황에 따라 모델링 단계에서 비즈니스 문제를 조정할 수도 있고 평가 단계에서 보다 나은 인사이트를 끌어내기 위해 데이터 수집 및 가공 작업이 추가될 수도 있다. 이제부터 각각의 단계를 자세히 알아보도록 하자.

8.2 비즈니스 문제 정의와 분석 목적 도출

모든 일이 그렇듯이 성공적인 데이터 분석 프로젝트를 위해서는 프로젝트를 시작하기 전에 현재의 문제를 명확하게 정의하고, 그에 맞는 데이터 분석 목적을 설정해야 한다. 이러한 뻔한 이야기를 하는 이유는, 당연한 이치임에도 불구하고 상당히 많은 데이터 분석 프로젝트가 문제 정의와 목적 설정이 제대로 이루어지지 않고 시작되기 때문이다.

데이터를 열심히 살펴보다 보니 운 좋게 의미 있는 정보를 찾게 되어 성과를 낸다면 다행이겠지만, 목적이 불명확한 대부분의 데이터 분석 프로젝트는 제대로 된 성과를 얻지 못한다. 데이터 분석 프로젝트에 이런 경우가 특히 많은 이유는 미디어에 퍼진 빅데이터 활용 성공사례들을 본 기업이나 집단에서 불안한 마음에 별다른 사전 준비 없이 무작정 데이터 분석을 하려고 하기 때문이다.

공급사슬(SCM)에서 수요 변동의 단계적 증폭 현상을 표현하는 용어로 채찍 효과(Bullwhip effect)가 있다. 긴 채찍을 휘두르면 손잡이 부분에서 작은 흔들림만 있어도 끝부분에서는 커다란 파동이 생기는 현상을 빗댄 표현이다. 데이터 분석 프로젝트에서도 마찬가지로 채찍 효과가 발생할 수 있다. **비즈니스 이해 및 문제 정의가 조금이라도 잘못되면 최종 인사이트 도출 및 솔루션 적용 단계에서 제대로 된 효과를 보기 힘들다.** 심한 경우에는 후반부에 와서 왜 이 프로젝트를 하는지 목적이 불분명해지기도 한다.

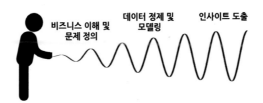

그림 8.1 데이터 분석 프로젝트의 채찍 효과

비즈니스 문제를 올바르게 정의하기 위한 논리적 접근법으로 가장 널리 쓰이는 방식이 MECE다. 이는 Mutually Exclusive Collectively Exhaustive의 약자로, 세부 정의들이 서로 겹치지 않고 전체를 합쳤을 때는 빠진 것 없이 완전히 전체를 이루는 것을 의미한다. 예를 들어 자동차를 세단, SUV, 컨버터블, 폭스바겐으로 분류했다고 해보자. 차종과 브랜드는 분류 기준이 다르기 때문에 중복이 발생되어 MECE에 어긋난다. 경영 환경은 한정된 자원으로 최선의 성과를 내야 한다. 그렇기 때문에 주어진 문제점을 논리적이고 객관적으로 쪼개어 근본적인 원인을 찾아내는 것이다.

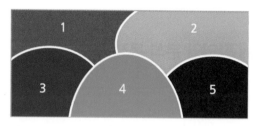

그림 8.2 MECE(Mutually Exclusive Collectively Exhaustive)

MECE 방식은 일반적으로 로직 트리(Logic Tree)를 활용하여 세부 항목을 정리한다. 머신러닝 분석 방법론 부분에서 다룰 의사결정나무와 유사한 형태로 생겼다. 로직 트리는 핵심 문제에 대한 세부 문제나 과제 등이 MECE의 원칙에 따라 잘게 뻗어 나가도록 구성한다. 세부 항목들은 서로 중복되지 않으면서 상위 항목 전체를 포함하고 있어야 한다. 그림 8.3을 확인해 보자.

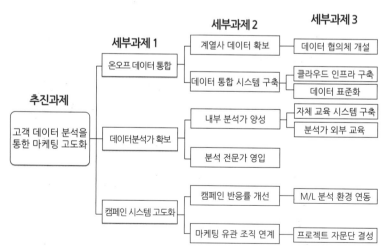

그림 8.3 "고객 데이터 분석을 통한 마케팅 고도화" 과제 로직 트리 예시

데이터 분석은 결국 통계적인 검증을 통해 의미를 찾는 것이고, 통계적인 모델을 구축하기 위해서는 명확한 분석 모델과 변수가 설정되어야 한다. 그렇기 때문에 축적된 데이터가 아무리 많이 있다 하더라도 하나의 데이터 분석 프로젝트가 원활히 진행되기 위해서는 명확한 문제 정의와 분석 시나리오 그리고 분석 모델에 적합한 데이터 수집 및 가공 과정이 필요하다.

이러한 과정은 전체 프로젝트 일정 중 60% 이상을 차지할 정도로 많은 시간과 자원이 소모된다. 그런데 프로젝트가 시작됐는데 구체적인 핵심 데이터와 가공 방향이 불명확하다면 어떻게 될까? 프로젝트 기간 중간에 분석 목적이 겨우 정해지고, 데이터 가공을 하다가 종료 기간이 다가와서 부랴부랴 결론을 낼 수밖에 없을 것이다. 이렇게 진행된 프로젝트에서는 의미 있는 인사이트를 얻게 되는 것을 기대하기는 힘들다.

그렇다면 비즈니스 문제와 목적은 어떻게 해야 잘 정의할 수 있을까? 우선 비즈니스 문제는 명확하고 직관적인 한 문장으로 정리할 수 있어야 한다. 다음의 예시들을 보자.

- 통신: 약정기간이 끝난 고객들이 타 통신사로 이탈하여 회사의 수익이 감소하고 있다.
- 유통: 물류창고의 제품을 재고가 부족한 매장으로 운송하는 것이 늦어서 잠재 소비자를 놓치고 있다.
- 금융: 현재의 대출심사 시스템으로 대출을 받은 고객이 대출금을 갚지 못하고 파산하여 은행이 손해를 보는 경우가 발생하고 있다.

이 세 가지 비즈니스 문제는 데이터 마이닝 학습 예제로 자주 등장하는 주제다. 그만큼 데이터 분석을 위한 시작점으로 알맞다고 할 수 있다. 중요한 점은 **비즈니스 문제는 현상에 대한 설명으로 끝나서는 안 되고, 본질적인 문제점이 함께 전달되어야 하는 것이다.** 그렇게 해야만 합리적이고 확실한 분석 목적이 함께 도출될 수 있다. 예를 들어 '통신사의 약정이 끝난 고객들이 타 통신사로 이탈한다.'는 현상에 대한 설명일 뿐이다. 고객들이 이탈하기 때문에 수익이 감소한다는 것이 정확한 비즈니스 문제라 할 수 있다. 그 이유는 다음을 통해 설명할 수 있다.

비즈니스 문제: 약정기간이 끝난 고객들이 타 통신사로 이탈한다.

(분석) 목적: 고객의 이탈을 방지한다. → 이탈이 예상되는 고객에게
프로모션을 진행하기 위해 이탈 고객 예측 모델을 만든다.

비즈니스 문제: 약정기간이 끝난 고객들이 타 통신사로 이탈하여
회사의 수익이 감소하고 있다.

(분석) 목적: 수익 감소를 최소화할 수 있도록 고객 이탈을 방지한
다. → 고객 이탈에 따른 손해를 최소화하기 위한 프로모션 최적화
모델을 만든다.

자각된 비즈니스 문제가 단순한 고객 이탈로 시작할 경우 분석 목적은 이탈 고객 예측 모델을 만드는 것이
다. 하지만 고객 이탈에 따른 수익감소를 비즈니스 문제로 정의한 경우에는 이탈에 따른 손해를 최소
화할 수 있는 프로모션 최적화 모델을 만드는 것이다. 이처럼 비즈니스 문제 정의에서 본질적인 문제가
명시되지 않으면 분석 프로젝트는 결국 본질적인 문제를 해결할 수 없게 될 위험이 높아진다.

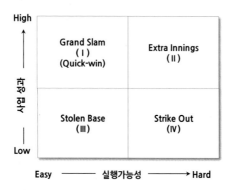

그림 8.4 페이오프 매트릭스

이러한 프로세스로 분석 과제들을 도출한 후에는 현재 상황에 맞는 우선순위를 측정하여 프로젝트 과제
를 수행한다. GE에서 개발한 문제해결 우선순위 결정방식인 페이오프 매트릭스(Pay off Matrix)는 과
제의 수익성과 실행 가능성 수준에 따라 2×2 네 개의 분면에 과제 우선순위를 표현한다. 최종 실행과
제는 실행가능성과 사업성과 모두를 충족하는 1상한 Grand Slam에 포함되는 세부과제를 우선 선정한

다. 다음으로 중장기 과제인 Extra Innings에 해당하는 것 중 일부를 선정하고 Stolen Base와 Strike Out에 해당되는 과제는 제외한다.

8.3 분석 목적의 전환

앞에서 비즈니스 문제와 분석 목적을 명확하게 정의하고 프로젝트를 시작해야 한다고 했다. 그러나 분석 프로젝트는 데이터 탐색을 하기 전까지 데이터에 숨겨져 있는 정보와 인사이트를 확인하기가 어렵다. 그래서 분석 목적을 설정하기 전에 PoC(Proof of concept)나 간단한 샘플 데이터 탐색 과정을 거치면 좋겠지만, 그러한 여건이 주어지지 않는 경우가 많다. 따라서 **분석 프로젝트의 방향이 언제든 바뀔 수 있다는 것을 염두에 두어야 한다.**

기존의 명확했던 분석 목적이 무의미해지고 '무엇을 하려 하는가?'에서 '이 데이터로 우리가 할 수 있는 것은 무엇인가?'로 콘셉트가 변하는 경우가 발생하기도 한다. 이런 일은 자연스러운 상황이기 때문에 자신의 실력이 부족하다고 자책하거나 데이터가 부족하다고 불평할 필요는 없다. 중요한 것은 이렇게 콘셉트가 바뀌는 순간을 확실히 인지하고 신속하게 모든 팀원과 실무자들과 공유해야 한다. 그렇지 않을 경우, 프로젝트가 어느 정도 진행됐을 때 프로젝트의 목적이 불확실해져 혼란이 발생할 수 있다. 심한 경우 프로젝트 기간 막바지에 도출된 결과를 실무진이나 경영진이 받아들이지 않아 프로젝트가 큰 위험에 닥칠 수 있다.

필자의 경험을 통한 한 가지 사례를 예로 들자면, 특수 원사를 생산하는 공정에서 원재료를 정제해주는 필터의 적정 교체시기를 예측하는 모델을 구축하는 프로젝트를 진행한 적이 있었다. 필터의 수명이 다하게 되면 원사를 타래에 감는 중에 절사가 자주 발생하게 된다. 절사가 발생하게 되면 제품 불량에 따른 손실이 발생되고 공정이 중지됨에 따라 생산성이 악화된다. 그렇기 때문에 필터 수명이 다 하기 전에 미리 대비하기 위해서 프로젝트가 시작됐다. 그런데 막상 필터 교체 이력과 공정의 센싱 데이터를 분석해 보니, 필터 교체와 절사 발생률 간의 관계를 찾아낼 수가 없었다. 적어도 데이터상으로는 절사 발생과 필터 수명은 상관이 없었던 것이다.

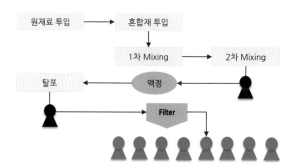

그림 8.5 특수 원사 생산 공정의 구조도 예시

이에 따라 우리는 분석 목적을 신속히 전환해야만 했다. 우선 데이터 탐색과 시각화를 통해 데이터의 특성을 파악하고 실무자와의 집중적인 회의를 통해 현 상황의 문제점을 공유하고 해결 방안을 모색했다. 필터의 교체 시기 예측은 힘들게 됐지만, 당시 공정의 1차적인 문제점은 절사가 발생하는 것은 확실했다. 따라서 공정의 온도, 회전 속도, 압력 등의 센서 데이터를 통해 절사와 관련성이 높은 요소를 찾고, 이를 활용하여 절사율을 낮출 수 있도록 프로젝트 목적을 성공적으로 전환할 수 있었다. 결국 필터 교환 시기 예측 프로젝트는 원사의 절사 개선 프로젝트로 바뀌었고, 유의미한 결론을 도출하여 성공적으로 프로젝트를 마칠 수 있었다.

앞에서 말했듯이 **분석 프로젝트를 수행하는 동안에는 실무자들 간의 커뮤니케이션 및 협력이 매우 중요하다.** 하지만 보통 실무자는 현업이 따로 있기 때문에 분석가들에게 할애할 수 있는 시간도 부족하고, 신경 써줄 만한 동기도 강하지 않다. 그래서 실무자들의 협력을 이끌어 낼 수 있는 현실적인 팁을 하나 말하자면, 초기 데이터 탐색을 통해 도출할 수 있는 간단한 상관관계나 데이터 특성 그리고 시각화를 적극 활용해야 한다. 단순한 상관관계라도 이를 시각화하면 그냥 데이터로만 봤을 때와는 다른 느낌 혹은 영감을 줄 수 있다. 물론 실무자가 그동안 알지 못했거나 알고 싶었던 내용이라면 더 좋겠지만, 이미 실무자가 알고 있던 것이라도 상관없다. 이러한 단계의 목적은 실무자의 관심을 얻고 분석가들이 우리가 하는 데이터를 이해하고 있고, 함께하고 있다는 동질감과 신뢰를 얻기 위함이기 때문이다.

많은 경우 비즈니스 도메인과 전혀 관련이 없는 분석가가 투입되는데, 실무자 입장에서는 외부인이 와서 숫자 좀 안다고 이러쿵저러쿵하는 것이 못마땅할 것이다. 알아듣기 힘든 통계 전문 용어로 백 번 떠드는 것보다, 단순한 데이터라도 알아보기 쉽게 시각화하여 실무자와 공유하고 차근차근 서로의 생각을 나누는 것이 훨씬 효과가 좋다. 때로는 실무자들이 아무렇지 않게 던진 말이 분석 프로젝트에 큰 도움을 줄 수도 있다. 실무자의 업을 진심으로 이해하고 그들과의 신뢰를 쌓는 것이 중요하다.

8.4　도메인 지식

앞에서 비즈니스 문제와 분석 목적을 명확하게 정의하고 프로젝트를 시작해야 한다고 했다. 그러나 분석 프로젝트는 기업이 데이터 분석 역량을 기르기 위한 인력 충원 방법은 두 가지가 있다. 첫째가 데이터 분석가를 새로 고용하는 것이고, 두번째가 기존의 실무자나 신입사원을 교육시켜서 데이터 분석가로 만드는 것이다. 첫번째 방법은 인력 충원에 소요되는 시간과 비용이 절약되는 장점이 있고 두번째 방법은 도메인 지식을 충분히 가지고 있는 데이터 분석가를 양성할 수 있다는 장점이 있다.

도메인 지식(Domain knowledge)이란 해당되는 분야의 업(業)에 대한 이해도라 할 수 있다. 크게는 금융, 유통, 제조, 의료 정책 등 업종 단위가 될 수도 있고 세부적으로는 하나의 기업, 하나의 조직 단위에 대한 이해도가 될 수도 있다. 모니터와 같은 전자제품을 유통하는 것과 시즌성이 강한 패션 의류를 유통하는 것의 특성이 다르듯이 같은 분야라 하더라도 전혀 다른 비즈니스 문제와 분석 목적이 있을 수 있다.

데이터를 분석함에 있어 비즈니스 도메인에 대한 지식이 있는 것과 없는 것은 많은 차이가 있다. 비즈니스 도메인을 이해하는 것은 곧 데이터 분석가의 전문 역량을 갖추는 것이라 할 수 있다. 해당 분야의 특성과 프로세스를 제대로 파악하지 못한 상태에서는 문제 정의와 분석 목적이 1차원적일 수밖에 없다. 또한 데이터 분석은 분석 자체보다는 분석 결과를 활용하는 것이 중요한데, 도메인 지식이 없는 상태에서는 분석 결과가 어떠한 의미를 가지는지, 어떻게 활용될 수 있는지 알기 힘들다.

간단한 예로, 배달 플랫폼 도메인에서는 날씨가 안 좋은 날이나 스포츠 경기 시즌 등 기후나 이벤트에 민감한 특성이 있다. 디테일하게 들어가면 고객들이 배달 앱에 접속할 때 가게나 메뉴를 정해두고 앱을 켜는 비중이 어느 정도 되며 어떤 행동 패턴을 가지는지 등에 따라 분석 방향이나 목적이 달라질 수 있다. 예를 들어 배달 앱의 "국밥" 키워드 검색의 노출 순위를 최적화한다고 가정해 보자. 도메인 지식을 잘 모른다면 단순히 고객의 성별, 연령 등의 기준으로 군집화하여 인기 있는 순으로 노출하도록 모델을 만들 것이다. 혹은 개인화 추천 모델을 사용할 수도 있으나, 검색엔진에 적용하는 것은 현실적으로 힘들다. 그림 8.6을 보자.

그림 8.6 지역에 따른 선호 국밥 차이

요식업 도메인은 선호하는 음식이 지역에 따라 크게 다른 특성이 있다. 국밥이라는 단어를 말했을 때 서울, 경기, 제주 지역은 순댓국을 가장 많이 떠올린다. 충청도 지역은 근소한 차이지만 뼈 해장국을 가장 많이 생각하고 전라도 지역은 육개장을 생각한다. 그리고 경상도는 역시 국밥 하면 돼지국밥을 떠올린다. 이처럼 도메인에 따라 소비자들의 행동이 특별한 차이를 보이는 영역이 각기 다르다.

그런데 Kaggle[1]에서 우승하는 사람들은 분석 주제의 비즈니스 도메인과 거의 상관이 없는 사람들이 많다. 대부분은 머신러닝 전문가로 분석 모델링을 기가 막히게 잘하는 사람들이다. 하지만 실제 업무 환경과 Kaggle 대회는 많은 간극이 존재한다. Kaggle에서는 해당 도메인 전문가들이 미리 변수들을 정의 및 정리해 주고 관련 정보를 제공해 주기 때문에 이미 어느 정도 도메인 지식을 가지고 데이터 분석이 진행된 상태라 할 수 있다. **직접 의미 있는 변수를 찾아내고 분석 방향을 설정하는 것은 도메인 지식이 충분하게 수반됐을 때 가능**하다. 현업 실무자들이 데이터 분석 기술을 학습하고 분석을 수행했을 때 의미 있는 분석 결과를 도출할 수 있는 것이 바로 이런 이유이다.

그렇다면 도메인 지식을 효과적으로 습득하기 위해서는 어떻게 해야 할까? 무엇인가를 새로 배우는 것이 다 그렇듯이 어느 정도의 시간과 노력이 필요하다. 예를 들어 우리에게 익숙한 자동차라도 막상 자동차 기업이 보유한 수많은 데이터 변수들을 보면 막막해질 것이다. 다만 여러 도메인의 프로젝트를 수행했던 경험에 비춰 보았을 때, 다음 세 가지 방법을 추천한다.

첫째로, 프로젝트 초반에, 비즈니스 도메인에 소속된 실무자와 잦은 미팅과 함께 적극적인 질문과 자료 요청이 필요하다. 분석가들은 대부분 학력이 높고 전문직이라는 인식을 가지고 있어서 종종 실무자들에

---

1 Kaggle: 데이터 (예측) 분석 경연대회 플랫폼 (https://www.kaggle.com/)

게 수준 낮은 질문들을 하는 것을 꺼려하기도 한다. 분석가 본인이 생각해도 실무자들에게 너무나도 당연하고 기본적인 내용들이지만 해당 도메인과 아무런 관련이 없었던 분석가 입장에서는 당연히 잘 모를 수 있다. 이럴 때는 순수한 마음가짐으로 궁금증이 모두 풀릴 때까지 마음껏 질문을 해야 한다. 그래야만 프로젝트가 많이 진행됐을 때 발생되는 어처구니없는 실수들을 방지할 수 있다.

둘째로, 관련 논문들을 참고하여 해당 도메인에 대한 심도 있는 지식을 습득하는 것이다. 이 경우에는 수행하는 프로젝트와 유사한 주제의 논문에서 사용됐던 방법론을 위주로 보는 것이 좋다. 도메인에 따라 특별히 효과적인 데이터 마이닝 방법론이 있는 경우가 많고, 관련 논문 레퍼런스를 통해 분석에 사용된 모델에 대한 어느 정도의 보증이 가능하기 때문이다.

셋째로, 현장에 방문해 데이터가 만들어지는 과정을 직접 보는 것이 많은 도움이 된다. 이는 제조 공정 분석 프로젝트에서 특히 유효한데, 알아보기도 힘든 이름들의 수백 개의 변수와 축약된 공정도만으로는 알기 힘들었던 세부 원리들을 이해할 수 있다. 보안 이슈 때문에 공정을 직접 보는 것이 어렵다면, 실제 공정과 유사한 동영상을 요청하거나 유튜브 영상을 검색해서 보는 것도 많은 도움이 된다.

최근에는 대부분의 기업에서 자체적인 데이터 분석 및 ML/AI 담당 조직을 갖추고 있다. 따라서 데이터 분석가들은 소속된 기업의 비즈니스 도메인을 깊이 이해하고 데이터 분석을 수행할 필요가 있다. 데이터 분석은 결국 비즈니스 문제를 해결하기 위한 것이기 때문에 해당 비즈니스를 심도 있게 이해해야만 문제를 도출하고 해결 방향을 올바르게 잡을 수 있는 것이다. 어떤 은행 기업은 신입 데이터 분석가나 데이터 과학자들에게 제품 관계 관리자(PRM)들과 함께 도메인 전문가가 강의하는 교육을 수강하도록 하고 있다. 도메인마다 방법은 조금씩 다르겠지만, **기본적으로 데이터가 생성되는 현장을 직접 보고 소비자 혹은 사용자의 입장이 되어 경험을 해보는 것이 좋다.** 모니터 앞에 보이는 데이터에서는 몰랐던 현장의 특성과 내재된 의미를 찾을 확률이 높다.

8.5 외부 데이터 수집과 크롤링

앞에서 일반적으로 기업에서 내부 데이터를 활용하여 인사이트를 도출하거나 머신러닝 모델을 만들고자 하면, 데이터의 부족으로 인해 한계를 느끼는 경우가 많다. 오래전부터 다양한 데이터를 체계적으로 수집하고 관리해 온 기업은 흔하지 않다. 그래서 많은 기업들이 부족한 부분을 보완하고자 외부 데이터를 수집하여 활용한다.

외부데이터를 수집하고자 할 때는 앞의 비즈니스 문제와 분석 목적 도출 챕터에서 강조했듯이 데이터를 수집하고서 분석 목적을 정하는 것이 아니라 우선 분석 목적을 명확히 정의하고, 이에 맞는 외부 데이터를 찾고 수집해야 한다. 외부 데이터를 수집하기 위해서는 많은 시간과 비용 그리고 노력이 소요된다. 그렇기 때문에 수집하기로 결정하기 전에 많은 고민과 검토가 필요하다. 실제로 힘들게 외부 데이터 수집 시스템을 구축해 놓고서 정작 제대로 사용하지 못하는 경우가 많다.

외부 데이터 수집은 말 그대로 정형, 반정형, 비정형 등의 다양한 유형의 데이터를 수집하는 것을 뜻한다. 외부 데이터를 수집할 때는 일반적으로 다수의 경로에서 다양한 데이터를 한꺼번에 수집한 다음 머신러닝 모델이나 분석 목적에 맞도록 통합하고 가공한 후 비즈니스에 활용한다. 전체적인 절차는 다음 그림과 같은 방식으로 진행된다.

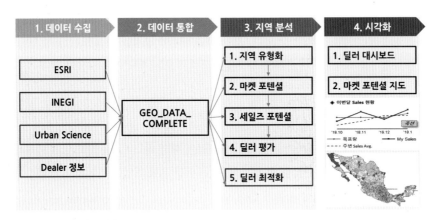

그림 8.7 외부데이터 수집 프로세스 예시

외부데이터를 수집하는 방법은 크게 세 가지가 있다. 첫째는 데이터를 판매하는 전문 기업으로부터 필요한 데이터를 구매하거나 MOU 등을 통해 데이터를 공유하는 방법이 있다. 이러한 방법은 비용이 많이 들거나 절차가 복잡한 단점이 있지만 어느 정도 정제된 고품질의 데이터를 얻을 수 있다. 둘째로 공공 오픈 데이터를 제공하는 사이트에서 엑셀이나 csv 형태로 데이터를 받아서 활용하는 방법이 있다. 데이터 수집에 특별한 비용이나 노력이 크게 들어가지 않는 장점이 있지만 데이터를 원하는 형태로 가공하기 위한 리소스가 많이 들 수 있고 활용성이 높은 데이터를 얻을 확률이 낮은 편이다. 모든 사람들에게 개방된 데이터인 만큼 자체적으로 큰 가치를 가진 데이터는 적은 편이다.

그림 8.8 외부데이터 수집 방법

마지막 셋째로 웹에 있는 데이터를 크롤링하여 수집하는 방법이 있다. 크롤링은 원하는 데이터를 실시간으로 자유롭게 수집할 수 있다는 장점이 있지만, 데이터 수집을 위한 프로그래밍이 필요하며 해당 웹페이지가 리뉴얼되면 이에 맞춰 수집 코드도 수정해야 한다. 또한 기업에서 크롤링을 활용할 때는 법적인 이슈도 함께 고려해야 한다.

실제로 지난 2008년도에 채용정보 플랫폼 사람인에서 잡코리아의 채용 정보를 크롤링해 웹사이트에 게재하여 DB 권리 침해의 사유로 소송이 진행됐다. 10년간의 공방 끝에 사람인이 잡코리아에 4억 5,000만 원을 지급하고 크롤링한 웹사이트의 채용 정보를 모두 폐기하라는 판결이 내려졌다. 이처럼 크롤링은 각별한 주의가 필요하다. 일반적으로 웹사이트에서는 robots.txt 파일을 심어 두어 접속 주체에 따라 크롤링 허용 범위를 안내하고 있다. robots.txt에는 다음 세 가지 요소가 있다.

- User-agent: 대상 크롤러(모든 검색 봇, 구글 봇 등)
- Allow: 허용하는 경로
- Disallow: 허용하지 않는 경로

크롤링은 스크래핑(scraping)이라고도 부르며, Web상을 돌아다니면서 정보를 수집하는 것을 뜻한다. 크롤링과 스크래핑은 동일한 뜻으로 사용되기도 하지만, 엄밀하게 구분하면 두 방식은 차이가 있다. 크롤링은 웹 페이지가 주어지면 그 페이지 내에 있는 링크들을 따라가면서 모든 내용을 다 가져오는 것이다. 반면 스크래핑은 웹 페이지에서 자신이 원하는 부분의 정보만 가져오는 것이다.

예를 들어 가격 비교 사이트의 제품과 가격 데이터들을 수집하거나 날씨 정보 사이트의 날씨 데이터를 수집하는 것이 스크래핑이라 할 수 있다. 여기서는 편의상 의미를 구분하지 않고 크롤링으로 통칭하도록 하겠다. 크롤링은 Open API를 통해 정리된 데이터를 제공받을 수도 있고, 직접 웹사이트의 구조를 파악하여, 원하는 데이터를 수집해 오도록 코딩을 할 수도 있다. 파이썬에서는 BeautifulSoup이나 Selenium 라이브러리를 활용하여 크롤링을 할 수 있다.

크롤링 방법은 이 책의 범위를 벗어나므로 자세히 다루지는 않는다. 대략적인 개념만 알아보자면, 웹사이트의 HTML 구조를 활용하여 원하는 데이터가 있는 위치를 사전에 설정하여 자동으로 반복적으로 특정 위치에 있는 텍스트를 수집하는 것이다. 크롬 브라우저에서 키보드의 'F12' 키를 누르면 현재 페이지의 소스코드를 확인할 수 있는 개발자 도구가 열린다. 그리고 원하는 위치에 마우스 커서를 가져다 대면 해당 영역의 소스 코드가 노출된다.

이렇게 수집하고자 하는 데이터의 구조적 위치를 확인한 다음 html에 오른쪽 마우스 클릭을 한 후 Copy → Copy Selector를 선택한다. 그리고 복사된 위치를 파이썬 코드에 삽입하여 해당 위치의 텍스트를 수집한다.

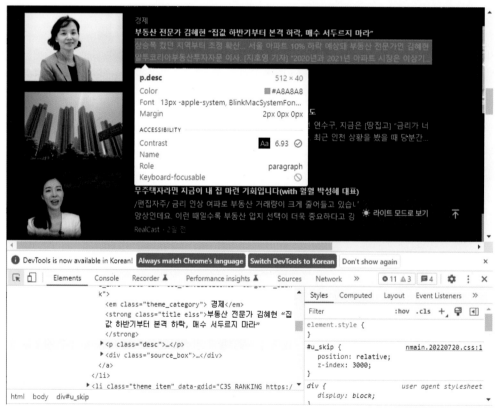

그림 8.9 크롤링을 위한 웹페이지 HTML 구조 확인 예시

이를 파이썬 BeautifulSoup 라이브러리를 활용한 코드로 구현하면 다음과 같다. 물론 실제로 활용하려면 다양한 조건문과 수집 데이터를 전처리하는 코드가 필요하다. 이 책에서는 대략적인 프로세스만 확인하고 본격적인 크롤링 방법은 별도의 교재나 영상을 학습하기를 추천한다.

In [1]:

```
01: import requests
02: from bs4 import BeautifulSoup
03:
04: url = 'https://www.naver.com/'
05:
06: response = requests.get(url)
07:
08: if response.status_code == 200:
09:     html = response.text
10:     soup = BeautifulSoup(html, 'html.parser')
11:     title = soup.select_one(
12:         '#NM_THEME_CONTAINER > div:nth-child(1) > div > ul > li:nth-child(3) > a.theme_info > strong')
13:     print(title)
14: else :
15:     print(response.status_code)
```

Out [1]:

```
<strong class="title elss">부동산 전문가 김혜현 "집값 하반기부터 본격 하락, 매수 서두르지 마라"</strong>
```

09

분석 환경 세팅하기

이번 장에서는 SAS, R, 파이썬 등의 데이터 분석 프로그래밍 언어의 특징을 알아보고 전체적인 데이터 처리 프로세스를 알아본다. 그리고 데이터 처리 프로세스에서 많이 쓰이는 분산 데이터 처리 방식인 HDFS와 아파치 스파크에 대해서 다룬다. 마지막으로 데이터베이스의 테이블 구조를 이해하기 위한 테이블 조인 개념과 데이터 단어사전, 테이블 정의서, ERD 등에 대해서 알아본다.

9.1 어떤 데이터 분석 언어를 사용하는 것이 좋을까?

전 세계적으로 상업용 데이터 분석 솔루션인 SAS와 SPSS 그리고 오픈소스인 R과 파이썬(Python)이 가장 많이 사용되고 있다. IBM의 SPSS는 사회 과학을 위해 개발된 통계 프로그램으로 대학에서 논문 작성에 주로 사용되고, 기업에서 대용량의 데이터를 분석하기에는 적합하지 않다. 이 책에서는 SAS, R, 파이썬에 대해 알아보도록 하겠다. 우선 상업용과 오픈소스 관점으로 분리해서 접근해 보자.

그림 9.1 SAS, R, Python 로고

SAS

대표적인 제품형 데이터 분석 솔루션인 SAS는 Statistical Analysis System의 약자다. 프로그래밍 언어보다는 솔루션에 가깝다. SAS는 1976년에 생겨났으며, 2017년 고급 및 예측 분석 부문에서 1위의 시장 점유율을 차지했다.[1] 역사 깊은 상용 솔루션이므로 신뢰도가 높은 편이다. 국내에서도 많은 대기업들이 가격이 많이 나가더라도 성능이 확실하고 지원이 잘되는 SAS 제품을 선호한다. 특히 정확성이 중요한 금융업계 기업들이 SAS를 많이 사용한다. 그리고 SAS Enterprise Miner라는 GUI 기반의 데이터 마이닝 도구를 지원하기 때문에 프로그래밍 스킬이 부족한 사람도 데이터 분석을 하는 것이 어느 정도 가능하다. 2020년 이후에는 점유율이 많이 떨어지긴 했지만 아직 많은 곳에서 사용 중이다.

그리고 라이선스 비용이 제법 비싸지만 상용 솔루션인 만큼 고객 서비스의 이점은 확실하다. 사용에 문제가 있거나 궁금한 점이 있을 때 전화를 하면 도와줄 서비스 지원팀이 있다. 또한 기업의 데이터 환경에 맞게 커스텀을 받을 수 있다. SAS는 연구개발(R&D)에 활발히 투자를 하고 있는 것으로 유명하다. 급격하게 발전하는 데이터 분석 환경에 맞춰 고급 및 예측 분석 솔루션을 제공하고 있다. 무엇보다 데이터 시각화를 쉽게 할 수 있다는 장점이 있다. 하지만 딥러닝, 인공신경망 분석에서는 R이나 파이썬보다 약한 모습을 보인다. 이에 따라 최근에는 R과 파이썬을 SAS 환경에서도 사용할 수 있도록 지원하여 기존 고객의 이탈을 방지하는 전략을 취하고 있다.

하지만 SAS의 점유율은 지속적으로 감소하고 있다. 많은 기업이나 기관에서는 자유도가 높고 비용이 합리적인 R과 파이썬 언어를 선호하고 있다. 또한 이를 다룰 수 있는 인력도 많아졌기 때문에 굳이 비싼 라이선스 비용을 들여서 SAS를 사용할 필요가 없는 것이다. 컴퓨터 프로그램 언어 인기도를 측정하는 '티오베 인덱스(TIOBE Index)'에 따르면 **2022년 기준 파이썬이 1위, SQL이 9위, R이 11위, 그리고 SAS가 21위를 차지**했다.

표 9.1 TIOBE Index for April 2022

Position	Programming Language		Ratings
1		Python	13.92%
2		C	12.71%
3		Java	10.82%

---

1 https://www.ciokorea.com/news/40120

Position	Programming Language		Ratings
4		C++	8.28%
5		C#	6.82%
6		Visual Basic	5.40%
7		JavaScript	2.41%
8		Assembly language	2.35%
9		SQL	2.28%
10		PHP	1.64%
11		R	1.55%
	...		
21		SAS	0.74%

R

오픈소스 데이터 분석용 언어인 R은 1995년, 통계학자들을 염두에 두고 만들어졌기 때문에 통계적 기능이 우수하며 데이터 시각화에 특화됐다. 방대한 통계 패키지를 제공하기 때문에 SAS 못지않은 분석 기능을 가지고 있다. 이에 따라 처음에는 학문과 연구에 주로 사용됐지만 요즘은 기업에서도 R을 사용하는 경우가 많다. 오픈소스임에도 불구하고 ggplot2, ggvis, googleVis 등의 강력한 시각화 패키지를 통해 효과적으로 데이터를 시각화할 수 있다. 앞서 SAS가 고객 서비스의 이점이 있다고 했으나 R은 활발한 커뮤니티를 활용하여 문제나 궁금증을 해결할 수 있다. 사용자가 알고 싶어 하는 것의 거의 모든 질문의 답을 구할 수 있다.

이처럼 활발한 커뮤니티 덕분에 지금까지 10만 개 이상의 데이터 분석 패키지가 공유되어 있다. 하지만 어디까지나 오픈소스이기 때문에 그중에는 잘 작동하지 않거나 오류가 있는 패키지도 존재한다. 물론 이런 문제는 이미 많은 사람들로부터 검증된 패키지를 사용하거나 커뮤니티를 통한 질의 응답으로 해결이 가능하다. 앞서 말했듯이 R은 통계학자들을 위해 만들어진 툴이기 때문에 파이썬에 비해 프로그래밍적 소양이나 부족해도 사용하는 데에 큰 무리가 없다. 이 차이가 같은 오픈소스인 R과 파이썬 중 어떤 것을 사용할지에 대한 가장 큰 기준점이 될 것이다.

파이썬

1991년에 발표된 파이썬(Python)은 R과 마찬가지로 무료이며 누구나 다운받아 사용 가능하다. 앞서 살펴본 SAS와 R은 데이터 분석에 한정된 솔루션/언어지만 파이썬은 C 언어로 구현된 프로그래밍 언어다. 그렇기 때문에 데이터 분석에 국한되지 않고 웹서비스, 응용 프로그램, IoT 등 다양한 분야에서 사용된다. 매우 유연한 언어라 할 수 있다. C와 차이점이 있다면 사람이 이해하기에 문법이 쉽고 훨씬 간단하지만 C 언어보다 10~350배 정도 느리다는 단점을 가지고 있다. 요즘에는 컴퓨팅 파워가 워낙 좋기 때문에 웬만한 프로그램은 파이썬으로 구현해도 문제가 없다. 하지만 고 퀄리티의 게임과 같은 크고 복잡한 프로그램은 C, C++과 같은 프로그램을 사용하여 프로그래밍한다. 우리의 목적인 데이터 분석, 데이터 마이닝에는 파이썬이 유용하게 사용된다. 다만 영상처리, 딥러닝과 같이 고정적이고 복잡한 연산이 많이 필요한 경우 부분적으로 C 언어를 활용하여 분석 성능을 높이기도 한다.

파이썬 역시 10만 개 이상의 패키지가 존재하며 관련 커뮤니티도 매우 활발하다. 대표적인 기계학습 도구로 사이킷런(sklearn)과 텐서플로(TensorFlow)가 있고, 판다스(Pandas), 넘파이(NumPy), 맷플롯립(matplotlib) 등의 데이터 분석용 도구들이 있다. 프로그래밍 개발 환경에 기반한 파이썬의 확장성과 최근 활발해지는 데이터 분석 라이브러리를 통해 최근 많은 사람들이 R에서 파이썬으로 전환하고 있다. 하지만 시각화 면에서는 R에 비해 구현이 복잡하고 직관적이지 못하다는 단점이 있다. 그리고 데이터 분석을 위해 탄생한 R이 지금까지 쌓아온 방대한 패키지는 매우 강력하기 때문에 무엇이 더 좋다고 쉽게 확정할 수 없다.

SAS, R, 파이썬 비교

다음 표는 SAS, R, 파이썬의 장단점을 정리한 내용이다.

표 9.2 SAS, R, 파이썬의 장단점 비교

	SAS	R	파이썬(Python)
장점	▪ 높은 신뢰도, 주요 산업군과 대기업에서 사용 ▪ GUI 지원을 통한 쉬운 사용 환경 ▪ 공식 서비스 지원 제공	▪ 무료 오픈소스 ▪ 방대한 라이브러리와 커뮤니티 ▪ 최신 방법론의 빠른 적용 및 패치	▪ 무료 오픈소스 ▪ 방대한 라이브러리와 커뮤니티 ▪ 프로그래밍 기반의 다양한 사용성
단점	▪ 높은 라이선스 비용 ▪ 딥러닝 등 신기술에 대한 늦은 적용	▪ 가파른 학습 곡선 ▪ 유저 인터페이스 미지원 ▪ 공식 서비스 지원 없음	▪ 프로그래밍 기반의 지식 필요 ▪ 유저 인터페이스 미지원 ▪ 공식 서비스 지원 없음

SQL

추가적으로 관계형 데이터베이스 시스템에서 데이터를 관리 및 처리하기 위해 설계된 언어인 **SQL(Structured Query Language)도 데이터 분석가라면 거의 필수적으로 알고 있어야 한다.** 대화식 언어이기 때문에 명령문이 짧고 간결해서 쉽게 익힐 수 있다. 분석가마다 다르지만 데이터 전처리는 주로 SQL과 파이썬을 조합하여 코드를 짜고 ML 모델은 사이킷런(sklearn) 등의 패키지를 활용한다. 이 책에서는 파이썬 위주로 실습 코드를 제공한다.

9.2 데이터 처리 프로세스 이해하기

데이터 분석가는 기본적으로 데이터 분석 역량뿐만 아니라 데이터베이스 서버 환경에 대해서도 어느 정도는 알고 있어야 한다. 그래야 효율적으로 데이터를 끌어오고 가공하여 분석할 수 있다. **일반적으로 전체적인 데이터 흐름은 OLTP → DW(ODS) → DM → OLAP으로 이루어진다.** 이러한 흐름은 데이터라는 제품이 생산되고, 창고에 저장했다가 소매점으로 옮겨진 후 최종적으로 소비자가 데이터를 갖게 되는 과정이라고 생각하면 된다.

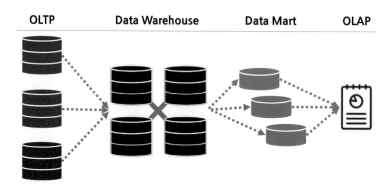

그림 9.2 전체적인 데이터 흐름

OLTP(On-Line Transaction Processing)는 실시간으로 데이터를 트랜잭션 단위로 수집, 분류, 저장하는 시스템이다. 예를 들어 수많은 입출금이 일어나는 은행에서 기록을 오류 없이 실시간으로 처리하고 저장하는 시스템이라고 할 수 있다. 이처럼 데이터가 생성되고 저장되는 처음 단계가 OLTP다.

DW(Data Warehouse)는 말 그대로 데이터 창고와 같은 개념이다. 수집된 데이터를 사용자 관점에서 주제별로 통합하여 쉽게 원하는 데이터를 빼낼 수 있도록 저장해 놓은 통합 데이터베이스다. 여러 시스템에 산재되어 있던 데이터들을 한 곳으로 취합하여 모아 놓는 저장소다. DW를 통해 OLTP를 보호하고 데이터 활용 효율을 높일 수 있다. DW와 비슷한 개념으로 ODS(Operational Data Store)가 있다. ODS는 데이터를 DW에 저장하기 전에 임시로 데이터를 보관하는 중간 단계의 저장소라 할 수 있다. DW가 전체 히스토리 데이터를 보관하는 반면 ODS는 최신 데이터를 반영하는 것에 목적이 있다.

DM(Data Mart)는 사용자의 목적에 맞도록 가공된 일부의 데이터가 저장되는 곳이다. 기업의 경우 마케팅 팀, 인사 팀, 총무 팀 등에서 필요한 데이터는 서로 다를 것이다. 이처럼 부서나 사용자 집단의 필요에 맞도록 가공된 개별 데이터 저장소가 DM이다. 이를 통해 접근성과 데이터 분석의 효율성을 높일 수 있으며, DW의 시스템 부하를 감소시킬 수 있다.

이렇게 저장된 데이터의 처리 프로세스에 대한 가장 기본적인 개념은 ETL이다. ETL은 데이터의 추출(Extract), 변환(Transform), 불러내기(Load)의 준말이다. 전통적으로 데이터 웨어하우스 환경에서 정형 데이터를 일괄 처리하는 데 사용되어 왔다. 쉽게 말해 **저장된 데이터를 사용자가 요구하는 포맷으로 변형하여 이동시키는 작업 과정**을 ETL이라 한다.

- Extract: 원천 소스 데이터베이스로부터 필요한 데이터를 읽어 들이는 과정
- Transform: 미변환 상태의 raw 데이터를 정리, 필터링, 정형화하고 요약하여 분석에 적합한 상태로 바꾸어 놓는 과정
- Load: 변환된 데이터를 새로운 테이블(목표 시스템)에 적재하는 과정

예를 들어 고객들의 가입 일자가 다음 표처럼 연, 월, 일, 시, 분, 초로 구성된 데이터베이스가 있을 때, ETL을 통해 연월일(YYMMDD) 형태로 된 하나의 칼럼으로 변형하여 적재할 수 있다.

표 9.3 ETL 프로세스 예시

연도	월	일	시	분	초		연월일
2021	7	7	5	23	42	➡	20210707
2021	6	17	7	4	2		20210617
2020	11	4	12	4	37		20201104

SQL로 치면 우선 SELECT문을 통해 연도, 월, 일 칼럼의 데이터를 추출(Extract)한다. 그리고 7월 7일과 같은 한 자리 숫자는 0707과 같이 앞에 '0'이 붙는 포맷으로 변환(Transform)해 준다. 마지막으로 새로 만든 칼럼을 원하는 테이블에 적재(Load)해 주면 ETL의 모든 과정을 거친 것이다.

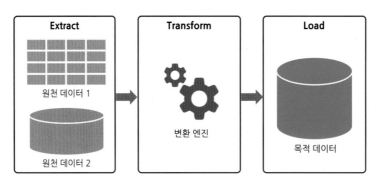

그림 9.3 ETL 프로세스

9.3   분산데이터 처리

빅데이터 하면 분산데이터 처리를 빼놓을 수 없다. 분산 데이터 처리는 말 그대로 한 컴퓨터가 처리해야 할 일을 여러 컴퓨터가 나눠서 한 다음 그 결과를 합치는 것이다. 빅데이터를 처리하기 위해 하나의 컴퓨터의 용량을 늘리고 더 빠른 프로세서를 탑재하는 것을 scale-up 방식이라 하고, 분산데이터 처리처럼 여러 대의 컴퓨터를 병렬적으로 연결하는 것을 scale-out 방식이라 한다. scale-up 방식은 컴퓨터의 성능이 아무리 좋아진다 하더라도 결국 하나의 컴퓨터가 모든 데이터를 처리해야 하기 때문에 데이터의 크기가 커지게 되면 속도가 급격히 느려진다. 하지만 scale-out 방식은 여러 대의 컴퓨터가 함께 연산을 하기 때문에 효율이 훨씬 높다.

9.3.1 HDFS

그런데 무조건 컴퓨터를 병렬로 연결한다고 해서 데이터 처리가 빨라진다고 할 수는 없다. 연결된 컴퓨터들이 효율적으로 데이터를 나눠서 처리하고 결과를 취합할 수 있는 기술이 있어야 한다. 분산처리 방법으로 가장 널리 알려진 기술이 하둡의 **HDFS(Hadoop Distributed File System)와 맵리듀스(Mapreduce)**이다. 데이터 분산 시스템인 HDFS는 슬레이브 노드(Slave node), 마스터 노드(Master node) 그리고 클라이언트 머신(Client machines)이라는 세 가지 모듈로 나눠진다.

슬레이브 노드는 데이터를 저장하고 계산하는 세부적인 역할을 한다. 마스터 노드는 대량의 데이터를 HDFS에 저장하고 맵리듀스 방식을 통해 데이터를 병렬 처리한다. 마지막으로 클라이언트 머신은 맵리듀스 작업을 통해 산출된 결과를 사용자에게 보여주는 역할을 한다.

맵리듀스

HDFS에 저장된 데이터를 효과적으로 처리하는 방법인 맵리듀스는 본래 구글이 처음 고안해 냈다. 실제 구현은 공개되지 않았지만 구글에서 발표한 논문을 바탕으로 아파치 오픈소스 프로젝트에서 하둡 맵리듀스가 개발됐다. **맵리듀스는 크게 맵(Map)과 리듀스(Reduce)라는 두 단계로 구성된다.** 맵 단계는 흩어져 있는 데이터를 관련된 데이터끼리 묶어서 임시의 집합을 만드는 과정이다. 그리고 리듀스 단계에서는 필터링과 정렬을 거쳐 데이터를 뽑아낸다. 맵리듀스의 중요한 특징은 key-value 쌍으로 데이터를 처리한다는 것이다. 예를 들어 자동차라는 key는 car라는 value를 갖고 맥주라는 key는 beer라는 value를 갖는 조합을 생각해 보자. 맵 단계에서는 이렇게 '자동차-car', '맥주-beer'라는 각자의 쌍으로 레코드의 개념을 갖게 된다.

표 9.4 맵의 레코드 쌍 예시

Key	Value
자동차	car
맥주	beer

그리고 정렬과 병합 등의 과정을 통해 리듀스 단계에서 나눠져 있던 결과들을 취합하여 최종 결과를 생성한다. 다음의 word counting 예시를 통해 맵리듀스의 세부 단계를 확인해 보자.

deer, beer, river 등으로 구성된 데이터에서 각 단어의 총 개수를 세고자 한다. 맵리듀스는 다음의 네 단계를 거쳐 단어의 수를 센다.

- 분할(spliting): 입력된 데이터를 고정된 크기의 조각으로 분할한다.
- 매핑(mapping): 분할된 데이터를 key-value 형태로 묶어주고 단어 개수를 계산한다.
- 셔플링(shuffling): 매핑 단계의 counting 결과를 정렬 및 병합한다.
- 리듀싱(reducing): 각 결과를 취합및 계산하여 최종 결괏값을 산출한다.

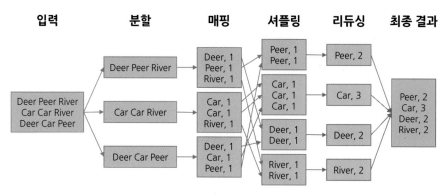

그림 9.4 맵리듀스 단계 예시

이렇게 분산 데이터 처리에 대해 간단히 살펴보았다. 데이터 분석 위주인 본 책에서는 개념만 살짝 다루었지만 실제 데이터 분산 시스템은 매우 복잡하고 다양한 개념이 존재한다. 분산 코디네이터인 Zookeeper, 분산 리소스관리를 하는 YARN, 데이터 처리를 하는 Pig, Mahout, Hive 등 수많은 오픈소스 시스템이 존재한다.

하둡

하둡은 제공되는 기능에 따라 하둡 1.0과 하둡 2.0으로 구분된다. 하둡 1.0은 HDFS와 맵리듀스를 가지고 있고 하둡 2.0은 여기에 리소스 관리자인 YARN이 추가됐다. 이 세 가지가 하둡의 핵심 요소이고 이를 구성하는 여러 레이어들이 존재한다. 하둡 1.0에서도 JobTracker라는 기본적인 리소스 관리 시스템이 있고 다음과 같은 역할을 한다.

1. 전체 클러스터의 리소스 관리

2. 수행 중인 잡(Job)들의 진행상황, 에러 관리

3. 완료된 잡들의 로그 저장 및 확인

그림 9.5 하둡1.0과 하둡2.0

하둡 2.0의 YARN은 JobTracker를 리소스 매니저(Resource Manager)와 애플리케이션 마스터 (Application Master) 그리고 타임라인 서버(Timeline Server) 등으로 분리하여 기능을 고도화했다. YARN은 각 클러스터마다 애플리케이션 마스터가 존재하여 여러 잡들이 성공적으로 실행될 수 있도록 리소스 관리과 스케줄링, 모니터링 기능 등을 제공한다. 그리고 잡에 필요한 자원은 리소스 매니저를 통해 할당받는다. 마지막으로 잡에 대한 로그 이력 관리는 타임라인 서버를 통해 하게 된다. 그리고 노드 매니저(Node Manager)라는 기능도 제공되는데, 이는 모든 노드에서 실행되어 각각의 할당된 태스크 (task)를 실행하고 진행 상황을 관리한다. 이렇게 하둡 2.0의 YARN을 통해 대량의 클러스터와 태스크를 동시에 효율적으로 처리할 수 있게 됐다.

분산 시스템 구조

갑자기 클러스터, 노드, 잡, 태스크 등의 용어가 나왔는데, 이를 처음 들어본 독자들은 당황스러울 것이다. 이들의 개념은 다음 그림을 보면 쉽게 이해할 수 있다.

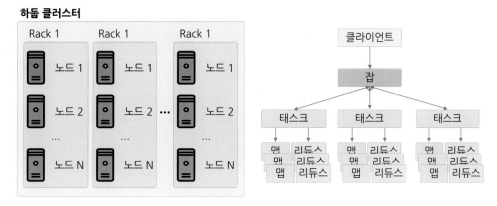

그림 9.6 분산시스템 세부 구조

우선 물리적인 구성으로 노드는 하나의 컴퓨터를 생각하면 되고 몇 개의 컴퓨터가 모인 것이 랙(rack)이다. 그리고 랙들이 모인 것이 클러스터이다. 그리고 시스템적으로 살펴보면 클라이언트가 하나의 잡을 실행시키면 그 잡은 여러 개의 태스크를 실행하게 되고 각각의 태스크는 맵과 리듀스를 통해 분산 처리를 하게 된다.

9.3.2 아파치 스파크

HDFS와 스파크

최근에는 아파치 스파크(Apache Spark)를 통한 데이터 분석 환경을 구축하는 기업이 많아졌다. 스파크를 이해하려면 HDFS의 환경을 되새겨 볼 필요가 있다. HDFS는 다음 그림과 같이 데이터 전송, 분산 파일 시스템, 분산 데이터 처리, 운영 관리 레이어로 구분된다. 스파크는 이 중에서 분산 데이터 처리를 하는 하나의 시스템이다.

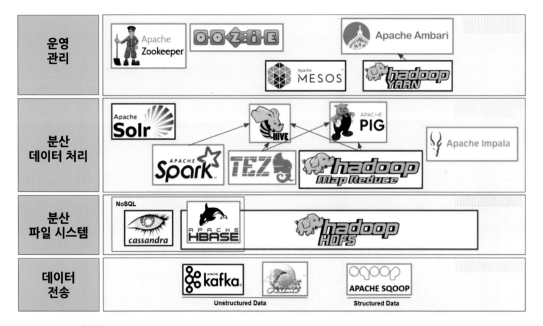

그림 9.7 HDFS 레이어 구조

기존 하둡의 맵리듀스 방식보다 성능이 개선되어 배치 처리 작업은 10배가량 빠르며 인메모리 분석은 100배나 빠르다. 기존의 맵리듀스 방식은 데이터 처리 프로세스 관점의 데이터가 디스크에 남아있는 반면 스파크는 메모리에 저장하여 재사용이 가능하다. 따라서 머신러닝과 같은 반복형이나 대화형 태스크에서 뛰어난 성능을 보인다.

스파크의 특징

최초의 스파크는 2011년도에 UC버클리의 AMPLab에서 오픈소스로 탄생됐고 2014년 5월에 범용 분산 클러스터 컴퓨팅 프레임워크로 정식 출시됐다. 스파크의 가장 큰 특징은 인메모리(In-Memory) 기반의 빠른 데이터 처리가 가능한 것이고 Java, Scala, 파이썬, R, SQL 등 다양한 언어를 지원함으로써 사용이 편리하다는 것이다.

스파크는 데이터 과학자, 데이터 분석가들이 효율적으로 일할 수 있도록 특화된 환경을 가지고 있다. 맵리듀스와 비슷한 일괄 처리 기능과 실시간 데이터 처리, 그리고 다양한 머신러닝 알고리즘과 시각화 알고리즘을 단일 프레임워크로 통합시켰다. 따라서 데이터 마이닝과 같은 온라인 분석 처리(OLAP) 작업에 특화됐으나 대량의 온라인 트랜잭션 처리(OLTP)와 같은 대량의 원자성(atomicity) 트랜잭션 처리에는 적합하지 않다.

제플린

그림 9.8 제플린 화면 예시

데이터 분석가는 스파크 환경에서 웹 기반 노트북(notebook)이며 시각화 툴인 제플린(Zeppelin)을 주로 사용한다. 제플린 노트북에서는 순수한 파이썬 언어로도 데이터 가공과 모델링이 가능하며 스파크의 병렬처리를 과적으로 활용하기 위해 스파크 전용의 파이썬 코드인 파이스파크(PySpark), 스파크 환경의 SQL인 Spark SQL 등을 사용할 수 있다. 이처럼 분석 환경에 따라 효과적인 영역이 다르고 필요한 스킬이 다양하다. 데이터 분석가는 주어진 자원을 활용하여 최적의 성능을 이끌어낼 수 있도록 전체적인 환경을 이해하고 적합한 수단을 선택할 수 있는 역량이 필요하다.

9.4   테이블 조인과 정의서 그리고 ERD

데이터분석가는 일반적으로 머신러닝 모델링이나 데이터 분석을 할 때 한 개의 테이블만을 활용하는 경우는 거의 없다. 적어도 3개 이상의 테이블을 조합하고 새로 가공하면서 인사이트를 찾아내야 한다. 그렇기 때문에 각 테이블의 속성과 테이블 간의 관계를 명확히 인지하고 있어야 한다. 테이블 구조가 익숙하지 않으면 테이블 간 조인(join)을 할 때 실수를 하여 잘못 만들어진 데이터로 엉뚱한 결론을 도출할 수 있다. 기본적으로 테이블 간 조인에 대한 개념을 숙지하고 있어야 한다.

9.4.1 테이블 조인

조인은 2개 이상의 테이블을 공통의 칼럼을 중심으로 결합하는 것으로 이너 조인(inner join), 아우터 조인(outer join), 레프트 조인(left join), 라이트 조인(right join), 풀 조인(full join), 크로스 조인(cross join) 등이 있다. 그림 9.9를 통해 테이블 조인의 개념을 확인해 보자.

emp_cd	Emp_nm	job	dep_cd
1001	박정수	부장	30
1002	황정민	과장	20
1003	김규리	대리	20
1004	조한수	사원	10
1005	김판호	사원	30
1006	성시훈	과장	40
1007	장지희	사장	NULL
1008	권민우	대리	40
1009	최지혜	차장	10

dep_cd	dep_nm	location
10	인사팀	서울
20	경리팀	서울
30	영업팀	과천
40	전산팀	대전
50	법무팀	인천

emp_cd	Emp_nm	job	dep_cd	location
1001	박정수	부장	30	과천
1002	황정민	과장	20	서울
1003	김규리	대리	20	서울
1004	조한수	사원	10	서울
1005	김판호	사원	30	과천
1006	성시훈	과장	40	대전
1007	장지희	사장	NULL	NULL
1008	권민우	대리	40	대전
1009	최지혜	차장	10	서울

그림 9.9 조인 개념 예시

레프트 조인과 라이트 조인

왼쪽 첫번째 테이블은 회사의 각 직원 정보가 기록되어 있고 오른쪽 테이블은 각 부서에 대한 정보가 기록되어 있다. 두 테이블을 조인하여 직원 정보 테이블에 해당 부서의 지역명을 레프트 조인으로 결합했다. 각 부서의 고유 코드인 dep_cd를 키 값으로 하여 부서 코드가 일치하는 행의 지역명 칼럼이 결합됐다. 레프트 조인이기 때문에 부서 코드가 없는 장지희 사장은 부서의 지역명이 NULL값이 됐다. 만약 두 테이블에 모두 있는 행만 가져오는 이너 조인을 했다면 해당 행 자체가 사라졌을 것이다. 그러면 각 조인 방법은 어떤 차이가 있을까? 조인은 집합 개념을 생각하면 쉽게 이해할 수 있다.

그림 9.10 레프트 조인과 라이트 조인 예시

left join과 right join은 그림 9.10처럼 하나의 테이블을 기준으로 다른 테이블에서 겹치는 부분을 결합해 준다. 따라서 기준이 되는 테이블의 데이터는 그대로 유지하면서 조인하는 테이블의 데이터만 추가되는 것이다. 일치하는 키 값이 없는 행은 조인하는 테이블의 값이 결측값으로 나타난다. 그런데 만약 결합하는 테이블의 키 값에 해당하는 관측치가 여러 개면 그만큼 행이 늘어나게 된다. 예를 들어 부서 정보 테이블의 인사 팀 행이 두 개라면, 직원 정보 테이블을 기준으로 레프트 조인했을 때 인사 팀에 해당하는 조한수, 최지혜는 두 줄씩 생성된다. 이러한 조인의 성질을 잘 이해하고 테이블 간 조인을 해야 한다.

이너 조인과 풀 조인

그림 9.11 이너 조인과 풀 조인 예시

다음으로 이너 조인은 두 테이블 간에 겹치는 부분의 행만 가져오는 조인 방법이다. 앞에서 봤던 예시와 같이 부서코드를 키 값으로 할 때 이너 조인을 한다면 부서코드가 두 테이블 모두 겹치는 행만 나오게 된다. 부서코드가 없는 장지희 직원은 행에서 사라지게 되며 소속된 직원이 하나도 없는 법무 팀의 행 또한 사라지게 된다.

풀 조인은 이와 반대되는 개념으로, 모든 행을 살리는 조인 방법이다. 앞의 직원 정보 테이블과 부서 정보 테이블을 풀 조인하면 다음 그림과 같이 겹치는 부서 코드가 없어도 양 테이블의 모든 행이 생성된다. 다만 조인되지 않은 부분은 결측값이 된다.

emp_cd	Emp_nm	job	dep_cd	location
1001	박정수	부장	30	과천
1002	황정민	과장	20	서울
1003	김규리	대리	20	서울
1004	조한수	사원	10	서울
1005	김판호	사원	30	과천
1006	성시훈	과장	40	대전
1007	장지희	사장	NULL	NULL
1008	권민우	대리	40	대전
1009	최지혜	차장	10	서울
NULL	NULL	NULL	NULL	인천

그림 9.12 풀 조인 테이블 생성 예시

크로스 조인

마지막 크로스 조인은 사용되는 경우가 드물지만, 주로 머신러닝에 사용되는 데이터셋을 생성할 때 사용된다. 예를 들어 자동차 기업에서 고객별로 각 차량의 구매확률을 구하는 모델을 만든다고 가정해 보자. 만약 구매 예측 대상 차량이 5종이라면, 고객별로 5개 차량에 대한 모든 독립변수와 종속변수가 만들어져야 한다. 이런 경우 우선 고객별로 5개 차량에 대한 마스터 테이블을 생성해야 하는데 크로스 조인을 활용하면 쉽게 만들 수 있다.

cust_cd	cust_nm	sex	age_cd
1001	김서경	F	30
1002	황종범	M	40
1003	차주현	M	20
1004	서나영	F	30
...	...	...	...

car_cd	car_nm
101	케이서
203	아보르
313	카르만
414	홀리
505	팬타

cust_cd	cust_nm	sex	age_cd	car_nm
1001	김서경	F	30	케이서
1001	김서경	F	30	아보르
1001	김서경	F	30	카르만
1001	김서경	F	30	홀리
1001	김서경	F	30	팬타
1002	황종범	M	40	케이서
1002	황종범	M	40	아보르
1002	황종범	M	40	카르만
1002	황종범	M	40	홀리
1002	황종범	M	40	팬타
1003	차주현	M	20	케이서
1003	차주현	M	20	아보르
1003	차주현	M	20	카르만
1003	차주현	M	20	홀리
1003	차주현	M	20	팬타
1004	서나영	F	30	케이서
1004	서나영	F	30	아보르
1004	서나영	F	30	카르만
1004	서나영	F	30	홀리
1004	서나영	F	30	팬타
...	...	...	...	...

그림 9.13 크로스 조인 테이블 예시

그림 9.13과 같이 크로스 조인으로 먼저 모든 고객과 차량에 대한 행을 생성해 두면 고객 행동 테이블과 구매 테이블에 해당 고객과 차량에 대한 정보가 없더라도 행을 모두 생성할 수 있다. 이처럼 값이 없더라도 모든 행이 생기도록 데이터 가공을 해야 할 때 크로스 조인을 사용한다.

9.4.2 데이터 단어사전

이렇게 DW, DM 등에 있는 수많은 테이블들을 빠르게 파악하고 올바르게 활용하려면 데이터 단어사전, 메타데이터 관리 시스템 및 테이블 정의서, 그리고 ERD를 잘 알고 있어야 한다.

데이터 단어사전이란 말 그대로 각 칼럼과 테이블의 이름을 정할 때 체계를 약속한 일종의 사전이다. 칼럼이나 테이블명은 일반적으로 영문 형태로 짓는데, 영어단어를 그대로 적으면 길이가 너무 길어지고 가독성이 떨어지는 문제가 발생한다. 그래서 축약된 단어 형태로 이름을 정하게 된다. 예를 들어 고객은 CUST(customer), 중분류 코드는 MDCLS_CD(middle class code)와 같은 형태로 정의하는 것이다. 기업이나 조직마다 사용하는 단어 사전 법칙은 조금씩 차이가 있지만 대부분 형태가 유사하기 때문에 데이터의 의미를 쉽게 이해할 수 있다. 다음 표는 데이터 단어사전의 일부 예시이다.

표 9.5 데이터 단어사전 예시

단어명	단어 영문명	단어 영문 정식명	단어 구분	정의	소 분류
간격	ITVL	Interval	기본 단어	공간적인 사이. 떨어진 거리. 틈.	
간접비	IDCST	INDIRECT COST	분류 단어	[명사] 〈경제〉 여러 가지 제품의 생산에 공통적으로 소요되는 비용. 간접 재료비, 간접 노동비, 간접 경비 따위가 이에 속한다.	금액
감가상각	DPRCT	DEPRECIATION	기본 단어	토지를 제외한 고정 자산에 생기는 가치의 소모를 셈하는 회계상의 절차. 고정 자산 가치의 소모를 각 회계 연도에 할당하여 그 자산의 가격을 줄여 간다.	
감소	DCRS	decrease	기본 단어	줄어서 적어짐	
감지	DTCT	Detection	기본 단어	1. 특정 정보를 알아차림 2. 실시간 캠페인에서 사용자가 일으킨 행위(이벤트)가 조건에 맞는 정보인 경우 감지됐다고 분류함(detect, sense)	
감지일	DTCDY	Detection Day	기본 단어	감지한 당일을 의미.(Detection date)	
값	VAL	VALUE	분류 단어	어떤 사물의 중요성이나 의의.	값
강수	RAIN	Rain	기본 단어	비나 눈 등과 같이 대기 중의 미세한 물방울이나 빙정 등이 단독 또는 병합되어 구름에서 떨어져 내리는 현상	
강수량	RANFL	RainFall	분류 단어	비, 눈, 우박, 안개 따위로 일정 기간 동안 일정한 곳에 내린 물의 총량	수

메타데이터 관리 시스템은 데이터가 어디에 어떻게 저장되어 있는지, 그리고 데이터를 어떻게 사용할 것인지 이해할 수 있도록 데이터에 대한 정보를 관리하는 시스템이다. 메타데이터란 각 테이블과 거기에 포함된 데이터의 속성에 관한 정보 그리고 데이터들 간의 관계를 정의한 데이터다. 일반적인 기업이나 기관의 데이터베이스에는 수백 수천 개의 데이터가 적재되어 있고 이들은 유기적으로 연결되어 있다. 그렇기 때문에 전체적인 구조에 대한 정보를 관리할 수 있는 시스템이 필수적으로 필요하다.

그림 9.14 메타데이터 관리 시스템 화면 예시

9.4.3 테이블 정의서

메타데이터 관리 시스템을 간소화한 버전으로 테이블 정의서(테이블 명세서)가 있다. **테이블 정의서는 각 DW, DM 등에 적재된 테이블과 칼럼의 한글과 영문명, 데이터 속성, 그리고 간단한 설명 등이 정리된 표다.** 일반적으로 엑셀 파일로 만들어 곧바로 원하는 정보를 찾아보기 위해 사용한다. 예를 들어 회사 제품의 쿠폰 발급에 관한 정보가 적재된 테이블이 무엇인지 알고 싶으면 테이블 정의서 안에서 '찾기'를 하여 쿠폰 발급 키워드로 필요한 테이블이나 칼럼을 찾는 것이다.

표 9.6 테이블 정의서 예시

Entity/ Table Name	Entity/Table Physical_ Name	Attribute/ Column Name	Attribute/Column Physical_Name	Is PK	Physical Data Type	Null Option
날씨_마스터	TB_WTHR_M	자점코드	CSTR_CD	TRUE	VARCHAR(4)	Not Null
날씨_마스터	TB_WTHR_M	생성일자	CRT_DT	TRUE	DATE	Not Null
날씨_마스터	TB_WTHR_M	요일약어명	DAYW_ABRV_NM	FALSE	VARCHAR(100)	Null
날씨_마스터	TB_WTHR_M	최저기온값	LWST_ATMPR_VAL	FALSE	VARCHAR(10)	Null
날씨_마스터	TB_WTHR_M	최고기온값	HGHST_ATMPR_VAL	FALSE	VARCHAR(10)	Null
날씨_마스터	TB_WTHR_M	날씨아이콘코드	WTHR_ICON_CD	FALSE	VARCHAR(2)	Null
날씨_마스터	TB_WTHR_M	날씨아이콘명	WTHR_ICON_NM	FALSE	VARCHAR(100)	Null

Entity/ Table Name	Entity/Table Physical_ Name	Attribute/ Column Name	Attribute/Column Physical_Name	Is PK	Physical Data Type	Null Option
날씨_마스터	TB_WTHR_M	최대풍향값	MAX_WDDR_VAL	FALSE	VARCHAR(20)	Null
날씨_마스터	TB_WTHR_M	최대풍속값	MAX_WDSP_VAL	FALSE	VARCHAR(10)	Null
날씨_마스터	TB_WTHR_M	평균습도값	AVRG_HMDT_VAL	FALSE	VARCHAR(10)	Null
날씨_마스터	TB_WTHR_M	강수확률값	RAIN_PRBB_VAL	FALSE	VARCHAR(3)	Null
날씨_마스터	TB_WTHR_M	강수량값	RANFL_VAL	FALSE	VARCHAR(10)	Null
날씨_마스터	TB_WTHR_M	적설량값	SNWCVR_QTY_VAL	FALSE	VARCHAR(10)	Null
날씨_마스터	TB_WTHR_M	등록일시	RGST_DTM	FALSE	TIMESTAMP	Null
날씨_마스터	TB_WTHR_M	등록자아이디	RGPR_ID	FALSE	VARCHAR(30)	Null
날씨_마스터	TB_WTHR_M	수정일시	MDF_DTM	FALSE	TIMESTAMP	Null
날씨_마스터	TB_WTHR_M	수정자아이디	MDFPR_ID	FALSE	VARCHAR(30)	Null
날씨_마스터	TB_WTHR_M	최종적재일시	FNL_LOAD_DTM	FALSE	TIMESTAMP	Null

테이블 정의서는 DB에 대한 파악이 어느 정도 된 상태에서는 유용하지만 테이블 간의 관계 정보가 없기 때문에 DB 환경에 익숙하지 않은 상태에서는 사용이 불편할 수 있다. 그래서 처음 데이터 환경을 이해하기 위해서는 ERD를 봐야 한다.

9.4.4 ERD

ERD는 'Entity Relationship Diagram'의 약자로 각 테이블의 구성 정보와 테이블 간 관계를 도식으로 표현한 그림 형태로 구성되어 있다. 데이터 분석가나 데이터과학자들은 처음 프로젝트에 투입됐을 때 데이터 환경을 파악하기 위해 ERD를 확인한다. ERD는 'ERWin'이라는 프로그램을 많이 사용한다. 테이블은 엔티티(Entity)라고 불리며 각 테이블이 어떤 테이블과 어떤 키로 연결되어 있는지 직관적으로 확인할 수 있다.

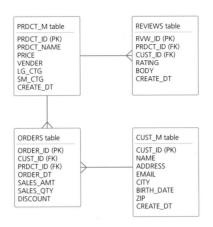

그림 9.15 ERD 예시 그림

ERD는 크게 물리(physical)와 논리(logical)로 구분된다. 일반적으로 물리는 영문으로, 논리는 한글로 되어 있는데 한글이냐 영문이냐는 중요하지 않다. 물리는 DB를 효율적이고 결점 없이 구현하는 것을 목표로 구현하는 ERD 개념이고 논리는 데이터 사용자 입장에서 테이블 간 매핑(Mapping)에 오류가 없으며 데이터의 정규화[2]가 이루어진 ERD의 개념이다. 따라서 데이터 분석가는 논리 ERD를 보고 DB 구조를 파악한다.

ERD의 핵심은 테이블 간 연결을 해주는 키 칼럼과 연결 관계를 의미하는 식별자다. 키 고객번호처럼 ID와 같은 개념이며 기본 키(Primary Key)와 외래 키(Foreign Key)로 구분된다.

- 기본 키: 테이블에 적재된 각각의 데이터를 유일하게 구분하는 키

- 외래 키: 각 테이블 간에 연결을 만들기 위해서 테이블에서 다른 테이블의 참조되는 기본 키

기본키는 해당 테이블에서 유일하게 구분되는 칼럼이므로 중복될 수 없으며 결측값을 가질 수 없다. 반면 외래 키는 다른 테이블과 연결하기 위한 칼럼이므로 중복이나 결측값이 있을 수 있으며 외래 키가 정의된 테이블은 자식테이블, 참조되는 테이블은 부모 테이블이라 부른다. 이 외에 테이블에서 각 행을 유일하게 식별할 수 있는 하나의 키 혹은 조합된 키를 의미하는 슈퍼 키(Super Key), 기본키의 조건인 유일성과 최소성을 만족하지만 기본키는 아닌 후보 키(Candidate Key) 등이 있다.

다음으로 테이블 간 연결 관계를 나타내는 규칙은 다음과 같다.

---

2   ERD의 정규화: 관계형 데이터베이스의 설계에서 중복을 최소화하게 데이터를 구조화하는 프로세스

그림 9.16 ERD 연결 관계 그림

테이블 간에는 1:1로 매칭되는 경우도 있고 1:N, N:N 등으로 연결된 경우도 많기 때문에 이러한 관계를 정확히 파악하고 데이터를 다뤄야 한다. 간단한 예로 고객 마스터 테이블에는 모든 고객이 하나의 행씩 존재하지만 매출 테이블에는 동일한 고객이 아예 존재하지 않거나 여러 행씩 존재하는 경우도 있을 것이다. ERD가 익숙하지 않을 때는 테이블 정의서를 보면서 직접 ERD를 그려 보는 것도 많은 도움이 된다. 이처럼 데이터 분석가나 데이터과학자는 메타데이터 관리 시스템, 테이블 정의서, ERD 등을 자유롭게 확인하며 테이블 구조를 파악하고 필요한 데이터를 정확하게 찾아내고 데이터 가공을 할 수 있어야 한다. 데이터 가공에 관한 내용은 앞으로 지속적으로 다룰 것이다.

10

데이터 탐색과 시각화

지금까지 데이터 분석이나 ML 모델링 프로젝트를 위한 비즈니스 문제 정의와 분석 목적 도출부터 데이터 분석 환경 세팅에 대해서 알아보았다. 이번 절에서는 데이터의 형태와 분포, 이상치와 결측치 등을 확인하는 탐색적 데이터 분석과 상관성 분석 그리고 시각화 기법들에 대해서 알아보겠다. 이 단계와 데이터 전처리 단계는 데이터 분석 프로세스에서 가장 많은 시간과 노력이 소모된다. ML 모델의 성능에는 알고리즘의 우수성이나 파라미터 최적화보다 데이터를 올바르게 파악하고 효과적으로 가공하는 것이 더 많은 영향을 미친다. 이 단계들은 서로 상호작용하며 양방향으로 이루어진다.

그림 10.1 데이터 탐색부터 모델링 단계 구조 예시

데이터분석 용어 중에 'Garbage In, Garbage Out(GIGO)'이라는 말이 있다. 가치가 없는 잘못된 데이터를 사용하면 역시 무가치한 결과가 나온다는 뜻이다. 데이터 마트에 쌓여 있는 그대로의 원천 데이터(raw data)는 수많은 오류와 이상치를 가지고 있는 경우가 많다. 그렇기 때문에 다양한 각도에서 데이터를 탐색하고 시각화하여 가치 있는 데이터로 정제해 나가야 한다.

EDA와 데이터 시각화는 구별해서 생각할 필요가 있다. EDA 단계에서 데이터 파악을 좀 더 효율적으로 하기 위해 시각화를 하기도 하지만, 데이터 시각화의 궁극적 목적은 분석 결과를 커뮤니케이션 하기 위함이다. 분석결과를 통해 보는 사람의 흥미를 유발하고 전하고자 하는 바를 효과적으로 전달하기 위해서는 올바른 시각화 기법을 사용해야 한다. 데이터의 형태나 분석 목적에 따라 효과적인 표현 방식이 다양하게 분류된다.

시간의 흐름에 따른 변화를 나타내기 위한 시간 시각화, 그룹별 차이를 나타내기 위한 비교 시각화, 전체 데이터에서 특정 항목이 차지하는 비중을 나타내기 위한 분포 시각화, 두 개 이상의 수치 데이터를 통해 서로 간의 관계를 나타내기 위한 관계 시각화, 실제 지리적 위치에 수치를 나타내는 공간 시각화로 구분할 수 있다. 다만 다른 시각화 방법이라도 사용하는 기법이 같을 수도 있다. 예를 들어 막대그래프는 비교 시각화와 시간 시각화에 모두 사용될 수 있다. 각 데이터 시각화 기법에 관해서는 뒤에서 자세히 다루도록 하겠다.

10.1 탐색적 데이터 분석

데이터를 다루는 사람이라면 누구나 탐색적 데이터 분석(Exploratory Data Analysis; EDA. 이하 EDA)를 해야 한다. 미국의 수학자 존 튜키(John W. Tukey)가 창안한 EDA는 가공하지 않은 원천의 데이터를 있는 그대로 탐색하고 분석하는 기법을 뜻한다. 기술통계와 데이터 시각화를 통해 데이터의 특성을 파악하는 것이다. 데이터의 여러 정황들을 고려하여 사건을 분석하는 탐정을 생각하면 될 것이다. **EDA를 할 때는 극단적인 해석은 피해야 하며 지나친 추론이나 자의적 해석도 지양해야 한다.** 이 단계에서 앞의 1부에서 다뤘던 기초통계 지식이 빛을 발한다. 이 변수는 표준편차가 어떻고 왜도와 첨도가 편중이 있고, 산술평균보다는 가중평균을 확인해 봐야 한다는 등의 분석을 할 수 있다. EDA를 하는 주요 목적은 다음과 같다.

- 데이터의 형태와 척도가 분석에 알맞게 되어있는지 확인(sanity checking)

- 데이터의 평균, 분산, 분포, 패턴 등의 확인을 통해 데이터 특성 파악

- 데이터의 결측값이나 이상치 파악 및 보완

- 변수 간의 관계성 파악

- 분석 목적과 방향성 점검 및 보정

사용하는 데이터 분석 환경마다 차이가 있지만, 대부분 EDA를 할 수 있는 기본 기능을 제공한다. 그림 10.2와 같이 한 번에 기본적인 통곗값 데이터 특성들을 확인할 수 있다. 통곗값 해석에 대한 내용은 1부에서 이미 다뤘기 때문에 생략한다. 이번 장에서는 파이썬 라이브러리를 이용하여 EDA 실습을 해보도록 하자.

필드	그래프	측정	최소값	최대값	평균	표준 편차	왜도	고유값수	유효수
◇ TOWN#		✎ 연속형	0	91	47.532	27.571	0.039	--	506
◉ LON		✎ 연속형	-71.290	-70.810	-71.056	0.075	-0.205	--	506
◉ LAT		✎ 연속형	42.030	42.381	42.216	0.062	-0.087	--	506
◉ MEDV		✎ 연속형	5.000	50.000	22.533	9.197	1.108	--	506
◉ CMEDV		✎ 연속형	5.000	50.000	22.529	9.182	1.111	--	506
◉ CRIM		✎ 연속형	0.006	88.976	3.614	8.602	5.223	--	506
◉ ZN		✎ 연속형	0.000	100.000	11.364	23.322	2.226	--	506
◉ INDUS		✎ 연속형	0.460	27.740	11.137	6.860	0.295	--	506

⊟ LON ⊟ 통계		⊟ LAT ⊟ 통계		⊟ MEDV ⊟ 통계	
빈도	506	빈도	506	빈도	506
평균	-71.056	평균	42.216	평균	22.533
최소값	-71.290	최소값	42.030	최소값	5.000
최대값	-70.810	최대값	42.381	최대값	50.000
범위	0.480	범위	0.351	범위	45.000
분산	0.006	분산	0.004	분산	84.587
표준 편차	0.075	표준 편차	0.062	표준 편차	9.197
표준 오차	0.003	표준 오차	0.003	표준 오차	0.409
중앙값	-71.053	중앙값	42.218	중앙값	21.200
최빈값	-71.069	최빈값	42.230	최빈값	50.000

그림 10.2 EDA 예시

10.1.1 엑셀을 활용한 EDA

EDA를 하는 가장 간단하면서 효과적인 방법은 각 데이터 샘플을 1,000개씩 뽑아서 엑셀에 붙여 놓고 변수와 설명 리스트와 함께 눈으로 쭉 살펴보는 것이다. 그렇게 하면 빠른 시간 안에 데이터에 대한 전체적인 감을 잡을 수 있다. 예를 들어 다음과 같은 고객 데이터가 있다면 단순 임의추출을 통해 1,000개의 행을 추출하여 변수 정의를 확인한 다음 변수 하나 하나씩 눈으로 쭉 읽어보는 것이다.

표 10.1 샘플 데이터 예시

CUST_CD	CUST_NM	SEX_CD	RTL_PRC	SELL_PRC	BNC_CD	CUST_GRD	…
RWX1305A	장미정	2	37,000	48,000	05	SILVER	…
TEX1408A	정동석	1	52,000	65,000	31	GOLD	…
USC0711W	김종혁	1	33,000	25,000	31	SILVER	…
ERV0304Q	김민주	2	74,000	87,000	06	SILVER	…
LIE1611E	김만기	1	14,000	22,000	15	NEW	…
TID0101E	최창우	1	63,000	72,000	26	GOLD	…
…	…	…	…	…	…	…	…

표 10.2 칼럼별 기본 정보 예시

변수명	변수 형태	길이	변수 설명
CUST_CD	Character	8	고객 코드
CUST_NM	Character	6	고객 이름
SEX_CD	Character	2	고객 성별
RTL_PRC	Numeric	12	도매가격
SELL_PRC	Numeric	12	판매가격
BNC_CD	Character	2	지점 코드(01: 영등포구청점, 02: …)
CUST_GRD	Character	8	고객등급(NEW: 신규고객, SILVER: …)
…	…	…	…

예시의 데이터는 비교적 내용이 쉬워서 본 과정의 효과가 별로 느껴지지 않을 수도 있다. 하지만 실제 분석 프로젝트에서 사용하는 데이터는 훨씬 다양하고 복잡하기 때문에 많은 도움이 된다. 이렇게 데이터셋을 직접 살펴보면 고객의 성비가 대략 어느 정도 되는지, 도소매 가격은 어느 정도로 형성되는지, 판매 가격과 도매 가격의 차이는 어느 정도 되는지 등등을 대략적으로 파악할 수 있다.

그런데 김종혁 고객의 도매가격과 판매가격을 확인해 보면, 판매가격이 도매가격보다 오히려 낮게 기록되어 있다. 이런 경우는 논리적으로 유추해 보았을 때, 데이터가 잘못 입력됐거나, 생각하지 못했던 할인 쿠폰, 마일리지 등에 따른 데이터 입력 프로세스가 있을 것으로 예상할 수 있다. 이렇게 발견한 데이터 이슈들을 리스트화해서 실무자들과의 미팅을 통해 해결할 수 있다.

그리고 피벗(Pivot) 테이블을 생성해서 지점별 성비, 고객 등급별 평균 판매가격 등을 확인해 볼 수 있다. 필요에 따라서는 간단한 그래프를 그려서 직관적으로 데이터를 파악할 수도 있다. 이것이 엑셀로 1,000개의 샘플을 추출해서 보는 이유이다. **파이썬, R, SAS 등의 데이터 가공 및 시각화 기능이 아무리 좋다 하더라도 적은 데이터를 다룰 때는 엑셀만큼 사용자 친화적이고 효율적인 프로그램이 없다.** 실제로 현업에 종사하는 많은 데이터 과학자들이 엑셀을 사용한다. 엑셀은 누구에게나 익숙한 툴이어서 실무자나 의사결정권자와 결과물을 공유하는 데에도 효과적으로 쓰인다. 하지만 이 방법은 본격적인 데이터 탐색에 들어가기에 앞서 데이터에 대한 심리적 거리감을 줄여주는 보조적인 방법이라는 점을 염두에 두어야 한다.

10.1.2 탐색적 데이터 분석 실습

이제 캐글에 있는 "Hotel booking demand"[1] 데이터셋으로 기본 EDA를 실습해 보겠다. 이 절의 실습 코드는 이 책의 저장소의 **10.1.2.탐색적 데이터 분석(EDA).ipynb** 파일에 있다.

코드 10.1 패키지 임포트

In [1]:

```
01: # 필요한 패키지 임포트
02:
03: import seaborn as sns
04: import matplotlib.pyplot as plt
05: import pandas as pd
06: sns.set(color_codes=True)
07: %matplotlib inline
```

탐색적 데이터 분석을 하기에 앞서 필요한 패키지들을 임포트한다. csv 파일 불러오기부터 데이터 전처리를 할 수 있는 pandas, 시각화 패키지 seaborn과 matplotlib을 임포트한다.

코드 10.2 데이터 불러오기 및 확인

In [2]:

```
01: # 데이터 불러오기
02: # https://www.kaggle.com/datasets/jessemostipak/hotel-booking-demand
03: df = pd.read_csv("datasets/hotel_bookings.csv")
```

---

1 https://www.kaggle.com/datasets/jessemostipak/hotel-booking-demand

```
04:
05: # 데이터 샘플 확인
06: df.head()
```

Out [2]:

	hotel	is_canceled	lead_time	arrival_date_year	arrival_date_month	arrival_date_week_number	arrival_date_day_of_month	stays_in_weekend_nights	stays
0	Resort Hotel	0	342	2015	July	27	1	0	
1	Resort Hotel	0	737	2015	July	27	1	0	
2	Resort Hotel	0	7	2015	July	27	1	0	
3	Resort Hotel	0	13	2015	July	27	1	0	
4	Resort Hotel	0	14	2015	July	27	1	0	

5 rows × 32 columns

csv 파일이 저장된 경로를 지정하여 판다스 데이터 프레임으로 불러온다. 그리고 head 메서드로 데이터가 제대로 로드됐는지 확인한다. hotel, is_canceled 등의 칼럼이 있으며 명목형, 숫자형 값들이 있는 것을 확인할 수 있다.

코드 10.3 칼럼 속성 확인

In [3]:

```
01: # 각 칼럼의 속성 및 결측치 확인
02: df.info()
```

Out [3]:

```
<class 'pandas.core.frame.DataFrame'>
RangeIndex: 119390 entries, 0 to 119389
Data columns (total 32 columns):
 #   Column                     Non-Null Count    Dtype
---  ------                     --------------    -----
 0   hotel                      119390 non-null   object
 1   is_canceled                119390 non-null   int64
 2   lead_time                  119390 non-null   int64
 3   arrival_date_year          119390 non-null   int64
 4   arrival_date_month         119390 non-null   object
 5   arrival_date_week_number   119390 non-null   int64
 6   arrival_date_day_of_month  119390 non-null   int64
 7   stays_in_weekend_nights    119390 non-null   int64
```

```
 8   stays_in_week_nights             119390 non-null   int64
 9   adults                           119390 non-null   int64
10   children                         119386 non-null   float64
11   babies                           119390 non-null   int64
12   meal                             119390 non-null   object
13   country                          118902 non-null   object
14   market_segment                   119390 non-null   object
15   distribution_channel             119390 non-null   object
16   is_repeated_guest                119390 non-null   int64
17   previous_cancellations           119390 non-null   int64
18   previous_bookings_not_canceled   119390 non-null   int64
19   reserved_room_type               119390 non-null   object
20   assigned_room_type               119390 non-null   object
21   booking_changes                  119390 non-null   int64
22   deposit_type                     119390 non-null   object
23   agent                            103050 non-null   float64
24   company                          6797 non-null     float64
25   days_in_waiting_list             119390 non-null   int64
26   customer_type                    119390 non-null   object
27   adr                              119390 non-null   float64
28   required_car_parking_spaces      119390 non-null   int64
29   total_of_special_requests        119390 non-null   int64
30   reservation_status               119390 non-null   object
31   reservation_status_date          119390 non-null   object
dtypes: float64(4), int64(16), object(12)
memory usage: 29.1+ MB
```

info() 함수는 데이터에 대한 전반적인 정보를 나타낸다. 데이터를 구성하는 행과 열의 크기와 각 칼럼을 구성하는 값의 자료형 등을 확인할 수 있다. 이 단계에서 숫자형이어야 하는 칼럼이 문자형이거나 문자형이어야 하는 칼럼이 숫자형으로 되어 있는 것은 없는지 확인한다. 그리고 결측값을 꼭 확인해야 한다. children 칼럼의 경우, 4건의 결측값이 있고 company 칼럼은 90% 이상이 결측값인 것을 알 수 있다. 이런 경우 children 칼럼의 결측값 처리는 표본 제거 방법을 사용하고 company 칼럼은 결측값을 특정 명으로 대치해주는 방법을 사용한다. 자세한 결측값 처리 방법은 11장에서 다룰 것이다.

코드 10.4 칼럼 통계치 확인

In [4]:

```
01: # 각 칼럼의 통계치 확인
02: df.describe()
```

Out [4]:

	is_canceled	lead_time	arrival_date_year	arrival_date_week_number	arrival_date_day_of_month	stays_in_weekend_nights	stays_in_week_nights
count	119390.000000	119390.000000	119390.000000	119390.000000	119390.000000	119390.000000	119390.000000
mean	0.370416	104.011416	2016.156554	27.165173	15.798241	0.927599	2.500302
std	0.482918	106.863097	0.707476	13.605138	8.780829	0.998613	1.908286
min	0.000000	0.000000	2015.000000	1.000000	1.000000	0.000000	0.000000
25%	0.000000	18.000000	2016.000000	16.000000	8.000000	0.000000	1.000000
50%	0.000000	69.000000	2016.000000	28.000000	16.000000	1.000000	2.000000
75%	1.000000	160.000000	2017.000000	38.000000	23.000000	2.000000	3.000000
max	1.000000	737.000000	2017.000000	53.000000	31.000000	19.000000	50.000000

숫자형 변수들은 필수적으로 앞에서 배운 기술통계적 측정을 해야 한다. describe()는 평균, 표준편차, 최대 최솟값 등을 한 번에 확인할 수 있는 매우 유용한 함수다. 단 유의할 점으로, arrival_date_year 와 같이 숫자형이지만 문자형과 다름 없는 칼럼은 이러한 통계치가 큰 의미가 없으므로 각 항목의 빈도 등을 확인하는 방식으로 분석해야 한다.

코드 10.5 칼럼 왜도 확인

In [5]:

```
01: # 각 칼럼의 왜도 확인
02: df.skew()
```

Out [5]:

```
is_canceled                  0.536678
lead_time                    1.346550
arrival_date_year           -0.232583
arrival_date_week_number    -0.010014
arrival_date_day_of_month   -0.002000
stays_in_weekend_nights      1.380046
stays_in_week_nights         2.862249
adults                      18.317805
children                     4.112590
babies                      24.646545
is_repeated_guest            5.326315
```

```
previous_cancellations                  24.458049
previous_bookings_not_canceled          23.539800
booking_changes                          6.000270
agent                                    1.089386
company                                  0.601600
days_in_waiting_list                    11.944353
adr                                     10.530214
required_car_parking_spaces              4.163233
total_of_special_requests                1.349189
dtype: float64
```

다음으로 왜도와 첨도를 확인한다. 이들의 정의와 해석 방법은 4.4절에서 이미 다뤘다. 왜도와 첨도 역시 숫자형이지만 문자형과 다름 없는 칼럼은 감안해서 확인한다. 변숫값 분포의 정규성이 필요한 경우 로그변환, 정규화, 표준화 등의 방법을 사용한다.

코드 10.6 칼럼 첨도 확인

In [6]:

```
01: # 각 칼럼의 첨도 확인
02: df.kurtosis()
```

Out [6]:

```
is_canceled                             -1.712005
lead_time                                1.696449
arrival_date_year                       -0.994564
arrival_date_week_number                -0.986077
arrival_date_day_of_month               -1.187168
stays_in_weekend_nights                  7.174066
stays_in_week_nights                    24.284555
adults                                1352.115116
children                                18.673692
babies                                1633.948235
is_repeated_guest                       26.370077
previous_cancellations                 674.073693
previous_bookings_not_canceled         767.245210
booking_changes                         79.393605
agent                                   -0.007180
company                                 -0.490795
```

```
days_in_waiting_list           186.793070
adr                           1013.189851
required_car_parking_spaces     29.998056
total_of_special_requests        1.492565
dtype: float64
```

왜도는 skew() 첨도는 kurtosis() 함수로 간단히 확인할 수 있다. 첨도의 경우, 투숙한 그룹의 유아 명수를 의미하는 babies 칼럼과 같이 분포가 넓지 않은 경우 값이 매우 높게 나오는 것을 확인할 수 있다.

코드 10.7 시각화를 통해 특정 변수의 분포 확인

In [7]:

```
01: # 특정 변수 분포 시각화
02: sns.distplot(df['lead_time'])
```

Out [7]:

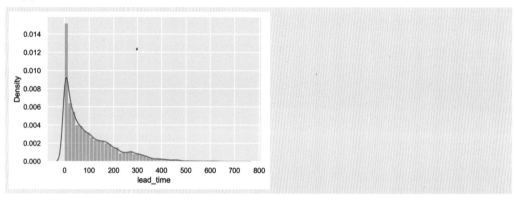

다음으로 seaborn의 distplot() 함수로 확인하고자 하는 칼럼의 분포를 시각화한다. lead_time 칼럼은 예약 날짜로부터 투숙 날짜까지의 일수 차이를 의미한다. 0 값이 확연히 많은 것으로 봐서 당일 체크인하는 투숙객이 많은 편이라는 것을 확인할 수 있다. 하지만 이런 경우 0값이 실제로 당일 예약이라 그렇게 기록된 것인지 혹은 시스템상 기록이 제대로 남지 않은 예약 건을 일괄적으로 0으로 입력한 것인지 확인할 필요가 있다.

코드 10.8 그룹 구분에 따른 특정 변수 분포 차이 시각화

In [8]:

```
01: # 호텔 구분에 따른 lead_time 분포 차이 시각화
```

```
02: sns.violinplot(x="hotel", y="lead_time", data=df, inner=None, color=".8")
03: sns.stripplot(x="hotel", y="lead_time", data=df, size=1)
```

Out [8]:

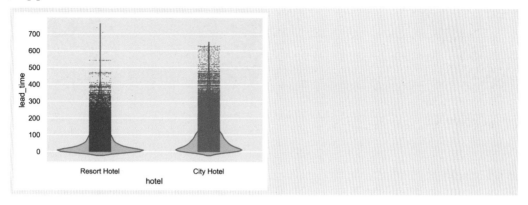

시각화는 다양한 방식으로 구현할 수 있다. 위 예시와 같이 호텔 구분에 따라 투숙객의 리드타임이 어떻게 다른지도 시각화할 수 있다. Violinplot() 함수는 분포를 효과적으로 표현해 주며 stripplot() 함수는 각 관측치의 위치를 직관적으로 표현해 준다. 이를 동시에 사용하면 데이터 형태를 보다 잘 이해할 수 있다. 그리고 color, size 등의 옵션을 추가하여 좀 더 보기 좋게 만들어 준다. Resort 호텔은 리드타임의 최댓값이 City 호텔보다 높지만, 대체적으로 더 작은 값에 분포하는 것을 알 수 있다. 시각화 기법들은 뒤에서 자세히 다룰 것이다.

10.2 공분산과 상관성 분석

데이터 탐색 과정에서 평균, 분산, 왜도, 첨도, 그리고 결측치 등 각 변수들의 특성을 파악한 다음, 항상하는 과정 중 하나가 변수 간의 관계를 파악하는 것이다. **타깃 변수 Y와 입력변수 X와의 관계는 물론 입력변수 X들 간의 관계도 살펴봐야 한다.** 이를 통해 독립 변수의 변화에 따른 종속 변수의 변화량을 크게 하여 통계적 정확도를 감소시키는 다중공선성을 방지할 수 있으며, 데이터에 대한 이해도를 높일 수 있다. 변수 간의 상관관계를 파악하는 대표적인 개념으로 공분산과 상관계수가 있다. 상관 분석을 하기 위해서는 우선 데이터가 등간이나 비율 척도이며, 두 변수가 선형적 관계라는 기본 가정을 둔다.

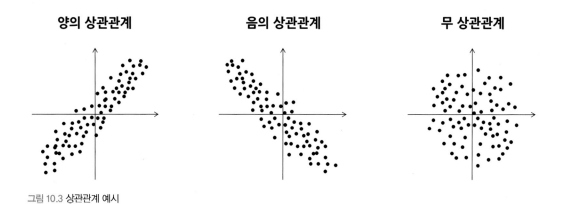

그림 10.3 상관관계 예시

10.2.1 공분산

공분산(Covariance)과 상관계수(Correlation coefficient)는 각 변수의 변동이 얼마나 닮았는지를 표현한다는 점에서 같지만, 계산 방식에 있어서 약간의 차이가 있다. 우선 공분산은 이름에서도 알 수 있듯이 서로 공유하는 분산을 나타낸다. 분산은 앞에서 배웠듯이 한 변수의 각각의 데이터가 퍼진 정도를 나타내지만, 공분산은 두 분산의 관계를 뜻한다. 이를 구하기 위해 X 데이터셋에 X_1, X_2 변수가 있을 때, X_1 변수 각 값의 편차(해당 값 − 평균)와 X_2 변수 각 값의 편차를 곱한 값을 모두 더해준 후 전체 개수 n(표본은 n−1)으로 나눠준다. 그렇게 하면 두 변수 X_1과 X_2의 공통적인 분산의 정도를 알 수 있다. 그 값이 0이면 두 변수는 상관관계가 없는 것이고, 양수면 양의 상관관계, 음수면 음의 상관관계를 나타내는 것이다.

- 양의 상관관계: X_1이 커지면 X_2도 커진다.
- 음의 상관관계: X_1이 커지면 X_2는 작아진다.
- 무 상관관계: X_1과 X_2는 선형적인 관계가 없다.
- (−)1: X_1과 X_2는 완벽한 직선의 관계다.

공분산을 구하는 과정을 데이터 행렬구조로 표현하면 다음과 같다.

(이 부분은 생략하고 넘어가도 무방하다.)

X 데이터셋에 X_1, X_2 등등 X_n 개의 변수가 표현되어 있는 행렬이 있다. 단, 변동을 보기 위해 각 값은 편차로 변환한 값으로 대체한다.

$$X = \begin{bmatrix} & | & | & & | & \\ & X_1 & X_2 & \dots & X_n & \\ & | & | & & | & \end{bmatrix}$$

앞의 X_1, X_2 변숫값의 편차를 곱한 값을 모두 더해주는 과정을 위해 X 데이터셋을 전치한 값을 곱해준다.

$$X^T X = \begin{bmatrix} \rule{2cm}{0.4pt} X_1 \rule{2cm}{0.4pt} \\ \rule{2cm}{0.4pt} X_2 \rule{2cm}{0.4pt} \\ \dots \\ \rule{2cm}{0.4pt} X_n \rule{2cm}{0.4pt} \end{bmatrix} \begin{bmatrix} | & | & & | \\ X_1 & X_2 & \dots & X_n \\ | & | & & | \end{bmatrix}$$

이를 통해 X_1과 X_2의 공분산을 구할 수 있는 값이 산출됐다. 이제 해당 값을 전체 관측치 개수인 n(−1)으로 나눠주면 X_1과 X_2의 공분산이 산출된다. 또한 $\text{Dot}(X_1, X_1)/n(-1)$은 X_1의 분산, $\text{Dot}(X_2, X_2)/n(-1)$은 X_2의 분산인 것도 알 수 있다.

$$= \begin{bmatrix} \text{dot}(X_1, X_1) & \text{dot}(X_1, X_2) & \dots & \text{dot}(X_1, X_n) \\ \text{dot}(X_2, X_1) & \text{dot}(X_2, X_2) & \dots & \text{dot}(X_2, X_n) \\ \dots & \dots & \ddots & \dots \\ \text{dot}(X_n, X_1) & \text{dot}(X_n, X_2) & \dots & \text{dot}(X_n, X_n) \end{bmatrix}$$

이 과정을 참고하여 공분산의 공식을 표현하면 다음과 같다.

$$COV(X_1, X_2) = \frac{\sum (\text{각 } X_1 \text{의 편차})(\text{각 } X_2 \text{의 편차})}{n(-1)} = \frac{1}{n(-1)} \sum (X_{1i} - \bar{x}_1)(X_{2i} - \bar{x}_2)$$

이해를 위해 간단한 예시를 통해 공분산을 계산해 보자. 다음은 A 인터넷 쇼핑몰의 고객 5명의 웹사이트 접속시간과 구매비용 정보다. 이 데이터 샘플을 이용해 공분산을 구해보자.

표 10.3 A 인터넷 쇼핑몰의 웹사이트 이용정보 예시

고객	웹사이트 접속시간(분)	구매비용(천원)
1	20	12
2	55	50
3	40	33
4	70	85
5	35	25
평균	44	41

- 각 고객의 웹사이트 접속시간 편차: −24, 11, −4, 26, −9

- 각 고객의 구매비용 편차: −29, 9, −8, 44, −16

이를 식에 그대로 대입한다.

$$\frac{(-24 \times -29) + (11 \times 9) + (-4 \times -8) + (26 \times 44) + (-9 \times -16)}{4} = 528.75$$

이를 통해 공분산은 약 528인 것을 알 수 있다. 이 값으로는 상관성이 얼마나 높은지는 평가하기 힘들지만, 양의 상관관계가 존재한다는 것을 알 수 있다.

10.2.2 상관계수

이처럼 공분산은 꽤나 단순한 원리로 변수 간의 상관관계를 수치화한 것이고 그렇기 때문에 한계가 존재한다. **각 변수 간의 다른 척도기준이 그대로 반영되어 공분산 값이 지니는 크기가 상관성의 정도를 나타내지 못한다.** 예를 들어 X_1과 X_2의 공분산 값이 1300이고 X_3와 X_4의 공분산 값이 800이라 할 때 X_1과 X_2의 상관관계가 X_3와 X_4의 상관관계보다 크다고 할 수 없는 것이다. 이러한 단점을 해결하기 위해 공분산을 변수 각각의 표준편차 값으로 나누는 정규화(normalize)를 하여 상관성을 비교하기도 한다. 하지만 이 역시 절대적인 기준이 될 수 없기 때문에, 대신 많이 사용하는 것이 피어슨(Pearson) 상관계수다.

피어슨 상관계수를 구하는 방식은 쉽게 말해 변수 X_1과 X_2가 함께 변하는 정도(공분산)를 X_1과 X_2가 변하는 전체 정도로 나눠준 것이다. 함께 변하는 정도는 전체가 변하는 총량을 초과할 수 없기 때문에 이

값은 1을 넘을 수 없으며, 음의 상관관계도 −1보다 작을 수 없다. 즉 (−1 ≤ R ≤ 1)이다. 피어슨 상관계수를 구하는 공식은 다음과 같다.

$$P(X_1, X_2) = \frac{COV(X_1, X_2)}{\sqrt{Var(X_1)Var(X_2)}}$$

분야에 따라 조금씩 차이가 있지만, 일반적인 사회과학에서 상관계수를 해석하는 기준은 절댓값이 0.7 이상일 때 상관관계가 매우 높다고 판단하며, 0.4 이상이면 어느 정도 상관관계가 있다고 해석한다. East London 대학의 심리학 교수 Christine Dancey는 저서《Statistics Without Maths for Psychology》에서 상관계수의 단계를 다음과 같이 정의했다.

표 10.4 상관계수에 따른 해석표

범위(절댓값)	단계
0	Zero
0.1~0.3	Weak
0.4~0.6	Moderate
0.7~0.9	Strong
1	Perfect

상관도를 산점도와 함께 보면 상관관계의 수준에 따라 데이터가 어떤 형태로 나타나는지 확인할 수 있다. 기울기가 위로 향하면 양의 상관관계를 나타내고 아래로 향하면 음의 상관관계를 나타낸다. 절댓값이 0.7 정도만 되어도 선형적 관계가 확연히 나타나고, 0.3 이하가 되면 상관성을 인식하기가 모호해진다.

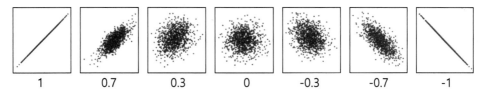

그림 10.4 데이터 분포에 따른 상관계수 예시

여기서 주의할 점은 **산점도의 기울기와 상관계수는 관련이 없다는 것이다. 분산의 관계성이 같다면, 기울기가 크든 작든 상관계수는 같다.** 그림 10.5는 기울기가 모두 다르지만 상관계수는 1로 같다. 이처럼 상관계수가 높다는 것은 X_1이 움직일 때 X_2가 많이 움직인다는 뜻이 아니라, X_2를 예상할 수 있는 정확도, 즉 설명력이 높다는 것이다.

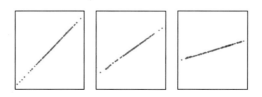

그림 10.5 상관계수 1의 형태 예시

이는 뒤에서 다룰 회귀분석과도 연관이 있다. 상관계수를 제곱한 값을 결정계수라 하는데, 총 변동 중에서 회귀선에 의해 설명되는 변동이 차지하는 비율을 뜻한다. 즉 해당 독립변수가 종속변수의 변동을 설명하는 정도이다. 결정계수는 R^2로 표기하며, 회귀분석의 정확도를 가늠하는 중요한 기준 값이 된다. 자세한 내용은 회귀분석 부분에서 다루도록 하겠다.

또한 상관분석은 두 변수의 선형관계만을 측정할 수 있기 때문에 2차 방정식 그래프와 비슷한 모양이 될 경우 상관계수가 매우 낮게 측정될 수 있다. 다음의 그래프를 보면 분명히 두 변수 간에는 특별한 연관성이 존재하는 것으로 보이지만, 상관분석 결과는 매우 낮은 상관계수가 나온다. 그리고 상관분석은 이상치에 의해 상관도가 크게 달라질 수 있기 때문에 기계적으로 상관분석만 하기보다는 산점도 그래프를 그려서 함께 확인해 보는 것이 좋다.

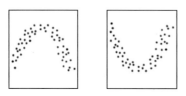

그림 10.6 상관계수가 낮은 특수 분포 형태 예시

그렇다면 이제 실제로 상관분석을 어떻게 하는지 살펴보자. 분석 프로그램에서 상관분석을 실행하면 다음과 같은 매트릭스 구조의 상관분석 표나 히트맵이 출력된다. 각 변수와 나머지 변수들 간의 상관관계가 모두 표시되므로 중복되는 상관관계도 나온다. 음영으로 표시한 부분은 중복되는 부분이다. 동일한 변수 간의 상관계수는 당연히 1이 나오며, 다른 변수와는 상관계수는 물론 유의확률도 함께 표시된다.

		a1	a2	a3	a4	a5	a6	a7	a8
a1	Pearson 상관	1	.485**	.278**	.462**	.507**	.068	-.070	-.073
	유의확률 (양측)		.000	.000	.000	.000	.276	.265	.244
	N	257	254	256	255	256	257	257	257
a2	Pearson 상관	.485**	1	.402**	.506**	.480**	.082	.018	.103
	유의확률 (양측)	.000		.000	.000	.000	.194	.781	.101
	N	254	255	255	254	255	255	255	255
a3	Pearson 상관	.278**	.402**	1	.525**	.332**	.100	.169**	.048
	유의확률 (양측)	.000	.000		.000	.000	.109	.007	.441
	N	256	255	257	256	257	257	257	257
a4	Pearson 상관	.462**	.506**	.525**	1	.504**	.033	-.011	.091
	유의확률 (양측)	.000	.000	.000		.000	.603	.857	.145
	N	255	254	256	256	256	256	256	256
a5	Pearson 상관	.507**	.480**	.332**	.504**	1	-.020	.026	.010
	유의확률 (양측)	.000	.000	.000	.000		.753	.678	.878
	N	256	255	257	256	257	257	257	257
a6	Pearson 상관	.068	.082	.100	.033	-.020	1	.143*	.060
	유의확률 (양측)	.276	.194	.109	.603	.753		.022	.338
	N	257	255	257	256	257	258	258	258
a7	Pearson 상관	-.070	.018	.169**	-.011	.026	.143*	1	.138*
	유의확률 (양측)	.265	.781	.007	.857	.678	.022		.027
	N	257	255	257	256	257	258	258	258
a8	Pearson 상관	-.073	.103	.048	.091	.010	.060	.138*	1
	유의확률 (양측)	.244	.101	.441	.145	.878	.338	.027	
	N	257	255	257	256	257	258	258	258

그림 10.7 상관분석 표 예시

만약 a1 변수와 a7 변수의 상관관계를 보고 싶다면 1열 7행을 확인해도 되고, 7행 1열을 확인해도 된다. a1 변수와 a7 변수의 상관관계는 −0.07로 음의 상관관계를 나타내긴 하지만, 그 값이 매우 작기 때문에 상관관계가 없다고 판단할 수 있다. 하지만 산점도를 그려서 분포가 어떻게 나타나는지를 확인해 보는 것이 좋다. 대부분의 데이터 분석 프로그램은 한 번에 모든 변수의 분포를 확인할 수 있는 Matrix Plot 기능을 지원하므로 간단한 단계를 거쳐 눈으로 확인할 수 있다.

지금까지 살펴본 피어슨 상관계수는 등간, 비율척도의 데이터에서 사용하는 방법이었다. 서열척도나 명목척도 간의 상관관계를 분석하는 방법 또한 존재한다. 이 책에서는 해당 방법에 대한 이름만 언급하고 넘어가도록 하겠다.

표 10.5 변수 척도에 따른 상관분석 방법

종류	척도
Pearson correlation coefficient	간격/비율 – 간격/비율
Spearman's rank correlation coefficient	서열 – 서열
Point–biserial correlation coefficient	간격/비율 – 명목(2분 변수)
Phi coefficient	명목(2분 변수) – 명목(2분 변수)
Cramer's coefficient	명목 – 명목 (2 X 2 이상)

10.2.3 공분산과 상관성 분석 실습

이제 캐글에 있는 "wine-quality"[2] 데이터셋으로 공분산과 상관성 분석을 실습해 보겠다. 이 절의 실습 코드는 이 책의 저장소의 **10.2.3.공분산과 상관성 분석.ipynb** 파일에 있다.

먼저, 공분산과 상관성 분석에 필요한 패키지들을 임포트한다.

코드 10.9 패키지 임포트

In [1]:

```
01: # 필요한 패키지 임포트
02:
03: import seaborn as sns
04: import matplotlib.pyplot as plt
05: import pandas as pd
06: import numpy as np
```

csv 파일을 읽어서 앞부분을 확인해보자.

코드 10.10 데이터 불러오기 및 확인

In [2]:

```
01: # 데이터 불러오기
02: df = pd.read_csv("datasets/wine-quality.csv")
03:
04: # 데이터 샘플 확인
05: df.head()
```

---

2 https://www.kaggle.com/datasets/priyanshusahu23/winequality?select=wine-quality.csv

Out [2]:

	type	fixed acidity	volatile acidity	citric acid	residual sugar	chlorides	free sulfur dioxide	total sulfur dioxide	density	pH	sulphates	alcohol	quality
0	white	7.0	0.27	0.36	20.7	0.045	45.0	170.0	1.0010	3.00	0.45	8.8	6
1	white	6.3	0.30	0.34	1.6	0.049	14.0	132.0	0.9940	3.30	0.49	9.5	6
2	white	8.1	0.28	0.40	6.9	0.050	30.0	97.0	0.9951	3.26	0.44	10.1	6
3	white	7.2	0.23	0.32	8.5	0.058	47.0	186.0	0.9956	3.19	0.40	9.9	6
4	white	7.2	0.23	0.32	8.5	0.058	47.0	186.0	0.9956	3.19	0.40	9.9	6

이 데이터셋은 총 13개의 칼럼으로 fixed acidity(와인의 산도), alcohol(알코올 도수), pH(수소 이온 농도) 등의 요소와 품질 점수(quality)가 기록돼 있다. type 변수를 제외하고는 모두 숫자형 변수로 구성되어 있어서 공분산과 상관계수를 분석하기에 적합하다.

산점도 행렬을 그려서 전체 변수 간의 관계가 어떤지 한눈에 확인한다.

코드 10.11 산점도 행렬 시각화

In [3]:

```
01: # 산점도 행렬 시각화
02: sns.set(font_scale=1.1) ## 폰트 크기 설정
03: sns.set_style('ticks') ## 축 눈금 설정
04: sns.pairplot(df,
05:              diag_kind='kde' # 상관계수가 1이면 분포로 표시
06:              )
07: plt.show()
```

Out [3]:

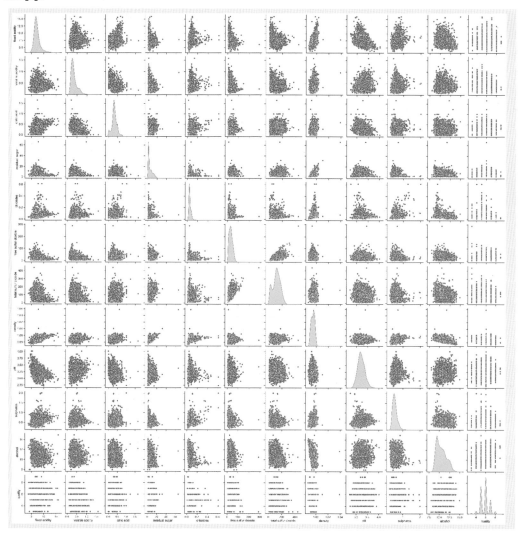

몇 개의 산점도는 어느 정도의 상관성이 보이는 것을 확인할 수 있다. 종속변수라 할 수 있는 quality 변수는 자연수 형태로 3~9로만 이루어져 있기 때문에 다른 변수들과 줄무늬 형태의 산점도를 보인다. diag_kind='kde' 옵션은 동일한 변수의 산점도를 분포로 표현해 주는 기능을 한다. 동일한 변수는 일직선으로만 나오기 때문에 큰 의미가 없으므로 분포도로 변환하여 정보량을 늘리는 것이다.

다음으로 공분산을 산출한다. cov() 함수를 이용하면 간단히 할 수 있다.

코드 10.12 공분산 산출

In [4]:

```
01: # 공분산 확인
02: df.cov()
```

Out [4]:

	fixed acidity	volatile acidity	citric acid	residual sugar	chlorides	free sulfur dioxide	total sulfur dioxide	density	pH	sulphates	alcohol	quality
fixed acidity	1.681560	0.047012	0.060971	-0.693045	0.013564	-6.524162	-24.162531	0.001786	-0.052524	0.057990	-0.147911	-0.087224
volatile acidity	0.047012	0.027109	-0.009043	-0.154122	0.002177	-1.032411	-3.861743	0.000134	0.006898	0.005526	-0.007509	-0.038246
citric acid	0.060971	-0.009043	0.021102	0.098498	0.000200	0.344101	1.602662	0.000042	-0.007675	0.001245	-0.001808	0.010874
residual sugar	-0.693045	-0.154122	0.098498	22.639751	-0.021493	34.060547	133.334227	0.007884	-0.204174	-0.131562	-2.041388	-0.153011
chlorides	0.013564	0.002177	0.000200	-0.021493	0.001228	-0.121269	-0.553673	0.000038	0.000252	0.002061	-0.010735	-0.006145
free sulfur dioxide	-6.524162	-1.032411	0.344101	34.060547	-0.121269	315.041192	723.261972	0.001369	-0.414329	-0.497973	-3.807165	0.859664
total sulfur dioxide	-24.162531	-3.861743	1.602662	133.334227	-0.553673	723.261972	3194.720039	0.005491	-2.159577	-2.316258	-17.914646	-2.042704
density	0.001786	0.000134	0.000042	0.007884	0.000038	0.001369	0.005491	0.000009	0.000006	0.000116	-0.002456	-0.000801
pH	-0.052524	0.006898	-0.007675	-0.204174	0.000252	-0.414329	-2.159577	0.000006	0.025840	0.004575	0.023203	0.002719
sulphates	0.057990	0.005526	0.001245	-0.131562	0.002061	-0.497973	-2.316258	0.000116	0.004575	0.022146	-0.000579	0.005032
alcohol	-0.147911	-0.007509	-0.001808	-2.041388	-0.010735	-3.807165	-17.914646	-0.002456	0.023203	-0.000579	1.422561	0.462776
quality	-0.087224	-0.038246	0.010874	-0.153011	-0.006145	0.859664	-2.042704	-0.000801	0.002719	0.005032	0.462776	0.762575

앞에서 알아보았듯이 공분산은 각 변수 간의 다른 척도기준이 그대로 반영되어 직관적으로 상관성의 높고 낮음을 파악하기 힘들다. 동일 변수를 제외하고 얼핏 봤을 때 free sulfur dioxide와 total sulfur dioxide 변수가 723.2로 높은 공분산을 보이는 것이 눈에 띈다. 하지만 역시 공분산으로는 변수 간 상관성을 분석하기에 가독성이 떨어진다.

상관분석도 corr() 함수만 실행하면 바로 결과를 확인할 수 있다. 기본값으로 피어슨 상관계수를 산출하므로 method='pearson' 옵션은 생략해도 된다.

코드 10.13 피어슨 상관계수 산출

In [5]:

```
01: # 피어슨 상관계수 확인
02: df.corr(method='pearson')
```

Out [5]:

	fixed acidity	volatile acidity	citric acid	residual sugar	chlorides	free sulfur dioxide	total sulfur dioxide	density	pH	sulphates	alcohol	quality
fixed acidity	1.000000	0.220172	0.323736	-0.112319	0.298421	-0.283317	-0.329747	0.459204	-0.251814	0.300380	-0.095603	-0.077031
volatile acidity	0.220172	1.000000	-0.378061	-0.196702	0.377167	-0.353230	-0.414928	0.271193	0.260660	0.225476	-0.038248	-0.265953
citric acid	0.323736	-0.378061	1.000000	0.142486	0.039315	0.133437	0.195218	0.096320	-0.328689	0.057613	-0.010433	0.085706
residual sugar	-0.112319	-0.196702	0.142486	1.000000	-0.128902	0.403439	0.495820	0.552498	-0.267050	-0.185745	-0.359706	-0.036825
chlorides	0.298421	0.377167	0.039315	-0.128902	1.000000	-0.195042	-0.279580	0.362594	0.044806	0.395332	-0.256861	-0.200886
free sulfur dioxide	-0.283317	-0.353230	0.133437	0.403439	-0.195042	1.000000	0.720934	0.025717	-0.145191	-0.188489	-0.179838	0.055463
total sulfur dioxide	-0.329747	-0.414928	0.195218	0.495820	-0.279580	0.720934	1.000000	0.032395	-0.237687	-0.275381	-0.265740	-0.041385
density	0.459204	0.271193	0.096320	0.552498	0.362594	0.025717	0.032395	1.000000	0.011920	0.259454	-0.686745	-0.305858
pH	-0.251814	0.260660	-0.328689	-0.267050	0.044806	-0.145191	-0.237687	0.011920	1.000000	0.191248	0.121002	0.019366
sulphates	0.300380	0.225476	0.057613	-0.185745	0.395332	-0.188489	-0.275381	0.259454	0.191248	1.000000	-0.003261	0.038729
alcohol	-0.095603	-0.038248	-0.010433	-0.359706	-0.256861	-0.179838	-0.265740	-0.686745	0.121002	-0.003261	1.000000	0.444319
quality	-0.077031	-0.265953	0.085706	-0.036825	-0.200886	0.055463	-0.041385	-0.305858	0.019366	0.038729	0.444319	1.000000

동일한 변수 간에는 상관계수가 1로 나오고 있고, −1~1 사이의 값을 가지고 있다. 이제 어떤 변수 간에 상관성이 높고 낮은지 쉽게 알 수 있다. 참고로 cov() 함수와 corr() 함수는 알아서 문자형 변수를 제외하고 변수 간 상관관계를 계산해 준다. 따라서 별도로 변수 선택 과정을 해주지 않아도 무방하다. 다만 고유번호와 같은 숫자형 임에도 수치적 의미가 없는 변수는 가독성을 위해 drop() 함수로 사전에 제거해 주는 것이 좋다.

이번에는 상관계수를 히트맵으로 시각화하여 보다 쉽게 상관성의 높고 낮음을 파악해 보자.

코드 10.14 상관계수 히트맵 시각화

In [6]:

```
01: # 히트맵 시각화
02: sns.heatmap(df.corr(), cmap='viridis')
```

Out [6]:

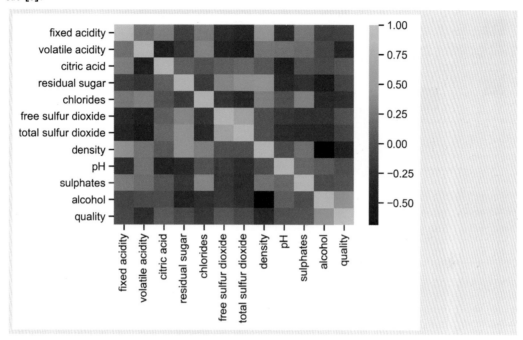

노란색에 가까울수록 양의 상관관계를 보이고 보라색에 가까울수록 음의 상관관계를 보인다. 한눈에 어떤 변수 간에 상관성이 높은지 파악할 수 있다. 하지만 정확한 수치가 나오지 않아 불편한 면이 있다. 다음의 clustermap 히트맵을 확인해 보자.

코드 10.15 clustermap 히트맵 시각화

In [7]:

```
01:  # clustermap 히트맵 시각화
02:  sns.clustermap(df.corr(),
03:                 annot = True,
04:                 cmap = 'RdYlBu_r',
05:                 vmin = -1, vmax = 1,
06:                 )
```

Out [7]:

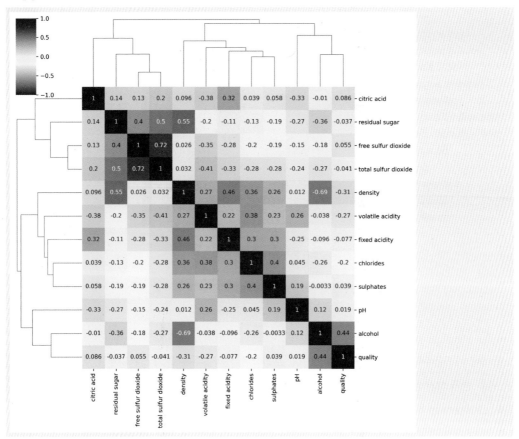

이제 히트맵과 함께 상관계수도 확인할 수 있게 됐다. total sulfur dioxide 변수와 free sulfur dioxide 변수의 상관계수는 0.72로 강한 양의 상관관계를 나타내는 것을 직관적으로 알 수 있다. Density와 alcohol은 강한 음의 상관관계를 보인다. 즉, 와인의 밀도가 높을수록 알코올 도수가 낮은 경향이 있다는 것을 알 수 있다. 그리고 clustermap은 기존 히트맵에 상관성이 강한 변수들끼리 묶어서 표현해 주는 기능이 추가되어 있다.

끝으로 히트맵의 가독성을 높여보자. 상관도 히트맵은 동일한 변수 조합이 두 번씩 나와서 보기 불편하다. 그래서 중복되는 부분은 제외하고 시각화하는 방법을 사용하면 깔끔하게 상관성을 확인할 수 있다. 특히 분석 결과를 설명하는 미팅 자리에서는 이렇게 가독성을 높인 히트맵을 사용하는 것이 효과적이다. 우선 중복되는 영역을 구분한 뒤, 그 부분을 제외한 영역에만 히트맵을 그리는 프로세스로 시각화한다.

코드 10.16 clustermap 히트맵의 중복 영역 제거

In [8]:

```
01: # 중복 제거 히트맵 시각화
02:
03: # 매트릭스의 우측 상단을 모두 True인 1로, 하단을 False인 0으로 변환.
04: np.triu(np.ones_like(df.corr()))
05:
06: # True/False mask 배열로 변환.
07: mask = np.triu(np.ones_like(df.corr(), dtype=np.bool))
08:
09: # 히트맵 그래프 생성
10: fig, ax = plt.subplots(figsize=(15, 10))
11: sns.heatmap(df.corr(),
12:             mask=mask,
13:             vmin=-1,
14:             vmax = 1,
15:             annot=True,
16:             cmap="RdYlBu_r",
17:             cbar = True)
18: ax.set_title('Wine Quality Correlation', pad = 15)
```

Out [8]:

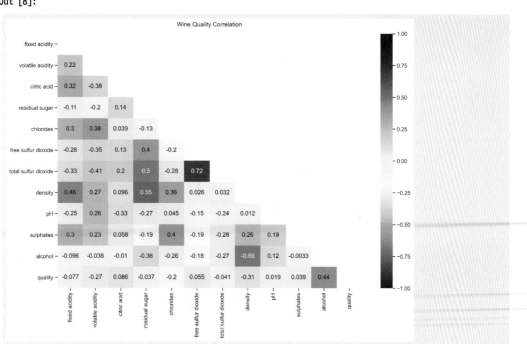

10.3 시간 시각화

시점 요소가 있는 데이터는 시계열(Time series) 형태로 표현할 수 있다. 시간 흐름에 따른 데이터의 변화를 표현하는 것이다. 이를 통해 전체적인 흐름을 한눈에 확인할 수 있고, 데이터의 트렌드나 노이즈도 쉽게 찾아낼 수 있다. 시간 시각화는 선그래프 형태인 연속형과 막대그래프 형태인 분절형으로 구분할 수 있다.

연속형 시간 시각화로 흔히 볼 수 있는 **선그래프는 시간 간격의 밀도가 높을 때 사용**한다. 초 단위의 공정 센서 데이터나 일년 간의 일별 판매량 데이터를 선그래프로 나타내면 효과적으로 데이터의 변화를 파악할 수 있다. 하지만 데이터의 양이 너무 많거나 변동이 심하면 트렌드나 패턴을 확인하는 것이 어려울 수 있다. 이러한 경우 추세선을 삽입하여 들쭉날쭉한 데이터 흐름을 안정된 선으로 표현할 수 있다. 이를 통해 전체적인 경향이나 패턴을 쉽게 파악할 수 있다.

추세선을 그리는 가장 일반적인 방법은 이동평균(Moving average) 방법을 사용하는 것이다. 데이터의 연속적 그룹의 평균을 구하는 것인데, 예를 들어 시간 흐름에 따라 2→5→3→7→4의 값이 있다면 그룹 옵션을 3개의 평균으로 했을 때 (2, 5, 3의 평균)→(5, 3, 7의 평균)→(3, 7, 4의 평균)으로 표현하는 것이다. 이는 이후에 다룰 시계열 분석과도 관련이 있다. 일단은 간단하게 개념만 이해하고 넘어가도록 하자.

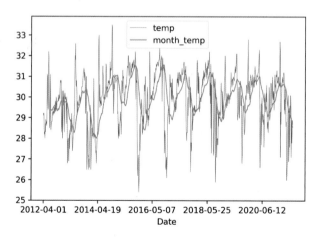

그림 10.8 선그래프와 이동평균선 예시

분절형 시간 시각화의 경우 막대그래프, 누적 막대그래프, 점 그래프 등으로 표현한다. 1년 동안의 월 간격 단위 흐름과 같이 시간의 밀도가 낮은 경우에 활용하기 좋은 방법이다. 분절형 시간 시각화는 값들의 상대적 차이를 나타내는 것에 유리하다. 또한 막대에 색상을 표현하여 특정 시점에 대한 정보를 추가할 수 있다.

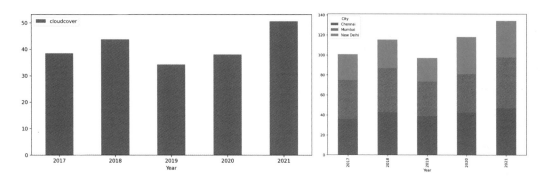

그림 10.9 막대그래프, 누적 막대그래프 예시

누적 막대그래프는 한 시점에 2개 이상의 세부 항목이 존재할 때 사용한다. 예를 들어 A, B, C 품목의 월별 판매량 데이터를 표현하고자 할 때, 각 품목의 판매량을 색상이나 질감으로 차이를 주어 하나의 막대로 누적하여 표현한다. 누적 막대그래프가 단순 막대그래프보다 유용한 점은 각 품목 전체의 합을 함께 표현할 수 있는 것이다. 그리고 누적 막대그래프는 각 품목의 판매량을 전체 판매량의 비율로 환산하여 절대적 비율을 비교할 수 있도록 표현할 수도 있다.

10.3.1 시간 시각화 실습

이제 캐글에 있는 "Superstore Sales Dataset"[3] 데이터셋으로 시간 시각화를 실습해 보겠다. 이 절의 실습 코드는 이 책의 저장소의 **10.3.1.시간 시각화.ipynb** 파일에 있다.

코드 10.17 패키지 임포트

```
In [1]:
01: # 필요한 패키지 임포트
02:
03: import matplotlib.pyplot as plt
```

---

3 https://www.kaggle.com/datasets/rohitsahoo/sales-forecasting

```
04: import pandas as pd
05: import datetime
```

선그래프와 막대그래프를 시각화하는 데 필요한 패키지들을 임포트한다. 날짜 가공이 필요하므로 datetime 패키지도 임포트한다.

코드 10.18 데이터 불러오기 및 확인

In [2]:

```
01: # 데이터 불러오기
02: df = pd.read_csv("datasets/superstore.csv")
03:
04: # 데이터 샘플 확인
05: df.head()
```

Out [2]:

	Row ID	Order ID	Order Date	Ship Date	Ship Mode	Customer ID	Customer Name	Segment	Country	City	State	Postal Code	Region	Product ID	Category
0	1	CA-2017-152156	08/11/2017	11/11/2017	Second Class	CG-12520	Claire Gute	Consumer	United States	Henderson	Kentucky	42420.0	South	FUR-BO-10001798	Furniture
1	2	CA-2017-152156	08/11/2017	11/11/2017	Second Class	CG-12520	Claire Gute	Consumer	United States	Henderson	Kentucky	42420.0	South	FUR-CH-10000454	Furniture
2	3	CA-2017-138688	12/06/2017	16/06/2017	Second Class	DV-13045	Darrin Van Huff	Corporate	United States	Los Angeles	California	90036.0	West	OFF-LA-10000240	Office Supplies
3	4	US-2016-108966	11/10/2016	18/10/2016	Standard Class	SO-20335	Sean O'Donnell	Consumer	United States	Fort Lauderdale	Florida	33311.0	South	FUR-TA-10000577	Furniture
4	5	US-2016-108966	11/10/2016	18/10/2016	Standard Class	SO-20335	Sean O'Donnell	Consumer	United States	Fort Lauderdale	Florida	33311.0	South	OFF-ST-10000760	Office Supplies

데이터를 판다스 데이터 프레임으로 불러온 다음 확인한다. 일자별 고객들의 제품 판매 정보가 기록되어 있는 것을 확인할 수 있다. 판매된 도시, 지역, 카테고리 등의 정보도 있다.

코드 10.19 선그래프 시각화를 위한 데이터 가공

In [3]:

```
01: # date 칼럼 날짜 형식 변환
02: df['Date2']= pd.to_datetime(df['Order Date'] , infer_datetime_format=True)
```

```
03: # 날짜 오름차순 정렬
04: df = df.sort_values(by='Date2')
05: # 연도 칼럼 생성
06: df['Year'] = df['Date2'].dt.year
07:
08: ## 선그래프용 데이터셋 생성
09: # 2018년 데이터만 필터링
10: df_line=df[df.Year == 2018]
11:
12: # 2018년 일별 매출액 가공
13: df_line = df_line.groupby('Date2')['Sales'].sum().reset_index()
14:
15: df_line.head()
```

Out [3]:

	Date2	Sales
0	2018-01-01	1481.828
1	2018-01-04	5972.988
2	2018-01-05	4108.370
3	2018-01-06	586.042
4	2018-01-07	639.830

선그래프 시각화에 앞서 일자별 매출액 데이터를 가공해 준다. 우선 기존 **Order Date** 칼럼을 날짜 형식으로 변환하고 연도 구분 칼럼을 생성해 준다. 그리고 2018년도의 일별 매출액 추이를 확인하기 위해 2018년도 데이터만 필터링한다. 마지막으로 groupby() 함수를 사용하여 일별 매출액을 가공해 준다. 출력된 데이터셋에서 일자별로 매출액 합계가 집계된 것을 확인할 수 있다.

코드 10.20 선그래프 시각화

In [4]:

```
01: # 30일 이동평균 생성
02: df_line['Month'] = df_line['Sales'].rolling(window=30).mean()
03:
04: # 선그래프 시각화
05: ax = df_line.plot(x='Date2', y='Sales',linewidth = "0.5")
06: df_line.plot(x='Date2', y='Month', color='#FF7F50', linewidth = "1", ax=ax)
```

Out [4]:

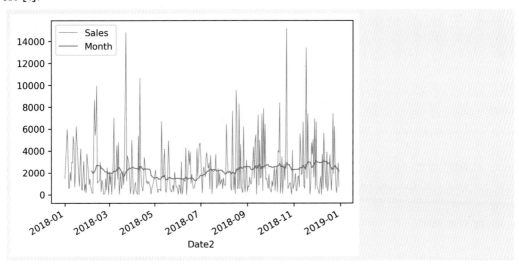

앞에서 가공한 데이터셋을 활용하여 선그래프를 시각화한다. 30일 이동평균선을 삽입하기 위해 rolling() 함수를 사용하여 Month 칼럼을 새로 만들어 준다. 그다음 plot() 함수를 통해 선그래프를 생성한다. 2018년도의 일자별 매출액이 잘 나타나는 것을 확인할 수 있다. 그런데 매출액 편차가 커서 일 매출 선으로는 전체적인 추이를 가늠하기 힘들다. 이런 경우 이동평균선이 도움이 된다. Month 선을 통해 5월부터 매출이 감소했다가 8월부터 상승하는 것을 직관적으로 확인할 수 있다.

코드 10.21 막대그래프 시각화를 위한 데이터 가공

In [5]:

```
01: # 연도별 판매량 데이터 가공
02: df_bar_1 = df.groupby('Year')['Sales'].sum().reset_index()
03:
04: df_bar_1.head()
```

Out [5]:

	Year	Sales
0	2015	479856.2081
1	2016	459436.0054
2	2017	600192.5500
3	2018	722052.0192

막대그래프 시각화를 위해 연도별 매출액 데이터를 가공한다. 앞에서 만들었던 **Year** 칼럼으로 **groupby()**를 하여 연도별 매출액 합계를 만들었다. 2015년부터 2018년까지의 행이 생성된 것을 확인할 수 있다.

코드 10.22 막대그래프 시각화

In [6]:

```
01: # 연도별 매출액 막대그래프 시각화
02: ax = df_bar_1.plot.bar(x='Year', y='Sales', rot=0, figsize=(10,5))
```

Out [6]:

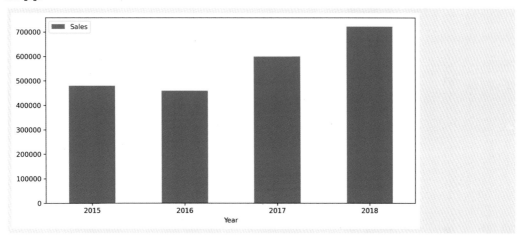

심플한 연도별 매출액 막대그래프가 생성됐다. 2016년도에 매출액이 다소 감소했다가 2017, 2018년도에는 증가한 것을 확인할 수 있다. 만약 x축 레이블이 길어서 글자가 겹치는 경우에는 rot 옵션을 사용하면 된다. 이는 글자의 각도를 의미하므로, 45를 입력하면 45도로 기울어져서 나오고, 90을 입력하면 수직으로 보이게 된다.

코드 10.23 누적 막대그래프 시각화를 위한 데이터 가공

In [7]:

```
01: #연도별, 고객 세그먼트별 매출액 데이터 가공
02: df_bar_2 = df.groupby(['Year', 'Segment'])['Sales'].sum().reset_index()
03:
04: # 고객 세그먼트를 칼럼으로 피벗
05: df_bar_2_pv = df_bar_2.pivot(index='Year',
06:                            columns='Segment',
```

```
07:                                 values='Sales').reset_index()
08:
09: df_bar_2_pv.head()
```

Out [7]:

Segment	Year	Consumer	Corporate	Home Office
0	2015	262956.8006	127797.4957	89101.9118
1	2016	265356.2933	119675.5989	74404.1132
2	2017	291142.9652	204977.3178	104072.2670
3	2018	328604.4719	236043.6624	157403.8849

마지막으로 누적 막대그래프 시각화를 위한 데이터 가공을 한다. Segment(고객 세그먼트) 칼럼은 활용하여 Consumer, Corporate, 그리고 Home Office 구분에 따라 매출액을 집계한다. 우선 Year와 Segment 칼럼으로 매출액을 groupby() 해준다. 그리고 Segment 칼럼의 각 속성이 칼럼이 되도록 피벗을 해준다.

코드 10.24 누적 막대그래프 시각화를 위한 데이터 가공

In [8]:

```
01: # 연도별 고객 세그먼트별 매출액 누적 막대그래프 시각화
02: df_bar_2_pv.plot.bar(x='Year', stacked=True, figsize=(10,7))
```

Out [8]:

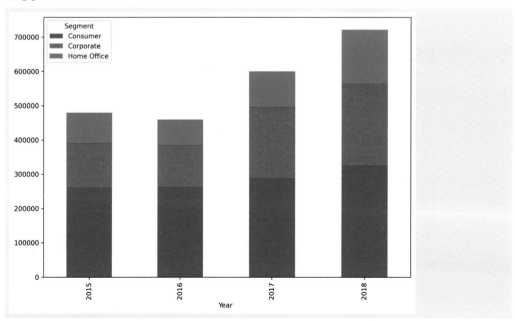

매출액은 앞의 단순 막대그래프와 동일하지만 세 가지 세그먼트의 각 매출액이 구분되어 표현된 것을 확인할 수 있다. 이를 통해 각 연도에서 세그먼트별 매출액 비중이 어느 정도 되는지 파악할 수 있다. 만약 stacked 옵션을 False로 주면 각 연도별로 세 개의 막대그래프가 나오도록 표현된다. 상황에 따라 옵션을 조정하여 정보 전달 효과를 높일 수 있다.

10.4 비교 시각화

그룹별 차이를 나타내기 위한 비교 시각화는 데이터가 간단하면 (누적)막대그래프만으로도 충분히 표현할 수 있다. 하지만 그룹별 요소가 많아지게 되면 보다 효율적인 표현 기법을 사용해야 한다. **히트맵 차트(Heatmap chart)는 그룹과 비교 요소가 많을 때 효과적으로 시각화를 할 수 있는 방법이다.** 앞에서 다뤘던 상관성 분석의 히트맵 시각화도 변수들 간의 상관계수를 효과적으로 볼 수 있게 도와주었다. 히트맵의 각각의 셀은 색상이나 채도를 통해 데이터 값의 높고 낮음을 나타낸다. 차트의 각 행은 그룹에 해당하고, 열은 요소에 해당된다. 따라서 각 그룹을 기준으로 요소들의 크기를 비교할 수 있고, 각 요소를 기준으로 그룹들의 크기를 비교할 수도 있다.

이를 통해 각 그룹이 어떤 요소에서 높은 혹은 낮은 값을 가지는지 쉽게 파악할 수 있고 요소 간의 관계도 파악이 가능하다. 그리고 히트맵 차트는 행을 A 변수, 열을 B 변수, 셀의 색상을 C 변수로 설정하여 표현할 수도 있다. 또한 차트의 열을 시간 흐름으로 설정하여 시간 시각화로도 활용이 가능하다. 이렇게 글로 표현하면 이해하기 어려울 것이다. 다음의 정리와 예시 그림들을 살펴보자.

히트맵 차트의 표현 방법

- 하나의 변수(그룹) × N 개의 각 변수에 해당하는 값들(수치형)

표 10.6 히트맵 차트 시각화를 위한 데이터셋 예시 1

성명	직업군	혈당	맥박	체지방량	…
박정수	사무직	97	85	12.3	…
이용모	전문직	90	80	10.5	…
허세정	자영업	70	91	13.5	…
이민아	사무직	98	88	12.7	…
…	…	…	…	…	…

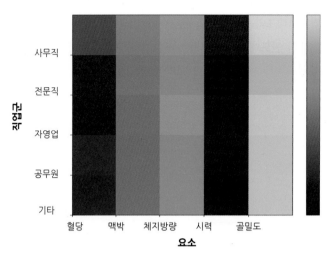

그림 10.10 히트맵 차트 예시 1

- 하나의 변수(그룹) × 하나의 변수(그룹/수준) × 하나의 변수(수준)

표 10.7 히트맵 차트 시각화를 위한 데이터셋 예시 2

성명	직급	연간 독서량(권)	평가 점수
김영재	주임	4	5
신혜진	대리	7	8
신중호	주임	2	4
손상민	차장	12	9
…	…	…	…

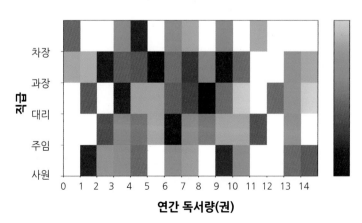

그림 10.11 히트맵 차트 예시 2

히트맵 차트는 다른 시각화 방법에 비해 그리는 것이 까다롭기 때문에, 현재 가지고 있는 데이터의 구조와 자신이 확인하고자 하는 목적을 정확히 파악한 다음 차트를 그려야 한다. 그리고 분류 그룹이나 변수가 너무 많으면 혼란을 유발할 수 있기 때문에 적정한 수준으로 데이터를 정제하는 작업이 필요하다. 이러한 점들만 유의해서 그리면 많은 정보를 한 번에 표시할 수 있는 유용한 시각화 방법이다.

다음으로, 비교 시각화를 하는 방법으로 방사형 차트(Radar chart)가 있다. RPG 게임을 즐겼던 사람이라면 이 차트가 익숙할 수도 있다.

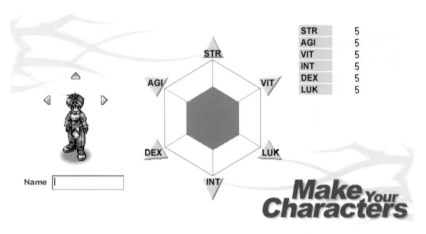

그림 10.12 게임 라그나로크의 방사형 차트

그림 10.12는 온라인 게임 '라그나로크'에서 캐릭터를 생성할 때 능력치를 설정하는 단계에서 표시되는 방사형 차트다. 하나의 캐릭터가 가질 능력별 수준을 시각적으로 쉽게 확인할 수 있도록 표현했다. 여기에서 캐릭터는 하나의 그룹이고 각 능력은 변수에 해당된다. 본격적인 비교 시각화를 하게 되면 여러 그룹의 여러 변수들의 값을 다음과 같이 두 종류로 표현할 수 있다.

표 10.8 방사형 차트 시각화를 위한 데이터셋 예시(아이리스 데이터)

species	sepal_length	sepal_width	petal_length	petal_width
setosa	5.006	3.428	1.462	0.246
versicolor	5.936	2.77	4.26	1.326
virginica	6.588	2.974	5.552	2.026

- 하나의 차트에 하나의 그룹을 시각화

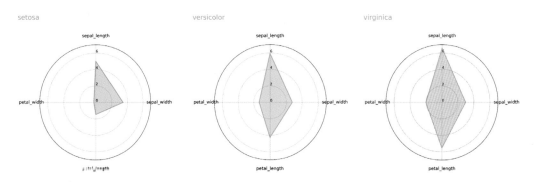

그림 10.13 방사형 차트 예시 1

- 하나의 차트에 모든 그룹을 한 번에 시각화

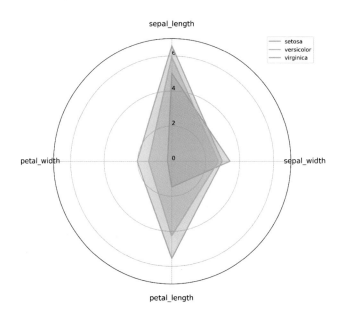

그림 10.14 방사형 차트 예시 2

다음으로 평행 좌표 그래프(Parallel coordinates)를 통한 그룹별 요소 비교 시각화가 있다. 이는 김위 찬 교수의 저서 《블루오션 전략》에서 업계의 현황을 파악하고 새로운 전략의 비교우위를 표현하기 위해 다뤘던 전략 캔버스와 같은 시각화 방법이다.

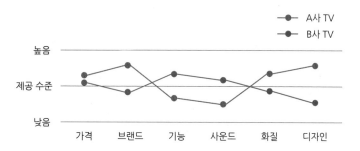

그림 10.15 전략 캔버스 예시

앞의 방사형 차트에서 사용했던 데이터셋을 평행 좌표 그래프로 시각화하면 다음과 같은 형태가 만들어 진다.

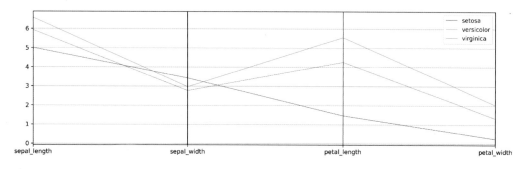

그림 10.16 평행 좌표 그래프 예시

평행 좌표 그래프를 보다 효과적으로 표현하려면 변수별 값을 정규화하면 된다. 가장 낮은 값은 0%로, 가장 높은 값은 100%로 변환하여 차이를 더욱 부각시키는 것이다. 이 방법은 여러 변수를 평행으로 배치해서 수치를 표현하기 때문에 각 그룹의 요소별 차이 수준을 효과적으로 파악할 수 있을 뿐 아니라, 집단적 경향성을 표현하는 데에 용이하다. 어떤 집단들이 비슷한 경향을 나타내는지를 그래프를 통해 쉽게 파악할 수 있다.

10.4.1 비교 시각화 실습

이제 캐글에 있는 "Nba 2020-2021 Season Player Stats"[4] 데이터셋으로 비교 시각화를 실습해 보겠다. 이 절의 실습 코드는 이 책의 저장소의 **10.4.1.비교 시각화.ipynb** 파일에 있다.

---

4   https://www.kaggle.com/datasets/umutalpaydn/nba-20202021-season-player-stats

코드 10.25 패키지 임포트

In [1]:

```
01: # 필요한 패키지 임포트
02:
03: import matplotlib.pyplot as plt
04: import pandas as pd
05: import datetime
06: import seaborn as sns
07: import numpy as np
08: from math import pi
09: from pandas.plotting import parallel_coordinates
```

선그래프와 히트맵, 방사형 차트, 평행 좌표 그래프를 시각화하기 위해 필요한 패키지들을 임포트한다.

코드 10.26 데이터 불러오기 및 확인

In [2]:

```
01: # 데이터 불러오기
02:
03: df = pd.read_csv("datasets/nba2021_advanced.csv")
04:
05: # 데이터 샘플 확인
06: df.head()
```

Out [2]:

	Player	Pos	Age	Tm	G	MP	PER	TS%	3PAr	FTr	...	TOV%	USG%	OWS	DWS	WS	WS/48	OBPM	DBPM	BPM	VORP
0	Precious Achiuwa	PF	21	MIA	28	408	15.1	0.599	0.000	0.541	...	16.1	19.7	0.3	0.6	0.9	0.101	-2.8	-0.2	-3.0	-0.1
1	Jaylen Adams	PG	24	MIL	6	17	-6.9	0.125	0.250	0.000	...	0.0	19.7	-0.1	0.0	-0.1	-0.265	-15.6	-5.2	-20.9	-0.1
2	Steven Adams	C	27	NOP	27	760	15.9	0.592	0.006	0.397	...	20.1	12.8	1.2	0.5	1.7	0.109	-0.1	-1.0	-1.1	0.2
3	Bam Adebayo	C	23	MIA	26	873	22.7	0.641	0.015	0.469	...	16.2	24.6	2.3	1.3	3.6	0.196	2.9	2.0	4.9	1.5
4	LaMarcus Aldridge	C	35	SAS	18	480	15.2	0.542	0.298	0.093	...	6.4	22.3	0.2	0.5	0.7	0.075	0.3	-1.0	-0.7	0.2

2020년부터 2021년까지 NBA 팀 선수들의 다양한 플레이 정보가 기록된 데이터를 확인할 수 있다. 이 데이터에서 다섯 개의 팀만 선택하여 비교 시각화를 실습해 보자.

코드 10.27 히트맵 시각화를 위한 데이터 전처리

In [3]:

```
01: # 히트맵 시각화 V1을 위한 데이터 전처리
02:
03: # 5개 팀만 필터링
04: df1 = df[df['Tm'].isin(['ATL','BOS','BRK','CHI','CHO'])]
05:
06: # 6개 칼럼만 필터링
07: df1 = df1[['Tm', 'ORB%','TRB%','AST%','BLK%','USG%']]
08:
09: # 팀별 요소 평균 전처리
10: df1 = df1.groupby('Tm').mean()
11: df1.head()
```

Out [3]:

Tm	ORB%	TRB%	AST%	BLK%	USG%
ATL	5.250000	10.400000	13.893750	1.718750	18.412500
BOS	5.681250	10.362500	12.881250	2.437500	18.325000
BRK	4.394737	10.547368	15.210526	2.147368	18.868421
CHI	4.482353	10.976471	13.500000	1.405882	17.582353
CHO	7.628571	11.742857	14.900000	2.764286	19.357143

우선 ATL, BOS, BRK, CHI, CHO 다섯 개의 팀만 필터링하고 공격 리바운드 비율(ORB%), 총 리바운드 비율(TRB%) 등 5개의 칼럼을 선택한다. 그리고 팀 단위로 평균을 구하여 총 5개의 행이 되도록 전처리를 한다. 각 칼럼에 대한 자세한 설명은 Kaggle에서 확인할 수 있다.

코드 10.28 팀별 5개 요소 히트맵 시각화

In [4]:

```
01: # 히트맵 시각화 V1
02:
03: fig = plt.figure(figsize=(8,8))
04: fig.set_facecolor('white')
05: plt.pcolor(df1.values)
06:
07: # x축 칼럼 설정
08: plt.xticks(range(len(df1.columns)),df1.columns)
```

```
09:  # y축 칼럼 설정
10:  plt.yticks(range(len(df1.index)), df1.index)
11:  # x축 레이블 설정
12:  plt.xlabel('Value', fontsize=14)
13:  # y축 레이블 설정
14:  plt.ylabel('Team', fontsize=14)
15:  plt.colorbar()
16:  plt.show()
```

Out [4]:

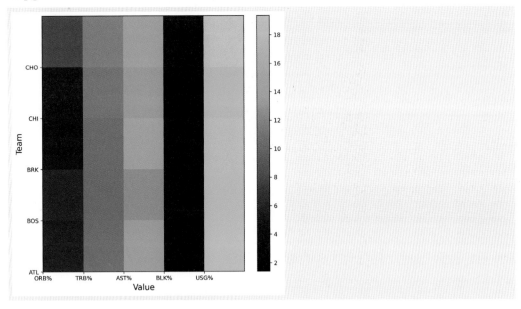

각 팀별 요소들을 히트맵으로 시각화했다. x축에는 각 요소들이 들어가도록 설정하고, y축에는 각 팀이 들어가도록 설정했다. 히트맵을 봤을 때 각 요소의 값들이 비슷하여 팀 간에 큰 차이는 보이지 않는 것을 알 수 있다. BRK 팀의 어시스트 비율(AST%)이 다른 팀에 비해 약간 더 우수한 것을 확인할 수 있다.

코드 10.29 하나의 변숫값에 대한 히트맵 시각화를 위한 데이터 전처리

In [5]:
```
01:  # 히트맵 시각화 V2를 위한 데이터 전처리
02:
03:  # 5개 팀만 필터링
04:  df2 = df[df['Tm'].isin(['ATL','BOS','BRK','CHI','CHO'])]
```

```
05:
06: # 팀명, 연령, 참여 게임 수 칼럼만 필터링
07: df2 = df2[['Tm','Age','G']]
08:
09: # 팀 - 연령 기준 평균으로 전처리
10: df2 = df2.groupby(['Tm','Age']).mean().reset_index()
11:
12: # 테이블 피벗
13: df2 = df2.pivot(index='Tm', columns='Age', values='G')
14: df2.head()
```

Out [5]:

Age	19	20	21	22	23	24	25	26	27	28	29	30	31	32	34
Tm															
ATL	NaN	9.0	24.0	23.000000	16.250000	NaN	22.000000	25.0	NaN	9.0	21.5	NaN	NaN	16.0	14.0
BOS	NaN	NaN	13.0	20.000000	17.333333	26.0	6.000000	22.0	18.0	26.0	26.0	13.0	NaN	23.0	NaN
BRK	NaN	14.0	NaN	8.500000	26.000000	26.0	15.000000	12.0	3.0	16.5	30.0	NaN	16.0	23.5	30.0
CHI	26.0	27.0	8.5	15.000000	14.000000	7.0	16.500000	11.0	19.5	6.0	16.0	NaN	NaN	23.0	26.0
CHO	15.5	NaN	NaN	22.333333	9.000000	NaN	21.666667	26.0	NaN	20.5	NaN	26.0	NaN	NaN	NaN

이번에는 각 팀에서 선수들의 연령에 따라 경기 참여 횟수(G)를 히트맵 시각화하기 위해 데이터 전처리
를 해보자. 우선 팀-연령 단위로 G 값의 평균을 구해준다. 그리고 시각화가 가능하도록 연령이 칼럼이
되도록 피벗을 해준다.

코드 10.30 하나의 변숫값에 대한 히트맵 시각화

In [6]:

```
01: # 히트맵 시각화 V2
02:
03: fig = plt.figure(figsize=(8,8))
04: fig.set_facecolor('white')
05:
06: plt.pcolor(df2.values)
07: # x축 칼럼 설정
08: plt.xticks(range(len(df2.columns)),df2.columns)
09: # y축 칼럼 설정
10: plt.yticks(range(len(df2.index)), df2.index)
11: # x축 레이블 설정
12: plt.xlabel('Age', fontsize=14)
```

```
13: # y축 레이블 설정
14: plt.ylabel('Team', fontsize=14)
15: plt.colorbar()
16: plt.show()
```

Out [6]:

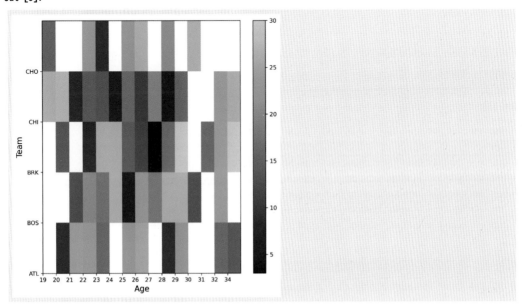

팀별로 19세부터 34세까지의 나이대에 따라 게임 참여 횟수가 얼마나 되는지 히트맵의 색상으로 한눈에 파악할 수 있다. 흰색 공간은 NULL값을 뜻한다. BRK 팀은 34세 선수의 게임 참여 횟수가 약 30회 정도로, 확연하게 높은 것을 알 수 있다.

코드 10.31 방사형 차트 시각화를 위한 데이터 전처리

In [7]:

```
01: # 방사형 차트를 위한 인덱스 초기화
02: df3 = df1.reset_index()
03: df3.head()
```

Out [7]:

	Tm	ORB%	TRB%	AST%	BLK%	USG%
0	ATL	5.250000	10.400000	13.893750	1.718750	18.412500
1	BOS	5.681250	10.362500	12.881250	2.437500	18.325000
2	BRK	4.394737	10.547368	15.210526	2.147368	18.868421
3	CHI	4.482353	10.976471	13.500000	1.405882	17.582353
4	CHO	7.628571	11.742857	14.900000	2.764286	19.357143

방사형 차트를 시각화하기 위해서는 인덱스를 초기화해줘야 한다. 앞에서 전처리 했던 **df1** 데이터셋을 불러와 인덱스 초기화를 해준다.

코드 10.32 방사형 차트 시각화 – 하나의 차트에 하나의 그룹씩

In [8]:

```
01: # 방사형 차트 - 하나씩 시각화
02:
03: labels = df3.columns[1:]
04: num_labels = len(labels)
05: # 등분점 생성
06: angles = [x/float(num_labels)*(2*pi) for x in range(num_labels)]
07: angles += angles[:1] # 시작점 생성
08:
09: my_palette = plt.cm.get_cmap("Set2", len(df3.index))
10:
11: fig = plt.figure(figsize=(15,20))
12: fig.set_facecolor('white')
13:
14: for i, row in df3.iterrows():
15:     color = my_palette(i)
16:     data = df3.iloc[i].drop('Tm').tolist()
17:     data += data[:1]
18:
19:     ax = plt.subplot(3,2,i+1, polar=True)
20:     # 시작점 설정
21:     ax.set_theta_offset(pi / 2)
22:     # 시계방향 설정
23:     ax.set_theta_direction(-1)
24:
25:     # 각도 축 눈금 생성
```

```
26:     plt.xticks(angles[:-1], labels, fontsize=13)
27:     # 각 축과 눈금 사이 여백 생성
28:     ax.tick_params(axis='x', which='major', pad=15)
29:     # 반지름 축 눈금 라벨 각도 0으로 설정
30:     ax.set_rlabel_position(0)
31:     # 반지름 축 눈금 설정
32:     plt.yticks([0,5,10,15,20],['0','5','10','15','20'], fontsize=10)
33:     plt.ylim(0,20)
34:
35:     # 방사형 차트 출력
36:     ax.plot(angles, data, color=color, linewidth=2, linestyle='solid')
37:     # 도형 안쪽 색상 설정
38:     ax.fill(angles, data, color=color, alpha=0.4)
39:     # 각 차트의 제목 생성
40:     plt.title(row.Tm, size=20, color=color,x=-0.2, y=1.2, ha='left')
41: # 차트 간 간격 설정
42: plt.tight_layout(pad=3)
43: plt.show()
```

Out [8]:

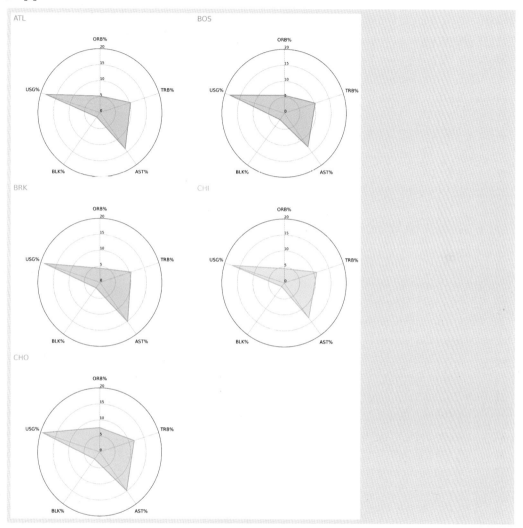

방사형 차트 시각화는 코드가 제법 복잡한 편이다. 특히 for문을 사용하여 각 팀에 대한 그래프를 그려 줘야 하기 때문에 까다로운 편이다. 그래도 기본적인 코드 틀을 가지고 있으면 데이터 프레임명과 칼럼명만 수정하여 쉽게 시각화할 수 있다. 다만 해당 데이터의 값의 범위에 따라 반지름 축 눈금 수치를 조절해 줘야 한다.

코드 10.33 방사형 차트 시각화 – 하나의 차트에 모든 그룹

In [9]:

```python
01: # 방사형 차트 - 한 번에 시각화
02:
03: labels = df3.columns[1:]
04: num_labels = len(labels)
05:
06: # 등분점 생성
07: angles = [x/float(num_labels)*(2*pi) for x in range(num_labels)]
08: # 시작점 생성
09: angles += angles[:1]
10:
11: my_palette = plt.cm.get_cmap("Set2", len(df3.index))
12:
13: fig = plt.figure(figsize=(8,8))
14: fig.set_facecolor('white')
15: ax = fig.add_subplot(polar=True)
16: for i, row in df3.iterrows():
17:     color = my_palette(i)
18:     data = df3.iloc[i].drop('Tm').tolist()
19:     data += data[:1]
20:
21:     # 시작점
22:     ax.set_theta_offset(pi / 2)
23:     # 시계방향 설정
24:     ax.set_theta_direction(-1)
25:
26:     # 각도 축 눈금 생성
27:     plt.xticks(angles[:-1], labels, fontsize=13)
28:     # 각 축과 눈금 사이 여백 생성
29:     ax.tick_params(axis='x', which='major', pad=15)
30:     # 반지름 축 눈금 라벨 각도 0으로 설정
31:     ax.set_rlabel_position(0)
32:     # 반지름 축 눈금 설정
33:     plt.yticks([0,5,10,15,20],['0','5','10','15','20'], fontsize=10)
34:     plt.ylim(0,20)
35:
36:     # 방사형 차트 출력
```

```
37:     ax.plot(angles, data, color=color, linewidth=2, linestyle='solid', label=row.Tm)
38:     # 도형 안쪽 색상 설정
39:     ax.fill(angles, data, color=color, alpha=0.4)
40:
41: plt.legend(loc=(0.9,0.9))
42: plt.show()
```

Out [9]:

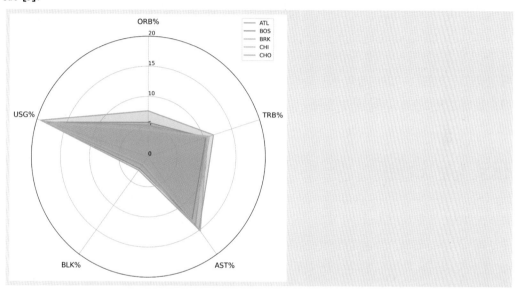

이번에는 하나의 방사형 차트에 5개 팀 모두가 표현되도록 시각화했다. 그룹이 많지 않은 경우에는 이렇게 시각화하는 것이 비교하기에 더 좋다. CHO 팀이 대체적으로 모든 요소에서 약간씩 우세한 것을 확인할 수 있다.

코드 10.34 평행 좌표 그래프 시각화

In [10]:

```
01: # 팀 기준 평행 좌표 그래프 생성
02:
03: fig,axes = plt.subplots()
04: plt.figure(figsize=(16,8)) # 그래프 크기 조정
05: parallel_coordinates(df3,'Tm',ax=axes, colormap='winter',linewidth = "0.5")
```

Out [10]:

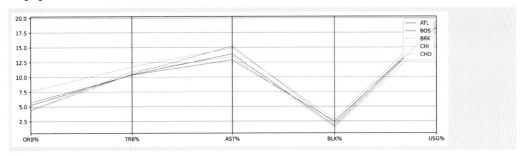

마지막으로 동일한 데이터셋을 활용하여 팀 기준의 평행 좌표 그래프를 시각화해보자. 방사형 차트에 비해 간단하게 구현할 수 있다. 평행 좌표 그래프로 확인했을 때도 CHO 팀이 모든 변수에서 조금씩 우위에 있는 것을 쉽게 눈으로 확인할 수 있다.

10.5 분포 시각화

분포 시각화는 매우 단순한 시각화 방법이지만 데이터를 파악함에 있어 매우 중요하다. 데이터가 처음 주어졌을 때, 변수들이 어떤 요소로 어느 정도의 비율로 구성되어 있는지를 확인하는 단계는 꼭 필요하다. 통계치만으로도 파악이 가능하지만, 분포 시각화를 통해 보다 직관적으로 데이터를 이해할 수 있다.

분포시각화는 연속형과 같은 양적 척도인지, 명목형과 같은 질적 척도인지에 따라 구분해서 그린다. 양적 척도의 경우 막대그래프나 선그래프로 분포를 나타낼 수도 있고, 히스토그램(histogram)을 통해 분포를 단순화하여 보다 알아보기 쉽게 만들 수도 있다. 히스토그램은 겹치지 않는 변수의 구간을 동일하게 나눠서 구간별 도수를 막대그래프로 표현한다. 각 구간을 bin이라 하며, 구간의 높이는 밀도(density), 즉 가로축의 단위 구간에 속한 값의 비율을 나타낸다. 히스토그램을 그릴 때는 처음에 20개 정도의 구간으로 세세하게 나누어서 분포를 살펴본 다음 시각적으로 봤을 때 정보의 손실이 커지기 전까지 조금씩 구간의 개수를 줄여가면 된다. 구간이 너무 많으면 보기가 어렵고 너무 적으면 정보의 손실이 크기 때문에 시각화의 이점이 사라진다.

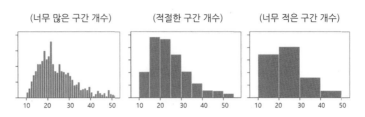

그림 10.17 히스토그램의 적절한 구간의 개수

질적 척도로 이루어진 변수는 구성이 단순한 경우 파이차트나 도넛차트를 사용한다. 파이, 도넛차트는 전체를 100%로 하여 구성 요소들의 분포 정도를 면적(각도)으로 표현한다. 시각적 표현만으로는 비율을 정확히 알기 힘들기 때문에 수치를 함께 표시해 주는 것이 좋다. 도넛차트가 파이차트와 다른 점은 이름 그대로 도넛처럼 가운데가 비어 있는 것뿐이다. 비어 있는 가운데 공간에 전체 값이나 단일 비율 값 등의 추가적인 정보를 삽입할 수 있다.

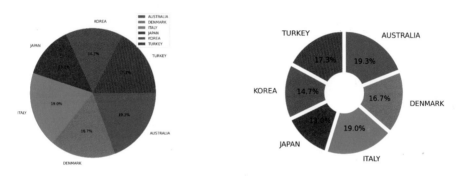

그림 10.18 파이 차트와 도넛 차트 예시

구성 요소가 복잡한 질적 척도를 표현할 때는 트리맵 차트를 이용하면 보다 효과적으로 표현할 수 있다. 하나의 큰 사각형을 구성 요소의 비율에 따라 작은 사각형으로 쪼개어 분포를 표현한다. 트리맵 차트의 장점은 사각형 안에 더 작은 사각형을 포함시켜서 위계구조를 표현할 수 있다는 것이다. 예를 들어 의류 매장의 품목별 판매량 분포를 트리맵 차트로 표현한다면, '바지' 영역이 '긴 바지'와 '반바지'로 분리하여 구성하는 것이다. 이처럼 한정된 공간 안에서 많은 구성 요소들의 분포를 체계적으로 표현할 수 있다. 하지만 구성 요소들 간의 규모 차이가 크면 표현이 어려울 수 있다는 단점이 있다. 트리맵 차트와 유사한 시각화 방법으로 와플 차트가 있다. **와플 차트는 와플처럼 일정한 네모난 조각들로 분포를 표현한다.** 하지만 트리맵 차트처럼 위계구조를 표현하지는 못한다.

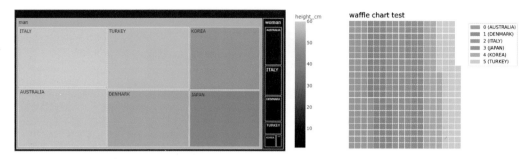

그림 10.19 트리맵 차트와 와플 차트 예시

10.5.1 분포 시각화 실습

이제 캐글에 있는 "six countries height samples"[5] 데이터셋으로 분포 시각화를 실습해 보겠다. 이 절의 실습 코드는 이 책의 저장소의 **10.5.1.분포 시각화.ipynb** 파일에 있다.

코드 10.35 패키지 설치 및 임포트

In [1]:

```
01: # 필요한 패키지 설치 및 임포트
02: !pip install plotly
03: !pip install pywaffle
04: import matplotlib.pyplot as plt
05: import pandas as pd
06: import seaborn as sns
07: import numpy as np
08: import plotly.express as px
09: from pywaffle import Waffle
```

히스토그램과 파이 차트, 도넛 차트, 트리맵 차트, 그리고 와플 차트를 시각화하기 위해 필요한 패키지들을 설치 및 임포트한다.

코드 10.36 데이터 불러오기 및 확인

In [2]:

```
01: # 데이터 불러오기
02:
```

---

5 https://www.kaggle.com/datasets/sewonghwang/six-countries-height-samples

```
03: df = pd.read_csv("datasets/six_countries_height_samples.csv")
04:
05: # 데이터 샘플 확인
06: df.head()
```

Out [2]:

	id	country	sex	height_cm
0	rhop00001	AUSTRALIA	man	189
1	rhop00002	AUSTRALIA	man	165
2	rhop00003	AUSTRALIA	man	189
3	rhop00004	AUSTRALIA	man	164
4	rhop00005	AUSTRALIA	man	192

데이터를 판다스 데이터 프레임으로 불러온 다음 확인한다. AUSTRALIA, DENMARK 등 6개 국가의
남성, 여성 신장 정보가 적재되어 있다. 각 국가의 샘플 수는 모두 동일하다.

코드 10.37 전체 신장 데이터 히스토그램 시각화

In [3]:

```
01: # 기본 히스토그램 시각화
02:
03: # 신장 칼럼만 필터링
04: df1 = df[['height_cm']]
05:
06: # 10cm 단위로 히스토그램 시각화
07: plt.hist(df1, bins=10, label='bins=10')
08: plt.legend()
09: plt.show()
```

Out [3]:

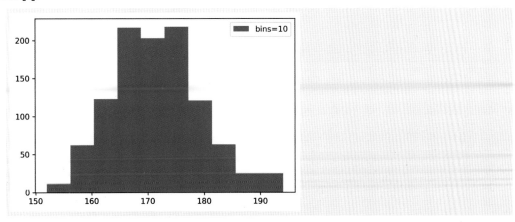

전체 샘플들의 신장을 히스토그램으로 시각화한다. bins 옵션을 10으로 주어, 10cm 단위로 구분하여 분포가 나타나도록 했다. 정규분포와 유사한 형태의 히스토그램 분포를 확인할 수 있다. 그런데 봉우리 가 두 개로 나온다. 이는 남성과 여성의 신장 분포가 다르기 때문에 그런 것으로 판단된다.

코드 10.38 성별을 구분하여 히스토그램 시각화

In [4]:

```
01: # 남성 여성 히스토그램 시각화
02:
03: # 남성 여성 별도 데이터셋 생성
04: df1_1 = df[df['sex'].isin(['man'])]
05: df1_1 = df1_1[['height_cm']]
06: df1_2 = df[df['sex'].isin(['woman'])]
07: df1_2 = df1_2[['height_cm']]
08:
09: # 10cm 단위로 남성, 여성 신장 히스토그램 시각화
10: plt.hist(df1_1, color = 'green', alpha = 0.2, bins = 10, label = 'MAN', density = True)
11: plt.hist(df1_2, color = 'red', alpha = 0.2, bins = 10, label = 'WOMAN', density = True)
12: plt.legend()
13: plt.show()
```

Out [4]:

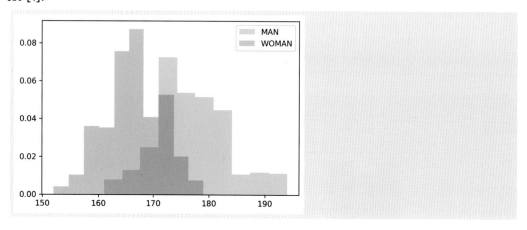

앞의 전체 데이터 기준 히스토그램의 분포가 두 개의 봉우리로 나왔으니, 이번에는 성별을 구분하여 히 스토그램을 시각화한다. 우선 남성 데이터셋, 여성 데이터셋을 새로 생성한다. 그리고 alpha 옵션을 주 어 불투명도를 조정한다. 이를 통해 두 히스토그램 분포가 겹치는 부분을 효과적으로 표현할 수 있다.

코드 10.39 파이차트와 도넛차트 시각화를 위한 데이터 전처리

In [5]:

```
01: # 파이차트, 도넛차트 시각화를 위한 데이터 전처리
02:
03: df2 = df[['country','height_cm']]
04: # 키 175 이상만 추출
05: df2=df2[df.height_cm >= 175]
06: df2 = df2.groupby('country').count().reset_index()
07:
08: df2.head(10)
```

Out [5]:

	country	height_cm
0	AUSTRALIA	68
1	DENMARK	59
2	ITALY	67
3	JAPAN	46
4	KOREA	52
5	TURKEY	61

다음으로 파이차트와 도넛차트 시각화를 위해 국가별로 신장 175cm 이상인 샘플의 수를 산출한다.
country 칼럼을 기준으로 groupby()를 수행한다.

코드 10.40 파이차트 시각화

In [6]:

```
01: # 파이차트 시각화
02:
03: fig = plt.figure(figsize=(8,8)) # 캔버스 생성
04: fig.set_facecolor('white') # 캔버스 배경색 설정
05: ax = fig.add_subplot() # 프레임 생성
06:
07: # 파이차트 출력
08: ax.pie(df2.height_cm,
09:        labels=df2.country, # 라벨 출력
10:        startangle=0, # 시작점 degree 설정
11:        counterclock=False, # 시계 방향
```

```
12:           autopct=lambda p : '{:.1f}%'.format(p)   # 퍼센트 자릿수 설정
13:           )
14:
15: plt.legend()   # 범례 표시
16: plt.show()
```

Out [6]:

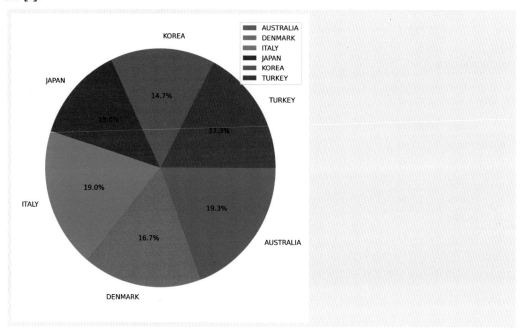

표현할 값의 칼럼과 레이블용 칼럼을 지정해 주고 차트의 시작점 각도, 퍼센트 자릿수 등의 옵션을 설정한다. 6개 국가의 신장 175cm 이상인 샘플 수 비율이 파이 차트로 시각화된 것을 확인할 수 있다.

코드 10.41 도넛 차트 시각화

In [7]:

```
01: # 도넛차트 시각화
02:
03: # 차트 형태 옵션 설정
04: wedgeprops={'width': 0.7, 'edgecolor': 'w', 'linewidth': 5}
05:
06: plt.pie(df2.height_cm, labels=df2.country, autopct='%.1f%%',
07:         startangle=90, counterclock=False, wedgeprops=wedgeprops)
08: plt.show()
```

Out [7]:

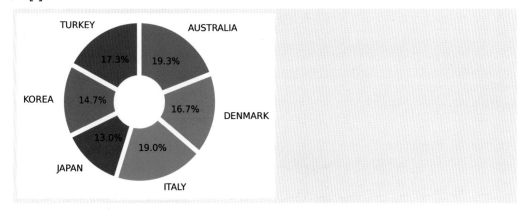

앞의 파이차트와 동일한 데이터셋을 활용하여 도넛차트를 시각화한다. 파이차트에 차트 형태 옵션을 추가하여 도넛 형태로 조정해 준다.

코드 10.42 트리맵 차트 시각화를 위한 데이터 전처리

In [8]:

```
01: # 트리맵 차트용 데이터셋 전처리
02:
03: df3 = df[['country', 'sex', 'height_cm']]
04: df3=df3[df.height_cm >= 175]
05: # 국가, 성별 단위 신장 175cm 이상 카운팅
06: df3 = df3.groupby(['country','sex']).count().reset_index()
07:
08: df3.head(10)
```

Out [8]:

	country	sex	height_cm
0	AUSTRALIA	man	59
1	AUSTRALIA	woman	9
2	DENMARK	man	53
3	DENMARK	woman	6
4	ITALY	man	60
5	ITALY	woman	7
6	JAPAN	man	45
7	JAPAN	woman	1
8	KOREA	man	50
9	KOREA	woman	2

성별과 국가별 신장 175cm 이상 샘플 분포를 트리맵 차트로 시각화하기 위해 데이터 전처리를 한다. 국가와 성별 기준으로 샘플수가 집계된 것을 확인할 수 있다.

코드 10.43 트리맵 차트 시각화

In [9]:

```
01: # 트리맵 차트 시각화
02:
03: fig = px.treemap(df3,
04:                  path=['sex','country'],
05:                  values='height_cm',
06:                  color='height_cm',
07:                  color_continuous_scale='viridis')
08:
09: fig.show()
```

Out [9]:

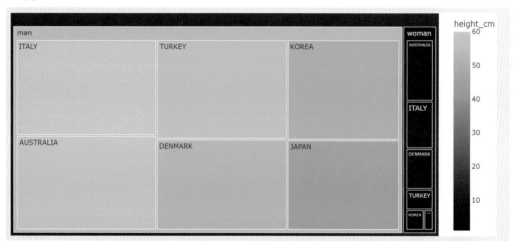

트리맵 차트는 위계구조를 표현하기 때문에 path 옵션으로 위계구조 순서별 칼럼을 넣어준다. 이 차트에서는 우선 성별로 구분하고 그 안에서 국가별 분포를 표현하기 위해 sex, country 칼럼을 입력해 준다. 시각화된 트리맵 차트에서는 신장 175cm 이상 샘플의 비율을 나타내므로 남성-이탈리아의 비중이 가장 높고, 여성-일본의 비중이 가장 낮게 나온 것을 확인할 수 있다.

코드 10.44 와플차트 시각화

In [10]:

```
01:  # 와플차트 시각화
02:
03:  fig = plt.figure(
04:      FigureClass=Waffle,
05:      plots={
06:          111: {
07:              'values': df2['height_cm'],
08:              'labels': ["{0} ({1})".format(n, v) for n, v in df2['country'].items()],
09:              'legend': {'loc': 'upper left', 'bbox_to_anchor': (1.05, 1), 'fontsize': 8},
10:              'title': {'label': 'Waffle chart test', 'loc': 'left'}
11:          }
12:      },
13:      rows=10,
14:      figsize=(10, 10)
15:  )
```

Out [10]:

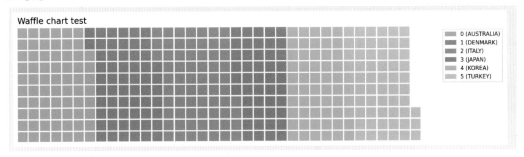

마지막으로 파이차트에 쓰인 데이터셋을 활용하여 와플 차트를 시각화한다. 각 국가의 비중이 작은 정사
각형으로 표현된다. rows 옵션을 통해 차트 형태를 조정할 수 있다.

10.6 관계 시각화

앞에서 살펴봤던 공분산과 상관분석을 통해 변수 간의 관계 시각화를 하는 것에 어느 정도 익숙할 것이
다. 앞에서는 두 개의 연속형 변수 간의 관계를 나타낼 수 있는 산점도(scatter plot)를 다루었다. 산점

도는 단순해서 쉽게 이해하고 표현할 수 있다. 하나의 요소는 X축, 다른 한 요소는 Y축에 대입하여 일치하는 지점에 점을 찍어 주기만 하면 된다. 점들의 분포와 추세를 통해 두 변수 간의 관계를 파악할 수 있다. **산점도를 그릴 때는 극단치를 제거하고서 그리는 것이 좋다. 극단치로 인해 주요 분포 구간이 압축되어 시각화의 효율이 떨어지기 때문이다.** 그림 10.20을 통해 극단치가 있고 없음에 따른 차이가 큰 것을 확인할 수 있다.

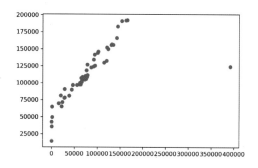 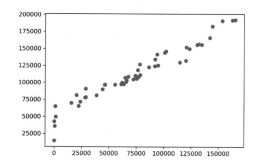

그림 10.20 극단치에 따른 산점도의 차이 예시

산점도를 시각화할 때 또 다른 팁으로, 데이터가 너무 많아서 점들이 서로 겹쳐서 정보를 제대로 확인하기 어려울 때 각각의 점에 투명도를 주어 점들의 밀도를 함께 표현할 수 있도록 할 수가 있다. 또는 값의 구간을 나누어 빈도에 따른 농도나 색상을 다르게 하여 표현할 수도 있다. 이러한 옵션은 파이썬, R 등에서 지원하고 있으며, 구현 방법은 어렵지 않다. 이렇듯 추가적인 옵션을 통해 데이터의 정보를 보다 효과적으로 시각화할 수 있다.

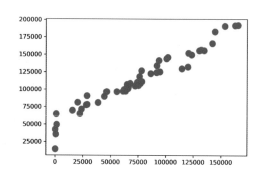 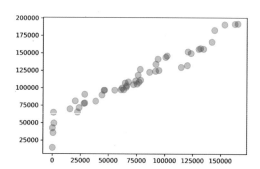

그림 10.21 산점도에 투명도 요소 추가 예시

산점도는 두 개의 변수 간 관계만 표현할 수 있다는 단점이 있다. **버블 차트를 이용하면 세 가지 요소의 상관관계를 표현할 수 있다.** 버블의 크기를 통해 한 가지 요소를 추가적으로 볼 수 있는 것이다. 물론 버블에 색상이나 농도 요소도 추가하여 네 가지 요소를 한 번에 표현하는 것도 가능하지만, 그렇게 될 경우 한 번에 제공되는 정보가 너무 많아져 차트를 해석하는 것이 어려워진다. 굳이 추가한다면 그룹을 구분할 수 있도록 색상 요소를 추가하는 것이 좋다. 구현이 까다롭기는 하지만, 애니메이션 요소를 추가하여 시간에 따른 변화를 함께 표현하는 것도 가능하다.

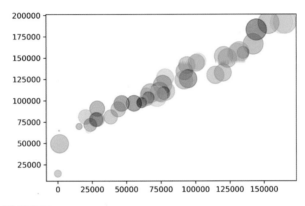

그림 10.22 색상 요소를 추가한 버블차트

버블차트는 원의 면적을 함께 봐야 하기 때문에 관측치(observations)가 너무 많게 되면 정보 전달의 효율이 떨어진다. 관측치가 100개가 넘어갈 경우, 데이터를 축약하거나 다른 시각화 방법을 사용하는 것이 좋다. 그리고 **버블차트를 해석할 때는 원의 지름이 아닌 면적을 통해 크기를 판단하도록 주의해야 한다. 지름이 두 배가 크면 실제 크기는 네 배가 큰 것이기 때문이다.**

10.6.1 관계 시각화 실습

이제 캐글에 있는 "Startup – Multiple Linear Regression"[6] 데이터셋으로 관계 시각화를 실습해 보겠다. 이 절의 실습 코드는 이 책의 저장소의 **10.6.1.관계 시각화.ipynb** 파일에 있다.

---

6 https://www.kaggle.com/datasets/karthickveerakumar/startup-logistic-regression

코드 10.45 패키지 임포트

In [1]:

```
01: # 필요한 패키지 임포트
02:
03: import matplotlib.pyplot as plt
04: import pandas as pd
05: import seaborn as sns
06: import numpy as np
```

산점도 그래프를 시각화하기 위해 필요한 패키지들을 임포트한다.

코드 10.46 데이터 불러오기 및 확인

In [2]:

```
01: # 데이터 불러오기
02:
03: df = pd.read_csv("datasets/50_Startups.csv")
04:
05: # 데이터 샘플 확인
06: df.head()
```

Out [2]:

	R&D Spend	Administration	Marketing Spend	State	Profit
0	165349.20	136897.80	471784.10	New York	192261.83
1	162597.70	151377.59	443898.53	California	191792.06
2	153441.51	101145.55	407934.54	Florida	191050.39
3	144372.41	118671.85	383199.62	New York	182901.99
4	142107.34	91391.77	366168.42	Florida	166187.94

데이터를 판다스 데이터 프레임으로 불러온 다음 확인한다. 스타트업 기업들의 R&D 비용, 관리 비용, 마케팅 비용 등과 수익 데이터가 적재되어 있다.

코드 10.47 기본 산점도 시각화

In [3]:

```
01: # 기본 산점도 시각화
02:
```

```
03: plt.scatter(df['R&D Spend'], df['Profit'], s = 50, alpha = 0.4)
04: plt.show()
```

Out [3]:

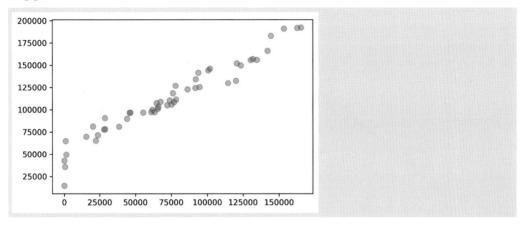

기본 산점도를 시각화하기 위해 R&D 비용을 X축, 수익을 Y축으로 설정했다. 점 크기는 s = 50 옵션으로 설정했으며, 투명도는 alpha = 0.4로 설정하여 점이 겹치는 부분을 효과적으로 볼 수 있도록 했다. 산점도를 통해 R&D 비용이 증가할수록 수익도 선형적으로 증가하는 것을 확인할 수 있다.

코드 10.48 산점도 회귀선 시각화

In [4]:

```
01: # 산점도에 회귀선 추가
02: ax = sns.lmplot(x='R&D Spend', y='Profit', data= df)
```

Out [4]:

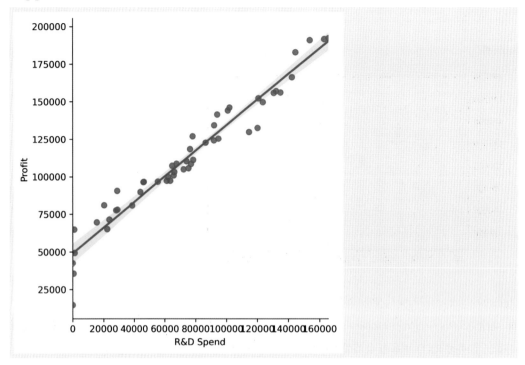

두 변수 간의 선형 관계를 보다 명확히 보기 위해 회귀선을 추가했다. 회귀선에 대한 내용은 머신러닝 분석 방법론 부분에서 자세히 다룰 것이다.

코드 10.49 버블 차트 시각화

In [5]:

```
01: # 네 가지 요소의 정보를 포함한 산점도 시각화
02:
03: plt.scatter(df['R&D Spend'], df['Profit'], s=df['Marketing Spend']*0.001,
04:             c=df['Administration'], alpha=0.5, cmap='Spectral')
05: plt.colorbar()
06: plt.show()
```

Out [5]:

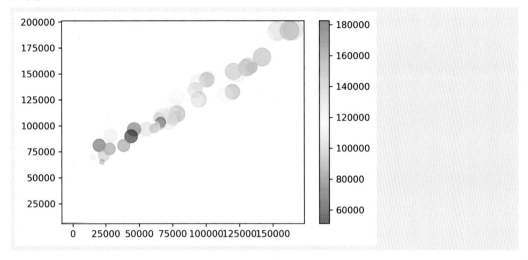

마지막으로 마케팅 비용과 관리 비용 칼럼의 요소를 추가하여 버블 차트 형태로 시각화했다. 마케팅 비용은 버블의 크기로 표현되도록 설정했다. 따라서 마케팅 비용이 클수록 버블의 크기도 크게 표현된다. 그리고 관리 비용은 색상으로 표현되도록 설정하여 붉은 색상은 적은 비용, 푸른 색상은 많은 비용을 의미한다. 추가한 두 가지 요소도 수익과 어느 정도 상관관계가 있는 것을 눈으로 확인할 수 있다.

10.7 공간 시각화

데이터가 지리적 위치와 관련되어 있으면 실제 지도 위에 데이터를 표현하는 것이 효과적이다. 공간시각화는 위치 정보인 위도와 경도 데이터를 지도에 매핑하여 시각적으로 표현한다. 물론 시각화 프로그램에 따라 위도와 경도 정보가 없어도 지도에 위치를 표현이 가능하기도 하다. 예를 들어 Google의 지오맵(GeoMap)을 이용하면 지명만으로도 공간 시각화가 가능하다.

일반적인 집계 데이터나 그래프보다 지도 위에 표현하면 데이터를 훨씬 명확하고 직관적으로 볼 수 있다. 예를 들어 백화점 기업에서 새로운 지점을 확장하기 위해 최적의 지역을 탐색한다고 가정해 보자. 국내 지도 위에 지역별 인구 밀도, 경쟁사의 백화점 위치 등이 표현된다면 매우 효율적으로 최적의 위치를 탐색할 수 있다.

공간 시각화는 일반적인 시각화 방법처럼 단순 이미지로 표현되는 것이 아닌, 지도를 확대하거나 위치를 옮기는 등 인터랙티브 한 활용이 가능하다. 그렇기 때문에 이러한 이점을 최대한 활용하여 정보를 효과적으로 전달할 수 있도록 **거시적에서 미시적으로 진행되는 분석 방향과 같이 스토리라인을 잡고 시각화를 적용하는 것이 좋다.** 공간시각화의 대표적인 기법으로 도트맵, 코로플레스맵, 버블맵, 컨넥션맵 등이 있다.

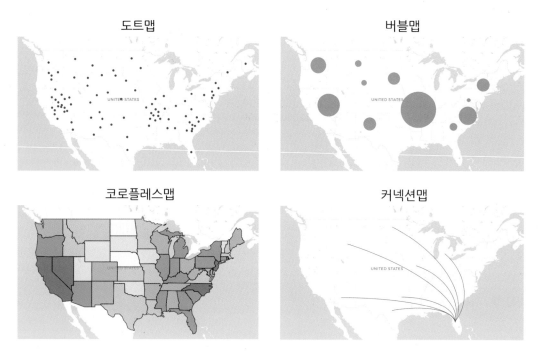

그림 10.23 공간 시각화의 주요 기법

도트맵(Dot map)은 지리적 위치에 동일한 크기의 작은 점을 찍어서 해당 지역의 데이터 분포나 패턴을 표현하는 기법이다. 점 하나는 실제 하나를 뜻할 수도 있고 다른 단위의 크기를 나타낼 수도 있다. 도트맵은 시각적으로 데이터의 개요를 파악하는 데 유리하지만, 정확한 값을 전달하는 데에는 적합하지 않다. 이러한 단점을 보완하기 위해 축소해서 보면 숫자로 정확한 수치를 표현하고 확대하면 점으로 표시되도록 하는 기법을 사용하기도 한다.

버블맵(Bubble map)은 버블차트를 지도에 그대로 옮겨 둔 것이라고 생각하면 된다. 데이터 값이 원의 크기로 표현되기 때문에 코로플레스맵보다 비율을 비교하는 것이 효과적이다. 다만 버블맵은 지나치게 큰 버블이 다른 지역의 버블과 영역이 겹칠 수 있기 때문에 이를 잘 조절해야 한다.

코로플레스맵(Choropleth map)은 단계 구분도라고도 하는데, 데이터 값의 크기에 따라 색상의 음영을 달리하여 해당 지역에 대한 값을 시각화하는 기법이다. 경우에 따라서 여러 색상을 혼합할 수 있으며, 투명도, 명도, 채도 등 다양하게 표현할 수 있다. 이 방법 역시 정확한 수치를 인지하고 비교하는 것이 어렵다. 코로플레스맵은 작은 지역들에 비해 큰 지역이 강조되는 인상을 줄 수 있기 때문에 이 점을 유의해서 지도를 해석해야 한다.

커넥션맵(Connection map) 혹은 링크맵(Link map)은 지도에 찍힌 점들을 곡선 또는 직선으로 연결하여 지리적 관계를 표현한다. 뿐만 아니라 연속적 연결을 통해 지도에 경로를 표현할 수도 있다. 일반적으로는 연결선의 분포와 집중도를 통해 지리적 관계의 패턴을 파악하기 위해 사용한다. 지역 간의 무역 관계나 항공 경로나 통신 정보 흐름 등을 표현할 때 사용한다.

그 밖에 커넥션맵과 유사하게 선을 표현하지만 시작점과 도착점이 함께 표현되는 플로우맵(Flow map), 각 지역의 면적을 데이터 값에 비례하도록 변형시켜 시각화하는 카토그램(Cartogram) 등의 공간 시각화 방법이 있으며, 지도위에 바 차트나 파이차트 등을 표현하는 방법도 적용할 수 있다.

10.7.1 공간 시각화 실습

이제 캐글에 있는 "Starbucks Seoul map visualization"[7]과 "US states unemployment map visualization"[8] 데이터셋으로 공간 시각화를 실습해 보겠다. 이 절의 실습 코드는 이 책의 저장소의 **10.7.1.공간 시각화.ipynb** 파일에 있다.

코드 10.50 패키지 설치 및 임포트

In [1]:
```
01: # 필요한 패키지 설치 및 임포트
02: !pip install folium
03: import folium
04: from folium import Marker
05: from folium import plugins
06: from folium import GeoJson
07: import matplotlib.pyplot as plt
08: import pandas as pd
09: import numpy as np
```

---

7   https://www.kaggle.com/datasets/sewonghwang/starbucks-seoul
8   https://www.kaggle.com/datasets/sewonghwang/us-unemployment

```
10: import plotly.express as px
11: import plotly.graph_objects as go
```

공간 시각화를 위한 folium, plotly 등의 패키지들을 설치 및 임포트한다. 이를 통해 도트맵, 버블맵, 코로플레스맵, 커넥션맵 등을 시각화한다.

서울 스타벅스 지점 시각화

코드 10.51 데이터 불러오기 및 확인

In [2]:

```
01: # 서울 스타벅스 지점 데이터 불러오기
02:
03: df=pd.read_csv("datasets/Starbucks_Seoul.csv")
04:
05: # 지역 구분을 위한 json 파일 불러오기
06: geo="Desktop/datasets/Seoul_Gu.json"
07:
08: # 데이터 샘플 확인
09: df.head()
```

Out [2]:

	name	address	gu_name	latitude	longitude
0	GS타워	서울특별시 강남구 논현로 508 (역삼동)	강남구	37.501859	127.037278
1	SSG마켓도곡R	서울특별시 강남구 언주로30길 57, 타워팰리스Ⅱ F 지하1층 (도곡동)	강남구	37.490298	127.054895
2	W-Mall	서울특별시 금천구 디지털로 188 (가산동)	금천구	37.477305	126.887691
3	가든파이브	서울특별시 송파구 충민로 10 (문정동) 가든파이브툴	송파구	37.478232	127.119370
4	가락본동	서울특별시 송파구 송파대로30길 13 (가락동)	송파구	37.494895	127.118785

데이터를 판다스 데이터 프레임으로 불러온 다음 확인한다. 각 스타벅스 지점명과 주소, 해당 구, 위도와 경도 정보가 있는 것을 확인할 수 있다. 그리고 지도 위에 시각화를 해야 하기 때문에 서울 각 구의 경계를 표현해 줄 수 있는 json 파일도 불러온다.

코드 10.52 기본 지도 시각화

In [3]:

```
01: # 기본 지도 시각화(서울의 위도, 경도 입력)
02:
03: m = folium.Map(location=[37.541, 126.986], zoom_start=12)
04: m
```

Out [3]:

가장 기본적인 지도를 시각화했다. location 옵션을 사용하여 나타내고자 하는 지역의 위도와 경도를
입력한다. 그리고 처음 화면에서 어느 정도의 확대 수준으로 시각화할지는 zoom_start 옵션을 사용한
다.

코드 10.53 기본 지도에 다양한 옵션 적용

In [4]:

```
01: # 지도 형태 변경
02: m = folium.Map(location=[37.541, 126.986], tiles='Stamen Toner', zoom_start=12)
03:
04: # 원하는 좌표에 반경(radius) 표시(남산)
```

```
05: folium.CircleMarker([37.5538, 126.9810],radius=50,
06:                      popup='Laurelhurst Park', color='#3246cc',
07:                      fill_color='#3246cc').add_to(m)
08:
09: # 원하는 좌표에 포인트 표시(남산)
10: folium.Marker([37.5538, 126.9810], popup='The Waterfront').add_to(m)
11:
12: m
```

Out [4]:

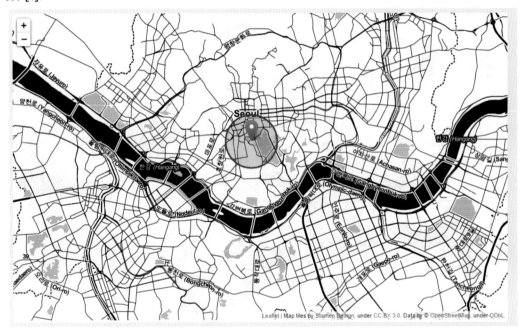

기본 지도는 옵션을 통하여 형태를 다양하게 바꿀 수 있고 다양한 표시를 삽입할 수 있다. tiles 옵션은 지도의 형태를 변경해 준다. 예시에서 사용한 Stamen Toner 외에도 Stamen Watercolor, Stamen Terrain, Cartodb Positron, Cartodb Dark_matter 등의 옵션이 있다. 그리고 CircleMarker()와 Marker() 함수를 통해 남산의 위치에 원 표시와 포인트 그림을 삽입했다. 공간 시각화를 할 때 임의로 표시하고 싶은 지점이 있을 때 이러한 기능을 사용한다.

코드 10.54 군집 마커 시각화

In [5]:

```
01:  # 서울 지도에 스타벅스 지점 수 시각화
02:
03:  m = folium.Map([37.541, 126.986], zoom_start=12 ,width="%100", height="%100")
04:  locations = list(zip(df.latitude, df.longitude))
05:  cluster = plugins.MarkerCluster(locations=locations,
06:                   popups=df["name"].tolist())
07:  m.add_child(cluster)
08:  m
```

Out [5]:

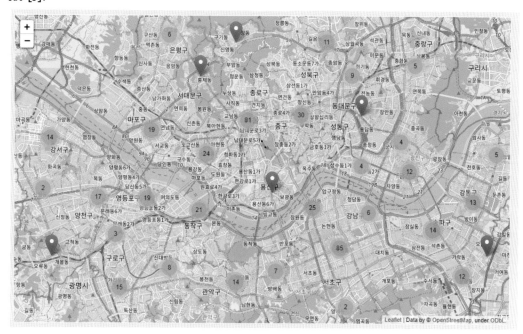

이제 앞에서 불러왔던 서울 지역의 스타벅스 위치 데이터를 지도 위에 표현한다. MarkerCluster() 함수는 각 구역에 존재하는 스타벅스 지점의 수를 숫자로 표현해 준다. 지도를 더 축소하면 원들이 뭉쳐 표현되면서 숫자들이 합해진다. 반대로 지도를 확대하면 원이 쪼개지다가 결국에는 하나의 핀으로 표현된다.

코드 10.55 도트맵 시각화

In [6]:

```
01: # 서울 지도에 스타벅스 지점 수 도트맵 시각화
02:
03: m = folium.Map(location=[37.541, 126.986], zoom_start=12, width="%100", height="%100")
04: locations = list(zip(df.latitude, df.longitude))
05: for i in range(len(locations)):
06:     folium.CircleMarker(location=locations[i],radius=1).add_to(m)
07: m
```

Out [6]:

스타벅스 지점을 도트맵으로 시각화했다. 서울 중심부와 강남 지역의 큰 길가, 그리고 여의도에 매장이 집중되어 포진되어 있는 것을 확인할 수 있다.

코드 10.56 버블맵 시각화를 위한 데이터 가공

In [7]:

```
01: # 서울 구별 스타벅스 지점 수 집계 및 중심점 산출
02: df_m = df.groupby('gu_name').agg({'latitude':'mean',
03:                                   'longitude':'mean',
```

```
04:                                          'name':'count'}).reset_index()
05: df_m.head()
```

Out [7]:

	gu_name	latitude	longitude	name
0	강남구	37.507603	127.044611	80
1	강동구	37.539914	127.137106	14
2	강북구	37.626866	127.026372	5
3	강서구	37.555716	126.841528	16
4	관악구	37.481759	126.944286	11

다음으로 버블맵 시각화를 위해 데이터를 가공한다. 버블맵은 특정 지점에 지정된 수치의 값을 표현하기 때문에 기존 데이터를 구 단위로 집계해야 한다. 우선 gu_name 칼럼을 기준으로 latitude와 longitude 의 평균값을 구하여 각 구의 중심 지점을 만든다. 그리고 스타벅스 지점명을 카운트하여 각 구에 포함되는 매장 수 합계를 구한다.

코드 10.57 버블맵 시각화

In [8]:

```
01: # 서울 구별 스타벅스 지점 수 버블맵 시각화
02:
03: # 기본 지도 생성
04: m = folium.Map(location=[37.541, 126.986], tiles='Cartodb Positron',
05:                zoom_start=11, width="%100",
06:                height="%100")
07:
08: # 구별 구분선, 색상 설정
09: folium.Choropleth(
10:     geo_data=geo, # 앞에서 불러온 json 파일 적용
11:     fill_color="gray"
12:     ).add_to(m)
13:
14: # 버블맵 삽입
15: locations = list(zip(df_m.latitude, df_m.longitude))
16: for i in range(len(locations)):
```

```
17:     row = df_m.iloc[i]
18:     folium.CircleMarker(location=locations[i],
19:                    radius= float(row.name/2), # 버블 크기 설정
20:                    fill_color="blue"
21:                    ).add_to(m)
22: m
```

Out [8]:

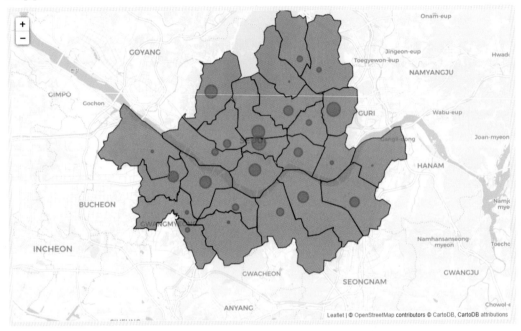

기본 지도에 `Cartodb Positron` 테마를 적용한 후에 앞에서 불러왔던 json 파일을 통해 구별 경계선을 표현해 준다. 그리고 `CircleMarker()` 함수로 버블을 표현해 준다. 버블의 크기를 설정하는 `radius=`에 매장 수 합계 칼럼인 `name`을 설정해 주면 매장 수에 따라 버블의 크기가 달라진다. 그리고 버블의 크기가 너무 작아서 안 보이거나 너무 커서 서로 겹치면 분모 값을 조정해 주면 된다.

코드 10.58 코로플레스맵 시각화를 위한 데이터 불러오기 및 확인

In [9]:
```
01: # 미국 실업률 정보의 코로플레스맵 시각화를 위한 데이터, json 불러오기
02:
03: df2 =pd.read_csv("datasets/us_states_unemployment.csv")
04:
```

```
05: # 주별 경계 json 파일 불러오기
06: us_geo = 'datasets/folium_us-states.json'
07:
08: df2.head()
```

Out [9]:

	State	Unemployment
0	AL	7.1
1	AK	6.8
2	AZ	8.1
3	AR	7.2
4	CA	10.1

코로플레스맵은 구역에 따라 채도와 명도가 달라지도록 시각화하는 방법이기 때문에 단순히 위도와 경도를 설정해서 만들 수 없다. 그래서 앞의 버블맵과 같이 json 파일의 미국 각 주 경곗값이 필요하다. 그리고 각 주의 위치는 불러온 테이블의 State 칼럼을 매칭해서 Unemployment 값을 표현해 준다.

미국 주별 실업률 시각화

코드 10.59 코로플레스맵 시각화

In [10]:

```
01: # 미국 주별 실업률 코로플레스맵 시각화
02:
03: # 미국 지도 시각화
04: m = folium.Map(location=[40,-98], zoom_start=3, tiles="Cartodb Positron")
05:
06: # 지도에 주 경계선, 실업률 데이터 연동
07: m.choropleth(geo_data = us_geo, # json 데이터
08:              data = df2, # 실업률 데이터
09:              columns = ['State','Unemployment'], # 연동할 칼럼 설정
10:              key_on = 'feature.id', # json과 실업률 데이터를 연결할 키값 설정
11:              fill_color='YlGn',
12:              legend_name='실업률')
13:
14: m
```

Out [10]:

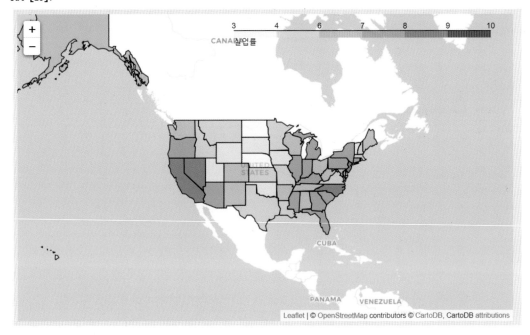

기본 지도에 choropleth() 함수를 사용하여 json 데이터와 실업률 데이터를 적용한다. 데이터의 State 칼럼과 json 파일의 id 키 값을 매칭하도록 입력해 준다. 시각화한 결과를 보면 캘리포니아 지역과 노스 캐롤라이나 지역의 실업률이 높은 것을 직관적으로 확인할 수 있다.

서울과 각국 수도 간의 커넥션맵 시각화

코드 10.60 커넥션맵 시각화

In [11]:

```
01: # 서울과 각국의 수도 간의 커넥션맵 시각화
02:
03: # 서울과 도쿄, 워싱턴, 마닐라, 파리, 모스크바 위경도 입력
04: source_to_dest = zip([37.541,37.541,37.541,37.541,37.541],
05:                      [35.6804, 38.9072, 14.5995, 48.8566,55.7558],
06:                      [126.986,126.986,126.986,126.986,126.986],
07:                      [139.7690, -77.0369, 120.9842, 2.3522,37.6173])
08:
09: fig = go.Figure()
10:
```

```
11:  ## for 문을 활용하여 위경도 입력
12:  for a, b, c, d in source_to_dest:
13:      fig.add_trace(go.Scattergeo(
14:                      lat = [a, b],
15:                      lon = [c, d],
16:                      mode = 'lines',
17:                      line = dict(width = 1, color="red"),
18:                      opacity = 0.5 # 선 투명도
19:                      ))
20:
21:  fig.update_layout(
22:              margin={"t":0,"b":0,"l":0, "r":0, "pad":0},
23:              showlegend=False,
24:              geo = dict(
25:              showcountries=True) # 국가 경계선
26:              )
27:
28:  fig.show()
```

Out [11]:

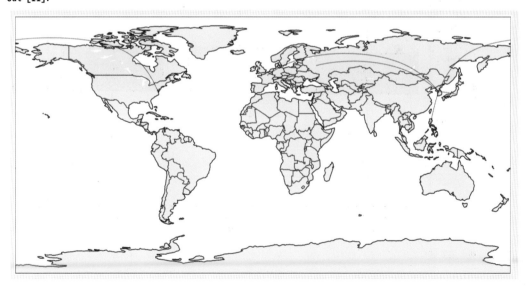

마지막 커넥션맵은 **graph_objects** 패키지를 활용하여 테이블 없이 직접 위도와 경도를 입력해서 시각화해보자. 시작점과 도착점의 위도, 경도를 입력하고 반복문으로 입력했던 모든 경로를 시각화한다. 서울로부터 도쿄, 워싱턴, 마닐라, 파리, 그리고 모스크바로 연결된 선이 시각화된 것을 확인할 수 있다.

10.8 박스 플롯

상자 수염 그림(Box-and-Whisker Plot)으로도 불리는 박스 플롯은 네모 상자 모양에 최댓값과 최솟값을 나타내는 선이 결합된 모양의 데이터 시각화 방법이다. 상자에 수염이 붙어있는 형태라서 그런 이름이 지어졌다. **박스 플롯은 하나의 그림으로 양적 척도 데이터의 분포 및 편향성, 평균과 중앙값 등 다양한 수치를 보기 쉽게 정리해 준다.** 특히 두 변수의 값을 비교할 때 효과적이기 때문에 알아 두면 많은 도움이 된다.

1952년, 미국의 데이터 시각화 전문가인 메리 엘리너 스피어(Mary Eleanor Spear)가 그의 저서 《Charting Statistics》에서 범위 막대(range bar)라는 명칭으로 사용하여 처음 세상에 모습을 드러냈다. 그 후, 통계학자 존 튜키(John Tukey)가 그의 저서인 《탐색적 데이터 분석》에서 제시하면서 널리 사용되게 됐다. 오랜 기간을 통해 다양한 형태(예를 들면 가로형, 세로형 등)로 사용되고 있으며, 일반적인 형태는 다음과 같다.

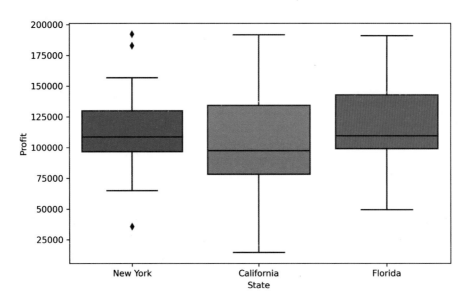

그림 10.24 **박스 플롯 예시**

박스 플롯은 데이터의 대체적인 분포 형태를 쉽게 확인하기 위해 사용한다. 또한 카테고리별 분포를 비교할 때도 유용하게 사용된다. 데이터의 속성을 유추할 수 있는 5개의 대표적인 수치를 그림으로 표현하여 데이터 특성을 바로 알아낼 수 있다. 이를 통해 해당 데이터 활용 시의 유의점을 인식할 수 있고 분석 방향을 잡을 수 있다. 박스 플롯의 다섯 가지 수치는 다음과 같다.

1. 최솟값: 제1사분위에서 1.5 IQR[9]을 뺀 위치

2. 제1사분위(Q1): 25%의 위치

3. 제2사분위(Q2): 50%의 위치(중앙값(median)을 의미)

4. 제3사분위(Q3): 75%의 위치

5. 최댓값: 제3사분위에서 1.5 IQR을 더한 위치

때에 따라서는 여기에 평균값도 함께 표현하기도 한다. 그리고 각 최솟값과 최댓값의 범위를 넘어가는 값은 이상치(outlier)로서 작은 원으로 표시한다. 글만으로는 설명이 어려우니, 그림 10.25를 확인해 보자.

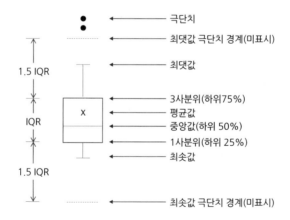

그림 10.25 박스 플롯의 구조

우선 전체 값을 최소부터 최댓값까지 쭉 정렬시켰다고 생각해보자. 그리고 크기 순서가 하위 25%부터 75% 사이에 해당하는 값은 네모난 상자로 나타낸다. 그리고 위로 뻗은 수염의 끝은 네모난 상자 맨 위 값의 1.5배에 해당하는 값을 의미한다. 이를 이상치를 제외한 최댓값으로 본다. 아래로 뻗은 수염도 마찬가지다. 이 범위를 벗어난 값들은 이상치로 간주하여 수염 밖의 점들로 표현한다. 네모난 상자에 해당하는 영역은 IQR이라 하고 상자 안에 그려진 가로선은 50% 지점, 즉 중위수의 위치를 뜻한다.

---

9 IQR(Interquartile range): 3사분위 수에서 1사분위 수를 뺀 사분위수 범위. (예시 그림 참조)

그림 10.25의 박스 플롯을 해석하면, 중앙값이 다소 아래에 있으므로 오른쪽으로 약간 치우친 분포를 가지고 있음을 유추할 수 있다. 그리고 최솟값 범위(제1사분위에서 1.5 IQR을 뺀 위치)보다 실제 최솟값이 훨씬 높이에 위치해 있기 때문에 왼쪽으로는 데이터가 적게 퍼져 있음을 알 수 있다. 그리고 최댓값을 넘어선 이상치가 존재하는 것으로 보아 역시 이 분포는 오른 꼬리가 긴 분포를 하고 있음을 알 수 있다. 만약 99개의 데이터가 작은 값부터 순서대로 있다고 했을 때, 앞에서부터 25번째 값이 1사분위 수가 된다. 왜냐하면 분위수를 구하는 수식은 다음과 같기 때문이다.

$$Q^1 = \frac{1}{4}(n-1)th\ value$$

$$Q^2 = \frac{2}{4}(n-1)th\ value$$

$$Q^3 = \frac{3}{4}(n-1)th\ value$$

박스 플롯은 데이터의 분포를 정형화시켜 정보를 축약한 것이다. 두 변수의 박스 플롯을 나란히 놓고 비교하면 각 변수 분포의 차이를 효과적으로 비교할 수 있다. 그림 10.26은 박스 플롯과 정규분포의 관계를 나타낸 것이다.

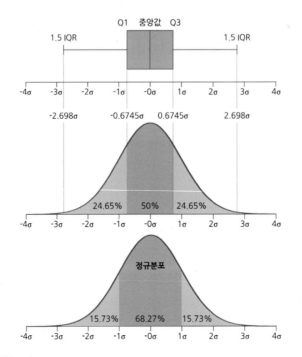

그림 10.26 박스 플롯과 정규분포 비교

전체 데이터의 50%를 포함하는 박스 부분은 정규분포의 평균을 중심으로 좌우 1표준편차 안에 측정된 관측치 양과 유사하다. 그리고 양쪽 수염의 끝까지는 정규분포에서 평균의 좌우 3표준편차 안에 측정된 관측치 양과 유사하다. **박스 플롯을 해석할 때는 항상 데이터 분포도를 함께 떠올리는 습관이 필요하다.**

10.8.1 박스 플롯 실습

이제 캐글에 있는 "Startup – Multiple Linear Regression"[10] 데이터셋으로 박스 플롯을 실습해 보겠다. 이 절의 실습 코드는 이 책의 저장소의 **10.8.1.박스 플롯.ipynb** 파일에 있다.

코드 10.61 패키지 임포트

In [1]:

```
01: # 필요한 패키지 임포트
02:
03: import matplotlib.pyplot as plt
04: import pandas as pd
05: import seaborn as sns
```

박스 플롯을 시각화하는 데 필요한 패키지들을 임포트한다.

코드 10.62 데이터 불러오기 및 확인

In [2]:

```
01: # 데이터 불러오기
02:
03: df = pd.read_csv("datasets/50_Startups.csv")
04:
05: # 데이터 샘플 확인
06: df.head()
```

---

10   https://www.kaggle.com/datasets/karthickveerakumar/startup–logistic–regression

Out [2]:

	R&D Spend	Administration	Marketing Spend	State	Profit
0	165349.20	136897.80	471784.10	New York	192261.83
1	162597.70	151377.59	443898.53	California	191792.06
2	153441.51	101145.55	407934.54	Florida	191050.39
3	144372.41	118671.85	383199.62	New York	182901.99
4	142107.34	91391.77	366168.42	Florida	166187.94

데이터를 판다스 데이터 프레임으로 불러온 다음 확인한다. 스타트업 기업들의 R&D 비용, 관리 비용, 마케팅 비용 등과 수익 데이터가 적재되어 있다.

코드 10.63 기본 박스 플롯 시각화

In [3]:

```
01: # Profit 변수로 기본 가로세로 박스 플롯 시각화
02:
03: # 세로 박스 플롯
04: plt.figure(figsize = (8, 6))
05: sns.boxplot(y = 'Profit', data = df)
06: plt.show()
07:
08: # 가로 박스 플롯
09: plt.figure(figsize = (8, 2))
10: sns.boxplot(x = 'Profit', data = df)
11: plt.show()
```

Out [3]:

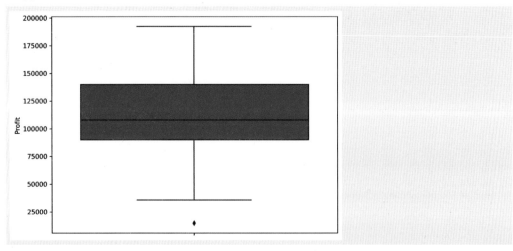

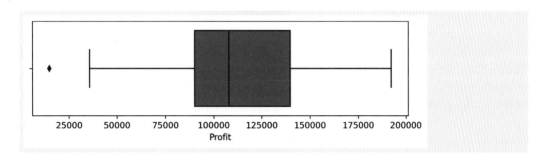

Profit 칼럼으로 가로, 세로 기본 박스 플롯을 시각화했다. 최솟값 기준을 넘어가는 극단값이 보인다. 그리고 긴 입꼬리가 나고 있는 왼쪽에 있는 것으로 보아 데이터 분포가 오른쪽으로 치우쳐 있을 것으로 판단된다.

코드 10.64 그룹별 박스 플롯 시각화

In [4]:

```
01: # State 구분에 따른 Profit 박스 플롯 시각화
02:
03: plt.figure(figsize=(8,5))
04: sns.boxplot(x="State", y="Profit", data=df)
05: plt.show()
```

Out [4]:

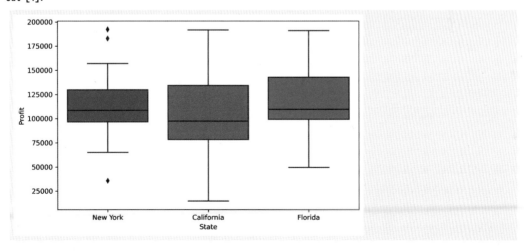

그룹을 나눠서 스타트업의 수익을 비교하기 위해서 State 변수를 사용하여 뉴욕, 캘리포니아, 플로리다의 박스 플롯을 시각화했다. 큰 차이는 아니지만 직관적으로 플로리다의 수익이 가장 높은 것을 확인할수 있다.

코드 10.65 박스플롯 추가 옵션 적용

In [5]:

```
01: # 평균, 데이터 포인트 포함한 박스 플롯 시각화
02: sns.boxplot(x="State", y="Profit",
03:             showmeans=True,
04:             boxprops={'facecolor':'None'},
05:             data=df)
06:
07: sns.stripplot(x='State', y='Profit',
08:               data=df,
09:               jitter=True,
10:               marker='o',
11:               alpha=0.5,
12:               color='black')
13:
14: plt.show()
```

Out [5]:

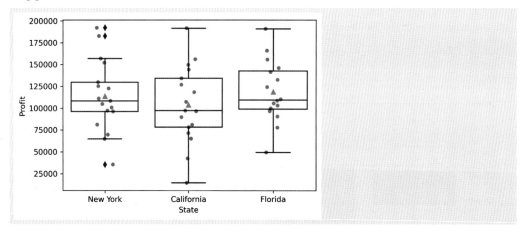

기본 옵션으로는 표시되지 않는 평균값 위치와 실제 데이터 포인트들을 추가로 적용했다. 이를 통해 분포를 보다 구체적으로 파악할 수 있다. 플로리다는 평균값과 중앙값 간 차이가 가장 큰 것으로 보아 왼꼬리 분포의 성향이 가장 강할 것으로 판단된다.

데이터 전처리와 파생변수 생성

이번 장에서는 본격적인 데이터 전처리를 위한 주요 방법들을 다룬다. 결측값의 종류와 주요 처리 방법, 이상치의 판단 방법과 주요 처리 방법, 변수 구간화, 데이터 표준화와 정규화 스케일링, 파생변수 가공, 슬라이딩 윈도우 가공, 가변수 처리, 언더샘플링과 오버샘플링, 데이터 거리 측정 방법 등을 알아본다. 데이터 분석이나 머신러닝 모델링의 효과를 제대로 얻기 위해서는 데이터 전처리 과정이 매우 중요하다. 잘못된 데이터는 통계적 편향을 증가시키므로, 그로부터 의미 있는 인사이트를 얻기 힘들다. 주요 데이터 전처리 방법들을 하나씩 알아보자.

11.1 결측값 처리

실제 분석 프로젝트에서 다루는 대부분의 데이터는 결측값(missing value)이나 이상치가 없는 경우가 오히려 드물다. 그렇기 때문에 데이터 탐색 단계에서 파악한 문제점들을 처리하는 과정이 필요하다. 물론 전체 데이터의 양이 매우 크고 결측값의 비중이 1% 미만으로 매우 작다면 이를 무시하고 분석을 해도 무방하다. 하지만 대부분의 가공되지 않은 데이터는 상당량의 결함을 가지고 있다. 결측값 처리 방법을 결정하기 전에 데이터 탐색을 통해 결측값의 비율이 어떻게 되는지, 한 변수에 결측값이 몰려 있지는 않은지 등을 파악해야 한다. 그리고 어떤 경우에는 빈 문자열이 입력되어 있어서 결측값으로 인식되지 않을 수도 있으므로 꼭 확인을 해줘야 한다.

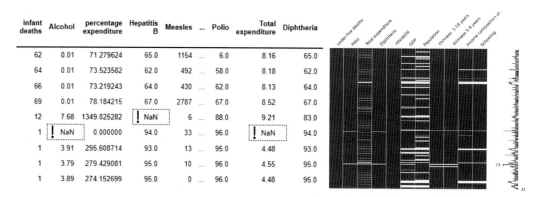

infant deaths	Alcohol	percentage expenditure	Hepatitis B	Measles	...	Polio	Total expenditure	Diphtheria
62	0.01	71.279624	65.0	1154	...	6.0	8.16	65.0
64	0.01	73.523582	62.0	492	...	58.0	8.18	62.0
66	0.01	73.219243	64.0	430	...	62.0	8.13	64.0
69	0.01	78.184215	67.0	2787	...	67.0	8.52	67.0
12	7.68	1349.025282	NaN	6	...	88.0	9.21	83.0
1	NaN	0.000000	94.0	33	...	96.0	NaN	94.0
1	3.91	295.608714	93.0	13	...	95.0	4.48	93.0
1	3.79	279.429081	95.0	10	...	96.0	4.55	95.0
1	3.89	274.152699	95.0	0	...	96.0	4.48	95.0

그림 11.1 데이터의 결측값과 시각화 예시

결측값은 분석 환경에 따라 '.', 'NA', 'NaN' 등으로 표시되며, 결측치가 발생하는 특성에 따라 세 가지 종류로 분류된다. **완전 무작위 결측(MCAR: Missing Completely at Random)은 이름 그대로 순수하게 결측값이 무작위로 발생한 경우**를 뜻한다. 이런 경우는 결측값을 포함한 데이터를 제거해도 편향(bias)이 거의 발생되지 않는다. **무작위 결측(MAR: Missing at Random)은 다른 변수의 특성에 의해 해당 변수의 결측치가 체계적으로 발생한 경우**를 뜻한다.

예를 들어 A마트의 전국 체인 매출 정보 중, 특정 체인점의 POS기기에 오류가 나서 해당 체인점에 해당하는 매출 정보에 결측값이 많이 나타난 경우가 무작위 결측에 해당된다. 이에 따라 결측값은 해당 체인점 여부에 따른 특성에 영향을 받는다. 마지막으로 **비무작위 결측(NMAR: Missing at Not Random)은 결측값들이 해당 변수 자체의 특성을 갖고 있는 경우**이다. 예를 들어 A마트의 고객정보 데이터에서 '고객 소득' 변수에서 결측값들 대부분이 소득이 적어서 소득을 공개하기 꺼려해서 결측이 발생한 경우가 이에 해당한다. 그런데 결측된 값은 그 값이 실제로 무엇인지 확인할 수 없으므로 비무작위 결측을 구분하는 것은 어렵다.

가장 간단한 결측값 처리 방법은 결측값이 심하게 많은 변수를 제거하거나 결측값이 포함된 행(observations)을 제외하고 데이터 분석을 하는 표본 제거 방법(Completes analysis)을 사용하는 것이다. 전체 데이터에서 결측값 비율이 10% 미만일 경우 이 방법을 사용하는 경우가 많다. 하지만 실무에 사용하는 데이터에는 생각보다 높은 비율의 결측값이 있는 경우가 많다. 데이터 하나 하나가 아쉬운 경우가 많고 상황에 따라서 결측값을 무시하면 데이터가 편중되어 편향이 발생할 위험도 있다. 대부분의 결측치 처리는 연속형 변수에서 수행하기 때문에, 연속형 변수를 전제로 결측값 처리 방법을 설명하고자 한다.

앞에서 언급한 결측값이 포함된 표본을 제거 방법 외에 가장 널리 알려진 방법으로 **평균 대치법(Mean Imputation)**이 있다. 결측값을 제외한 온전한 값들의 평균을 구한 다음, 그 평균 값을 결측값들에 대치하는 것이다. 유사한 방법으로 최빈값, 중앙값, 최댓값, 최솟값 대치도 있다. 이 방법은 사용하기 간단하고 결측 표본 제거 방법의 단점을 어느 정도 보완해 줄 수 있다는 장점이 있다. 하지만 관측된 데이터의 평균을 사용하기 때문에 통계량의 표준오차가 왜곡되어 축소되어 나타나고 따라서 p-value가 부정확하게 된다. 표본제거방법과 평균 대치법은 완전 무작위 결측이 아닌 경우 적절하지 않은 방법이다.

그리고 데이터가 시계열적 특성을 가지고 있을 때는 보간법(interpolation)을 사용하는 것이 효과적이다. 예를 들어 매출 데이터의 일변 판매금액 변수의 결측값을 대치하고자 하는 상황을 생각해 보자. 4월 20일의 판매금액은 19일이나 21일의 판매금액과 비슷할 것으로 기대할 수 있다. 그렇기 때문에 전 시점 혹은 다음 시점의 값으로 대치하거나 전 시점과 다음 시점의 평균 값으로 대치하는 방법을 사용하는 것이다. 다만 시점 인덱스의 간격이 불규칙하거나 결측값이 두 번 이상 연달아 있을 때는 선형적인 수치 값을 계산해 보간하는 방법을 사용한다. 이를 위해서는 우선 데이터를 시간 순으로 정렬해야 한다. 적용 방법은 실습에서 다룬다. 그림 11.2를 보면 단순히 순서를 고려한 방식과 날짜의 시점을 고려한 방식에서 대치된 값이 다른 것을 확인할 수 있다. 순서만 고려했을 때는 3,000과 3,900을 등분하여 대치됐지만, 시점을 고려했을 때는 19일과 가까운 20일은 3,100이 대치되고 26일은 3,700이 대치됐다.

단순 순서 보간법

기준일자	매출(만)
2022-04-17	2,800
2022-04-18	3,100
2022-04-19	3,000
2022-04-20	
2022-04-26	
2022-04-28	3,900
2022-04-29	4,200
2022-04-30	4,300

기준일자	매출(만)
2022-04-17	2,800
2022-04-18	3,100
2022-04-19	3,000
2022-04-20	**3,300**
2022-04-26	**3,600**
2022-04-28	3,900
2022-04-29	4,200
2022-04-30	4,300

시점 고려 보간법

기준일자	매출(만)
2022-04-17	2,800
2022-04-18	3,100
2022-04-19	3,000
2022-04-20	
2022-04-26	
2022-04-28	3,900
2022-04-29	4,200
2022-04-30	4,300

기준일자	매출(만)
2022-04-17	2,800
2022-04-18	3,100
2022-04-19	3,000
2022-04-20	**3,100**
2022-04-26	**3,700**
2022-04-28	3,900
2022-04-29	4,200
2022-04-30	4,300

그림 11.2 단순 순서 보간법과 시점 고려 보간법 비교 예시

단순하게 평균값 등을 대치하는 것에서 더 나아가 **해당 변수와 다른 변수 사이의 관계성을 고려하여 결측값을 계산하면 보다 합리적으로 결측값 처리할 수 있다.** 회귀식을 이용하여 결측값을 추정하는 **회귀대치법(regression imputation)**이 그 방법인데, 회귀대치는 예를 들어 '연령' 변수의 결측값을 대치하기 위해 '연 수입' 변수를 사용하는 것이다. 만약 데이터가 수입이 많아질수록 연령이 높아지는 상관관계를 가지고 있다면, 해당 관측치가 연 수입이 높으면 상대적으로 높은 연령을 추정하여 결측값을 대치하는 것이다.

정리하자면, 회귀대치는 추정하고자 하는 결측값을 가진 변수를 종속변수로 하고, 나머지 변수를 독립변수로 하여 추정한 회귀식을 통해 결측값을 대치하는 것이다. 단순하게 평균값으로 대치하는 평균 대치법과는 달리, 회귀식을 통해 독립변수의 조건부 평균으로 결측값을 대치하기 때문에 더욱 발전된 방법으로 생각되지만 이 경우에도 결측된 변수의 분산을 과소 추정하는 문제를 가지고 있다. 이러한 문제를 해결하기 위해 **인위적으로 회귀식에 확률 오차항을 추가하는 확률적 회귀대치법(stochastic regression imputation)을 사용하여 변동성을 조정**하기도 한다. 즉, 관측된 값들을 변동성만큼 결측값에도 같은 변동성을 추가해 주는 것이다. 하지만 이 방법도 여전히 어느 정도 표본오차를 과소 추정하는 문제를 가지고 있다.

지금까지 살펴본 단순 대치법들의 표본오차 과소 추정 문제를 해결하기 위해 최근 많이 사용되는 방법이 **다중 대치법(multiple imputation)**이다. **단순대치를 여러 번 수행하여 n 개의 가상적 데이터를 생성하여 이들의 평균으로 결측값을 대치하는 방법**으로, 다음의 3가지 단계로 구분할 수 있다.

- **대치 단계(Imputations step)**: 가능한 대치 값의 분포에서 추출된 서로 다른 값으로 결측치를 처리한 n 개의 데이터셋 생성

- **분석 단계(Analysis step)**: 생성된 각각의 데이터셋을 분석하여 모수의 추정치와 표준오차 계산

- **결합 단계(Pooling step)**: 계산된 각 데이터셋의 추정치와 표준오차를 결합하여 최종 결측 대치값 산출

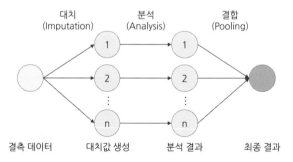

그림 11.3 다중 대치법의 프로세스

대치 단계에서는 일반적으로 몬테카를로(MCMC: Markov Chain Monte Carlo)[1] 방법이나 연쇄방정식을 통한 다중 대치(MICE: Multivariate Imputation by Chained Equation)를 사용하여 대치값

---

1   몬테카를로 방법: 무작위 추출된 난수를 이용하여 원하는 함수의 값을 계산하기 위한 시뮬레이션 방법

을 임의로 생성한다. 가상적 데이터는 너무 많이 생성할 필요는 없고 5개 내외 정도만 생성해도 성능에 큰 문제가 없다. 다만 결측값의 비율이 증가할수록 가상데이터도 많이 생성해야 검정력이 증가한다. 만약 몬테카를로 방법을 사용하여 5개의 데이터셋을 생성했다면, 각 데이터셋의 결측값들은 난수로 생성됐기 때문에 모두 다를 것이다. 평균공식을 통해 각각 데이터셋의 상이한 추정치와 표준오차를 결합하여 결측치가 채워진 최종 데이터셋을 만들면 다중 대치법의 모든 단계가 완료된다. 이 방법 역시 대부분의 데이터 분석 환경에서 제공되는 기능이므로 쉽게 활용할 수 있다.

11.1.1 결측값 처리 실습

이제 캐글에 있는 "daily bike sharing"[2] 데이터셋으로 결측값 처리를 실습해 보겠다. 이 절의 실습 코드는 이 책의 저장소의 11.1.1.**결측값 처리**.ipynb 파일에 있다.

코드 11.1 패키지 설치 및 임포트

In [1]:

```
01: # 필요한 패키지 설치 및 임포트
02: !pip install missingno
03: import missingno as msno
04: from sklearn.experimental import enable_iterative_imputer
05: from sklearn.impute import IterativeImputer
06: import matplotlib.pyplot as plt
07: import pandas as pd
08: import numpy as np
```

결측값 시각화 및 다양한 결측값 대치 방법을 실행하기 위해 필요한 패키지들을 설치 및 임포트한다.

코드 11.2 데이터 불러오기 및 확인

In [2]:

```
01: # 데이터 불러오기
02: # https://www.kaggle.com/datasets/sewonghwang/daily-bike-sharing
03: df = pd.read_csv("datasets/bike_sharing_daily.csv")
04:
05: # 데이터 샘플 확인
06: df.head()
```

---

2 https://www.kaggle.com/datasets/sewonghwang/daily bike sharing

Out [2]:

	instant	dteday	season	yr	mnth	holiday	weekday	workingday	weathersit	temp	atemp	hum	windspeed	casual	registered	cnt
0	1	2011-01-01	1	0	1	0	6	0	2	0.344167	0.363625	0.805833	0.160446	331.0	654.0	985
1	2	2011-01-02	1	0	1	0	0	0	2	0.363478	0.353739	0.696087	0.248539	131.0	670.0	801
2	3	2011-01-03	1	0	1	0	1	1	1	0.196364	NaN	0.437273	0.248309	120.0	1229.0	1349
3	4	2011-01-04	1	0	1	0	2	1	1	0.200000	0.212122	0.590435	0.160296	108.0	1454.0	1562
4	5	2011-01-05	1	0	1	0	3	1	1	0.226957	0.229270	0.436957	0.186900	82.0	1518.0	1600

데이터를 판다스 데이터 프레임으로 불러온 다음 확인한다. 일자별 기후 정보와 자전거 대여 기록 데이터가 있는 것을 확인할 수 있다. atemp 칼럼의 세 번째 칼럼에 결측값이 있다.

코드 11.3 각 칼럼의 속성 및 결측값 확인

In [3]:

```
01: # 각 칼럼의 속성 및 결측값 확인
02: df.info()
```

Out [3]:

```
<class 'pandas.core.frame.DataFrame'>
RangeIndex: 731 entries, 0 to 730
Data columns (total 16 columns):
 #   Column      Non-Null Count  Dtype
---  ------      --------------  -----
 0   instant     731 non-null    int64
 1   dteday      731 non-null    object
 2   season      731 non-null    int64
 3   yr          731 non-null    int64
 4   mnth        731 non-null    int64
 5   holiday     731 non-null    int64
 6   weekday     731 non-null    int64
 7   workingday  731 non-null    int64
 8   weathersit  731 non-null    int64
 9   temp        714 non-null    float64
 10  atemp       707 non-null    float64
 11  hum         706 non-null    float64
 12  windspeed   718 non-null    float64
 13  casual      720 non-null    float64
 14  registered  720 non-null    float64
 15  cnt         731 non-null    int64
```

```
dtypes: float64(6), int64(9), object(1)
memory usage: 91.5+ KB
```

전체 칼럼의 속성과 결측값들이 얼마나 있는지 확인한다. 칼럼별로 non-null의 수가 다른 것으로 보아 결측값이 있는 것을 알 수 있다. 하지만 info() 함수는 결측값이 아닌 수를 나타내므로 정확한 결측값이 얼마나 되는지 확인하기 어렵다.

코드 11.4 각 칼럼의 결측값 수 산출

In [4]:

```
01: # 결측값 수만 확인
02: df.isnull().sum()
```

Out [4]:

```
instant        0
dteday         0
season         0
yr             0
mnth           0
holiday        0
weekday        0
workingday     0
weathersit     0
temp          17
atemp         24
hum           25
windspeed     13
casual        11
registered    11
cnt            0
dtype: int64
```

칼럼별로 몇 개의 결측값이 있는지 확인한다. temp 칼럼부터 registered 칼럼까지 11~25개의 결측값이 있는 것을 확인할 수 있다.

코드 11.5 각 칼럼의 결측값 시각화

In [5]:

```
01: # 결측값 시각화 - 전체 칼럼의 결측값 시각화
02:
03: # 결측값 영역 표시
04: msno.matrix(df)
05: plt.show()
06:
07: # 결측값 막대그래프
08: msno.bar(df)
09: plt.show()
```

Out [5]:

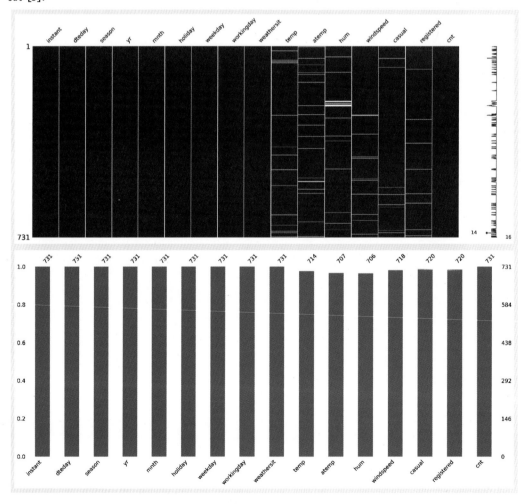

전체 데이터셋에서 영역별로 결측값이 어떻게 분포해 있는지 시각화를 했다. 이를 통해 결측값을 보다 직관적으로 파악할 수 있다. hum 칼럼이 연속적으로 결측값을 많이 가지고 있는 것을 확인할 수 있다. 그리고 막대그래프를 통해서도 결측값의 양을 비교할 수 있다.

코드 11.6 빈 문자열 포함 여부 확인

In [6]:

```
01: # 결측값이 아닌 빈 문자열이 있는지 확인
02:
03: def is_emptystring(x):
04:     return x.eq('').any()
05:
06: df.apply(lambda x:is_emptystring(x))
```

Out [6]:

```
instant       False
dteday        False
season        False
yr            False
mnth          False
holiday       False
weekday       False
workingday    False
weathersit    False
temp          False
atemp         False
hum           False
windspeed     False
casual        False
registered    False
cnt           False
dtype: bool
```

앞에서 설명했듯이 결측값으로 인식되지 않지만 실젯값이 빈 문자열인 값이 있는지 확인한다. 빈 문자열을 체크하는 함수를 작성하여 적용한다. 확인 결과 모든 칼럼에는 빈 문자열 값이 없다.

코드 11.7 결측값 표본 제거

In [7]:

```
01: # 결측값 표본 제거
02:
03: # 모든 칼럼이 결측값인 행 제거
04: df_drop_all = df.dropna(how='all')
05:
06: # 세 개 이상의 칼럼이 결측값인 행 제거
07: df_drop_3 = df.dropna(thresh=3)
08:
09: # 특정 칼럼(temp)이 결측값인 행 제거
10: df_drop_slt = df.dropna(subset=['temp'])
11:
12: # 한 칼럼이라도 결측치가 있는 행 제거
13: df_drop_any = df.dropna(how='any')
14:
15: df_drop_any.isnull().sum()
```

Out [7]:

```
instant       0
dteday        0
season        0
yr            0
mnth          0
holiday       0
weekday       0
workingday    0
weathersit    0
temp          0
atemp         0
hum           0
windspeed     0
casual        0
registered    0
cnt           0
dtype: int64
```

결측값의 관측치를 제거할 때는 dropna() 함수를 사용한다. 모든 칼럼의 값이 결측값인 행을 제외할 때는 how='all' 옵션을 사용하며, 한 칼럼이라도 결측값인 행을 제외할 때는 how='any' 옵션을 사용한다. 예시의 df_drop_any 결과에서 모든 결측치가 제거된 것을 확인할 수 있다. 그리고 특정 칼럼의 결측값을 기준으로 관측치를 제거할 때는 subset 옵션을 사용하여 칼럼을 지정해 준다. 물론 여러 개의 칼럼도 지정할 수 있다.

코드 11.8 특정값, 평균값, 중앙값, 최빈값 등 대치

In [8]:

```
01: ## 결측값 기본 대치 방법들
02:
03: # 특정값(0)으로 대치 - 전체 칼럼
04: df_0_all = df.fillna(0)
05:
06: # 특정값(0)으로 대치 - 칼럼 지정
07: df_0_slt = df.fillna({'temp':0})
08:
09: # 평균값 대치 - 전체 칼럼
10: df_mean_all = df.fillna(df.mean())
11:
12: # 평균값 대치 - 칼럼 지정
13: df_mean_slt = df.fillna({'temp':df['temp'].mean()})
14:
15: # 중앙값 대치 - 전체 칼럼
16: df_median_all = df.fillna(df.median())
17:
18: # 중앙값 대치 - 칼럼 지정
19: df_median_slt = df.fillna({'temp':df['temp'].median()})
20:
21: # 최빈값 대치 - 전체 칼럼
22: df_mode_all = df.fillna(df.mode())
23:
24: # 최빈값 대치 - 칼럼 지정
25: df_mode_slt = df.fillna({'temp':df['temp'].mode()})
26:
27: # 최댓값 대치 - 전체 칼럼
28: df_max_all = df.fillna(df.max())
29:
```

```
30: # 최댓값 대치 - 칼럼 지정
31: df_max_slt = df.fillna({'temp':df['temp'].max()})
32:
33: # 최솟값 대치 - 전체 칼럼
34: df_min_all = df.fillna(df.min())
35:
36: # 최솟값 대치 - 칼럼 지정
37: df_min_slt = df.fillna({'temp':df['temp'],'hum':df['hum'].min()})
38:
39:
40: df_min_slt.isnull().sum()
```

Out [8]:

instant	0
dteday	0
season	0
yr	0
mnth	0
holiday	0
weekday	0
workingday	0
weathersit	0
temp	17
atemp	24
hum	0
windspeed	13
casual	11
registered	11
cnt	0
dtype: int64	

기본적인 결측값 대치는 fillna() 옵션을 활용하여 할 수 있다. mean, median, mode, max, min 등의 옵션을 적용하여 원하는 기준으로 결측값을 대치한다. 마지막 최솟값 대치에서는 temp 칼럼과 hum 칼럼만 지정하여 최솟값으로 대치했기 때문에 아웃풋 결과에서 두 개의 칼럼만 결측값이 0이 된 것을 확인할 수 있다.

코드 11.9 보간법 적용 대치

In [9]:

```
01: # 결측값 보간 대치 방법들
02:
03: # 전 시점 값으로 대치 - 칼럼 지정
04: df1 = df.copy()
05: df1['temp'].fillna(method ='pad' ,inplace=True)
06:
07: # 뒤 시점 값으로 대치 - 전체 칼럼
08: df.fillna(method ='bfill')
09:
10: # 뒤 시점 값으로 대치 - 결측값 연속 한 번만 대치
11: df.fillna(method='bfill', limit=1)
12:
13: # 보간법 함수 사용하여 대치 - 단순 순서 방식
14: ts_intp_linear = df.interpolate(method='values')
15:
16: # 보간법 함수 사용하여 대치 - 시점 인덱스 사용
17:
18:     # dteday 칼럼 시계열 객체 변환
19: df['dteday'] = pd.to_datetime(df['dteday'])
20:
21:     # dteday 칼럼 인덱스 변경
22: df_i = df.set_index('dteday')
23:
24:     # 시점에 따른 보간법 적용
25: df_time = df_i.interpolate(method='time')
26:
27: df_time.isnull().sum()
```

Out [9]:

```
instant       0
season        0
yr            0
mnth          0
holiday       0
weekday       0
workingday    0
```

```
weathersit      0
temp            0
atemp           0
hum             0
windspeed       0
casual          0
registered      0
cnt             0
dtype: int64
```

전 시점이나 뒤 시점의 값과 동일한 값으로 대치하는 보간법은 method 옵션을 pad나 bfill로 설정하여 적용한다. 유의할 점은 앞 시점의 값을 가져올 때는 첫 행이 결측값인 경우, 앞 시점의 데이터가 없기 때문에 대치가 되지 않는다. 마찬가지로 뒤 시점을 가져올 때는 마지막 행이 결측값이면 대치가 되지 않는다.

앞에서 설명한 시점 인덱스를 사용하기 위해서는 우선 시간형 칼럼을 시계열 객체로 변환한 후에 인덱스로 설정해 줘야 한다. 그다음 interpolate() 함수를 사용하여 시점의 정도를 고려한 대치값을 적용해 준다. 마지막 아웃풋 결과에서 모든 칼럼의 결측값이 대치된 것을 확인할 수 있다.

코드 11.10 다중 대치법 적용

```
In [10]:
 01: #다중 대치(MICE)
 02:
 03: # dteday 칼럼 제거
 04: df_dp = df.drop(['dteday'],axis=1)
 05:
 06: # 다중 대치 알고리즘 설정
 07: imputer=IterativeImputer(imputation_order='ascending',
 08:                          max_iter=10,random_state=42,
 09:                          n_nearest_features=5)
 10:
 11: # 다중 대치 적용
 12: df_imputed = imputer.fit_transform(df_dp)
 13:
 14: # 판다스 변환 및 칼럼 설정
 15: df_imputed = pd.DataFrame(df_imputed)
```

```
16: df_imputed.columns = ['instant','season','yr','mnth','holiday'
17:                       ,'weekday','workingday','weathersit','temp'
18:                       ,'atemp','hum','windspeed','casual','registered','cnt']
19:
20: df_imputed.isnull().sum()
```

Out [10]:

```
instant        0
season         0
yr             0
mnth           0
holiday        0
weekday        0
workingday     0
weathersit     0
temp           0
atemp          0
hum            0
windspeed      0
casual         0
registered     0
cnt            0
dtype: int64
```

마지막 다중 대치는 **sklearn**의 **impute** 패키지를 활용한다. 우선 대치에 필요 없는 **dteday** 칼럼을 제거해 준 다음 다중 대치 알고리즘을 적용해 준다. 다중 대치를 적용할 때는 넘파이 배열로 변환되기 때문에 다시 판다스 데이터프레임으로 변환해 준다. 최종 아웃풋 결과에서 모든 결측값이 대치된 것을 알 수 있다.

11.2 이상치 처리

이상치(outlier)란 일부 관측치의 값이 전체 데이터의 범위에서 크게 벗어난 아주 작거나 큰 극단적인 값을 갖는 것을 말한다. 이는 데이터의 모집단 평균이나 총합을 추정하는 것에 문제를 일으키며, 분산을 과도하게 증가시켜 분석이나 모델링의 정확도를 감소시키기 때문에 제거하는 것이 좋다. 물론 데이터의 특성에 따라 달라지는데, **전체 데이터의 양이 많을수록 튀는 값이 통곗값에 미치는 영향력이 줄어들어 이상치 제거의 필요성이 낮아진다.** 예를 들어 일반적인 신장을 가진 사람들 10명 중에 2m 30cm인 야오밍 선수가 포함되면 그 집단의 평균 키가 크게 변하겠지만, 집단의 크기가 10,000명이면 야오밍 선수가 평균 키에 미치는 영향은 미미할 것이다. 하지만 실제 분석용 데이터에는 잘못 입력된 데이터 혹은 분석 모델의 정확도를 낮추는 이상치들이 많이 존재하는 경우가 대다수기 때문에 이상치 처리 단계를 거치고 분석 모델링에 들어가는 것이 좋다.

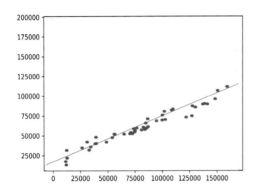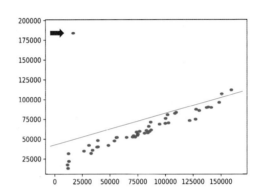

그림 11.4 이상치로 인한 회귀선의 왜곡 예시

회귀분석을 통한 극단적인 예를 살펴보자. 그림 11.4의 왼쪽 그래프를 보면 그래프에 찍힌 점들의 분포에 맞게 회귀선이 그려져 있다. 이를 통해 찍혀 있는 점들의 값을 매우 유사하게 예측할 수 있다. 하지만 오른쪽 그래프에서는 좌측 상단에 이상치 하나가 포함됨으로 인해 회귀선의 경사가 왜곡됐다. 이처럼 극단적인 값은 데이터 분석 모델의 예측력을 약화시키는 주요 원인이 된다.

이상치는 해당 값을 결측값으로 대체한 다음 결측값 처리를 하거나, 아예 **해당 이상치를 제거 (trimming)**하는 것이 가장 간단하다. 하지만 그렇게 하면 추정치의 분산은 감소하지만 실젯값을 과장하여 편향을 발생시킨다. 그래서 하한 값과 상한 값을 결정한 후 하한 값보다 작으면 하한 값으로 대체하고 상한 값보다 크면 상한 값으로 대체하는 **관측값 변경(value modification)**이나 이상치의 영향을 감소시키는 가중치를 주는 **가중치 조정(weight modification)** 방법을 많이 사용한다. 그러면 이제부터 이상치를 어떤 기준으로 어떻게 식별하는지 그 방법들을 알아보자.

우선 이상치를 확인하는 방법은 앞에서 EDA나 데이터 시각화, 박스 플롯 등에서 다뤘다. 데이터 분포 확인을 통해 이상치가 얼마나 포함되어 있는지 가늠할 수 있다. 이상치를 선정하는 가장 일반적인 방법은 박스플롯 상에서 분류된 극단치를 그대로 선정하는 방법이 있고, 임의로 허용범위를 설정하여 이를 벗어나는 자료를 이상치로 정의하는 방법이 있다. 평균(중위수)으로부터 ±n 표준편차 이상 떨어져 있는 값을 이상치로 보는데, 보통 n은 3으로 하지만 경우에 따라 다르게 설정한다. 분포가 비대칭인 데이터의 경우에는 −n과 +n 표준편차 값을 서로 다르게 설정하기도 한다. **좀 더 정교하게 들어가면, 평균은 이상치에 통계량이 민감하게 변하기 때문에, 이상치에 보다 강건한 중위수와 중위수 절대 편차 (MAD: Median Absolute Deviation)를 사용하는 것이 좀 더 효과적이다.**

하지만 통계치를 통한 무조건적인 이상치 탐색은 위험할 수 있다. 효과적인 이상치 탐색을 위해서는 해당 데이터 변수들의 의미와 비즈니스 도메인을 먼저 이해하고 이상치가 생긴 원인을 논리적으로 생각하여 데이터를 바라봐야 한다. 예를 들어 고객의 연령이 225세로 입력되어 있으면, 잘못된 데이터인 것을 바로 알고 삭제하면 된다. 하지만 다음의 경력과 연봉의 관계를 나타낸 그래프에서 일반적인 관측치들만 보면 경력과 연봉이 비례하는 현상이 존재하는 것처럼 보이지만, 가끔 150,000 이상의 이상치가 포함됨으로써 모델의 설명력이 크게 낮아지는 현상이 나타난다. 이런 경우 150,000 이상을 무조건 이상치로 판단하기보다는 그 이유를 생각해 봐야 한다. 만약 의사 등 전문직이 포함되어 이처럼 분포에서 벗어난 수치가 존재한다면, 분석 모델에 직종(사무직/전문직 등)변수를 추가하여 회귀선의 정확도를 높일 수 있다. 즉 이상치를 변수화하여 이상치에 대한 설명력을 추가하는 것이다.

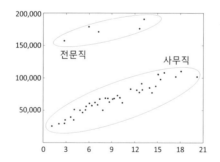

그림 11.5 이상치의 변수화 예시

또한 분석 도메인에 따라 이상치가 중요한 분석 요인일 수 있다. 특히 제조 공정 데이터 분석의 경우가 그렇다. 예를 들어 제품의 불량 원인을 찾아내기 위해 특정 공정의 센서 데이터 변화를 분석하는 경우에는 데이터 이상치가 분석의 주요한 요소가 된다. 기본적인 방법은 센서 데이터로부터 얻어진 평균값으로부터 일정 기준의 상·하한 값을 기준으로 정하고, 이를 벗어났을 때와 제품 불량과의 관계를 분석하는 것이다.

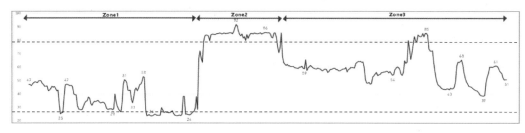

그림 11.6 상 · 하한 기준선을 활용한 공정 관리도 예시

센서의 데이터 수치와 불량과의 관계가 유의미하게 밝혀졌을 경우에는 데이터 흐름을 시각화하여 상 · 하한 범위에서 벗어나는 경우에 경보를 하는 시스템을 구축하기도 한다. 그림 11.6과 같이 제조 공정의 불량률과 연관된 센서의 평균값으로부터 일정 기준(예를 들어 2표준편차)으로 상한선과 하한선을 설정하고 해당 기준선을 초과한 센서 값이 나왔을 때 예지 경보를 발생시킬 수 있다.

11.2.1 이상치 처리 실습

이제 캐글에 있는 "Personal Key Indicators of Heart Disease"[3] 데이터셋으로 이상치 처리를 실습해 보겠다. 이 절의 실습 코드는 이 책의 저장소의 **11.2.1.이상치 처리.ipynb** 파일에 있다.

코드 11.11 패키지 임포트

In [1]:

```
01: # 필요한 패키지 임포트
02: import matplotlib.pyplot as plt
03: import pandas as pd
04: import seaborn as sns
```

이상치를 확인하기 위한 박스플롯 시각화용 패키지 등을 임포트한다.

코드 11.12 데이터 불러오기 및 확인

In [2]:

```
01: # 데이터 불러오기
02:
03: df = pd.read_csv("datasets/heart_2020_cleaned.csv")
```

---

3 https://www.kaggle.com/datasets/kamilpytlak/personal-key-indicators-of-heart-disease

```
04:
05: # 데이터 샘플 확인
06: df.head()
```

Out [2]:

	HeartDisease	BMI	Smoking	AlcoholDrinking	Stroke	PhysicalHealth	MentalHealth	DiffWalking	Sex	AgeCategory	Race	Diabetic
0	No	16.60	Yes	No	No	3.0	30.0	No	Female	55-59	White	Yes
1	No	20.34	No	No	Yes	0.0	0.0	No	Female	80 or older	White	No
2	No	26.58	Yes	No	No	20.0	30.0	No	Male	65-69	White	Yes
3	No	24.21	No	No	No	0.0	0.0	No	Female	75-79	White	No
4	No	23.71	No	No	No	28.0	0.0	Yes	Female	40 44	White	Nu

데이터를 판다스 데이터 프레임으로 불러온 다음 확인한다. 심장병 여부와 체질량지수(BMI: Body Mass Index), 음주여부, 흡연 여부 등의 정보가 있다. 이번 실습에서는 BMI 칼럼의 이상치를 처리하도록 하겠다.

코드 11.13 BMI 칼럼 분포 확인
___

In [3]:

```
01: # BMI 칼럼의 분포 확인
02:
03: df['BMI'].describe()
```

Out [3]:

```
count    319795.000000
mean         28.325399
std           6.356100
min          12.020000
25%          24.030000
50%          27.340000
75%          31.420000
max          94.850000
Name: BMI, dtype: float64
```

우선 BMI 칼럼의 분포를 확인해 보면, 중위수의 값이 27.34이면서 최댓값은 94.85로 3배 이상 차이가 나는 것을 확인할 수 있다. 이를 박스 플롯으로 시각화하여 이상치가 어느 정도 수준으로 분포해 있는지 확인해 보자.

코드 11.14 BMI 칼럼 박스 플롯 시각화

In [4]:

```
01: # BMI 칼럼의 박스플롯 시각화를 통한 이상치 확인
02:
03: plt.figure(figsize = (8, 6))
04: sns.boxplot(y = 'BMI', data = df)
05: plt.show()
```

Out [4]:

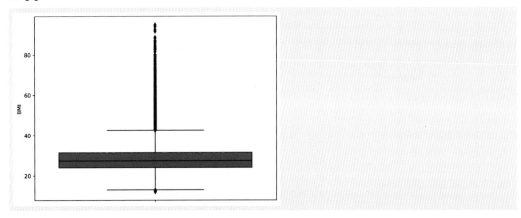

앞에서 숫자로 확인했던 것처럼 큰 이상치들이 많이 분포해 있는 것을 확인할 수 있다. 눈으로 확인해도 3 IQR을 넘어서는 관측치가 다수 있을 것으로 판단된다.

코드 11.15 IQR 3 기준으로 BMI 칼럼 이상치 제거

In [5]:

```
01: # BMI 칼럼의 이상치 제거 (IQR*3)
02:
03: # Q1, Q3 범위 정의
04: Q1 = df['BMI'].quantile(0.25)
05: Q3 = df['BMI'].quantile(0.75)
06: IQR = Q3 - Q1    #IQR 범위.
07: rev_range = 3  # 제거 범위 조절 변수 설정
08:
09: # 이상치 범위 설정
10: filter = (df['BMI'] >= Q1 - rev_range * IQR) & (df['BMI'] <= Q3 + rev_range *IQR)
11: df_rmv = df.loc[filter]
```

```
12: print(df['BMI'].describe())
13: print(df_rmv['BMI'].describe())
```

Out [5]:

```
count    319795.000000
mean         28.325399
std           6.356100
min          12.020000
25%          24.030000
50%          27.340000
75%          31.420000
max          94.850000
Name: BMI, dtype: float64
count    318477.000000
mean         28.193173
std           6.010014
min          12.020000
25%          24.020000
50%          27.320000
75%          31.320000
max          53.590000
Name: BMI, dtype: float64
```

박스 플롯의 이상치 기준인 IQR 1.5는 정규분포로 환산했을 때 2.698σ와 동일하다. 그런데 실무 데이터에서는 분포가 더 넓은 편이기 때문에 IQR 3을 적용해 준다. 이는 약 5σ 정도로, 이상치로 판단하기 충분한 기준이다. 최종 아웃풋에서 기존 칼럼의 최댓값 94.85가 53.59로 감소했으며, 관측치는 1,318개가 제거됐다.

코드 11.16 이상치 제거 후 박스 플롯 시각화

In [6]:

```
01: # 이상치 제거 후 박스플롯 시각화
02:
03: plt.figure(figsize = (8, 6))
04: sns.boxplot(y = 'BMI', data = df_rmv)
05: plt.show()
```

Out [6]:

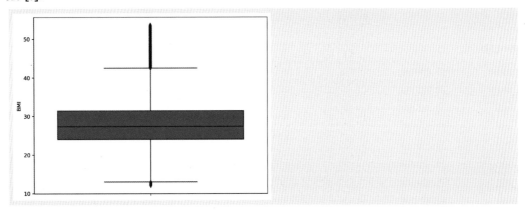

IQR 3 기준의 이상치를 제거한 후 박스 플롯의 이상치가 많이 줄어든 것을 확인할 수 있다.

코드 11.17 IQR 3 기준으로 BMI 칼럼 이상치 대치

In [7]:

```
01: # 이상치 IQR*3 값으로 대치
02:
03: # 이상치 대치 함수 설정
04: def replace_outlier(value):
05:     Q1 = df['BMI'].quantile(0.25)
06:     Q3 = df['BMI'].quantile(0.75)
07:     IQR = Q3 - Q1     #IQR 범위.
08:     rev_range = 3  # 제거 범위 조절 변수 설정
09:
10:     if ((value < (Q1 - rev_range * IQR))):
11:         value = Q1 - rev_range * IQR
12:     if ((value > (Q3 + rev_range * IQR))):
13:         value = Q3 + rev_range * IQR
14:     return value
15: df['BMI'] = df['BMI'].apply(replace_outlier)
16:
17: print(df['BMI'].describe())
```

Out [7]:

```
count    319795.000000
mean         28.297843
```

```
std          6.214399
min         12.020000
25%         24.030000
50%         27.340000
75%         31.420000
max         53.590000
Name: BMI, dtype: float64
```

다음으로 이상치를 상하한선 값으로 대치한다. 상황에 따라서 평균이나 중앙값 등으로 대치해 줄 수 있다. 앞의 이상치 제거 방법처럼 기준을 정의하고 if문을 사용하여 해당 관측치의 값이 이상치 기준을 넘어서면 상하한선으로 대치되도록 해준다. 아웃풋을 확인해 보면 전체 관측치의 수가 그대로 유지되며 최댓값이 53.59로 조정됐다.

코드 11.18 이상치 대치 후 박스 플롯 시각화

In [8]:

```python
01: # 이상치 대치 후 박스플롯 시각화
02:
03: plt.figure(figsize = (8, 6))
04: sns.boxplot(y = 'BMI', data = df)
05: plt.show()
```

Out [8]:

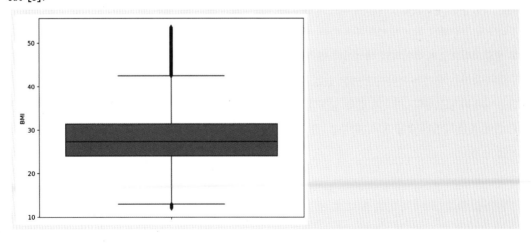

이상치 대치 후에도 이상치 제거 방법과 같이 이상치 수준이 감소한 것을 확인할 수 있다.

11.3 변수 구간화(Binning)

데이터 분석의 성능을 향상시키기 위해서 혹은 해석의 편리성을 위해 이산형 변수를 범주형 변수로 변환하기도 한다. 이를 변수 구간화(Binning)라 한다. 가장 대표적인 예로 숫자로 이루어진 나이 변수를 10대, 20대, 30대와 같이 특정 간격으로 나누거나 청소년(19세 이하), 청년(20~34), 중장년(35~54) 등으로 특정 의미 기준으로 나누는 방법이 있다.

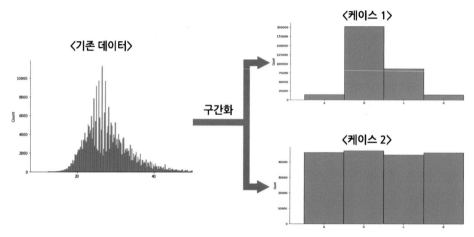

그림 11.7 변수 구간화 예시

혹은 그림 11.7의 케이스2처럼 각 범주에 해당되는 관측치의 수가 유사해지도록 하여 범주별 분포가 일정하도록 구간화를 하는 방법도 사용한다. 이처럼 **이산형 변수를 범주형 변수로 비즈니스적 상황에 맞도록 변환시킴으로써 데이터의 해석이나 예측, 분류 모델을 의도에 맞도록 유도할 수 있는 것이다.** 그리고 주로 사용하는 방법은 아니지만 이산 값을 평활화(smoothing)하여 단순한 이산 값으로 변환시키는 기법을 사용하기도 한다. 변수의 값을 일정한 폭(width)이나 빈도(frequency)로 구간을 나눈 후, 각 구간 안에 속한 데이터 값을 평균, 중앙값, 경곗값 등으로 변환해 주는 것이다. 다음의 예시를 보면 쉽게 이해할 수 있다.

구간화할 변수의 값: 2, 3, 7, 14, 16, 16, 17, 23, 26, 27, 31, 36

변수의 값들을 특정 기준으로 구간화하여 범주형 변수로 사용한다. 숫자 값들을 구간1, 구간2 등의 명목변수로 변환하여 사용하는 것이다.

1. 동일 폭(10)으로 변수 구간화

- 구간1(1~10): 2, 3, 7

- 구간2(11~20): 14, 16, 16, 17

- 구간3(20~30): 23, 26, 27

- 구간4(30~40): 31, 36

2. 동일 빈도(4)로 변수 구간화

- 구간1(4): 2, 3, 7, 14

- 구간2(4): 16, 16, 17, 23

- 구간3(4): 26, 27, 32, 35

이번에는 구간화된 값들을 평활화하여 이산 변수로 사용하는 방법을 살펴보자.

앞에서 동일 빈도(4)로 구간화한 것을 사용하면 다음과 같다.

1. 구간별 평균 값으로 평활화(Smoothing)

- 구간1(4): 6.5, 6.5, 6.5, 6.5 (2, 3, 7, 14의 평균)

- 구간2(4): 18, 18, 18, 18 (16, 16, 17, 23의 평균)

- 구간3(4): 30, 30, 30, 30 (26, 27, 32, 35의 평균)

   ➡ 변환된 변숫값: 6.5, 6.5, 6.5, 6.5, 18, 18, 18, 18, 30, 30, 30, 30

2. 구간별 중앙값으로 평활화

- 구간1(4): 5, 5, 5, 5 (2, 3, 7, 14의 중앙값)

- 구간2(4): 16.5, 16.5, 16.5, 16.5 (16, 16, 17, 23의 중앙값)

- 구간3(4): 29.5, 29.5, 29.5, 29.5 (26, 27, 32, 35의 중앙값)

   ➡ 변환된 변숫값: 5, 5, 5, 5, 16.5, 16.5, 16.5, 16.5, 29.5, 29.5, 29.5, 29.5

3. 구간별 경곗값으로 평활화

- 구간1(4): 2, 2, 2, 14 (각각의 경곗값)

- 구간2(4): 16, 16, 16, 23 (각각의 경곗값)

- 구간3(4): 26, 26, 35, 35 (각각의 경곗값)

   ➡ 변환된 변숫값: 2, 2, 2, 14, 16, 16, 16, 23, 26, 26, 35, 35

경곗값으로 평활화하는 방법은 해당 값을 그 구간의 최댓값과 최솟값 중 더 가까운 값으로 변환하는 것이다. 예를 들어 구간 1의 최솟값이 2고 최댓값이 14일 경우, 7은 14보다는 2에 더 가깝기 때문에 2로 변환되는 것이다.

구간을 나누는 그 밖의 방법으로 클러스터링이나 의사결정나무와 같은 머신러닝 기법을 사용할 수도 있다. 클러스터링은 타깃 변수 설정이 필요 없이 구간화할 변수의 값들을 유사한 수준끼리 묶어줄 수 있고, 의사결정나무는 타깃 변수를 설정해, 구간화할 변수의 값을 타깃 변수 예측에 가장 적합한 구간으로 나누어 준다. 클러스터링과 의사결정나무는 13장에서 다룰 것이다.

변숫값이 효과적으로 구간화됐는지는 WOE(Weight of Evidence)값, IV(Information Value)값 등을 통해 측정할 수 있다. 이 두 값은 13장에서 다룰 로지스틱 회귀분석에서 파생된 개념으로 종속변수 대비 독립 변수가 예측력이 얼마나 강한지를 나타내는 지표다.

표 11.1 IV값에 따른 해석 방법

IV값 기준	해석
0~0.02	의미 없음
0.02~0.1	약한 예측
0.1~0.3	중간 예측
0.3~0.5	강한 예측
0.5~1	과도한 예측(확인 필요)

IV 수치가 높을수록 종속변수의 True와 False를 잘 구분할 수 있는 정보량이 많다는 뜻이다. 따라서 **변수가 종속변수를 제대로 설명할 수 있도록 구간화가 잘되면 IV값이 높아지는 것이다.** 일반적으로 IV 값이 0.3보다 큰 경우는 예측력이 우수한(Strong) 변수인 것으로 판단한다. 파이썬, R 등의 대부분의 분석 환경에서 변수 구간화를 할 때 WOE와 IV 값을 통해 효과적인 구간화를 할 수 있는 기능을 사용할 수 있다.

11.3.1 변수 구간화 실습

이제 캐글에 있는 "Personal Key Indicators of Heart Disease"[4] 데이터셋으로 변수 구간화를 실습해 보겠다. 이 절의 실습 코드는 이 책의 저장소의 **11.3.1.변수 구간화(Binning).ipynb** 파일에 있다.

---

4 https://www.kaggle.com/datasets/kamilpytlak/personal-key-indicators-of-heart-disease

코드 11.19 패키지 설치 및 임포트

In [1]:

```
01: # 필요한 패키지 설치 및 임포트
02: !pip install xverse
03: from xverse.transformer import WOE
04: import matplotlib.pyplot as plt
05: import pandas as pd
06: import seaborn as sns
```

기본 구간화와 WOE 기반 구간화 및 분포 그래프 등을 시각화하기 위해 필요한 패키지들을 임포트한다.

코드 11.20 데이터 불러오기 및 확인

In [2]:

```
01: # 데이터 불러오기
02:
03: df = pd.read_csv("datasets/heart_2020_cleaned.csv")
04:
05: # 데이터 샘플 확인
06: df.head()
```

Out [2]:

	HeartDisease	BMI	Smoking	AlcoholDrinking	Stroke	PhysicalHealth	MentalHealth	DiffWalking	Sex	AgeCategory	Race	Diabetic
0	No	16.60	Yes	No	No	3.0	30.0	No	Female	55-59	White	Yes
1	No	20.34	No	No	Yes	0.0	0.0	No	Female	80 or older	White	No
2	No	26.58	Yes	No	No	20.0	30.0	No	Male	65-69	White	Yes
3	No	24.21	No	No	No	0.0	0.0	No	Female	75-79	White	No
4	No	23.71	No	No	No	28.0	0.0	Yes	Female	40-44	White	No

앞의 이상치 처리 실습과 동일한 데이터를 판다스 데이터 프레임으로 불러온 다음 확인한다. 이번 실습에서는 체질량지수(BMI: Body Mass Index), 신체 건강도(PhysicalHealth), 신부전증 여부(KidneyDisease) 칼럼을 사용하겠다.

코드 11.21 BMI 칼럼 분포 확인

In [3]:

```
01: # BMI 칼럼의 분포 확인
02:
03: df['BMI'].describe()
```

Out [3]:

```
count    319795.000000
mean         28.325399
std           6.356100
min          12.020000
25%          24.030000
50%          27.340000
75%          31.420000
max          94.850000
Name: BMI, dtype: float64
```

BMI 칼럼을 구간화하기에 앞서 최솟값과 최댓값, 분포 등을 확인한다. 12~94 사이의 값을 가지고 있는 것을 확인할 수 있다.

코드 11.22 BMI 칼럼 분포 시각화

In [4]:

```
01: # BMI 칼럼 분포 시각화
02:
03: %matplotlib inline
04: sns.displot(df['BMI'],height = 5, aspect = 3)
```

Out [4]:

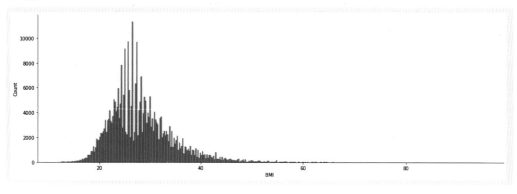

BMI 칼럼의 분포를 직관적으로 확인하기 위해 시각화를 한다. 오른 꼬리 분포로 20~40 사이에 대부분의 관측치가 분포해 있고 60 이상부터는 관측치가 희소하다.

코드 11.23 임의로 구간 기준 설정하여 BMI 칼럼 구간화

In [5]:

```
01: # 임의로 단순 구간화
02:
03: df1 = df.copy() # 데이터셋 복사
04:
05: # 구간화용 빈 칼럼 생성 - 생략해도 되지만 바로 옆에 붙여 보기 위함
06: df1.insert(2, 'BMI_bin', 0)
07:
08: df1.loc[df1['BMI'] <= 20, 'BMI_bin'] = 'a'
09: df1.loc[(df1['BMI'] > 20) & (df1['BMI'] <= 30), 'BMI_bin'] = 'b'
10: df1.loc[(df1['BMI'] > 30) & (df1['BMI'] <= 40), 'BMI_bin'] = 'c'
11: df1.loc[(df1['BMI'] > 40) & (df1['BMI'] <= 50), 'BMI_bin'] = 'd'
12: df1.loc[(df1['BMI'] > 50) & (df1['BMI'] <= 60), 'BMI_bin'] = 'e'
13: df1.loc[(df1['BMI'] > 60) & (df1['BMI'] <= 70), 'BMI_bin'] = 'f'
14: df1.loc[df1['BMI'] > 70, 'BMI_bin'] = 'g'
15:
16: df1.head()
```

Out [5]:

	HeartDisease	BMI	BMI_bin	Smoking	AlcoholDrinking	Stroke	PhysicalHealth	MentalHealth	DiffWalking	Sex	AgeCat
0	No	16.60	a	Yes	No	No	3.0	30.0	No	Female	
1	No	20.34	b	No	No	Yes	0.0	0.0	No	Female	80 o
2	No	26.58	b	Yes	No	No	20.0	30.0	No	Male	
3	No	24.21	b	No	No	No	0.0	0.0	No	Female	
4	No	23.71	b	No	No	No	28.0	0.0	Yes	Female	

기본적으로 특별한 함수 없이도 변수 구간화를 할 수 있다. 실습에서는 임의로 20부터 10 단위로 70까지 구간을 설정하고 70 이상부터는 하나의 범주로 설정한다. 각 범주의 명칭은 상황에 따라 자유롭게 설정할 수 있다.

코드 11.24 BMI_bin 칼럼 분포 시각화

In [6]:

```
01: # 구간화 변수 분포 시각화
02:
03: sns.displot(df1['BMI_bin'],height = 5, aspect = 3)
```

Out [6]:

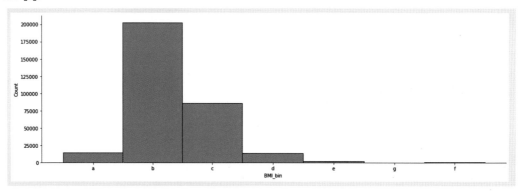

구간화를 적용한 BMI 칼럼의 분포를 확인한다. 총 7개의 범주로 구분되어 분포가 단순하게 변화했다. 분포는 기존의 형태와 유사하다.

코드 11.25 cut() 함수를 사용한 변수 구간화

In [7]:

```
01: # cut() 함수 사용하여 임의로 구간화
02: df1.insert(3, 'BMI_bin2', 0) # 구간화용 빈 칼럼 생성
03:
04: df1['BMI_bin2'] = pd.cut(df1.BMI, bins=[0, 20, 30, 40, 50, 60, 70, 95]
05:                         , labels=['a', 'b', 'c', 'd', 'e', 'f', 'g'])
06:
07: df1.head()
```

Out [7]:

	HeartDisease	BMI	BMI_bin	BMI_bin2	Smoking	AlcoholDrinking	Stroke	PhysicalHealth	MentalHealth	DiffWalking	S
0	No	16.60	a	a	Yes	No	No	3.0	30.0	No	Fema
1	No	20.34	b	b	No	No	Yes	0.0	0.0	No	Fema
2	No	26.58	b	b	Yes	No	No	20.0	30.0	No	Ma
3	No	24.21	b	b	No	No	No	0.0	0.0	No	Fema
4	No	23.71	b	b	No	No	No	28.0	0.0	Yes	Fema

판다스의 cut() 함수를 사용하면 간단하게 구간화를 수행할 수 있다. cut() 함수는 레이블의 수를 구간 기준 수보다 하나 적게 설정하는 것에 유의해야 한다. 앞의 구간 기준과 동일하게 설정하여 BMI_bin2 칼럼을 새로 생성했다. 아웃풋 결과를 보면 BMI_bin과 BMI_bin2의 값이 동일한 것을 확인할 수 있다.

코드 11.26 BMI_bin2 칼럼의 범주별 관측치 수 확인

In [8]:

```
01: # BMI_bin2 구간별 관측치 수 집계
02:
03: df1.BMI_bin2.value_counts().to_frame().style.background_gradient(cmap='winter')
```

Out [8]:

	BMI_bin2
b	202548
c	86198
a	14699
d	13839
e	2019
f	363
g	129

뒤에서 실습할 구간별 분포를 동일하게 하는 구간화 방식과 비교하기 위해, 구간별 관측치 수 집계를 확인한다. BMI가 20~30에 해당되는 B 구간의 관측치가 202,548개로 가장 많으며 70~95에 해당되는 g 구간의 관측치가 129개로 가장 적다.

코드 11.27 qcut() 함수를 사용한 변수 자동 구간화

In [9]:

```
01: # qcut() 함수 사용하여 자동 구간화
02: df1.insert(4, 'BMI_bin3', 0) # 구간화용 빈 칼럼 생성
03:
04: df1['BMI_bin3'] = pd.qcut(df1.BMI, q=7, labels=['a', 'b', 'c', 'd', 'e', 'f', 'g'])
05:
06: df1.head()
```

Out [9]:

	HeartDisease	BMI	BMI_bin	BMI_bin2	BMI_bin3	Smoking	AlcoholDrinking	Stroke	PhysicalHealth	MentalHealth	...
0	No	16.60	a	a	a	Yes	No	No	3.0	30.0	... Fer
1	No	20.34	b	b	a	No	No	Yes	0.0	0.0	... Fer
2	No	26.58	b	b	d	Yes	No	No	20.0	30.0	...
3	No	24.21	b	b	b	No	No	No	0.0	0.0	... Fer
4	No	23.71	b	b	b	No	No	No	28.0	0.0	... Fer

구간별로 포함되는 관측치의 수가 유사한 구간화를 적용하기 위해서는 qcut() 함수를 사용한다. 나누고자 하는 범주의 수와 각 범주의 명칭만 설정해 주면 자동으로 구간화가 적용된다. 아웃풋 테이블을 확인해 보면 새로 생성한 BMI_bin3 칼럼은 앞의 두 칼럼과 동일하게 7개 범주로 나누었지만 결괏값이 다른 것을 확인할 수 있다. 각 범주의 기준 값이 다르기 때문이다.

코드 11.28 BMI_bin3 칼럼의 범주별 관측치 수 확인

In [10]:

```
01: # BMI_bin3 구간별 관측치 수 집계
02:
03: df1.BMI_bin3.value_counts().to_frame().style.background_gradient(cmap='winter')
```

Out [10]:

qcut() 함수를 사용한 BMI_bin3 칼럼은 범주별 관측치의 수가 44,525~47,309로 유사한 수준으로 배정됐다. BMI 칼럼과 같이 긴 꼬리 분포를 가진 경우에는 동일한 간격으로 구간화를 할 경우, 포함되는 관측치가 너무 희소한 범주가 생겨 모델의 성능을 감소시킬 수 있다. 그래서 이와 같은 구간화 방식이 유용하게 사용될 수 있다.

코드 11.29 BMI_bin3 칼럼 분포 시각화

In [11]:

```
01: # BMI_bin3 분포 시각화
02:
03: sns.displot(df1['BMI_bin3'],height = 5, aspect = 3)
```

Out [11]:

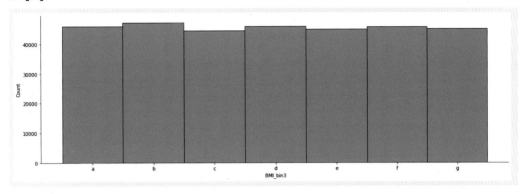

BMI_bin3 칼럼의 분포를 시각화하여 분포가 일정하게 이루어진 것을 확인할 수 있다.

코드 11.30 WOE를 활용한 변수 구간화

In [12]:

```
01: # WOE를 사용한 변수 구간화
02:
03: df2 = df.copy()  # 데이터셋 복사
04:
05:
06: # xverse 함수 적용을 위한 더미변수 변환
07: df2=pd.get_dummies(df)
08:
09: # 구간화할 칼럼(X), 기준 칼럼(y) 지정
10: X = df2[['PhysicalHealth']]
11: y = df2[['KidneyDisease_Yes']]
12:
13: y = y.T.squeeze() # 차원 축소
14:
15: # WOE 모델 설정 및 적용
16: clf = WOE()
17: clf.fit(X, y)
18:
19: # 구간 기준점 및 eight of Evidence 값 테이블 생성
20: a=clf.woe_df
21:
22: #Information Value 데이터블 생성
```

```
23: b=clf.iv_df
24:
25: a.head()
```

Out [12]:

	Variable_Name	Category	Count	Event	Non_Event	Event_Rate	Non_Event_Rate	Event_Distribution	Non_Event_Distribution	WOE	Information_Value
0	PhysicalHealth	(-0.001, 1.0]	237078	5719.0	231359.0	0.024123	0.975877	0.485525	0.751127	-0.436343	0.308774
1	PhysicalHealth	(1.0, 30.0]	82717	6060.0	76657.0	0.073262	0.926738	0.514475	0.248873	0.726202	0.308774

마지막으로 WOE를 활용하여 종속변수에 대한 독립변수가 최적의 예측력을 가질 수 있도록 구간화를 한
다. 우선 이를 위해서는 종속변수를 1과 0의 가변수로 전처리를 해줘야 한다. 가변수 처리는 뒤에서 자
세히 다룰 것이다. 그다음 독립변수로 신체 건강도(PhysicalHealth)를 설정하고 종속변수로 신부전증
여부(KidneyDisease) 칼럼을 지정한다. 그리고 WOE() 함수를 사용하면 PhysicalHealth 칼럼의 최적
범주 기준이 산출된다. 아웃풋을 확인해 보면 −0.001~1 범위, 1~30 범위 두 가지 범주로 나누는 것이
가장 적합한 것으로 나오는 것을 알 수 있다.

코드 11.31 WOE를 활용한 구간화 변수의 IV 확인

In [13]:

```
01: # Information Value 확인
02:
03: b.head()
```

Out [13]:

	Variable_Name	Information_Value
0	PhysicalHealth	0.308774

WOE를 활용한 구간화 기준의 IV는 0.308이다. 이는 앞의 IV값에 따른 해석 방법을 참고하면 강한 예측
력을 가진 구간화 변수다. 이처럼 통계 기반의 변수 구간화 기법을 사용하면 모델 성능을 보다 향상시킬
수 있다.

11.4 데이터 표준화와 정규화 스케일링

독립 변수들이 서로 단위가 다르거나 편차가 심할 때 값의 스케일을 일정한 수준으로 변환시켜주는 표준화(Standardization)와 정규화(Normalization) 스케일링을 한다. 독립변수 간 단위가 다른 것은 회귀분석이나 의사결정나무 등 대부분의 데이터 마이닝 모델의 분석 결과에 별다른 영향을 미치지 않기 때문에 그대로 사용해도 무방하다. 그러나 표준화나 정규화는 특정 머신러닝 모델의 학습 효율을 증가시키기 때문에 많이 사용된다. 또한 해석적 관점에서 데이터 표준화와 정규화는 매우 유용하다. 예를 들어 자동차 업체에서 고객의 항목별 소비금액에 따라 고객 세그먼테이션을 하고자 했을 때, 기호물품에 800 이상을 소비하고, 도서 품목에 220 이하로 소비하는 고객은 A라는 차종을 추천하는 것이 적합하다는 결과가 나왔다고 하자. 이 경우 기호품목 800과 도서 품목 220이 어느 정도 수준인지 바로 알아보기 어렵다. 그렇기 때문에 이 값이 평균보다 어느 정도 크거나 작은지 바로 알 수 있는 수치로 변환시킴으로써 분석 내용을 효율적으로 해석할 수 있도록 하는 것이다.

먼저 표준화와 정규화가 어떤 것인지 개념을 살펴보자. **표준화는 각 관측치의 값이 전체 평균을 기준으로 어느 정도 떨어져 있는지 나타낼 때 사용한다.** 평균은 0으로 변환되고, 1표준편차 거리는 ±1, 2표준편차 거리는 ±2로 변환된다. Zero-mean으로부터 얼마나 떨어져 있는지를 나타내기 때문에 이를 Z-score라 표현한다. 그렇기 때문에 서로 다른 변수 간 값의 크기를 직관적으로 비교할 수 있다. 표준화는 각 관측치 값에서 평균을 빼 준 후 표준편차로 나눠주면 된다. 이를 식으로 표현하면 다음과 같다.

$$z = \frac{x - \mu}{\sigma}$$

정규화는 데이터의 범위를 0부터 1까지로 변환하여 데이터 분포를 조정하는 방법이다. 전체 데이터 중에서 해당 값이 어떤 위치에 있는지 파악하는 데에 유용하다. 0에 가까울수록 작은 값이고 1에 가까울수록 큰 값이다. 정규화는 (해당 값- 최솟값)/(최댓값-최솟값)을 해주면 된다. 이를 식으로 표현하면 다음과 같다.

$$x_{scaled} = \frac{x - x_{\min}}{x_{\max} - x_{\min}}$$

다음의 변수 X1과 X2의 표준화, 정규화 예시를 통해 데이터가 어떻게 변화되는지 확인해 보자.

기존 값

X1	2.02	2.35	2.99	6.85	9.20	8.90	7.50	6.00	5.85	3.85
X2	0.14	0.02	0.11	1.34	1.61	1.67	1.04	0.77	0.98	0.32

표준화(평균: X1: 5.55, X2: 0.8 / 표준편차: X1: 2.5, X2: 0.6)

X1	−1.41	−1.28	−1.02	0.52	1.46	1.34	0.78	0.18	0.12	−0.68
X2	−1.11	−1.31	−1.16	0.91	1.36	1.46	0.40	−0.05	0.30	−0.81

정규화(최댓값: X1: 9.2, X2: 1.67 / 최솟값: X1: 2.02, X2: 0.02)

X1	0.00	0.05	0.14	0.67	1.00	0.96	0.76	0.55	0.53	0.25
X2	0.07	0.00	0.05	0.80	0.96	1.00	0.62	0.45	0.58	0.18

변환을 통해 표준화는 평균을 중심으로 퍼진 정도를 나타내고 정규화는 최댓값을 1, 최솟값을 0으로 나타내게 됐다. 그래프를 보면 기존에는 달라 보이던 변수 X1과 X2가 변환 후 매우 유사한 모습을 보이는 것을 알 수 있다.

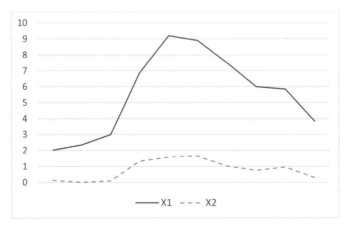

그림 11.8 변수 X1과 X2의 기존 값

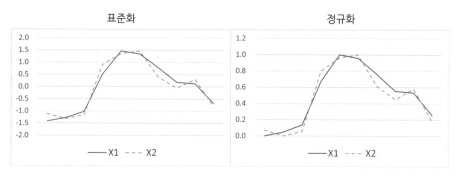

그림 11.9 **표준화와 정규화 변환**

표준화는 평균에서 얼마나 떨어져 있는지를 나타내기 때문에 가장 큰 값이 1이 될 수도 있고 3.5도 될 수 있다. 하지만 정규화는 가장 큰 값은 1, 가장 작은 값은 0으로 직관적으로 표현된다. 반면에 정규화는 특정 값이 평균으로부터 어느 정도 떨어져 있는지를 바로 알기 힘들다. 이처럼 표준화와 정규화는 비슷한 듯하지만 다른 특성을 가지고 있기 때문에 필요와 목적에 따라 선택**해야 한다.**

이 외에 기본 표준화, 정규화 방식은 이상치에 민감하다는 단점을 보완한 스케일링 기법인 RobustScaler도 많이 쓰인다. RobustScaler는 데이터의 중앙값(Q2)을 0으로 잡고 Q1(25%)과 Q3(75%) 사분위수와의 IQR 차이를 1이 되도록 하는 스케일링 기법이다. 이상치의 영향력을 최소화하여 일반적으로 표준화, 정규화보다 성능이 우수한 것으로 알려져 있다.

표준화나 정규화는 k-Nearest Neighbor, 서포트 벡터 머신(SVM)과 같은 거리를 활용한 군집 분석에서 필수적이다. 관측치가 군집의 중심점 혹은 다른 관측치와 어느 정도로 거리가 떨어져 있는지 측정함으로써 군집을 나누는데 변수(차원)마다 스케일이 제각각 이면 군집이 제대로 분리될 수 없기 때문이다. 군집분석은13.8장에서 자세히 다룰 것이다. 마찬가지로 범주화 알고리즘 인공신경망(Neural network) 모델에서도 학습 효율과 분류 성능을 높이기 위해 표준화나 정규화를 필수적으로 수행해 줘야 한다.

11.4.1 데이터 표준화와 정규화 스케일링 실습

이제 캐글에 있는 "Wine Dataset for Clustering"[5] 데이터셋으로 데이터 표준화와 정규화 스케일링을 실습해 보겠다. 이 절의 실습 코드는 이 책의 저장소의 **11.4.1.데이터 표준화와 정규화 스케일링.ipynb** 파일에 있다.

---

5 https://www.kaggle.com/datasets/harrywang/wine-dataset-for-clustering

코드 11.32 패키지 임포트

In [1]:

```
01: # 필요한 패키지 임포트
02: from sklearn.preprocessing import StandardScaler
03: from sklearn.preprocessing import MinMaxScaler
04: from sklearn.preprocessing import RobustScaler
05: import matplotlib.pyplot as plt
06: import pandas as pd
07: import seaborn as sns
```

스케일링 패키지 StandardScaler, MinMaxScaler, RobustScaler 등을 임포트한다.

코드 11.33 데이터 불러오기 및 확인

In [2]:

```
01: # 데이터 불러오기
02: df = pd.read_csv("datasets/wine-clustering.csv")
03:
04: # 데이터 샘플 확인
05: df.head()
```

Out [2]:

	Alcohol	Malic_Acid	Ash	Ash_Alcanity	Magnesium	Total_Phenols	Flavanoids	Nonflavanoid_Phenols	Proanthocyanins	Color_Intensity	Hue	OD280
0	14.23	1.71	2.43	15.6	127	2.80	3.06	0.28	2.29	5.64	1.04	3.92
1	13.20	1.78	2.14	11.2	100	2.65	2.76	0.26	1.28	4.38	1.05	3.40
2	13.16	2.36	2.67	18.6	101	2.80	3.24	0.30	2.81	5.68	1.03	3.17
3	14.37	1.95	2.50	16.8	113	3.85	3.49	0.24	2.18	7.80	0.86	3.45
4	13.24	2.59	2.87	21.0	118	2.80	2.69	0.39	1.82	4.32	1.04	2.93

데이터를 판다스 데이터 프레임으로 불러온 다음 확인한다. 각 와인의 알코올 도수(Alcohol), 능금산 (Malic_Acid), 마그네슘 함량(Magnesium), 페놀 함량(Total_Phenols) 등의 정보가 있다.

코드 11.34 각 칼럼의 평균과 분산 확인

In [3]:

```
01: # 기존 데이터 칼럼별 평균, 분산 확인
02:
03: # 각 칼럼의 평균값
04: print(df.mean())
```

```
05: print('\n')
06: # 각 칼럼의 분산값
07: print(df.var())
```

Out [3]:

Alcohol	13.000618
Malic_Acid	2.336348
Ash	2.366517
Ash_Alcanity	19.494944
Magnesium	99.741573
Total_Phenols	2.295112
Flavanoids	2.029270
Nonflavanoid_Phenols	0.361854
Proanthocyanins	1.590899
Color_Intensity	5.058090
Hue	0.957449
OD280	2.611685
Proline	746.893258
dtype: float64	

Alcohol	0.659062
Malic_Acid	1.248015
Ash	0.075265
Ash_Alcanity	11.152686
Magnesium	203.989335
Total_Phenols	0.391690
Flavanoids	0.997719
Nonflavanoid_Phenols	0.015489
Proanthocyanins	0.327595
Color_Intensity	5.374449
Hue	0.052245
OD280	0.504086
Proline	99166.717355
dtype: float64	

데이터 스케일링에 앞서 기존 칼럼들의 평균과 분산을 확인한다. 마그네슘(Magnesium)과 프롤린 (Proline)의 분산이 큰 것을 확인할 수 있다.

코드 11.35 전체 칼럼 표준화 스케일링 적용

In [4]:

```
01: # 전체 칼럼 표준화
02:
03: # 데이터 표준화 적용
04: StandardScaler = StandardScaler()
05: df_stand = StandardScaler.fit_transform(df)
06:
07: # 칼럼명 결합
08: df_stand = pd.DataFrame(data=df_stand, columns=df.columns)
09:
10: df_stand.head()
```

Out [4]:

	Alcohol	Malic_Acid	Ash	Ash_Alcanity	Magnesium	Total_Phenols	Flavanoids	Nonflavanoid_Phenols	Proanthocyanins	Color_Intensity	Hue
0	1.518613	-0.562250	0.232053	-1.169593	1.913905	0.808997	1.034819	-0.659563	1.224884	0.251717	0.362177
1	0.246290	-0.499413	-0.827996	-2.490847	0.018145	0.568648	0.733629	-0.820719	-0.544721	-0.293321	0.406051
2	0.196879	0.021231	1.109334	-0.268738	0.088358	0.808997	1.215533	-0.498407	2.135968	0.269020	0.318304
3	1.691550	-0.346811	0.487926	-0.809251	0.930918	2.491446	1.466525	-0.981875	1.032155	1.186068	-0.427544
4	0.295700	0.227694	1.840403	0.451946	1.281985	0.808997	0.663351	0.226796	0.401404	-0.319276	0.362177

전체 칼럼의 기존 값에 표준화 스케일링을 적용한다. StandardScaler() 함수를 사용하여 데이터셋에 적용하면 표준화된 값으로 변환된다. 변환된 값은 넘파이 ndarray 형태로 저장되기 때문에 다시 판다스 데이터프레임으로 변환해 준다. 아웃풋의 데이터를 보면 값이 변환된 것을 확인할 수 있다.

코드 11.36 칼럼별 표준화 값의 평균과 분산 확인

In [5]:

```
01: # 데이터 표준화 스케일링 후 칼럼별 평균, 분산 확인
02:
03: # 각 칼럼의 평균값
04: print(df_stand.mean())
05: print('\n')
06: # 각 칼럼의 분산값
07: print(df_stand.var())
```

Out [5]:

```
Alcohol             -8.619821e-16
Malic_Acid          -8.357859e-17
```

```
Ash                     -8.657245e-16
Ash_Alcanity            -1.160121e-16
Magnesium               -1.995907e-17
Total_Phenols           -2.972030e-16
Flavanoids              -4.016762e-16
Nonflavanoid_Phenols     4.079134e-16
Proanthocyanins         -1.699639e-16
Color_Intensity         -1.247442e-18
Hue                      3.717376e-16
OD280                    2.919013e-16
Proline                 -7.484650e-18
dtype: float64
```

```
Alcohol                 1.00565
Malic_Acid              1.00565
Ash                     1.00565
Ash_Alcanity            1.00565
Magnesium               1.00565
Total_Phenols           1.00565
Flavanoids              1.00565
Nonflavanoid_Phenols    1.00565
Proanthocyanins         1.00565
Color_Intensity         1.00565
Hue                     1.00565
OD280                   1.00565
Proline                 1.00565
dtype: float64
```

표준화 스케일링을 적용한 칼럼들의 평균은 0에 가깝고 분산은 1에 가깝게 변환됐다.

코드 11.37 Magnesium 칼럼 표준화 스케일링 전과 후 분포 시각화

In [6]:

```
01: # Magnesium 칼럼 표준화 스케일링 전과 후 분포 비교
02:
03: %matplotlib inline
04: sns.displot(df['Magnesium'],height = 5, aspect = 3)
```

```
05: sns.displot(df_stand['Magnesium'],height = 5, aspect = 3)
06:
07: plt.show()
```

Out [6]:

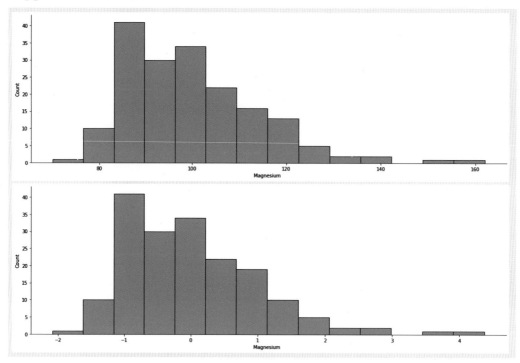

표준화된 칼럼들의 분포가 어떻게 변화했는지 확인하기 위해 하나의 칼럼을 샘플로 분포를 시각화했다. Magnesium 칼럼을 표준화 스케일링하기 전 분포와 표준화한 후의 분포 형태는 거의 유사하지만 데이터 값의 범위가 달라진 것을 알 수 있다.

코드 11.38 전체 칼럼 정규화 스케일링 적용

In [7]:

```
01: # 전체 칼럼 정규화
02:
03: # 데이터 정규화 적용
04: MinMaxScaler = MinMaxScaler()
05: df_minmax = MinMaxScaler.fit_transform(df)
06:
```

```
07: # 칼럼명 결합
08: df_minmax = pd.DataFrame(data=df_minmax, columns=df.columns)
09:
10: df_minmax.head()
```

Out [7]:

	Alcohol	Malic_Acid	Ash	Ash_Alcanity	Magnesium	Total_Phenols	Flavanoids	Nonflavanoid_Phenols	Proanthocyanins	Color_Intensity	Hue
0	0.842105	0.191700	0.572193	0.257732	0.619565	0.627586	0.573840	0.283019	0.593060	0.372014	0.455285
1	0.571053	0.205534	0.417112	0.030928	0.326087	0.575862	0.510549	0.245283	0.274448	0.264505	0.463415
2	0.560526	0.320158	0.700535	0.412371	0.336957	0.627586	0.611814	0.320755	0.757098	0.375427	0.447154
3	0.878947	0.239130	0.609626	0.319588	0.467391	0.989655	0.664557	0.207547	0.558360	0.556314	0.308943
4	0.581579	0.365613	0.807487	0.536082	0.521739	0.627586	0.495781	0.490566	0.444795	0.259386	0.455285

다음으로 MinMaxScaler() 함수를 사용하여 데이터 정규화 스케일링을 적용한다. 적용 방식은 앞의 표준화와 동일하다.

코드 11.39 칼럼별 정규화 값의 최솟값과 최댓값 확인

In [8]:

```
01: # 정규화 적용 칼럼 최솟값, 최댓값 확인
02:
03: print(df_minmax.min()) #최솟값
04: print('\n')
05: print(df_minmax.max()) #최댓값
```

Out [8]:

```
Alcohol                0.0
Malic_Acid             0.0
Ash                    0.0
Ash_Alcanity           0.0
Magnesium              0.0
Total_Phenols          0.0
Flavanoids             0.0
Nonflavanoid_Phenols   0.0
Proanthocyanins        0.0
Color_Intensity        0.0
Hue                    0.0
OD280                  0.0
Proline                0.0
```

```
dtype: float64

Alcohol                 1.0
Malic_Acid              1.0
Ash                     1.0
Ash_Alcanity            1.0
Magnesium               1.0
Total_Phenols           1.0
Flavanoids              1.0
Nonflavanoid_Phenols    1.0
Proanthocyanins         1.0
Color_Intensity         1.0
Hue                     1.0
OD280                   1.0
Proline                 1.0
dtype: float64
```

앞에서 설명했듯이 정규화는 모든 데이터 값의 범위를 0과 1 사이로 변환하기 때문에 최솟값은 0이 되며 최댓값은 1로 변환됐다.

코드 11.40 칼럼별 정규화 값의 평균과 분산 확인

In [9]:
```
01: # 데이터 정규화 스케일링 후 칼럼별 평균, 분산 확인
02:
03: # 각 칼럼의 평균값
04: print(df_minmax.mean())
05: print('\n')
06: # 각 칼럼의 분산값
07: print(df_minmax.var())
```

Out [9]:
```
Alcohol           0.518584
Malic_Acid        0.315484
Ash               0.538244
Ash_Alcanity      0.458502
Magnesium         0.323278
Total_Phenols     0.453487
```

```
Flavanoids              0.356386
Nonflavanoid_Phenols    0.437460
Proanthocyanins         0.372523
Color_Intensity         0.322363
Hue                     0.388170
OD280                   0.491460
Proline                 0.334446
dtype: float64


Alcohol                 0.045641
Malic_Acid              0.048744
Ash                     0.021523
Ash_Alcanity            0.029633
Magnesium               0.024101
Total_Phenols           0.046574
Flavanoids              0.044407
Nonflavanoid_Phenols    0.055139
Proanthocyanins         0.032600
Color_Intensity         0.039127
Hue                     0.034533
OD280                   0.067636
Proline                 0.050451
dtype: float64
```

정규화 스케일링을 적용한 칼럼들의 평균과 분포가 유사하게 변환됐다.

코드 11.41 Magnesium 칼럼 정규화 스케일링 전과 후 분포 시각화

In [10]:

```
01: # Magnesium 칼럼 정규화 스케일링 전과 후 분포 비교
02:
03: %matplotlib inline
04: sns.displot(df['Magnesium'],height = 5, aspect = 3)
05: sns.displot(df_minmax['Magnesium'],height = 5, aspect = 3)
06:
07: plt.show()
```

Out [10]:

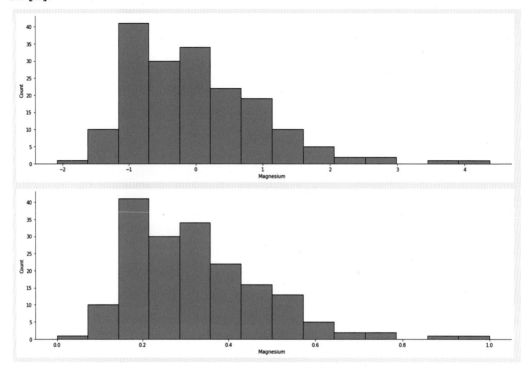

정규화 스케일링을 적용한 `Magnesium` 칼럼은 0과 1 사이에서 기존의 데이터 값과 유사한 분포를 가지고 있다.

코드 11.42 전체 칼럼 RobustScaler 스케일링 적용

In [11]:

```
01: # 전체 칼럼 RobustScaler
02:
03: # 데이터 RobustScaler 적용
04: RobustScaler = RobustScaler()
05: df_robust = RobustScaler.fit_transform(df)
06:
07: # 칼럼명 결합
08: df_robust = pd.DataFrame(data=df_robust, columns=df.columns)
09:
10: df_robust.head()
```

Out [11]:

	Alcohol	Malic_Acid	Ash	Ash_Alcanity	Magnesium	Total_Phenols	Flavanoids	Nonflavanoid_Phenols	Proanthocyanins	Color_Intensity	Hue
0	0.897338	-0.104730	0.201439	-0.906977	1.526316	0.420804	0.553892	-0.358209	1.050000	0.318792	0.222222
1	0.114068	-0.057432	-0.633094	-1.930233	0.105263	0.278960	0.374251	-0.477612	-0.392857	-0.104027	0.251852
2	0.083650	0.334459	0.892086	-0.209302	0.157895	0.420804	0.661677	-0.238806	1.792857	0.332215	0.192593
3	1.003802	0.057432	0.402878	-0.627907	0.789474	1.413712	0.811377	-0.597015	0.892857	1.043624	-0.311111
4	0.144487	0.489865	1.467626	0.348837	1.052632	0.420804	0.332335	0.298507	0.378571	-0.124161	0.222222

마지막으로 RobustScaler()를 적용하여 데이터 스케일링을 적용한다. 적용 방식은 앞의 표준화, 정규화와 동일하다.

코드 11.43 칼럼별 RobustScaler 값의 평균과 분산 확인

In [12]:

```
01: # 데이터 RobustScaler 적용 후 칼럼별 평균, 분산 확인
02:
03: # 각 칼럼의 평균값
04: print(df_robust.mean())
05: print('\n')
06: # 각 칼럼의 분산값
07: print(df_robust.var())
```

Out [12]:

```
Alcohol                -0.037553
Malic_Acid              0.318479
Ash                     0.018754
Ash_Alcanity           -0.001176
Magnesium               0.091662
Total_Phenols          -0.056631
Flavanoids             -0.063312
Nonflavanoid_Phenols    0.130471
Proanthocyanins         0.051284
Color_Intensity         0.123520
Hue                    -0.022372
OD280                  -0.136564
Proline                 0.151482
dtype: float64
```

```
Alcohol                0.381132
Malic_Acid             0.569766
Ash                    0.623277
Ash_Alcanity           0.603174
Magnesium              0.565067
Total_Phenols          0.350252
Flavanoids             0.357746
Nonflavanoid_Phenols   0.552056
Proanthocyanins        0.668561
Color_Intensity        0.605204
Hue                    0.458666
OD280                  0.331842
Proline                0.422453
dtype: float64
```

RobustScaler 스케일링을 적용한 칼럼들의 평균과 분포가 유사하게 변환됐다. RobustScaler는 평균대신 중앙값을 사용하기 때문에 극단값의 영향을 거의 받지 않게 된다.

코드 11.44 Magnesium 칼럼 RobustScaler 적용 전과 후 분포 비교

In [13]:

```
01: # Magnesium 칼럼 RobustScaler 적용 전과 후 분포 비교
02:
03: %matplotlib inline
04: sns.displot(df['Magnesium'],height = 5, aspect = 3)
05: sns.displot(df_robust['Magnesium'],height = 5, aspect = 3)
06:
07: plt.show()
```

Out [13]:

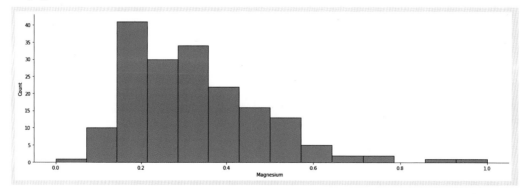

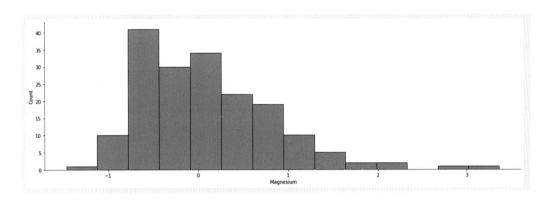

`Magnesium` 칼럼에 `RobustScaler` 스케일링을 적용한 분포는 표준화를 적용했던 분포보다 범위가 좁은 것을 알 수 있다. 이는 이상치의 영향을 줄였기 때문에 전체 범위가 감소한 것이다.

11.5 모델 성능 향상을 위한 파생 변수 생성

파생변수(Derived variable)는 원래 있던 변수들을 조합하거나 함수를 적용하여 새로 만들어낸 변수를 뜻한다. 간단한 예로 X1, X2 두 변수의 평균값으로 만든 X3는 새로운 파생변수가 된다. 앞에서 다뤘던 데이터 구간화, 표준화 및 정규화 등도 일종의 파생변수라 할 수 있다. 그 밖에 기존 값에 로그나 제곱근 등을 취해 변동성을 완화시키거나 지수함수를 사용하여 하여 분산을 증폭시킬 수도 있다. 그리고 시점을 고려하여 과거 시점 대비 변화 정도를 파생변수로 만들 수 있다.

그림 11.10 파생변수 생성 예시

파생편수는 데이터의 특성을 이용하여 분석 효율을 높이는 것이기 때문에 전체 데이터에 대한 파악이 중요할 뿐만 아니라 해당 비즈니스 도메인에 대한 충분한 이해가 수반되어야 한다. 예를 들어 온라인 쇼핑몰의 판매량을 예측하는 모델을 만든다고 할 때 기존의 방문 횟수, 클릭 횟수 등의 변수가 예측력에 별다른 영향을 주지 못하는 상황에서 전주 대비 방문 횟수 증감률, 전년도 대비 클릭 횟수 증감률 등의 파생변수를 만들어서 모델 예측력을 높일 수 있다.

이는 데이터 탐색 과정을 통해 증감률이 중요할 것으로 유추하는 것이 가능하다. 그렇기 때문에 본격적인 데이터 분석 모델링을 하기 전에 충분한 데이터 탐색 및 시각화 작업이 필요하다. 고객의 방문 횟수와 판매량을 그래프로 그려서 살펴보다 보면 방문 횟수와 판매량이 비슷하게 움직이지는 않았지만, 방문 횟수가 전주보다 크게 증가할 때 판매량이 증가하는 현상을 확인할 수 있다. 이처럼 파생변수는 무작정 변수를 가공해서 만드는 것이 아니라 데이터의 특성과 흐름을 충분히 파악한 후 아이디어를 얻어서 만드는 것이 효과적이다.

비즈니스 도메인에 대한 이해 역시 파생변수 생성에 많은 도움이 된다. 예를 들어 A라는 제품은 어떠한 특성이 있어서 20살, 30살과 같이 앞자리 숫자가 바뀌는 나이대에 구매가 많이 일어난다고 했을 때, 기존의 연령 변수를 그대로 사용하면 이러한 특성을 반영할 수 없다. 하지만 이러한 비즈니스적 특성을 미리 알고 앞자리가 바뀌는 나이대를 구분하는 파생변수를 생성해 주면 분석 모델 성능을 향상시킬 수 있다.

다음 표는 일반적인 고객 데이터 분석에서 생성 가능한 파생변수 예시 목록이다. 이러한 식으로 분석 목적에 맞는 파생변수를 생성할 수 있다.

표 11.2 비즈니스 도메인별 사용 가능한 파생변수 예시

도메인	변수명	설명
	구매/방문 경과일	마지막 구매/방문일로부터 경과 일수
	최근 n 개월 구매금액 증감률	최근 1년 평균 구매금액 대비 최근 n 개월 증감률
	월별 구매금액 비중	1년 총 구매금액 중 월별 구매금액 비중
	전년 대비 구매금액 증감률	전년도 동월 대비 구매금액 증감률
	객단가	최근 1년 방문 시 평균 구매금액
유통	구매주기	(총 구매 횟수-1)/마지막 구매일 – 첫 구매일
	구매주기 도래지수	구매 주기 – 최종 구매 후 경과일
	클릭 대비 구매 지수	구매당 클릭 수 평균
	구매 선호 요일/시간대	최근 1년 가장 구매를 많이 한 요일/시간대
	특정 카드 보유 여부	비즈니스적으로 중요한 카드 보유 여부

도메인	변수명	설명
유통	환불 지수	최근 1년 구매 횟수 / 최근 1년 환불 횟수
	생일 도래 여부	남은 생일 날짜가 n일 이하면 Y 아니면 N
	할인 선호도	최근 1년 구매 품목의 평균 할인율
	라이프 스테이지	비즈니스적 상황에 맞는 고객 인생 단계(연령, 직업 등)
	상품군별 선호 가격대	상품군별 평균 구매금액대 or 최빈 구매금액대
	캠페인 반응 증감률	최근 1년 평균 캠페인 반응률 대비 최근 N 개월 증감률
금융	DSR	원리금상환액/가처분소득
	DTA	금융부채/금융자산
	HDRI	$[(1+(DSR-0.4))+(1+(DTA-1))]*100$
	(기업) 부실 기업 연관지수	부실 기업 수(거래 수)/전체 거래 기업 수(거래 수)
	거래중단 개월 수	최근 n 개월 거래중단 개월 수
	최대 최소 매출 간격	최대 매출 월과 최소 매출 월 사이 기간
	매출액 간격	최고 매출액과 최소 매출액 차이 비율
	매출액 표준편차	최근 N 개월 매출액 표준편차
	업종 부도율	해당 중분류 업종의 업종 부도율
	최고자산 이탈 소요일	최고 자산을 가진 이후 이탈까지 걸리는 기간
통신	가족결합 경과일	가족결합일로부터 경과일
	부가서비스 사용 지수	사용하는 부가서비스 사용자들의 평균 이탈률
	약정 종료 경과일	통신사 약정 종료일로부터 경과일
	사용 디바이스 종류	디바이스 제조사 / 시리즈 / 가격대 등
	고객센터 콜 수	최근 N 개월 고객센터 콜 수
	이사 여부	최근 N일 주소지 이전 여부
	결합 상품 지수	결합 상품 수 합계, 결합상품 중 남은 최대 약정일
	가입 지점 이탈률	가입 지점 고객의 N 개월 내 평균 이탈률
제조	특정 변수 조합 평균	종속변수에 주요한 N 개 변수 정규화한 평균
	이벤트 발생 t −n 이상치 수	불량, 고장 등 이벤트 발생 N 시간 전 이상치 발생 수
	센서값 n 시점 이동평균	n 시점 이동평균 변환한 값으로 대체
	지도 점검 경과일	마지막 이벤트 시점으로부터 지도 점검 경과일
	생산능력 대비 생산량	일 생산 가능 기준 대비 실제 생산량 비중

이렇게 유용한 파생변수를 생성함에 있어 유의할 점이 있다. **파생변수는 기존의 변수를 활용해서 만들어 낸 변수이기 때문에 다중공선성 문제가 발생할 가능성이 높다. 그렇기 때문에 파생변수를 만든 다음에는 상관분석을 통해 변수 간의 상관성을 확인해야 한다.** 상관성에 따라 파생변수를 그대로 사용할지, 기존 변수를 제외하고 파생변수만 사용할지 여부를 결정해야 한다. 혹은 변수들 조합의 주요 속성만 추출해 내는 주성분 분석(PCA) 등을 사용할 수 있다. 이는 뒤의 분석 방법론 부분에서 자세히 다룰 것이다.

11.5.1 파생 변수 생성 실습

이제 캐글에 있는 "Retail Store Sales Transactions (Scanner Data)"[6] 데이터셋으로 파생 변수 생성을 실습해 보겠다. 이 절의 실습 코드는 이 책의 저장소의 **11.5.1.모델 성능 향상을 위한 파생 변수 생성.ipynb** 파일에 있다.

코드 11.45 패키지 임포트

In [1]:

```
01: # 필요한 패키지 임포트
02: import math
03: from sklearn import preprocessing
04: import datetime
05: from datetime import timedelta
06: import numpy as np
07: import matplotlib.pyplot as plt
08: import pandas as pd
```

파생 변수 생성을 위한 기본적인 데이터 핸들링 패키지와 시점 속성 칼럼을 다룰 수 있는 패키지 등을 임포트한다.

코드 11.46 데이터 불러오기 및 확인

In [2]:

```
01: # 데이터 불러오기
02: df = pd.read_csv("datasets/scanner_data.csv")
03:
04: # 데이터 샘플 확인
05: df.head()
```

---

6 https://www.kaggle.com/datasets/marian447/retail-store-sales-transactions

Out [2]:

	Unnamed: 0	Date	Customer_ID	Transaction_ID	SKU_Category	SKU	Quantity	Sales_Amount
0	1	02/01/2016	2547	1	X52	0EM7L	1.0	3.13
1	2	02/01/2016	822	2	2ML	68BRQ	1.0	5.46
2	3	02/01/2016	3686	3	0H2	CZUZX	1.0	6.35
3	4	02/01/2016	3719	4	0H2	549KK	1.0	5.59
4	5	02/01/2016	9200	5	0H2	K8EHH	1.0	6.88

데이터를 판다스 데이터 프레임으로 불러온 다음 확인한다. 일자별 고객들의 제품 판매 정보가 기록되어 있는 것을 확인할 수 있다. 각 상품의 고유 코드인 SKU 칼럼과 판매수량, 판매금액 등의 정보가 있다.

코드 11.47 두 개의 변수를 결합하여 파생변수 생성

In [3]:

```
01: # 두 개의 변수 결합한 파생변수 생성
02:
03: # 구매 상품당 가격 칼럼 생성
04: df['Unit_amount'] = df['Sales_Amount']/df['Quantity']
05:
06: # 총 구매가격 칼럼 생성
07: df['All_amount'] = \
08: df[['Quantity', 'Sales_Amount']].apply(lambda series: series.prod(), axis=1)
09:
10: df.tail()
```

Out [3]:

	Unnamed: 0	Date	Customer_ID	Transaction_ID	SKU_Category	SKU	Quantity	Sales_Amount	Unit_amount	All_amount
131701	131702	04/07/2016	20203	32900	IEV	FO112	3.0	6.46	2.153333	19.38
131702	131703	04/07/2016	20203	32900	N8U	I36F2	1.0	4.50	4.500000	4.50
131703	131704	04/07/2016	20203	32900	U5F	4X8P4	1.0	5.19	5.190000	5.19
131704	131705	04/07/2016	20203	32900	0H2	ZVTO4	1.0	4.57	4.570000	4.57
131705	131706	04/07/2016	20203	32900	Q4N	QM9BP	1.0	13.68	13.680000	13.68

두 개 이상의 변수 간에 사칙연산을 적용하여 새로운 파생변수를 생성했다. 우선 Sales_Amount 칼럼이 총 구매금액이라고 가정했을 때 상품 하나당 가격을 의미하는 칼럼을 생성하려면 Quantity 칼럼으로 나눠주면 된다. Sales_Amount 칼럼이 상품 하나당 가격을 의미하는 칼럼일 경우에는 총 구매금액을 구하기 위해 Sales_Amount 칼럼과 Quantity 칼럼을 곱해주면 된다. 예시에서는 lambda 함수를 사용하여 다른 방법으로 구현했다.

코드 11.48 로그, 제곱근, 제곱 변환 파생변수 생성

In [4]:

```
01: # 로그, 제곱근, 제곱 변환 파생변수 생성
02:
03: # 방법1.Sales_Amount 칼럼 로그 적용(+1)
04: df['Sales_Amount_log'] = preprocessing.scale(np.log(df['Sales_Amount']+1))
05:
06: # 방법2.Sales_Amount 칼럼 로그 적용(+1)
07: df['Sales_Amount_log2'] = df[['Sales_Amount']].apply(lambda x: np.log(x+1))
08:
09: # Sales_Amount 칼럼 제곱근 적용(+1)
10: df['Sales_Amount_sqrt'] = np.sqrt(df['Sales_Amount']+1)
11:
12: # Sales_Amount 칼럼 제곱 적용
13: df['Sales_Amount_pow'] = pow(df[['Sales_Amount']],2)
14:
15: df.tail()
```

Out [4]:

SKU	Quantity	Sales_Amount	Unit_amount	All_amount	Sales_Amount_log	Sales_Amount_log2	Sales_Amount_sqrt	Sales_Amount_pow
FO112	3.0	6.46	2.153333	19.38	-0.204581	2.009555	2.731300	41.7316
I36F2	1.0	4.50	4.500000	4.50	-0.592329	1.704748	2.345208	20.2500
4X8P4	1.0	5.19	5.190000	5.19	-0.441982	1.822935	2.487971	26.9361
ZVTO4	1.0	4.57	4.570000	4.57	-0.576240	1.717395	2.360085	20.8849
QM9BP	1.0	13.68	13.680000	13.68	0.656548	2.686486	3.831449	187.1424

변수의 분산을 조정하기 위한 로그, 제곱근, 제곱 등의 함수를 적용한다. 로그를 취할 때는 0값은 처리가 되지 않기 때문에 기존 값에 1을 더해주고 로그를 취해주거나 임의의 값으로 변환해 줘야 한다. 첫번째 로그 적용 방법은 스케일링을 적용한 후에 로그를 취했고, 두번째 방법은 그대로 로그를 취했다.

코드 11.49 월 합계, 평균 구매금액 변수 생성

In [5]:

```
01: # 월 합계, 평균 구매금액 변수 생성
02:
03: # date 칼럼 날짜형식 변환
04: df['Date2']= pd.to_datetime(df['Date'], infer_datetime_format=True)
05:
```

```
06: # 연도 칼럼 생성
07: df['Year'] = df['Date2'].dt.year
08:
09: # 월 칼럼 생성
10: df['Month'] = df['Date2'].dt.month
11:
12: #연월별, 고객별 매출 합계, 평균 칼럼 생성
13: df_sm = df.groupby(['Year',
14:                     'Month',
15:                     'Customer_ID'])['Sales_Amount'].agg(['sum','mean']).reset_index()
16:
17: # 기존 일별 테이블에 평균 테이블 조인
18: df2 = pd.merge(df, df_sm, how='left')
19:
20: df2.tail()
```

Out [5]:

All_amount	Sales_Amount_log	Sales_Amount_log2	Sales_Amount_sqrt	Sales_Amount_pow	Date2	Year	Month	sum	mean
3.13	-0.956750	1.418277	2.032240	9.7969	2016-02-01	2016	2	24.76	6.190000
5.46	-0.387670	1.865629	2.541653	29.8116	2016-02-01	2016	2	5.46	5.460000
6.35	-0.223478	1.994700	2.711088	40.3225	2016-02-01	2016	2	73.17	5.628462
5.59	-0.362325	1.885553	2.567100	31.2481	2016-02-01	2016	2	171.15	8.150000
6.88	-0.134904	2.064328	2.807134	47.3344	2016-02-01	2016	2	6.88	6.880000

기존 데이터는 일별 구매 정보가 기록되어 있다. 따라서 월별 총 구매금액, 평균 구매금액 파생 변수를 생성하기 위해서는 연월 기준으로 계산을 해줘야 한다. 예시에서는 고객별 월별 매출 합계와 매출 평균 테이블을 생성한 다음 기존 테이블에 조인해주었다.

코드 11.50 월 단위 변수와 일 단위 변수를 활용한 파생변수 생성

In [6]:

```
01: # 월평균 구매금액 대비 일별 구매금액 차이 변수 생성
02: df2['Sales_Amount_Diff'] = df2['mean'] - df2['Sales_Amount']
03:
04: # 월평균 구매금액 대비 일별 구매금액 비율 변수 생성
05: df2['Sales_Amount_UD'] = df2['Sales_Amount'] / df2['mean']
```

```
06:
07: # 월 총 구매금액 대비 일별 구매금액 비율 변수 생성
08: df2['Sales_Amount_Rto'] = df2['Sales_Amount']/df2['sum']
09:
10: df2.head()
```

Out [6]:

Sales_Amount_sqrt	Sales_Amount_pow	Date2	Year	Month	sum	mean	Sales_Amount_Diff	Sales_Amount_UD	Sales_Amount_Rto
2.032240	9.7969	2016-02-01	2016	2	24.76	6.190000	3.060000	0.505654	0.126414
2.541653	29.8116	2016-02-01	2016	2	5.46	5.460000	0.000000	1.000000	1.000000
2.711088	40.3225	2016-02-01	2016	2	73.17	5.628462	-0.721538	1.128195	0.086784
2.567100	31.2481	2016-02-01	2016	2	171.15	8.150000	2.560000	0.685890	0.032661
2.807134	47.3344	2016-02-01	2016	2	6.88	6.880000	0.000000	1.000000	1.000000

월평균 구매금액 대비 일별 구매금액 차이를 계산한 변수는 구매금액 수준이 평소에 비해 얼마나 높거나 낮아졌는지 알 수 있기 때문에 이탈 감지 변수로 활용 가능하다. 이러한 방식으로 다양한 파생 변수를 생성할 수 있다.

코드 11.51 전월 값을 활용한 파생 변수 생성

In [7]:

```
01: # 전월 값 파생변수 생성
02:
03: # 4주 뒤 시점 칼럼 생성
04: df2['Date2_1_m'] = df2['Date2'] + timedelta(weeks=4)
05:
06: # 4주 뒤 시점연도 칼럼 생성
07: df['Year_1_m'] = df2['Date2_1_m'].dt.year
08:
09: # 4주 뒤 시점월 칼럼 생성
10: df['Month_1_m'] = df2['Date2_1_m'].dt.month
11:
12: # 4주 전 구매금액 연월별, 고객별 매출 평균 칼럼 생성
13: df_Mn_1 = df.groupby(['Year_1_m',
14:                       'Month_1_m',
15:                       'Customer_ID'])['Sales_Amount'].agg(['sum',
```

```
16:                                                    'mean']).reset_index()
17:
18: # 조인을 위한 칼럼명 변경
19: df_Mn_1.rename(columns={'Year_1_m':'Year',
20:                         'Month_1_m':'Month',
21:                         'sum':"sum_1_m",
22:                         'mean':'mean_1_m'}, inplace=True)
23:
24: df2 = pd.merge(df2, df_Mn_1, how='left')
25:
26: df2.head()
```

Out [7]:

Sales_Amount_sqrt	Sales_Amount_pow	Date2	Year	Month	sum	mean	Date2_1_m	sum_1_m	mean_1_m
2.032240	9.7969	2016-02-01	2016	2	24.76	6.190000	2016-02-29	14.32	4.773333
2.541653	29.8116	2016-02-01	2016	2	5.46	5.460000	2016-02-29	14.05	3.512500
2.711088	40.3225	2016-02-01	2016	2	73.17	5.628462	2016-02-29	107.83	7.188667
2.567100	31.2481	2016-02-01	2016	2	171.15	8.150000	2016-02-29	13.21	6.605000
2.807134	47.3344	2016-02-01	2016	2	6.88	6.880000	2016-02-29	6.88	6.880000

전 달의 총 구매금액, 평균 구매금액 파생변수를 생성해 주었다. 이를 위해서는 기존 시점 칼럼인 **Date2** 를 한 달 뒤 시점으로 변환한 뒤에 **Sales_Amount**의 합계와 평균을 구한 다음 기존 한 달 전 시점 칼럼을 기준으로 조인을 해줘야 한다. 만약 전 달의 값이 없는 경우에는 결측값이 생길 수 있기 때문에 결측값은 0 등으로 처리해 줘야 한다.

코드 11.52 전월과의 차이 파생변수 생성

In [8]:

```
01: # 전월과의 차이 파생변수 생성
02:
03: # 전월 대비 구매금액 평균 차이 변수 생성
04: df2['Mn_diff_1_mean'] = df2['mean'] - df2['mean_1_m']
05:
06: # 전월 대비 총 구매금액 차이 변수 생성
07: df2['Mn_diff_1_sum'] = df2['sum'] - df2['sum_1_m']
```

```
08:
09: df2.head()
```

Out [8]:

Date2	Year	Month	sum	mean	Date2_1_m	sum_1_m	mean_1_m	Mn_diff_1_mean	Mn_diff_1_sum
2016-02-01	2016	2	24.76	6.190000	2016-02-29	14.32	4.773333	1.416667	10.44
2016-02-01	2016	2	5.46	5.460000	2016-02-29	14.05	3.512500	1.947500	-8.59
2016-02-01	2016	2	73.17	5.628462	2016-02-29	107.83	7.188667	-1.560205	-34.66
2016-02-01	2016	2	171.15	8.150000	2016-02-29	13.21	6.605000	1.545000	157.94
2016-02-01	2016	2	6.88	6.880000	2016-02-29	6.88	6.880000	0.000000	0.00

기준 시점과 한 달 전 시점 간의 차이를 계산하면 고객의 성향이 어떻게 변했는지 판단할 수 있는 변수를 만들 수 있다. 전월 대비 구매금액 평균 차이 변수는 고객의 객단가가 어떻게 변했는지를 나타내기 때문에 이탈이나 우수고객 예측에 사용될 수 있다. 그리고 전월 대비 총 구매금액 차이 변수는 고객이 이번 달 남은 기간 동안 얼마나 더 구매할 것인지를 예측할 때 사용할 수 있다.

11.6 슬라이딩 윈도우 데이터 가공

슬라이딩 윈도우(Sliding window)라는 개념은 본래 실시간 네트워크 패킷 데이터를 처리하는 기법이다. 현재 시점으로부터 ±M 기간의 데이터를 일정 간격의 시간마다 전송하는 방식으로, 이 방식의 특징은 각각의 데이터 조각(window)들이 서로 겹치며 데이터가 전송되는 것이다. 총 50분의 시간을 10분씩 쪼개서 보내는 것을 예로 들어보면, 겹치는 구간 없이 깔끔하게 쪼개면 5개의 조각이 된다. 하지만 그림 11.11처럼 5분씩 중첩되도록 조각을 내면 총 9개의 조각이 생성된다.

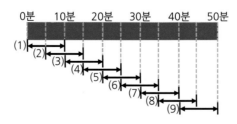

그림 11.11 슬라이딩 윈도우의 기본 개념

이렇게 데이터가 겹치도록 쪼개어 전송하는 이유는 패킷 전송 후, 그 패킷의 전송을 확인받지 않고도 곧 바로 다음 패킷을 보낼 수 있어 네트워크를 효율적으로 사용할 수 있기 때문이다. 그런데 지금 이러한 기술적인 내용은 중요하지 않다. **데이터를 겹쳐 나눔으로써 전체 데이터가 증가하는 원리를 차용한 것이 슬라이딩 윈도우 데이터 가공의 핵심이다.**

슬라이딩 윈도우 데이터 가공 방법은 예측 모델에서 유용하게 쓰인다. 인터넷 쇼핑몰에서 고객의 지난 5개월 간의 구매내역, 방문 횟수 등의 데이터를 활용하여 한 달간의 재구매 확률을 구하는 모델을 만든다고 가정해 보자. 1년치의 데이터가 있을 경우, 일반적이 방법으로는 6개월을 학습 셋, 나머지 6개월은 테스트 셋으로 데이터를 구성하여 예측 분석 모델을 만든다.

그런데 구매 내역 데이터가 충분하지 않을 경우 예측력이 좋은 모델을 만드는 것이 쉽지 않다. 또한 학습 데이터의 시기와 예측 데이터의 시기와의 시점 차이가 크기 때문에 예측력이 떨어질 위험이 크다. 6개월 이상 더 된 데이터로 학습하고 현재를 예측하기 때문이다. 이런 경우에 **슬라이딩 윈도우 방법을 활용하면 많은 분석 데이터셋을 확보하고 학습데이터의 최근성을 가질 수 있다.**

그림 11.12처럼 1명의 고객으로 7개의 분석용 데이터를 얻을 수 있는 것이다. 즉, A라는 동일한 사람이 마치 A1, A2, A3…로 시간 차이를 두고 복제되는 것이다. 기존에 1,000건의 고객 정보가 있었다면, 슬라이딩 윈도우 기법을 통해 7,000건의 고객 정보를 확보하게 되는 것이다.

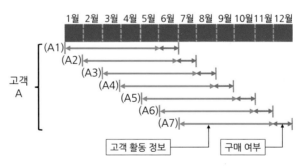

그림 11.12 슬라이딩 윈도우 기법을 통한 관측치 확보

동일한 사람이라도 1월부터 5월 동안의 활동 정보와, 2월부터 6월까지의 활동 정보는 다를 것이다. 물론 성별, 연령 등의 인구 통계학적 정보는 동일하지만, 5개월 동안의 구매내역, 방문 횟수 등은 차이가 있다. 또한 1월부터 5월까지의 활동 후 6월에는 구매를 하지 않았지만, 2월부터 6월까지 활동 후 7월에는 구매를 했을 수 있기 때문에 A1~A7은 서로 다른 관측치로 간주하여 분석 모델에 사용하는 것이 가능하다. 이를 테이블 형태로 표현하면 그림 11.13과 같다.

고객번호	기준년월	구매금액
A0001	202201	478,000
A0001	202202	523,000
A0001	202203	836,000
A0002	202201	123,000
A0002	202203	78,000
A0003	202201	372,000
A0003	202202	194,000
A0003	202203	252,000
...	...	...

고객번호	기준년월	해당월 구매금액	한달전 구매금액	두달전 구매금액
A0001	202201	478,000	0	0
A0001	202202	523,000	478,000	0
A0001	202203	836,000	523,000	478,000
A0002	202201	123,000	0	0
A0002	202203	78,000	0	123,000
A0003	202201	372,000	0	0
A0003	202202	194,000	372,000	0
A0003	202203	252,000	194,000	372,000
...	...	...	...	...

그림 11.13 슬라이딩 윈도우의 테이블 구조

고객들의 월별 구매금액이 집계된 기존 테이블에서 각 기준년월이 칼럼으로 변환됐다. 즉 매월의 구매금액이 변수가 된 것이다. 주목할 점은 동일한 'A0001' 고객이 2022년 1월 시점에서 해당월, 한 달 전, 두 달 전에 구매한 금액이 생성됐고 2월과 3월 시점의 구매금액들도 생성된 것이다. 이처럼 동일한 고객이 한 달 기간마다 복제되어 데이터셋을 늘릴 수 있다.

11.6.1 슬라이딩 윈도우 실습

이제 캐글에 있는 "shopping mall sales data"[7] 데이터셋으로 슬라이딩 윈도우를 실습해 보겠다. 이 절의 실습 코드는 이 책의 저장소의 `11.6.1.슬라이딩 윈도우 데이터 가공.ipynb` 파일에 있다.

코드 11.53 패키지 임포트

In [1]:

```
# 필요한 패키지 임포트
from dateutil.relativedelta import relativedelta
import numpy as np
import pandas as pd
```

날짜형 데이터를 다룰 수 있는 `relativedelta` 패키지 등을 임포트한다.

7 https://www.kaggle.com/datasets/sewonghwang/shopping-mall

코드 11.54 데이터 불러오기 및 확인

In [2]:

```
01: # 데이터 불러오기
02: df_raw=pd.read_csv("datasets/shopping_mall.csv")
03:
04: # 데이터 샘플 확인
05: df_raw.head()
```

Out [2]:

	cust_id	dt	ym	sale_amt
0	AFG4127094465	2021-12-09	202112	300000
1	AFG4127094465	2022-04-22	202204	45000
2	AFG4136725677	2022-04-07	202204	47800
3	AFG4140129314	2022-02-07	202202	39200
4	AFG4144923657	2022-05-11	202205	110000

데이터를 판다스 데이터 프레임으로 불러온 다음 확인한다. 일자별 고객들의 구매금액 정보가 기록되어 있는 것을 확인할 수 있다.

코드 11.55 각 시점 기준 칼럼 생성

In [3]:

```
01: # 각 시점 기준 칼럼 생성
02:
03: # 날짜형으로 변환
04: df_raw['Date2']= pd.to_datetime(df_raw['dt'])
05:
06: # 시점변수 생성
07: ym_li = [f"YM_M{i}" for i in range(6)]
08: ym_li
09:
10: for i in range(len(ym_li)):
11:     col = ym_li[i]
12:     now = pd.to_datetime('2022-05-01') + relativedelta(months=-i)
13: # 현재시점 기준 미래(-) 과거(+)
14:     df_raw[col] = 'M' + (-np.floor((df_raw.Date2 - now)
15:                                 /np.timedelta64(1, 'M'))).astype(int).astype(str)
16:
17: df_raw.head()
```

Out [3]:

	cust_id	dt	ym	sale_amt	Date2	YM_M0	YM_M1	YM_M2	YM_M3	YM_M4	YM_M5
0	AFG4127094465	2021-12-09	202112	300000	2021-12-09	M5	M4	M3	M2	M1	M0
1	AFG4127094465	2022-04-22	202204	45000	2022-04-22	M1	M0	M-1	M-2	M-3	M-4
2	AFG4136725677	2022-04-07	202204	47800	2022-04-07	M1	M0	M-1	M-2	M-3	M-4
3	AFG4140129314	2022-02-07	202202	39200	2022-02-07	M3	M2	M1	M0	M-1	M-2
4	AFG4144923657	2022-05-11	202205	110000	2022-05-11	M0	M-1	M-2	M-3	M-4	M-5

슬라이딩 윈도우 형태로 변환하기에 앞서, 각 날짜가 기준 시점으로부터 얼마나 차이가 나는지를 알 수 있는 칼럼을 생성한다. 예를 들어 첫번째 행의 2021년 12월 9일은 기준으로 잡은 2022년 5월 1일로부터는 5개월 전(YM_M0 = M5)이다. 그리고 2022년 5월 1일로부터 한 달 전 기준으로는 4개월 전(YM_M1 = M4)이다.

코드 11.56 슬라이팅 윈도우 테이블 형태 변환

In [4]:

```python
01:  # 슬라이딩 윈도우 형태로 변환
02:
03:  m_col = ["M{}".format(i) for i in range(6)]    # M0~M5 목록 생성
04:  df_li = []    # 임시 테이블 저장할 목록
05:
06:  for n, ym in enumerate(ym_li):  # YM_M0~YM_M5 반복
07:      # STD_YM_M0 변수 기준 M0~M5 & 구매금액 0원 초과
08:      tmp = df_raw[(df_raw[ym].isin(m_col)) & (df_raw['sale_amt'] > 0)]
09:      # YM_M0 기준 pivot
10:      tmp = tmp.pivot_table(index='cust_id',
11:                            columns=ym, values='sale_amt',
12:                            aggfunc='sum')
13:
14:      # M0~M12 중 누락된 칼럼 생성
15:      # 추후 테이블 union을 위해 pivot 시 누락된 칼럼을 별도로 생성
16:      missing_col = list(set(m_col) - set(tmp.columns))
17:      for col in missing_col :
18:          tmp[col] = 0
19:
20:      # 칼럼 이름 변경
21:      tmp.columns = [f'slae_amt_{c}' for c in tmp.columns] # 생략 가능
```

```
22:
23:     tmp['MM_DIFF'] = ym
24:     tmp = tmp.fillna(0)
25:
26:     df_li.append(tmp)
27:
28: final_df = pd.concat(df_li).reset_index()
29: final_df.head()
```

Out [4]:

	cust_id	slae_amt_M0	slae_amt_M1	slae_amt_M2	slae_amt_M3	slae_amt_M4	slae_amt_M5	MM_DIFF
0	AFG4127094465	0.0	45000.0	0.0	0.0	0.0	300000.0	YM_M0
1	AFG4136725677	0.0	47800.0	0.0	0.0	0.0	0.0	YM_M0
2	AFG4140129314	0.0	0.0	0.0	39200.0	0.0	0.0	YM_M0
3	AFG4144923657	110000.0	0.0	0.0	0.0	0.0	0.0	YM_M0
4	AFG4154711536	0.0	0.0	0.0	45000.0	0.0	0.0	YM_M0

최종적으로 슬라이딩 윈도우 가공된 테이블을 생성했다. 각 고객의 기준 시점별 구매금액이 월별로 집계됐다. 실습에서는 기준 시점을 2022년 5월 1일로 지정했지만 실무에서는 오늘 날짜를 기준으로 하여 적용한다. MM_DIFF 칼럼도 해당 연월로 대체하여 사용할 수 있다.

코드 11.57 특정 고객 지정하여 테이블 검증

In [5]:

```
01: # 특정 고객의 시점별 형태 확인
02: df1 = final_df[(final_df['cust_id']=='AFG6825009314')]
03:
04: df1
```

Out [5]:

	cust_id	slae_amt_M0	slae_amt_M1	slae_amt_M2	slae_amt_M3	slae_amt_M4	slae_amt_M5	MM_DIFF
832	AFG6825009314	0.0	0.0	0.0	0.0	0.0	39200.0	YM_M0
1442	AFG6825009314	0.0	0.0	0.0	0.0	39200.0	0.0	YM_M1
1849	AFG6825009314	0.0	0.0	0.0	39200.0	0.0	0.0	YM_M2
2166	AFG6825009314	0.0	0.0	39200.0	0.0	0.0	0.0	YM_M3
2399	AFG6825009314	0.0	39200.0	0.0	0.0	0.0	0.0	YM_M4
2529	AFG6825009314	39200.0	0.0	0.0	0.0	0.0	0.0	YM_M5

슬라이딩 윈도우가 제대로 적용됐는지 검증하기 위해 특정 고객만 추출하여 테이블 형태를 확인한다. 기준 시점이 2022년 5월인 경우(MM_DIFF = YM_M0)에는 6달 전 구매금액(sale_amt_M5)이 39,200원이다. 그리고 1개월씩 과거 시점으로 갈수록 구매금액 시점도 한 칼럼씩 옮겨졌다.

코드 11.58 파이팅

In [6]:

```
01: # 마지막 시점의 데이터 형태 확인
02: final_df.tail(10)
```

Out [6]:

	cust_id	slae_amt_M0	slae_amt_M1	slae_amt_M2	slae_amt_M3	slae_amt_M4	slae_amt_M5	MM_DIFF
2523	AFG6544053758	78400.0	0.0	0.0	0.0	0.0	0.0	YM_M5
2524	AFG6555046283	278000.0	0.0	0.0	0.0	0.0	0.0	YM_M5
2525	AFG6575203354	99000.0	0.0	0.0	0.0	0.0	0.0	YM_M5
2526	AFG6683774364	28000.0	0.0	0.0	0.0	0.0	0.0	YM_M5
2527	AFG6728543455	89000.0	0.0	0.0	0.0	0.0	0.0	YM_M5
2528	AFG6777275172	149000.0	0.0	0.0	0.0	0.0	0.0	YM_M5
2529	AFG6825009314	39200.0	0.0	0.0	0.0	0.0	0.0	YM_M5
2530	AFG6838532849	99000.0	0.0	0.0	0.0	0.0	0.0	YM_M5
2531	AFG6846099516	129000.0	0.0	0.0	0.0	0.0	0.0	YM_M5
2532	AFG6860414162	139000.0	0.0	0.0	0.0	0.0	0.0	YM_M5

마지막 시점(MM_DIFF = YM_M5)의 데이터를 보면 모두 sale_amt_M0에만 값이 있고 나머지 칼럼은 0 값을 가지고 있다. 이러한 이유는 기존 데이터가 6개월 동안의 구매 데이터만 존재하기 때문이다. 마지막 시점인 2021년 12월의 1~5개월 전까지의 데이터가 있어야만 온전한 데이터 활용이 가능하다. 이처럼 슬라이딩 윈도우는 필요한 기간을 먼저 고려하고 활용해야 한다.

11.7 범주형 변수의 가변수 처리

더미 변수라고도 불리는 가변수(Dummy variable) 처리는 범주형 변수를 0과 1의 값을 가지는 변수로 변환해 주는 것을 뜻한다. 가변수를 만드는 이유는, 범주형 변수는 사용할 수 없고 연속형 변수만 사용 가능한 분석기법을 사용하기 위함이다. 이런 형태는 이진변수(binary variable)라고도 하며, 불리언 변수(Boolean variable)라고도 한다.

선형 회귀분석이나 로지스틱 회귀분석 등의 회귀분석은 기본적으로 연속형 변수만 사용할 수 있다. 예를 들어 선형회귀 모델을 통해 고객별 구매금액을 예측하고자 했을 때 성별을 독립변수로 사용하고자 한다고 해보자. 회귀모델은 '남성'과 '여성'을 인식할 수 없다. 차원상의 좌표가 필요하기 때문이다. 따라서 남성은 '0' 여성은 '1' 인 식으로 변환해 주는 것이다. 혹은 '흡연 여부'를 독립변수로 사용한다고 하면 비흡연은 '0' 흡연은 '1'로 바꿔준다. 일반적으로 해당 안 됨은 '0', 해당됨은 '1'로 처리한다.

성별		성별		흡연여부		흡연여부
여성		1		비흡연		0
남성		0		흡연		1
남성		0		비흡연		0
여성		1		비흡연		0
여성		1		흡연		1
남성		0		비흡연		0
...		...		...		...

그림 11.14 성별 변수와 흡연 여부 변수의 가변수 처리 예시

그럼 만약 범주가 3개 이상인 경우는 어떻게 가변수 처리를 해줘야 할까? 범주가 늘어날수록, 변수의 수를 늘리면 된다. 예를 들어 혈액형 A, B, AB, O의 범주를 가진 변수를 가변수로 만들고자 한다면, 혈액형 가변수를 3개 만들어 주는 것이다. **여기서 중요한 점은 범주의 개수보다 하나 적게 가변수를 만드는 것이다.** 방금 성별, 흡연 여부와 같이 2개의 범주로 이루어진 변수는 1개의 가변수로 만들 수 있다고 했다. 3개의 범주인 변수는 2개의 가변수, 10개의 범주인 변수는 9개의 가변수를 만들어 줘야 한다. 그림 11.15를 통해 혈액형 범주 변수의 가변수 처리 예시를 확인해 보자.

혈액형		혈액형 A	혈액형 B	혈액형 AB
B		0	1	0
A		1	0	0
O		0	0	0
AB		0	0	1
A		1	0	0
O		0	0	0
...		...	...	...

그림 11.15 혈액형 변수의 가변수 처리 예시

그림 11.15를 보면 혈액형 범주가 'A형'인 경우는 혈액형 A 가변수의 값이 '1'이고 나머지는 '0'이다. 마찬가지로 혈액형 범주가 'B형'인 경우는 혈액형B 가변수의 값이 '1'이고 나머지는 '0'이다. 그런데 마지막

'O형' 범주는 가변수로 만들어주지 않았다. 왜 그런 것일까? 마지막 범주는 나머지 변수가 모두 '0'이면 해당 범주가 '1' 것임을 알 수 있기 때문에 굳이 가변수를 만들 필요가 없다.

만약 아무 범주에도 해당 없음도 필요하다면? 그 자체도 하나의 범주이기 때문에 총 범주가 4개가 아닌 5개 인 것이고, 가변수도 1개가 적은 4개가 만들어지는 것이다. 어떤 범주를 제거해도 상관없으나 일반적으로 종속변수에 대한 영향력이 가장 적은 범주를 제거하며, 제거된 범주를 baseline이라 한다. 회귀분석 부분에서 자세히 다루겠지만, baseline 범주를 기반으로 각각 범주들의 종속변수에 대한 영향력을 산출한다. baseline 범주의 종속변수에 대한 영향력은 0으로 맞춰지며, baseline 범주 대비 다른 범주들의 영향력이 산출되는 것이다.

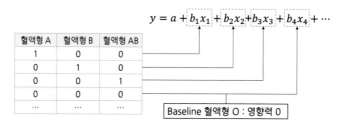

- 혈액형 A는 혈액형 O에 비해 b_1만큼 y에 대해 영향력이 있고,
- 혈액형 B는 혈액형 O에 비해 b_2만큼 y에 대해 영향력이 있고,
- 혈액형 AB는 혈액형 O에 비해 b_3만큼 y에 대해 영향력이 있다.

그림 11.16 가변수의 회귀모델 결과 해석 예시

회귀모델은 머신러닝 분석 방법론 부분에서 다루기 때문에 지금 회귀식에 대해서 낯설다면 해당 챕터를 참고하는 것이 좋다. 가변수는 연속형이 아닌 '1'과 '0'으로만 이루어진 변수이기 때문에 회귀선의 기울기를 바꾸지는 않고 절편만을 바꾸어 평행하게 움직이도록 만든다. 예를 들어 'A형'의 종속변수에 대한 영향력(계숫값)이 +0.5라면, 회귀선의 절편이 0.5만큼 증가하는 것이다.

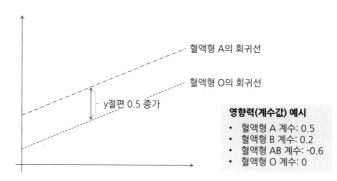

그림 11.17 가변수의 회귀선에 대한 영향 예시

이렇게 가변수가 범주의 수보다 하나 적게 만들어지는 것은 꼭 데이터의 효율성 때문만은 아니다. 가변수 처리를 하는 것은 기존 하나의 변수를 여러 개의 변수로 나눠준 것이다. 그랬을 때 각각의 변수는 독립성(independency)을 가지고 있어야 한다. 쉽게 말해 독립변수 간에는 서로 영향을 주지 않아야 한다. 만약 독립변수 간에 강한 상관성이 존재하게 되면 다중공선성(Multicollinearity) 문제가 발생한다. 예를 들어 혈액형 A, B, AB, O의 가변수를 모두 만들었다고 가정해 보자. 그럴 경우, A, B, AB 가변수의 값이 모두 '0'이면 O형의 가변수의 값은 무조건 '1'이 된다. 이는 A, B, AB 가변수의 값이 O형 가변수의 값에 영향을 준다는 뜻이기 때문에 A, B, AB, O의 가변수는 서로 독립성을 가지고 있지 않게 된다. 이처럼 **변수 간의 독립성을 위해 하나의 범주 가변수를 제거해 주는 것이 중요하다.**

11.7.1 범주형 변수의 가변수 처리 실습

이제 캐글에 있는 "GPU and CPU benchmark"[8] 데이터셋으로 가변수 처리를 실습해 보겠다. 이 절의 실습 코드는 이 책의 저장소의 **11.7.1.범주형 변수의 가변수 처리.ipynb** 파일에 있다.

코드 11.59 패키지 임포트

In [1]:

```
01: # 필요한 패키지 임포트
02: import seaborn as sns
03: import matplotlib.pyplot as plt
04: import pandas as pd
```

각 범주의 분포를 시각화하기 위해 필요한 패키지와 판다스 패키지를 임포트한다.

코드 11.60 데이터 불러오기 및 확인

In [2]:

```
01: # 데이터 불러오기
02: df = pd.read_csv("datasets/GPU_CPU_benchmark.csv")
03:
04: # 데이터 샘플 확인
05: df.head()
```

---

8 https://www.kaggle.com/datasets/sewonghwang/GPU-CPU-benchmark

Out [2]:

	Device Name	Compute Type	OS	Median Score
0	12X Intel Xeon CPU E5-2450 0 @ 2.10GHz	CPU	Linux	78.570
1	24X Intel Xeon CPU E5-2690 v3 @ 2.60GHz	CPU	Windows	297.940
2	2X 12th Gen Intel Core i9-12900KF	CPU	Windows	424.470
3	2X AMD EPYC 7343 16-Core Processor	CPU	Linux	439.210
4	2X AMD Opteron Processor 6276	CPU	Windows	81.478

데이터를 판다스 데이터 프레임으로 불러온 다음 확인한다. 각 컴퓨터 부품 타입과 OS 정보 그리고 성능을 나타내는 Median Score 정보가 있다.

코드 11.61 가변수 처리할 칼럼들의 범주별 분포 시각화

In [3]:

```
01: # 변경할 칼럼 범주별 분포 시각화
02: fig, ax = plt.subplots(nrows=2)
03:
04: # Compute Type 칼럼 범주별 분포
05: sns.countplot(x="Compute Type", data=df, ax=ax[0])
06:
07: # OS 칼럼 범주별 분포
08: sns.countplot(x="OS", data=df, ax=ax[1])
09:
10: plt.show()
```

Out [3]:

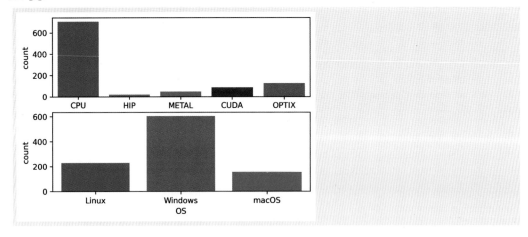

Compute Type과 OS 칼럼을 가변수 처리하기에 앞서 각 범주의 분포를 확인해 본다. Compute Type 칼럼은 다섯 개의 범주로 이루어져 있으며 CPU 범주의 비율이 가장 많으며, OS 칼럼은 세 개의 범주로 이루어져 있으며 Windows OS 범주가 가장 많은 비율을 차지한다. Device Name 칼럼은 문자형 변수지만, ID와 같은 역할을 하므로 가변수 처리를 하지 않는다.

코드 11.62 전체 칼럼 일괄 가변수 처리

In [4]:

```
01: # 전체 칼럼 일괄 가변수 처리
02:
03: df1 = pd.get_dummies(df)
04:
05: df1.head()
```

Out [4]:

	Median Score	Device Name_12X Intel Xeon CPU E5-2450 0 @ 2.10GHz	Device Name_24X Intel Xeon CPU E5-2690 v3 @ 2.60GHz	Device Name_2X 12th Gen Intel Core i9-12900KF	Device Name_2X AMD EPYC 7343 16-Core Processor	Device Name_2X AMD Opteron Processor 6276	Device Name_2X AMD Opteron(tm) Processor 6328	Device Name_2X AMD Ryzen Threadripper PRO 3995WX 64-Cores	Device Name_2X Genuine Intel CPU 0000 @ 2.00GHz	Device Name_2X Genuine Intel CPU 0000 @ 2.10GHz	...
0	78.570	1	0	0	0	0	0	0	0	0	...
1	297.940	0	1	0	0	0	0	0	0	0	...
2	424.470	0	0	1	0	0	0	0	0	0	...
3	439.210	0	0	0	1	0	0	0	0	0	...
4	81.478	0	0	0	0	1	0	0	0	0	...

판다스의 가변수 처리 함수인 get_dummies()를 그대로 적용하면 문자형 변수를 모두 가변수 처리한다. 그렇기 때문에 Device Name 칼럼까지 가변수 처리가 되어 740개나 되는 칼럼이 생성됐다.

코드 11.63 특정 칼럼만 지정하여 가변수 처리

In [5]:

```
01: # 특정 칼럼만 가변수 처리
02:
03: df2 = pd.get_dummies(df, columns = ['Compute Type', 'OS'])
04:
05: df2.head()
```

Out [5]:

	Device Name	Median Score	Compute Type_CPU	Compute Type_CUDA	Compute Type_HIP	Compute Type_METAL	Compute Type_OPTIX	OS_Linux	OS_Windows	OS_macOS
0	12X Intel Xeon CPU E5-2450 0 @ 2.10GHz	78.570	1	0	0	0	0	1	0	0
1	24X Intel Xeon CPU E5-2690 v3 @ 2.60GHz	297.940	1	0	0	0	0	0	1	0
2	2X 12th Gen Intel Core i9-12900KF	424.470	1	0	0	0	0	0	1	0
3	2X AMD EPYC 7343 16-Core Processor	439.210	1	0	0	0	0	1	0	0
4	2X AMD Opteron Processor 6276	81.478	1	0	0	0	0	0	1	0

앞의 문제를 방지하기 위하여 Compute Type 칼럼과 OS 칼럼만 지정하여 가변수 처리를 했다. 각 칼럼명에 범주명이 붙은 칼럼명이 자동으로 만들어졌다. 각 칼럼은 해당되면 1, 해당되지 않으면 0으로 채워진다.

코드 11.64 하나의 가변수 범주 제거 옵션 적용

In [6]:

```
01: # 하나의 가변수 범주 제거 옵션 적용
02: df3 = pd.get_dummies(df, columns = ['Compute Type','OS'],drop_first=True)
03:
04: df3.head()
```

Out [6]:

	Device Name	Median Score	Compute Type_CUDA	Compute Type_HIP	Compute Type_METAL	Compute Type_OPTIX	OS_Windows	OS_macOS
0	12X Intel Xeon CPU E5-2450 0 @ 2.10GHz	78.570	0	0	0	0	0	0
1	24X Intel Xeon CPU E5-2690 v3 @ 2.60GHz	297.940	0	0	0	0	1	0
2	2X 12th Gen Intel Core i9-12900KF	424.470	0	0	0	0	1	0
3	2X AMD EPYC 7343 16-Core Processor	439.210	0	0	0	0	0	0
4	2X AMD Opteron Processor 6276	81.478	0	0	0	0	1	0

앞에서 설명했듯이 가변수 처리한 데이터셋을 모델에 적용할 때는 다중공선성 문제를 방지하기 위해 하나의 범주 칼럼을 제거해 줘야 한다. drop_first=True 옵션을 설정하면 자동으로 첫 번째 범주를 제거해 준다. 아웃풋 테이블을 보면 Compute Type 칼럼은 네 개, OS 칼럼은 두 개로 하나씩 줄어든 것을 확인할 수 있다.

코드 11.65 결측값을 별도의 칼럼으로 처리 옵션 적용

In [7]:

```
01: # 결측값을 별도의 칼럼으로 처리 옵션 적용
02:
03: df4 = pd.get_dummies(df, columns = ['Compute Type','OS']
04:                          , drop_first=True, dummy_na=True)
05:
06: df4.head()
```

Out [7]:

	Device Name	Median Score	Compute Type_CUDA	Compute Type_HIP	Compute Type_METAL	Compute Type_OPTIX	Compute Type_nan	OS_Windows	OS_macOS	OS_nan
0	12X Intel Xeon CPU E5-2450 0 @ 2.10GHz	78.570	0	0	0	0	0	0	0	0
1	24X Intel Xeon CPU E5-2690 v3 @ 2.60GHz	297.940	0	0	0	0	0	1	0	0
2	2X 12th Gen Intel Core i9-12900KF	424.470	0	0	0	0	0	1	0	0
3	2X AMD EPYC 7343 16-Core Processor	439.210	0	0	0	0	0	0	0	0
4	2X AMD Opteron Processor 6276	81.478	0	0	0	0	0	1	0	0

가변수 처리를 하기 전에 결측값 처리를 한 경우에는 상관없지만, 결측값이 있는 상태로 가변수 처리를 할 때는 결측값을 별도의 범주로 처리하는 옵션을 적용하는 것이 좋다. 범주형 값이 결측값인 것 자체가 의미가 있을 수 있으므로 dummy_na=True 옵션을 적용하여 결측값 범주를 생성해 준다. 아웃풋 테이블에서 '_nan' 접미사가 붙은 칼럼들이 생성된 것을 알 수 있다.

11.8 클래스 불균형 문제 해결을 위한 언더샘플링과 오버샘플링

뒤에서 배울 분류 모델은 클래스 불균형(Class disparity) 문제가 발생하는 경우가 많다. 특히 0과 1의 이진분류 모델에서 1의 비율이 매우 적을 때가 많다. 예를 들어 구매고객을 예측하고자 하는데, 학습데이터의 구매고객 비중이 10% 미만인 경우가 있을 수 있다. 혹은 부정 사용자를 판별하는 모델을 만든다고 했을 때, 부정 사용자는 전체 고객 중 매우 극소수이기 때문에 '0'과 '1'의 불균형은 더욱 심하다. 이렇게 데이터의 불균형이 심하게 되면 우리가 원하는 대로 학습이 제대로 이루어지지 않아 예측 정확도가 떨어지게 된다.

왜 데이터 불균형이 심하면 우리가 원하는 대로 학습이 이루어지지 않을까? 그 근본적인 이유는 대부분의 분류 모델에서 적은 비중의 클래스를 분류하는 것이 중요하기 때문이다. 구매 예측에서도 구매를 할 고객을 최대한 많이 찾는 것이 중요하고, 부정(사기) 사용자 탐색도 마찬가지다. 암 진단 예측을 예로 들어보자. 암 진단 시, 극소수의 실제 암에 걸린 사람을 오진하여 치료시기를 놓치게 되면 해당 환자는 물론 병원까지 큰 타격을 입게 된다. 반면 대부분의 건강한 사람 중 암으로 오진을 한 경우는 어느 정도 허용이 가능하다.

일반적인 기계학습 분류 모델은, 적은 비중의 클래스 든 큰 비중의 클래스 든 중요도에 차별을 두지 않고 진체적으로 분류를 잘 하도록 학습된다. 따라서 만약 90:10의 클래스 비율을 가진 데이터의 분류 모델을 만든다고 했을 때, 10의 비중을 가진 클래스가 분류가 잘 안되더라도, 전체적인 분류 정확도가 높은 방향으로 학습된다. 다음 예시를 확인해 보자. A 분류 모델은, 90% 비중의 클래스는 80% 정확하게 분류하고 10% 비중의 클래스는 100% 정확하게 분류한다. 그리고 B 분류 모델은 90% 비중의 클래스는 90% 정확하게 분류하고 10% 비중의 클래스는 50% 정확하게 분류한다.

우리는 10% 비중의 클래스를 잘 분류하는 것이 중요하기 때문에, 90% 비중의 클래스 분류 정확도가 다소 떨어지더라도 모델 A가 더 낫다고 판단할 것이다. 하지만 전체적인 정확도는 A 모델이 82%, B 모델이 86%로 B 모델이 더 높다. 그래서 기계학습 모델은 B 모델과 같이 학습되어 만들어진다. 이러한 원리로 인해, 데이터 불균형이 심하게 되면 우리가 실제로 원하는 성능의 분류 모델을 만들 수 없다.

데이터 불균형 문제를 해결하는 방법은 크게 두 종류로 나뉜다. 첫번째는 모델 자체에 중요도가 높은 클래스에 정확도 가중치를 주어, 특정 클래스의 분류 정확도가 높아지도록 조정해 주는 것이다. 두 번째는 불균형 데이터 자체를 균형이 맞도록 가공한 다음 모델을 학습하는 것이다.

첫번째 방법은 가중치 밸런싱(Weight balancing)이라 한다. 분류 모델은 전체 정확도를 높이는 방향으로 학습된다고 했다. 바꿔 말하면 잘못 분류한 비중을 최소화하도록 학습하는 것이다. 이를 분류 예측에 따른 손실(Loss)이라 한다. 이렇게 모델은 손실을 계산하여 손실이 최소화되도록 학습하는데, 가중치 밸런싱은 중요도가 높은 클래스를 잘못 분류하면 더 큰 손실을 계산하도록 조정해 주는 것이다.

예를 들어 중요한 10% 비중의 클래스를 잘못 분류하면 90%의 손실 가중치를 주고, 상대적으로 덜 중요한 90% 비중의 가중치를 잘못 분류하면 10% 손실 가중치를 주도록 설정해 주는 것이다. 이렇게 설정하면, 전체 분류 정확도와 상관없이, 10% 비중의 클래스와 90% 비중의 클래스의 분류가 동일하게 잘되도록 모델을 학습시킬 수 있다. 물론 상황에 따라서 적은 비중의 클래스의 중요도 가중치를 극단적으로 높일 수도 있다. 하지만 이 또한 바람직한 방향은 아니다. 모델은 다각도로 성능을 평가할 필요가 있다. 모델 성능 평가에 대한 내용은 뒤에서 자세히 다룰 것이다.

데이터를 가공하는 두번째 방법은, 큰 비중의 클래스의 데이터를 줄이는 언더샘플링(Under sampling)과 작은 비중의 클래스 데이터를 늘리는 오버샘플링(Over sampling)이 있다. 언더샘플링은 말 그대로 큰 비중의 클래스 데이터를 작은 비중의 클래스 데이터만큼만 추출하여 학습시키는 것이다. 만약 '1' 클래스 관측치는 1,000개가 있고, '0' 클래스 관측치는 10,000개가 있다면, '1' 클래스 관측치 1,000개, '0' 클래스 관측치 1,000개로, 총 2,000개의 관측치로 학습을 하는 것이다. 반면 오버샘플링은 '1' 클래스의 관측치 1,000개를 10,000개로 복제하여 총 20,000개의 관측치로 학습을 한다.

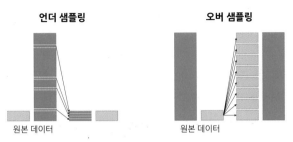

그림 11.18 언더샘플링과 오버샘플링 개념 예시

언더샘플링은 비교적 단순하고 구현하기 쉽다. 비중이 작은 클래스의 관측치 수와 동일하도록 큰 비중의 클래스의 관측치들을 제거해 준다. 언더샘플링 기법으로는 다음과 같은 것들이 있다.

- 랜덤 언더샘플링(Random under-sampling): 작은 비중의 클래스와 관측치 비율이 유사해질 때까지 무작위로 큰 비중의 클래스의 관측치를 제거하는 단순한 방식이다.

- EasyEnsemble: 일종의 앙상블[9] 기법이다. 큰 비중의 클래스를, N 개의 작은 비중의 클래스와 동일한 크기의 데이터셋으로 분리한다. 만약 90 : 10의 비중이라면, 1번부터 9번까지 9개의 데이터셋으로 분리한다. 그다음, 분리한 각 데이터셋과 작은 비중의 데이터셋으로 총 9번 학습한다. 1번과 작은 비중으로 한 번, 2번과 작은 비중으로 한 번… 이렇게 작은 비중의 클래스 데이터는 동일하고 큰 비중의 데이터만 바꿔가며 모델을 만드는 것이다. 그다음 마지막으로 9개의 모든 모델의 결괏값을 종합하여 최종 분류 모델을 만든다. 일반적으로는 분류 가중치의 평균을 구하여 최종 분류 값을 산출한다.

9　여러 기계학습 모델을 결합하는 기법. 자세한 내용은 '의사결정나무와 랜덤 포레스트' 챕터 참조

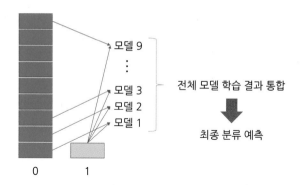

그림 11.19 EasyEnsemble 개념 예시

- **Condensed Nearest Neighbor(CNN):** K-근접이웃(K-Nearest Neighbor) 모델을 차용한 언더샘플링 방법이다. 이름의 약자가 CNN인데, 딥러닝 알고리즘인 CNN(Convolutional Neural Networks)과는 관련이 없다. 이 방식의 콘셉트는, 비중이 큰 클래스의 관측치 중에서 비중이 적은 클래스와 속성값이 확연히 다른 관측치들은 제거하여 굳이 학습에 사용하지 않아도 되는 관측치를 제거하는 것이다. 즉, 비중이 큰 클래스의 관측치 중 비중이 적은 클래스와 공간상 위치가 맞닿는 부분의 관측치만 남기는 것이다. CNN의 작동 방식은 다음과 같다.

  1. 비중이 작은 클래스만 있는 집합 S에, 비중이 큰 클래스의 관측치 하나를 포함시킨다.

  2. 포함시킨 비중이 큰 클래스의 관측치를 K Nearest Neighbors 방식으로 분류한다.(기본적으로 1NN)

  3. 만약 분류가 틀렸으면 그 표본을 집합 S에 포함시킨다.

  4. S set에 포함되어있지 않은 모든 값의 분류가 집합 S로 배정이 가능할 때까지 1~3번을 반복한다.

K-Nearest Neighbors 방식은 데이터 분석 방법론 파트에서 자세히 다룰 것이다. 이렇게 비중이 큰 클래스의 관측치 중에서 비중이 적은 클래스와 속성값이 비슷한 관측치만 추출하는 언더샘플링을 통해 학습을 효율적으로 할 수 있다.

다음으로, 오버샘플링은 언더샘플링과 반대로 비중이 작은 클래스의 관측치 수와 동일하도록 작은 비중의 클래스의 관측치들을 증가시킨다. 오버샘플링 기법으로는 다음과 같은 것들이 있다.

- **랜덤 오버샘플링(Random over-sampling):** 작은 클래스의 관측치를 단순히 무작위로 선택하여 반복 추출하는 방식이다. 관측치를 반복 추출하는 만큼 표본의 크기는 커지지만, 단순히 동일한 관측치가 복제되는 것이기 때문에 정보의 양은 증가하지 않는다. 따라서 정보의 손실은 없지만 모델의 과적합이 발생할 수 있다. 방식이 간단하여 쉽게 적용할 수 있지만, 좋은 오버샘플링 기법은 아니다.

▪ **Synthetic Minority Over-Sampling Technique(SMOTE):** 대표적인 오버샘플링 기법이다. SMOTE 방식은 K Nearest Neighbors 기법을 사용한다. 비중이 작은 클래스의 관측치의 K 최근접 이웃 관측치들을 찾아서, 해당 관측치와 K 개 이웃 관측치들 사이의 값을 가진 새로운 관측치들을 생성한다. 그림 11.20을 보면 원리를 쉽게 이해할 수 있다.

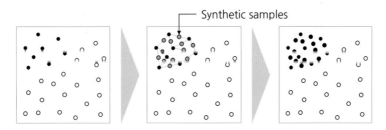

그림 11.20 SMOTE 개념 예시

그림 11.20의 경우, 우선 검은 점으로 표시된 작은 비중의 클래스 각각의 관측치들에 대한 K-nearest neighbors를 찾는다. 그리고 이웃들 사이의 선에 가상의 합성 샘플(Synthetic samples)을 생성하여 관측치를 증가시킨다. 이를 반복하여 원하는 만큼 관측치를 복제할 수 있다. 그리고 두 클래스의 경계에 있는 관측치들만을 이용하여 SMOTE 오버샘플링을 하는 borderline SMOTE 방식도 있다.

▪ **Adaptive Synthetic Sampling Approach(ADASYN):** SMOTE 기법을 발전시킨 방식이다. 기존 SMOTE 방식에 오버샘플링할 관측치의 양을 체계적으로 조절할 수 있는 장점이 있다. ADASYN의 세부 알고리즘[10]은 다음과 같다.

1. 클래스 불균형의 정도를 측정한다.

2. 작은 비중의 클래스에 속하는 관측치들의 K-nearest neighbors 중 큰 비중의 클래스에 속하는 관측치의 비율을 구한다. 이를 r_i이라 한다.

3. 모든 작은 비중의 클래스의 관측치에 대한 r_i 값을 구해, r_i 값을 표준화한다.$(\hat{r_i} = r_i / \sum_i r_i)$

4. 클래스의 균형을 맞추기 위해 오버샘플링해야 하는 관측치의 수를 $\hat{r_i}$에 곱하여 g_i를 구한다.$(g_i = r_i \times resamlpleN)$

5. 각 g_i에 x_i를 대응시키고, x_i에 대응되는 K-nearest neighbor 중 작은 비중의 클래스에 속하는 관측치에서 임의의 하나를 뽑는다.

6. 5번에서 뽑은 관측치와 x_i 사이에 임의의 synthetic sample을 만든다.

7. 5번의 작은 비중의 클래스에 속한 모든 x_i에 대해 5번과 6번을 g_i만큼 반복한다.

10　Park, G. U., & Jung, I. (2019). Comparison of resampling methods for dealing with imbalanced data in binary classification problem. The Korean Journal of Applied Statistics, 32(3), 349-374.

이러한 방식을 통해 오버샘플링할 데이터의 양을 자동적으로 조절할 수 있다. 또한 ADASYN은 borderline SMOTE와 유사하게 경곗값에 가중치를 주어 샘플을 생성한다. 이 알고리즘을 처음 제안한 연구에서는 5-nearest neighbor를 적용했다.

오버샘플링을 적용할 때에는 먼저 학습 셋과 테스트 셋을 분리한 다음에 적용을 해야 한다. 그렇지 않으면 학습 셋과 테스트 셋에 동일한 데이터가 들어가서 과적합을 유발하기 때문이다. 학습된 모델의 예측력을 검증할 때 사용하는 테스트 셋에는 오버샘플링을 적용하지 않은 순수한 데이터를 사용해야 한다.

그리고 오버샘플링이나 언더샘플링을 적용했을 때는 그렇지 않은 경우보다 예측 성능의 편차가 증가한다. 설정된 알고리즘 seed 값에 따라 데이터의 값이 변하기 때문이다. 그래서 오버샘플링이나 언더샘플링을 적용했을 때는 모델 성능 지표를 확인할 때, 여러 번 테스트를 하여 표준편차와 같은 평가 측도의 변동에 대한 정보를 같이 표기하는 것이 좋다.

11.8.1 언더샘플링과 오버샘플링 실습

이제 캐글에 있는 "Logistic Regression"[11] 데이터셋으로 언더샘플링과 오버샘플링을 실습해 보겠다. 이 절의 실습 코드는 이 책의 저장소의 **11.8.1.클래스 불균형 문제 해결을 위한 언더샘플링과 오버샘플링.ipynb** 파일에 있다.

코드 11.66 패키지 설치 및 임포트

In [1]:

```
01: # 필요한 패키지 설치 및 임포트
02: !pip install imbalanced-learn==0.7.0
03: from sklearn.model_selection import train_test_split
04: from imblearn.under_sampling import *
05: from imblearn.over_sampling import SMOTE
06: import seaborn as sns
07: import matplotlib.pyplot as plt
08: import pandas as pd
```

데이터셋을 학습셋과 테스트셋으로 나눠주는 `train_test_split` 패키지와 언더샘플링과 오버샘플링을 위한 패키지 등을 설치 및 임포트한다.

---

[11]   https://www.kaggle.com/datasets/dragonheir/logistic-regression

코드 11.67 데이터 불러오기 및 확인

In [2]:

```
01: # 데이터 불러오기
02: df = pd.read_csv("datasets/Social_Network_Ads.csv")
03:
04: # 데이터 샘플 확인
05: df.head()
```

Out [2]:

	User ID	Gender	Age	EstimatedSalary	Purchased
0	15624510	Male	19	19000	0
1	15810944	Male	35	20000	0
2	15668575	Female	26	43000	0
3	15603246	Female	27	57000	0
4	15804002	Male	19	76000	0

데이터를 판다스 데이터 프레임으로 불러온 다음 확인한다. 각 고객의 ID와 성별, 연령, 추정소득 그리고 구매 여부 정보가 있다.

코드 11.68 각 칼럼의 속성과 결측값 확인

In [3]:

```
01: # 각 칼럼의 속성 및 결측치 확인
02: df.info()
```

Out [3]:

```
<class 'pandas.core.frame.DataFrame'>
RangeIndex: 400 entries, 0 to 399
Data columns (total 5 columns):
 #   Column           Non-Null Count  Dtype
---  ------           --------------  -----
 0   User ID          400 non-null    int64
 1   Gender           400 non-null    object
 2   Age              400 non-null    int64
 3   EstimatedSalary  400 non-null    int64
 4   Purchased        400 non-null    int64
dtypes: int64(4), object(1)
memory usage: 15.8+ KB
```

총 400개의 관측치가 있으며 Gender 칼럼은 문자형 변수로 되어 있다. 언더샘플링과 오버샘플링을 하려면 문자형 변수를 가변수로 바꿔 줘야 한다.

코드 11.69 Purchased 칼럼 클래스 분포 시각화

In [4]:

```
01: # Purchased 칼럼 클래스 분포 시각화
02: sns.countplot(x="Purchased", data=df)
03:
04: plt.show()
```

Out [4]:

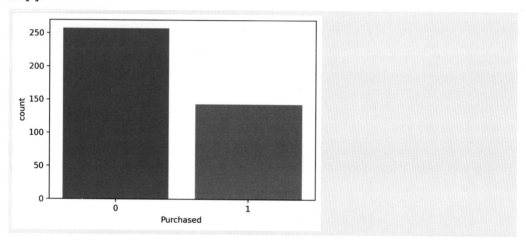

클래스 비율을 조정해야 하는 **Purchased** 칼럼의 기존 분포를 시각화했다. 총 400개의 관측치 중 0값은 약 250개, 1값은 약 150개가량이다. 1값이 전체의 약 35% 정도로 약간의 클래스 불균형이 존재한다.

코드 11.70 Gender 칼럼의 가변수 처리

In [5]:

```
01: # Gender 칼럼 가변수 처리
02:
03: df_d = pd.get_dummies(df['Gender'])
04:
05: df2 = pd.merge(df.drop(['Gender'], axis=1),
06:                df_d['Male'],left_index=True, right_index=True,how = 'inner')
07:
08: df2.head()
```

Out [5]:

	User ID	Age	EstimatedSalary	Purchased	Male
0	15624510	19	19000	0	1
1	15810944	35	20000	0	1
2	15668575	26	43000	0	0
3	15603246	27	57000	0	0
4	15804002	19	76000	0	1

앞서 설명했듯이 언더샘플링과 오버샘플링을 적용하기 전에 문자형 변수인 Gender 칼럼을 가변수로 처리해 준다. 모델에서는 남성과 여성 칼럼을 모두 넣을 필요가 없으므로 남성 여부 칼럼만 넣어준다.

코드 11.71 학습셋과 테스트셋 분리

In [6]:

```
01: # 데이터셋 학습셋, 테스트셋 분리
02:
03: X = df2.drop(['Purchased'], axis=1)
04: y = df2[['Purchased']]
05:
06: X_train, X_test, y_train, y_test = train_test_split(
07:     X,y,test_size=0.25,random_state=10)
08:
09: X_train.head()
```

Out [6]:

	User ID	Age	EstimatedSalary	Male
57	15807481	28	79000	1
87	15631912	28	85000	0
357	15671387	41	72000	0
355	15606472	60	34000	1
238	15617877	46	82000	0

언더샘플링이나 오버샘플링을 하는 이유는 머신러닝 모델의 성능을 향상시키기 위한 것이기 때문에 모델에 적합하도록 데이터셋을 전처리해야 한다. 테스트셋은 실제 데이터에 대한 모델 성능을 평가하는 용도로 사용하는 것이기 때문에 학습셋에만 언더샘플링이나 오버샘플링을 적용한다. 모델에 대해 익숙하지 않은 사람은 이러한 프로세스가 이해되지 않을 수 있다. 자세한 내용은 머신러닝 분석 방법론 부분에서 자세히 다루기 때문에 지금은 우선 넘어가도 무방하다.

코드 11.72 언더샘플링 적용(RandomUnderSampler)

In [7]:

```
01: # 언더샘플링 적용
02:
03: X_train_under, y_train_under = RandomUnderSampler(
04:     random_state=0).fit_resample(X_train,y_train)
05:
06: print('RandomUnderSampler 적용 전 학습셋 변수/레이블 데이터 세트: '
07:     , X_train.shape, y_train.shape)
08: print('RandomUnderSampler 적용 후 학습셋 변수/레이블 데이터 세트: '
09:     , X_train_under.shape, y_train_under.shape)
10: print('RandomUnderSampler 적용 전 레이블 값 분포: \n'
11:     , pd.Series(y_train['Purchased']).value_counts())
12: print('RandomUnderSampler 적용 후 레이블 값 분포: \n'
13:     , pd.Series(y_train_under['Purchased']).value_counts())
```

Out [7]:

```
RandomUnderSampler 적용 전 학습셋 변수/레이블 데이터 세트:  (300, 4) (300, 1)
RandomUnderSampler 적용 후 학습셋 변수/레이블 데이터 세트:  (224, 4) (224, 1)
RandomUnderSampler 적용 전 레이블 값 분포:
 0    188
1    112
Name: Purchased, dtype: int64
RandomUnderSampler 적용 후 레이블 값 분포:
 1    112
0    112
Name: Purchased, dtype: int64
```

RandomUnderSampler() 함수를 사용하여 학습셋에 언더샘플링을 적용한다. 언더샘플링은 비율이 높은 클래스의 관측치를 적은 비율의 클래스만큼 줄이는 것이므로, 기존 300개의 관측치가 112:112의 224개 관측치로 감소했다.

코드 11.73 언더샘플링 적용 후 Purchased 칼럼 클래스 분포 시각화

In [8]:

```
01: # 언더샘플링 적용 후 Purchased 칼럼 클래스 분포 시각화
02: sns.countplot(x="Purchased", data=y_train_under)
```

```
03:
04: plt.show()
```

Out [8]:

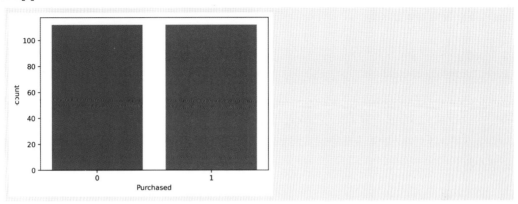

언더샘플링을 적용한 후의 클래스 분포를 시각화하면 두 클래스의 분포가 동일한 것을 확인할 수 있다.

코드 11.74 오버샘플링 적용(SMOTE)

In [9]:

```
01: # 오버샘플링 적용
02:
03: smote = SMOTE(k_neighbors = 2, random_state=0)
04: oversample = SMOTE()
05:
06: X_train_over,y_train_over = smote.fit_resample(X_train,y_train)
07: print('SMOTE 적용 전 학습용 변수/레이블 데이터 세트: '
08:      , X_train.shape, y_train.shape)
09: print('SMOTE 적용 후 학습용 변수/레이블 데이터 세트: '
10:      , X_train_over.shape, y_train_over.shape)
11: print('SMOTE 적용 전 레이블 값 분포: \n'
12:      , pd.Series(y_train['Purchased']).value_counts())
13: print('SMOTE 적용 후 레이블 값 분포: \n'
14:      , pd.Series(y_train_over['Purchased']).value_counts())
```

Out [9]:

```
SMOTE 적용 전 학습용 변수/레이블 데이터 세트:  (300, 4) (300, 1)
SMOTE 적용 후 학습용 변수/레이블 데이터 세트:  (376, 4) (376, 1)
```

```
SMOTE 적용 전 레이블 값 분포:
 0    188
 1    112
Name: Purchased, dtype: int64
SMOTE 적용 후 레이블 값 분포:
 1    188
 0    188
Name: Purchased, dtype: int64
```

SMOTE() 함수를 사용하여 학습셋에 오버샘플링을 적용한다. 오버샘플링은 비율이 낮은 클래스의 관측치를 높은 비율의 클래스만큼 증가시키는 것이므로, 기존 300개의 관측치가 188:188의 376개 관측치로 증가했다.

코드 11.75 오버샘플링 적용 후 Purchased 칼럼 클래스 분포 시각화

In [10]:

```
01: # 오버샘플링 적용 후 Purchased 칼럼 클래스 분포 시각화
02: sns.countplot(x="Purchased", data=y_train_over)
03:
04: plt.show()
```

Out [10]:

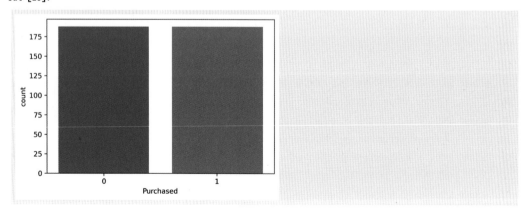

오버샘플링을 적용한 후의 클래스 분포를 시각화하면 두 클래스의 분포가 동일한 것을 확인할 수 있다. 다만 언더샘플링보다 관측치 수가 더 많은 차이가 있다.

11.9 데이터 거리 측정 방법

데이터 간의 '거리(distance)'란 무엇일까? X, Y 축의 2차원 좌표가 있다고 해보자. (1, 1)에 위치한 관측치 A, (1,3)에 위치한 관측치 B, (2,5)에 위치한 관측치 C가 있다. **관측치 A를 기준으로, B와 C 중 어느 관측치가 더 가까이 있는가를 판단하기 위한 것이 데이터 거리 측정이다.** 이는 데이터 유사도(similarity) 측정이라고도 할 수 있다. 공간상 데이터들 간의 거리가 가까우면 가까울수록 유사하다고 볼 수 있기 때문이다. 이러한 데이터 간의 거리 측정 혹은 유사도 측정은 데이터 분석 및 모델링에서 매우 중요하다. 뒤에서 다룰 분류모델이나 군집모델의 경우 거의 필수석으로 데이터 거리를 활용한다. 추천 시스템의 경우에도, 사용자나 아이템 간의 거리를 측정하여 유사성이 높은 사용자나 아이템을 추천해 준다.

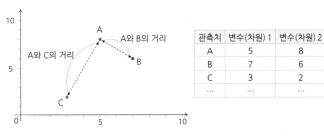

그림 11.21 데이터 거리 측정 기본 개념 예시

그림 11.21은 두 개의 변수, 즉 2차원상 관측지 간의 직선 거리를 측정한 것이다. 이는 3차원의 좌표에도 쉽게 적용이 가능하다. 그런데 좌표가 4개 이상인 다차원 관측치의 경우 시각적으로 표현하기가 어렵다. 하지만 거리 측정 공식을 사용하면 10차원이든, 100차원이든 데이터 간의 거리 측정이 가능하다. 다만 주의할 점은, **데이터 거리를 측정하기 전에 데이터 표준화나 정규화 가공을 해줘야 한다.** 그 이유는 앞에서 이미 다루었다.

11.9.1 대표적인 거리 측정 방법
데이터 거리를 측정하는 대표적인 방법을 살펴보자.

유클리드 거리
데이터 거리 측정 방법의 가장 대표적인 알고리즘은 유클리드 거리(Euclidean distance) 측정이라 할 수 있다. 직각삼각형의 빗변 길이의 제곱은 빗변을 제외한 나머지 두 변의 각각 제곱의 합과 같다는 피타고라스 정리를 활용한 것이다. 즉, 관측치 간의 직선거리를 측정하는 것이다. 개념이 매우 직관적이고, 실제 거리를 사용하기 때문에 합당한 데이터 거리 측정 방법으로 인정된다. 유클리드 거리 값이 0에 가까울수록 데이터 간의 거리가 짧다는 것이므로, 유사도가 높음을 의미한다.

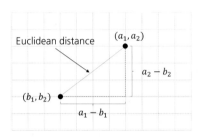

그림 11.22 유클리드 거리 예시

n차원의 데이터에 대한 유클리드 거리는 다음과 같이 계산한다.

$$d(A,B) = \sqrt{(a_1 - b_1)^2 + (a_2 - b_2)^2 + \cdots + (a_n - b_n)^2} = \sqrt{\sum_{i=1}^{n}(a_i - b_i)^2}$$

맨해튼 거리

미국 뉴욕의 행정구역인 맨해튼에서 이름을 차용한 맨해튼 거리(Manhattan distance)는 택시 거리라고도 불린다. 체계적인 도시계획으로 구성된 맨해튼의 격자 모양 도로에서 최단거리를 구하는 원리를 이용한다. 맨해튼 거리는 L1 Norm이라 불리며, L2 Norm은 유클리드 거리다. 보통 딥러닝 분야에서 정규화(Regularization)를 할 때 L1 Norm, L2 Norm이라는 용어로 데이터(벡터) 간 거리를 구한다. 맨해튼 거리를 구하는 방식은 매우 단순하다. 그림 11.23을 보자.

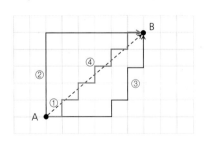

그림 11.23 맨해튼 거리 예시

A 지점에서 B 지점까지 최단거리로 가려면 어떻게 가야 할까? 물론 유클리드 거리인 ①번 선이 최단거리다. 하지만 우리는 격자의 선으로만 지나갈 수 있다. 실제 맨해튼 거리에서 건물을 뚫거나 뛰어넘어서 갈 수 없듯이 차도로만 지나갈 수 있는 것이다. 그랬을 때, ②, ③, ④번 경로는 길이가 모두 동일하다. 이것이 맨해튼 거리다. A지점과 B지점까지의 X축거리, Y축거리를 합해주기만 하면 된다. 이를 수식으로 나타내면 다음과 같다.

$$d(A,B) = |a_1 - b_1| + |a_2 - b_2| + \cdots + |a_n - b_n|$$

민코프스키 거리

민코프스키 거리(Minkowski distance)는 옵션값을 설정하여 거리 기준을 조정할 수 있는 거리 측정 방법이다. 이는 설명보다 수식을 먼저 보는 것이 이해하기 쉽다.

$$d(A,B) = \left(\sum_{i=1}^{n} |a_1 - b_1|^p \right)^{\frac{1}{p}}$$

수식에서 알 수 있듯이, 유클리드 거리 수식과 동일하며 단지 제곱 부분을 p-norm값으로 하여 조정할 수 있다. **p값을 1로 설정하면 맨해튼 거리와 동일하고, 2로 설정하면 유클리드 거리와 동일하다.** p값은 반드시 1 이상이어야 하고 정수가 아니어도 상관없다.

체비쇼프 거리

민코프스키 거리의 p값을 무한대로 설정했을 때, 체비쇼프 거리(Chebyshev distance) 혹은 맥시멈 거리(Maximum distance)라 한다. 또는 L max Norm으로도 불린다. 체비쇼프 거리는 군집 간의 최대 거리를 구할 때 사용한다. 일반적으로 잘 사용되지 않는 거리 측정 방법이지만, 때에 따라서 군집 간의 최대 거리가 중요한 경우에 사용할 수 있다. 이 역시 계산 값이 0에 가까울수록 유사한 것이다. 이를 수식으로 나타내면 다음과 같다.

$$d(A,B) = \max(|a_1 - b_1|) = \lim_{n \to \infty} \left[\sum_{i=1}^{p} (a_i - b_i)^n \right]^{\frac{1}{n}}$$

마할라노비스 거리

마할라노비스 거리(Mahalanobis distance)는 유클리드 거리에 공분산을 고려한 거리 측정 방법이다. 변수 내 분산과 변수 간 공분산을 모두 반영하여 A와 B 간 거리를 계산한다. 따라서 단순 거리에 상관성을 함께 볼 수 있다는 장점이 있다. 단순 유클리드 거리의 경우 점 A(X, Y)와 점 B(X, Y)의 단순 직선 거리를 통해 두 점 간의 거리를 측정한다. 하지만 **마할라노비스 거리는 X와 Y의 공분산을 고려하여 거리를 측정한다.** 마할라노비스 거리는 확률 분포를 고려하기 때문에 공분산 행렬을 사용한다. 기존 유클리드 공식에 공분산 행렬을 더해준다. 이를 수식으로 나타내면 다음과 같다.

$$d(A,B) = \sqrt{(A-B)\Sigma^{-1}(A-B)^T}$$

Σ^{-1}은 공분산 행렬의 역행렬을 뜻하고, T는 변환행렬이다. 마할라노비스 거리 공식은 선형대수 개념이 필요하기 때문에 이해하기가 까다롭다. 그림 11.24를 보면 개념을 쉽게 이해할 수 있다.

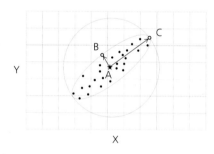

그림 11.24 마할라노비스 거리 개념 예시

그림 11.24에서 타원은 변수 X와 Y의 공분산을 고려하여, 전체 점들의 평균으로부터 최대 거리를 나타낸 것이다. 따라서 마할라노비스 거리로 측정하면 점 A와 점 B의 거리는 점 A와 점 C의 거리와 같다. 즉, X가 증가할 때 Y도 함께 증가하는 상관성을 고려하여, 해당 점이 상관성으로 예측 가능한 영역에 있으면, 그만큼 거리가 단축되는 것이다. 반대로 해당 점이 상관성과 관계없는 좌표에 위치해 있으면, 그 거리는 실제 거리보다 멀게 측정된다.

코사인 거리

코사인 거리(Cosine distance)를 알기 위해서는 우선 코사인 유사도(Cosine similarity)를 이해해야 한다. 앞에서 배운 유클리드 거리는 줄자로 두 점 사이의 거리를 재는 것과 같은 개념이다. 반면 코사인 유사도는 벡터 사이의 각도만으로 두 점 간의 유사도를 측정한다. 즉, **두 벡터의 사이각을 구해서 유사도**

를 구하는 것이다. 그림 11.25처럼 두 점 간의 각도가 작으면 유사도가 높고, 각도가 크면 유사도가 낮아지는 것이다. 즉, 실제 거리보다, 좌표 공간상 각도가 얼마나 차이 나는가에 따라 유사도를 측정한다. 따라서 점 A와 점B, 점C의 유클리드 거리는 다르지만, 코사인 유사도는 동일하다.

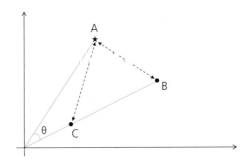

그림 11.25 코사인 유사도 개념 예시

코사인 유사도는 −1에서 1 사이의 값을 가지며, 두 벡터의 방향이 완전히 동일하면 1의 값을 가진다. 반대로 180°의 각도는 코사인 유사도가 −1이 되며, 90°는 0이 된다. 1은 서로 유사도가 매우 높음을 의미하고, 0은 관련성이 없음, −1은 완전히 반대됨을 의미한다. 하지만 코사인 유사도를 사용하는 경우는 양수만 갖는 변수 혹은 0과 1의 값으로만 이루어진 변수를 사용하기 때문에 일반적으로 코사인 유사도는 0~1의 값을 갖는다. 공식은 다음과 같다.

$$\cos(\theta) = \frac{A \cdot B}{\|A\| \|B\|} = \frac{\sum_{i=1}^{n} A_i \times B_i}{\sqrt{\sum_{i=1}^{n} (A_i)^2} \times \sqrt{\sum_{i=1}^{n} (B_i)^2}}$$

우선 두 변수의 벡터 내적을 구한다. 그다음 두 벡터의 각각의 크기를 구하여 곱한 값으로 나눈다. 분자부분은 벡터 내적(vector inner product)으로, 각 변수들을 순서대로 곱한 다음 그 결과들을 모두 더한다. 분모 부분은 벡터의 크기(norm)를 곱한 것으로, 피타고라스의 정리에서 직각삼각형의 빗변을 구하는 것과 같다.

그렇다면 언제 코사인 유사도를 사용하는 것이 좋을까? 코사인 유사도는 크기, 무게와 같은 변수 간의 크기가 중요한 경우에는 적합하지 않은 거리 측정 방법이다. 예를 들어 다음과 같은 크기와 무게 변숫값을 가지는 관측치 A, B, C가 있다고 해보자.

관측치	크기	무게
A	10	50
B	12	48
C	100	500

직관적으로 값이 비슷한 관측치 A와 B가 더 유사하다고 판단된다. 하지만 코사인 유사도는 A와 C가 더 유사하다고 판단한다. 즉, 코사인 유사도는 벡터의 각도만으로 유사도를 판단해도 무방할 때 사용해야 한다. 이러한 성격 때문에 코사인 유사도는 추천 시스템 중 하나인 협업 필터링 모델이나 문서 간 유사도를 측정하는 모델에서 좋은 성능을 보인다.

예를 들어, 특정 단어의 포함 정도로 문서 간의 유사도를 측정한다고 했을 때, 'economy'라는 단어가 A 문서에는 7번, B 문서에는 2번, C 문서에는 8번 나왔다고 해보자. 얼핏 보기에는 C 문서가 경제 쪽으로 더 유사한 문서로 보인다. 하지만 만약 C 문서가 월등히 길다면 올바른 판단이라 할 수 없다. 이처럼 변수 간 스케일이 아닌, 각 관측치의 스케일이 다를 때 코사인 유사도가 좋은 성능을 나타낸다. 그리고 검색엔진의 경우, 질의어로 각 문서의 유사한 것을 찾는데 문서마다 길이 차이가 크기 때문에 코사인 유사도가 적합하다. 예를 들어 'BTS'로 검색을 했는데, **전체 5,000개 단어 중 5개 단어가 'BTS'인 문서보다, 1,000개 단어 중 4개 단어가 'BTS'인 문서가 더 적합할 수 있기 때문이다.**

코사인 유사도를 코사인 거리로 환산하는 방법은 매우 간단하다. 1에서 코사인 유사도를 빼 주면 된다. 앞에서 코사인 유사도는 일반적으로 0~1의 값을 가지며, 1에 가까울수록 유사도가 높다고 했다. 따라서 유사도가 높을수록 거리는 줄어들게 된다. 예를 들어 코사인 유사도가 0.83이라면, 코사인 거리는 0.17이 된다. 그리고 완전 일치라 할 수 있는 코사인 유사도 1인 경우, 당연히 거리는 1-1=0이 된다.

11.9.2 데이터 거리 측정 실습

이제 캐글에 있는 "Superstore Sales Dataset"[12] 데이터셋으로 데이터 거리 측정을 실습해 보겠다. 이 절의 실습 코드는 이 책의 저장소의 **11.9.2.데이터 거리 측정 방법.ipynb** 파일에 있다.

---

12   https://www.kaggle.com/datasets/sewonghwang/starbucks-seoul?select=Starbucks_Seoul.csv

코드 11.76 패키지 임포트

In [1]:

```
01: # 필요한 패키지 임포트
02: from scipy.spatial import distance
03: import pandas as pd
```

데이터 거리 측정을 하기 위해 필요한 패키지들을 임포트한다.

코드 11.77 데이터 불러오기 및 확인

In [2]:

```
01: # 데이터 불러오기
02: df = pd.read_csv("datasets/Starbucks_Seoul.csv")
03:
04: # 데이터 샘플 확인
05: df.tail()
```

Out [2]:

	name	address	gu_name	latitude	longitude
516	황학사거리	서울특별시 성동구 왕십리로 410 (하왕십리동, 센트라스)	성동구	37.567644	127.023697
517	황학캐슬	서울특별시 중구 청계천로 400 (황학동) 롯데캐슬베네치아	중구	37.571240	127.022905
518	회기역사거리	서울특별시 동대문구 이문로 37 (회기동)	동대문구	37.590784	127.056098
519	회현역	서울특별시 중구 퇴계로 72 (회현동) 리더스뷰남산	중구	37.558981	126.980747
520	효창공원앞역	서울특별시 용산구 백범로 313 (효창동, 용산 롯데캐슬 센터포레)	용산구	37.539305	126.963060

데이터를 판다스 데이터 프레임으로 불러온 다음 확인한다. 서울 지역 스타벅스의 이름과 주소 그리고 위도와 경도 정보가 있다. 이번 실습에서는 위도와 경도를 이용하여 스타벅스 지점 간의 거리를 측정한다.

코드 11.78 금천구에 위치한 스타벅스 매장 추출

In [3]:

```
01: # 금천구 스타벅스만 샘플링
02: df1 = df[(df['gu_name']=='금천구')]
03:
04: df1
```

Out [3]:

	name	address	gu_name	latitude	longitude
2	W-Mall	서울특별시 금천구 디지털로 188 (가산동)	금천구	37.477305	126.887691
7	가산그레이트	서울특별시 금천구 디지털로9길 32, 갑을그레이트밸리 1층 (가산동)	금천구	37.479449	126.887477
8	가산디지털	서울특별시 금천구 가산디지털1로 168 (가산동)	금천구	37.479835	126.882500
9	가산디지털단지역	서울특별시 금천구 벚꽃로 298 (가산동)	금천구	37.481324	126.883779
10	가산브이타워	서울특별시 금천구 가산디지털1로 128 (가산동)	금천구	37.477221	126.883683
11	가산에스케이	서울특별시 금천구 가산디지털1로 171 (가산동)	금천구	37.480613	126.880570
79	금천독산	서울특별시 금천구 두산로 70 (독산동)	금천구	37.469140	126.895246
80	금천시흥	서울특별시 금천구 시흥대로 164 (시흥동)	금천구	37.448624	126.903183
123	독산사거리	서울특별시 금천구 시흥대로 426 (독산동)	금천구	37.471511	126.898775
146	마리오아울렛	서울특별시 금천구 벚꽃로 266 마리오아울렛3관	금천구	37.478701	126.885076

서울 전체 지점은 너무 많기 때문에 실습에서는 금천구에 있는 스타벅스 간의 거리만 측정하도록 한다. 아웃풋 테이블을 보면 W-mall 지점, 가산그레이트 지점 등 총 10개의 매장이 있는 것을 확인할 수 있다.

코드 11.79 유클리드 거리 측정

In [4]:

```
01: # 유클리드 거리
02:
03: dist_euclidean = distance.cdist(df1[['latitude','longitude']],
04:                                 df1[['latitude','longitude']], metric='euclidean')
05:
06: # 칼럼명, 인덱스 설정
07: dist_euclidean = pd.DataFrame(data=dist_euclidean, columns=df1['name'])
08: dist_euclidean.set_index(df1['name'],inplace=True)
09:
10: dist_euclidean
```

Out [4]:

name name	W-Mall	가산그레이트	가산디지털	가산디지털단지역	가산브이타워	가산에스케이	금천독산	금천시흥	독산사거리	마리오아울렛
W-Mall	0.000000	0.002155	0.005775	0.005608	0.004009	0.007852	0.011124	0.032598	0.012507	0.002964
가산그레이트	0.002155	0.000000	0.004992	0.004146	0.004400	0.007004	0.012909	0.034596	0.013808	0.002515
가산디지털	0.005775	0.004992	0.000000	0.001963	0.002869	0.002081	0.016639	0.037442	0.018280	0.002815
가산디지털단지역	0.005608	0.004146	0.001963	0.000000	0.004104	0.003287	0.016731	0.038024	0.017921	0.002926
가산브이타워	0.004009	0.004400	0.002869	0.004104	0.000000	0.004604	0.014107	0.034613	0.016136	0.002032
가산에스케이	0.007852	0.007004	0.002081	0.003287	0.004604	0.000000	0.018628	0.039175	0.020353	0.004895
금천독산	0.011124	0.012909	0.016639	0.016731	0.014107	0.018628	0.000000	0.021998	0.004252	0.013959
금천시흥	0.032598	0.034596	0.037442	0.038024	0.034613	0.039175	0.021998	0.000000	0.023308	0.035107
독산사거리	0.012507	0.013808	0.018280	0.017921	0.016136	0.020353	0.004252	0.023308	0.000000	0.015471
마리오아울렛	0.002964	0.002515	0.002815	0.002926	0.002032	0.004895	0.013959	0.035107	0.015471	0.000000

고급 수학 함수, 수치적 미적분, 미분 방정식 계산, 최적화, 신호 처리 등에 사용되는 **scipy** 패키지에서는 앞에서 소개한 데이터 거리 측정 방법을 모두 지원한다. 따라서 **metric** 옵션만 조정해 주면 원하는 방식으로 거리를 측정할 수 있다. 본 예시에서는 **'euclidean'** 옵션을 넣어 스타벅스 지점 간의 유클리드 거리를 산출했다.

코드 11.80 맨해튼 거리 측정

In [5]:

```
01: # 맨해튼 거리
02:
03: dist_manhattan = distance.cdist(df1[['latitude','longitude']],
04:                                 df1[['latitude','longitude']], metric='cityblock')
05:
06: # 칼럼명, 인덱스 설정
07: dist_manhattan = pd.DataFrame(data=dist_manhattan, columns=df1['name'])
08: dist_manhattan.set_index(df1['name'],inplace=True)
09:
10: dist_manhattan
```

Out [5]:

name	W-Mall	가산그레이트	가산디지털	가산디지털단지역	가산브이타워	가산에스케이	금천독산	금천시흥	독산사거리	마리오아울렛
name										
W-Mall	0.000000	0.002358	0.007721	0.007931	0.004092	0.010429	0.015720	0.044173	0.016878	0.004011
가산그레이트	0.002358	0.000000	0.005363	0.005573	0.006022	0.008071	0.018078	0.046531	0.019236	0.003149
가산디지털	0.007721	0.005363	0.000000	0.002769	0.003797	0.002708	0.023441	0.051894	0.024599	0.003710
가산디지털단지역	0.007931	0.005573	0.002769	0.000000	0.004199	0.003920	0.023651	0.052104	0.024809	0.003920
가산브이타워	0.004092	0.006022	0.003797	0.004199	0.000000	0.006505	0.019644	0.048097	0.020802	0.002873
가산에스케이	0.010429	0.008071	0.002708	0.003920	0.006505	0.000000	0.026149	0.054602	0.027307	0.006418
금천독산	0.015720	0.018078	0.023441	0.023651	0.019644	0.026149	0.000000	0.028453	0.005900	0.019731
금천시흥	0.044173	0.046531	0.051894	0.052104	0.048097	0.054602	0.028453	0.000000	0.027295	0.048184
독산사거리	0.016878	0.019236	0.024599	0.024809	0.020802	0.027307	0.005900	0.027295	0.000000	0.020889
마리오아울렛	0.004011	0.003149	0.003710	0.003920	0.002873	0.006418	0.019731	0.048184	0.020889	0.000000

맨해튼 거리 측정은 metric 옵션에 'cityblock'을 설정해 준다. 테이블 형태는 앞서 다뤘던 상관성 분석의 상관계수 행렬과 유사하다. 동일한 지점은 거리가 없기 때문에 0으로 나오며, 다른 모든 지점과의 거리가 측정되어 나타난다.

코드 11.81 민코프스키 거리 측정

In [6]:

```
01: # 민코프스키 거리
02:
03: dist_minkowski = distance.cdist(df1[['latitude','longitude']],
04:                           df1[['latitude','longitude']], metric='minkowski', p=1.5)
05:
06: # 칼럼명, 인덱스 설정
07: dist_minkowski = pd.DataFrame(data=dist_minkowski, columns=df1['name'])
08: dist_minkowski.set_index(df1['name'],inplace=True)
09:
10: dist_minkowski
```

Out [6]:

name	W-Mall	가산그레이트	가산디지털	가산디지털단지역	가산브이타워	가산에스케이	금천독산	금천시흥	독산사거리	마리오아울렛
name										
W-Mall	0.000000	0.002189	0.006310	0.006295	0.004016	0.008554	0.012482	0.035842	0.013725	0.003257
가산그레이트	0.002189	0.000000	0.005048	0.004541	0.004860	0.007222	0.014420	0.037907	0.015384	0.002672
가산디지털	0.006310	0.005048	0.000000	0.002201	0.003121	0.002247	0.018641	0.041612	0.020034	0.003056
가산디지털단지역	0.006295	0.004541	0.002201	0.000000	0.004113	0.003428	0.018776	0.042028	0.019906	0.003200
가산브이타워	0.004016	0.004860	0.003121	0.004113	0.000000	0.005165	0.015714	0.038516	0.017351	0.002281
가산에스케이	0.008554	0.007222	0.002247	0.003428	0.005165	0.000000	0.020832	0.043657	0.022276	0.005302
금천독산	0.012482	0.014420	0.018641	0.018776	0.015714	0.020832	0.000000	0.023000	0.004728	0.015664
금천시흥	0.035842	0.037907	0.041612	0.042028	0.038516	0.043657	0.023688	0.000000	0.024159	0.038834
독산사거리	0.013725	0.015384	0.020034	0.019906	0.017351	0.022276	0.004728	0.024159	0.000000	0.016982
마리오아울렛	0.003257	0.002672	0.003056	0.003200	0.002281	0.005302	0.015664	0.038834	0.016982	0.000000

민코프스키 거리는 p값을 1로 설정하면 맨해튼 거리와 동일하고, 2로 설정하면 유클리드 거리와 동일하다고 앞에서 언급했다. 예시에서는 p를 1.5로 설정하여 거리를 측정했다.

코드 11.82 체비쇼프 거리 측정

In [7]:

```
01: # 체비쇼프 거리
02:
03: dist_chebyshev = distance.cdist(df1[['latitude','longitude']],
04:                                 df1[['latitude','longitude']], metric='chebyshev')
05:
06: # 칼럼명, 인덱스 설정
07: dist_chebyshev = pd.DataFrame(data=dist_chebyshev, columns=df1['name'])
08: dist_chebyshev.set_index(df1['name'],inplace=True)
09:
10: dist_chebyshev
```

Out [7]:

name	W-Mall	가산그레이트	가산디지털	가산디지털단지역	가산브이타워	가산에스케이	금천독산	금천시흥	독산사거리	마리오아울렛
name										
W-Mall	0.000000	0.002144	0.005191	0.004019	0.004008	0.007121	0.008165	0.028681	0.011084	0.002615
가산그레이트	0.002144	0.000000	0.004977	0.003698	0.003794	0.006907	0.010309	0.030825	0.011298	0.002401
가산디지털	0.005191	0.004977	0.000000	0.001489	0.002614	0.001929	0.012746	0.031211	0.016275	0.002576
가산디지털단지역	0.004019	0.003698	0.001489	0.000000	0.004103	0.003209	0.012184	0.032700	0.014996	0.002623
가산브이타워	0.004008	0.003794	0.002614	0.004103	0.000000	0.003392	0.011563	0.028597	0.015092	0.001480
가산에스케이	0.007121	0.006907	0.001929	0.003209	0.003392	0.000000	0.014676	0.031989	0.018205	0.004506
금천독산	0.008165	0.010309	0.012746	0.012184	0.011563	0.014676	0.000000	0.020516	0.003529	0.010170
금천시흥	0.028681	0.030825	0.031211	0.032700	0.028597	0.031989	0.020516	0.000000	0.022887	0.030077
독산사거리	0.011084	0.011298	0.016275	0.014996	0.015092	0.018205	0.003529	0.022887	0.000000	0.013699
마리오아울렛	0.002615	0.002401	0.002576	0.002623	0.001480	0.004506	0.010170	0.030077	0.013699	0.000000

체비쇼프 거리는 `metric` 옵션에 `'chebyshev'`를 설정해 준다.

코드 11.83 마할라노비스 거리 측정

In [8]:

```
01: # 마할라노비스 거리
02:
03: dist_mahalanobis = distance.cdist(df1[['latitude','longitude']],
04:                                   df1[['latitude','longitude']], metric='mahalanobis')
05:
06: # 칼럼명, 인덱스 설정
07: dist_mahalanobis = pd.DataFrame(data=dist_mahalanobis, columns=df1['name'])
08: dist_mahalanobis.set_index(df1['name'],inplace=True)
09:
10: dist_mahalanobis
```

Out [8]:

name	W-Mall	가산그레이트	가산디지털	가산디지털단지역	가산브이타워	가산에스케이	금천독산	금천시흥	독산사거리	마리오아울렛
name										
W-Mall	0.000000	0.412222	1.008327	0.534635	1.137676	1.408515	1.021456	3.181956	2.092650	0.489261
가산그레이트	0.412222	0.000000	1.320538	0.706980	1.502236	1.716643	1.095370	3.520033	1.851829	0.817487
가산디지털	1.008327	1.320538	0.000000	0.658912	0.317804	0.400714	1.900196	3.251106	3.100708	0.519729
가산디지털단지역	0.534635	0.706980	0.658912	0.000000	0.911016	1.035496	1.554849	3.489268	2.550268	0.304243
가산브이타워	1.137676	1.502236	0.317804	0.911016	0.000000	0.420369	1.900563	2.976769	3.197236	0.687926
가산에스케이	1.408515	1.716643	0.400714	1.035496	0.420369	0.000000	2.271659	3.340112	3.500299	0.920369
금천독산	1.021456	1.095370	1.900196	1.554849	1.900563	2.271659	0.000000	2.709650	1.458239	1.404001
금천시흥	3.181956	3.520033	3.251106	3.489268	2.976769	3.340112	2.709650	0.000000	3.913709	3.194173
독산사거리	2.092650	1.851829	3.100708	2.550268	3.197236	3.500299	1.458239	3.913709	0.000000	2.581894
마리오아울렛	0.489261	0.817487	0.519729	0.304243	0.687926	0.920369	1.434991	3.194173	2.581894	0.000000

마할라노비스 거리는 `metric` 옵션에 `'mahalanobis'`를 설정해 준다.

코드 11.84 코사인 거리 측정

In [9]:

```
01: # 코사인 거리
02:
03: dist_cosine = distance.cdist(df1[['latitude','longitude']],
04:                              df1[['latitude','longitude']], metric='cosine')
05:
06: # 칼럼명, 인덱스 설정
07: dist_cosine = pd.DataFrame(data=dist_cosine, columns=df1['name'])
08: dist_cosine.set_index(df1['name'],inplace=True)
09:
10: dist_cosine
```

Out [9]:

name	W-Mall	가산그레이트	가산디지털	가산디지털단지역	가산브이타워	가산에스케이	금천독산	금천시흥	독산사거리	마리오아울렛
name										
W-Mall	0.000000e+00	1.279999e-10	4.336818e-10	7.034265e-10	3.177569e-11	7.693565e-10	2.839378e-09	2.905348e-08	2.159871e-09	1.235210e-10
가산그레이트	1.279999e-10	0.000000e+00	9.046519e-11	2.312980e-10	3.222511e-11	2.697336e-10	4.173098e-09	3.303834e-08	3.339466e-09	3.974598e-14
가산디지털	4.336818e-10	9.046519e-11	0.000000e+00	3.245748e-11	2.306766e-10	4.777900e-11	5.492417e-09	3.658644e-08	4.529214e-09	9.430401e-11
가산디지털단지역	7.034265e-10	2.312980e-10	3.245748e-11	0.000000e+00	4.361916e-10	1.476264e-12	6.369318e-09	3.879836e-08	5.328503e-09	2.374124e-10
가산브이타워	3.177569e-11	3.222511e-11	2.306766e-10	4.361916e-10	0.000000e+00	4.884229e-10	3.471896e-09	3.100691e-08	2.715597e-09	2.999756e-11
가산에스케이	7.693565e-10	2.697336e-10	4.777900e-11	1.476264e-12	4.884229e-10	0.000000e+00	6.564742e-09	3.927851e-08	5.507374e-09	2.763334e-10
금천독산	2.839378e-09	4.173098e-09	5.492417e-09	6.369318e-09	3.471896e-09	6.564742e-09	0.000000e+00	1.372763e-08	4.639511e-11	4.147336e-09
금천시흥	2.905348e-08	3.303834e-08	3.658644e-08	3.879836e-08	3.100691e-08	3.927851e-08	1.372763e-08	0.000000e+00	1.537015e-08	3.296578e-08
독산사거리	2.159871e-09	3.339466e-09	4.529214e-09	5.328503e-09	2.715597e-09	5.507374e-09	4.639511e-11	1.537015e-08	0.000000e+00	3.316424e-09
마리오아울렛	1.235210e-10	3.974598e-14	9.430401e-11	2.374124e-10	2.999756e-11	2.763334e-10	4.147336e-09	3.296578e-08	3.316424e-09	0.000000e+00

마지막 코사인 거리는 `metric` 옵션에 `'cosine'`을 설정해 준다.

03

데이터 분석하기

12

통계 기반 분석 방법론

이번 장에서는 주성분 분석, 공통요인분석, Z-test와 T-test, ANOVA, 카이제곱 검정 등의 주요 통계 기반 분석 방법론들에 대해서 알아본다. 통계 기반 모델과 머신러닝 모델은 깔끔하게 구분되지는 않는다. 이 책에서는 통계적 요소의 비중, 모델의 복잡성에 따라 통계 기반 모델과 머신러닝 모델을 구분했다. 이는 임의적인 구분임을 유의하고 주요 방법론들을 하나씩 익혀보자. 그리고 이번 장부터는 파이썬을 사용한 실습도 다룬다.

12.1 분석 모델 개요

이제부터 주요 데이터 분석 방법론들에 대해서 알아볼 것이다. 방법론은 크게 두 축으로 나눠진다. 통계학에 기반한 통계 모델(Statistical models)과 인공지능에서 파생된 기계 학습(Machine learning)이 있다. 이러한 두 학문은 경계가 모호하고 서로 유사하지만, 사상에 차이가 있다. **통계 모델은 모형과 해석을 중요하게 생각하며, 오차와 불확정성을 강조한다. 반면 기계 학습은 대용량 데이터를 활용하여 예측의 정확도를 높이는 것을 중요하게 생각한다.** 물론 최근 기업에서 주로 관심을 갖는 것은 머신러닝 방법론이고, 활용도가 높다. 하지만 앞에서도 강조했지만, 기계 학습은 통계 모델 기반을 함께 활용할 때 높은 성과를 얻어낼 수 있다. 기계학습도 기본적으로는 통계모델의 원리를 기반으로 하고 있기 때문에 대표적인 통계모델 방법론을 제대로 익히고 기계학습을 배우는 것이 좋다.

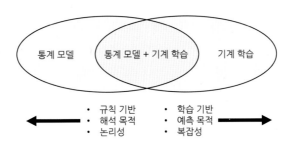

그림 12.1 통계 모델과 기계 학습

기초적인 통계적, 분석적 이론은 앞에서 이미 다루었다. 우선 전통적인 통계 이론에 기반한 기본적인 분석 방법론을 알아본 다음 흔히 머신러닝이나 딥러닝이라 부르는 방법론에 대해 설명하겠다. 이번 장에서는 한 변수에 대한 들쭉날쭉함이나 경향과 같은 확률 분포를 확인하는 기술통계학에서 더 나아가 변수 간의 관계를 통계적으로 검증하고, 가설을 설정하여 집단 간의 차이를 분석하는 추론 통계 방법론들을 설명한다. 본격적인 기계학습의 모델의 예측, 분류 등의 모델링 과정에 앞서 보조적으로 사용될 수 있는 기본적 방법론과 이론을 다룬다. 다음 13장에서는 전통 통계 모델의 연장선인 회귀분석부터 신경망 분석까지 현재 기업에서 주로 사용하는 데이터 학습 및 예측 방법론에 대해서 설명하겠다. 그리고 14장에서는 기계학습 모델의 성능을 평가하는 방법들에 대해 다룰 것이다. 다음 표를 통해 이 책에서 다룰 방법론들을 확인해 보자.

표 12.1 데이터 분석 방법론 개요

구분	독립변수	종속변수	방법론	용도
통계모델	질적척도	질적척도	▪ 교차분석 ▪ 스피어만 서열상관분석	연관성 분석
		양적척도	▪ Z-test ▪ T-test	가설 검정
			▪ ANOVA ▪ MANOVA	분산 분석
	양적척도	양적척도	▪ 피어슨 상관분석	연관성 분석

구분	독립변수	종속변수	방법론	용도
지도학습	질적척도	질적척도	▪ 로지스틱 회귀 ▪ 분류 나무 ▪ 랜덤포레스트 분류 ▪ 나이브 베이즈 ▪ 신경망	분류 분석
		양적척도	▪ 선형 회귀 ▪ 회귀 나무 ▪ 랜덤포레스트 회귀 ▪ 신경망	예측 분석
	양적척도	질적척도	▪ 로지스틱 회귀 ▪ 분류 나무 ▪ 랜덤포레스트 분류 ▪ k—근접이웃 ▪ 서포트 벡터 머신(SVM) ▪ 판별분석 ▪ 신경망	분류 분석
		양적척도	▪ 선형 회귀 ▪ 회귀 나무 ▪ 랜덤포레스트 회귀 ▪ k—근접이웃 ▪ 신경망	예측 분석
비지도학습	양적척도		▪ 주성분 분석 ▪ 요인 분석	차원 축소
			▪ k—means ▪ Self—Organizing Map(SOM)	군집 분석
	질적척도		▪ Association rules	연관 규칙
강화학습			▪ Model—free RL	
			▪ Model—based RL	

기계 학습 데이터 분석 방법론은 크게 두 가지 기준으로 구분할 수 있다. 첫번째로 종속변수의 유무에 따라 지도학습(Supervised learning)과 비지도 학습(Unsupervised learning) 혹은 강화학습(Reinforcement learning)으로 구분되어 방법론을 나눌 수 있다. 두 번째로 독립변수와 종속변수의 속성에 따라 방법론이 결정된다. 질적 척도인가 양적 척도인가에 따라 사용할 수 있는 분석 방법론이 다르다. 물론 변수 형태에 따라 절대적으로 상호 배타적으로 구분되는 것은 아니다. **하나의 방법론이 양적,**

질적 변수 형태에 모두 사용가능한 경우도 있다. 예를 들어 회귀 모델은 (변수 가공이 필요하지만) 독립 변수가 질적, 양적 변수인 경우 모두 사용 가능하며, k−근접이웃 모델의 경우 종속변수가 질적 척도인 경우와 양적 척도인 경우 모두에 사용 가능하다.

그림 12.2 기계 학습 방법론 개요

지도학습은 입력에 대한 정답이 주어져서 출력된 결괏값과 정답 사이의 오차가 줄어들도록 학습과 모델 수정을 반복한다. 결괏값이 양적 척도면 회귀(Regression) 방식의 방법론을 사용하고, 결괏값이 질적 척도면 분류(Classification) 방식의 방법론을 사용한다. 회귀방식의 대표적인 예로, 아파트 가격을 추정하기 위해 평수, 지역, 주변 공공 시설 유무 등을 독립변수로 하여 학습을 하는 방법이 있다. 분류 방식은 양성/음성과 같은 이진 형식의 결과를 분류하거나, 고객의 구매 패턴을 분석하여 앞으로 구매할 제품 카테고리를 예측하는 방법 등이 있다.

자율학습으로도 불리는 비지도 학습은 별도의 정답이 없이 변수 간의 패턴을 파악하거나 데이터를 군집 화하는 방법이다. 크게 차원 축소, 군집 분석, 연관 규칙이라는 세 가지로 구분 지을 수 있다. 차원 축소는 주로 지도학습을 할 때 학습 성능을 높이기 위한 전처리 방법으로 사용되는 경우가 많으며 통계 모델과 유사한 성격을 가지고 있기 때문에 이번 장에서 다루겠다. 군집분석의 경우, 정답지(labeling) 없이 유사한 관측치들끼리 군집으로 분류하는 기법이다. 유사한 특성을 가진 것끼리 묶음으로써 각 집단의 특성을 분석한다. 군집분석의 대표적인 예로 고객 세분화(customer segmentation)를 들 수 있다. 다음으로 경영학에서 장바구니 분석으로 잘 알려져 있는 연관규칙(association rules) 분석은 제품이나 콘텐츠를 추천하기 위해 사용하는 모델이다. 각 소비자의 구매 리스트를 통해 제품 간의 연관성을 수치화하여, 소비사가 앞으로 구매할 가능성이 높은 제품을 추천히도록 할 수 있는 방법이다.

강화학습은 동물이 시행착오(trial and error)를 통해 학습하는 과정을 기본 콘셉트로 한 방법 중 하나이다. 한 원숭이가 한 실험실 안에 있다고 생각해 보자. 그 실험실에는 바나나가 나오는 A 버튼과 전기 충격이 오는 B 버튼이 있다. 처음에 원숭이는 아무 버튼이나 누르면서 바나나를 받기도 하고 전기 충격을 받기도 할 것이다. 하지만 얼마 안 되어 A 버튼은 좋은 것이고 B 버튼은 나쁜 것이라는 것을 알게 될 것이고 A 버튼만 누를 것이다. 이처럼 모델의 결과에 보상과 벌을 주면서 스스로 학습하게 하는 것이 강화 학습이다. 2016년 이세돌 9단을 이긴 알파고가 강화학습 알고리즘을 사용한 대표적인 예라 할 수 있다.

지금까지 설명한 대부분의 분석 방법론들을 하나씩 살펴볼 것이다. 이 방법론들은 데이터 분석가들이 실무에서 실제로 자주 사용하는 것들이다. 각 방법론을 보다 깊이 있게 이해하려면 별도의 전문서적을 보며 직접 실습을 해봐야 한다. 한 모델만을 집중적으로 다룬 서적들도 많이 있다. 이 책에서는 기본적인 개념을 익히고 파이썬 기반으로 사용법을 익히는 것에 중점을 둔다.

12.2 주성분 분석(PCA)

주성분 분석(Principal Component Analysis; PCA)은 여러 개의 독립변수들을 잘 설명해 줄 수 있는 주된 성분을 추출하는 기법이다. 주성분 분석을 통해 전체 변수들의 핵심 특성만 선별하기 때문에, 독립변수(차원)의 수를 줄일 수 있다. 이는 흔히 말하는 차원의 저주(curse of dimensionality)를 방지하기 위한 방법이다. 즉 여러 개의 변수들이 소수의 특정한 소수의 변수들로 축약되도록 가공하는 것이다. 변수의 수를 줄임으로써 모형을 간단하게 만들 수 있고 분석 결과를 보다 효과적으로 해석할 수 있다. 주성분분석을 위해서는 사용되는 변수들이 모두 등간 척도나 비율척도로 측정한 양적변수여야 하고, 관측치들이 서로 독립적이고 정규분포를 이루고 있어야 한다.

차원을 감소하는 방법은 크게 두 가지로 구분할 수 있다. 첫째는 변수 선택을 통해 비교적 불필요하거나 유의성이 낮은 변수를 제거하는 방법이고 둘째는 변수들의 잠재적인 성분을 추출하여 차원을 줄이는 방법이다. 이번 장에서 다루는 주성분 분석과 다음 장에서 다룰 공통요인분석(Common Factor Analysis; CFA)이 두 번째 방법에 속한다. 이 두 개의 방법은 요인 추출 모델의 대표적 방법이다. PCA는 변수의 수를 축약하면서 정보의 손실을 최소화하고자 할 때 사용되며, CFA는 변수들 사이에 존재하는 차원을 규명함으로써 변수들 간의 구조를 파악하는 데 주로 사용된다.

차원의 저주

변수가 늘어남에 따라 차원이 커지면서 분석을 위한 최소한의 필요 데이터 건수가 늘어나면서 예측이 불안정해지는 문제를 말한다. 쉽게 생각해서 2차원 A4 용지 위에 꽉 차도록 구슬을 올려놓을 때와, A4 용지 상자 안에 구슬을 꽉 채워 넣을 때 필요한 구슬의 차이라고 보면 된다. 여기에서 차원은 데이터셋의 변수와 같은 의미다. 차원이란 공간 내에 있는 점의 위치를 나타내기 위해 필요한 축의 개수를 뜻한다.

일반적으로 한 개의 변수(차원)에 30건의 데이터가 필요하다. 따라서 만약 사용되는 변수가 20개면 20 × 30 = 600건의 데이터가 최소한으로 필요하다. 이는 최소한이므로 정교한 모델을 위해서는 보다 많은 데이터를 확보해야 한다. 이처럼 변수가 늘어날수록 과적합(overfitting)의 위험성이 증가한다. 또한 상관관계가 높은 변수로 인한 다중공선성 문제도 발생할 수 있어 많은 주의가 필요하다.

다차원의 데이터 분포를 가장 잘 설명해 주는 성분들을 찾아주는 PCA는 데이터 공간에 위치하는 점들의 분산을 최대한 보존하는 축을 통해 차원을 축소하는 것이 핵심 요소이다. 물론 PCA과정에서는 처음 가지고 있던 변수의 개수만큼의 새로운 성분변수가 생성된다. 하지만 전체 변수를 통합적으로 가장 잘 설명해주는 성분변수, 그다음으로 높은 설명력의 변수⋯ 식으로 주성분 변수가 생성되기 때문에 전체 변수 설명력이 높은 주성분 변수만 선정하여 총 변수의 개수를 줄일 수 있다. **일반적으로는 제1주성분, 제2주성분만으로 대부분의 설명력이 포함되기 때문에 두 개의 주성분만 선정한다.** 다음의 예시를 통해 PCA의 개념을 살펴보자.

X1	5	9	5	4	8	3	2	3	8	6
X2	6	6	3	4	8	2	4	5	5	4

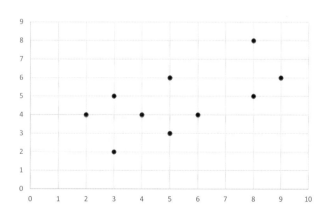

그림 12.3 2차원 데이터 예시

X1과 X2 두 변수가 있고, 이를 시각화하면 그림 12.3과 같다. PCA의 원리는 이러한 데이터의 분산을 가장 잘 표현할 수 있는 저차원을 찾아내는 것이다. 그러한 축을 찾아내기 전에 우선 데이터 표준화를 해 준다. 그다음 데이터의 분산을 가장 잘 나타낼 수 있는 축을 찾아준다. 이 책에서는 PCA의 개념을 이해 하는 것이 목적이기 때문에 최적의 축을 찾아내는 수리적 공식은 생략한다. 다음 그림 12.4를 보면 ①번 과 ②번 축보다 ③번 축이 가장 많은 분산을 담아낼 수 있는 것을 확인할 수 있다. 이처럼 해당 차원의 가 장 많은 분산을 담아내는 축이 '주성분'이 되는 것이다.

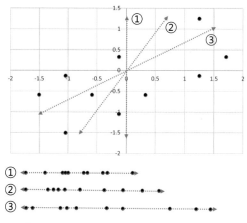

그림 12.4 주성분을 찾기 위한 최대 분산 축 그리기

이를 좀 다른 각도로 이해해 보자. 앞서 주성분으로 선정됐던 ③번 축과 각 포인트와의 거리를 나타내는 직각 선을 그려보자. 주성분을 찾는 과정은 그림 12.5의 C 포인트로부터 직각으로 맞닿는 지점과 (0,0) 의 거리가 최대가 되도록 하는 축을 찾는 것이다. 즉 각 포인트들이 직각으로 맞닿는 지점의 분포가 가장 넓게 퍼진 축을 구하는 것이다. 따라서 (0,0)으로부터 각 포인트들의 직각 지점까지의 거리의 합이 가장 큰 축이 주성분이 된다. 그리고 피타고라스의 정리에 의해 자연히 각 포인트와 주성분 축과의 거리 합은 최소가 된다.

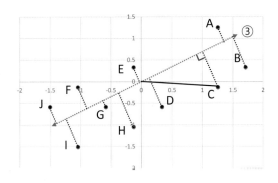

그림 12.5 주성분의 원리

앞에서 PCA는 처음 변수의 개수만큼 새로운 성분이 나온다고 했다. 지금 예시를 들고 있는 2차원의 경우에는 가장 설명력이 높았던 ③번 축과 직교하는 선이 제2주성분이다. 그림 12.6에서 볼 수 있듯이 ③번 축과 대조되는 짧은 길이(낮은 분산)로 생성된다. 이는 제2주성분은 전체 변수에 대한 설명력이 낮음을 의미한다. **예시는 2차원, 즉 변수가 두 개이기 때문에 최대 2개의 주성분을 만들 수 있다. 만약 변수가 10개라면 총 10개의 주성분을 만들 수 있다.**

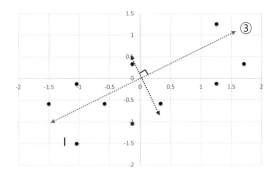

그림 12.6 제2주성분 생성

그렇다면 각 주성분의 설명력은 어떻게 알 수 있을까? 앞에서 말했듯이 전체 분산 중에서 해당 주성분이 갖고 있는 분산이 곧 설명력이라 할 수 있다. 우선 각 주성분의 분산은 모든 포인트들과 주성분과의 거리의 제곱합을 n−1로 나누어서 구한다. 그림 12.7에서 볼 수 있듯이 포인트 A에서 J까지 10개의 주성분과의 거리인 x_1, x_2, $x_3 \cdots x_{10}$를 구해서 제곱합을 구한 후, n−1인 9로 나누어 준다. 이를 식으로 나타내면 다음과 같다.

$$\frac{SS(x_1, x_2, x_3 \cdots x_n)}{n-1}$$

이렇게 구한 제1주성분의 분산이 만약 15이고, 제2주성분의 분산이 5라고 가정하면, 제1주성분의 설명력은 전체 분산인 20 중 15이므로 75%이다. 그리고 제2주성분은 나머지인 25%의 설명력을 갖게 된다.

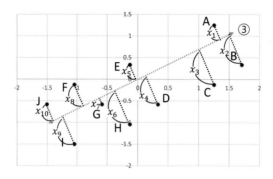

그림 12.7 **제1주성분의 분산**

다음 장에서는 PCA와 유사한 개념인 공통요인분석을 알아보면서 실제 분석 모델링에서 PCA나 공통요인분석이 어떤 절차로 사용되는지 자세히 알아보자.

12.2.1 주성분 분석 실습

이제 캐글에 있는 "Glass Classification"[1] 데이터셋으로 주성분 분석을 실습해 보겠다. 이 절의 실습 코드는 이 책의 저장소의 `12.2.1.주성분 분석(PCA).ipynb` 파일에 있다.

코드 12.1 패키지 임포트

In [1]:

```
01: # 필요한 패키지 임포트
02: from sklearn.preprocessing import MinMaxScaler
03: from sklearn.decomposition import PCA
04: import pandas as pd
05: import numpy as np
06: import seaborn as sns
```

---

1   https://www.kaggle.com/datasets/uciml/glass

데이터 정규화를 위한 MinMaxScaler, 주성분 분석을 위한 PCA 등을 임포트한다.

코드 12.2 데이터 불러오기 및 확인

In [2]:

```
01: # 데이터 불러오기
02: df = pd.read_csv("datasets/glass.csv")
03:
04: # 데이터 샘플 확인
05: df.head()
```

Out [2]:

	RI	Na	Mg	Al	Si	K	Ca	Ba	Fe	Type
0	1.52101	13.64	4.49	1.10	71.78	0.06	8.75	0.0	0.0	1
1	1.51761	13.89	3.60	1.36	72.73	0.48	7.83	0.0	0.0	1
2	1.51618	13.53	3.55	1.54	72.99	0.39	7.78	0.0	0.0	1
3	1.51766	13.21	3.69	1.29	72.61	0.57	8.22	0.0	0.0	1
4	1.51742	13.27	3.62	1.24	73.08	0.55	8.07	0.0	0.0	1

데이터를 판다스 데이터 프레임으로 불러온 다음 확인한다. 각 유리의 종류를 의미하는 Type 칼럼과 마그네슘(Mg), 알루미늄(Al), 실리콘(Si) 등의 원재료 함량에 대한 정보가 있다.

코드 12.3 데이터 정규화 적용

In [3]:

```
01: # 데이터 스케일 정규화
02:
03: # 차원축소할 칼럼만 선택(종속변수 Type 제거)
04: df1 = df.drop('Type', axis=1)
05:
06: # 데이터 정규화 적용
07: MinMaxScaler = MinMaxScaler()
08: df_minmax = MinMaxScaler.fit_transform(df1)
09:
10: # 칼럼명 결합
11: df_minmax = pd.DataFrame(data=df_minmax, columns=df1.columns)
12:
13: df_minmax.head()
```

Out [3]:

	RI	Na	Mg	Al	Si	K	Ca	Ba	Fe
0	0.432836	0.437594	1.000000	0.252336	0.351786	0.009662	0.308550	0.0	0.0
1	0.283582	0.475188	0.801782	0.333333	0.521429	0.077295	0.223048	0.0	0.0
2	0.220808	0.421053	0.790646	0.389408	0.567857	0.062802	0.218401	0.0	0.0
3	0.285777	0.372932	0.821826	0.311526	0.500000	0.091787	0.259294	0.0	0.0
4	0.275241	0.381955	0.806236	0.295950	0.583929	0.088567	0.245353	0.0	0.0

주성분 분석을 하기에 앞서 데이터 정규화를 적용해 준다. 표준화 등 다른 스케일링 방법을 적용해도 된다. 정규화를 하는 이유는 변수들 간의 스케일 차이가 클 경우 분산이 큰 변수가 주성분에 과도하게 영향을 많이 주게 되기 때문이다.

코드 12.4 9개의 주성분 생성 후 설명력 확인

In [4]:

```
01: # 주성분 개수 설정(최대 수 설정)
02: pca = PCA(n_components=9)
03: df_pca = pca.fit_transform(df_minmax)
04:
05: # 주성분으로 변형된 테이블 생성
06: df_pca = pd.DataFrame(data=df_pca, columns = ['C1','C2','C3','C4','C5','C6','C7','C8','C9'])
07:
08: # 주성분 설명력 확인
09: np.round_(pca.explained_variance_ratio_,3)
```

Out [4]:

```
array([0.454, 0.18 , 0.126, 0.098, 0.069, 0.042, 0.026, 0.004, 0. ])
```

앞에서 주성분은 최대 변수의 개수만큼 만들 수 있다고 했다. 최대치인 9개의 주성분을 생성하여 각 주성분의 설명력을 확인한다. 제1주성분은 45.4%, 제2주성분은 18%, 제3주성분은 12.6%의 설명력을 가지고 있는 것을 확인할 수 있다. 9개 주성분의 설명력 총 합은 100%이다.

코드 12.5 2개의 주성분 생성

In [5]:

```
01: # 주성분 개수 설정(2개 설정)
02: pca = PCA(n_components=2)
```

```
03: df_pca = pca.fit_transform(df_minmax)
04:
05: # 주성분으로 변형된 테이블 생성
06: df_pca = pd.DataFrame(data=df_pca, columns = ['C1','C2'])
07:
08: df_pca.head()
```

Out [5]:

	C1	C2
0	-0.402106	0.032707
1	-0.206320	-0.144705
2	-0.188617	-0.194854
3	-0.237208	-0.097064
4	-0.223972	-0.121779

약 63%의 설명력을 가지는 두 개의 주성분까지 생성하여 테이블을 생성한다. 이로써 기존의 9개의 변수를 2개의 변수로 차원축소를 했다.

코드 12.6 주성분에 따른 종속변수(Type) 시각화

In [6]:

```
01: # 주성분에 따른 종속변수 시각화
02:
03: # 주성분 테이블에 종속변수 칼럼 결합
04: df_concat = pd.concat([df_pca,df[['Type']]],axis=1)
05:
06: # 산점도 시각화
07: sns.scatterplot(data=df_concat,x='C1',y='C2',hue='Type')
```

Out [6]:

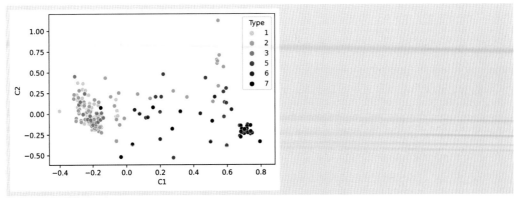

제1주성분과 제2주성분을 x축과 y축으로 하여 종속변수인 Type이 어떻게 분포하는지 확인한다. Type 7의 경우 제1주성분이 0.6~0.8이며 제2주성분이 −0.5~0인 영역에 주로 분포해 있다. 이처럼 2개의 주성분으로 분류 성능을 가지고 있는 것을 확인할 수 있다.

12.3 공통요인분석(CFA)

공통요인분석(Common Factor Analysis; CFA)에 대해 알아보기에 앞서 PCA와의 관계를 명확히 하고 넘어가도록 하자. PCA와 CFA는 요인분석(Factor Analysis; FA)을 하기 위한 기법의 종류다. 즉, 우리가 흔히 말하는 요인분석은 말 그대로 주어진 데이터의 요인을 분석한다는 큰 개념이고, 요인분석을 하기 위해 전체 분산을 토대로 요인을 추출하는 PCA를 사용하거나 공통분산만을 토대로 요인을 추출하는 CFA를 선택할 수 있다. 이 개념을 확실히 해 두지 않으면 요인분석을 할 때 많은 혼란을 겪을 수 있다. 실제로 많은 데이터 분석가들이 이 개념을 뚜렷이 구분하지 않고 사용하고 있으며 심지어 일부 교재에서도 이 개념을 혼동해서 사용하고 있다.

큰 개념인 요인분석은 목적에 따라 탐색적 요인분석과 확인적 요인분석으로 구분할 수 있다. 탐색적 요인분석(Exploratory Factor Analysis; EFA)은 변수와 요인 간의 관계가 사전에 정립되지 않거나 체계화되지 않은 상태에서 변수 간의 관계를 알아보기 위해 사용한다. 반면 확인적 요인분석(Confirmatory Factor Analysis; CFA)[2]은 이미 변수들의 속성을 예상하고 있는 상태에서 실제로 구조가 그러한지 확인하기 위한 목적으로 쓰인다. 이는 보통 선행연구를 통해 밝혀진 변수의 속성을 활용하여 측정변수와 잠재변수 간의 관계를 검정 및 확인하기 위해 사용된다. 논문을 위한 연구에서 자주 쓰이는 구조방정식 모델에서 확인적 요인분석을 활용한다. 이 책에서는 일반적인 기업의 데이터 분석 환경에서 자주 쓰이는 탐색적 요인 분석을 기준으로 설명한다.

앞서 알아보았던 주성분 분석(PCA)은 전체 독립변수들을 잘 설명해줄 수 있는 주된 성분 두세 개를 추출하는 기법이었다. 공통요인분석(CFA) 역시 전체 독립변수를 축약한다는 점에서 PCA와 동일하지만, 상관성이 높은 변수들을 묶어 잠재된 몇 개의 변수를 찾는다는 점에서 차이가 있다. 예를 들어 A라는 휴대폰의 구매 영향 요인 분석에 10개의 독립변수가 사용됐는데 이 변수들을 디자인적 우수함, 사용 용이성, 제품 성능이라는 세 가지 요소로 묶어주는 것이다. 정확성 관점에서는 CFA가 PCA보다 우수한 면이

---

2   CFA는 Confirmatory Factor Analysis 또는 Common Factor Analysis의 줄임 말로 사용된다.

있다. Snook과 Gorsuch(1989)[3]은 PCA와 CFA 비교연구에서 CFA가 더 정확한 요인적재량을 산출한다는 결과를 도출했다.

PCA는 모든 독립 변수들의 총 변량(총 분산)을 기반으로 요인을 추출하기 때문에 전체 변수를 가장 잘 설명해 주는 순으로 주성분의 우위가 결정된다. 반면 CFA는 변수들 간의 공통 변량(공통분산)만을 기반으로 하여 요인을 추출한다. 따라서 CFA로 생성한 주성분들은 서로 간에 무엇이 더 중요한 변수라는 우위 개념이 없다. 물론 종속변수에 대한 설명력에는 차이가 있겠지만 기본적으로 종류가 다른 변수를 만들어내는 것이 목적이다. 분석 프로젝트에서 사용되는 변수들은 유사한 성격을 가진 변수들이 많기 때문에, 즉 공통분산을 가진 변수들이 많기 때문에 CFA가 유용하게 사용될 수 있다.

PCA나 CFA와 같은 요인분석을 하기 위해서는 우선 독립변수들 간의 상관성이 요인분석에 적합한지 검증을 해야 한다. 이를 확인하기 위한 방법으로 바틀렛(Bartlett) 테스트와 KMO(Kaiser-Meyer-Olkin) 검정이 있다. 바틀렛(Bartlett) 테스트는 행렬식을 이용하여 카이제곱값을 구하여 각 변수들 사이의 상관계수의 적합성을 검증하는 방법으로 유의확률 p 값으로 나타낸다. p값이 0.05보다 작으면 대각행렬이 아니라는, 즉 변수들 간에 상관관계가 있다는 뜻이므로 분석에 적합하다고 판단한다.

요인분석은 변수 그룹 간의 상관관계가 각각 달라야 요인이 다르게 분리되기 때문에 변수들의 상관관계가 모두 비슷하게 높거나 낮게 나타나면 요인분석에 부적합하다. KMO 검정은 변수들 간의 상관관계가 다른 변수에 의해 잘 설명되는 정도를 나타내는 값을 통계적으로 산출하는 검정 방법이다. 독립변수들 간의 상관계수 제곱들과 편상관계수[4]들을 모두 더한 값에서 상관계수 제곱의 합이 차지하는 비율 값이 KMO 값이다. 일반적으로 0.8 이상이면 우수, 0.5 이상이면 적합, 0.5 미만이면 부적합으로 본다.

표 12.2 KMO 표

KMO값	공통 분산 정도
0.90~1.00	매우 높음
0.80~0.89	다소 높음
0.70~0.79	약간 높음
0.60~0.69	보통
0.50~0.59	불량
0.00~0.49	매우 불량

3　Snook, S. C., & Gorsuch, R. L. (1989). Component analysis versus common factor analysis: A Monte Carlo study. Psychological bulletin, 106(1), 148.
4　편상관계수: 제 3의 변수를 통제한 상태의 두 변수 간의 순수한 상관계수 (=피어슨 상관계수)

적합성을 검증한 후에는 요인분석을 통해 생성되는 주성분 변수들의 고유치(eigen value)를 확인하여 요인의 개수를 결정한다. 고유치는 요인이 설명해 주는 분산의 양을 뜻하는 것으로, 요인에 해당하는 변수들의 요인 적재 값의 제곱 합 값들을 합하여 구할 수 있다. 요인 적재 값은 잠시 후 자세히 설명하겠다. 고유치가 1이라는 것은 해당 요인이 변수 하나만큼의 분산을 가지고 있다는 것을 의미한다. 그렇기 때문에 사회과학에서는 고유치가 1 이상인 요인만 선택하며, 총 분산의 60% 이상을 설명해 주는 요인까지 선정하는 것이 일반적이다. 총 분산에 대한 요인들의 설명력이 너무 낮으면 정보의 손실이 커지는 문제가 발생한다. 다음의 고유치 표를 통해 각 요인의 고유치와 누적된 설명력 등을 확인할 수 있다.

표 12.3 고유치 표 예시

성분	초기 고유치		
	전체	% 분산	% 누적
1	2.852	58.21	58.21
2	1.443	27.58	85.79
3	.412	9.34	95.13
4	.177	3.15	98.28
5	.126	1.72	100.00

예시의 고유치 표에서는 2번 성분까지가 1 이상의 고유치와 60% 이상의 누적 설명력을 가지고 있으므로 적정한 요인 수로 판단된다. 추가적으로 이와 함께 스크리 도표(scree plot)를 참고하여 적정한 요인의 수를 결정할 수 있다. 스크리 도표는 요인 수에 따른 고유치 변화를 그래프로 나타낸 것이다. 이를 통해 직관적으로 고유치를 확인할 수 있으며 그래프의 경사가 낮아지는 지점을 통해 적정한 요인을 선정하는 데에 참고할 수 있다. 이 지점은 마치 팔꿈치를 굽힌 모습과 유사하여 엘보우 포인트(elbow point)라고 부르며 일반적으로 이 부분까지의 요인을 선택한다.

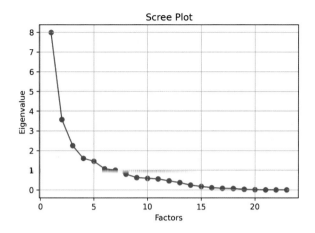

그림 12.8 스크리 도표 예시

그다음으로 요인 적재 값(factor loading)을 통해 각 변수와 요인 간의 상관관계의 정도를 확인할 수 있다. 선정된 각 요인이 어떤 변수를 설명해 주는가를 나타내는 것이다. 요인 적재 값이 ±0.3 이상이면 변수와 요인에 유의성이 있다고 할 수 있으며, 일반적으로 ±0.5 이상이면 해당 요인에서 중요한 변수로 판단한다. 이를 통해 각 요인이 어떤 변수들의 속성을 갖고 있는지 알 수 있다.

표 12.4 요인 적재 값 행렬(factor loading matrix) 예시

	F1	F2	F3	⋯
담배 소비량	0.841	−0.003	−0.036	⋯
술 소비량	0.724	−0.009	0.055	⋯
커피 소비량	0.638	0.018	0.106	⋯
건강식 소비량	0.091	0.774	−0.063	⋯
영양제 소비량	−0.082	0.628	0.183	⋯
채소 소비량	0.024	0.581	0.096	⋯
의류 소비량	0.107	0.004	0.617	⋯
⋯	⋯	⋯	⋯	⋯

예를 들어 다양한 상품군들의 소비량을 변수화한 데이터셋을 통한 요인 적재 값이 표 12.4와 같이 산출됐다면, 제1주성분(F1)이 담배, 술, 커피 소비량에 높은 요인 적재 값을 나타냈음으로 기호식품 소비량

을 의미하는 요인이라 명명할 수 있다. 이러한 요인에 대한 판단은 주관적 판단이 들어갈 수밖에 없으므로 항상 주의해서 해석하고 보편적인 상식에서 벗어나지 않게 해야 한다.

12.3.1 공통요인분석 실습

이제 캐글에 있는 "Nba 2020-2021 Season Player Stats"[5] 데이터셋으로 시간 시각화를 실습해 보겠다. 이 절의 실습 코드는 이 책의 저장소의 **12.3.1.공통요인분석 (CFA).ipynb** 파일에 있다.

코드 12.7 패키지 설치 및 임포트

In [1]:

```
01: # 필요한 패키지 설치 및 임포트
02: !pip install factor-analyzer
03: from sklearn.preprocessing import MinMaxScaler
04: from factor_analyzer import FactorAnalyzer
05: from factor_analyzer.factor_analyzer import calculate_bartlett_sphericity
06: from factor_analyzer.factor_analyzer import calculate_kmo
07: import pandas as pd
08: import numpy as np
09: import seaborn as sns
10: import matplotlib.pyplot as plt
```

공통요인분석을 위한 패키지를 포함하여 바틀렛 테스트, KMO 검정, 요인 시각화 등을 위한 패키지들을 설치 및 임포트한다.

코드 12.8 데이터 불러오기 및 확인

In [2]:

```
01: # 데이터 불러오기
02: df = pd.read_csv("datasets/nba2021_advanced.csv")
03:
04: # 데이터 샘플 확인
05: df.head()
```

---

5 https://www.kaggle.com/datasets/umutalpaydn/nba-20202021-season-player-stats

Out [2]:

	Player	Pos	Age	Tm	G	MP	PER	TS%	3PAr	FTr	...	TOV%	USG%	OWS	DWS	WS	WS/48	OBPM	DBPM	BPM	VORP
0	Precious Achiuwa	PF	21	MIA	28	408	15.1	0.599	0.000	0.541	...	16.1	19.7	0.3	0.6	0.9	0.101	-2.8	-0.2	-3.0	-0.1
1	Jaylen Adams	PG	24	MIL	6	17	-6.9	0.125	0.250	0.000	...	0.0	19.7	-0.1	0.0	-0.1	-0.265	-15.6	-5.2	-20.9	-0.1
2	Steven Adams	C	27	NOP	27	760	15.9	0.592	0.006	0.397	...	20.1	12.8	1.2	0.5	1.7	0.109	-0.1	-1.0	-1.1	0.2
3	Bam Adebayo	C	23	MIA	26	873	22.7	0.641	0.015	0.469	...	16.2	24.6	2.3	1.3	3.6	0.196	2.9	2.0	4.9	1.5
4	LaMarcus Aldridge	C	35	SAS	18	480	15.2	0.542	0.298	0.093	...	6.4	22.3	0.2	0.5	0.7	0.075	0.3	-1.0	-0.7	0.2

데이터를 판다스 데이터 프레임으로 불러온 다음 확인한다. NBA 선수들의 포지션, 연령, 팀 명, 참여 게임 수, 실적 등의 정보가 있다.

코드 12.9 변수 선택 및 데이터 스케일 정규화

In [3]:

```
01: # 변수 선택 및 데이터 스케일 정규화
02:
03: # 요인 분석할 칼럼만 선택(문자형 변수 등 제거)
04: df1 = df.drop(['Player','Pos','Tm','Age'], axis='columns')
05:
06: # 데이터 정규화 적용
07: MinMaxScaler = MinMaxScaler()
08: df_minmax = MinMaxScaler.fit_transform(df1)
09:
10: # 칼럼명 결합
11: df_minmax = pd.DataFrame(data=df_minmax, columns=df1.columns)
12:
13. df_minmax.hcad()
```

Out [3]:

	G	MP	PER	TS%	3PAr	FTr	ORB%	DRB%	TRB%	AST%	...	TOV%	USG%	OWS	DWS	WS
0	0.931034	0.369427	0.703518	0.399333	0.000	0.202850	0.300000	0.365989	0.550000	0.143158	...	0.161	0.450382	0.245902	0.318182	0.239437
1	0.172414	0.013649	0.427136	0.083333	0.250	0.000000	0.000000	0.336414	0.335714	0.282105	...	0.000	0.450382	0.180328	0.045455	0.098592
2	0.896552	0.689718	0.713568	0.394667	0.006	0.148856	0.482857	0.332717	0.625000	0.212632	...	0.201	0.274809	0.393443	0.272727	0.352113
3	0.862069	0.792539	0.798995	0.427333	0.015	0.175853	0.194286	0.428835	0.550000	0.587368	...	0.162	0.575064	0.573770	0.636364	0.619718
4	0.586207	0.434941	0.704774	0.361333	0.298	0.034871	0.091429	0.258780	0.300000	0.240000	...	0.064	0.516539	0.229508	0.272727	0.211268

공통요인분석을 하기에 앞서 데이터 정제를 한다. 우선 문자형 변수인 Player, Pos, Tm 칼럼과 성격이 다른 Age 칼럼을 제거해 준다. 연령 변수는 별도의 특징이 명확하기 때문에 개별적인 독립변수로 사용하기 위해 공통요인분석에 사용하지 않는다. 그리고 PCA에서 했던 방식과 동일하세 정규화 스케일링을 적용한다.

코드 12.10 바틀렛 테스트

In [4]:

```
01: # 바틀렛(Bartlett)테스트
02: chi_square_value,p_value=calculate_bartlett_sphericity(df_minmax)
03:
04: # 카이스퀘어, P-value 확인
05: chi_square_value, p_value
```

Out [4]:

```
(20195.698680942383, 0.0)
```

각 변수들 사이의 상관계수의 적합성을 검증하기 위하여 바틀렛 테스트를 수행한다. 아웃풋 결과의 p-value가 0.05보다 작은 0.0으로 출력됐기 때문에 공통요인분석을 하기에 적합한 것을 알 수 있다.

코드 12.11 KMO 검정

In [5]:

```
01: # KMO 검정
02: kmo_all,kmo_test=calculate_kmo(df_minmax)
03: kmo_test
```

Out [5]:

```
0.7008950495577879
```

다음으로 변수 그룹 간의 상관관계가 각각 다르게 나뉘는지 확인하기 위해 KMO 검정을 수행한다. 앞에서 다뤘듯이 0.7은 '약간 높음' 수준이므로 준수한 수준인 것을 알 수 있다.

코드 12.12 전체 요인 적재 값 확인

In [6]:

```
01: # 전체 요인적재값 확인
02:
03: fa = FactorAnalyzer(n_factors=30,rotation=None)
04: fa.fit(df_minmax)
05: ev, v = fa.get_eigenvalues()
06:
07: np.round_(ev,2)
```

Out [6]:

```
array([7.91, 3.53, 2.25, 1.59, 1.45, 1.05, 0.86, 0.67, 0.59, 0.57, 0.45,
       0.37, 0.24, 0.17, 0.11, 0.08, 0.07, 0.03, 0.01, 0. , 0. , 0.])
```

요인의 개수를 선정하기에 앞서 전체 요인 적재 값을 확인한다. 전체 칼럼 개수만큼의 요인별 적재 값이 산출됐다. 지수표현 형태는 가독성이 떨어지므로 np.round() 함수로 반올림하여 요인 적재 값을 확인한다.

코드 12.13 스크리 도표 시각화

In [7]:

```
01: # 스크리 도표 시각화
02:
03: plt.scatter(range(1,df_minmax.shape[1]+1),ev)
04: plt.plot(range(1,df_minmax.shape[1]+1),ev)
05: plt.title('Scree Plot')
06: plt.xlabel('Factors')
07: plt.ylabel('Eigenvalue')
08: plt.grid()
09: plt.show()
```

Out [7]:

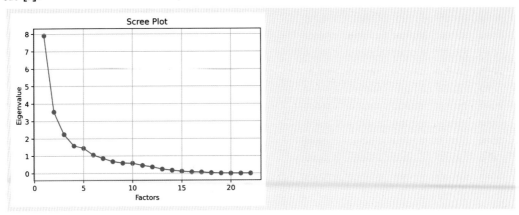

직관적으로 적정 요인 개수를 도출하기 위하여 스크리 도표를 시각화한다. 4개의 요인 지점 이후 경사가 급격히 감소하기 때문에 4개의 요인을 선정하는 것이 적절한 것으로 판단된다.

코드 12.14 요인과 변수 간 요인 적재 값 확인

In [8]:

```
01: # 요인 수 선정 및 요인-변수 간 요인 적재 값 확인
02:
03: fa = FactorAnalyzer(n_factors=4, rotation="varimax")
04: fa.fit(df_minmax)
05: factor_loadings = pd.DataFrame(fa.loadings_, index=df_minmax.columns)
06: factor_loadings
```

Out [8]:

	0	1	2	3
G	0.280363	-0.120974	0.823695	0.054468
MP	0.235239	-0.114616	0.820694	0.349032
PER	0.832268	0.305573	0.147761	0.411650
TS%	0.746473	0.103235	0.151836	0.069871
3PAr	-0.015289	-0.593922	0.004644	-0.180311
FTr	0.087057	0.356382	-0.173463	0.112161
ORB%	0.042655	0.785599	-0.047214	-0.058840
DRB%	0.105775	0.711622	0.131665	-0.009666
TRB%	0.076869	0.971609	0.092116	-0.049174
AST%	0.072484	-0.176681	0.082553	0.571263
STL%	0.162854	-0.158276	0.167052	-0.010402
BLK%	0.061263	0.615849	-0.000813	-0.131920
TOV%	-0.512815	0.161094	-0.048920	0.040294
USG%	-0.039402	0.024692	0.010200	0.644357
OWS	0.335777	0.122376	0.422589	0.662219
DWS	0.210791	0.157760	0.814380	0.264731
WS	0.322705	0.156197	0.636343	0.627248
WS/48	0.934784	0.202072	0.211533	0.114420
OBPM	0.870437	0.050989	0.165258	0.382697
DBPM	0.531773	0.201113	0.264126	-0.118064
BPM	0.931222	0.110370	0.235261	0.249336
VORP	0.292786	0.140378	0.367490	0.751926

최종적으로 설정한 4개의 요인으로 변수 간의 상관관계(요인 적재 값)를 확인한다. 상관관계는 ±1에 가까울수록 높은 것이기 때문에 각 요인별로 성격이 유사한 변수들을 찾아낼 수 있다. G 칼럼의 경우 2번 요인과 가장 높은 상관관계를 가지고 있는 것을 확인할 수 있다.

코드 12.15 요인과 변수 간 요인 적재 값 시각화

In [9]:

```
01: # 변수 간 요인적재값 시각화
02:
03: plt.figure(figsize=(6,10))
04: sns.heatmap(abs(factor_loadings), cmap="PuBu", annot=True, fmt='.2f')
```

Out [9]:

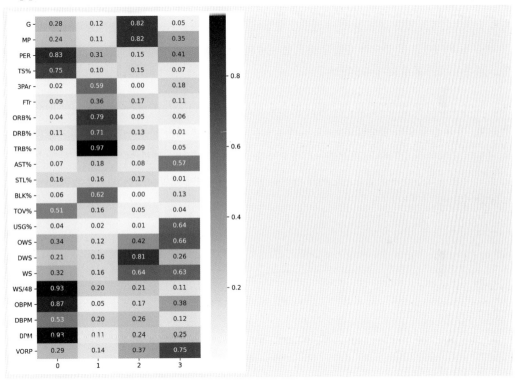

단순한 테이블 형태는 요인별로 주요 변수를 확인하기 어렵기 때문에 채도를 적용한 시각화를 한다. 주의할 점은 ±1에 가까운지를 표현해야 하기 때문에 abs(factor_loadings) 함수를 적용하여 절댓값으로 시각화가 표현되도록 해야 한다. 이를 통해 각 요인별로 상관관계가 높은 변수를 직관적으로 확인할수 있다.

12.4 다중공선성 해결과 섀플리 밸류 분석

다중공선성(multicollinearity)이란 독립변수들 간의 상관관계가 높은 현상을 뜻한다. 즉 두 개 이상의 독립변수가 서로 선형적인 관계를 나타낼 때 다중공선성이 있다고 말한다. 이렇게 되면 독립 변수들 간에는 서로 독립이라는 회귀분석의 전제 가정을 위반하게 된다. 회귀분석에서 다중공선성이 발생하게 되면 추정치의 통계적 유의성이 낮아져 모델의 정합성이 맞지 않는 문제가 발생하게 된다. 회귀모델은 첫 번째 독립 변수가 종속변수를 예측하고 두 번째 독립 변수가 남은 변량을 예측하는 식으로 구성된다. 그런데 다중공선성이 있는 경우 첫 번째 변수가 설명하고 남은 변량을 두 번째 변수가 예측하는 데에 문제가 생긴다. 왜냐하면 두 변수가 설명할 수 있는 부분이 거의 동일하기 때문에 두 번째 변수가 설명할 수 있는 변량이 거의 없게 되기 때문이다.

예를 들어 교통사고 발생확률을 예측하는 변수로 마신 소주의 양(ml)과 혈중알코올농도를 사용한다고 했을 때, 마신 술의 양과 혈중알코올농도는 매우 높은 상관관계를 나타낼 것이다. 이렇게 되면 회귀계수의 분산이 과도하게 증가하고 회귀계수 추정치의 해석이 어려워진다. 또한 예측 성능이 과장되어 나올 수 있기 때문에 모델의 유의성을 판단하기 어려워진다. 회귀계수에 대한 내용은 회귀분석 파트에서 자세히 다룰 것이다.

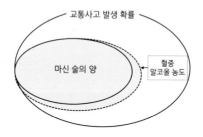

그림 12.9 다중공선성의 개념 예시

다중공선성을 판별하는 기준은 몇 가지가 있다. 첫 번째로 회귀 분석 모델을 실행하기 전에 상관분석을 통해 독립 변수 간의 상관성을 확인하여 높은 상관계수를 갖는 독립변수를 찾아내는 방법이 있다. 상관계수의 절대치가 0.7 이상이면 두 변수 간의 상관성이 높다는 것이므로, 다중공선성이 나타날 것을 의심할 수 있다. 하지만 이 방법은 변수가 많을 경우 상관성을 파악하기 힘들다는 단점이 있다.

그다음으로 회귀분석 결과에서 독립변수들의 설명력을 의미하는 결정계수 R² 값은 크지만 회귀계수에 대한 t값(t-value)[6]이 낮다면 다중공선성을 의심해 볼 수 있다. 종속변수에 대한 독립변수들의 설명력은 높지만 각 계수 추정치의 표준오차가 크다는 것은 독립변수 간에 상관성이 크다는 것을 의미하기 때문이다. 여기에서 t값은 해당 변수의 시그널의 강도라 할 수 있다. 표준오차(노이즈) 대비 시그널을 뜻하는 값이기 때문에 값이 클수록 좋다. 관측치가 100개일 때, 유의확률 0.05 수준(95% 신뢰도)에서 t값이 ± 1.96 이상이면 적절한 것으로 판단한다. 기준이 1.96인 이유는 양측검정을 할 때 표준정규분포에서 표준편차가 1.96일 때 유의수준이 0.05가 되기 때문이다. 적정한 t값의 절대치는 다음의 표와 같다.

표 12.5 다중공선성 판별을 위한 t값 수준

t값의 절대치	유의수준
t-value >= 2.58	α = 0.01
t-value >= 1.96	α = 0.05
t-value >= 1.645	α = 0.10

또한 VIF(Variance Inflation Factor), 즉 분산팽창계수를 통해 다중공선성을 판단할 수 있다. 해당 변수의 VIF 값은 회귀분석 모델에 사용된 다른 독립 변수들이 해당 변수 대신 모델을 설명해 줄 수 있는 정도를 나타낸다. 다시 말해 해당 변수가 다른 변수들에 의해 설명될 수 있는 정도를 의미한다. 따라서 VIF가 크다는 것은 해당 변수가 다른 변수들과 상관성이 높다는 것이기 때문에 회귀 계수에 대한 분산을 증가시키므로 제거를 해주는 것이 좋다. VIF를 구하는 수식은 다음과 같다.

$$VIF_k - \left(\frac{1}{1 - R_k^2} \right)$$

수식을 해석하면, 1에서 K 번째 변수에 대한 다른 변수들의 설명력(R²)을 뺀 값을 분모로 하고 1을 분자로 한 값이 K 번째 변수의 VIF값이 된다. 즉, 다른 변수들에 의해 설명되는 수준이 높을수록 VIF는 큰 값을 가지게 된다. R²는 0에서 1 사이에서 정해지기 때문에 VIF 값은 1에서 무한대의 범위를 갖는다. 일반적으로 5 이상이면 다중공선성을 의심해 봐야 하며, 10 이상일 경우, 다중공선성이 있다고 판단한다. 그리고 VIF값에 루트를 씌운 값은 해당 변수가 다른 변수들과의 상관성이 없는 경우보다 표준오차가 X 배 높다는 것을 의미한다. 예를 들어 A라는 변수의 VIF값이 16이라면, A 변수는 다중공선성이 없는 상

---

6 t값: 검정 통계량을 의미하며, 독립변수와 종속변수 간에 선형관계가 얼마나 강한지를 나타낸다.

태보다 표준오차가 16에 루트를 씌운 값($\sqrt{16} = 4$)인 4배 높다는 것을 의미한다. 표준오차가 높은 변수는 분석 모델의 성능을 저하시키므로 제거하는 것이 좋다.

다중공선성을 해결하기 위한 가장 기본적인 방법은 VIF값이 높은 변수들 중에서 종속변수와의 상관성 (설명력)이 가장 낮은 변수를 제거하고 다시 VIF값을 확인하는 하는 것을 반복하는 것이다. 이때 유의할 점은, 특정 변수가 제거 대상이 됐다고 해도 분석 모델의 이론이나 가설에 중요한 역할을 할 수도 있으므로 가설과 비즈니스적 요소도 함께 고려하여 변수를 제거해야 한다.

또 다른 방법으로 표본 관측치를 추가적으로 확보하여 다중공선성을 완화하는 방법이 있다. 일반적으로 분석 모수가 많아질수록 회귀계수의 분산과 표준오차가 감소하기 때문이다. 하지만 관측치를 추가로 확보하는 것은 현실적으로 어려운 경우가 많기 때문에, 이 방법은 잘 쓰이지 않는다.

현실성을 고려하면, 변수를 가공하여 변수 간의 상관성을 줄이는 방법이 유용하게 사용될 수 있다. 해당 값에 로그를 취하거나, 표준화 및 정규화 변환을 해주면 다른 변수와의 높았던 상관성이 완화될 수 있다. 아니면 연속형 변수를 구간화 혹은 명목변수로 변환할 수도 있다. 물론 순수한 변수를 가공하는 것이기 때문에 정보의 손실이 발생하긴 하지만 다중공선성 때문에 변수가 제거되는 것보다는 나은 선택이 될 수 있다.

앞에서 다뤘던 주성분분석을 통해서도 다중공선성을 해결할 수 있다. 주성분 변수는 기존 변수의 변동 (상관계수)을 가장 잘 설명하는 변수를 찾아낸 것이기 때문에, 유사한 변수들을 하나의 변수로 합쳐낸 효과가 있다. 하지만 주성분분석을 이용하면 변수의 해석이 어려워진다는 점을 염두에 두어야 한다. 실무에서는 순수한 요인 변수들이 직관적이고 관리가 쉽기 때문에 변수를 축하는 것이 힘든 경우가 많다.

그리고 데이터 분석 환경에서 제공하는 변수 선택 알고리즘을 활용하는 방법이 있다. 보통 전진 선택법 (Forward selection), 후진 제거법(Backward elimination), 단계적 선택법(Stepwise method) 중 하나를 선택하여 특정 로직에 의해 모형에 적합한 변수를 자동으로 선정한다. 이 방법은 분석 경험이 적은 분석가가 활용하기에 좋다. 이에 대한 자세한 내용은 회귀분석 파트에서 다루도록 하겠다.

다중공선성 해결 방법을 정리하면 다음과 같다.

- VIF값이 높으면서 종속변수와의 상관성(설명력)이 낮은 변수 제거
- 표본 관측치를 추가적으로 확보
- 로그, 표준화 등을 통한 변수 가공
- 주성분분석을 통한 변수 축약
- 변수 선택 알고리즘을 활용하여 적정 변수 자동 선정

다음으로 각 독립변수가 종속변수의 설명력에 기여하는 순수한 수치를 계산하는 방법인 섀플리 밸류 (Shapley Value) 분석에 대해서 알아보도록 하자. 섀플리 밸류는 '안정적 결혼 문제(Stable Marriage problem)' 알고리즘으로 유명한 로이드 섀플리가 개발한 독립변수의 설명력 분배 방법이다. 예를 들어 독립변수 x_1, x_2, x_3와 종속변수 y의 관계를 분석한다고 했을 때, 다음과 같은 설명력 조합이 나왔다고 가 정해 보자.

표 12.6 독립변수의 조합에 따른 설명력

독립변수의 조합	종속변수에 대한 설명력
$x1$	0.15
$x2$	0.21
$x3$	0.17
$x1, x2$	0.32
$x1, x3$	0.29
$x2, x3$	0.31
$x1, x2, x3$	0.35

표 12.6에 나와 있듯이 독립변수 $x1$, $x2$, $x3$ 각각의 설명력은 0.15, 0.21, 0.17이다. $x1$과 $x2$를 함께 투입했을 경우에는 0.32의 설명력을 가진다. $x2$만 투입했을 때는 0.21의 설명력을 가지므로 $x1$, $x2$ 조 합에서 $x1$의 기여도는 0.32−0.21=0.11이 되고, $x2$의 기여도는 0.32−0.15=0.17이 된다. 즉, $x1$만 사용 했을 때보다 $x1$과 $x2$를 함께 사용했을 때 $x2$가 0.17만큼의 설명력을 더해 주는 것이다.

동일한 방식으로 $x1$, $x3$ 조합에서 $x1$의 기여도를 계산하면 0.29−0.17=0.12가 된다. 그리고 $x1$, $x2$, $x3$ 조합에서 $x1$의 기여도는 0.35−0.31=0.04이다. $x1$의 기여도를 정리하면, $x1$ 단일로만 투입됐을 때 의 기여도는 0.15이고, $x1$, $x2$ 혹은 $x1$, $x3$ 두 변수가 투입됐을 때의 기여도는 0.11, 0.12이고, $x1$,

$x2$, $x3$ 모두 투입됐을 때는 0.04이다. 이때 두 변수 조합인 경우의 평균은 (0.11+0.12)/2=0.115이고, 이렇게 구한 세 가지 조합에서 $x1$의 기여도는 각각 0.15, 0.115, 0.04이고 이 값들의 평균을 구하면 (0.15+0.115+0.04)/3=0.101이다. 이 값이 $x1$의 섀플리 밸류로, $x1$, $x2$, $x3$를 모두 투입했을 때 $x1$이 갖는 순수한 설명력이다. 이를 정리하면 다음과 같다.

- $x1$ 단일 조합에서 $x1$의 기여도: 0.15

- $x1$, $x2$와 $x1$, $x3$ 두 변수 조합에서 $x1$의 기여도 평균: 0.115
  → (0.11+0.12)/2=0.115

- $x1$, $x2$, $x3$ 조합에서 $x1$의 기여도: 0.04

- 모든 조합에서 $x1$의 기여도 평균: **0.101** ($x1$의 섀플리 밸류)
  → (0.15+0.115+0.04)/3=0.101

독립변수 $x2$와 $x3$도 같은 방식으로 계산하면 0.141, 0.106이라는 섀플리 밸류 값을 구할 수 있다. 변수 각각의 섀플리 밸류 값을 모두 더하면 0.35로, $x1$, $x2$, $x3$ 모든 변수를 투입했을 때의 설명력과 동일하다. 이처럼 섀플리 밸류는 해당 변수를 모델에 투입했을 때 설명력에 어느 정도의 기여를 하는지 측정할 수 있는 기준값으로 활용할 수 있다.

12.5 데이터 마사지와 블라인드 분석

12.5.1 데이터 마사지

데이터 분석 필드에서는 데이터 마사지라는 용어가 종종 사용된다. 데이터 마사지란 데이터 분석 결과가 예상하거나 의도한 방향과 다를 때 데이터의 배열을 수정하거나 관점을 바꾸는 등 동일한 데이터라도 해석이 달라질 수 있도록 유도하는 것이다. 이는 데이터의 수치 자체를 바꾸는 데이터 조작과는 차이가 있다. 하지만 데이터 마사지도 결국 분석가의 주관적 판단이 개입되는 것이기 때문에 지양해야 한다. 데이터 마사지 방법에는 다음과 같은 것들이 있다.

- 편향된 데이터 전처리

- 매직그래프 사용

- 분모 바꾸기 등 관점 변환

- 의도적인 데이터 누락 및 가공

- 머신러닝 모델의 파라미터 값 변경 및 연산반복

- 심슨의 역설

편향된 데이터 전처리: 이상치나 결측값 등의 전처리를 분석가가 의도하는 방향에 유리하도록 하는 것이다. 예를 들어 A그룹과 B그룹의 수치 차이를 원하는 방향으로 유도하고 싶을 때 각 그룹의 이상치나 결측값을 의도한 방향에 유리하도록 처리하는 것이다. 만약 A그룹의 수치가 크도록 유도하고 싶은데 A그룹이 B그룹보다 큰 값의 이상치가 많으면 일부러 이상치 처리를 하지 않거나 이상치 선정 기준을 높이는 것이다.

매직 그래프 사용: 그래프의 레이블 간격이나 비율을 왜곡하여 수치의 차이를 실제보다 크거나 작게 인식하도록 유도하는 방법이다. 이는 데이터 조작과 다름없는 방법이기 때문에 절대 사용해서는 안 되며 매직그래프에 속지 않도록 주의해야 한다.

그림 12.10 매직그래프 예시 1

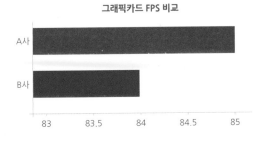

그림 12.11 매직그래프 예시 2

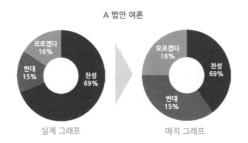

그림 12.12 매직그래프 예시 3

그림 12.10은 레이블의 간격을 일정하지 않게 하여 그룹 간 차이가 작아 보이게 왜곡한 그래프다. 최솟값과 최댓값은 0과 600인데 가운데는 300이 아닌 100으로 되어 있다. 그림 12.11은 실젯값의 차이는 1에 불과하지만 최솟값을 83으로 하여 수치 차이를 과장하여 표현했다. FPS 1 차이는 실제로도 큰 의미가 없는 수치다. 마지막 그림 12.12는 도넛차트의 비율을 실제와 다르게 표현하여 A 법안에 대한 부정적 인식을 유도한 옳지 못한 사례다.

분모 바꾸기 등 관점 변환: 동일한 비율 차이라 하더라도 분모를 어떻게 설정하는가에 따라 받아들여지는 느낌이 달라질 수 있다. 예를 들어 위스키를 숙성시키면서 증발되는 위스키를 지칭하는 천사의 몫(Angel's Share)의 비율을 더 크거나 작게 표현할 수 있다. 패피 반 윙클(Pappy Van Winkle) 23년산 버번은 숙성 기간 동안 약 58%의 양이 증발되어 사라진다. 절반이 넘는 양이다. 그런데 비율의 분모를 처음 원액이 아닌 최종적으로 술병에 담은 버번으로 따지면 138%가 증발한다고 표현할 수 있다. 이처럼 비율의 분모를 바꾸면 원액의 증발량이 더 많은 것처럼 인식되도록 유도할 수 있다.

의도적인 데이터 누락 및 가공: 데이터 분석가가 원하는 방향과 반대되는 데이터를 의도적으로 누락시키거나 다른 수치와 결합하여 특성을 완화시키는 방법이다. 예를 들어 A국가의 연도별 물가 상승률이 다음과 같다고 해보자.

표 12.7 A 국가 물가 상승률

2014년	2015년	2016년	2017년	2018년	2019년	2020년	2021년
0.8%	0.7%	1.0%	1.9%	1.5%	0.4%	0.5%	2.0%

2014년도부터 2021년도까지 물가 상승률이 증가하기도 하고 감소하기도 하는 추세를 가지고 있다. 2017년과 2021년은 상대적으로 높은 물가 상승률을 보이고 있다. 데이터 자체로는 2021년을 제외하고는 물가상승률이 과거에 비해 크게 증가했다고 보기 힘들다.

그림 12.13 의도적 데이터 누락 및 가공 예시

그런데 여기에 의도를 반영하면 전혀 다른 수치로 나타낼 수 있다. 우선 물가상승률이 지속적으로 증가하고 있는 것처럼 표현하고자 하면 2015, 2018년, 2021년 데이터만 보여주면 된다. 3년 간격으로 보여주니 전혀 어색해 보이지 않는다. 반대로 물가상승률이 하락하는 것처럼 표현하려면 2016~2018년 평균과 2019~2021년 평균값으로 가공하여 보여주면 우 하향하는 그래프로 표현하는 것이 가능해진다.

머신러닝 모델의 파라미터 값 변경 및 연산반복: 통계적 수치뿐만 아니라 머신러닝 모델의 결괏값도 어느 정도 유도가 가능하다. 대부분 수많은 데이터와 변수를 사용하므로 의도한 대로 데이터 성향을 조정하거나 가공할 수 있는 여지가 많으며 모델의 파라미터 값을 변경해 가며 다양하게 연산을 반복하다 보면 머신러닝 모델의 결과가 원하는 대로 조정될 수 있다.

심슨의 역설: 앞의 5.5. 심슨의 역설에서 다뤘던 내용도 일종의 데이터 마사지라 할 수 있다. 데이터의 세부 비중에 따라 전체 대표 확률이 왜곡되는 현상을 의도적으로 적용하여 통계 수치를 실제와는 정 반대로 표현할 수 있다. 이러한 원리는 데이터 왜곡에 당하거나 직접 하지 않기 위해 잘 이해하고 있어야 한다.

12.5.2 블라인드 분석

데이터 마사지에 의한 왜곡을 방지하기 위해 사용하는 방법으로 블라인드 분석(Blind analysis)이 있다. 블라인드 분석은 데이터 분석 설계와 관련이 있다. 데이터 분석이 아무리 통계적 수치를 기반으로 한다고 해도 분석가의 주관적 판단을 완전히 배제할 수는 없다. 의도하든 의도하지 않든 기존의 가설과 경험에 의한 선입견이 분석 과정에서 개입되는 경우가 많다. 이를 인지적 편향 혹은 확증 편향이라 한다. 블라인드 분석은 이러한 편향에 의한 오류를 최소화하기 위한 방법이다.

물론 블라인드 분석이 모든 것을 해결해 주는 것은 아니다. 블라인드 분석을 한다고 해서 편향을 완벽히 방지할 수 있는 것도 아니고, 기존 방법보다 오히려 의미 없는 결과를 도출하게 될 수노 있다. 특히 블라인드 분석의 목적이 분석가의 부정행위를 막기 위한 것은 아니기 때문에 사용 목적을 잘 이해하고 수행을 해야 한다. **기존에 분석가가 중요하다고 생각했던 변수가 큰 의미가 없는 것으로 결과가 나왔을 때 무리해서 의미부여를 하거나 그 변수에 집착하여 해석에 유리하도록 변수를 가공하게 되는 실수를 방지하는 목적이 크다.**

음료에 대한 고객 선호도를 조사할 때 흔히 사용하는 블라인드 테스트를 떠올리면 이해가 쉬울 것이다. 이미 갖고 있는 상품에 대한 이미지나 경험이 무의식 중에 반영되어 객관적인 판단을 방해하는 경우가 많기 때문에 블라인드 테스트는 활발하게 사용되고 있다. 블라인드 분석은 종속변수 Y에 영향을 주는 독립변수들의 명칭과 의미를 감추고서 분석 모델을 수행하고 오직 결과치만을 보고 그 의미를 해석한다. 이를 통해 분석가의 기존 상식에 따른 주관적 해석을 방지할 수 있다. 특히 기존 연구나 분석 결과를 알고 있는 상태에서 이를 재현하기 위한 분석을 했는데 기대한 결과가 나오지 않았을 경우 이를 무시해 버리거나 무조건 분석에 실패했다고 판단해 버리는 경우가 생길 수 있다.

블라인드 분석은 2000년대 초 물리학 분야에서 활발히 사용되기 시작했다. 기존 이론과 상식 때문에 분석 결과가 영향을 받는 것을 방지하기 위해서 사용하기 시작했다. 데이터 분석 프로젝트를 진행하면서도 혹시나 기존 상식대로 해석을 유도하고 있지는 않은지 점검하기 위한 보조적 수단으로 블라인드 분석을 사용하면 많은 도움이 될 수 있다.

12.6 Z-test와 T-test

이번 절 Z-test와 T-test 그리고 다음 절의 ANOVA는 통계 기반 데이터 분석의 기본 방법론 중 하나다. 집단 내 혹은 집단 간의 평균값 차이가 통계적으로 유의미한 것인지 알아내는 방법이다. 예를 들어 쇼핑몰의 지역별 객단가를 분석한다고 해보자. A 지역의 고객별 평균 매출은 67,000원이고, B 지역은 68,500원이라고 했을 때 1,500원 차이가 우연적인 차이인지, 정말 통계적으로 유의미한 차이인지를 알아보려면 Z-test(T-test)나 ANOVA를 사용하면 된다. Z-test와 T-test는 두 집단 간의 평균 차이를 분석할 때 사용하는 것이고, ANOVA는 두 집단 이상일 경우에 사용한다.

Z-test와 T-test는 단일 표본 집단의 평균 변화를 분석하거나 두 집단의 평균값 혹은 비율 차이를 분석할 때 사용한다. 우선 Z-test와 T-test는 분석하고자 하는 변수가 양적 변수이며, 정규 분포이며, 등분산이라는 조건이 충족되어야 한다. 이 두 분석 방법을 선택하는 기준은 모집단의 분산을 알 수 있는 지의 여부와 표본의 크기에 따라 달라진다. Z-test는 본래 모집단의 분산을 알 수 있는 경우에 사용되지

만, 모집단의 분산을 알 수 있는 경우는 보통 거의 없다. 하지만 표본의 크기가 30 이상이면 중심 극한 정리에 의해 정규분포를 따른다고 볼 수 있으므로 Z-test 사용이 가능하다. 이러한 경우에는 Z-test와 T-test의 결과가 유사하게 나타난다.

이와 반대로 T-test는 표본의 크기가 30 미만이어서 표본 집단의 정규분포를 가정할 수 없을 때 사용된다. 물론 표본 집단의 크기가 30 이상일 때도 사용 가능하기 때문에 일반적으로 T-test를 사용한다. 본 장에서는 표본 크기에 관계없이 사용할 수 있는 T-test 위주로 살펴보도록 하겠다.

표 12.8 Z-test, T-test, ANOVA 비교

구분	분석 목적	표본 기준
Z-test	▪ 단일 집단의 평균값 차이 분석	▪ 표본 집단의 크기가 30 이상일 때 사용
T-test	▪ 단일 집단의 비율 차이 분석 ▪ 두 집단의 평균값 차이 분석 ▪ 두 집단의 비율 차이 분석	▪ 표본 집단의 크기가 30 미만일 때도 사용 가능
ANOVA	▪ 단일 집단의 두 개 이상 평균값 차이 분석 ▪ 단일 집단의 두 개 이상 비율 차이 분석 ▪ 두 집단 이상의 평균값 차이 분석 ▪ 두 집단 이상의 비율 차이 분석	▪ 표본 집단의 크기가 30 이상일 때 사용

우선 단일 집단의 평균값 차이를 T-test로 분석하는 방법을 다음의 예시를 통해 알아보자.

A 쇼핑몰의 기존 고객집단 C의 월평균 매출은 42,000원이었다. 마케팅 부서에서 새로운 고객관리 프로그램을 개발해서 고객집단 C에 적용을 했다. 새로운 마케팅 프로그램을 적용한 후 월평균 매출이 43,000원으로 늘어났다. 1,000원의 증가가 통계적으로 유의미한 차이인지 분석해 보자.(고객집단 C는 100명이다.)

첫번째로, 통계적으로 매출 차이가 있는지의 여부를 가설로 설정하고 가설 검정의 종류와 유의수준을 설정한다. 귀무가설과 대립가설 설정 및 가설검정 이론은 앞에서 이미 다루었다.

- H_0(귀무가설): 고객집단 C의 마케팅 프로그램 적용 전후의 월평균 매출은 동일하다.
- H_1(대립가설): 고객집단 C의 마케팅 프로그램 적용 전후의 월평균 매출은 차이가 있다.

이렇게 가설을 설정했으면 매출 평균이 단순히 같지 않은지를 검정하기 위한 것인지(양측검정), 매출 평균이 더 적은가를 검정하기 위한 것인지(왼쪽꼬리검정), 매출 평균이 더 큰가를 검정하기 위한 것인지(오른꼬리검정)에 따라 적합한 검정 방법을 선택한다. 본 예시에서는 동일한가의 여부를 검정하기 위한 것이므로 양측검정을 선택한다.

유의수준을 일반적 기준인 0.05로 한다고 했을 때, 양쪽을 검정하는 것이기 때문에 유의수준도 2로 나누어 계산한다. 따라서 p값(p-value)이 0.025를 초과하는지에 따라 귀무가설의 기각 여부를 결정한다. 만약 p-value가 0.025보다 작다면 월평균 매출이 동일하다는 귀무가설을 기각하여, 월평균 매출이 통계적으로 다르다고 결론 내릴 수 있다.

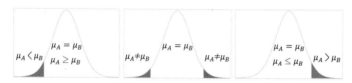

그림 12.14 왼쪽꼬리검정, 양측검정, 오른쪽꼬리검정

두번째로 비교할 평균과 표준편차 그리고 표준오차를 계산한다. 예시의 각 값은 다음과 같다고 하자.

	마케팅 프로그램 적용 전	마케팅 프로그램 적용 후	차이
월 매출 평균	42,000	43,000	1,000
표준편차			6,250
표준오차			625

마케팅 프로그램 도입 후로 월평균 매출은 1,000원이 늘었고, 각 고객들의 매출 차이에 대한 표준편차는 6,250 원이다. 이를 전체 대상 고객인 100명에 루트를 취하여 계산된 10으로 나누면 625라는 표준오차를 구할 수 있다.

세번째로, 방금 계산했던 각 값을 T-test 공식에 대입하여 t 통계치를 구한다. t 통계치를 구하는 공식은 다음과 같다.

$$t_{stat} = \frac{\overline{X} - \mu}{\frac{S_X}{\sqrt{n}}}$$

- $\overline{X}$: 마케팅 적용 후의 매출 평균(표본 평균)

- μ: 마케팅 적용 전의 매출 평균(귀무 가설에서의 모평균)

- S_x: 집단 값 차이의 표준 편차

- n: 표본 크기

수식을 보면 알 수 있듯이, 평균의 차이가 클수록, 그리고 표본의 수가 클수록 t값은 증가하게 된다. 반대로 관측치들의 값 신의 표준편차가 크면 평균의 차이가 불분명해지게 되고 t값은 감소한다. 즉 각 고객들의 마케팅 프로그램 전과 후의 매출 차이가 너무 들쑥날쑥 하면 매출 평균 차이가 우연에 의한 것일 확률이 높기 때문에 고객집단 C의 마케팅 프로그램 적용 전과 후의 월평균 매출은 동일하다는 귀무가설을 채택하게 되는 것이다.

T-test 공식에 각 수치를 대입하면 1.6이라는 수치가 계산된다. 이는 양측검정의 기각역 경계인 $-1.984/+1.984$에 미치지 못한다. 검정 통계량 t 값 1.6이 임계치 2.003보다 작기 때문에 대립가설을 기각하고 귀무가설을 채택한다. 따라서 해당 마케팅 프로그램의 매출 증대 효과는 유의수준 0.05에서 없다고 판단할 수 있다. 기각역 경계는 p값 0.025를 자유도(표본 크기)에 따른 t 값으로 변환하여 구한 값이다.

$$t_{stat} = \frac{43,000 - 42,000}{\dfrac{6,250}{\sqrt{100}}} = 1.6$$

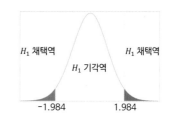

그림 12.15 t value 임계치

Z-test도 단일 집단의 평균값 차이를 분석할 때 이와 비슷한 방식으로 진행된다. 다만 모집단의 분산을 알고 있다는 가정을 기반으로 Z 값을 계산한다는 차이가 있다. 따라서 T-test에서 집단 값 차이의 표준편차를 사용했던 것 대신 Z-test에서는 모집단의 표준편차를 사용한다. 그리고 Z-test는 단일 집단과 두 집단 비교 공식은 동일하다. Z-test의 공식은 다음과 같다.

$$Z_{stat} = \frac{\overline{X} - \mu}{\dfrac{\sigma_x}{\sqrt{n}}}$$

- $\overline{X}$: 마케팅 적용 후의 매출 평균(표본 평균)

- μ: 마케팅 적용 전의 매출 평균(귀무가설에서의 모평균)

- σ_X: **마케팅 적용 전(모집단)의 표준 편차**

- n: 표본 크기

다음으로 T-test를 사용하여 두 집단의 평균 차이를 통계적으로 검정하는 방법을 알아보자. 분석 방법은 단일 모집단 평균 비교 방식과 유사하다. A 집단의 평균과 B 집단의 평균값의 차이가 통계적으로 유의미한 지 본다고 했을 때, 우선 두 집단의 값을 산포도로 시각화하여 분포가 어떻게 이루어졌는지를 파악해 본다. 두 집단의 값이 어떻게 차이가 나는지 그래프로 확인하는 것만으로도 평균 차이의 유의성을 어느 정도 판단할 수 있다. 그다음에 단일 집단의 평균값 차이를 T-test로 분석하는 방법과 동일한 절차로 분석을 진행한다. 가설을 설정하고 각 집단의 평균, 분산, 두 집단의 표본평균 차이, 표준오차 등의 값을 통해 검정 통계량 t값을 구하여 귀무가설 기각 여부를 판단한다.

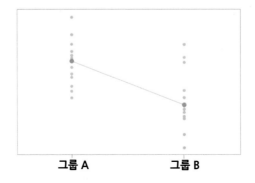

그룹 A   **그룹 B**

그림 12.16 두 집단 평균 가설검정을 위한 T-test 예시

두 집단의 T-test를 하는 공식은 다음과 같다.

$$t_{stat} = \frac{\overline{X}_A - \overline{X}_B - (\mu_A - \mu_B)}{\sqrt{\dfrac{S_A^2}{n_A} + \dfrac{S_B^2}{n_B}}}$$

- $\overline{X}_A$: A 집단의 평균

- $\overline{X}_B$: B 집단의 평균

- μ_A: A 모집단의 평균(귀무가설의 추정 평균)

- μ_B: B 모집단의 평균(귀무가설의 추정 평균)

- S_A^2: A 집단의 분산

- S_B^2: B 집단의 분산

- n_A: A 집단의 표본 수

- n_B: B 집단의 표본 수

두 집단 평균 차이 T-test의 귀무가설은 '집단 A와 B의 평균은 차이가 없다.'이므로, 두 집단 간의 평균 차이를 표준오차로 나누어 검정 통계량 t 값을 구하는 것이다. 기본적인 개념은 단일 집단 T-test와 같다. 표준오차가 크면 두 집단의 평균 차이에 대한 유의도가 감소하게 된다. 이 공식에서 $(\mu_A-\mu_B)$은 두 집단의 평균은 동일하다는 귀무가설의 추정 평균이므로, 0이 된다. 따라서 해당 공식의 분자는 A집단과 B집단의 평균 차이가 된다.

마지막으로 단일 집단의 비율 차이에 대한 T-test와 두 집단의 비율차이 검정을 위한 T-test에 대하여 알아보자. 비율의 차이 검정 방법 역시 평균 비교 방법과 유사하다. 비율의 차이를 표준오차로 나눠주어 t 값을 계산한 다음 유의수준(α)으로 환산하여 대립가설 채택 여부를 판단한다.

여기에서는 비율의 분산을 구하는 방법만 짚고 넘어가면 된다. 표본의 비율은 p로 표현하며, 비율의 분산은 $p(1-p)$가 된다. 그리고 표준오차는 비율의 분산을 표본의 수(n)로 나눈 뒤 루트를 씌운 값이 된다. 이를 요약하면 다음과 같다.

- 표본 비율: p

- 표본 비율의 분산: $p(1-p)$

- 표본 비율 표준오차: $\sqrt{\dfrac{p(1-p)}{n}}$

예를 들어 100명으로 구성된 A 집단의 여성 비율이 30%라면, 여성 비율의 분산은 $0.3(1-0.3)=0.21$이다. 그리고 표준오차는 $\sqrt{\dfrac{0.3(1-0.3)}{100}} \approx 0.0458$이다.

나머지 원리는 평균 차이 검정 방식과 동일하므로 수식만 확인하고 넘어가자.

단일 집단 비율 차이에 대한 T-test

$$t_{stat} = \frac{p - \pi}{\sqrt{\dfrac{\pi(1-\pi)}{n}}}$$

- p: 변화된 후의 비율

- π: 변화 전의 비율 혹은 귀무가설의 추정 비율

- n: 표본 크기

두 집단 비율 차이에 대한 T-test

$$t_{stat} = \frac{(p_A - p_B) - (\pi_A - \pi_B)}{\sqrt{\dfrac{p_A(1-p_A)}{n_A} + \dfrac{p_B(1-p_B)}{n_B}}}$$

- P_A: A 집단의 비율

- P_B: B 집단의 비율

- π_A: A 모집단의 비율(귀무가설의 추정 비율)

- π_B: B 모집단의 비율(귀무가설의 추정 비율)

- n_A: A 집단의 표본 수

- n_B: B 집단의 표본 수

앞에서 살펴본 방법들은 공식을 모르더라도 데이터 분석 툴을 이용하면 코드 몇 줄 혹은 클릭 몇 번으로 손쉽게 분석을 완료할 수 있다. 하지만 분석 과정의 원리를 이해하고 분석 툴을 사용할 때와 전혀 내용을 이해하지 못하고 분석을 할 때 얻을 수 있는 인사이트의 깊이는 다를 수밖에 없다. 앞으로 나올 분석 방법들의 공식을 외울 필요는 없지만, 원리를 충분히 이해하고 분석 툴을 사용할 것을 권장한다.

12.6.1 Z-test와 T-test 실습

이제 캐글에 있는 "Golf ball testing data set"[7] 데이터셋으로 Z-test와 T-test를 실습해 보겠다. 이 절의 실습 코드는 이 책의 저장소의 **12.6.1.Z-test와 T-test.ipynb** 파일에 있다.

코드 12.16 패키지 임포트

In [1]:

```
01: # 필요한 패키지 임포트
02:
03: from scipy.stats import shapiro
04: from statsmodels.stats.weightstats import ztest as ztest
05: import scipy.stats
06: from scipy.stats import ttest_ind
07: import pandas as pd
08: import seaborn as sns
09: import matplotlib.pyplot as plt
```

데이터 정규성 검정과 Z-test, T-test 그리고 박스플롯 시각화를 위해 필요한 패키지들을 임포트한다.

코드 12.17 데이터 불러오기 및 확인

In [2]:

```
01: # 데이터 불러오기
02: df = pd.read_csv("datasets/Golf_test.csv")
03:
04: # 데이터 샘플 확인
05: df.head()
```

Out [2]:

	TypeA_before	TypeA_after	TypeB_before	TypeB_after	TypeC_before	TypeC_after
0	277	264	265	268	267	268
1	269	261	264	267	264	269
2	263	267	269	272	283	283
3	266	272	274	277	287	266
4	262	258	261	264	275	266

---

7   https://www.kaggle.com/datasets/sewonghwang/golf-ball-testing

데이터를 판다스 데이터 프레임으로 불러온 다음 확인한다. A, B, C 세 개 타입의 골프공의 비거리 테스트 결과 데이터가 적재되어 있다. 각 타입의 골프공은 특정 처리를 하기 전과 후로 구분되고 있다. 예를 들어 타입 A 골프공은 특정 처리를 하기 전인 **TypeA_before**와 **TypeA_after**로 나눠진다.

코드 12.18 골프공 타입별 통곗값 확인

In [3]:

```
01: # 골프공 타입별 통곗값 확인
02:
03: df.describe()
```

Out [3]:

	TypeA_before	TypeA_after	TypeB_before	TypeB_after	TypeC_before	TypeC_after
count	50.000000	50.000000	50.000000	50.000000	50.000000	50.000000
mean	268.460000	270.720000	273.600000	276.100000	270.360000	271.040000
std	9.817124	8.487782	8.566665	8.493094	8.385507	9.437139
min	250.000000	255.000000	258.000000	261.000000	255.000000	253.000000
25%	262.000000	264.000000	266.250000	269.000000	263.250000	265.000000
50%	266.000000	271.000000	273.500000	276.500000	268.500000	268.000000
75%	275.750000	275.000000	278.000000	280.000000	275.750000	277.750000
max	289.000000	289.000000	292.000000	295.000000	289.000000	291.000000

각 칼럼의 통곗값을 확인한다. 모두 50개의 관측치가 있기 때문에 Z-test와 T-test가 모두 가능하다. 가장 눈여겨봐야 할 평균값은 270 내외의 값을 가지고 있으며, before보다 after가 큰 경향이 있다. 그리고 TypeA → TypeC → TypeB 순으로 평균 값이 크다. 이제 이 차이가 통계적으로 유의미한 차이인지 확인해 볼 것이다.

코드 12.19 파이팅

In [4]:

```
01: # 그룹별 박스 플롯 시각화
02:
03: df2 = pd.melt(df)
04: plt.figure(figsize=(12,6))
05: sns.boxplot(x='variable', y='value', data=df2)
06: plt.title('Golf ball test')
07: plt.show()
```

Out [4]:

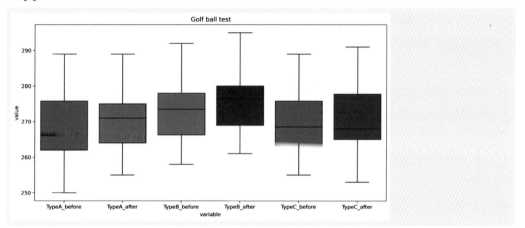

칼럼별 차이를 직관적으로 확인하기 위해 박스 플롯 시각화를 수행한다. 각 그룹의 분포와 중앙값을 한 눈에 확인할 수 있다. **TypeA_before**와 **TypeA_after**는 중앙값은 차이가 나지만 분포는 유사한 것을 알 수 있다.

코드 12.20 Shapiro-Wilk Test 정규성 검정

In [5]:

```
01: # 데이터 정규성 검정
02:
03: print(shapiro(df['TypeA_before']))
04: print(shapiro(df['TypeA_after']))
05: print(shapiro(df['TypeB_before']))
06: print(shapiro(df['TypeB_after']))
07: print(shapiro(df['TypeC_before']))
08: print(shapiro(df['TypeC_after']))
```

Out [5]:

```
ShapiroResult(statistic=0.9655379652976, pvalue=0.15155252814292908)
ShapiroResult(statistic=0.97282814979553, pvalue=0.3005155026912689)
ShapiroResult(statistic=0.97300344705581, pvalue=0.30533552169799805)
ShapiroResult(statistic=0.96930092573165, pvalue=0.2167525738477707)
ShapiroResult(statistic=0.95955181121826, pvalue=0.08513051271438599)
ShapiroResult(statistic=0.94698321819305, pvalue=0.02568192593753338)
```

Z-test와 T-test를 하기에 앞서 데이터의 정규성 검정을 수행한다. 예시에서는 Shapiro-Wilk Test 를 적용하기 위해 `shapiro()` 함수를 각 칼럼에 적용해 주었다. 결괏값을 해석하는 방법은 `pvalue` 값이 기준점인 0.05를 초과하는지 확인하면 된다. `TypeC_after`를 제외하고는 모두 0.05를 초과하기 때문에 정규성을 가지지 않는다는 귀무가설을 기각한다. 따라서 정규성을 만족한다고 할 수 있다. 정규성을 가지지 못하는 `TypeC_after`는 이상치 처리나 스케일링 등을 적용하여 정규성을 갖도록 가공을 해줘야 한다. 본 실습에서는 생략하도록 하겠다.

코드 12.21 bartlett 등분산성 검정

In [6]:

```
01: # 데이터 등분산성 검정
02: stats.bartlett(df['TypeA_before'],df['TypeA_after'],
03:                df['TypeB_before'],df['TypeB_after'],
04:                df['TypeC_before'],df['TypeC_after'])
```

Out [6]:

```
BartlettResult(statistic=2.232358764161, pvalue=0.81614842183307)
```

다음으로 등분산성 검정을 수행한다. `TypeA_before` 칼럼부터 `TypeC_after` 칼럼까지 모두 6개의 칼럼에 대한 bartlett 등분산 검정을 했다. 아웃풋 결과 p value는 0.05 이상으로 나왔기 때문에 등분산이라는 귀무가설을 채택한다.

코드 12.22 대응표본 Z-test

In [7]:

```
01: # Z-test(TypeA_Before와 TypeA_After)
02: ztest(df['TypeA_before'], x2=df['TypeA_after'], value=0, alternative='two-sided')
```

Out [7]:

```
(-1.2313987682249838, 0.21817375744980994)
```

TypeA_Before와 TypeA_After의 대응표본 Z-test를 수행한다. `alternative` 옵션을 `'two-sided'` 로 하여 양측 검정으로 했다. 아웃풋 결과를 보면 두 번째 수치인 p value가 0.218로 평균 차이가 유의미하지 않음으로 나타났다. 즉 TypeA 골프공은 특정 처리를 하기 전과 후의 비거리가 통계적으로 차이가 없다고 할 수 있다.

코드 12.23 독립표본 Z-test

In [8]:

```
01: # Z-test(TypeA_Before와 TypeB_before)
02:
03: # 양측검정
04: print(ztest(df['TypeA_before'], x2=df['TypeB_before'], value=0, alternative='two-sided'))
05:
06: # 단측검정(왼꼬리검정)
07: print(ztest(df['TypeA_before'], x2=df['TypeB_before'], value=0, alternative='smaller'))
08:
09: # 단측검정(오른꼬리검정)
10: print(ztest(df['TypeA_before'], x2=df['TypeB_before'], value=0, alternative='larger'))
```

Out [8]:

```
(-2.789495974658115, 0.005279015267745852)
(-2.789495974658115, 0.002639507633872926)
(-2.789495974658115, 0.9973604923661271)
```

TypeA_before와 TypeB_before 간의 독립표본 Z-test를 수행한다. Z-test는 대응표본과 독립표본의 공식이 동일하기 때문에 함수도 동일하다. 이번에는 양측검정과 단측검정(왼쪽꼬리검정, 오른쪽꼬리검정)을 모두 수행했다. 양측검정 결과로 p value가 0.005이므로 두 집단 간에는 유의미한 차이가 있는 것으로 나타났다. TypeA_before가 TypeB_before보다 값이 작은가에 대한 검정 결과는 0.0026으로 역시 유의미하다. 하지만 TypeA_before가 TypeB_before보다 값이 큰가에 대한 검정 결과는 0.9973으로 유의미하지 않은 것을 알 수 있다.

코드 12.24 대응표본 T-test

In [9]:

```
01: # 대응표본 t검정 수행
02: scipy.stats.ttest_rel(df['TypeA_before'],df['TypeA_after'])
```

Out [9]:

```
Ttest_relResult(statistic=-1.221439914972, pvalue=0.22776376448687)
```

TypeA 골프공의 특정 처리 진과 후 평균 값 차이에 대한 T-test 결과 p value가 0.227로, Z-test와 마찬가지로 유의미하지 않은 것으로 나타났다.

코드 12.25 독립표본 T-test

In [10]:

```
01: # 독립표본 t검정 수행
02: ttest_ind(df['TypeA_before'],df['TypeB_before'], equal_var=False)
```

Out [10]:

```
Ttest_indResult(statistic=-2.78949597465, pvalue=0.006364224350139)
```

equal_var 옵션으로 False를 설정하여 독립표본인 TypeA 골프공과 TypeB 골프공의 평균 차이 T-test를 수행한다. p value는 0.0063으로 둘 간의 평균 차이가 통계적으로 유의미한 것으로 나타났다. T-test 역시 alternative 옵션을 사용하여 단측검정을 선택할 수 있다.

12.7 ANOVA(Analysis of Variance)

앞에서 알아본 T-test는 두 집단의 평균 차이를 검정하는 방법이었다. 세 집단 이상의 평균을 검정할 때는 ANOVA를 사용한다. 물론 T-test를 사용해서도 세 집단 이상을 분석하는 것도 가능하다. A, B, C 세 집단이 있을 때, A와 B를 검정하고 B와 C를 검정하고 A와 C를 검정하면 된다. 하지만 이렇게 여러 번 중복하여 검정을 하면 신뢰도가 하락하는 문제가 발생하기 때문에 일반적으로 집단이 세 개 이상일 때에는 ANOVA를 사용한다. ANOVA는 Analysis Of Variance의 줄임 말로, 분산 분석이라고도 많이 불린다. T 분포를 사용하는 T-test와는 달리 ANOVA는 F분포를 사용한다. F검정의 통곗값은 집단 간 분산의 비율을 나타낸다. 그래서 분산분석이라 불리는 것이다. 6. 확률분포에서 언급했던 T분포와 F분포의 형태를 다시 보면 다음과 같다.

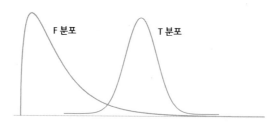

그림 12.17 T분포와 F분포

연속확률분포인 F분포는 두 모분산의 비교 및 검정을 위해 사용한다. 항상 양의 값을 가지며 오른쪽으로 긴 꼬리 형태를 보인다. ANOVA나 회귀분석 등에서 F분포를 통해 독립변수가 종속변수에 미치는 영향을 분석한다. ANOVA도 결국에는 집단의 종류(독립변수)가 평균 값의 차이 여부(종속변수)에 미치는 영향을 검정하는 것이다. 회귀분석도 독립변수의 값이 종속변수의 값에 미치는 영향을 분석하는 것이므로 ANOVA와 회귀분석은 비슷한 면이 있다. 이에 대해서는 회귀분석 파트에서 자세히 다루겠다. ANOVA의 일반적인 가설은 다음과 같은 형태가 된다.

- H_0(귀무가설): 독립변수(인자)의 차이에 따른 종속변수(특성 값)는 동일하다.
- H_1(대립가설): 독립변수(인자)의 차이에 따른 종속변수(특성 값)는 다르다.

ANOVA는 독립변수인 요인의 수에 따라서 다르게 불린다. 예를 들어 고객들의 객단가 평균 차이를 비교하기 위한 요인이 '지역' 하나라면 일원 분산분석(one-way ANOVA)이라 한다. 만약 요인이 '지역', '연령대' 두 가지라면 이원 분산분석(two-way ANOVA), 더 많은 N 가지라면 N원 분산분석(N-way ANOVA)이라고 한다. 이 책에서는 일원 분석분석을 중심으로 원리를 다루겠다.

독립변수는 집단을 나타낼 수 있는 범주(분류)형 변수이어야 하며, 종속 변수는 연속형 변수이어야 한다. 독립변수와 종속변수의 형태에 따라 회귀분석이나 교차분석으로 분석 방법이 바뀐다. 회귀분석은 독립변수와 종속변수가 연속형일 때 사용하며[8] 교차분석은 독립변수와 종속변수가 분류형일 때 사용한다.

ANOVA는 각 집단의 평균값 차이가 통계적으로 유의한지 검증한다. 따라서 각 집단의 평균이 서로 멀리 떨어져 있어 집단 평균의 분산이 큰 정도를 따져서 집단 간 평균이 다른지를 판별한다. 이러한 요소로 집단 내의 각 관측치들이 집단 평균으로부터 얼마나 퍼져 있는지를 나타내는 분산, 즉 **집단 내 분산**이 사용되며, 전체 집단의 통합 평균과 각 집단의 평균값이 얼마나 퍼져 있는지를 나타내는 **집단 간 평균의 분산**이 사용된다. 이를 그림으로 나타내면 다음과 같다.

---

8 독립변수가 범주형인 경우에는 dummy화 변형을 통해서 사용 가능하다. 자세한 내용은 '데이터 전처리 및 파생변수 생성' 챕터 참조

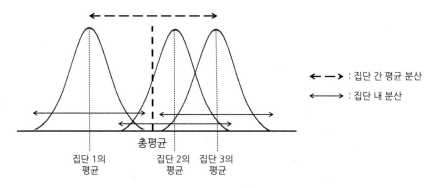

그림 12.18 집단 내 분산과 각 집단 평균의 분산

그림 12.18에서 볼 수 있듯이, 각 집단에 속한 관측치의 값은 서로 겹칠 수가 있다. 예를 들어 집단 1에서 가장 큰 값은 집단 2의 가장 작은 값보다 크다. 상식적으로 생각해보면 이렇게 집단의 분산이 커서 집단 간에 관측치의 값이 겹치는 부분이 크면 각 집단의 평균이 다르다고 보기 어려울 것이다. 반면에 각 집단의 평균이 서로 멀리 떨어져 있으면 집단 간 평균 차이가 확실히 난다고 할 수 있을 것이다. 이러한 원리를 이용한 것이 ANOVA다. 큰 개념으로 집단 간 평균의 분산을 집단 내 분산으로 나눈 값이 유의도 임계치를 초과하는가에 따라 집단 간 평균 차이를 검정하는 것이다. ANOVA의 공식은 다음과 같다.

$$\frac{\dfrac{\sum_j \sum_i (\overline{y_j} - \overline{y})^2}{k-1}}{\dfrac{\sum_j \sum_i (y_{ij} - \overline{y_j})^2}{n-k}} = \frac{\dfrac{SS_b}{k-1}}{\dfrac{SS_w}{n-k}} = \frac{MS_b}{MS_w} = F$$

- $\overline{y_j}$: 각 집단 평균
- $\overline{y_j}$: 전체 평균
- y_{ij}: 관측치 값
- n: 관측치 수
- k: 집단 수
- MS_b: 집단 간 분산
- MS_w: 집단 내 분산

공식을 보면 알 수 있듯이 집단 간 분산을 집단 내 분산으로 나눠서 F값을 구한다. 이를 좀 더 이해하기 편하도록 ANOVA 공식 표 형태로 표현하기도 한다. 다음 표의 SS_t는 각 관측치에서 전체 평균을 뺀 값의 제곱 합으로, SS_b와 SS_w을 합한 값과 같다. 이는 SS_b와 SS_w가 제대로 구해졌는지 확인하는 용도로 사용할 수 있다.

표 12.9 ANOVA 공식 표

분산의 원천	제곱해(SS)	자유도	평균제곱(MS)	F 값
집단 간	$SS_b = \sum_j \sum_i (\overline{y}_i - \overline{y})^2$	$df_b = k-1$	$MS_b = \dfrac{SS_b}{k-1}$	$F = \dfrac{MS_b}{MS_w}$
집단 내	$SS_w = \sum_j \sum_i (y_{ij} - \overline{y}_j)^2$	$df_w = n-k$	$MS_w = \dfrac{SS_w}{n-k}$	
합계	$SS_t = \sum_j \sum_i (y_{ij} - \overline{y})^2$	$df_t = n-1$		

공식만 봐서는 ANOVA의 원리가 와닿지 않을 수 있다. 예시를 통해 집단 간 평균 차이를 검정하는 절차를 확인해 보자. 다음은 연령대별로 하루 동안 SNS 앱을 실행시키는 횟수다. 20대, 30대, 40대 각 3명씩 서로 다른 횟수로 SNS 앱을 켜고 있다.

표 12.10 ANOVA 예시

연령대	발송 횟수	평균	집단 간 분산	집단 내 분산	총 분산
	18		$(20-15)^2=25$	$(18-20)^2=4$	$(18-15)^2=9$
20대	23	20	$(20-15)^2=25$	$(18-20)^2=4$	$(23-15)^2=64$
	19		$(20-15)^2=25$	$(19-20)^2=1$	$(19-15)^2=16$
	17		$(14-15)^2=1$	$(17-14)^2=9$	$(17-15)^2=4$
30대	12	14	$(14-15)^2=1$	$(12-14)^2=4$	$(12-15)^2=9$
	13		$(14-15)^2=1$	$(13-14)^2=1$	$(13-15)^2=4$
	16		$(11-15)^2=16$	$(16-11)^2=25$	$(16-15)^2=1$
40대	8	11	$(11-15)^2=16$	$(8-11)^2=9$	$(8-15)^2=49$
	9		$(11-15)^2=16$	$(9-11)^2=4$	$(9-15)^2=36$
전체 평균		15			
제곱합			$SS_b=126$	$SS_w=66$	$SS_t=192$
자유도			$k-1=2$	$n-k=6$	$n-1=8$

연령대	발송 횟수	평균	집단 간 분산	집단 내 분산	총 분산
평균제곱			MS_b=63	MS_w=11	MS_t=24
				$F = \dfrac{63}{11} = 5.73$	

예시에서 볼 수 있듯이 세 집단의 평균 차이에 대한 F값은 5.73이다. 이는 F값 임계치인 5.14보다 높은 값으로 집단 간 평균에는 통계적으로 유의미한 차이가 있다고 할 수 있다. 하지만, 이 결과로는 각 연령 대의 평균이 모두 다른 것인지 일부만 다른 것인지 알 수가 없다. 예를 들어 분산분석 결과로는 집단 간 차이가 있다고 나왔으나, 실제로는 30대와 40대 간에는 차이가 없을 수도 있다. 이러한 1종오류를 방지 하기 위해 사후(post hoc) 검증을 한다.

사후검증은 독립변수 수준 사이에서 평균의 차이를 알고자 할 때 쓰이는 기법이다. 사후검증 방법으로 각 집단의 수가 같을 때 사용하는 Turkey의 HSD 검증, 집단의 수가 다를 때 사용하는 Scheffe 검증 방법 등이 있다. 이를 통해 유의수준 안의 부집단을 구별한다. 동일한 부집단에 속한 연령대 집단은 평균 의 통계적 차이가 없다고 할 수 있으며, 다른 부집단 간에는 유의미한 차이가 있다고 할 수 있다.

12.7.1 ANOVA 실습

이제 캐글에 있는 "Golf ball testing data set"[9] 데이터셋으로 ANOVA를 실습해 보겠다. 앞의 Z-test와 T-test 실습과 동일한 데이터셋이다. 이 절의 실습 코드는 이 책의 저장소의 **12.7.1.ANOVA (Analysis of Variance).ipynb** 파일에 있다.

코드 12.26 패키지 임포트

```
In [1]:
01: # 필요한 패키지 임포트
02:
03: from statsmodels.formula.api import ols
04: from statsmodels.stats.anova import anova_lm
05: from statsmodels.stats.multicomp import pairwise_tukeyhsd
06: import scipy.stats
07: import scipy.stats as stats
08: from scipy.stats import ttest_ind
09: import pandas as pd
```

---

9 https://www.kaggle.com/datasets/sewonghwang/golf-ball-testing

ANOVA 검정, 데이터 가공 등을 위해 필요한 패키지들을 임포트한다.

코드 12.27 데이터 불러오기 및 확인

In [2]:

```
01: # 데이터 불러오기
02: df = pd.read_csv("datasets/Golf_test.csv")
03:
04: # 데이터 샘플 확인
05: df.head()
```

Out [2]:

	TypeA_before	TypeA_after	TypeB_before	TypeB_after	TypeC_before	TypeC_after
0	277	264	265	268	267	268
1	269	261	264	267	264	269
2	263	267	269	272	283	283
3	266	272	274	277	287	266
4	262	258	261	264	275	266

데이터를 판다스 데이터 프레임으로 불러온 다음 확인한다. A, B, C 세 개 타입의 골프공의 비거리 테스트 결과 데이터가 적재되어 있다. 각 타입의 골프공은 특정 처리를 하기 전과 후로 구분되고 있다. 예를 들어 타입 A 골프공은 특정 처리를 하기 전인 TypeA_before와 TypeA_after로 나눠진다.

코드 12.28 stats 패키지로 ANOVA 검정

In [3]:

```
01: # stats 패키지 아노바 검정
02:
03: F_statistic, pVal = stats.f_oneway(df['TypeA_before'],
04:                                     df['TypeB_before'],
05:                                     df['TypeC_before'])
06:
07: print('일원분산분석 결과 : F={0:.1f}, p={1:.5f}'.format(F_statistic, pVal))
```

Out [3]:

```
일원분산분석 결과 : F=4.2, p=0.01652
```

정규성 검정과 등분산 검정은 앞의 Z-test와 T-test 실습에서 했으므로 생략하고 바로 stats 패키지로 ANOVA 검정을 수행한다. `TypeA_before`, `TypeB_before`, `TypeC_before` 세 개 변수 간 평균 차이가 통계적으로 유의한지 확인한다. P value가 0.016이므로 3개 변수 중 최소한 하나의 변수 조합 간에는 차이가 있음을 알 수 있다.

코드 12.29 ols 패키지 ANOVA 검정을 위한 데이터 재구조화

In [4]:

```
01: # 데이터 재구조화
02:
03: df2 =  pd.melt(df)
04: df2 = df2[df2['variable'].isin(['TypeA_before', 'TypeB_before', 'TypeC_before'])]
05:
06: df2.head()
```

Out [4]:

	variable	value
0	TypeA_before	277
1	TypeA_before	269
2	TypeA_before	263
3	TypeA_before	266
4	TypeA_before	262

다음으로 ols 패키지의 ANOVA 검정을 하기 위해 데이터를 재구조화해 준다. 기존에는 각 골프공 조건이 개별 칼럼으로 구성되어 있기 때문에 `melt()` 함수를 사용하여 구분자인 `variable` 칼럼과 실젯값이 담긴 `value` 칼럼으로 재구조화해주었다. 그리고 stats 패키지의 ANOVA 검정과 동일하게 세 개의 칼럼만 선택한다.

코드 12.30 ols 패키지로 ANOVA 검정

In [5]:

```
01: # ols 패키지 아노바 검정
02:
03: model = ols('value ~ C(variable)', df2).fit()
04: print(anova_lm(model))
```

Out [5]:

```
df          sum_sq      mean_sq          F      PR(>F)
C(variable)    2.0    675.453333   337.726667   4.220169   0.016515
Residual     147.0  11763.940000    80.026803        NaN       NaN
```

앞의 stats 패키지와 동일한 변수로 ANOVA 검정을 했으므로 결괏값도 동일하게 산출됐다. 데이터셋의 형태에 따라 알맞은 패키지를 선택하면 된다.

코드 12.31 사후검정 수행

In [6]:

```
01: # 사후검정
02:
03: posthoc = pairwise_tukeyhsd(df2['value'],
04:                             df2['variable'],
05:                             alpha=0.05)
06: print(posthoc)
07: fig = posthoc.plot_simultaneous()
```

Out [6]:

```
Multiple Comparison of Means - Tukey HSD, FWER=0.05
============================================================
  group1        group2     meandiff p-adj  lower   upper  reject
------------------------------------------------------------
TypeA_before TypeB_before     5.14 0.0129  0.9035 9.3765    True
TypeA_before TypeC_before      1.9 0.5374 -2.3365 6.1365   False
TypeB_before TypeC_before    -3.24 0.1698 -7.4765 0.9965   False
------------------------------------------------------------
```

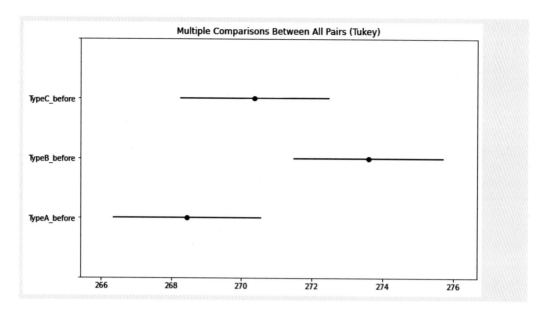

마지막으로 어떠한 골프공 간에 유의미한 차이가 있는지 확인하기 위해 Turkey의 HSD 사후검정을 수행한다. 검정 결과에 나와 있듯이, TypeA_before와 TypeB_before 간에만 유의미한 차이가 있는 것으로 나타났고 나머지 조합에서는 통계적으로 유의미한 차이가 없는 것으로 나타났다. 아래의 시각화를 봐도 TypeA_before와 TypeB_before가 확연한 차이가 있음을 직관적으로 알 수 있다.

12.8 카이제곱 검정(교차분석)

앞의 공분산과 상관성 분석은 등간이나 비율척도로 이루어진 연속형 변수 간의 연관성을 측정하는 분석 방법이었다. 이번 절의 카이제곱 검정(Chi-square test)은 교차분석(Crosstabs)이라고도 불리며, 명목 혹은 서열척도와 같은 범주형 변수들 간의 연관성을 분석하기 위해 결합분포를 활용하는 방법이다. '연령'과 같은 비율척도 변수는 '연령대'와 같은 서열척도로 변환해서 사용해야 한다. 기본 원리는 변수들 간의 범주를 동시에 교차하는 교차표를 만들어 각각의 빈도와 비율을 통해 변수 상호 간의 독립성과 관련성을 분석하는 것이다. 교차분석은 상관분석과는 달리 연관성의 정도를 수치로 표현할 수 없다. 대신 검정 통계량 카이 제곱(χ^2)을 통해 변수 간에 연관성이 없다는 귀무가설을 기각하는지 여부로 상관성이 있고 없음을 판단한다.

우선 명목척도로 이루어진 두 개의 변수를 교차표로 표현해 보자. 다음은 성별과 A 제품 사용 경험 유무로 이루어진 100개의 데이터다. 이를 교차표로 나타내면 표 12.12와 같다. 남성이 사용해 본 경우, 남성이 사용해 보지 않은 경우, 여성이 사용해 본 경우, 여성이 사용해 보지 않은 경우 총 4가지 경우의 관측빈도를 계산한다.

표 12.11 교차표 변환 전 기존 데이터 예시

성별	A제품 사용 경험
남성	없음
여성	있음
여성	있음
남성	있음
…	…

표 12.12 교차표를 통한 관측빈도 계산

	있음	없음	행 빈도 합
남성	21	31	52
여성	18	30	48
열 빈도 합	39	61	100

다음으로, 두 변수가 서로 독립적일 경우에 나타날 기대빈도를 구한다. 실제 관측빈도와 기대빈도와의 차이를 통해 상호독립성이나 관련성을 분석하는 것이다. 기대빈도를 구하는 방법은 다음과 같다.

표 12.13 기대빈도 조합 표

	있음	없음	행빈도합
남성	A	B	A+B
여성	C	D	C+D
열 빈도 합	A+C	B+D	A+B+C+D

- A의 기대빈도: (A+B)(A+C)/(A+B+C+D)

- B의 기대빈도: (A+B)(B+D)/(A+B+C+D)

- C의 기대빈도: (C+D)(A+C)/(A+B+C+D)

- D의 기대빈도: (C+D)(B+D)/(A+B+C+D)

이를 예시에 대입하면 다음과 같은 기대빈도를 구할 수 있다.

표 12.14 교차표를 통한 기대빈도 계산

	있음	없음	행 빈도 합
남성	20.28	31.72	52
여성	18.72	29.28	48
열 빈도 합	39	61	100

이제 검정 통계량 χ^2 값을 산출하여 유의수준에 따라 결정된 임계치를 비교하여 가설을 검정한다. 검정 통계량은 각 셀의 χ^2_{ij} 값을 구한 다음 모두 합하면 된다. 가설검정은 (행의 수−1)(열의 수−1)를 통해 자유도를 구하여 임계치를 비교하면 된다. χ^2_{ij} 값은 다음과 같이 계산한다.

$$\frac{(실제빈도_{ij} - 기대빈도_{ij})^2}{기대빈도_{ij}}$$

- A의 χ^2: $(21-20.28)^2/20.28 = 0.0256$

- B의 χ^2: $(31-31.72)^2/31.72 = 0.0163$

- C의 χ^2: $(18-18.72)^2/18.72 = 0.0277$

- D의 χ^2: $(30-29.28)^2/29.28 = 0.0177$

각 셀의 χ^2 값을 모두 합한 값은 0.0873이고, 해당 자유도의 유의수준(α) 0.05 임계치는 3.84이므로, 성별 간에는 A 제품 사용 여부와는 상관성이 없다는 귀무가설을 채택한다.

12.8.1 카이제곱 검정 실습

이제 캐글에 있는 "smoker"[10] 데이터셋으로 카이제곱 검정을 실습해 보겠다. 이 절의 실습 코드는 이 책의 저장소의 **12.8.1.카이제곱 검정(교차분석).ipynb** 파일에 있다.

코드 12.32 패키지 임포트

In [1]:

```
01: # 필요한 패키지 임포트
02:
03: import scipy.stats
04: from scipy.stats import chi2_contingency
05: import pandas as pd
06: import matplotlib.pyplot as plt
```

카이제곱 검정과 막대그래프를 시각화하기 위해 필요한 패키지들을 임포트한다.

코드 12.33 데이터 불러오기 및 확인

In [2]:

```
01: # 데이터 불러오기
02: df = pd.read_csv("datasets/smoker.csv")
03:
04: # 데이터 샘플 확인
05: df.head()
```

Out [2]:

	sex	smoke
0	male	Non-Smoker
1	male	Smoker
2	male	Non-Smoker
3	male	Smoker
4	male	Non-Smoker

데이터를 판다스 데이터 프레임으로 불러온 다음 확인한다. 각 사람들의 성별 정보와 흡연 여부 정보가 있다.

---

10 https://www.kaggle.com/datasets/sewonghwang/smoker

코드 12.34 성별, 흡연여부 집계

In [3]:

```
01: # 항목별 집계
02:
03: df.groupby(['sex','smoke'])['smoke'].count()
```

Out [3]:

```
sex      smoke
female   Non-Smoker   50
         Smoker       12
male     Non-Smoker   40
         Smoker       29
Name: smoke, dtype: int64
```

남성과 여성의 흡연자와 비흡연자수 현황을 확인하기 위해 groupby() 함수로 집계 데이터를 산출한다.
여성은 62명 중 12명이 흡연자고 남성은 69명 중 29명이 흡연자인 것을 알 수 있다.

코드 12.35 카이제곱 검정용 데이터셋 가공

In [4]:

```
01: # 카이제곱 검정용 데이터셋 가공
02:
03: crosstab = pd.crosstab(df.sex, df.smoke)
04: crosstab
```

Out [4]:

smoke	Non-Smoker	Smoker
sex		
female	50	12
male	40	29

기존의 원천 데이터를 카이제곱 검정용 데이터셋으로 가공한다. crosstab() 함수를 사용하여 앞의 이론
부분에서 봤던 교차표의 형태로 데이터를 가공했다.

코드 12.36 성별 흡연자 수 시각화

In [5]:

```
01: # 성별 흡연자 수 시각화
02:
03: %matplotlib inline
04: crosstab.plot(kind='bar', figsize=(10,5))
05: plt.grid()
```

Out [5]:

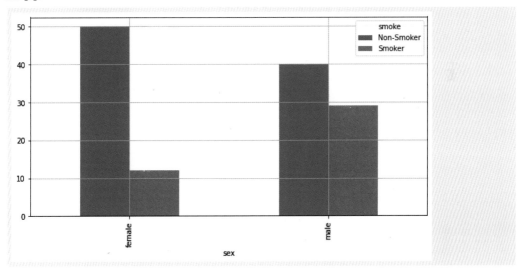

카이제곱 검정을 하기에 앞서 항목별 분포를 막대그래프로 시각화한다. 눈으로 봐도 남성과 여성의 흡연자 비율 차이가 크게 나는 것을 알 수 있다. 이러한 차이가 통계적으로 유의미한 차이인지 다음 단계에서 카이제곱 검정을 수행한다.

코드 12.37 카이제곱 검정 수행

In [6]:

```
01: # 카이제곱 검정
02:
03: chiresult = chi2_contingency(crosstab, correction=False)
04: print('Chi square: {}'.format(chiresult[0]))
05: print('P-value: {}'.format(chiresult[1]))
```

Out [6]:

```
Chi square: 7.8081404703715105
P-value: 0.005201139711454792
```

앞에서 가공한 교차표 형태의 데이터셋에 chi2_contingency() 함수를 사용하여 카이제곱 검정을 수행한다. 아웃풋 결과의 P value가 0.0052로 성별에 따른 흡연자 비율 차이가 통계적으로 유의한 것으로 나타났다.

13

머신러닝 분석 방법론

이번 장에서는 비즈니스 환경에서 주로 사용되는 머신러닝 방법론들에 대해서 알아본다. 가장 기본적인 머신러닝 방법론인 회귀분석부터 CNN, RNN, LSTM 등의 인공신경망 등의 개념과 원리를 이해하고 Kaggle 데이터를 활용한 실습을 통해 실무적 스킬을 익힌다.

13.1 선형 회귀분석과 Elastic Net(예측모델)

13.1.1 회귀분석의 기원과 원리

통계의 꽃이라는 회귀분석(Regression analysis)을 시작하기에 앞서 왜 회귀라는 용어가 쓰이는지 그 어원을 짚고 넘어갈 필요가 있다. 이 용어는 영국의 인류학자 **프랜시스 골턴이 부모의 키와 자식의 키에 대한 유전 법칙을 연구하다 시작됐다.** 회귀법칙에 의하면, 큰 키를 가진 부모의 자식은, 자식 세대의 평균 키보다는 크지만 부모의 키보다는 작았다. 반대로 키가 작은 부모의 자식은 부모보다는 크고 같은 자식 세대의 평균보다는 작았다. 이처럼 사람들의 키는 결국 모집단의 평균으로 회귀한다는 '평균으로의 회귀(Regression toward mean)' 이론의 경험적 연구로 회귀분석이 시작됐다. 이후 칼 피어슨이 아버지와 아들의 키를 조사한 결과를 바탕으로 함수 관계를 도출하여 회귀분석 이론을 수학적으로 정립했다.

$$\hat{y} = 33.73 + 0.516x$$

이 회귀식이 아버지와 아들 키(인치) 관계를 나타낸 최초의 회귀식이다. 아버지의 키가 152cm(60in)인 경우 아들의 평균 신장은 약 164(64in)였고 아버지의 키가 188cm(74in)인 경우 아들의 평균 신장은 약 183cm(72in)로 자식세대의 평균에 가까운 것으로 나타났다. 이를 X, Y 좌표에 산점도를 찍고 X와 Y의 관계를 가장 잘 나타낼 수 있는 직선을 찾음으로써 회귀분석 모델이 만들어진다.

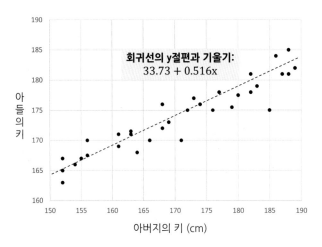

그림 13.1 아버지와 아들 키 관계의 회귀선

회귀분석은 결국 각 독립변수의 평균을 통해 종속변수를 예측한다. 예를 들어 한 사람의 키를 예측한다고 했을 때, 주어진 정보가 하나도 없으면 우리는 사람의 평균 키를 가지고 그 사람의 키를 예측할 것이다. 사람의 평균 키가 167cm라면 그 사람을 167cm일 것이라 예측할 수 있다. 만약 성별이 여성이라는 정보가 주어진다면, 여성의 평균 키를 구해서 보다 정확한 예측을 할 수 있을 것이다. 그러면 몸무게가 50kg이라는 정보가 있다면 어떨까? 40kg대의 사람은 평균 155cm, 50kg대의 사람은 164cm, 60kg대의 사람은 169cm라고 해보자. 그러면 우리는 그 사람의 키가 164cm일 것이라는 보다 정밀한 예측을 할 수 있다.

이처럼 회귀분석은 해당 객체가 소속된 집단의 X(독립변수) 평균값을 통해 Y(종속변수) 값을 예측하는 것이 기본적인 원리다. 앞에서는 몸무게를 10kg 단위로 했지만, 1kg 단위로 쪼개어 각 단위의 평균을 구하면 세분화된 모든 단위의 집단에 대한 평균키를 통과하는 직선을 그릴 수 있다. 물론 직선이기 때문에 오차가 생길 수 있다. 이러한 오차를 최소화하여 그은 선이 바로 회귀선이다. 회귀 분석을 한 마디로 정의하면, **"종속변수 Y의 값에 영향을 주는 독립변수 X들의 조건을 고려하여 구한 평균값"**이라 할 수 있다.

이러한 원리로, 회귀선은 절편, 기울기, 오차항으로 이루어진다. 오차항은 독립변수가 종속변수에 주는 영향력을 제외한 변화량을 뜻한다. 회귀분석은 이 오차항을 최소화하는 절편과 기울기를 구하는 것이다. 회귀선을 수식으로 표현하면 다음과 같다.

$$y = \beta_0 + \beta_1 X_1 + \cdots + \beta_n X_n + \varepsilon$$

이 식에서 y는 예측하고자 하는 값을 뜻하며, β_0은 절편, $\beta_1 \sim \beta_n$은 각 독립변수가 종속변수에 주는 영향력(계수) 값, $X_1 \sim X_n$은 각 독립변수에 해당하는 값, 마지막으로 ε은 잔차, 즉 모델에 의해 설명되지 않는 부분을 의미한다.

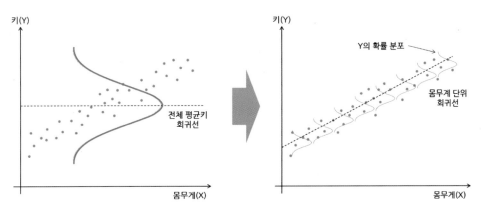

그림 13.2 회귀선의 기본 개념

그렇다면 최적의 회귀선은 어떻게 구할까? 이를 모형 적합이라 부르며, 회귀선과 각 관측치를 뜻하는 점 간의 거리를 최소화하는 것이다. **예측치와 관측치들 간의 수직 거리(오차)의 제곱합을 최소로 하는 직선이 회귀선**이 된다. 이러한 방법을 최소제곱추정법(Least squares estimation)이라 한다. 보다 정확히 말하면 회귀선을 구하기 위해 잔차제곱합(RSS)을 최소화하는 알파(α)와 베타(β) 값을 찾는 것을 의미한다. 이는 미분을 통해 구할 수 있다. 최소제곱추정법을 사용하는 이유는 당연하게도 예측 정확도를 높이기 위함이다. 이것은 최대우도추정법(Maximum likelihood estimation)으로써 변수 x_1, x_2, $\cdots$ x_n이 주어졌을 때 예측값 $\hat{y}$이 관측될 가능도(likelihood)를 최대화하는 것이 곧 오류의 제곱합을 최소화하는 것과 동일한 것이다.

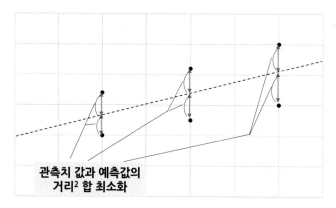

관측치 값과 예측값의
거리² 합 최소화

그림 13.3 최소제곱추정법을 통한 회귀선 산출

독립변수가 하나인 회귀분석은 단순 회귀분석(Simple regression analysis) 혹은 단변량 회귀분석, 두 개 이상이면 다중 회귀 분석(Multiple regression analysis) 혹은 다변량 회귀분석이라 한다. 회귀 분석은 독립변수 간에 상관관계가 없어야 하기 때문에 다중 회귀 분석을 할 때는 다중공선성 검사를 해야 한다. 독립 변수 간에 다중공선성이 없는 상태를 독립성이 있다고 한다. 이는 앞의 다중공선성 해결 파트에서 자세히 다루었다. 상관분석, VIF(Variance Inflation)값 확인 등을 통해 다중공선성을 확인하고, 차원축소나 변수 가공을 통해 이를 방지할 수 있다. 이 밖에 다음과 같은 기본 조건이 충족되어야 한다.

- 잔차의 정규성: X(독립변수)에 해당되는 Y(종속변수)의 값들의 잔차는 정규분포를 해야 한다.
- 잔차의 등분산성: 잔차의 분산은 회귀 모형의 독립 변숫값과 상관없이 일정해야 한다.
- 선형성: X(독립변수) 값의 변화에 따른 Y(종속변수) 값의 변화는 일정해야 한다.

회귀분석의 회귀선은 선형으로 되어 있기 때문에 독립변수와 종속변수가 비선형적 관계일 경우 예측력이 떨어지는 문제가 발생한다. 예를 들어 향수를 뿌린 양과 매력도라는 독립변수와 종속변수가 있다고 하자. 향수를 0.01ml, 0.02ml… 더 뿌릴수록 매력도는 상승할 것이다. 하지만 일정 수준 이상으로 향수를 많이 뿌리게 되면 오히려 매력도가 떨어지게 된다. 이러한 비선형적인 관계를 회귀분석 하기 위해서는, 변수를 구간화하여 이항변수로 표시된 몇 개의 더미변수로 변환하여 분석하면 된다. 그러면 향수를 과도하게 뿌린 구간은 매력도에 음의 관계를 갖도록 수식이 조정되도록 유도할 수 있다. 또는 비선형성이 심하지 않은 경우, 독립변수나 종속변수에 로그함수를 이용하여 치환하면 비선형성을 어느 정도 완화시킬 수 있다.

13.1.2 다항 회귀(Polynomial regression)

비선형적 관계를 위한 일반 회귀모델의 변수 가공 방식은 한계가 있다. 그래서 고안된 모델이 다항 회귀(Polynomial regression)이다. **다항회귀란 독립변수와 종속변수의 관계가 비선형 관계일 때 변수에 각 특성의 제곱을 추가하여 회귀선을 비선형으로 변환하는 모델이다.** 다만 다항회귀는 차수가 커질수록 편향은 감소하지만 변동성이 증가하게 된다. 따라서 분산이 늘어나고 과적합을 유발할 수 있다. 이에 대한 내용은 "머신러닝 모델 측면의 편향과 분산" 부분에서 이미 다뤘다. 과적합을 방지하기 위한 방법은 모델 평가 부분에서 자세히 알아보자.

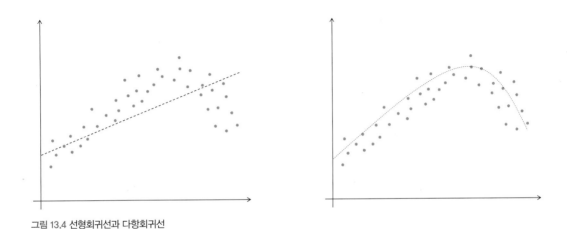

그림 13.4 선형회귀선과 다항회귀선

회귀 분석 모델을 활용하여 예측할 수 있는 분야는 무궁무진하다. 인구통계학적 정보와 과거 고객 구매 데이터로 앞으로의 구매 패턴을 예측할 수도 있고 기업의 제품 수요량, 마케팅 효과, 웹사이트의 접속량이나 체류 시간 등을 예측할 수 있다. 회귀분석을 포함한 대부분의 기계학습 예측 모델은 데이터를 학습셋, 검증 또는 테스트 셋으로 나누어 예측력 확인 및 모델 튜닝을 한다. 모델이 완성되면 예측하고자 하는 데이터셋에 모델을 적용하여 예측값을 산출한다. 학습셋과 검증셋에 관한 자세한 내용은 14. 모델 평가 부분에서 다룬다.

회귀분석의 기본 가설은 귀무가설이 모든 회귀계수가 0이라는 것이고, 대립가설은 적어도 하나의 변수는 회귀계수가 0이 아니라는 것이다. 회귀분석 모델을 수행하면 일반적으로 다음과 같은 변수별 결과 요약을 확인할 수 있다.

표 13.1 다중 회귀분석 변수별 계수 및 유의도 결과

변수	Parameter Estimate	Standard Error	T Value	Pr 〉 |t|	Tolerance	Variance Inflation
Intercept	24.822	0.469	52.97	〈.0001	.	0
X1	0.604	0.150	4.03	0.0007	0.069	14.4405
X2	0.221	0.720	0.31	0.767	0.002	48.7001
X3	1.278	3.110	0.41	0.685	0.578	1.72923
X4	−1.394	0.236	−5.91	〈.0001	0.324	3.08501
X5	−1.612	1.325	−1.22	0.224	0.211	46.8683

Parameter Estimate는 각 변수의 계수(coefficient)를 뜻한다. 이 계수 조합을 통해 회귀식을 만들 수 있다. X1의 계수가 0.604라는 것은, 독립변수 X1의 값이 1씩 커질 때마다 종속 변수 Y값이 0.604만큼 커진다는 것을 의미한다. 그리고 Intercept는 절편을 의미하므로 종속변수의 기본값은 24.822로 시작하여 각 독립변수들의 값 x 계수 조합으로 종속변수의 값이 예측된다. Standard Error는 표준오차로, 이 값이 크다는 것은 그만큼 예측값과 실젯값의 차이가 크다는 것이다. 하지만 변수마다 스케일 단위가 다르기 때문에 표준오차의 절댓값만으로는 실제 오차가 큰지 판단하기 어렵다. 그래서 사용하는 값이 T Value다.

T Value는 노이즈 대비 시그널의 강도라 할 수 있다. 즉, 독립변수와 종속변수 간에 선형관계가 얼마나 강한지를 나타내기 때문에, 값이 커야 한다. 계숫값을 표준오차로 나누어 구할 수 있다. 절댓값의 크기로 변수의 유의성을 판단할 수 있는데, 관측치의 크기에 따라 판단 기준이 달라진다. 관측치 100개 기준으로 T Value 절댓값이 1.98을 넘으면 0.05 유의수준 임계치(critical value)를 넘어서기 때문에 유의하다고 판단할 수 있다.

T Value와 관측치의 수를 일일이 조합해서 유의도를 판단하는 것은 비효율적이기 때문에 P Value를 사용한다. **유의도를 나타내는 P Value는 T Value와 관측치 수에 의해 결정되는 값이다.** 아주 예전 컴퓨팅 파워가 좋지 않을 때는 컴퓨터로 P Value를 구하기가 힘들어서 옛날 논문들에는 P Value가 없는 경우가 많았다. 일반적으로 0.05 이하의 값인 경우에 95% 귀무가설 기각역에 포함하므로 해당 변수가 유의하다고 판단하며, 경우에 따라 0.1이나 0.01의 기준을 사용하기도 한다.

다중공선성을 판단할 수 있는 Tolerance와 VIF는 공차한계와 분산팽창지수를 뜻한다. 이들은 해당 변수의 다른 독립 변수들과의 상관관계 수준을 판단하는 기준이다. Tolerance의 역수를 취한 값이

VIF 값이기 때문에 하나의 값만 보고 판단해도 무방하다. VIF 값의 해석은 다중공선성 파트에서 이미 다루었다.

표 13.1의 변수별 유의도와 공선성 통계량을 통해 모델에 최종적으로 사용할 변수를 선택할 수 있다. 그런데 변수의 조합에 따라 유의도와 공선성 통계량이 변하기 때문에 변수 선정은 생각보다 까다롭다. 예를 들어 독립변수 X2와 X5의 VIF 값이 둘 다 10을 훨씬 넘어가기 때문에 제거를 해줘야 하는데, X2만 제거했을 때 다른 변수들이 유의도와 공선성 통계량, 모델 전체의 설명력 등의 수치와 X5만 제거했을 때를 비교해서 최적의 조합을 찾아야 한다.

이렇게 분석가가 수동으로 일일이 변수 조합을 테스트하는 것은 비효율적이다. 예시의 경우 독립변수가 5개밖에 없으니 할 수 있겠지만, 만약 독립변수가 50개, 100개가 된다면 사람이 직접 하기 힘들 것이다. 독립변수의 개수가 P라면, 변수 조합의 경우의 수는 Pp 개나 된다. 그래서 이 조합을 자동으로 선택할 수 있는 잘 알려진 방법이 다음 세 가지 변수 선택 알고리즘이다.

전진 선택법(Forward Selection): 가장 단순한 변수선택법으로, 절편(Intercept)만 있는 모델에서 시작하여 유의미한 독립변수 순으로 변수를 차례로 하나씩 추가하는 방법이다. 이전 변수 집합에 비해 새로운 변수를 추가했을 때 모델 적합도가 기준치 이상 증가하지 못했을 때 변수선택이 종료된다. 알고리즘이 단순하기 때문에 빠르다는 장점이 있지만 한 번 선택된 변수는 다시 제거되지 않는다.

후진 제거법(Backward Elimination): 모든 독립변수가 포함된 상태에서 시작하여 유의미하지 않는 순으로 설명변수를 하나씩 제거하는 방법이다. 기존 변수 집합에서 어느 한 변수를 제거했을 때, 모델 적합도가 기준치 이상 감소히는 경우에 더 이상 변수를 제거하지 않고 종료된다. 전진 선택법과 마찬가지로 한 번 제거된 변수는 다시 추가되지 않는다. 이 방법은 독립변수가 많은 경우 학습 초기에 모든 변수를 넣고 모델 학습을 하기 때문에 시간이 다소 오래 걸릴 수 있다. 하지만 유의미한 변수를 처음부터 모두 넣고 시작하기 때문에 전진선택법보다는 안전한 방법이다.

단계적 선택법(Stepwise Selection): 전진 선택법과 후진 제거법의 장점을 더한 방법이다. 처음에는 전진선택법과 같이 변수를 하나씩 추가하기 시작하면서, 선택된 변수가 3개 이상이 되면 변수 추가와 제거를 번갈아 가며 수행한다. 단계적 선택법은 단순히 종속변수와의 상관도가 높은 독립변수를 선택하는 것에서 더 나아가, 선택된 독립변수 모델의 잔차를 구하여 선택되지 않은 나머지 변수와 잔차의 상관도를 구하여 변수를 선택한다. 이를 통해 최적의 변수 조합을 찾아내기 때문에 다른 방법보다 최적의 변수 조합을 찾아낼 수 있는 가능성이 높다. 하지만 그만큼 많은 조합을 비교하기 때문에 오래 걸린다는 단점이 있다.

그 밖에 단계적 선택법 알고리즘을 개선한 LARS(Least Angle Regression), 변수의 조합에 약간의 우연적 요소를 가미한 변화를 주어 기존 변수 조합과는 다른 새로운 변수의 조합을 탐색할 수 있는 유전 알고리즘(Genetic Algorithm) 등이 있다. 하지만 최근에는 변수 계수에 가중치를 주어 편향을 허용함으로써 예측 정밀도(prediction precision)를 향상시킬 수 있는 Ridge와 Lasso를 조합한 Elastic Net을 사용하는 경우가 많다.

13.1.3 Ridge와 Lasso 그리고 Elastic Net

Ridge와 Lasso를 간단히 설명하면, **Ridge는 전체 변수를 모두 유지하면서 각 변수의 계수 크기를 조정**한다. 종속변수 예측에 영향을 거의 미치지 않는 변수는 0에 가까운 가중치를 주게 하여 독립변수들의 영향력을 조정해 주는 것이다. 이러한 조정을 계수 정규화(Regularization)라 한다. 이를 통해 다중공선성을 방지하면서 모델의 설명력을 최대화할 수 있다. Ridge는 L2-norm라고도 하며 매개변수 α의 값을 조정하여 정규화 수준을 조정해 준다. α값이 0이면 선형회귀와 동일해지고, 값이 클수록 독립변수들의 영향력이 작아져 회귀선이 평균을 지나는 수평선 형태가 된다.

Lasso는 Ridge와 유사하지만, 중요한 몇 개의 변수만 선택하고 나머지 변수들은 계수를 0으로 주어 변수의 영향력을 아예 없앤다는 차이가 있다. L1-norm라고도 하며 Ridge처럼 α값을 통해 정규화의 강도를 조정한다. 그림 13.5를 보면, 왼쪽의 Ridge는 제약조건까지 가는 가장 작은 잔차제곱합(RSS)의 맞닿는 지점의 파라미터 값이 작게라도 존재한다. 반면 Lasso는 파라미터 값의 크기에 상관없이 같은 수준으로 정규화를 하기 때문에 영향력이 작은 변수를 모델에서 삭제한다. 따라서 모델을 단순하게 만들 수 있고 해석이 용이하다.

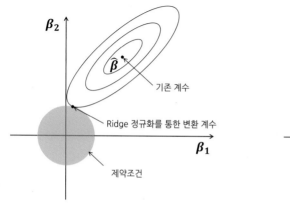
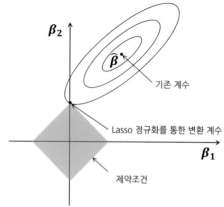

그림 13.5 Ridge와 Lasso의 산출 개념

Elastic Net은 Ridge와 Lasso의 최적화 지점이 다르기 때문에 두 정규화 항을 결합하여 절충한 모델이다. **Ridge는 변환된 계수가 0이 될 수 없지만 Lasso는 0이 될 수 있다는 특성을 결합**한 것이다. Ridge와 Lasso의 혼합비율(r)을 조절하여 Elastic Net 모델의 성능을 최적으로 끌어낼 수 있다. 혼합비율(r)이 0에 가까울수록 Ridge와 같아지며, 1에 가까울수록 Lasso와 같아진다. 독립변수를 이미 잘 정제해서 중요할 것으로 판단되는 변수들만 선별해서 모델에 넣은 상태면 Ridge의 비율을 높이는 것이 좋고, 변수 선택 없이 주어진 독립변수를 모두 집어넣은 상태라면 Lasso의 비율을 높이는 것이 좋다.

지금까지 각 변수 선택에 대한 평가 기준을 알아보았다. 이제 마지막으로 회귀분석 모델 자체에 대한 평가를 하는 방법을 알아보자. 회귀분석 모델을 실행하면 일반적으로 다음과 같은 결괏값을 확인할 수 있다.

표 13.2 다중 회귀분석 모형 결과

	DF	Sum of Squares	Mean Squares	F value	Pr 〉 F
Model	2	7215.63	3607.82	27.23	① <.0001
Error	16	2120.11	132.51		
Total	18	9335.74			

Root MSE	11.51	R-Square	② 0.773
Dependent Mean	100.03	Adj R-Square	③ 0.745
Coeff Var	11.52		

이러한 결과에서 핵심적으로 봐야 할 부분은 ①번의 모델에 대한 유의도, ②번의 모델 설명력, ③번의 수정된 모델 설명력이다. 모델에 대한 유의도는 0.05보다 작으므로 적어도 한 개 이상의 독립변수는 종속변수에 대한 선형 회귀 모형이 존재한다고 판단할 수 있다. ②번의 결정계수(설명력)는 선택된 독립변수들로 종속변수를 어느 정도 설명할 수 있는지를 나타낸다. 따라서 0.773이라는 것은 종속변수를 77.3% 설명할 수 있다고 해석하면 된다. 그리고 ③번의 Adj R-Square 값은, 다중 회귀분석에서 유의미하지 않은 독립변수들이 있더라도 독립변수가 많을수록 R-Square 값이 높아지는 특성이 있기 때문에 이를 상쇄하기 위한 기준값으로 사용한다. 기존의 R-Square 산출식에 변수의 개수를 분모에 넣어 줌으로써 모델 설명력이 과도하게 높게 측정되는 것을 방지한 것이다. 따라서 사용된 변수가 많을 경우에는 Adj R-Square값을 함께 보고 모델의 설명력을 판단해야 한다.

P value와 R-Square 값이 어떤가에 따라 회귀 모델을 어떻게 튜닝할지 방향이 달라진다. 표 13.3과 같은 4가지 상황과 대처 전략을 확인해 보자.

표 13.3 P value와 R-Square 값에 따른 모델 튜닝 전략

	높은 R-Square	낮은 R-Square
낮은 P value (p 〈 0.05)	통계적으로 의미가 있으며, 모델 설명력이 높다. → 이상적인 모형 → 주요 인자 추출	통계적으로 의미가 있으나, 모델 설명력이 낮다. → 이상치 제거 → 비선형 회귀분석 적용
높은 P value (p 〉 0.05)	통계적으로 의미가 없으나, 모델 설명력이 높다. → 데이터 확보 → 이상치 제거	통계적으로 의미가 없으며, 모델 설명력이 낮다. → 새로운 변수 탐색 → 비선형 회귀분석 적용

13.1.4 선형 회귀분석과 Elastic Net 실습

이제 캐글에 있는 "House Sales in King County"[1] 데이터셋으로 기본 다중 회귀분석, 다항 회귀분석, Ridge 회귀, Lasso 회귀, 그리고 Elastic Net을 실습해 보겠다. 이 절의 실습 코드는 이 책의 저장소의 **13.1.4.선형 회귀분석과 Elastic Net.ipynb** 파일에 있다. 회귀분석은 머신러닝 분석 방법론 중 처음 실습해 보는 것이므로 데이터 확인, 시각화 등 세부 단계까지 함께 실습하겠다. 이후 모델의 중복되는 내용은 생략한다.

코드 13.1 패키지 임포트

In [1]:

```
01: # 필요한 패키지 임프토
02: import pandas as pd
03: import numpy as np
04: from sklearn.linear_model import LinearRegression # 선형회귀모델 생성
05: from sklearn.model_selection import train_test_split # train/test set 생성
06: import statsmodels.api as sm # OLS 모델
07: from sklearn.metrics import mean_squared_error # MSE : 평균제곱오차 - model 평가
08: from sklearn import datasets # sklearn 기본 데이터셋 load
```

---

1 https://www.kaggle.com/datasets/harlfoxem/housesalesprediction

```
09: import seaborn as sns # 시각화
10: import matplotlib.pyplot as plt
```

우선 다중 회귀분석을 하기에 앞서 필요한 패키지들을 임포트한다. csv 파일 불러오기부터 데이터 전처리를 할 수 있는 pandas, 머신러닝 모델 패키지인 sklearn과 시각화 패키지 seaborn 등을 임포트한다.

코드 13.2 실습 데이터 불러오기 및 데이터 확인

In [2]:

```
01: # 데이터 불러오기 - 파일이 저장된 경로 지정
02: df = pd.read_csv("datasets/kc_house_data.csv")
03: # 데이터 샘플 확인
04: df.head()
```

Out [2]:

	id	date	price	bedrooms	bathrooms	sqft_living	sqft_lot	floors	waterfront	view	...
0	7129300520	20141013T000000	221900.0	3	1.00	1180	5650	1.0	0	0	...
1	6414100192	20141209T000000	538000.0	3	2.25	2570	7242	2.0	0	0	...
2	5631500400	20150225T000000	180000.0	2	1.00	770	10000	1.0	0	0	...
3	2487200875	20141209T000000	604000.0	4	3.00	1960	5000	1.0	0	0	...
4	1954400510	20150218T000000	510000.0	3	2.00	1680	8080	1.0	0	0	...

5 rows × 21 columns

해당 경로에 저장되어 있는 kc_house_data를 불러오고, head() 함수로 데이터가 잘 불러졌는지 확인한다. 간단히 훑어보면서 각 칼럼명과 관측치들의 값들이 제대로 적재되어 있는지 확인한다. 총 21개의 칼럼이 있는 것을 알 수 있다.

코드 13.3 칼럼 속성 확인

In [3]:

```
01: # 각 칼럼의 속성 및 결측치 확인
02: df.info()
```

Out [3]:

```
<class 'pandas.core.frame.DataFrame'>
RangeIndex: 21613 entries, 0 to 21612
Data columns (total 21 columns):
```

```
 #   Column         Non-Null Count  Dtype
---  ------         --------------  -----
 0   id             21613 non-null  int64
 1   date           21613 non-null  object
 2   price          21613 non-null  float64
 3   bedrooms       21613 non-null  int64
 4   bathrooms      21613 non-null  float64
 5   sqft_living    21613 non-null  int64
 6   sqft_lot       21613 non-null  int64
 7   floors         21613 non-null  float64
 8   waterfront     21613 non-null  int64
 9   view           21613 non-null  int64
10   condition      21613 non-null  int64
11   grade          21613 non-null  int64
12   sqft_above     21613 non-null  int64
13   sqft_basement  21613 non-null  int64
14   yr_built       21613 non-null  int64
15   yr_renovated   21613 non-null  int64
16   zipcode        21613 non-null  int64
17   lat            21613 non-null  float64
18   long           21613 non-null  float64
19   sqft_living15  21613 non-null  int64
20   sqft_lot15     21613 non-null  int64
dtypes: float64(5), int64(15), object(1)
memory usage: 3.5+ MB
```

총 21,613개의 row가 있고 결측값은 없다. 일부 숫자형 변수는 float64로 소수점까지 표현되어 있다. 결측치가 있거나 이상치가 있으면 보정 및 제거를 해줘야 한다. 이에 대한 내용은 앞의 데이터 전처리 및 파생변수 생성 부분에서 자세히 다뤘으므로 생략한다.

코드 13.4 칼럼별 기본 통계치 확인

In [4]:

```
01: # 각 칼럼의 통계치 확인
02: df.describe()
```

Out [4]:

	id	price	bedrooms	bathrooms	sqft_living	sqft_lot	floors	waterfront	view
count	2.161300e+04	2.161300e+04	21613.000000	21613.000000	21613.000000	2.161300e+04	21613.000000	21613.000000	21613.000000
mean	4.580302e+09	5.400881e+05	3.370842	2.114757	2079.899736	1.510697e+04	1.494309	0.007542	0.234303
std	2.876566e+09	3.671272e+05	0.930062	0.770163	918.440897	4.142051e+04	0.539989	0.086517	0.766318
min	1.000102e+06	7.500000e+04	0.000000	0.000000	290.000000	5.200000e+02	1.000000	0.000000	0.000000
25%	2.123049e+09	3.219500e+05	3.000000	1.750000	1427.000000	5.040000e+03	1.000000	0.000000	0.000000
50%	3.904930e+09	4.500000e+05	3.000000	2.250000	1910.000000	7.618000e+03	1.500000	0.000000	0.000000
75%	7.308900e+09	6.450000e+05	4.000000	2.500000	2550.000000	1.068800e+04	2.000000	0.000000	0.000000
max	9.000000e+09	7.700000e+06	33.000000	8.000000	13540.000000	1.651359e+06	3.500000	1.000000	4.000000

모든 모델에서 통계치 확인은 필수적이다. 특히 최소, 최댓값을 통해 이상치가 없는지 확인해야 한다. Bedrooms의 최댓값이 33인데, 혹여나 잘못된 값은 아닌지 확인해 보는 것이 좋아 보인다.

코드 13.5 데이터 시각화를 통한 분포 확인

In [5]:

```
01: # 데이터 시각화하여 분포 확인하기
02: sns.pairplot(df[["price", "sqft_living", "sqft_basement", "yr_built", "zipcode"]])
03: plt.show()
```

Out [5]:

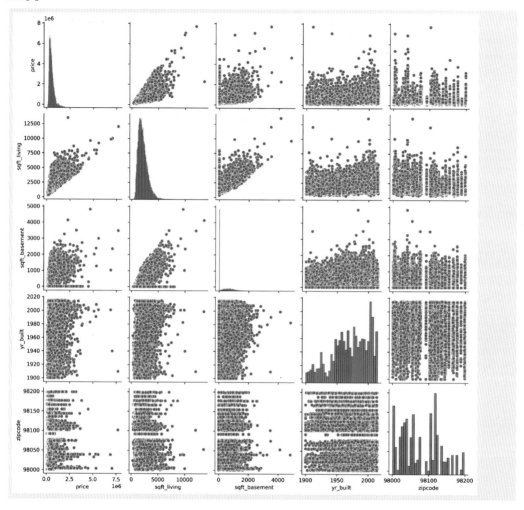

기초 통곗값만으로는 데이터의 성격을 파악하기 힘들다. 데이터 시각화를 하여 직관적으로 데이터를 파악한다. 샘플로 종속변수인 price를 포함한 5개의 변수의 산포도를 확인해 보자. `price`는 `sqft_living`과 `sqft_basement` 변수에 강한 영향을 받을 것으로 추측할 수 있다. `yr_built`와도 약간의 상관관계가 있는 것으로 보인다. 아무래도 지어진 시기가 최근일수록 집 가격이 높은 경향이 있을 것이니 논리적으로 맞아 보인다. 이처럼 각 변수와의 관계를 상식적, 비즈니스적으로 해석해 보는 것이 좋다.

또한 `sqft_living`과 `sqft_basement` 두 변수 간에도 높은 상관관계가 보인다. 이처럼 독립변수 간의 상관성이 높으면 다중공선성을 유발하여 모델 성능을 저하시킬 수 있으므로 주의해야 한다.

이제 본격적으로 회귀모델 학습을 위한 데이터 가공을 한다. 먼저 독립변수(x)와 종속변수(y)를 분리하고 학습셋과 테스트셋으로도 분리한다.

코드 13.6 학습셋과 테스트셋 생성

In [6]:

```
01: # 독립변수와 종속변수 분리하여 생성
02: x = df[[ 'bedrooms', 'bathrooms', 'sqft_living',
03:          'sqft_lot', 'floors', 'waterfront', 'view', 'condition', 'grade',
04:          'sqft_above', 'sqft_basement', 'yr_built', 'yr_renovated', 'zipcode',
05:          'lat', 'long', 'sqft_living15', 'sqft_lot15']]
06: # 'id', 'date'는 키값에 해당하므로 변수에서 제외해 준다.
07: y = df[['price']]
08:
09: # 학습셋과 테스트셋 분리하여 생성(7:3)
10: # df_train, df_test = train_test_split(df, test_size = 0.3)
11: x_train, x_test, y_train, y_test =
12: train_test_split(x, y, train_size=0.7, test_size=0.3)
```

독립변수 데이터셋에는 키값인 id와 date 그리고 종속변수인 price를 제외한 모든 변수를 넣어주었다. 그리고 학습셋과 테스트셋은 train_test_split() 함수로 7:3의 비율로 분리해 준다.

코드 13.7 학습셋과 테스트셋 생성 확인

In [7]:

```
01: # 학습셋과 검증셋이 잘 나뉘었는지 확인
02: print('train data 개수: ', len(x_train))
03: print('test data 개수: ', len(x_test))
```

Out [7]:

```
train data 개수:  15129
test data 개수:  6484
```

데이터셋이 제대로 나뉘었는지 확인한다. 15,129 : 6,834로 나뉘었으니 대략적으로 7:3의 비율임을 확인할 수 있다.

코드 13.8 다중회귀모델 생성

In [8]:

```
01: # 다중회귀모델 생성
02: mreg = LinearRegression(fit_intercept=True)
03: mreg.fit(x_train, y_train)
```

Out [8]:

```
LinearRegression()
```

앞서 임포트한 sklearn의 LinearRegression을 학습 데이터에 적용해 준다. 학습 데이터를 통해 price를 예측할 수 있는 회귀계수가 생성된다. fit_intercept 인수는 모형에 상수항을 넣을지 말지를 설정해 주는 명령어다. 기본값은 True라서 상수항을 빼지 않을 거라면 생략해도 된다.

코드 13.9 테스트셋에 모델 적용

In [9]:

```
01: # 테스트셋에 모델 적용
02: y_predict = mreg.predict(x_test)
```

학습셋으로 생성된 모델을 테스트셋에 적용하여 예측값을 생성한다. 이를 통해 모델 성능을 측정할 수 있다. 우선 생성된 모델의 상숫값과 회귀계수를 확인하려면 다음의 코드로 값을 생성할 수 있다.

코드 13.10 생성한 회귀모델의 상숫값과 회귀계수 확인

In [10]:

```
01: # 모델의 상숫값 확인
02: print(mreg.intercept_)
03:
04: # 모델의 회귀계수 확인
05: print(mreg.coef_)
```

Out [10]:

```
[6716588.93606431]
[[-3.84620149e+04  4.87178124e+04  1.16132245e+02  1.86384858e-01
   1.72725055e+03  6.06176047e+05  5.40809610e+04  2.42868089e+04
   9.42313757e+04  7.84686416e+01  3.76636039e+01 -2.73801622e+03
   8.82439566e+00 -5.83134783e+02  5.97934259e+05 -2.18967704e+05
   1.36605655e+01 -5.02414128e-01]]
```

모델 생성을 한 다음에는, 대표적인 모델 성능평가 기준인 R-Square 값을 확인한다. score() 함수로 간단하게 구할 수 있다.

코드 13.11 학습셋과 테스트셋의 R-Square 확인

In [11]:

```
01: print("학습셋 R-Square: {:.2f}".format(mreg.score(x_train, y_train)))
02: print("테스트셋 R-Square: {:.2f}".format(mreg.score(x_test, y_test)))
```

Out [11]:

```
학습셋 R-Square: 0.71
테스트셋 R-Square: 0.68
```

학습셋의 R-Square가 0.71 정도면 준수한 수준으로 볼 수 있다. 실무 데이터에서 0.7 이상이 나오는 것은 쉽지 않다. 그리고 테스트셋의 R-Square가 0.68인 것을 보았을 때, 차이가 크지 않으므로 모델이 과적합되지 않았음을 판단할 수 있다. 이 수치는 모델을 돌릴 때마다 달라질 수 있다. 왜냐하면 학습셋과 테스트셋 분리 단계에서 데이터가 무작위로 배정되기 때문이다. 결과를 고정하려면 RandomState() 함수를 이용하면 된다.

그런데 LinearRegression 패키지는 p-value 등 자세한 모델 결과치 확인이 어렵다. 수식을 코딩해 주면 가능하지만, 여간 번거로운 일이 아니다. 그래서 자세한 모델 결괏값을 확인하고 싶을 때는 OLS(Ordinary Least Squares) 패키지를 사용하면 편리하다.

코드 13.12 OLS를 이용하여 모델 결괏값 확인

In [12]:

```
01: ols_m = sm.OLS(y_train, sm.add_constant(x_train)).fit()
02: ols_m.summary()
```

Out [12]:

OLS Regression Results			
Dep. Variable:	price	R-squared:	0.705
Model:	OLS	Adj. R-squared:	0.705
Method:	Least Squares	F-statistic:	2128.
Date:	Sun, 03 Apr 2022	Prob (F-statistic):	0.00

OLS Regression Results

Dep. Variable:	price	R-squared:	0.705
Time:	02:13:07	Log-Likelihood:	−2.0627e+05
No. Observations:	15129	AIC:	4.126e+05
Df Residuals:	15111	BIC:	4.127e+05
Df Model:	17		
Covariance Type:	nonrobust		

	coef	std err	t	P>|t|	[0.025	0.975]
const	6.717e+06	3.51e+06	1.911	0.056	−1.71e+05	1.36e+07
bedrooms	−3.846e+04	2219.006	−17.333	0.000	−4.28e+04	−3.41e+04
bathrooms	4.872e+04	3869.943	12.589	0.000	4.11e+04	5.63e+04
sqft_living	116.1343	2.728	42.579	0.000	110.788	121.481
sqft_lot	0.1864	0.055	3.363	0.001	0.078	0.295
floors	1727.2506	4332.602	0.399	0.690	−6765.173	1.02e+04
waterfront	6.062e+05	2.05e+04	29.600	0.000	5.66e+05	6.46e+05
view	5.408e+04	2592.324	20.862	0.000	4.9e+04	5.92e+04
condition	2.429e+04	2832.812	8.573	0.000	1.87e+04	2.98e+04
grade	9.423e+04	2575.374	36.589	0.000	8.92e+04	9.93e+04
sqft_above	78.4666	2.682	29.253	0.000	73.209	83.724
sqft_basement	37.6616	3.176	11.858	0.000	31.436	43.887
yr_built	−2738.0162	86.924	−31.499	0.000	−2908.397	−2567.635
yr_renovated	8.8244	4.444	1.986	0.047	0.113	17.536
zipcode	−583.1348	39.674	−14.698	0.000	−660.901	−505.369
lat	5.979e+05	1.29e+04	46.240	0.000	5.73e+05	6.23e+05
long	−2.19e+05	1.56e+04	−14.021	0.000	−2.5e+05	−1.88e+05
sqft_living15	13.6606	4.126	3.311	0.001	5.573	21.748
sqft_lot15	−0.5024	0.088	−5.731	0.000	−0.674	−0.331

Omnibus:	13449.897	Durbin-Watson:	1.986
Prob(Omnibus):	0.000	Jarque-Bera (JB):	1600950.844
Skew:	3.782	Prob(JB):	0.00
Kurtosis:	52.824	Cond. No.	2.65e+17

Notes:

[1] Standard Errors assume that the covariance matrix of the errors is correctly specified.

[2] The smallest eigenvalue is 2.19e-21. This might indicate that there are

strong multicollinearity problems or that the design matrix is singular.

마지막 "Notes"의 2번을 보면 다중공선성 문제가 있을 가능성이 높다고 알려준다. 앞서 데이터 시각화에서 상관관계가 높은 변수를 확인했듯이, 모델 성능을 떨어뜨리는 변수들을 제거하거나 가공해주는 설차가 필요해 보인다. 이처럼 모델 성능 평가를 통해 데이터와 모델을 수정해 가며 성능을 향상시키는 작업이 필요하다. 그리고 모델 성능을 측정하는 방법은 이 외에도 다양하다. RMSE, MAE, AIC, BIC 등 다른 기준은 모델평가 부분에서 자세히 다루도록 하겠다.

이어서 비선형 예측 모델인 다항회귀를 실습해보자. 다항회귀는 sklearn의 PolynomialFeatures를 사용한다. PolynomialFeatures 자체는 단항 변수를 다항 변수로 변환해주는 기능만을 한다. 따라서 변환 후에 선형회귀 모델을 사용하여 학습, 예측을 실행해야 한다.

코드 13.13 다항회귀 모델 생성 및 적용

In [13]:

```
01: # 다항회귀 불러오기
02: from sklearn.preprocessing import PolynomialFeatures
03:
04: # 다항 변수 변환
05: poly_m = PolynomialFeatures(degree=2, include_bias=False)
06: x_train_poly = poly_m.fit_transform(x_train)
07:
08: # 다중회귀모델 생성
09: mreg_poly = LinearRegression(fit_intercept=True)
10:
11: # 다항회귀 학습
12: mreg_poly.fit(x_train_poly, y_train)
13:
14: # 테스트셋에 모델 적용
15: x_test_poly = poly_m.fit_transform(x_test)
16: y_predict_poly = mreg_poly.predict(x_test_poly)
```

degree=2는 독립변수를 2차항으로 변환하겠다는 뜻이다. 값을 조정하여 차수를 높일 수 있다.
include_bias는 기본값이 True이다. 이는 편향을 위한 변수(X0)인 1을 추가하는 것인데, 다항식의 모
든 거듭제곱이 0일 경우에 True로 설정해 준다.

코드 13.14 다항회귀모델 상숫값과 회귀계수 확인

In [14]:

```
01: # 모델의 상숫값 확인
02: print(mreg_poly.intercept_)
03:
04: # 모델의 회귀계수 확인
05: print(mreg_poly.coef_)
```

Out [14]:

```
[1.94963717e+10]
[[ 6.00181609e+06 -1.06725986e+07  1.67655131e+04 -2.81521836e+02
   -4.53123138e+07  9.83248125e+07  1.03262965e+07  2.15861827e+06
   -1.52619475e+07  3.14903128e+04 -3.62239358e+04  7.37002866e+04
    3.26055557e+04 -4.54539776e+05  1.07098579e+08 -3.96882821e+06
 …
```

모델의 상숫값은 앞의 다중 회귀분석과 동일한 방법으로 확인한다. R–Square 확인도 마찬가지로 다음
과 같이 확인할 수 있다.

코드 13.15 다항회귀모델의 학습셋과 테스트셋 R–Square 확인

In [15]:

```
01: print("학습셋 R-Square: {:.2f}".format(mreg_poly.score(x_train_poly, y_train)))
02: print("테스트셋 R-Square: {:.2f}".format(mreg_poly.score(x_test_poly, y_test)))
```

Out [15]:

```
학습셋 R-Square: 0.83
테스트셋 R-Square: 0.81
```

R–Square가 0.71 이었던 일반 회귀모델보다 다항 회귀 모델이 예측력이 좋은 것을 확인할 수 있다. 테
스트셋의 값도 큰 차이가 없어 과적합도 피한 것으로 보인다. 이를 통해 해당 데이터는 독립변수와 종속
변수가 어느 정도 비선형적 관계를 가지고 있다고 판단할 수 있다.

Ridge 회귀, Lasso 회귀, 그리고 Elastic Net도 `linear_model` 패키지를 통해 간단히 수행할 수 있다.

코드 13.16 Ridge 모델 적용 및 R-Square 확인

In [16]:

```
01: # Ridge 임포트
02: from sklearn.linear_model import Ridge
03:
04: # alpha별 모델 생성
05: ridge = Ridge().fit(x_train, y_train)
06: ridge001 = Ridge(alpha=0.01).fit(x_train, y_train)
07: ridge100 = Ridge(alpha=100).fit(x_train, y_train)
08:
09: # 모델별 R-Square 산출
10: print("ridge_train R2: {:.3f}".format(ridge.score(x_train, y_train)))
11: print("ridge_test R2: {:.3f}".format(ridge.score(x_test, y_test)))
12:
13: print("ridge001_train R2: {:.3f}".format(ridge001.score(x_train, y_train)))
14: print("ridge001_test R2: {:.3f}".format(ridge001.score(x_test, y_test)))
15:
16: print("ridge100_train R2: {:.3f}".format(ridge100.score(x_train, y_train)))
17: print("ridge100_test R2: {:.3f}".format(ridge100.score(x_test, y_test)))
```

Out [16]:

```
ridge_train R2: 0.698
ridge_test R2: 0.702
ridge001_train R2: 0.698
ridge001_test R2: 0.702
ridge100_train R2: 0.690
ridge100_test R2: 0.695
```

Ridge 회귀 모델의 기본 alpha 값은 1이다. 추가로 alpha값을 0.01, 100으로 조정하여 R-Square를 비교했다. 기본 모델과 0.01 모델은 성능의 차이가 거의 없으며, alpha 값을 100으로 설정할 경우 과소적합으로 인해 성능이 떨어지는 것을 확인할 수 있다.

Lasso 또한 동일한 방법으로 실행해 주면 된다. 한 가지 유념할 점은 alpha 값에 따라 사용되는 변수가 달라지기 때문에 총 몇 개의 변수가 채택됐는지 확인할 필요가 있다.

코드 13.17 Lasso 모델 적용 및 R-Square 확인

In [17]:

```python
01: # Lasso 임포트
02: from sklearn.linear_model import Lasso
03:
04: # alpha별 모델 생성
05: lasso = Lasso().fit(x_train, y_train)
06: lasso001 = Lasso(alpha=0.01).fit(x_train, y_train)
07: lasso10000 = Lasso(alpha=10000).fit(x_train, y_train)
08:
09: # 모델별 R-Square 산출
10: print("lasso_train R2: {:.3f}".format(lasso.score(x_train, y_train)))
11: print("lasso_test R2: {:.3f}".format(lasso.score(x_test, y_test)))
12: print("num_of_IV:", np.sum(lasso.coef_ !=0))
13:
14: print("lasso001_train R2: {:.3f}".format(lasso001.score(x_train, y_train)))
15: print("lasso001_test R2: {:.3f}".format(lasso001.score(x_test, y_test)))
16: print("num_of_IV:", np.sum(lasso001.coef_ !=0))
17:
18: print("lasso10000_train R2: {:.3f}".format(lasso10000.score(x_train, y_train)))
19: print("lasso10000_test R2: {:.3f}".format(lasso10000.score(x_test, y_test)))
20: print("num_of_IV:", np.sum(lasso10000.coef_ !=0))
```

Out [17]:

```
lasso_train R2: 0.698
lasso_test R2: 0.702
num_of_IV: 18
lasso001_train R2: 0.698
lasso001_test R2: 0.702
num_of_IV: 18
lasso10000_train R2: 0.627
lasso10000_test R2: 0.630
num_of_IV: 12
```

기본값인 첫번째 모델과 alpha값을 0.01로 설정한 모델의 R-Square가 동일하게 나왔다. 사용된 데이터셋의 총 변수 개수와 관측치 수가 많지 않기 때문에 alpha값에 민감하게 반응하지 않는다. alpha값을

10,000으로 설정했을 때는 6개의 변수가 탈락되어 총 12개의 변수가 사용된 모델이 생성됐고, 과소적합이 발생하여 예측력은 다소 감소했다.

이제 마지막으로 ElasticNet을 실습해보자. ElasticNet은 기본적으로 alpha와 l1_ratio 설정을 해준다. 여기서 alpha는 Ridge와 Lasso의 alpha와는 다르다. ElasticNet의 정규화는 Ridge와 Lasso를 합친 것이므로 αL1 + βL2이다. 따라서 alpha는 $\alpha+\beta$이다. l1_ratio는 0에서 1의 값을 가지며, Lasso 모델의 비중을 나타낸다. 그렇기 때문에 l1_ratio가 1이면 Lasso와 같고 0이면 Ridge와 같은 모델이 된다.

코드 13.18 ElasticNet 모델 적용 및 R-Square 확인

In [18]:

```
01: # ElasticNet 임포트
02: from sklearn.linear_model import ElasticNet
03:
04: # alpha별 모델 생성
05: elast = ElasticNet().fit(x_train, y_train)
06: elast001 = ElasticNet(alpha=100, l1_ratio = 0.1).fit(x_train, y_train)
07: elast10000 = ElasticNet(alpha=10000, l1_ratio = 1).fit(x_train, y_train)
08:
09: # 모델별 R-Square 산출
10: print("elast_train R2: {:.3f}".format(elast.score(x_train, y_train)))
11: print("lasso_test R2: {:.3f}".format(elast.score(x_test, y_test)))
12: print("num_of_IV:", np.sum(elast.coef_ !=0))
13:
14: print("elast001_train R2: {:.3f}".format(elast001.score(x_train, y_train)))
15: print("elast001_test R2: {:.3f}".format(elast001.score(x_test, y_test)))
16: print("num_of_IV:", np.sum(elast001.coef_ !=0))
17:
18: print("elast10000_train R2: {:.3f}".format(elast10000.score(x_train, y_train)))
19: print("elast10000_test R2: {:.3f}".format(elast10000.score(x_test, y_test)))
20: print("num_of_IV:", np.sum(elast10000.coef_ !=0))
```

Out [18]:

```
elast_train R2: 0.619
lasso_test R2: 0.620
num_of_IV: 18
```

```
elast001_train R2: 0.546
elast001_test R2: 0.543
num_of_IV: 18
elast10000_train R2: 0.627
elast10000_test R2: 0.630
num_of_IV: 12
```

기본값으로 설정된 첫번째 모델은 alpha는 1이고 l1_ratio는 0.5다. 앞서 실행했던 기본 다중회귀모델보다 예측력이 떨어진다. 두 번째 모델은 l1_ratio을 0.1로 설정하여 Ridge와 가까운 모델이다. 기본 모델보다 성능이 떨어지는 것을 알 수 있다. 마지막 세번째 모델은 l1_ratio을 1로 설정했기 때문에, 바로 앞에서 실행했던 Lasso와 동일한 모델이다. 따라서 똑같이 12개의 변수가 선택됐고, 테스트셋의 R-Square는 0.630으로 산출됐다. Ridge와 Lasso 그리고 ElasticNet은 최적의 옵션을 찾기 위한 시뮬레이션이 필수적이다. 또한 독립변수가 많을 때 더 좋은 효과를 발휘한다.

13.2 로지스틱 회귀분석 (분류 모델)

로지스틱 회귀분석(Logistic Regression)은 앞의 선형회귀분석과 유사하지만 종속변수가 양적척도가 아닌 질적척도라는 차이가 있다. 즉, 로지스틱 회귀분석은 특정 수치를 예측하는 것이 아니라 어떤 카테고리에 들어갈지 분류를 하는 모델이다. 기본 모형은 종속변수가 0과 1이라는 이항(binary)으로 이루어져 구매/미구매, 성공/실패, 합격/불합격 등을 예측한다. 만약 종속변수의 범주가 3개 이상일 경우에는 다항 로지스틱 회귀분석(Multinomial Logistic Regression)을 통해 분류 예측을 할 수 있다.

우선 기본 이항 로지스틱 회귀 분석을 자세히 알아보자. 로지스틱 회귀는 기존의 선형회귀식의 사상은 그대로 유지하되 종속변수를 1이 될 확률로 변환하여 그 확률에 따라 0과 1의 여부를 예측한다. 이를 위해서는 우선 오즈(Odds)와 로짓 변환에 대한 개념을 짚고 넘어가야 한다. 그림 13.6은 종속변수 Y가 1과 0인 경우를 기존의 선형 회귀로 표현한 것과 로짓 변환하여 표현한 것이다.

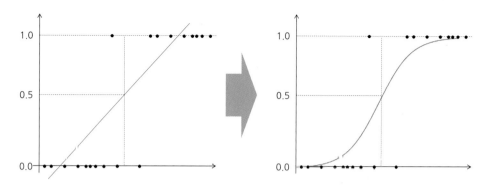

그림 13.6 선형 회귀선과 로짓 회귀선

선형 회귀선은 이항으로 이루어진 종속변수를 직선으로 표현하려다 보니 확률이 양과 음의 무한대로 뻗어 나가버린다. 이러한 방식은 확률을 표현하기에 적합하지 않기 때문에 그림 13.6의 오른쪽 형태와 같이 0과 1 사이의 S자 곡선의 형태를 갖도록 변환해 줘야 한다. 단순하게 이야기하자면, 종속변수의 값을 1이 될 확률이라 정의하고 값이 0.5보다 크면 1, 작으면 0으로 분류하는 것이다. 물론 분류하는 기준값은 상황에 따라 달라질 수 있다.

로짓 회귀선으로 변환해주기 위해서는 우선 오즈 값을 구해야 한다. 오즈란 사건이 발생할 가능성이 발생하지 않을 가능성보다 어느 정도 큰지를 나타내는 값이다. 분모는 사건이 발생하지 않을 확률, 분자는 사건이 발생할 확률로 하여 사건이 발생하지 않을 확률 대비 발생할 확률을 비율로 나타낸 것이다. 즉, 발생 확률이 그렇지 않을 확률과 50:50으로 같으면 1.0이고, 두 배면 2.0, 다섯 배면 5.0이 된다. 만약 발생 확률이 60%고 발생하지 않을 확률이 40%라면, 오즈는 1.5가 된다. 발생 확률이 1.5배 높다는 것이다.

$$Odds = \frac{P(event\ occurring)}{P(event\ not\ occurring)} = \frac{P(event\ occurring)}{1 - P(event\ occurring)}$$

이렇게 직선 형태의 회귀 값을 사건이 일어날 오즈 값으로 변환하게 되면 분류 모델에 가까워진 것 같은 느낌이 든다. 그런데 문제가 있다. 발생 확률이 1에 가까워질수록 오즈 값은 기하급수적으로 커지고 최솟값은 0이 된다. 그림 13.7의 왼쪽과 같이 0부터 무한대에 가깝게 치솟는 균형 잡히지 못한 형태를 갖게 된다.

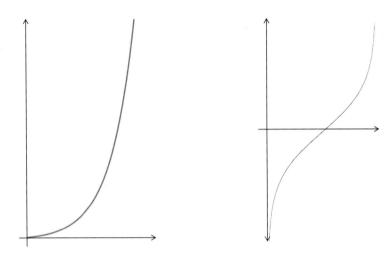

그림 13.7 오즈 값 그래프와 로그를 취한 오즈 값 그래프

그래서 오즈 값에 로그를 취하면 양의 무한대에서 음의 무한대를 갖는 형태가 된다. 이렇게 로그를 취해 확률의 범위를 표현할 수 있다. 하지만 여전히 0에서 1 사이의 범위를 나타내지 못하는 문제가 있다. 그래서 확률을 로짓 변환하여 0에서 1 사이로 치환해 준다. 이러한 변환식을 시그모이드(Sigmoid) 함수라고도 하는데, 뉴럴네트워크(Neural network)의 이항 분류(Binary classification)에도 활용되는 유용한 함수다. 로그를 취한 오즈에 시그모이드 함수를 적용한 최종의 로지스틱 회귀식은 다음과 같다.

$$P = \frac{e^{(\beta_0 + \beta X)}}{1 + e^{(\beta_0 + \beta X)}} = \frac{1}{1 + e^{-(\beta_0 + \beta X)}}$$

이렇게 로지스틱 회귀분석은 사건 발생 확률을 0에서 1 사이로 변환해서 표현한다. 이러한 분류 모델은 카테고리를 분류하는 임계치를 어떻게 설정하는지가 중요하다. 기본적으로는 분류 기준값이 0.5이지만, 어떤 주제의 모델인가에 따라 임계치 기준은 달라질 수 있다. 그리고 최적의 효율을 따져가며 분류 기준을 잡아야 하기 때문에, 로지스틱 회귀 모델과 같은 분류 모델은 모델 성능 평가를 잘해야 한다. 이 부분은 모델 평가 파트에서 자세히 다룰 것이다.

그럼 종속변수의 범주가 3개 이상일 경우에 사용하는 다항 로지스틱 회귀분석은 어떤 원리일까? 다항 로지스틱 회귀분석은 이항 로지스틱과 방법이 크게 다르지 않다. 범주는 여러 개일지라도 각 범주마다 이항 로지스틱을 시행하여 확률을 구하기 때문이다. 이항 로지스틱의 연장선이라고 할 수 있다. 종속변수의 모든 범주에 해당하는 확률의 합을 100%로 한다. 그리고 범주들 간에 확률이 어느 것이 더 큰지를 알아야 하기 때문에 하나의 범주를 기준으로 잡는다. 예를 들어 종속변수의 범주가 A, C, C, D 네 개라면, 이 중 하나의 범주를 기준으로 잡고 나머지 다른 범주들과 비교해서 식을 만드는 것이다.

- p(A) : p(A)/p(D) → $\log \frac{P(Y=A \mid X=\vec{x})}{P(Y=D \mid X=\vec{x})}$

- p(B) : p(B)/p(D) → $\log \frac{P(Y=B \mid X=\vec{x})}{P(Y=D \mid X=\vec{x})}$

- p(C) : p(C)/p(D) → $\log \frac{P(Y=C \mid X=\vec{x})}{P(Y=D \mid X=\vec{x})}$

이렇게 세 개의 식이 나오게 된다. 범주는 네 개인데 식은 세 개인 이유는, 1에서 세 범주의 확률을 뺀 나머지가 곧 p(D)가 되기 때문에 군이 따로 구할 필요가 없기 때문이다. 그래서 다항 로지스틱 회귀분석은 이항 로지스틱 식이 K−1개가 필요하다. 모든 범주의 확률 합은 1(100%)이 되며, A와 B, B와 C 등의 관계는 추정이 가능하다.

이제 로지스틱 회귀 분석의 결과 해석 방법을 알아보자. 일반 이항 로지스틱 회귀 분석을 실행한 모형 결과는 선형 회귀분석과 유사한 형식으로 나온다. 우선 각 변수에 대한 계숫값과 유의도를 확인할 수 있다. 모든 변수의 값과 계숫값을 앞에서 나왔던 로지스틱 회귀식에 대입해 주면 예측 확률을 구할 수 있다.

표 13.4 로지스틱 회귀분석 모형 결과

변수	Parameter Estimate	Standard Error	Wald Chi−Square	Pr 〉 Chisq
Intercept	−0.7649	0.026	868.432	〈.0001
X1	0.2016	0.0118	290.0262	〈.0001
X2	0.1179	0.00735	256.7662	〈.0001
X3	−0.029	0.00127	519.1158	〈.0001

변수	Odds Ratio Estimates	95% Wald Confidence Limits	
X1	1.223	0.351	0.392
X2	1.125	1.195	1.252
X3	0.971	1.109	1.141

선형 회귀분석 모형 결과와 차이가 있다면, 각 변수의 오즈비를 알 수 있다는 것이다. 독립변수 X1은 1이 커질 때마다 혹은 더미변수라면 1일 때 0에 비해 1.223배 종속변수가 1일 확률이 높다는 것이다. X3은 오즈비가 1보다 작기 때문에 오히려 확률이 줄어든다는 뜻이고, 계수도 −0.029로 종속변수가 1로 분류될 확률에 음(−)의 관계를 갖는다.

그리고 로지스틱 회귀분석도 R^2값이 산출되는데, 선형회귀처럼 연속형 값에 대한 분산이 있는 것이 아니기 때문에 좀 다른 방식으로 R^2값을 구한다. 안타깝게도 로지스틱 회귀분석의 R^2값을 구하는 방법은 딱히 대표적인 방법이 없다. 공식적으로 알려진 방식만 10가지가 넘는다. 그중 가장 심플하고 직관적인 방법을 하나 설명하자면, 슐(Tjur, 2009)이 제안한 방법으로 식별계수(coefficient of discrimination)라고도 불린다. 우선 종속변수의 발생(1)과 미발생(0)에 대한 예측 확률의 평균값을 구한다. 그다음에 두 평균값의 차이를 구하면 된다. 이는 모델이 예측을 명확하게 하도록 만들어졌다면, 발생과 미발생과의 확률이 확연히 다를 것이라는 가정에서 만들어진 방법이다.

이러한 방식으로 로지스틱 회귀 모델이 데이터에 적합(fit)한지 판단할 수 있다. 하지만 로지스틱 회귀분과 같은 분류 모델은 이러한 측정 값보다, Test data set에서 실제로 얼마나 올바르게 분류했는가를 따져서 모델의 성능을 평가하는 것이 좋다. ROC Curve, Confusion matrix 등 다양한 판단 기준들이 있다. 이러한 내용들은 14장 '모델 평가'에서 자세히 알아보자.

13.2.1 로지스틱 회귀분석 실습

이제 캐글에 있는 "Personal Key Indicators of Heart Disease"[2] 데이터셋으로 로지스틱 회귀분석을 실습해 보겠다. 이 절의 실습 코드는 이 책의 저장소의 **13.2.1.로지스틱 회귀분석.ipynb** 파일에 있다.

코드 13.19 패키지 임포트

In [1]:

```
01: # 필요한 패키지 임포트
02:
03: import pandas as pd
04: import numpy as np
05: from sklearn.preprocessing import RobustScaler
06: from sklearn.linear_model import LogisticRegression
```

---

2   https://www.kaggle.com/datasets/kamilpytlak/personal-key-indicators-of-heart-disease

```
07: from sklearn.model_selection import train_test_split
08: from imblearn.under_sampling import *
09: import statsmodels.api as sm
10: import seaborn as sns
11: import matplotlib.pyplot as plt
```

데이터 전처리 및 로지스틱 회귀분석을 위해 필요한 패키지들을 임포트한다.

코드 13.20 데이터 불러오기 및 확인

In [2]:

```
01: # 데이터 불러오기
02: df = pd.read_csv("datasets/heart_2020_cleaned.csv")
03:
04: # 데이터 샘플 확인
05: df.head()
```

Out [2]:

	HeartDisease	BMI	Smoking	AlcoholDrinking	Stroke	PhysicalHealth	MentalHealth	DiffWalking	Sex	AgeCategory	Race	Diabetic
0	No	16.60	Yes	No	No	3.0	30.0	No	Female	55-59	White	Yes
1	No	20.34	No	No	Yes	0.0	0.0	No	Female	80 or older	White	No
2	No	26.58	Yes	No	No	20.0	30.0	No	Male	65-69	White	Yes
3	No	24.21	No	No	No	0.0	0.0	No	Female	75-79	White	No
4	No	23.71	No	No	No	28.0	0.0	Yes	Female	40-44	White	No

데이터를 판다스 데이터 프레임으로 불러온 다음 확인한다. 각 사람들의 심장병 여부와 BMI, 음주 여부, 흡연 여부, 성별, 수면시간 등의 정보가 있다.

코드 13.21 각 칼럼 정보 확인

In [3]:

```
01: # 칼럼 정보 확인
02:
03: df.info()
```

Out [3]:

```
<class 'pandas.core.frame.DataFrame'>
RangeIndex: 319795 entries, 0 to 319794
Data columns (total 18 columns):
```

```
 #   Column             Non-Null Count   Dtype
---  ------             --------------   -----
 0   HeartDisease       319795 non-null  object
 1   BMI                319795 non-null  float64
 2   Smoking            319795 non-null  object
 3   AlcoholDrinking    319795 non-null  object
 4   Stroke             319795 non-null  object
 5   PhysicalHealth     319795 non-null  float64
 6   MentalHealth       319795 non-null  float64
 7   DiffWalking        319795 non-null  object
 8   Sex                319795 non-null  object
 9   AgeCategory        319795 non-null  object
10   Race               319795 non-null  object
11   Diabetic           319795 non-null  object
12   PhysicalActivity   319795 non-null  object
13   GenHealth          319795 non-null  object
14   SleepTime          319795 non-null  float64
15   Asthma             319795 non-null  object
16   KidneyDisease      319795 non-null  object
17   SkinCancer         319795 non-null  object
dtypes: float64(4), object(14)
memory usage: 43.9+ MB
```

info() 함수로 각 칼럼의 속성 및 결측값을 확인한다. BMI, PhysicalHealth 등 4개의 숫자형 변수가 있으며 나머지는 명목형 변수다. 모든 칼럼에 결측값은 없는 것으로 확인된다.

코드 13.22 명목형 변수 가변수 가공

```
In [4]:
01: # 명목형 변수 더미처리
02:
03: # 하나의 가변수 범주 제거 옵션 적용
04: df2 = pd.get_dummies(df, columns = ['HeartDisease','Smoking',
05:                                     'AlcoholDrinking','Stroke',
06:                                     'DiffWalking','Sex',
07:                                     'AgeCategory','Race',
08:                                     'Diabetic','PhysicalActivity',
09:                                     'GenHealth','Asthma',
10:                                     'KidneyDisease','SkinCancer']
```

```
11:                              ,drop_first=True
12:                         )
13:
14: df2.head()
```

Out [4]:

	BMI	PhysicalHealth	MentalHealth	SleepTime	HeartDisease_Yes	Smoking_Yes	AlcoholDrinking_Yes	Stroke_Yes	DiffWalking_Yes
0	16.60	3.0	30.0	5.0	0	1	0	0	0
1	20.34	0.0	0.0	7.0	0	0	0	1	1
2	26.58	20.0	30.0	8.0	0	1	0	0	0
3	24.21	0.0	0.0	6.0	0	0	0	0	0
4	23.71	28.0	0.0	8.0	0	0	0	0	1

로지스틱 회귀분석을 하기 위해서는 명목형 변수를 0과 1의 가변수 형태로 변환해야 한다. get_dummies() 함수에 drop_first=True 옵션을 적용하여 마지막 항목은 제거되도록 변수 가공을 해준다.

코드 13.23 숫자형 변수 스케일링 가공

In [5]:

```
01: # RobustScaler 적용
02:
03: # 숫자형 변수 분리
04: df_num = df[['BMI','PhysicalHealth','MentalHealth','SleepTime']]
05: df_nom = df2.drop(['BMI','PhysicalHealth','MentalHealth','SleepTime'],axis=1)
06:
07: # 숫자형 변수 RobustScaler 적용
08: RobustScaler = RobustScaler()
09: df_robust = RobustScaler.fit_transform(df_num)
10:
11: # 칼럼명 결합
12: df_num2 = pd.DataFrame(data=df_robust, columns=df_num.columns)
13:
14: # 숫자형 테이블과 더미화 문자형 테이블 결합
15: df3 = pd.concat([df_num2,df_nom],axis=1)
16:
17: df3.head()
```

Out [5]:

	BMI	PhysicalHealth	MentalHealth	SleepTime	HeartDisease_Yes	Smoking_Yes	AlcoholDrinking_Yes	Stroke_Yes	DiffWalking_Yes
0	-1.453315	1.5	10.0	-1.0	0	1	0	0	0
1	-0.947226	0.0	0.0	0.0	0	0	0	1	0
2	-0.102842	10.0	10.0	0.5	0	1	0	0	0
3	-0.423545	0.0	0.0	-0.5	0	0	0	0	0
4	-0.491204	14.0	0.0	0.5	0	0	0	0	1

로지스틱 회귀분석은 정규화(Regularization) 과정을 통해 과적합을 방지하는 프로세스가 있으므로 스케일을 조정해 줘야 한다. 예시에서는 우선 명목형 변수와 숫자형 변수를 분리한 다음, 숫자형 변수만 있는 데이터셋에 RobustScaler() 함수를 적용하여 스케일링을 했다. 그리고 다시 명목형 변수 데이터셋과 결합했다.

코드 13.24 학습셋과 테스트셋 분리

In [6]:

```
01: # 독립변수와 종속변수 분리하여 생성
02: X = df3.drop(['HeartDisease_Yes'],axis=1)
03: y = df3[['HeartDisease_Yes']]
04:
05: # 학습셋과 테스트셋 분리하여 생성(7.5:2.5)
06: X_train, X_test, y_train, y_test = train_test_split(
07:     X,y,test_size=0.25,random_state=10)
08:
09: # 학습셋과 검증셋이 잘 나뉘었는지 확인
10: print('train data 개수: ', len(X_train))
11: print('test data 개수: ', len(X_test))
```

Out [6]:

```
train data 개수:  239846
test data 개수:  79949
```

데이터 전처리가 완료된 다음에는 train_test_split() 함수로 학습셋과 예측셋으로 분리한다. 예시에서는 72:25 비율로 분리했다.

코드 13.25 종속변수 클래스 분포 시각화

In [7]:

```
01: # HeartDisease_Yes 칼럼 클래스 분포 시각화
02: sns.countplot(x="HeartDisease_Yes", data=y_train)
03:
04: plt.show()
```

Out [7]:

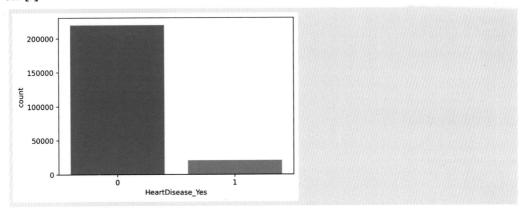

학습셋 종속변수의 0과 1 클래스 비율을 확인한다. 1 값이 10% 미만으로 클래스 불균형이 심한 상황이다. 따라서 언더샘플링이나 오버샘플링을 적용하여 클래스 균형을 맞춰 줘야 한다.

코드 13.26 변수명 임시 변경

In [8]:

```
01: # 임시 변수명 적용
02:
03: X_train_re = X_train.copy()
04: y_train_re = y_train.copy()
05:
06: X_temp_name = ['X1','X2','X3','X4','X5','X6','X7','X8','X9','X10',
07:                'X11','X12','X13','X14','X15','X16','X17','X18','X19','X20',
08:                'X21','X22','X23','X24','X25','X26','X27','X28','X29','X30',
09:                'X31','X32','X33','X34','X35','X36','X37']
10: y_temp_name = ['y1']
11:
12:
```

```
13: X_train_re.columns = X_temp_name
14: y_train_re.columns = y_temp_name
15:
16: X_train_re.head()
```

Out [8]:

	X1	X2	X3	X4	X5	X6	X7	X8	X9	X10	...	X28	X29	X30	X31	X32	X33	X34	X35	X36	X37
163572	-0.202977	0.0	0.0	-0.5	0	0	0	0	0	0	...	0	0	1	0	0	0	0	0	0	0
150901	1.476319	0.0	0.0	0.5	1	0	1	0	1	0	...	0	0	1	0	0	0	1	0	0	0
164527	-0.248985	15.0	10.0	-2.0	1	0	0	1	1	0	...	0	0	1	0	0	1	0	0	0	0
260971	0.805142	0.0	0.0	0.0	0	0	0	0	0	0	...	1	0	1	0	0	0	0	0	0	0
262287	0.612991	5.0	0.0	0.0	0	0	0	0	1	0	...	1	0	1	0	1	0	0	0	0	0

기존 변수명은 언더샘플링이나 오버샘플링 적용 시 오류가 발생하기 때문에 임시적으로 변수명을
x1~x37로 변경해 준다.

코드 13.27 언더샘플링 적용

In [9]:

```
01: # 언더샘플링 적용
02:
03: X_train_under, y_train_under = RandomUnderSampler(
04:     random_state=0).fit_resample(X_train_re,y_train_re)
05:
06: print('RandomUnderSampler 적용 전 학습셋 변수/레이블 데이터 세트: '
07:     , X_train_re.shape, y_train_re.shape)
08: print('RandomUnderSampler 적용 후 학습셋 변수/레이블 데이터 세트: '
09:     , X_train_under.shape, y_train_under.shape)
10: print('RandomUnderSampler 적용 전 레이블 값 분포: \n'
11:     , pd.Series(y_train_re['y1']).value_counts())
12: print('RandomUnderSampler 적용 후 레이블 값 분포: \n'
13:     , pd.Series(y_train_under['y1']).value_counts())
```

Out [9]:

```
andomUnderSampler 적용 전 학습셋 변수/레이블 데이터 세트:  (239846, 37) (239846, 1)
RandomUnderSampler 적용 후 학습셋 변수/레이블 데이터 세트:  (41036, 37) (41036, 1)
RandomUnderSampler 적용 전 레이블 값 분포:
0    219328
1     20518
```

```
Name: y1, dtype: int64
RandomUnderSampler 적용 후 레이블 값 분포:
1    20518
0    20518
Name: y1, dtype: int64
```

클래스 불균형 문제를 해결하기 위해 언더샘플링을 적용한다. 적용 전에는 219,328 : 20,518 비율이었으나, 언더샘플링 적용 후 20,518 : 20,518로 동일한 비율로 바껴됐다.

코드 13.28 기존 칼럼명 적용

In [10]:

```
01: # 칼럼명 복구
02: X_train_under.columns = list(X_train)
03: y_train_under.columns = list(y_train)
04:
05: X_train_under.head()
```

Out [10]:

	BMI	PhysicalHealth	MentalHealth	SleepTime	Smoking_Yes	AlcoholDrinking_Yes	Stroke_Yes	DiffWalking_Yes	Sex_Male
0	-0.572395	0.0	1.666667	0.5	0	0	0	0	1
1	2.365359	6.0	0.333333	-0.5	0	0	0	0	0
2	-0.964817	0.0	2.666667	0.5	0	0	0	0	1
3	-1.246279	0.0	0.000000	-0.5	1	0	0	1	1
4	0.668471	15.0	0.000000	0.5	1	0	0	0	1

언더샘플링을 마친 후에는 다시 기존의 칼럼명을 적용해 준다. columns 함수에 list() 함수를 적용하여 기존 데이터셋의 칼럼명을 그대로 적용해 준다.

코드 13.29 학습셋에 sklearn 로지스틱 회귀모델 적용

In [11]:

```
01: model = LogisticRegression()
02: model.fit(X_train_under, y_train_under)
03:
04: print('학습셋 모델 정확도:', model.score(X_train_under, y_train_under))
```

Out [11]:

```
학습셋 모델 정확도: 0.7645725704259675
```

모든 데이터 전처리가 끝난 후에는 학습셋에 로지스틱 회귀 함수를 적용해 주어 모델을 생성한다. 먼저 sklearn의 LogisticRegression() 함수를 적용하여 학습셋의 모델 정확도를 산출했다. 아웃풋 결과를 통해 약 76%의 정확도를 가진 모델이 생성된 것을 알 수 있다.

코드 13.30 테스트셋에 sklearn 로지스틱 회귀모델 적용

In [12]:

```
01: # 테스트셋 모델 적합
02:
03: print('테스트셋 모델 정확도:', model.score(X_test, y_test))
```

Out [12]:

```
테스트셋 모델 정확도: 0.7501532226794582
```

학습셋으로 생성한 로지스틱 회귀 모델을 사전에 분리해 놓은 테스트셋에 적합 시킨다. 이를 통해 모델 학습이 적절하게 이루어졌는지 확인한다. 약 75%의 정확도로 학습셋과 거의 차이가 없기 때문에 과적합 이나 과소적합이 없을 것으로 판단된다.

코드 13.31 계숫값 확인

In [13]:

```
01: # 계숫값 확인
02:
03: print(model.coef_)
```

Out [13]:

```
[[ 7.94849270e-02  1.19088541e-02  2.93860460e-02 -5.45000754e-02
   4.06112134e-01 -2.46744807e-01  1.28152611e+00  2.00070634e-01
   7.60268121e-01 -5.74375739e-02  3.97070744e-01  4.15952140e-01
   7.88601253e-01  1.07642238e+00  1.52874797e+00  1.76634364e+00
   2.04612912e+00  2.33265548e+00  2.68501408e+00  2.84155732e+00
   3.20283092e+00 -5.28873063e-01 -2.43639982e-01 -1.83580485e-01
  -9.67382420e-02 -6.00065344e-02  2.81263387e-01  4.80312738e-01
   4.37448259e-01 -2.02598119e-03  1.49954560e+00  1.02784311e+00
   1.81095933e+00  4.45426020e-01  2.94367112e-01  6.17215689e-01
   1.41569511e-01]]
```

다음으로 각 독립변수의 영향력을 확인하기 위해 `model.coef_` 함수로 계숫값을 산출한다. 각 숫자의 크기와 음수인지 양수인지를 통해 각 독립변수가 종속변수에 어떠한 영향을 미치는지 파악할 수 있다. 하지만 계숫값은 직관적이지 않기 때문에 참고용으로만 확인한다.

코드 13.32 테스트셋에 statsmodels 로지스틱 회귀모델 적용

In [14]:

```
01: # 다른 로지스틱 로델로 확인
02:
03: model2 = sm.Logit(y_train_under, X_train_under)
04: results = model2.fit(method = "newton")
05:
06: results.summary()
```

Out [14]:

```
Optimization terminated successfully.
        Current function value: inf
        Iterations 7
```

Logit Regression Results

Dep. Variable:	HeartDisease_Yes	No. Observations:	41036
Model:	Logit	Df Residuals:	40999
Method:	MLE	Df Model:	36
Date:	Tue, 14 Jun 2022	Pseudo R-squ.:	inf
Time:	21:24:44	Log-Likelihood:	-inf
converged:	True	LL-Null:	0.0000
Covariance Type:	nonrobust	LLR p-value:	1.000

	coef	std err	z	P>|z|	[0.025	0.975]
BMI	0.0918	0.015	6.056	0.000	0.062	0.121
PhysicalHealth	0.0114	0.003	3.367	0.001	0.005	0.018
MentalHealth	0.0170	0.005	3.478	0.001	0.007	0.027
SleepTime	-0.0733	0.016	-4.619	0.000	-0.104	-0.042
Smoking_Yes	0.3696	0.025	14.807	0.000	0.321	0.419

	coef	std err	z	P>|z|	[0.025	0.975]
AlcoholDrinking_Yes	−0.2732	0.053	−5.107	0.000	−0.378	−0.168
Stroke_Yes	1.2616	0.054	23.555	0.000	1.157	1.367
DiffWalking_Yes	0.1708	0.035	4.907	0.000	0.103	0.239
Sex_Male	0.6680	0.025	26.580	0.000	0.619	0.717
AgeCategory_25−29	−1.4044	0.127	−11.088	0.000	−1.653	−1.156
AgeCategory_30−34	−0.9200	0.103	−8.905	0.000	−1.122	−0.717
AgeCategory_35−39	−0.9326	0.097	−9.634	0.000	−1.122	−0.743

(이하 생략)

다음으로 statsmodels 패키지의 로지스틱 회귀 모델을 테스트셋에 적용한다. `method` 옵션에 newton 을 넣었다. 이는 Newton−Raphson iteration 알고리즘으로 최적화에 용이한 것으로 알려져 있다. 이 외에도 nm, bfgs, powell 등의 옵션이 있다. Sklearn 방식과 동일하게 계숫값이 산출되며 모든 변수 의 P value도 확인할 수 있다. 아웃풋 결과에서는 모든 변수가 유의미한 것으로 나왔다.

코드 13.33 독립변수의 오즈비 확인

In [15]:

```
01: # 오즈비 확인
02:
03: np.exp(results.params)
```

Out [15]:

```
BMI                    1.096091
PhysicalHealth         1.011469
MentalHealth           1.017101
SleepTime              0.929300
Smoking_Yes            1.447148
AlcoholDrinking_Yes    0.760970
Stroke_Yes             3.530911
DiffWalking_Yes        1.186292
Sex_Male               1.950422
AgeCategory_25-29      0.245524
AgeCategory_30-34      0.398530
```

```
AgeCategory_35-39                    0.393534
AgeCategory_40-44                    0.577770
AgeCategory_45-49                    0.766331
AgeCategory_50-54                    1.220555
AgeCategory_55-59                    1.545532
AgeCategory_60-64                    2.074125
AgeCategory_65-69                    2.776307
AgeCategory_70-74                    3.933446
AgeCategory_75-79                    4.619038
AgeCategory_80 or older              6.467417
Race_Asian                           0.069335
Race_Black                           0.096610
Race_Hispanic                        0.096964
Race_Other                           0.110032
Race_White                           0.115859
Diabetic_No, borderline diabetes     1.336833
Diabetic_Yes                         1.616245
Diabetic_Yes (during pregnancy)      1.253032
PhysicalActivity_Yes                 0.846179
GenHealth_Fair                       3.430625
GenHealth_Good                       2.130947
GenHealth_Poor                       4.755009
GenHealth_Very good                  1.205017
Asthma_Yes                           1.268454
KidneyDisease_Yes                    1.851397
SkinCancer_Yes                       1.190609
dtype: float64
```

마지막으로 각 독립변수가 종속변수인 심장병 여부 확률에 어떤 영향을 미치는지 확인하기 위해 오즈비를 산출한다. 이는 앞의 이론 부분에서 다뤘듯이 해당 독립변수가 1일 때 심장병 발생 확률이 몇 배 더 큰지를 나타낸다. 예를 들어 Smoking_Yes 변수의 오즈비는 1.4이기 때문에 흡연자는 비흡연자보다 심장병 발생 확률이 1.4배 높다고 해석할 수 있다.

13.3 의사결정나무와 랜덤 포레스트(예측/분류 모델)

의사결정나무(Decision tree) 분석 기법은 이름에서도 알 수 있듯이, 마치 뒤집어 놓은 나무와 같은 모양을 가지고 있다. 나뭇가지들이 뻗어 있는 형태로 데이터들이 분리되어 가며 최적의 예측 조건을 만드는 것이다. 가지가 나눠지는 부분은 독립변수의 조건이고, 마지막 잎사귀들은 최종의 종속변숫값들을 나타낸다. 우리가 어렸을 때 하던 스무고개 놀이를 생각하면 원리가 쉽게 다가올 것이다. 생물입니까, 무생물입니까? 먹을 수 있는 것입니까? 등등의 질문을 하여 정답을 좁혀 나가는 방법이다.

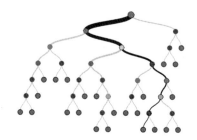

그림 13.8 거꾸로 뒤집은 나무와 의사결정나무

13.3.1 분류나무와 회귀나무

의사결정나무는 명목형의 종속변수를 분류할 수 있는 분류나무(Classification tree)와 연속형의 수를 예측할 수 있는 회귀나무(Regression tree)가 있다. 두 모델 모두 양적 척도와 질적 척도의 독립변수를 다 사용할 수 있다. 분류와 회귀나무 모델의 원리는 유사하기 때문에 하나만 잘 알아 두면 나머지는 쉽게 이해할 수 있다. 우선 분류나무 모델 방식부터 알아보자.

분류나무

연 소득과 연령이라는 독립변수를 통해 자동차 소유 여부를 예측하는 모델을 만든다고 가정해 보자. 우선 20개의 관측치가 있는 학습용 데이터셋을 시각화하면 다음과 같은 산점도를 나타낸다.

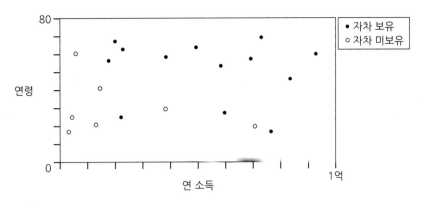

그림 13.9 연 소득과 나이에 따른 자차 보유 여부

하나의 직선을 그려서 자차 보유와 미보유를 가장 잘 나눠주려면 어떻게 그려야 할까? 다음 그림 13.10 의 왼쪽처럼 연령 45세 구간에서 나눠주면 자차 보유자와 미보유자가 눈에 띄게 구분된다. 45세 이상은 자차 보유자가 10명, 미보유자가 단 한 명이고, 45세 미만은 자차 보유자가 3명, 미보유자가 6명으로 두 그룹의 비율 차이가 확연히 드러난다. 그다음에 45세 미만을 연 소득 2천만 원대에서 한 번 더 나눠주면 자차 미보유자 그룹을 깔끔하게 만들 수 있다.

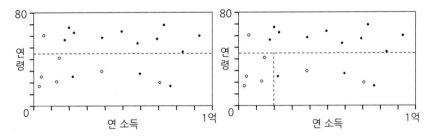

그림 13.10 연 소득과 나이에 따른 자차 보유 여부

이를 분류나무 형식으로 나타내면 그림 13.11과 같이 표현된다. 분석 환경에 따라 형식의 차이가 조금 씩 있지만, 대부분 유사하다. 예시의 모델은 1차로 연령 45세 미만과 이상, 2차로 연봉 2천만 원 미만과 이상의 조건으로 분류되도록 만들어졌다.

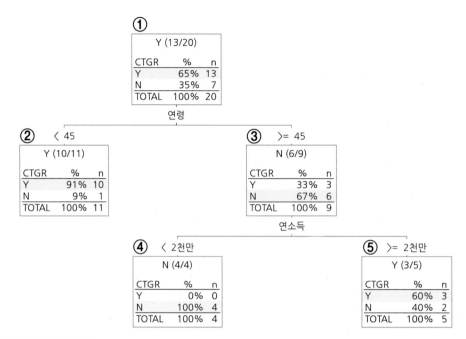

그림 13.11 분류나무 형식 예시

각 노드들은 포함된 관측치들의 비율과 개수를 표시해주며, 포함된 카테고리의 비율에 따라 노드의 카테고리가 결정된다. 분류나무를 해석할 때는 더 이상 나눠지지 않는 끝에 있는 노드들을 기준으로 분류 조건과 군집을 봐야 한다. 각 노드에 대한 정의는 다음과 같다.

- **뿌리 노드(Root Node)**: 분류가 시작되는 전체 데이터 노드(①)

- **부모 노드(Parent Node)**: 분리되기 전의 노드(①은 ②와 ③의 부모 노드)

- **자식 노드(Child Node)**: 분리된 후의 노드(②와 ③은 ①의 자식 노드)

- **중간 노드(Internal Node)**: 나무 구조 중간에 있는 노드(③)

- **끝 노드(Terminal Node, Leaf)**: 더 이상 분리되지 않는 끝 노드(②, ④, ⑤)

- **깊이(Depth)**: 뿌리 노드부터 끝 노드까지 노드의 층수(총 3의 깊이)

그럼 분류나무 모델은 카테고리를 가장 잘 나눠줄 수 있는 기준을 어떻게 찾아낼까? 분류나무는 기본적으로 데이터를 얼마나 잘 분류했는지 알 수 있는 척도인 불순도(Impurity)를 낮추고 순도(Homogeneity)를 높이는 방향으로 분류 기준을 찾아낸다. 한 노드 내에서는 범주의 동질성이 최대한 높고, 노드 간에는 이질성이 최대한 높도록 만들어 주는 것이다. 뿌리 노드로부터 하위 노드로 트리구조를 만들어내는 매 단계마다 이러한 기준을 가지고 분류를 위한 독립변수와 분류 기준값을 채택한다. 데이터의 불순도를 나타내는 대표적인 기준이 **지니 계수(Gini index)**와 **엔트로피(Entropy)**다. 그리고 분류를 통해 지니 계수나 엔트로피가 증가 혹은 감소한 양을 **정보 획득량(Information gain)**이라 한다.

지니 계수를 구하는 방법은 어렵지 않다. 1에서 전체 관측치 수 중에서 각 카테고리가 차지하는 수의 비율을 제곱해서 빼 주면 된다. 지니 계수는 최대치가 0.5(비율이 50:50인 경우)이며, 하나의 범주로만 이루어진 순수한 데이터일 경우 0이 된다. 앞의 자차 보유 데이터를 통해 지니 계수를 구해보자. 전체 20명 중에 자차 보유자가 13명, 미보유자가 7명이다. 따라서 다음과 같이 지니 계수를 구할 수 있다.

$$1 - \left(\frac{\text{자차 보유자}}{\text{전체 인원}}\right)^2 - \left(\frac{\text{자차 미보유자}}{\text{전체 인원}}\right)^2 = 1 - \left(\frac{13}{20}\right)^2 - \left(\frac{7}{20}\right)^2 = 0.455$$

즉, 자차 보유 분류 전 데이터의 지니 계수는 0.455이다. 이와 동일한 방식으로 45세 연령 기준으로 첫 번째 분류를 했을 때의 지니 계수도 구할 수 있다.

- 45세 미만 집단: 자차 보유자 11명/자차 미보유자 1명

$$1 - \left(\frac{10}{11}\right)^2 - \left(\frac{1}{11}\right)^2 \approx 0.165$$

- 45세 이상 집단: 자차 보유자 3명/자차 미보유자 6명

$$1 - \left(\frac{3}{9}\right)^2 - \left(\frac{6}{9}\right)^2 \approx 0.444$$

두 집단의 지니 계수는 0.165와 0.444가 나왔다. 이를 통해 정보 획득량을 구할 수 있다. 기존의 지니 계수 0.455에서 다음 단계의 지니 계수인 0.165와 0.444를 빼 주면 된다. 그런데 다음 단계의 지니 계수를 그대로 빼 주게 되면 분류된 집단이 많아질수록 지니 계수가 너무 커져버리게 되는 문제가 발생한다. 그래서 데이터의 비율만큼 가중치를 부여해 준다. 집단의 크기가 작을수록 지니 계수의 영향력도 작아지도록 보정해 주는 것이다. 45세 미만 집단은 전체 20명 중 11명이니까 11/20, 45세 이상 집단은 전체 20명 중 9명이니까 9/20을 가중치로 부여한다.

$$0.455 - 0.165 \times \frac{11}{20} - 0.444 \times \frac{9}{20} \approx 0.164$$

이렇게 지니 계수로 구한 자차 보유 데이터의 45세 연령 분류는 0.164의 정보 획득량이 있다는 것을 알수 있다.

엔트로피는 지니 계수와 비슷하지만 이진 로그(Binary logarithm)를 취함으로써 정규화 과정을 거치게 된다. 값의 범위는 0~1을 갖게 된다. 엔트로피는 0에서 전체 관측치 수 중에서 각 카테고리가 차지하는 수의 비율에 이진 로그를 취한 동일한 비율을 곱한 값을 빼 주면 된다. 말로 풀어 쓰면 직관적이지 않으니, 이를 수식으로 표현하면 다음과 같다.

$$Entropy = \sum_{i=1}^{k} P_i \log_2 (P_i)$$

이를 앞의 자차 보유 데이터에 대입하면 다음과 같은 엔트로피 값이 구해진다.

$$Entropy = -\left(\frac{13}{20} \times \log_2 \frac{13}{20} + \frac{7}{20} \times \log_2 \frac{7}{20} \right) \approx 0.934$$

동일한 방식으로 45세 연령 기준으로 첫 번째 분류를 했을 때의 엔트로피도 구할 수 있다. 엔트로피의 정보 획득량은 앞의 지니 계수로 구했던 것과 마찬가지로 데이터 비율의 가중치를 주어 구할 수 있다.

분류나무는 이렇게 각 독립변수의 수치마다 지니 계수나 엔트로피 값을 구해서 최적의 정보 획득량을 얻을 수 있는 기준으로 분류를 해 나가는 것이다. 따라서 1회 자식 노드를 만들기 위해서 변수가 k 개, 관측치가 n 개라 했을 때, k(n-1)번의 계산을 하는 것이다. 이러한 방식으로 정보 획득량이 없을 때까지 가지를 뻗어 나간다. 분류나무(회귀나무)의 알고리즘은 대표적으로 다음과 같은 것들이 있다.

표 13.5 의사결정나무 알고리즘의 종류

알고리즘	평가지수		분할 방식
	범주형 종속변수	연속형 종속변수	
ID3	엔트로피	불가	다지 분할
C4.5	엔트로피	불가	다지 분할
CHAID	카이제곱 통계량	F-통계량	다지 분할
CART	지니 계수	분산 감소량	이진 분할

회귀나무

회귀나무 역시 분류나무와 유사한 콘셉트로 가지를 분기해 나간다. 다만 종속변수가 연속형 변수이기 때문에 지니 계수나 엔트로피 대신 잔차 제곱합(Residual Sum of Square, RSS)등의 분류 기준을 사용한다. 회귀나무는 종속변수의 비선형성에 영향을 받지 않기 때문에 일반 선형회귀분석에 비해 모델 활용이 까다롭지 않다. 만약 종속변수의 값이 그림 13.12처럼 비선형적으로 구성되어 있어도 모델 사용이 가능하다 왜냐하면 회귀나무는 구역을 나누어 값을 예측하기 때문이다.

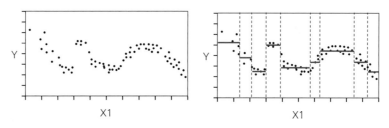

그림 13.12 회귀나무의 분기 예시

만약 일반 선형회귀모형이라면 독립변수 X1은 유의미하지 않아 사용되지 않았을 것이다. 하지만 회귀나무는 종속변수 Y의 잔차 제곱합이 최소화되는 구간을 구분하여 분기를 하는 방식으로 X1을 활용할 수 있다. **회귀나무는 끝 노드에 속한 데이터 값의 평균을 구해 회귀 예측값을 계산한다.** 따라서 그림 13.12의 오른쪽 산점도에서 붉은 선들이 예측값이 되는 것이다.

회귀나무는 그 밖에 F-value나 분산의 감소량(Variance reduction)을 분류 기준으로 사용한다. F-value가 크다는 것은 노드 간의 이질성이 높다는 것을 의미하므로 F-value가 최대한 커지는 방향으로 자식 노드를 나눈다. 분산의 감소량의 경우, 한 노드에 속한 관측치 값들의 분산이 작아진다는 것은 동질성이 높다는 것을 의미하므로 노드의 분산이 최소화되도록 자식 노드를 나누는 것이다.

13.3.2 의사결정나무 모델의 장단점

이처럼 의사결정나무 모델은 직관적이고 어렵지 않기 때문에 해석의 용이성 측면에서 높은 평가를 받는다. 제약이 많은 관리 시스템에도 의사결정 나무의 룰을 심어주면 간단하게 분류나 예측을 구현할 수 있다. 이러한 이유로 많은 기업에서 모델 성능이 다소 떨어지더라도 의사결정나무로 모델을 만들어 실무에 적용하는 사례가 많다. 쿼리로도 쉽게 구현이 가능하기 때문에 만들어진 의사결정 나무 룰을 DW의 일/월 배치에 적용하여 활용할 수 있다. 또한 의사결정나무 모델은 비신형 모델이기 때문에 회귀분석과 같이 데이터의 선형성, 정규성, 등분산성 등이 필요하지 않다.

물론 장점만 있는 것은 아니다. 의사결정나무와 일반 회귀 모델의 경우 명목형 변수는 예측 데이터에 있는 정보가 학습 데이터에 없으면 예측이 불가능하다. 예를 들어 예측 데이터에 고객 등급이라는 변수가 있고 A, B, C의 속성이 있다고 하자. 그런데 학습데이터에는 A와 B 속성만 있다면, C 속성을 학습하지 못하여 예측을 하지 못한다. 그러면 연속형 변수의 경우는 어떨까? 일반 회귀모델은 독립변수의 값에 가중치를 주는 방식이다. 따라서 학습 데이터에 독립변수의 최댓값이 100이고 예측 데이터의 최댓값이 200이라 하더라도 증가된 값만큼 종속변수에 가중치를 줄 수 있다.

하지만 의사결정나무는 학습데이터에 있는 연속형 변수의 값만큼만 예측 데이터에 적용된다. 예를 들어 학습 데이터에서 독립변수의 최댓값이 100이면 예측 데이터에서는 독립변수의 값이 1,000이든 10,000이든 차이가 없게 된다. 의사결정나무는 '〉90'과 같은 방식으로 특정 값 이상이면 동일한 분기로 분류해 주기 때문이다. 종속변수도 마찬가지다. 예측할 수 있는 종속변수의 최소 최댓값은 학습 데이터의 범위에 한정된다. 따라서 학습 데이터와 예측 데이터의 연속형 변숫값 편차가 큰 경우에는 예측력이 떨어질 수 있다.

또 하나의 단점은 학습데이터에 과적합될 확률이 높다는 것이다. 가지가 분기될수록 학습 데이터에 대한 정확도는 증가하지만 특정 수준 이상 가지가 증가하게 되면 모델의 일반화(Generalization)가 어려워진다. 학습 데이터에서는 높은 정확도를 보이지만 검증이나 예측 데이터에서는 정확도가 확연하게 줄어드는 경우가 발생할 수 있다. 따라서 규칙들을 좀 더 심플하게 만들고 일반화시키는 과정이 필요하다.

13.3.3 의사결정나무 모델의 과적합 방지를 위한 방법

의사결정나무 모델의 과적합 방지를 위한 방법으로 **가지치기(Pruning)와 정보 획득량 임곗값(Threshold) 설정, 한 노드에 들어가는 최소 데이터 수 제한하기, 노드의 최대 깊이 제한하기** 등이 있다.

가지치기는 말 그대로 모델의 분기 가지들을 적절히 쳐내어 과도하게 세밀하게 분기된 부분들을 없애 주는 것이다. 이는 데이터를 버리는 것이 아니라, 분기를 합치는 개념이다. 예를 들어 분기 전에 A 범주가 4개, B 범주가 1개이고 분기 후에 A 범주와 B 범주가 잘 나눠졌더라도, 너무 잘게 쪼개지기 때문에 해당 분기를 없애 주는 것이다.

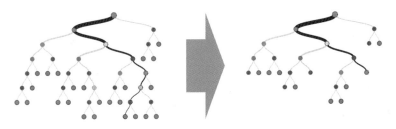

그림 13.13 가지치기 예시

그림 13.13처럼 너무 세세하게 분기된 가지들을 적절한 수준으로 없애 주는 것이다. 그럼 그 적절한 수준은 어떤 기준으로 잡아야 할까? 앞에서 말했던 분기 가지가 많아질수록 학습 데이터의 오분류율은 낮아지게 되고, 특정 수준 이상이 되면 검증 데이터의 오분류율은 높아지는 원리를 이용하면 된다.

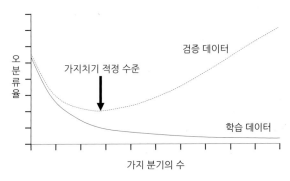

그림 13.14 가지치기 적정 수준 판별 기준 예시

학습데이터로 만들어진 나무 모델을 검증데이터에 반영하여, 오분류율을 확인한다. 끝단 가지들을 조금씩 쳐내 가면서 검증데이터의 오분류율이 최소가 되는 시점까지 가지치기를 한다. 그러면 학습 데이터에서의 모델 정확도는 다소 떨어지더라도, 과적합을 방지하여 모델을 일반화할 수 있다.

정보 획득량 임곗값(Threshold) 설정은, 분기를 했을 때 정보 획득량이 너무 적으면 분기를 멈추도록 설정하는 것이다. 그리고 한 노드에 들어가는 최소 데이터 수를 제한하는 방법과 노드의 최대 깊이를 제한하는 방법 역시 가지가 너무 세세하게 분리되는 것을 방지해 주기 때문에 일반화된 의사결정나무 모델을 만들 때 많이 쓰인다.

13.3.4 랜덤 포레스트

하지만 이러한 보정을 하더라도 의사결정나무 모델은 학습 성능의 변동이 크다는 고질적인 문제가 있다. 이를 보완하기 위해 나온 모델이 **랜덤 포레스트(Random Forest)**다. 이 모델 역시 이름에서 유추할 수 있듯이, 나무를 여러 개 만들어서 학습을 하는 것이다. 나무를 여러 개 만들어 학습을 하게 되면 다양한 상황을 고려하여 학습이 되기 때문에 과적합을 방지할 수 있다. 마치 여러 모델의 결과를 종합적으로 봐서 합리적인 선택을 하는 집단지성과 같은 개념이다. 그래서 랜덤포레스트와 같은 방식을 **앙상블 학습(Ensemble learning)**이라고 한다.

기본 개념은 간단하다. 여러 의사결정나무 모델을 생성한 다음, 분류 모델일 경우는 가장 많이 예측한 범주로 결정을 하고 회귀 모델인 경우는 평균값을 최종 예측값으로 한다. 랜덤포레스트의 학습과 예측 단계는 다음과 같다.

- Step 1. 학습 데이터셋에서 무작위로 n 개의 데이터 추출(중복 허용)

- Step 2. 독립변수를 무작위로 n 개 선택(중복 없음)

- Step 3. 추출 및 선택한 데이터와 변수로 의사결정나무 학습

- Step 4. Step1~3을 k 번 반복

- Step 5. 생성한 k 개의 의사결정나무를 통해 예측값 산출

-     – 분류 나무: 가장 많이 분류된 범주로 예측

-     – 회귀 나무: 모든 나무들의 예측값 평균으로 예측

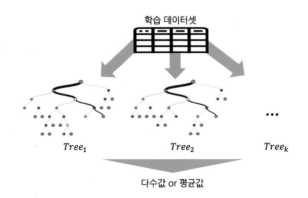

그림 13.15 랜덤포레스트의 개념 예시

이러한 과정을 이해하려면, 부트스트랩(Bootstrap)과 배깅(Bagging)의 개념을 알아야 한다. 부트스트랩은 Step 1과 같이 하나의 데이터셋을 중복을 허용하여 무작위로 여러 번 추출하는 것이다. 데이터 분석에 있어 부트스트랩은 신뢰구간에 대한 통계적 추정의 정확도를 높이는 데 사용하는 유용한 방법이다. 랜덤포레스트에서 무작위로 선택할 독립변수의 수는 특별히 정해진 규칙은 없지만 일반적으로 전체 독립변수 개수의 제곱근으로 한다. 만약 총 25개의 변수가 있다면, 5개($\sqrt{25}$)씩 변수를 무작위로 선택하여 각각의 나무에 배정해 주는 것이다.

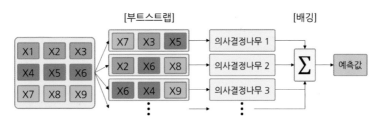

그림 13.16 **부트스트랩과 배깅**

배깅은 Bootstrap aggregating의 약자로 여러 개의 의사결정 나무를 하나의 모델로 결합해 주는 것이다. 앞에서 설명했듯이, 분류 모델의 경우 투표 방식(Voting)으로 집계하며 연속형 값의 예측 모델인 경우 평균(Average)으로 집계한다. **이와 유사한 개념으로 부스팅(Boosting)이 있다.** 배깅은 모델의 일반화에 초점을 맞춘 방식이라면, 부스팅은 맞추기 어려운 문제를 맞히는 데 더 특화된 방식이다. 두 방법 모두 중복을 허용하여 랜덤 샘플링을 하는 방식은 동일하지만 부스팅은 각 트리모델을 순차적으로 학습하며 정답과 오답에 가중치를 부여해 준다는 차이가 있다. 따라서 보다 정밀한 예측이 가능하지만, 역시 과적합의 위험이 높으며, 이상치에 취약하다는 단점이 있다.

13.3.5 의사결정나무와 랜덤 포레스트 실습

이제 캐글에 있는 "Glass Classification"[3] 데이터셋으로 의사결정나무와 랜덤 포레스트를 실습해 보겠다. 이 절의 실습 코드는 이 책의 저장소의 **13.3.5. 의사결정나무와 랜덤 포레스트 (예측,분류모델).ipynb** 파일에 있다.

---

3 https://www.kaggle.com/datasets/uciml/glass

코드 13.34 패키지 임포트

In [1]:

```
01: # 필요한 패키지 임포트
02: from sklearn.preprocessing import MinMaxScaler
03: from sklearn.model_selection import train_test_split
04: from sklearn.tree import DecisionTreeClassifier
05: import pydotplus
06: from sklearn.tree import export_graphviz
07: from IPython.core.display import Image
08: from sklearn.metrics import accuracy_score
09: from sklearn.ensemble import RandomForestClassifier
10: from sklearn.metrics import classification_report
11: import pandas as pd
12: import numpy as np
13: import seaborn as sns
14: import matplotlib.pyplot as plt
```

데이터 스케일링, 의사결정나무, 시각화, 랜덤포레스트, 모델 성능 평가 등을 수행하는 데에 필요한 패키지들을 임포트한다.

코드 13.35 데이터 불러오기 및 확인

In [2]:

```
01: # 데이터 불러오기
02: df = pd.read_csv("datasets/glass.csv")
03:
04: # 데이터 샘플 확인
05: df.head()
```

Out [2]:

	RI	Na	Mg	Al	Si	K	Ca	Ba	Fe	Type
0	1.52101	13.64	4.49	1.10	71.78	0.06	8.75	0.0	0.0	1
1	1.51761	13.89	3.60	1.36	72.73	0.48	7.83	0.0	0.0	1
2	1.51618	13.53	3.55	1.54	72.99	0.39	7.78	0.0	0.0	1
3	1.51766	13.21	3.69	1.29	72.61	0.57	8.22	0.0	0.0	1
4	1.51742	13.27	3.62	1.24	73.08	0.55	8.07	0.0	0.0	1

데이터를 판다스 데이터 프레임으로 불러온 다음 확인한다. 각 유리의 종류를 의미하는 Type 칼럼과 마그네슘(Mg), 알루미늄(Al), 실리콘(Si) 등의 원재료 함량에 대한 정보가 있다.

코드 13.36 칼럼 정보 확인

In [3]:

```
01: # 칼럼 정보 확인
02:
03: df.info()
```

Out [3]:

```
<class 'pandas.core.frame.DataFrame'>
RangeIndex: 214 entries, 0 to 213
Data columns (total 10 columns):
 #   Column  Non-Null Count  Dtype
---  ------  --------------  -----
 0   RI      214 non-null    float64
 1   Na      214 non-null    float64
 2   Mg      214 non-null    float64
 3   Al      214 non-null    float64
 4   Si      214 non-null    float64
 5   K       214 non-null    float64
 6   Ca      214 non-null    float64
 7   Ba      214 non-null    float64
 8   Fe      214 non-null    float64
 9   Type    214 non-null    int64
dtypes: float64(9), int64(1)
memory usage: 16.8 KB
```

각 칼럼의 속성 및 결측값을 확인한다. 결측값은 없는 것으로 보이고, 모든 칼럼이 숫자형으로 이루어져 있다. 이번 실습에서는 분류모델을 만들 것이기 때문에 종속변수로 쓰이는 Type 칼럼을 문자형 변수로 변환해 줘야 한다.

코드 13.37 Type 칼럼 문자형 변환

In [4]:

```
01: # 종속변수 문자형 변환
02:
03: df["Type_str"]=df["Type"].apply(str)
04: df.head()
```

Out [4]:

	RI	Na	Mg	Al	Si	K	Ca	Ba	Fe	Type	Type_str
0	1.52101	13.64	4.49	1.10	71.78	0.06	8.75	0.0	0.0	1	1
1	1.51761	13.89	3.60	1.36	72.73	0.48	7.83	0.0	0.0	1	1
2	1.51618	13.53	3.55	1.54	72.99	0.39	7.78	0.0	0.0	1	1
3	1.51766	13.21	3.69	1.29	72.61	0.57	8.22	0.0	0.0	1	1
4	1.51742	13.27	3.62	1.24	73.08	0.55	8.07	0.0	0.0	1	1

기존 Type 칼럼에 `apply(str)` 함수를 적용하여 문자형으로 변환된 Type_str 칼럼을 새로 생성했다. 모델에서는 기존 Type 칼럼은 사용되지 않는다.

코드 13.38 의사결정나무 모델용 데이터셋 가공

In [5]:

```
01: # 의사결정나무 모델용 데이터셋 가공
02:
03: # 독립변수, 종속변수 분리
04: df_x = df[['RI','Na','Mg','Al','Si','K','Ca','Ba','Fe']]
05: df_y = df[['Type_str']]
06:
07: # 학습셋과 테스트셋 분리하여 생성(6:4)
08: x_train, x_test, y_train, y_test = train_test_split(
09:     df_x,df_y,test_size=0.4,random_state=10)
10:
11: # 학습셋과 검증셋이 잘 나뉘었는지 확인
12: print('train data 개수: ', len(x_train))
13: print('test data 개수: ', len(x_test))
```

Out [5]:

```
train data 개수:  128
test data 개수:  86
```

데이터셋을 의사결정나무 모델에 적용하기 위해 독립변수와 종속변수를 분리하고 학습셋과 테스트셋으로 나눠준다. 기존 데이터의 관측치 수가 214개로 적은 편이기 때문에 6:4의 비율을 설정해 주었다. 아웃풋 결과로 학습셋에 128개, 테스트셋에 86개의 관측치가 배분된 것을 알 수 있다.

코드 13.39 의사결정나무 모델 학습

In [6]:

```
01: # 의사결정나무 모델 적용
02:
03: # 모델 생성 및 학습
04: dt_model = DecisionTreeClassifier(criterion="entropy", max_depth=5)
05: dt_model.fit(x_train,y_train)
06:
07: # 테스트셋 예측
08: y_pred = dt_model.predict(x_test)
09:
10: # 정확도 계산
11: accuracy_score(y_test, y_pred)
```

Out [6]:

```
0.686046511627907
```

이제 의사결정나무 모델로 유리 타입 분류 모델을 학습시킨다. criterion="entropy" 옵션을 설정하여 엔트로피로 분류를 하도록 설정했다. 그리고 max_depth=5로 설정하여 노드의 층이 최대 5개까지만 생성되도록 설정했다. 이는 과적합을 방지하기 위한 방법으로, 최대 층이 너무 많으면 모델이 너무 복잡해서 과적합이 생길 수 있다. 아웃풋 결과에서 분류 정확도가 약 68.6%인 것을 알 수 있다. 종속변수의 카테고리가 총 7개인 것을 고려하면 나쁘지 않은 성능인 것으로 보인다.

코드 13.40 의사결정나무 변수 중요도 확인

In [7]:

```
01: # 독립변수 중요도 확인
02:
03: dt_model.feature_importances_
04:
05: pd.DataFrame({'feature' : x_train.columns,
06:
07:             'importance' : dt_model.feature_importances_})
```

Out [7]:

	feature	importance
0	RI	0.102321
1	Na	0.052743
2	Mg	0.320142
3	Al	0.193836
4	Si	0.116048
5	K	0.038926
6	Ca	0.144815
7	Ba	0.026172
8	Fe	0.004998

feature_importances_ 함수를 사용하여 각 독립변수가 종속변수의 분류 예측에 얼마나 중요한지를 수치로 표현한다. 9개 변수의 importance 합계는 1이 되며 값이 클수록 분류에 강한 영향을 미치는 것으로 판단한다. 아웃풋 결과에서는 마그네슘(Mg), 알루미늄(Al) 등의 변수가 중요한 것으로 나타났다.

코드 13.41 의사결정나무 시각화

In [8]:

```
01: # 의사결정나무 시각화
02:
03: # 시각화 세부 옵션 설정
04: dot_data = export_graphviz(dt_model, out_file=None,
05:                            feature_names=x_train.columns,
06:                            class_names=dt_model.classes_,
07:                            filled=True, rounded=True,
08:                            special_characters=True)
09:
10: # 시각화
11: dot_data
12: graph = pydotplus.graph_from_dot_data(dot_data)
13:
14: Image(graph.create_png())
```

Out [8]:

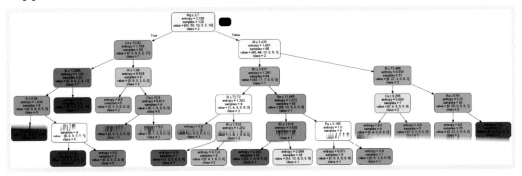

생성된 의사결정나무 모델의 형태를 시각화하기 위해 graphviz 패키지를 사용한다. out_file=None 옵션은 결과를 파일로 따로 저장하지 않는 설정을 의미하고 filled=True 옵션은 상자의 색을 채우는 옵션, rounded=True는 상자 모양을 둥글게 설정하는 옵션이다. 아웃풋 결과로 최대 5개 층으로 의사결정나무 모델이 생성된 것을 확인할 수 있다.

코드 13.42 랜덤포레스트 모델 생성

In [9]:

```
01: # 랜덤포레스트 모델 생성
02:
03: # 기본 모델
04: # rnf_model = RandomForestClassifier(n_estimators=100, max_depth=5,random_state=0)
05:
06: rnf_model = RandomForestClassifier(n_estimators=100, max_depth=5, random_state=0,
07:                                    bootstrap=True, class_weight=None, criterion='gini',
08:                                    max_features='auto', max_leaf_nodes=None,
09:                                    min_impurity_decrease=0.0, min_samples_leaf=1,
10:                                    min_samples_split=2, min_weight_fraction_leaf=0.0,
11:                                    n_jobs=None, oob_score=False, verbose=0,
12:                                    warm_start=False)
13:
14: rnf_model.fit(x_train,y_train)
15:
16: y_pred = rnf_model.predict(x_test)
17: print(accuracy_score(y_test,y_pred))
```

Out [9]:

```
0.7093023255813954
```

이번에는 의사결정나무 모델을 앙상블한 랜덤포레스트 모델을 적용한다. 기본적인 모델은 주석 처리한 4번째 줄의 코드만으로도 생성이 가능하다. 세부적인 하이퍼 파라미터 튜닝을 위해서는 예시와 같은 다양한 옵션을 사용할 수 있다. 이번 실습에서는 criterion='gini' 옵션으로 지니 계수로 학습을 시켰고 나머지는 거의 기본값으로 설정했다. 아웃풋 결과로 기존 의사결정나무보다 우수한 70.9%의 정확도가 나왔다.

코드 13.43 모델 성능 출력

In [10]:

```
01: # 랜덤포레스트 모델 성능 리포트 출력
02:
03: print(classification_report(y_test, y_pred))
```

Out [10]:

	precision	recall	f1-score	support
1	0.69	0.73	0.71	30
2	0.62	0.77	0.69	26
3	0.67	0.29	0.40	7
5	1.00	0.75	0.86	8
6	0.50	0.25	0.33	4
7	0.91	0.91	0.91	11
accuracy			0.71	86
macro avg	0.73	0.62	0.65	86
weighted avg	0.72	0.71	0.70	86

단순한 정확도만으로는 모델의 성능을 정확히 알 수 없다. 따라서 precision, recall, f1-score 등의 모델 성능 평가지표를 활용하여 판단을 해야 한다. 이러한 수치를 해석하는 방법은 모델 평가 부분에서 자세히 다룬다.

코드 13.44 랜덤포레스트 변수 중요도 확인

In [11]:

```
01: # 랜덤포레스트 변수 중요도 출력
02:
03: feature_imp = pd.Series(rnf_model.feature_importances_,
```

```
04:                          index=x_train.columns).sort_values(ascending=False)
05: feature_imp[:20]
```

Out [11]:

```
Al        0.159236
Ca        0.153955
Mg        0.148816
RI        0.110310
Na        0.107937
Ba        0.090783
K         0.079957
Si        0.072258
Fe        0.046717
dtype: float64
```

랜덤포레스트 모델의 변수 중요도는 앞에서 봤던 의사결정나무의 변수중요도에 비해서 고르게 분포되어 있다. 이는 랜덤포레스트 모델이 여러 개의 모델을 생성하여 결합한 것이기 때문에 모든 변수들의 영향력이 골고루 사용될 가능성이 높기 때문이다.

코드 13.45 랜덤포레스트 변수 중요도 시각화

In [12]:

```
01: # 랜덤포레스트 변수 중요도 시각화
02:
03: plt.figure(figsize=(8, 6))
04: sns.barplot(x=feature_imp, y=feature_imp.index)
05: plt.show()
```

Out [12]:

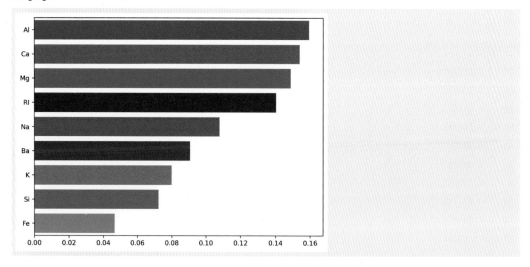

마지막으로 변수중요도를 막대그래프 형태로 시각화한다. 이를 통해 직관적으로 어떤 독립변수가 모델에서 중요한 역할을 하는지 확인할 수 있다.

13.4 선형 판별분석과 이차 판별분석(분류 모델)

판별분석(Discriminant analysis)은 로지스틱 회귀분석처럼 질적 척도로 이루어진 종속변수를 분류할 때 쓰이는 분석 기법이다. 기계학습보다는 통계기반의 데이터 분류 모델에 더 가깝다. 회귀 분석처럼 최소 제곱법을 사용하는 추정방법을 통해 독립변수의 최적 가중치를 구한다. 성능 면에서 로지스틱 회귀분석보다 우수한 것으로 알려져 있으며, 30% 적은 데이터로도 로지스틱 회귀분석과 유사한 성능을 낼 수 있다. 또한 독립변수들이 정규분포를 따르지 않더라도 활용이 가능한 모델이다.

종속변수의 범주가 두 개일 경우는 일반 판별분석 혹은 두 집단 판별분석(Two-group discriminant analysis)이라 부른다. 범주가 세 개 이상을 경우는 다중 판별분석(Multiple discriminant analysis)이라 한다. 그리고 범주를 구분하는 결정경계선을 산출하는 방식에 따라 선형 판별 분석(LDA: Linear Discriminant Analysis)과 이차 판별분석(QDA: Quadratic Discriminant Analysis)으로 구분된다.

13.4.1 선형 판별분석

선형 판별분석은 분류 모델뿐만 아니라 PCA와 같은 차원축소에도 사용된다. PCA와의 가장 큰 차이는 종속변수를 사용하는 지도학습으로 차원축소를 한다는 점이다. 그래서 일반적으로 선형 판별분석이 PCA보다 차원 축소 성능이 우수한 것으로 알려져 있다. 종속변수의 범주 간 분별 정보를 최대한 유지시키면서 차원을 축소시키는 방식으로 데이터의 오분류율이 최소가 되는 축을 찾는다.

선형 판별법서을 피셔(Fisher)가 개발한 선형 판별함수를 사용한다. 전체 범주의 분류 오차를 최소화하는 선형 판별함수를 도출한 다음 모든 관측치의 분류점수를 도출한다. 분류점수를 통해 해당 관측치가 어느 범주에 속할 것인지를 예측할 수 있다. 선형 판별함수는 집단 내 분산에 비해 집단 간 분산의 차이를 최대화하는 독립변수의 함수를 찾는 것이다. 약간은 AVOVA와 관련이 있다. 선형 판별함수의 수식은 선형회귀분석의 수식과 형태가 동일하다. 판별점수를 구하기 위해 먼저 판별상수를 더해주고, 각 독립변수의 값에 판별계수를 곱한 값을 모두 더해준다. 각 범주에 대한 선형 판별함수가 도출되며, 관측치에 대하여 각 범주별 분류점수를 계산한다. 그다음 가장 큰 분류점수를 갖는 범주로 관측치를 분류해 준다.

$$Z = a_0 + a_1X_1 + a_2X_2 + \cdots + a_kX_k$$

선형 판별분석은 다른 머신러닝 모델처럼 몇 가지의 조건이 충족되어야 한다.

1. 데이터가 정규 분포한다.
2. 각각의 범주들은 동일한 공분산 행렬을 갖는다.
3. 독립변수들은 통계적으로 상호 독립적이다.

물론 실무 데이터에서 이 조건들이 완벽히 충족되는 경우는 거의 없다. 따라서 데이터 전처리를 통해 최대한 조건을 맞춰줘야 하고, 3번 조건은 충족되지 않을 경우 이차 판별분석 방법을 사용한다.

그림 13.17과 같이 독립변수 X1과 X2의 값에 따라 두 개의 집단이 분포되어 있다고 해보자. 이 두 집단을 가장 잘 나눠줄 수 있는 직선을 만들어 주는 것이 선형 판별함수의 개념이다. 1~3번의 직선 중, 단연 2번 직선이 두 집단을 가장 잘 나눠줄 것이다.

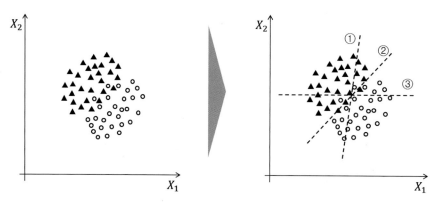

그림 13.17 선형판별함수의 결정경계선 예시

이러한 최적의 분류선인 결정경계선을 찾아내는 것이 판별분석의 핵심 로직이다. 두 집단의 오분류 크기를 최소화하기 위해 분류선의 각도를 정해주는 함수 z를 만드는 것이다. 최적의 각도를 찾는 원리는 다음과 같다.

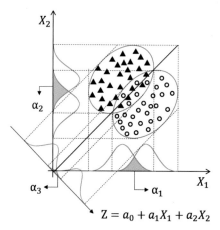

$$Z = a_0 + a_1 X_1 + a_2 X_2$$

그림 13.18 선형판별함수의 결정경계선 도출

우선 독립변수 X_1만으로 두 집단을 분류할 경우, 오분류의 크기는 α_1이 된다. 그리고 X_2만으로 분류할 경우의 오분류의 크기는 α_2가 된다. X_1과 X_2 두 변수를 사용하게 되면 각 변수에 각도를 조정할 수 있는 계숫값을 조정해 주면서 최적의 일차 방정식을 도출한다. 오분류 크기 α가 최소화되는 직선의 함수식이 완성되면, 각 관측치의 변숫값을 대입하여 분류점수를 구할 수 있다. 그림 13.18에서 볼 수 있듯이, 최종적으로 가장 작은 오분류 영역의 α_3를 찾아내어 선형 판별함수를 도출했다. 이는 두 개의 독립 변수로 이차원 공간에서의 예시로, 변수가 늘어 감에 따른 선형 판별 함수 도출 과정은 동일하다.

판별분석도 독립변수들 간의 조합을 통해 최적의 분류식을 만드는 방식이기 때문에, 모든 독립변수를 다 넣는 것보다는 분류에 유의미한 변수를 선택하여 모델을 만드는 것이 좋다. 회귀분석과 같이 전진선택법, 후진제거법, 단계적 선택법 등의 변수선택방법을 사용하여 모델의 성능을 향상시킬 수 있다. 그 밖에 결측값과 이상치 처리, 분포 보정, 파생변수 생성 방법은 다른 분석 모델 방법과 동일하다.

그럼 판별분석의 분류점수를 계산하는 방법을 알아보자. 연령과 연 수익에 따른 자동차보유 여부를 예측하는 모델을 만든다고 했을 때, 보통 판별분석을 실행하면 다음과 같은 결괏값을 확인할 수 있다.

표 13.6 판별분석 결과

선형판별함수		
변수	자동차 보유	자동차 미보유
Constant	−118.53	−167.86
연령	1.65	0.42
연 수익	0.036	0.016

오분류 비율			
	자동차 보유	자동차 미보유	Total
Rate	0.25	0.07	0.18

Constant는 선형 판별함수의 상수를 의미하며, 각 변수에 표기된 값은 계수를 의미한다. 따라서 만약 A라는 사람이 30세에 연 수익이 3,000만 원이라면, 자동차 보유 범주에 대한 분류점수는 −118.53+1.65×30+0.036×3,000=38.97이나. 그리고 자동차 미보유 범주에 대한 분류점수는 −127.86+1.54×30+0.029×3,000＝5.34가 된다. 자동차 보유 범주에 대한 점수가 더 높기 때문에, A라는 사람은 자동차 보유 범주로 분류된다.

그리고 자동차 보유와 미보유 범주 예측 분류에 대한 오분류 비율을 확인할 수 있다. 이를 통해 모델의 정확도가 얼마나 높은지 평가한다. 그 밖에 판별분석 모델의 설명력에 대한 평가 지표로 고유 값(Eigenvalue)을 사용한다. 고유 값은 집단 간 차이의 제곱합을 집단 내 차이의 제곱합으로 나누어 계산한다. 따라서 고유 값이 크면 집단 간 차이가 크다는 것을 의미하므로 설명력이 높다고 해석할 수 있다. 일반적으로 고유 값이 4.0 이상이면 판별 모델로서 설명력이 있다고 판단한다.

13.4.2 이차 판별분석

이차 판별분석은 선형 판별분석이 공분산 구조가 많이 다른 범주의 데이터를 잘 분류하지 못한다는 단점을 보완한 방법이다. 범주 간의 공분산 구조가 다를 때는 이차 판별분석을 사용한다. 그리고 이차 판별분석은 비선형 분류가 가능하다는 장점이 있지만 독립변수가 많을 경우 추정해야 하는 모수가 많아져서 선형 판별분석에 비해 연산량이 큰 단점이 있다.

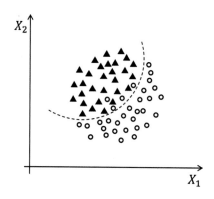

그림 13.19 **이차 판별분석 예시**

이차 판별분석은 기본적인 원리는 선형 판별 분석과 유사하지만 이름에서 알 수 있듯이 변수에 제곱을 취한 추가적인 변수들을 사용하여 결정경계선을 곡선의 형태로 만들어준다. 원리를 이해하려면 오분류 기대비용(ECM: Expected Cost of Misclassification)을 알아야 한다.

$$ECM = C(1 \mid 2)P(1 \mid 2)P_1 + C(2 \mid 1) \times P(2 \mid 1)P_2$$

오분류 기대비용을 최소화할 때 그림 13.20의 최적의 C 지점을 찾을 수 있으므로 이 공식에 의하면 각 범주에 분류하는 방식은 다음과 같다.

$$\frac{f_1(x)}{f_2(x)} \geq \frac{\pi_2}{\pi_1} \times \frac{C(1 \mid 2)}{C(2 \mid 1)} : x를\ 1번\ 범주로\ 분류$$

$$\frac{f_1(x)}{f_2(x)} < \frac{\pi_2}{\pi_1} \times \frac{C(1 \mid 2)}{C(2 \mid 1)} : x를\ 2번\ 범주로\ 분류$$

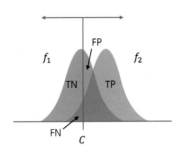

그림 13.20 오분류 중 기대비용 예시

$$\delta_k(x) = -\frac{1}{2}\log\left|\sum k\right| - \frac{1}{2}(x - \mu_k)^T \sum_K^{-1}(x - \mu_k) + \log \pi_k$$

이처럼 이차 판별분석은 오분류 비용과 각 범주의 분산 차이를 고려하여 이차식으로 결정경계선을 산출한다. 수식이 복잡하기 때문에 참고만 하고 넘어가도 무방하다.

13.4.3 선형 판별분석과 이차 판별분석 실습

이제 캐글에 있는 "Body performance Data"[4] 데이터셋으로 선형 판별분석과 이차 판별분석을 실습해 보겠다. 이 절의 실습 코드는 이 책의 저장소의 **13.4.3.선형 판별분석과 이차 판별분석 (분류 모델).ipynb** 파일에 있다.

코드 13.46 패키지 임포트

```
In [1]:
01: # 필요한 패키지 임포트
02:
03: import pandas as pd
04: import numpy as np
05: from sklearn.preprocessing import MinMaxScaler
06: from sklearn.model_selection import train_test_split
07: from sklearn.discriminant_analysis import LinearDiscriminantAnalysis
08: from sklearn.metrics import accuracy_score
09: from sklearn.discriminant_analysis import QuadraticDiscriminantAnalysis
10: from sklearn.metrics import classification_report
```

4　https://www.kaggle.com/datasets/kukuroo3/body-performance-data

```
11: import seaborn as sns
12: import matplotlib.pyplot as plt
```

선형 판별분석과 이차 판별분석, 데이터 전처리 및 모델 성능 출력과 시각화 등을 하기 위해 필요한 패키지들을 임포트한다.

코드 13.47 데이터 불러오기 및 확인

In [2]:

```
01: # 데이터 불러오기
02: # https://www.kaggle.com/datasets/kukuroo3/body-performance-data
03: df = pd.read_csv("datasets/bodyPerformance.csv")
04:
05: # 데이터 샘플 확인
06: df.head()
```

Out [2]:

	age	gender	height_cm	weight_kg	body fat_%	diastolic	systolic	gripForce	sit and bend forward_cm	sit-ups counts	broad jump_cm	class
0	27.0	M	172.3	75.24	21.3	80.0	130.0	54.9	18.4	60.0	217.0	C
1	25.0	M	165.0	55.80	15.7	77.0	126.0	36.4	16.3	53.0	229.0	A
2	31.0	M	179.6	78.00	20.1	92.0	152.0	44.8	12.0	49.0	181.0	C
3	32.0	M	174.5	71.10	18.4	76.0	147.0	41.4	15.2	53.0	219.0	B
4	28.0	M	173.8	67.70	17.1	70.0	127.0	43.5	27.1	45.0	217.0	B

데이터를 판다스 데이터 프레임으로 불러온 다음 확인한다. 사람들의 연령, 키, 몸무게, 체지방률 등의 신체정보와 성별 정보가 있다. 이번 실습에서는 신체 정보로 성별을 분류하는 모델을 만들기로 한다.

코드 13.48 키와 몸무게에 따른 성별 분포 시각화

In [3]:

```
01: # 성별 분포 시각화(키X몸무게)
02:
03: # 성별 구분 데이터셋 생성
04: df_man = df.loc[df['gender'] == 'M']
05: df_woman = df.loc[df['gender'] == 'F']
06:
07: # 그래프 설정
08: f, ax = plt.subplots(figsize=(10, 10))
09: ax.set_aspect("equal")
10:
```

```
11: # 가로길이, 세로길이 변수 축 설정
12: ax = sns.kdeplot(df_man.height_cm, df_man.weight_kg, cmap="Blues",
13:                   shade=False, shade_lowest=False, cbar=False)
14: ax = sns.kdeplot(df_woman.height_cm, df_woman.weight_kg, cmap="Reds",
15:                   shade=False, shade_lowest=False)
16:
17: red = sns.color_palette("Reds")[-2]
18: blue = sns.color_palette("Blues")[-2]
```

Out [3]:

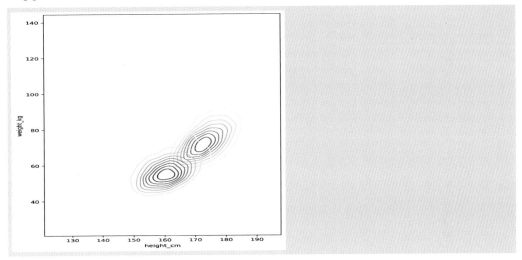

주요 독립변수로 판단되는 키(height_cm)와 몸무게(weight_kg) 칼럼의 수치에 따라 남성과 여성의 분포가 어떻게 나타나는지 확인한다. 남성은 키가 약 175cm, 몸무게가 70kg 부근에 주로 분포해 있고 여성은 키 162cm, 몸무게 55kg 부근에 주로 분포해 있다. 그리고 일부 공간은 성별이 겹쳐 있는 것을 알 수 있다.

코드 13.49 독립변수 정규화 스케일링

In [4]:

```
01: # 독립변수 정규화
02:
03: # 독립변수, 종속변수 분리
04: df_x = df.drop(['gender','age','class'],axis=1)
05: df_y = df[['gender']]
```

```
06:
07: # 데이터 정규화 적용
08: MinMaxScaler = MinMaxScaler()
09: df_minmax = MinMaxScaler.fit_transform(df_x)
10:
11: # 칼럼명 결합
12: df_x = pd.DataFrame(data=df_minmax, columns=df_x.columns)
13:
14: df_x.head()
```

Out [4]:

	height_cm	weight_kg	body fat_%	diastolic	systolic	gripForce	sit and bend forward_cm	sit-ups counts	broad jump_cm
0	0.687500	0.437746	0.242706	0.512164	0.646766	0.778723	0.182353	0.7500	0.716172
1	0.581395	0.263864	0.168435	0.492958	0.626866	0.516312	0.173529	0.6625	0.755776
2	0.793605	0.462433	0.226790	0.588988	0.756219	0.635461	0.155462	0.6125	0.597360
3	0.719477	0.400716	0.204244	0.486556	0.731343	0.587234	0.168908	0.6625	0.722772
4	0.709302	0.370304	0.187003	0.448143	0.631841	0.617021	0.218908	0.5625	0.716172

선형 판별분석과 이차 판별분석 모델을 적용하기에 앞서 독립변수를 정규화 스케일링해 준다. 독립 변수에는 중요하지 않을 것으로 판단되는 연령(age)과 클래스(class) 칼럼도 제거해 주었다. 실제로 모델을 만들 때는 해당 변수가 정말로 영향이 없는지 확인한 후에 제거해 줘야 한다.

코드 13.50 학습셋과 테스트셋 분리

In [5]:

```
01: # 학습셋과 테스트셋 분리하여 생성(7:3)
02: x_train, x_test, y_train, y_test = train_test_split(
03:     df_x,df_y,test_size=0.3,random_state=10)
04:
05: # 학습셋과 검증셋이 잘 나뉘었는지 확인
06: print('train data 개수: ', len(x_train))
07: print('test data 개수: ', len(x_test))
```

Out [5]:

```
train data 개수:  9375
test data 개수:  4018
```

스케일링을 한 후에는 7:3 비율로 학습셋과 테스트셋으로 분리한다.

코드 13.51 선형 판별분석 모델 적용

In [6]:

```
01: # 선형 판별분석 모델 적용
02:
03: LDA_1=LinearDiscriminantAnalysis(store_covariance=True)
04:
05: LDA_1.fit(x_train, y_train) # LDA 적합
06: y_train_pred=LDA_1.predict(x_train)
07: y_test_pred=LDA_1.predict(x_test)
08:
09: print(accuracy_score(y_train, y_train_pred)) # 학습셋 accuracy
10: print(accuracy_score(y_test, y_test_pred)) # 테스트셋 accuracy
```

Out [6]:

```
0.9784533333333333
0.9810851169736187
```

데이터 전처리가 끝난 상태에서 LinearDiscriminantAnalysis() 함수를 통해 선형 판별분석 모델을 생성하여 데이터셋에 적용해 준다. 아웃풋 결과로 학습셋은 97.8%, 테스트셋은 98.1%의 정확도를 나타냈다. 신체 정보는 성별 분류에 명확한 정보이기 때문에 예측력이 매우 높게 나왔다.

코드 13.52 선형 판별분석 모델의 상수와 계숫값 출력

In [7]:

```
01: # 선형 판별분석 모델 상수와 계숫값 출력
02:
03: print('Intercept: ', LDA_1.intercept_)
04: print('Coefficient: ', LDA_1.coef_)
```

Out [7]:

```
Intercept:  [-14.29894437]
Coefficient:  [[ -1.35700815   26.12716198  -29.708912      4.0661269    10.03194981    18.0750803
  -57.34544185   -3.81399695   15.48677609]]
```

앞의 이론 부분에서 다뤘던 선형 판별분석 모델의 상수와 계숫값을 산출했다. 모델에 투입됐던 9개의 독립변수의 수치와 이 값들을 계산해 주면 각 관측치의 예측 범주를 계산할 수 있다. 선형회귀모델의 회귀계수와 동일한 원리다.

코드 13.53 선형 판별분석 차원축소 적용

In [8]:

```python
01: # 선형 판별분석 차원축소 적용
02:
03: # 주성분 한 개로 설정
04: lda_com = LinearDiscriminantAnalysis(n_components=1)
05: lda_com.fit(x_train, y_train)
06: df_lda_com = lda_com.transform(x_train)
07: df_lda_component = pd.DataFrame(df_lda_com,columns=['lda_component'])
08:
09: # 종속변수 데이터셋 인덱스 초기화 및 결합
10: y_train_index = y_train.reset_index()
11: df_lda_component['target'] = y_train_index['gender']
12:
13: # 차원축소 요소 분별력 비교 시각화 설정
14: fig, axs = plt.subplots(figsize=(16,8) , ncols=2 , nrows=1)
15:
16: # 키 요소의 분별력
17: sns.distplot(df.loc[df['gender'] == 'M', 'height_cm'],
18:             hist=True, kde=False, color="blue",
19:             label = 'man', ax=axs[0])
20: sns.distplot(df.loc[df['gender'] == 'F', 'height_cm'],
21:             hist=True, kde=False, color="orange",
22:             label = 'woman', ax=axs[0])
23:
24: # 차원축소 주성분의 분별력
25: sns.distplot(df_lda_component.loc[df_lda_component['target'] == 'M', 'lda_component'],
26:             hist=True, kde=False, color="blue", label = 'man', ax=axs[1])
27: sns.distplot(df_lda_component.loc[df_lda_component['target'] == 'F', 'lda_component'],
28:             hist=True, kde=False, color="orange", label = 'woman', ax=axs[1])
```

Out [8]:

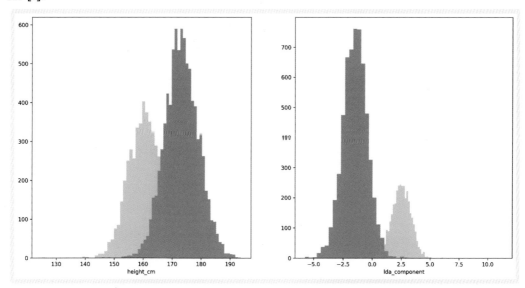

이번에는 선형 판별분석 모델을 통해 차원축소를 한다. n_components=1 옵션으로 9개의 독립변수를 단한 하나의 차원으로 축소했다. 그리고 산출한 주성분이 실제 성별 구분을 잘하는지 확인하기 위해 기존의 키(height_cm) 변수와 주성분을 시각화하여 비교했다. 왼쪽의 키 변수는 남성과 여성이 중복되는 공간이 눈으로 봐도 크지만, 주성분은 매우 적은 부분만 중복되는 것을 확인할 수 있다.

코드 13.54 이차 판별분석 모델 적용

In [9]:

```
01: # 이차 판별분석 모델 적용
02:
03: qda=QuadraticDiscriminantAnalysis(store_covariance=True)
04:
05: qda.fit(x_train, y_train) # QDA 적합
06: qda_y_train_pred=qda.predict(x_train)
07: qda_y_test_pred=qda.predict(x_test)
08:
09:
10: print(accuracy_score(y_train, qda_y_train_pred)) # 학습셋 accuracy
11: print(accuracy_score(y_test, qda_y_test_pred)) # 예측셋 accuracy
```

Out [9]:

```
0.98048
0.9798407167745147
```

다음으로 `QuadraticDiscriminantAnalysis()` 함수를 통해 이차 판별분석 모델을 생성하여 데이터셋에 적용해 준다. 아웃풋 결과로 학습셋은 98%, 테스트셋은 97.9%의 정확도를 나타냈다. 이번 실습 데이터셋에서는 선형 판별분석과 이차 판별분석의 분류 예측력이 유사하게 나왔다. 하지만 범주의 공분산이 많이 다른 데이터의 경우 이차 판별분석이 더 높은 성능을 보이는 경우가 많다.

코드 13.55 이차 판별분석 모델 성능 리포트 출력

In [10]:

```
01: # 이차 판별분석 모델 성능 리포트 출력
02:
03: print(classification_report(y_test, qda_y_test_pred))
```

Out [10]:

```
              precision    recall  f1-score   support

           F       0.97      0.97      0.97      1463
           M       0.98      0.98      0.98      2555

    accuracy                           0.98      4018
   macro avg       0.98      0.98      0.98      4018
weighted avg       0.98      0.98      0.98      4018
```

마지막으로 이차 판별분석 모델의 세부 성능을 출력하여 확인한다. 자세한 해석 방법은 모델 평가 절에서 다룬다.

13.5 서포트벡터머신(분류 모델)

서포트벡터머신(SVM: Support Vector Machine; SVM. 이하 SVM)은 판별분석과 같이 범주를 나눠줄 수 있는 최적의 구분선(결정경계선)을 찾아내어 관측치의 범주를 예측해주는 역사 깊은 모델이다. 이진 분류에만 사용 가능하다는 단점이 있지만, 로지스틱 회귀나 판별분석에 비해 비선형 데이터에서 높은 정확도를 보이며 다른 모델들보다 과적합 되는 경향이 적어서 인기가 많은 분석 방법이다. 최근에는 인공신경망 분석 기법이 보편화 되면서 인기가 줄어들기는 했지만, 이진분류에서만큼은 뒤지지 않는 성능과 효율을 갖고 있다. SVM의 개념은 간단하면서도 깊이 들어가면 매우 복잡해진다. SVM에서 가장 중요한 결정경계선을 만들어 내는 원리를 중심으로 살펴보자.

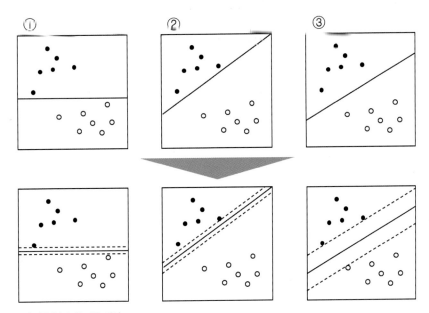

그림 13.21 SVM의 범주 분리 선 기준 예시

그림 13.21의 ①~③ 번 분류선을 보면, 모두 두 집단을 오분류 없이 나눠주고 있다. 그런데 어떤 선이 가장 정확하게 나눠준 것일까? 예시 그림의 아랫부분을 보면 각 구분선의 양쪽으로 대칭의 빈 공간을 표시했다. 육안으로 봐도 ③번의 결정경계선(Decision boundary)이 가장 넓은 빈 공간을 가지고 있다. SVM은 결정경계선의 양쪽의 빈 공간, 즉 마진(Margin)을 최대화하도록 만들어졌다.

그림 ③번의 결정경계선을 확대해서 보면 마진에 검은 두 개와 흰 점 한 개가 맞닿아 있는 것을 알 수 있다. 이렇게 마진과 맞닿아서 결정경계선의 위치와 각도를 정해줄 수 있는 기준이 되는 관측치를 서포트 벡터(Support vector)라고 한다. 결정경계선을 지지(Support)해주고 있기 때문이다. SVM은 서포트 벡터만으로 범주의 구분 기준인 결정경계선을 정하기 때문에 학습 효율이 높은 것이다. 마진은 결정경계선과 서포트 벡터와의 거리를 의미한다.

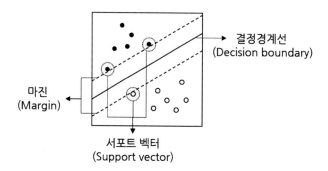

그림 13.22 마진과 서포트 벡터

기계학습에서 **거리(distance)를 통해 분류나 회귀 모델을 만들 때는 반드시 데이터 정규화나 표준화를 해줘야 한다.** 변수마다 스케일이 다르게 되면 모델 성능이 매우 떨어지게 되기 때문이다. 정규화와 표준화에 대한 내용은 '데이터 전처리' 부분에서 앞서 다루었다.

최적의 결정경계선을 찾기 위해서는 독립변수가 k 개라 했을 때, 최소 K+1개의 서포트벡터가 필요하다. 그림 13.22에서도 독립변수가 2개이기 때문에 3(2+1)개의 서포트 벡터가 존재하는 것이다. 앞의 예시는 독립변수가 2개인 2차원상의 결정경계선을 표현했다. 만약 변수가 3개로 늘어나면, 결정경계선은 평면(plane)이 된다. 그 이상으로 차원이 증가하면 그림으로 표현할 수 없는 초평면(hyperplane)이 결정경계선이 된다. 따라서 SVM은 MMH(Maximum Marginal Hyperplane), 즉 최대 마진 초평면을 찾아 범주를 분리하는 분류 방법이라 할 수 있다.

결정경계선은 다음과 같이 표현된다.

$$W \cdot X + b = 0$$

W는 가중치 벡터를 의미한다. 독립변수의 수에 따라 $W = \{w_1, w_2, \cdots, w_k\}$로 이루어진다. X는 각 독립변수, b는 편향값(bias)을 의미한다. 결정경계선의 값은 0이기 때문에, 경계선 위에 있는 관측치는 0보다 크고, 아래에 있는 0보다 작다. 즉,

- 결정경계선 위의 관측치: $W \cdot X + b = w_0 + w_1 x_1 + w_2 x_2 + \cdots + w_k x_k > 0$
- 결정경계선 아래의 관측치: $W \cdot X + b = w_0 + w_1 x_1 + w_2 x_2 + \cdots + w_k x_k < 0$

이다. 이를 응용하여 서포트 벡터들과 맞닿은 위아래 마진의 값을 1과 −1로 정의하면 각 관측치의 값은 $w_0 + w_1 x_1 + w_2 x_2 + \cdots + w_k x_k \geq \pm 1$이 된다.

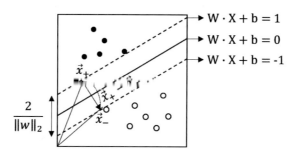

그림 13.23 결정경계선과 마진값

결정경계선으로부터 마진까지의 거리는 유클리드 거리를 통해 구할 수 있다. 우선 마진의 거리는 $\| x^+ - x^- \|_2$이므로, $\frac{2}{\sqrt{w^T \cdot w}} = \frac{2}{\| w \|_2}$가 된다.

$$
\begin{aligned}
\mathrm{M\,arg\,in} &= \mathrm{dis\,tan\,ce}\left(x^+, x^-\right) \\
&= \| x^+ - x^- \|_2 \\
&= \| (x^- + \lambda w) - x^- \|_2 \\
&= \| \lambda w \|_2 \\
&= \lambda \sqrt{w^T \cdot w}, \left(\lambda = \frac{2}{w^T \cdot w} \right) \\
&= \frac{2}{w^T \cdot w} \cdot \sqrt{w^T \cdot w} \\
&= \frac{2}{\sqrt{w^T \cdot w}} = \frac{2}{\| w \|_2}
\end{aligned}
$$

그런데 대부분의 데이터는 이상치가 있기 마련이다. 그림 13.24와 같이 흰 점 하나가 검은 점 구역에 포함된 경우, 두 범주를 정확하게 나눠 주기 위해서는 ①번과 같은 결정경계선을 만들어야 한다. 하지만 이렇게 이상치를 허용하지 않는 경우 과적합 문제가 발생할 수 있다. 따라서 어느 정도 이상치를 허용해 주도록 해줄 필요가 있다. ②번과 같이 두 범주를 정확하게 나누지는 않지만, 마진을 최대화하여 과적합을 방지해 주는 것이다. 이런 개념을 소프트 마진(Soft margin)이라 하며, 반대로 이상치를 허용하지 않는 것을 하드 마진(Hard margin)이라 한다.

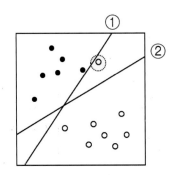

그림 13.24 소프트마진과 하드마진 예시

이를 조정해주는 매개변수로 C와 Gamma가 사용된다. C값을 낮게 설정하면 이상치들이 있을 가능성을 높게 잡아서 ②번과 같은 결정경계선을 만들어내고, 반대로 C값을 높게 설정하면 ①번과 같은 결정경계선을 만들어 낸다. Gamma는 하나의 관측치가 영향력을 행사하는 거리를 조정해 주는 매개변수다. 이는 조금 뒤에 자세히 설명하겠다.

그럼 이러한 이상치 상태가 더 극단적으로 이루어진 데이터라면 어떻게 결정경계선을 그어야 할까? 그림 13.25와 같이 X, Y축을 기준으로 두 범주가 분포한다고 해보자.

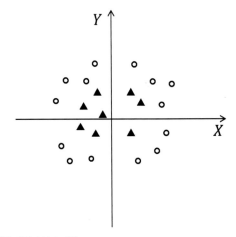

그림 13.25 Linear line을 그리기 힘든 데이터 분포 예시

이러한 데이터 분포를 한 상황에서는 아무리 소프트마진을 높게 설정하더라도 결정경계선을 만들기 힘들고 설령 만든다 하더라도 모델 성능이 매우 떨어질 것이다. 그런 경우에 사용하는 것이 **커널 기법**(Kernel trick)이다. **커널 기법은 기존의 데이터를 고차원 공간으로 확장하여 새로운 결정경계선을 만**

들어내는 방법이다. Polynomial 커널, Sigmoid 커널, 가우시안 RBF 커널 등 다양한 종류의 커널 기법이 있는데, 이 책에서는 성능이 좋아 가장 널리 쓰이고 있는 가우시안 RBF(Radial Basis Function) 커널을 설명하겠다.

우선 그래프를 자세히 보면 원점을 중심으로 세모 모양의 군집이 가까이 있고 원 모양의 군집은 멀리 떨어져 있다. 따라서 원점과의 거리를 나타낼 수 있는 Z축을 추가하여 공간을 확장할 수 있다. y^2을 하고 Z와 X축만으로 표현하면 그림 13.26의 왼쪽처럼 두 집단이 이차원상으로 분리될 수 있도록 나타난다. 이를 X, Y, Z축 3차원으로 표현하면 그림 13.26의 오른쪽과 같은 형태를 나타낸다.

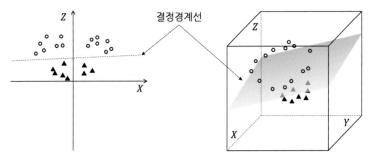

그림 13.26 커널 기법 예시

이처럼 기존의 저차원 공간상에서는 나눠줄 수 없었던 범주를 고차원으로 확장하여 분류할 수 있도록 유도해 주는 것이 커널 기법이다. 이제 이렇게 만들어준 결정경계선을 다시 X, Y 축 그래프에서 표현해 주면 동그란 원형의 결정경계선이 된다.

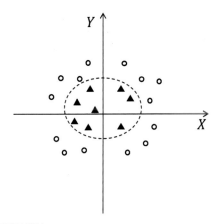

그림 13.27 커널기법으로 생성한 결정경계선 예시

이제 좀 전에 언급했던 Gamma값을 알아보자. Gamma값은 관측치가 영향력을 행사하는 거리를 조정해주는 것이라고 했다. 값이 클수록 영향력의 거리는 짧아지게 되고 값이 작을수록 영향력의 거리는 길어지게 된다. 이는 가우시안 분포의 표준편차를 조정해주는 것으로, Gamma값이 클수록 작은 표준편차를 갖게 된다.

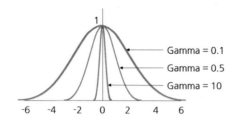

그림 13.28 Gamma값에 따른 가우시안 분포

C값은 이상치에 대한 민감도를 조정해 주는 것이기 때문에 결정경계선의 유연함을 조정해주는 느낌이라면, Gamma값은 개별 관측치의 결정경계선 범위를 크거나 작게 만들어주는 느낌이다. 따라서 C값은 아무리 크거나 작아도 결정경계선이 하나만 생성되지만, Gamma값은 커질수록 각각의 관측치에 대한 결정경계선 범위가 작아져서 결국 여러 개의 결정경계선이 생기게 된다.

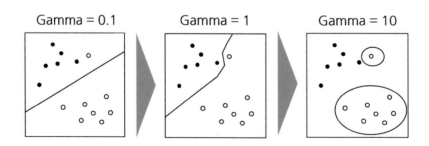

그림 13.29 Gamma값에 따른 결정경계선 예시

따라서 SVM 모델을 만들 때는 C값과 Gamma값을 잘 조정해 가면서 모델의 복잡도를 적정 수준으로 맞춰줘야 한다. 각 조건의 모델의 정확도, 검증 데이터셋의 오분류율 증감을 확인해 가며 과적합과 과소적합 사이의 최적의 모델을 만들어 내야 하는 것이다.

13.5.1 서포트벡터머신 실습

이제 캐글에 있는 "Raisin Dataset"[5] 데이터셋으로 서포트벡터머신을 실습해 보겠다. 이 절의 실습 코드는 이 책의 저장소의 **13.5.1.서포트벡터머신 (분류 모델).ipynb** 파일에 있다.

코드 13.56 패키지 임포트

In [1]:

```
01: # 필요한 패키지 임포트
02: from sklearn.preprocessing import MinMaxScaler
03: from sklearn.model_selection import train_test_split
04: import sklearn.svm as svm
05: from sklearn.svm import SVC
06: import pandas as pd
```

데이터 정규화, SVM 등을 실행하기 위해 필요한 패키지들을 임포트한다.

코드 13.57 데이터 불러오기 및 확인

In [2]:

```
01: # 데이터 불러오기
02: df = pd.read_excel("datasets/Raisin_Dataset.xlsx")
03:
04: # 데이터 샘플 확인
05: df.head()
```

Out [2]:

	Area	MajorAxisLength	MinorAxisLength	Eccentricity	ConvexArea	Extent	Perimeter	Class
0	87524	442.246011	253.291155	0.819738	90546	0.758651	1184.040	Kecimen
1	75166	406.690687	243.032436	0.801805	78789	0.684130	1121.786	Kecimen
2	90856	442.267048	266.328318	0.798354	93717	0.637613	1208.575	Kecimen
3	45928	286.540559	208.760042	0.684989	47336	0.699599	844.162	Kecimen
4	79408	352.190770	290.827533	0.564011	81463	0.792772	1073.251	Kecimen

데이터를 판다스 데이터 프레임으로 불러온 다음 확인한다. 각 건포도의 품종과 길이 정보, 이심률 등의 정보가 있다.

---

5 https://www.kaggle.com/datasets/muratkokludataset/raisin-dataset

코드 13.58 독립변수와 종속변수 테이블 분리 및 데이터 정규화

In [3]:

```
01: # 독립변수 정규화
02:
03: # 독립변수, 종속변수 분리
04: df_x = df.drop(['Area','Class'],axis=1)
05: df_y = df[['Class']]
06:
07: # 데이터 정규화 적용
08: MinMaxScaler = MinMaxScaler()
09: df_minmax = MinMaxScaler.fit_transform(df_x)
10:
11: # 칼럼명 결합
12: df_x = pd.DataFrame(data=df_minmax, columns=df_x.columns)
13:
14: df_x.head()
```

Out [3]:

	MajorAxisLength	MinorAxisLength	Eccentricity	ConvexArea	Extent	Perimeter
0	0.280714	0.314376	0.767872	0.255504	0.831422	0.271791
1	0.234638	0.284945	0.738636	0.208864	0.667854	0.241842
2	0.280741	0.351778	0.733009	0.268084	0.565754	0.283594
3	0.078935	0.186620	0.548194	0.084089	0.701809	0.108284
4	0.164011	0.422064	0.350968	0.219472	0.906315	0.218493

SVM 모델을 적용하기 앞서 독립변수 데이터셋과 종속변수 데이터셋을 분리하고 독립변수에 스케일 정규화를 적용해 준다. SVM은 거리를 기반으로 한 모델이기 때문에 스케일링을 필수적으로 해야 한다.

코드 13.59 학습셋과 테스트셋 분리

In [4]:

```
01: # 학습셋과 테스트셋 분리하여 생성(6:4)
02:
03: x_train, x_test, y_train, y_test = train_test_split(
04:     df_x,df_y,test_size=0.4,random_state=10)
05:
06: # 학습셋과 검증셋이 잘 나뉘었는지 확인
```

```
07: print('train data 개수: ', len(x_train))
08: print('test data 개수: ', len(x_test))
```

Out [4]:

```
train data 개수:  540
test data 개수:  360
```

전체 관측치가 900개 밖에 되지 않기 때문에 6:4의 비율로 학습셋과 테스트셋 분리를 해준다. 아웃풋 결과로 학습셋에 540개, 테스트셋에 360개의 관측치가 배분된 것을 알 수 있다.

코드 13.60 선형 SVM 모델 성능 확인

In [5]:

```
01: # 선형 SVM 모델 성능 확인
02:
03: #3차항(degree), 학습 반복 횟수(max_iter) 10000 설정
04: svm_model = SVC(kernel = 'linear', degree = 3, gamma = 'auto', C=10, max_iter = 1000)
05:
06: svm_model.fit(x_train,y_train)
07:
08: print(svm_model.score(x_train,y_train))
09: print(svm_model.score(x_test, y_test))
```

Out [5]:

```
0.8648148148148148
0.8638888888888889
```

SVC() 함수를 이용하여 SVM 모델을 생성한다. kernel 매개변수의 기본값은 rbf이다. 이 외에 poly, sigmoid, precomputed 등의 옵션을 설정할 수 있다. 예시에서는 선형 모델인 linear 옵션으로 설정했다. 대신 degree = 3으로 설정하여 3차항으로 설정했고, gamma 옵션은 auto, C는 10으로 설정했다. 그리고 max_iter = 1000 옵션을 통해 학습의 반복이 1000회까지 되도록 했다. 반복수가 너무 적으면 과소적합이 될 수 있다. 반복 횟수를 10회로 지정할 경우 학습셋의 정확도는 67% 정도에 불과하지만 1,000회로 설정할 경우 86%가량의 정확도를 보인다.

코드 13.61 rbf SVM C값 1~30별 모델 성능 확인

In [6]:

```
01: # SVM C값 1~30에 따른 모델 성능 확인
02:
03: scores = []
04: for C_point in [*range(1,31)]:
05:     svc=SVC(kernel='rbf',C=C_point,max_iter = 1000)
06:     C_model=svc.fit(x_train, y_train)
07:     train_score = C_model.score(x_train, y_train)
08:     test_score = C_model.score(x_test, y_test)
09:     print("rbf SVM : C:{}, train set score:{:2f}, test set score:{:2f}".format
10:           (C_point,train_score, test_score))
11:     scores.append([train_score, test_score])
```

Out [6]:

```
rbf SVM : C:1, train set score:0.857407, test set score:0.883333
rbf SVM : C:2, train set score:0.864815, test set score:0.880556
rbf SVM : C:3, train set score:0.862963, test set score:0.886111
rbf SVM : C:4, train set score:0.861111, test set score:0.880556
rbf SVM : C:5, train set score:0.861111, test set score:0.880556
rbf SVM : C:6, train set score:0.862963, test set score:0.883333
rbf SVM : C:7, train set score:0.866667, test set score:0.883333
rbf SVM : C:8, train set score:0.864815, test set score:0.883333
rbf SVM : C:9, train set score:0.864815, test set score:0.883333
rbf SVM : C:10, train set score:0.864815, test set score:0.891667
rbf SVM : C:11, train set score:0.864815, test set score:0.891667
rbf SVM : C:12, train set score:0.862963, test set score:0.891667
rbf SVM : C:13, train set score:0.864815, test set score:0.891667
rbf SVM : C:14, train set score:0.864815, test set score:0.891667
rbf SVM : C:15, train set score:0.864815, test set score:0.897222
rbf SVM : C:16, train set score:0.864815, test set score:0.891667
rbf SVM : C:17, train set score:0.864815, test set score:0.891667
rbf SVM : C:18, train set score:0.864815, test set score:0.891667
rbf SVM : C:19, train set score:0.864815, test set score:0.891667
rbf SVM : C:20, train set score:0.864815, test set score:0.891667
rbf SVM : C:21, train set score:0.864815, test set score:0.888889
rbf SVM : C:22, train set score:0.864815, test set score:0.883333
rbf SVM : C:23, train set score:0.864815, test set score:0.883333
```

```
rbf SVM : C:24, train set score:0.862963, test set score:0.886111
rbf SVM : C:25, train set score:0.861111, test set score:0.886111
rbf SVM : C:26, train set score:0.861111, test set score:0.888889
rbf SVM : C:27, train set score:0.862963, test set score:0.888889
rbf SVM : C:28, train set score:0.861111, test set score:0.886111
rbf SVM : C:29, train set score:0.861111, test set score:0.886111
rbf SVM : C:30, train set score:0.861111, test set score:0.886111
```

다음으로 kernel 매개변수를 rbf로 설정하고 C 값을 1부터 30까지 변경해 가며 정확도가 어떻게 변하는지 확인해 본다. 이를 통해 C 값의 하이퍼 파라미터 최적화를 할 수 있다. 테스트셋의 정확도를 봤을 때 큰 차이는 없지만 C 값 10부터 89%로 올랐다가 21 부근부터 다시 감소하기 시작한다. C 값은 15가 최적으로 판단된다.

코드 13.62 rbf SVM gamma값 0.1~20별 모델 성능 확인

In [7]:
```python
01: # SVM gamma값 1~30에 따른 모델 성능 확인
02:
03: scores = []
04: for gamma_point in [0.1,0.5,1,5,10,20]:
05:     svc=SVC(kernel='rbf',C=10,gamma=gamma_point,max_iter = 1000)
06:     model=svc.fit(x_train, y_train)
07:     train_score = model.score(x_train, y_train)
08:     test_score = model.score(x_test, y_test)
09:     print("rbf SVM : gamma:{}, train set score:{:2f}, test set score:{:2f}".format
10:             (gamma_point,train_score, test_score))
11:     scores.append([train_score, test_score])
```

Out [7]:
```
rbf SVM : gamma:0.1, train set score:0.86296, test set score:0.86666
rbf SVM : gamma:0.5, train set score:0.86481, test set score:0.88055
rbf SVM : gamma:1, train set score:0.86111, test set score:0.877778
rbf SVM : gamma:5, train set score:0.86296, test set score:0.880556
rbf SVM : gamma:10, train set score:0.86481, test set score:0.883333
rbf SVM : gamma:20, train set score:0.87963, test set score:0.872222
```

마지막으로, 하나의 관측치가 영향력을 행사하는 거리를 조정해 주는 gamma 매개변숫값을 0.1~20으로 바꿔가며 성능을 확인한다. gamma 값 역시 이 데이터셋에서는 정확도에 큰 변화가 없지만 5~10 정도에서 높은 정확도를 보이는 것을 알 수 있다.

13.6 KNN(분류, 예측 모델)

K-근접이웃(K-Nearest Neighbors; KNN. 이하 KNN) 모델은 쉽고 직관적인 분류모델로 알려져 있지만 의사결정나무처럼 연속형 종속변수의 회귀예측도 가능한 모델이다. KNN은 기계학습 중에서 가장 단순한 모델이라 해도 과언이 아니다. 대부분의 기계학습 방법은 학습 데이터를 먼저 학습하여 모델을 만든 후 예측 데이터에 이를 적용하여 값을 도출해 낸다. 하지만 KNN은 학습 데이터의 별도 학습 과정이 없다. 미리 저장되어 있는 학습 데이터에다가 예측 데이터를 대조함으로써 직접 결과가 도출되므로 메모리 기반 학습(Memory-based learning)이라고도 불린다.

왜 그렇게 불리는지는 그 원리를 보면 바로 알 수 있다. 이름에서 알 수 있듯이 KNN은 공간상에 이웃해 있는 관측치의 범주나 값을 통해 결과를 출력한다. 우선 분류 모델을 중심으로 그 원리를 알아보자. 다음은 KNN을 위한 학습데이터로, 연령과 연 소득에 따른 자차 보유 여부를 나타낸 산점도다.

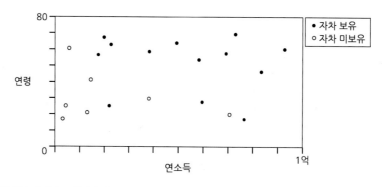

그림 13.30 KNN을 위한 학습 데이터 – 연령과 연 소득에 따른 자차 보유 여부

이제 여기에 예측데이터로 3명을 집어넣어보자. 각 3명은 세모 모양으로 2차원 공간상에 표현이 될 것이다. 그리고 그 주변에는 자차 보유자도 있고 자차 미보유자도 있다. 이 중에서 가장 가까운 거리에 있는 관측치가 곧 예측하고자 하는 관측치와 동일한 범주일 것이라고 판단한다. 즉 독립변수들의 값이 비슷하면 범주도 같다는 심플한 사상으로 시작한 모델이 KNN이다. 그림 13.31의 ①번 관측치는 가장 가

까이 있는 관측치가 검은 점으로 자차 보유자다. 따라서 ①번은 자차 보유자로 분류한다. 동일한 원리로 ②, ③번 관측치는 가장 가까이 있는 미보유자로 분류한다.

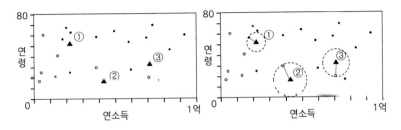

그림 13.31 1NN 모델의 분류 예시

이렇게 하나의 근접한 학습 데이터로 분류를 하는 것은 1NN 모델이다. K는 양의 정수로 다양하게 세팅할 수 있다. 통상적으로는 10 이하로 맞춰준다. K를 3으로 설정하면 가장 가까운 공간에 있는 3개 관측치 중 과반수의 관측치로 범주를 예측한다. 그래서 이름이 K-근접이웃 분석인 것이다. 그림 13.32는 K를 3으로 설정하여 범주를 분류한 것이다. 기존 하나의 근접이웃으로 분류했을 때는 ②, ③번이 자차 미보유자였지만, 세 개의 근접 이웃으로 분류했을 때는 모두 보유자로 분류됐다.

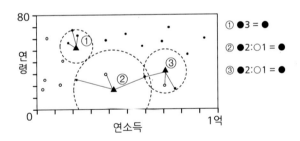

그림 13.32 3NN 모델의 분류 예시

이처럼 KNN은 데이터의 지역 구조(Local structure)에 민감한 특성을 가지고 있다. 근접한 과반수의 범주를 따르다 보니 범주의 분포가 편향되어 있을 경우에는 예측 데이터의 관측치들이 빈도 높은 범주로 강하게 쏠리는 단점이 있는 것이다. 그래서 KNN은 K를 잘 설정해 주는 것이 중요하다. 우선 동률의 범주가 생겨 분류를 할 수 없는 상황을 방지하기 위해 이진 분류의 경우 홀수의 K를 설정하는 것이 좋다. K가 너무 크면 전체 범주의 분포의 영향을 많이 받게 되고 관련이 적은 먼 곳의 데이터가 분류에 영향을 미치게 된다. 그리고 K가 너무 직으면 이상지의 영향을 많이 받고 패턴이 직관저이지 못하다.

최적의 K를 선택하는 방법은 앞의 의사결정나무에서 검증 데이터로 최적의 나무 가지 분기 수를 찾아낸 방법과 같다. 교차검증(cross validation)을 하여 오분류율이 가장 낮아지는 K수를 탐색하는 것이다. K 수를 1부터 계속 늘려가며, 검증 데이터의 오분류율이 어떻게 변화하는지 관찰한다. 그러면 특정 지점에서 오분류율이 최저점을 찍고 다시 높아진다. 오분류율이 가장 낮았던 지점의 K 수를 선정하면 된다. 보다 정확한 K 탐색을 위해 교차검증을 여러 번 수행하는 K-fold 교차검증을 하기도 한다. 이 방법은 뒤의 모델 평가 부분에서 자세히 다루겠다.

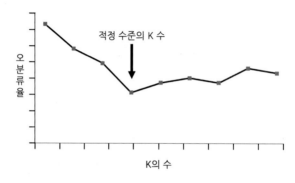

그림 13.33 적정 수준의 K 탐색을 위한 교차검증 예시

이쯤에서 한 가지 의문이 들 수 있다. K를 큰 수로 설정하면 거리가 멀리 있는 관측치의 범주의 영향을 받는다고 했는데, 그럼 멀리 있는 것은 영향력을 적게 받도록 하면 모델의 정확도가 더 높아지지 않을까? 실제로 KNN 알고리즘에서는 거리에 가중치를 줄 수 있다. 기본적으로 세 가지 방법이 있다. 가장 흔한 방법은 d가 이웃 관측치까지의 거리일 때 각각의 관측치에 거리의 역수 1/d를 가중치로 하는 것이다. 만약 A와의 거리가 5라면 0.2가 되고, 10이라면 0.1이 되는 것이다. 이를 응용하여 거리가 가깝거나 멀수록 가중치의 크기를 조절해 줄 수 있다.

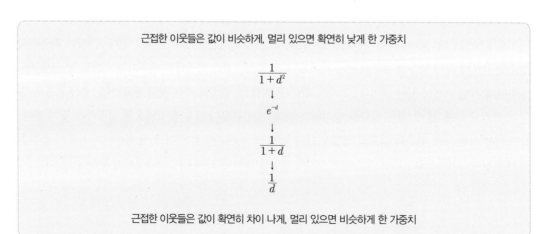

근접한 이웃들은 값이 비슷하게, 멀리 있으면 확연히 낮게 한 가중치

$$\frac{1}{1+d^2}$$
$$\downarrow$$
$$e^{-d}$$
$$\downarrow$$
$$\frac{1}{1+d}$$
$$\downarrow$$
$$\frac{1}{d}$$

근접한 이웃들은 값이 확연히 차이 나게, 멀리 있으면 비슷하게 한 가중치

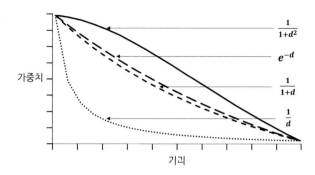

그림 13.34 KNN의 가중치 방식에 따른 차이

그림 13.34 맨 위의 $\frac{1}{1+d^2}$ 공식은 근접한 이웃들의 관측치들은 가중치 값이 비슷하게 유지되다가 거리가 멀어지면 영향력을 확연히 떨어지도록 조정해 준다. 그리고 맨 아래의 $\frac{1}{d}$ 공식은 근접한 이웃들 간에 가중치 값이 큰 차이를 나타내도록 조정해 준다. 어떤 가중치가 더 효과적인지는 데이터의 상황에 따라 다르다. 따라서 가중치도 교차검증을 통해 최적의 알고리즘을 선택해야 한다.

그렇다면 거리는 어떻게 계산할까? KNN은 SVM과 마찬가지로 유클리드 거리(Euclidean distance)로 계산한다. 피타고라스의 정리와 동일한 개념이다. 다만 두 개의 변수만이 아니라, 여러 개의 변수(차원)이 있어도 거리 계산이 가능하다. 앞에서 배웠던 유클리드 거리 계산 공식은 다음과 같다.

$$d(X, Y) = \sqrt{(x_1 - y_1)^2 + (x_2 - y_2)^2 + \cdots + (x_n - y_n)^2}$$

그리고 KNN 역시 거리를 사용하기 때문에 데이터 정규화나 표준화를 반드시 해줘야 한다. 명목형 독립변수의 경우에는 0과 1로 더미 변수 처리를 하여 사용한다. 해당 방법들은 네이터 진쳐리 부문에서 이미 다뤘다.

종속변수가 연속형 변수인 경우에는 회귀 나무처럼 KNN 회귀를 한다. 원리는 분류 모델과 동일하다. 이웃한 K 개 관측치의 평균값을 계산하면 된다. 만약 K가 1이라면 이웃한 하나의 관측치와 동일한 값으로 예측을 하며, K가 5라면 5개 관측치의 평균값을 예측값으로 산출하는 방식이다. 회귀의 경우, K를 너무 적게 설정하면 학습데이터에 너무 의존된 모델이 되어 일반화가 어려워진다. 그래서 안정된 예측 모델을 만들기 위해서는 학습 데이터셋에서 정확도가 다소 떨어지더라도 K를 3 이상으로 설정해 주는 것이 좋다.

그림 13.35는 연령과 A쇼핑몰 체류시간에 따른 구매금액 정보가 있는 학습 데이터다. 편의상 데이터 정규화가 되지 않은 상태로 설명한다. 실제 분석 시에는 독립변수의 값을 정규화해야 한다. 여기에 새로운 A, B 두 명의 연령과 체류시간 정보를 대입하여 구매금액을 예측할 수 있다. K를 3으로 설정한 경우, 고객 A는 30세에 25분 체류했기 때문에 인접한 세 명의 고객 매출 평균인 50,000원의 매출이 예측된다. B 고객은 45세에 50분 체류했기 때문에 70,000원의 매출이 예측된다.

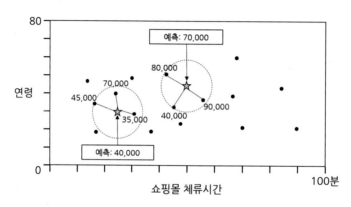

그림 13.35 KNN 회귀 예시

이처럼 KNN은 쉽고 직관적인 장점이 있다. 하지만 변수가 100개 이상으로 많아지거나, 데이터양이 커지게 되면 연산량 증가가 다른 모델보다 훨씬 크기 때문에 다소 비효율적이다. 그래서 대량의 데이터를 다루는 분석 프로젝트에는 적절하지 않은 모델이라 할 수 있다. 그리고 분류 모델에서 특정 하나의 범주가 대부분을 차지하고 있는 상황에서는 분류가 잘되지 않는 단점이 있다.

13.6.1 KNN 실습

이제 캐글에 있는 "Raisin Dataset"[6] 데이터셋으로 KNN을 실습해 보겠다. 앞의 SVM 실습과 동일한 데이터셋이다. 이 절의 실습 코드는 이 책의 저장소의 **13.6.1.KNN(K-Nearest Neighbors) (분류, 회귀 모델).ipynb** 파일에 있다.

코드 13.63 패키지 설치 및 임포트

In [1]:

```
01: # 필요한 패키지 설치 및 임포트
02: !pip install mglearn
```

---

6 https://www.kaggle.com/datasets/muratkokludataset/raisin-dataset

```
03: import mglearn
04: from sklearn.preprocessing import MinMaxScaler
05: from sklearn.model_selection import train_test_split
06: from sklearn.neighbors import KNeighborsClassifier
07: from sklearn.decomposition import PCA
08: from matplotlib.colors import ListedColormap
09: import matplotlib.pyplot as plt
10: import pandas as pd
```

데이터 전처리와 KNN 그리고 결정경계선 시각화를 위해 필요한 패키지들을 설치 및 임포트한다.

코드 13.64 데이터 불러오기 및 확인

In [2]:

```
01: # 데이터 불러오기
02: df = pd.read_excel("datasets/Raisin_Dataset.xlsx")
03:
04: # 데이터 샘플 확인
05: df.head()
```

Out [2]:

	Area	MajorAxisLength	MinorAxisLength	Eccentricity	ConvexArea	Extent	Perimeter	Class
0	87524	442.246011	253.291155	0.819738	90546	0.758651	1184.040	Kecimen
1	75166	406.690687	243.032436	0.801805	78789	0.684130	1121.786	Kecimen
2	90856	442.267048	266.328318	0.798354	93717	0.637613	1208.575	Kecimen
3	45928	286.540559	208.760042	0.684989	47336	0.699599	844.162	Kecimen
4	79408	352.190770	290.827533	0.564011	81463	0.792772	1073.251	Kecimen

데이터를 판다스 데이터 프레임으로 불러온 다음 확인한다. 각 건포도의 품종과 길이 정보, 이심률 등의 정보가 있다.

코드 13.65 독립변수 정규화 스케일링 및 학습셋과 테스트셋 생성

In [3]:

```
01: # 독립변수와 종속변수 분리하여 생성
02: x = df.drop(['Area','Class'], axis='columns')
03: y = df[['Class']]
04:
```

```
05: # 독립변수 데이터 정규화 적용
06: MinMaxScaler = MinMaxScaler()
07: df_minmax = MinMaxScaler.fit_transform(x)
08:
09: # 칼럼명 결합
10: x = pd.DataFrame(data=df_minmax, columns=x.columns)
11:
12: # 학습셋, 테스트셋 분리(6:4)
13: x_train, x_test, y_train, y_test = train_test_split(x, y, train_size=0.6, test_size=0.4)
14:
15: # 학습셋과 검증셋이 잘 나뉘었는지 확인
16: print('train data 개수: ', len(x_train))
17: print('test data 개수: ', len(x_test))
```

Out [3]:

```
train data 개수:  540
test data 개수:  360
```

KNN 모델은 거리 기반으로 분류를 하므로 독립변수의 스케일을 정규화해 준다. 그리고 6:4의 비율로 학습셋과 테스트셋을 분리해 준다. 아웃풋 결과에서 학습셋은 540개, 테스트셋은 360개의 관측치가 배분됐다.

코드 13.66 기본 KNN 모델 생성 및 정확도 확인

In [4]:

```
01: # 기본 K-nn 모델 생성 및 적용
02:
03: classifier = KNeighborsClassifier(n_neighbors = 3,
04:                                   weights='uniform',
05:                                   metric="minkowski")
06: classifier.fit(x_train, y_train)
07:
08: # K-nn 모델 정확도 출력
09: print(classifier.score(x_train, y_train))
10: print(classifier.score(x_test, y_test))
```

Out [4]:

```
0.8925925925925926
0.8277777777777777
```

기본적인 설정으로 KNN 모델을 생성하여 학습셋과 테스트셋의 정확도를 확인한다. n_neighbors 옵션은 3으로 하여 이웃한 3개의 관측치를 기반으로 분류를 한다. 그리고 weights='uniform'은 이웃한 관측치와의 거리에 가중치를 주지 않는 옵션이다. metric은 거리 측정 방식 옵션으로 기본값은 민코프스키 측정 방식이다. 유클리드(euclidean), 마할라노비스(mahalanobi) 등의 거리 측정 방식을 사용할 수 있다.

코드 13.67 이웃 k 옵션 1~30의 모델 생성(거리 가중치 미적용)

In [5]:

```
01: # 이웃 k 수 1~30까지 엘보우차트 시각화(거리 가중치 미적용)
02:
03: # k 수 범위 지정
04: k_num = range(1,31)
05:
06: accuracies = []
07: for k in k_num:
08:     k_num_model_1 = KNeighborsClassifier(n_neighbors = k, weights='uniform')
09:     k_num_model_1.fit(x_train, y_train)
10:     accuracies.append(1 - k_num_model_1.score(x_test, y_test))
11:
12: # 그래프 옵션 설정
13: plt.plot(k_num, accuracies, 'o--', color = 'orange')
14: plt.xlabel("k")
15: plt.ylabel("Misclassification Rate")
16: plt.ylim(0.14, 0.22)
17: plt.show()
```

Out [5]:

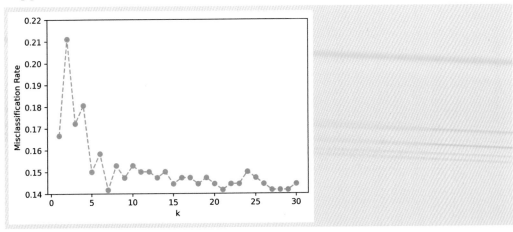

거리 가중치를 적용하지 않은 모델에서 k 이웃 수를 1에서 30까지 늘려가며 KNN 모델의 오분류율을 시각화했다. 이웃 수가 5개가 되면서부터 오분류율이 15%대로 낮아지고 안정되는 모습을 보인다. 하지만 이웃을 과도하게 늘리는 것은 연산량을 증가시키며 과적합을 유도할 수 있으므로 k를 6개 정도로 설정하는 것이 적합할 것으로 보인다.

코드 13.68 이웃 k 옵션 1~30의 모델 생성(거리 가중치 적용)

In [6]:

```
01: # 이웃 k 수 1~30까지 엘보우차트 시각화(거리 가중치 적용)
02:
03: # k 수 범위 지정
04: k_num = range(1,31)
05:
06: accuracies = []
07: for k in k_num:
08:     k_num_model_2 = KNeighborsClassifier(n_neighbors = k, weights='distance')
09:     k_num_model_2.fit(x_train, y_train)
10:     accuracies.append(1 - k_num_model_2.score(x_test, y_test))
11:
12: # 그래프 옵션 설정
13: plt.plot(k_num, accuracies, 'o--', color = 'orange')
14: plt.xlabel("k")
15: plt.ylabel("Misclassification Rate")
16: plt.ylim(0.14, 0.22)
17: plt.show()
```

Out [6]:

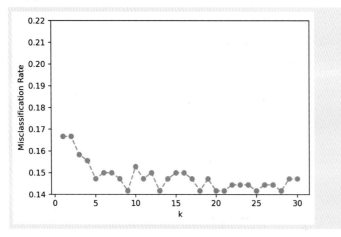

다음으로 거리 가중치를 적용한 모델로 k 이웃 수를 1에서 30까지 늘려가며 KNN 모델의 오분류율을 시각화했다. 앞의 거리 가중치 미적용 버전보다 전체적으로 오분류율이 감소했으며 변동성도 줄어든 것을 알 수 있다.

코드 13.69 이웃 k 옵션 1~200의 모델 생성(거리 가중치 적용)

In [7]:

```
01: # 이웃 k 수 1~200까지 엘보우차트 시각화(거리 가중치 적용)
02:
03: # k 수 범위 지정
04: k_num = range(1,201)
05:
06: accuracies = []
07: for k in k_num:
08:     k_num_model_2 = KNeighborsClassifier(n_neighbors = k, weights='distance')
09:     k_num_model_2.fit(x_train, y_train)
10:     accuracies.append(1 - k_num_model_2.score(x_test, y_test))
11:
12: # 그래프 옵션 설정
13: plt.plot(k_num, accuracies, '--', color = 'orange')
14: plt.xlabel("k")
15: plt.ylabel("Misclassification Rate")
16: plt.ylim(0.13, 0.17)
17: plt.show()
```

Out [7]:

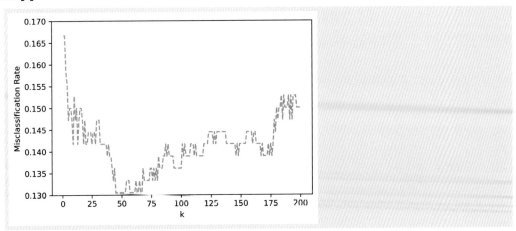

앞에서 이웃 수 k를 30까지 늘릴수록 오분류율이 감소했다. 그렇다면 이웃수가 늘어날수록 오분류율이 감소할까? 이번에는 k를 200까지 증가시켜 시각화했다. 50개 지점부터 오분류율이 증가하는 것을 확인할 수 있다. 이처럼 KNN은 적정한 이웃 수를 찾아내는 것이 중요하다.

코드 13.70 결정경계선 시각화를 위한 차원축소

In [8]:

```
01: # 시각화를 위한 차원 축소
02:
03: # 주성분 개수 설정(2개 설정)
04: pca = PCA(n_components=2)
05: df_pca = pca.fit_transform(x_test)
06:
07: # 주성분으로 변형된 테이블 생성
08: df_pca = pd.DataFrame(data=df_pca, columns = ['C1','C2'])
09:
10: df_pca.head()
```

Out [8]:

	C1	C2
0	0.802409	0.242069
1	-0.045084	-0.098693
2	-0.318723	0.013834
3	0.032614	0.046625
4	-0.017902	-0.204225

이웃 k 수에 따라 KNN 모델의 결정경계선이 어떻게 변화하는지 시각화하여 확인하기 위해 PCA를 사용하여 독립변수를 두 개의 차원으로 축소했다.

코드 13.71 이웃 수 k에 따른 결정경계선 차이 시각화화

In [9]:

```
01: # 결정 경계선(decision boundary) 시각화 확인
02:
03: # 독립변수, 종속변수 전처리
04: df_vsl_x = df_pca.to_numpy()
05: df_vsl_y = y_test['Class'].to_numpy()
06:
```

```
07: # 그래프 설정
08: cmap_bold = ListedColormap(['#FF0000', '#00FF00'])
09: fig, axes = plt.subplots(1, 3, figsize=(15, 5))
10:
11: # 이웃 수 1, 5, 20에 따른 결정경계 시각화
12: for n_neighbors, ax in zip([1, 5, 20], axes):
13:     k_num_model_eg = KNeighborsClassifier(
14:         n_neighbors=n_neighbors).fit(df_vsl_x, df_vsl_y)
15:     mglearn.plots.plot_2d_separator(k_num_model_eg, df_vsl_x,
16:                                     fill=True, eps=0.5, ax=ax, alpha=.2)
17:     mglearn.discrete_scatter(df_vsl_x[:, 0], df_vsl_x[:, 1],
18:                              df_vsl_y, markeredgewidth=0.1,
19:                              c=['b','r'], s=3, ax=ax)
20:     ax.set_xlabel("component 1")
21:     ax.set_ylabel("component 2")
22:     ax.set_title("{} Neighbors".format(n_neighbors))
23: axes[0].legend(loc=3)
```

Out [9]:

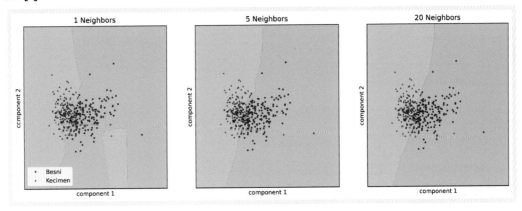

PCA를 적용한 2개의 변수로 이웃 수를 1, 5, 20으로 바꿔가며 결정경계선이 어떻게 달라지는지 확인한다. 이웃 수가 1개일 때는 결정경계선의 굴곡이 세세하게 나타나지만 20개일 때는 단순한 형태를 띠고 있다. 이웃 수가 적정하게 늘어나면 학습셋의 디테일한 분류는 힘들어지지만 범용적인 모델이 되어 테스트셋의 정확도를 높여주는 것이다.

13.7 시계열 분석(예측모델)

시계열 분석은 관측치의 통계량 변화를 시간의 흐름에 따라 순차적(Sequentially)으로 데이터화하고 현황을 모니터링하거나 미래의 수치를 예측하는 분석 방법이다. 주가 전망, 수요 예측 등 무수히 많은 분야에서 사용되기 때문에 그 기법이 매우 다양하게 발전되어 왔다. 시계열 분석을 깊이 있게 이해하려면 별도의 전문 서적을 보는 것을 추천한다. 이 책에서는 시계열 분석의 기본 개념만 훑고 가도록 하겠다.

우선 시계열 분석의 목적은 크게 탐색(Explanation)과 예측(Prediction)으로 나눌 수 있다.

- **탐색 목적:** 외부 인자와 관련된 계절적인 패턴, 추세 등을 설명하고 인과관계를 규명한다.
- **예측 목적:** 과거 데이터 패턴을 통해 미래의 값을 예측한다.

시계열에서 한 시점의 관측결과 X는 시간 t에 따라 변동하는 값이므로 X_t로 나타낸다. 그리고 X_t는 신호와 잡음으로 이루어져 있으므로 다음과 같이 표현한다.

$$X_t = S_t \text{(신호)} + a_t \text{(잡음)}$$

신호와 잡음의 개념을 좀 더 자세히 나누면 수준, 추세, 순환성, 계절성, 잡음으로 나눌 수 있다.

- 수준(Level): 시계열의 평균값
- 추세(Trend): 장기 변동 요인으로써 강한 외부요인이 없는 한 지속되는 경향성
- 순환성(Cycle): 불규칙적이며 반복적인 중기 변동요인
- 계절성(Seasonality): 1년(12개월)의 기간 동안의 주기적인 패턴
- 잡음(Noise): 일정한 규칙성이 없는 무작위적인 변동

이러한 요소들을 시각화하면 다음과 같다.

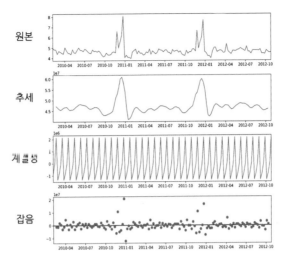

그림 13.36 시계열의 각 요소 시각화

이렇게 시계열 요소를 나누는 것을 '시계열 분해'라 한다. 때에 따라서는 추세와 순환성을 합쳐서 추세라고 표현하기도 한다. 시계열을 깊이 있게 이해하려면 시계열 분해를 통해 숨겨진 요소를 파악하고 분석을 진행해야 예측력을 높일 수 있다. 시계열 분해 방법으로는 SEATS(Seasonal Extraction in ARIMA Time Series) 분해 방법, STL(Seasonal and Trend decomposition using Loess) 방법 등이 있다. 파이썬에서는 seasonal_decompose 라이브러리를 활용하여 이러한 시계열 분해 기능을 활용할 수 있다.

13.7.1 회귀 기반 시계열 분석

비즈니스 분야에서 주로 사용되는 시계열 분석 기법은 회귀 기반 방법과 지수평활법 그리고 ARIMA 모델 방법이 있다. 이 책에서는 회귀 모델 기반 방법과 ARIMA 모델 방법을 설명하겠다. 회귀 기반 모델은 예측하고자 하는 시점 t의 값이 종속변수가 된다. 그리고 t 시점에 해당하는 요소(해당 요일, 월 등)들이 독립변수가 된다. 물론 요일, 월, 등의 변수는 실제로는 더미변수로 변환해야 모델을 학습시킬 수 있다.

$$Y_t = \beta_0 + \beta_1 X_1 + \beta_2 X_2 + \cdots + \beta_p X_{tp} + w_t$$

해당 시점에 대한 요일이나 월 등에 대한 정보를 독립변수화함으로써 시즌성이나 순환성을 모델에 반영할 수 있다. 그럼 점점 값이 증가하거나 감소하는 추세성을 반영하려면 어떻게 해야 할까? 시계열이 시작하는 기준 시점일로부터의 경과일을 독립변수화하면 된다. 예를 들어 시계열 시작일이 1월 1일이면,

1월 20일은 20이 되고, 3월 5일은 63이 되는 것이다. 이러한 값을 독립변수로 넣어주면, 그림 13.37의 왼쪽 추세처럼 선형적으로 상승하는 시계열을 설명하는 모델을 만들 수 있다.

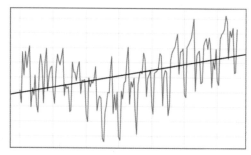 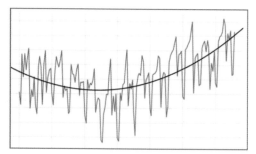

그림 13.37 선형 추세와 비선형 추세

하지만 오른쪽 그림처럼 비선형적인 경우에는 일반 선형 회귀식으로 표현하는 것이 어렵다. 앞에서 배운 회귀분석을 떠올려보면 비선형 추세의 경우 다항회귀를 하여 모델 적합성을 향상시킬 수 있다. 추세가 지수적으로 증가하는 경우 다음 식과 같이 해당 독립변수에 제곱을 취하여 회귀선을 보정해 주는 것이다.

$$Y_t = \beta_0 + \beta_1 X_1 + \beta_2 X_2^2 + w_t$$

또는 종속변수나 독립변수에 로그를 취해주어 비선형적 관계를 적합시킬 수 있다. 로그변환을 하기 위해서는 모든 관측치의 값이 0보다 커야 한다. 그렇기 때문에 만약 변수에 0이 포함되어 있는 경우에는 log(x+1)과 같은 변환을 해줘야 한다. 종속변수를 로그변환 해주었을 때는 다른 일반 선형 모델과 비교하거나 예측값을 해석할 때 역산하여 기준을 맞춰줘야 한다. 그리고 이 방법은 과적합의 위험이 있기 때문에 과도한 변수 변형은 모델의 예측력을 저하시킬 수 있으므로 주의해야 한다.

회귀모형 기반의 시계열 분석의 장점 중 하나는 외부 요소를 변수로 추가해 주는 것이 용이하다는 것이다. 예를 들어 A라는 인터넷 쇼핑몰의 수요예측을 위한 시계열 분석을 한다고 해보자. A 쇼핑몰은 부정기적으로 20% 할인 행사를 진행한다. 20% 할인 행사를 진행할 때는 수요가 확실히 증가하는데, 정기적으로 행사를 하는 것이 아니기 때문에 일반 시계열 분석의 시점 변수로는 적용이 어렵다. 따라서 해당 시점에 할인행사 여부(Y/N) 정보를 알 수 있는 독립변수를 추가해 주면 할인행사에 따른 수요 증가분을 모델에 적용할 수 있다. 또는 업태 특성에 따라 공휴일이나 명절 등이 수치 변화에 영향을 준다면 독립변수로 추가할 수 있다. 그러면 이러한 부정기적인 노이즈 요소를 최소화할 수 있다.

그 밖에 시계열 변화에 영향을 줄 수 있는 외부 요소를 독립변수로 함께 넣을 수 있다. 기업의 제품 수요와 같은 경우에는 날씨에 영향을 받는 경우가 많으므로 날씨 정보를 넣어줄 수 있다. 그리고 해당 산업 분야의 경제지수, 환율, 경쟁지수, 국민저축률, 출산율 등 다양한 외부 요소를 독립변수로 활용할 수 있다. 주의할 점은 예측 데이터에도 이러한 데이터를 넣어주는 것이 가능해야 한다. 날씨 같은 경우는 일주일 정도의 예측 날씨 정보를 구할 수 있고, 경제지표 같은 경우도 여러 기관에서 예측 수치를 제공하기 때문에 이를 활용하여 시계열 분석 및 예측을 할 수 있다.

또한 전달 혹은 3달 전이나 전년도 동일 등에 대한 과거 기간의 수치를 독립변수로 넣어주면 추세 요소를 보다 정교하게 반영할 수 있다. 이는 자기회귀(Autoregression) 요소를 반영하는 개념으로써 시차 이동에 따른 수치 변화에 대한 설명력을 보다 높일 수 있다. 이러한 요소들을 고려한 회귀모델 기반 시계열 분석의 데이터셋은 다음과 같은 형식을 취한다.

표 13.7 회귀모델 기반 시계열 분석을 위한 학습 데이터 예시

시점	요일	월	분기	경과일	행사	공휴일	전월 값	전년 동일	Y
2020-01-01	수	1월	1Q	1	Y	Y	4,262	3,972	4,311
2020-01-02	목	1월	1Q	2	Y	N	4,262	3,828	4,287
2020-01-03	금	1월	1Q	3	N	N	4,262	3,856	4,188
2020-01-03	토	1월	1Q	4	N	N	4,262	3,924	4,225
...	...	...	...	...	...	...	...	...	...

자기회귀 요소 변수는 전 날의 수치가 유의미할 수도 있고, 6개월 전, 12개월 전 등 유의미한 변수가 될 수 있는 경우의 수가 매우 많다. 그렇기 때문에 과거 시차 중 언제 시점이 종속변수의 수치에 영향을 주는지 쉽게 확인하기 위해 활용하는 기법이 있다.

자기상관함수인 ACF(Autocorrelation function)를 이용하면 시계열 데이터의 주기성을 수치적으로 확인할 수 있고, 어떠한 특정 시차가 어떠한 영향을 주는지 알 수 있다. ACF는 자기상관함수로써 Y 수치와 각 $t_0 \sim t_{-k}$ 시점과의 상관관계를 0.05 유의수준 안에서 나타낸 것이다. 점선으로 되어있는 가로선을 벗어나면 해당 시차가 Y값과 상관성이 있다는 것을 의미한다. 이는 다소 주관적인 기준으로, 상황에 따라 살짝만 나온 지점은 무시하기도 한다. 선막대가 0보다 크면 양의 상관관계, 작으면 음의 상관관계가 있음을 나타낸다.

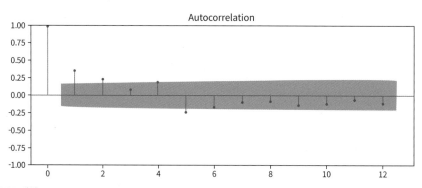

그림 13.38 ACF 예시

그림 13.38의 경우, 시차 0은 Y값을 나타내므로 당연히 1.0의 상관관계를 나타내고, 시차 1과 2가 어느 정도 양의 상관성을 보이는 것을 알 수 있다. 그리고 시차 6은 약간의 음의 상관성을 나타내는데, 그 수치가 크지 않기 때문에 무시할 수 있다. 그리고 시차 12가 높은 상관성을 나타내기 때문에 해당 시계열 데이터는 1년마다 주기성이 있다고 해석할 수 있다. 이러한 분석을 통해 유의미한 특정 과거 시점을 선택하여 독립변수로 사용할 수 있다.

시계열 데이터에 추세가 존재할 경우, 근접한 시차에 대한 상관성은 높은 양의 값을 갖게 되는 경향이 있다. 오늘의 수치가 어제의 수치와 비슷하고 어제의 수치는 그제의 수치와 비슷하기 때문이다. 그래서 추세가 있는 데이터의 경우 그림 13.38처럼 1, 2와 같은 근접한 시차의 ACF값이 높은 양의 상관성을 갖는 것이다.

이와 비슷한 개념으로 편자기상관함수인 PACF(Partial autocorrelation function)가 있다. Y의 시점과 특정 t_{-k} 시점 이외의 모든 시점과의 영향력을 배제한 순수한 영향력을 나타내는 척도다. 다른 시점들과의 나중공선성을 제거한 단 두 시점과의 관계를 수치화한 것이다. 시계열 분석을 할 때는 ACF와 FACF를 같이 봐야 한다. 이 두 기준은 AR, MA 등의 분석 방법에서 중요하게 사용된다.

모델 학습과 해석, 예측 방법은 기존의 회귀분석과 동일하다. 변수 간의 다중공선성과 유의도를 고려하여 변수 선택을 하고, 계숫값, R^2값 등을 통해 모델을 해석하고 튜닝해 나가면 된다.

13.7.2 ARIMA 모델

지금까지 회귀 기반 시계열 분석 방법을 알아보았다. 이제 ARIMA 모델에 대해서 알아보겠다. ARIMA 는 Auto regressive integrated moving average의 준말이다. 즉 이동평균을 누적한 자기회귀를 활용하여 시계열 분석을 하는 것이다. 따라서 먼저 자기회귀(AR)모델과 이동평균(MA)모델을 이해하고 있어야 ARIMA 모델을 알 수 있다.

AR, MA모형 분석을 시작하기에 앞서 시계열 데이터가 정상성(Stationarity)을 가지도록 변환을 해줘야 한다. 정상성이란 모든 시점에 대해서 일정한 평균을 갖도록 하는 것이다. 즉 추세나 계절성이 없는 시계열 데이터로 만들어 주는 것이다. 유의할 점은 시계열 데이터의 주기성은 정상성과 관련이 없다. 주기의 고점이나 저점을 알 수 없고 고정된 길이를 갖고 있지 않기 때문이다. 정상성을 나타내는 시계열은 평균과 분산이 안정되어 있는 상태이다.

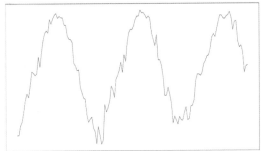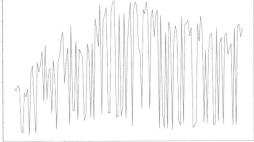

그림 13.39 추세와 계절성이 있는 시계열 VS 추세와 계절성이 없는 시계열

시계열 데이터에 추세가 있어서 평균이 일정치 않으면 차분(difference)을 해준다. 차분은 연달아 이어진 관측값들의 차이를 계산하여 그 변화 차이를 제거하는 것이다. 다시 말해 현재 상태의 값에서 바로 전 상태의 값을 빼 주는 것이다. 이러한 과정을 통해 모든 기간의 평균을 일정하게 해 준다. 추세만 차분하는 것은 1차 차분 혹은 일반 차분(Regular difference)이라 한다. 시계열에 계절성도 존재하는 경우에는 계절성의 시차인 n 시점 전 값을 빼 주는 2차 차분 혹은 계절차분(Seasonal difference)을 해준다.

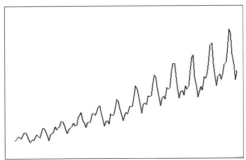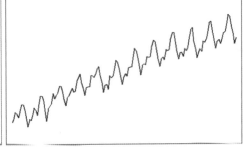

그림 13.40 Transformation을 통한 증가하는 분산 완화 예시

시계열 데이터의 분산이 일정치 않을 때는 변환(Transformation)을 해줘야 한다. 그림 13.40과 같이 분산이 점점 커져가는 형태를 가질 경우, 각 시점의 값에 로그나 루트를 씌워 주어 분산의 크기를 완화시켜 주는 것이다. 이러한 방법은 분산을 없애 주지는 못하지만, 시점 간의 편차를 감소시키기 때문에 시계열 분석에서 유용하게 사용된다.

앞에서 잠시 자기 회귀라는 용어를 언급했다. 이는 말 그대로 자기 자신에 대한 변수의 회귀라는 뜻이다. 현재 시점의 Y값과 t_{-k} 시차들 간의 관계만으로 시계열 데이터를 분석하는 것을 자기회귀 모델(Autoregressive model, AR)이라 한다. 회귀 기반 시계열 분석에서 시차 변수만 사용한 개념이라고 이해하면 된다. AR 모델을 표현할 때는 하나의 시차만 사용한 경우 AR(1) 모델, 세 개의 시차만 사용한 경우 AR(3) 모델이라 부른다.

$$AR(1): Y_t = \beta_1 X_{t-n} + w_t$$

AR 모델의 예측하고자 하는 Y_t 값은 X_{t-n} 시점의 값에 자기상관계수 β_{t-n}값을 곱하고 오차 항 w_{t-n}를 더해주는 식으로 구성된다.

이동평균(Moving average, MA)모델은 추세와 주기를 측정하기 위해 일반적으로 사용하는 이동평균과는 다른 개념이다. 용어가 같아서 이동평균 모델을 처음 들었을 때 혼란이 올 수 있다. 시계열 예측 모델로 사용되는 MA 모형은 관측값의 이전 시점의 연속적인 예측 오차(Forecast error)의 영향을 이용하는 방법이다. MA 모델도 AR 모델처럼 MA(n)으로 표현한다.

$$MA(1): Y_t = \epsilon_t + \beta_1 X_{t-n}$$

MA 모델의 예측하고자 하는 Y_t 값은 해당 시점의 오차 항(백색잡음) ϵ_t에 n시점 이전의 오차항에 이동평균계수를 곱한 값들을 더해 준 것이다. MA 모델은 이전 시점의 상태를 이용하여 현재를 예측하는 방식이 아니다. 이전 시점의 변동 값과 오차항을 이용하여 현재 상태를 추론한다.

이러한 AR 모델과 MA 모델은 각각 사용하는 시점의 수에 따라 AR(p), MA(q) 모형으로 정의할 수 있다. 이 두 모델을 결합하면 자기회귀평균 모델인 ARMA(p, q) 모델이 된다. 과거 시점의 수치와 변동성을 모두 활용하여 보다 정교한 예측을 하는 것이다. 하지만 보통 시계열 데이터는 추세를 가지고 있으며 일정한 패턴을 가지고 있지 않은 경우가 많다. 대부분 불안정(Non-stationary)한 패턴을 가지고 있기 때문에 ARMA(p, q) 모델만으로는 부족한 면이 있다.

그래서 **ARMA(p, q)** 모델 자체의 불안정성을 제거하는 기법을 결합한 모델이 바로 **ARIMA** 모델이다. ARIMA 모델은 과거의 데이터가 가지고 있던 추세까지 반영한다. 시계열의 비정상성을 설명하기 위해 시점 간의 차분을 사용하는 것이다. AR 모델의 자기 회귀 부분의 차수, MA 모델의 이동평균 부분의 차수 그리고 1차 차분이 포함된 정도를 포함하여 ARIMA(p, d, q)로 표현한다.

- p: AR 모델의 자기회귀 부분의 차수
- d: 1차 차분이 포함된 정도
- q: MA 모델의 이동평균 부분의 차수

이를 요약하면 AR(p) 모델은 p만큼의 과거 값들을 예측에 이용하는 것이고 MA(q) 모델은 q만큼의 과거 오차 값들을 예측에 이용하는 것이다. 따라서 ARMA(p, q) 모델은 p만큼의 과거 값들과 q만큼의 과거 오차 값들을 예측에 이용한다. 그리고 **ARIMA(p, d, q) 모델은 시계열 데이터를 d회 차분하고 p만큼의 과거 값들과 q만큼의 과거 오차 값들을 통해 수치를 예측하고 차분한 값을 다시 원래의 값으로 환산하여 최종 예측값을 산출한다.**

ARIMA(p, d, q) 분석을 할 때는 우선 시각화와 ACF 차트를 통해 시계열 데이터가 정상시계열인지 확인한다. 시계열 데이터에 추세가 있어서 평균이 일정치 않으면 차분을 하여 차분계수 d를 구한다. 그다음 ACF, PACF 값을 통해 p값과 q값을 설정하고 최종의 ARIMA(p, d, q)를 적합하여 모델을 만든다.

시계열 분석의 예측값에 대한 평가는 실젯값과 예측값의 차이를 측정하여 모델의 적합도와 예측력을 평가한다. 일반적으로 RMSE, MAE, MAPE 등의 기준을 사용한다. 이러한 기준은 모델 평가 부분에서 자세히 다룰 것이다.

그림 13.41 슬라이딩 윈도우를 활용한 시계열 모델 검증

그런데 시계열 데이터는 검증할 데이터가 적은 편이기 때문에 슬라이딩 윈도우 기법을 사용하여 학습 및 검증 데이터를 증폭시킬 수 있다. 앞서 다루었던 슬라이딩 윈도우 방식으로 그림 13.41과 같이 시점을 중복하여 복제하면 시계열 전체 구간을 학습과 예측으로 사용하여 보다 정밀한 모델 검증 및 평가가 가능하다.

13.7.3 시계열 분석 실습

이제 캐글에 있는 "Walmart Cleaned Data"[7] 데이터셋으로 시계열 분석을 실습해 보겠다. 이 절의 실습 코드는 이 책의 저장소의 **13.7.3.시계열 분석 (예측모델).ipynb** 파일에 있다.

코드 13.72 패키지 임포트

In [1]:

```
01: # 필요한 패키지 임포트
02: from statsmodels.tsa.seasonal import seasonal_decompose
03: import statsmodels.api as sm
04: from statsmodels.tsa.stattools import adfuller
05: from sklearn.linear_model import LinearRegression
06: from sklearn.model_selection import train_test_split
07: from statsmodels.tsa.arima.model import ARIMA
08: import pmdarima as pm
09: import matplotlib.pyplot as plt
10: import pandas as pd
11: import numpy as np
12: import seaborn as sns
```

시계열 분석을 위한 시계열 분해, 회귀모델, ARIMA 모델과 그래프를 시각화하기 위해 필요한 패키지들을 임포트한다.

코드 13.73 데이터 불러오기 및 확인

In [2]:

```
01: # 데이터 불러오기
02: df = pd.read_csv("datasets/walmart_cleaned.csv")
03:
```

---

7 https://www.kaggle.com/datasets/ujjwalchowdhury/walmartcleaned

```
04: # 데이터 샘플 확인
05: df.head()
```

Out [2]:

	Unnamed: 0	Store	Date	IsHoliday	Dept	Weekly_Sales	Temperature	Fuel_Price	MarkDown1	MarkDown2	MarkDown3	MarkDown4	MarkDown5
0	0	1	2010-02-05	0	1.0	24924.50	42.31	2.572	0.0	0.0	0.0	0.0	0.0
1	1	1	2010-02-05	0	26.0	11737.12	42.31	2.572	0.0	0.0	0.0	0.0	0.0
2	2	1	2010-02-05	0	17.0	13223.76	42.31	2.572	0.0	0.0	0.0	0.0	0.0
3	3	1	2010-02-05	0	45.0	37.44	42.31	2.572	0.0	0.0	0.0	0.0	0.0
4	4	1	2010-02-05	0	28.0	1085.29	42.31	2.572	0.0	0.0	0.0	0.0	0.0

데이터를 판다스 데이터 프레임으로 불러온 다음 확인한다. 일자별 각 지점의 매출액과 휴일 여부, 기온, 유류 시세 등의 정보가 기록되어 있는 것을 확인할 수 있다.

코드 13.74 주별 매출 집계 테이블 생성

In [3]:

```
01: # 주별 매출 집계 테이블 생성
02:
03: # date 칼럼 날짜형식 변환
04: df['Date2']= pd.to_datetime(df['Date'])
05: # 날짜 오름차순 정렬
06: df = df.sort_values(by='Date2')
07: # 연도 칼럼 생성
08: df['Year'] = df['Date2'].dt.year
09:
10: # 집계 칼럼 함수 설정
11: def func(df):
12:     df_sum = {}
13:     df_sum['Weekly_Sales'] = df['Weekly_Sales'].sum()
14:     df_sum['Temperature'] = df['Temperature'].mean()
15:     df_sum['Fuel_Price'] = df['Fuel_Price'].mean()
16:     df_sum['IsHoliday'] = df['IsHoliday'].max()
17:     df_sum['CPI'] = df['CPI'].mean()
18:     df_sum['Unemployment'] = df['Unemployment'].mean()
19:     return pd.Series(df_sum, index=['Weekly_Sales', 'Temperature',
20:                                     'Fuel_Price', 'IsHoliday',
```

```
21:                                              'CPI', 'Unemployment'])
22:
23: # 집계 테이블 생성
24: df_agg = df.groupby(['Year', 'Date2']).apply(func).reset_index()
25:
26: df_agg.head()
```

Out [3]:

	Year	Date2	Weekly_Sales	Temperature	Fuel_Price	IsHoliday	CPI	Unemployment
0	2010	2010-02-05	49750740.50	33.277942	2.717869	0.0	167.398405	8.576731
1	2010	2010-02-12	48336677.63	33.361810	2.696102	1.0	167.384138	8.567309
2	2010	2010-02-19	48276993.78	37.038310	2.673666	0.0	167.338966	8.576351
3	2010	2010-02-26	43968571.13	38.629563	2.685642	0.0	167.691019	8.561375
4	2010	2010-03-05	46871470.30	42.373998	2.731816	0.0	167.727351	8.572689

시계열 분석을 위해 지점별 매출액을 통합하여 일자별 월마트 전체 매출로 집계한다. 데이터는 주 단위로 기록되어 있다. 우선 회귀모델에 사용하기 위해 기온, 유류 시세 등의 정보를 평균값으로 가공한다. 그리고 Date 칼럼을 날짜 형식으로 변환한 Date2 칼럼을 새로 생성한다.

코드 13.75 전체 매출 추세 시각화

In [4]:

```
01: # 전체 매출 추세 확인
02:
03: plt.figure(figsize=(22,8))
04: plt.plot(df_agg.Date2,df_agg.Weekly_Sales)
05: plt.title("Walmart Weekly Sales")
06: plt.xlabel("Date")
07: plt.ylabel("Sales")
08: plt.show()
```

Out [4]:

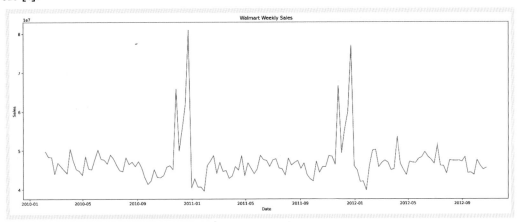

집계된 기간에 따른 매출액을 시각화한다. 2010년부터 2012년까지의 정보가 있으며, 연말 기간에 매출액이 크게 상승하는 패턴을 나타내는 것을 알 수 있다.

코드 13.76 시계열 분해용 데이터셋 생성

In [5]:

```
01: # 시계열 분해용 데이터셋 생성
02:
03: timeSeries_decomp = df_agg.loc[:, ["Date2","Weekly_Sales"]]
04: timeSeries_decomp.index = timeSeries_decomp.Date2
05: ts_decomp = timeSeries_decomp.drop("Date2",axis=1)
06:
07: ts_decomp.head()
```

Out [5]:

Date2	Weekly_Sales
2010-02-05	49750740.50
2010-02-12	48336677.63
2010-02-19	48276993.78
2010-02-26	43968571.13
2010-03-05	46871470.30

시계열 분해를 위해 날짜 인덱스와 매출액 칼럼으로민 구성된 데이터셋을 생성한다.

코드 13.77 시계열 분해 시각화

In [6]:
```
01: # 시계열 분해 시각화
02:
03: # period= 월별은 12, 주별은 4, 일별은 7
04: decomp = seasonal_decompose(ts_decomp['Weekly_Sales'], model='additive', period=4)
05:
06: fig = plt.figure()
07: fig = decomp.plot()
08: fig.set_size_inches(20, 15)
09: plt.show()
```

Out [6]:

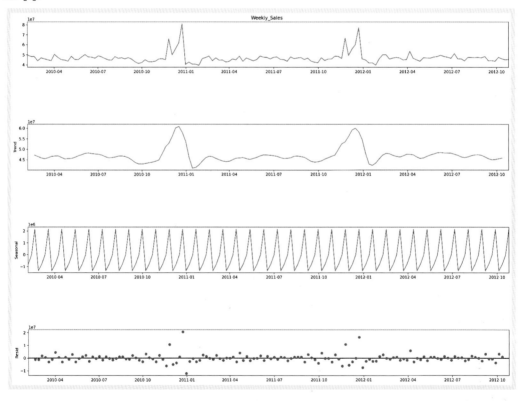

seasonal_decompose() 함수를 사용하여 기존 데이터의 추세(tend), 계절성(seasonal), 잔차(rasid) 요소를 분해한다. 해당 데이터는 주별 데이터이기 때문에 period=4 옵션을 준다. 연말에 매출이 급등하는 추세와 4주 간격으로 오르내리는 계절성을 보이고 있다.

코드 13.78 ACF, PACF 분석

In [7]:

```
01: # ACF, PACF 그래프 시각화
02:
03: fig = plt.figure(figsize=(20,8))
04: ax1 = fig.add_subplot(212)
05: fig = sm.graphics.tsa.plot_acf(ts_decomp, lags=60, ax=ax1)
06:
07: ax2 = fig.add_subplot(211)
08: fig = sm.graphics.tsa.plot_pacf(ts_decomp, lags=60, ax=ax2)
```

Out [7]:

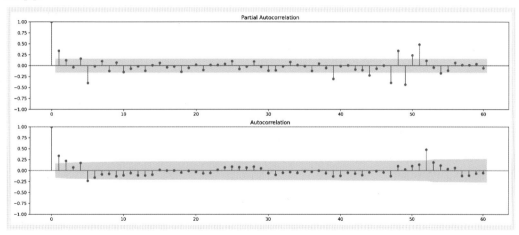

시차별 영향력을 확인하기 위해 ACF와 PACF 분석을 시행한다. 1주 전의 영향력이 약간 있는 것으로 보이며, 1년 주기인 52주 부근에서 높은 영향력이 나타나는 것을 알 수 있다. 따라서 회귀 모델을 만들 때에는 전주의 매출액과 전년 동일 시기의 매출액이 중요한 변수일 것으로 판단된다.

코드 13.79 회귀모델을 위한 데이터셋 전처리

In [8]:

```
01: # 회귀 모델용 데이터셋 가공
02:
03: # 1~4, 52주 전 시점 패생변수 생성
04: df_agg['Weekly_Sales_1w'] = df_agg['Weekly_Sales'].shift(1)
05: df_agg['Weekly_Sales_2w'] = df_agg['Weekly_Sales'].shift(2)
```

```
06: df_agg['Weekly_Sales_3w'] = df_agg['Weekly_Sales'].shift(3)
07: df_agg['Weekly_Sales_4w'] = df_agg['Weekly_Sales'].shift(4)
08: df_agg['Weekly_Sales_52w'] = df_agg['Weekly_Sales'].shift(52)
09:
10: # 모델용 데이터셋 기간 설정
11: df_agg_set = df_agg[df_agg["Date2"].isin(pd.date_range('2011-02-05', '2012-10-26'))]
12:
13: # 독립변수, 종속변수 분리
14: df_x = df_agg_set.drop(['Year','Date2','Weekly_Sales'],axis=1)
15: df_y = df_agg_set[['Weekly_Sales']]
16:
17:
18: # 학습셋과 테스트셋 분리하여 생성(6:4)
19:
20: x_train, x_test, y_train, y_test = train_test_split(
21:     df_x,df_y,test_size=0.4,random_state=1)
22:
23: # 학습셋과 검증셋이 잘 나뉘었는지 확인
24: print('train data 개수: ', len(x_train))
25: print('test data 개수: ', len(x_test))
```

Out [8]:

```
train data 개수:  54
test data 개수:  36
```

시계열 데이터에 회귀모델을 적용하기 위해 파생변수를 만들고 학습셋과 테스트셋으로 나눠준다. 파생
변수는 shift() 함수를 통해 1~4주 전 매출액과 1년 주기인 52주 전 매출액 변수를 생성한다. 이 때문
에 52주 전 데이터가 있는 시점만 사용이 가능하여 데이터셋의 기간을 2011-02-05부터 2012-10-
26까지 필터링한다. 다음으로 학습셋과 테스트셋을 분리해 준다. 때에 따라서는 시점을 기준으로 학습
셋과 테스트셋을 나누기도 하는데, 예시 상황에서는 기간이 짧기 때문에 랜덤 샘플링으로 학습셋과 테스
트셋을 분리한다.

코드 13.80 다중회귀모델 적용 및 성능 확인

In [9]:

```
01: # 다중회귀모델 생성
02: mreg = LinearRegression(fit_intercept=True)
03: mreg.fit(x_train, y_train)
```

```
04:
05: # 테스트셋에 모델 적용
06: y_predict = mreg.predict(x_test)
07:
08: # 모델 성능 확인
09: print("학습셋 R-Square: {:.5f}".format(mreg.score(x_train, y_train)))
10: print("테스트셋 R-Square: {:.5f}".format(mreg.score(x_test, y_test)))
```

Out [9]:

```
학습셋 R-Square: 0.82340
테스트셋 R-Square: 0.89378
```

기본적인 다중회귀모델을 적합하여 예측 모델을 생성한다. 학습셋의 알스퀘어는 0.82, 테스트셋의 알스퀘어는 0.89가 나왔다. 다소 과소적합이 있는 것으로 판단된다. 모델 성능을 높이기 위해서는 보다 효과적인 파생변수들을 찾아내고 변수의 영향력을 분석하는 등의 과정이 필요하다.

코드 13.81 모델 세부 성능 및 각 변수의 유의도 확인

In [10]:

```
01: # 모델 상세 확인
02:
03: ols_m = sm.OLS(y_train, sm.add_constant(x_train)).fit()
04: ols_m.summary()
```

Out [10]:

OLS Regression Results

Dep. Variable:	Weekly_Sales	R-squared:	0.823
Model:	OLS	Adj. R-squared:	0.782
Method:	Least Squares	F-statistic:	20.05
Date:	Fri, 01 Jul 2022	Prob (F-statistic):	4.25e-13
Time:	01:18:48	Log-Likelihood:	-829.81
No. Observations:	54	AIC:	1682.
Df Residuals:	43	BIC:	1704.
Df Model:	10		
Covariance Type:	nonrobust		

	coef	std err	t	P>|t|	[0.025	0.975]
const	−1.736e+08	1.06e+08	−1.645	0.107	−3.86e+08	3.92e+07
Temperature	1.128e+04	1.42e+04	0.794	0.432	−1.74e+04	3.99e+04
Fuel_Price	−1.471e+06	1.11e+06	−1.320	0.194	−3.72e+06	7.76e+05
IsHoliday	8.763e+05	7.81e+05	1.122	0.268	−6.99e+05	2.45e+06
CPI	9.353e+05	5.08e+05	1.839	0.073	−9.01e+04	1.96e+06
Unemployment	3.305e+06	2.68e+06	1.234	0.224	−2.1e+06	8.71e+06
Weekly_Sales_1w	0.0750	0.056	1.347	0.185	−0.037	0.187
Weekly_Sales_2w	0.0470	0.043	1.099	0.278	−0.039	0.133
Weekly_Sales_3w	0.0079	0.044	0.180	0.858	−0.080	0.096
Weekly_Sales_4w	−0.0590	0.075	−0.784	0.437	−0.211	0.093
Weekly_Sales_52w	0.7359	0.066	11.169	0.000	0.603	0.869

Omnibus:	13.772	Durbin–Watson:	2.366	
Prob(Omnibus):	0.001	Jarque–Bera (JB):	22.759	
Skew:	−0.769	Prob(JB):	1.14e−05	
Kurtosis:	5.784	Cond. No.	6.35e+10	

OLS() 함수의 회귀모델을 통해 세부적인 모델 성능과 각 변수의 영향력과 유의성을 확인한다. Weekly_Sales_52w 변수와 CPI 변수를 제외하고는 p-value가 너무 높게 나오는 것을 알 수 있다. 우선 더 많은 기간의 데이터가 필요할 것으로 보이며 월, 주차 구분이나 1년 전 월평균 매출액 등의 파생변수를 추가해야 할 것으로 보인다.

코드 13.82 ADF 검정 수행

```
In [11]:
01: # ADF 검정
02:
03: # p-value가 0.05 미만이므로 대립가설 채택. 즉, 정상성 만족.
04: def ADF(ts_decomp):
05:     result = adfuller(ts_decomp.values, autolag="AIC")
06:     print("------ Augmented Dickey-Fuller Test ------")
07:     print('ADF Statistic: %f' % result[0])
08:     print('p-value: %1.10f' % result[1])
```

```
09:     print('Lag: %d' % result[2])
10:     print('observation: %d' % result[3])
11:     print('Critical Values:')
12:     for key, value in result[4].items():
13:         print('\t%s: %.3f' % (key, value))
14:
15: ADF(ts_decomp)
```

Out [11]:

```
------ Augmented Dickey-Fuller Test ------
ADF Statistic: -5.908298
p-value: 0.0000002676
Lag: 4
observation: 138
Critical Values:
       1%: -3.479
       5%: -2.883
      10%: -2.578
```

시계열의 정상성 여부를 판단하기 위해 ADF 검정을 수행한다. 예시에서는 p-value가 0.05 이하이므로 데이터가 정상성을 만족하는 것으로 판정된다. 만약 귀무가설을 기각하지 못한다면 차분을 취하는 단계가 추가적으로 필요하다.

코드 13.83 ARIMA용 학습셋, 테스트셋 생성

In [12]:

```
01: # ARIMA용 학습셋, 테스트셋 생성
02:
03: train= ts_decomp.loc['2010-02-05':'2012-09-21']
04: test= ts_decomp.loc['2012-09-28':'2012-10-26']
05:
06: # 학습셋과 검증셋이 잘 나뉘었는지 확인
07: print('train data 개수: ', len(train))
08: print('test data 개수: ', len(test))
```

Out [12]:

```
train data 개수:  138
test data 개수:  5
```

ARIMA 모델용 학습셋과 테스트셋을 생성한다. 이번에는 마지막 5주차의 매출액을 예측하기 위해 2012-09-28부터 2012-10-26까지를 테스트셋으로 만들어 준다.

코드 13.84 기본 ARIMA 모델 생성

In [13]:

```
01: # ARIMA 예측값 출력
02:
03: # p,d,q 파라미터값 설정
04: p, d, q = 3, 0, 3
05:
06: model_arima = ARIMA(train["Weekly_Sales"], order=(p,d,q))
07: model_arima_fit = model_arima.fit()
08:
09: # 예측값 출력
10: pred1 = model_arima_fit.forecast(steps=58)[0]
11: pred1 = pd.Series(pred1, index=test.index)
12:
13: print(np.round_(pred1,2))
```

Out [13]:

```
Date2
2012-09-28    46275797.11
2012-10-05    46275797.11
2012-10-12    46275797.11
2012-10-19    46275797.11
2012-10-26    46275797.11
```

기본적인 ARIMA 모델을 생성하여 예측값을 확인한다. 예시에서는 p, d, q를 3, 0, 3로 설정했다. 이는 자기회귀 부분의 차수는 3, 1차 차분이 포함된 정도는 0, 오차 부분의 차수는 3임을 의미한다. 모델 성능을 높이기 위해서는 다양한 옵션들을 테스트해봐야 한다. 그런데 아웃풋 결과의 값이 5주 연속 동일한 값으로 예측됐다. 이는 계절성이나 주기가 제대로 반영되지 않고 모델이 만들어졌기 때문이다.

코드 13.85 기본 ARIMA 모델 예측값 시각화

In [14]:

```
01: # ARIMA 모델 예측값 시각화
02:
```

```
03: fig, ax = plt.subplots(figsize=(15,5))
04: graph = sns.lineplot(x='Date2', y='Weekly_Sales', data = train)
05: pred1.plot(ax=ax, color='red', marker="o", legend=True)
06: test.plot(ax=ax, color='blue', marker="o", legend=True)
```

Out [14]:

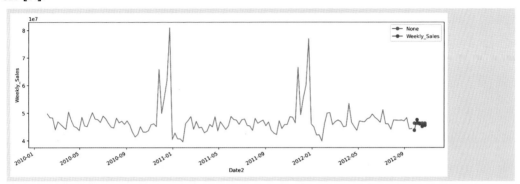

ARIMA 모델로 예측한 값과 실젯값의 차이를 확인하기 위해 시각화를 했다. 어느 정도 합리적인 수준으로 예측이 된 것으로 보이지만 모델이 제대로 적합 되지 않아 하나의 값으로만 쭉 예측하고 있다.

코드 13.86 Auto-ARIMA 모델 생성 및 예측값 시각화

In [15]:

```
01: # Auto-ARIMA 모델 예측값 시각화
02:
03: auto_arima_model = pm.auto_arima(train, seasonal=True, m=52)
04:
05: # 모델 예측
06: pred2 = auto_arima_model.predict(5)
07: pred2 = pd.Series(pred2, index=test.index)
08: pred2 = pred2.rename("Auto Arima")
09:
10: # 예측값 시각화
11: fig, ax = plt.subplots(figsize=(15,5))
12: graph = sns.lineplot(x='Date2', y='Weekly_Sales', data = train)
13: pred2.plot(ax=ax, color='red', marker="o", legend=True)
14: test.plot(ax=ax, color='blue', marker="o", legend=True)
```

Out [15]:

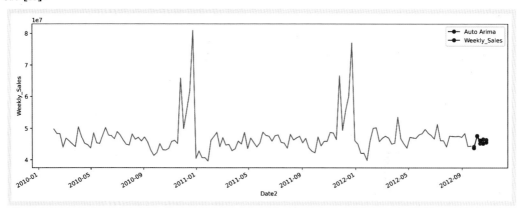

기본 ARIMA 모델의 문제점을 해결하기 위해 p, d, q와 계수를 자동으로 추정해주는 Auto-ARIMA 패키지를 사용한다. seasonal=True 옵션을 사용하여 계절성을 반영하고, 주 단위 데이터이므로 m=52 으로 설정한다. 데이터가 일 단위면 m=7로, 월 단위면 m=12로, 주기성이 없으면 m=1로 설정한다. 아웃풋 결과에서는 실젯값과 유사하게 예측값이 산출된 것을 확인할 수 있다.

코드 13.87 Auto-ARIMA 모델 정보 요약

In [16]:

```
01: # Auto-ARIMA 모델 요약
02:
03: print(auto_arima_model.summary())
```

Out [16]:

```
SARIMAX Results
==============================================================
Dep. Variable:                      y   No. Observations:      138
Model:       SARIMAX(2, 0, 2)x(1, 0, [], 52)   Log Likelihood   -2296.614
Date:                Fri, 01 Jul 2022   AIC              4607.228
Time:                        11:26:40   BIC              4627.719
Sample:                             0   HQIC             4615.555
                                - 138
Covariance Type:                  opg
==============================================================
                 coef    std err          z      P>|z|      [0.025      0.975]
--------------------------------------------------------------
intercept    3.115e+07   1.7e-08   1.83e+15      0.000    3.12e+07    3.12e+07
```

ar.L1	-0.8130	0.283	-2.874	0.004	-1.367	-0.259
ar.L2	-0.1534	0.427	-0.359	0.720	-0.991	0.684
ma.L1	1.2132	0.289	4.194	0.000	0.646	1.780
ma.L2	0.6155	0.283	2.179	0.029	0.062	1.169
ar.S.L52	0.6657	0.043	15.394	0.000	0.581	0.750
sigma2	2.47e+13	1.8e-14	1.37e+27	0.000	2.47e+13	2.47e+13

```
===============================================================
Ljung-Box (L1) (Q):              0.00   Jarque-Bera (JB):       794.52
Prob(Q):                         0.05   Prob(JB)                 0.00
Heteroskedasticity (H):          0.43   Skew:                    1.96
Prob(H) (two-sided):             0.01   Kurtosis:               14.08
===============================================================
```

모델 요약을 통해 계절성이 반영된 SARIMAX 모델이 생성된 것을 확인할 수 있다. P, d, p는 2, 0, 2
로 설정됐으며 계절성은 1, 0, 0, 52로 설정됐다. 1년의 주기성이 강하기 때문에 52주가 반영된 것으
로 판단된다. 각 요소의 p-value는 ar.L2를 제외하고 유의수준 내로 나타났다. 아래의 Ljung-Box,
Jarque-Bera, Heteroskedasticity는 잔차의 분산이 통계적으로 모델에 적합한지를 나타내는 기준
이다. 0.05 이상의 값을 가지면 적합한 것으로 판단하는데 예시에서는 테스트를 통과하지 못했다. 위도
(Skew)는 0에 가까워야 하고 첨도(Kurtosis)는 3에 가까워야 한다.

코드 13.88 Auto-ARIMA 모델 적합성 시각화

In [17]:

```
01: # 모델 적합성 시각화
02:
03: auto_arima_model.plot_diagnostics(figsize=(15,5))
```

Out [17]:

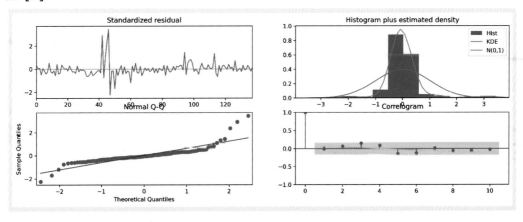

마지막으로 Auto-ARIMA 모델의 적합성을 시각화하여 확인한다. Standardized residual과 Correlogram 그래프는 잔차가 백색잡음을 따르는지를 나타낸다. Standardized residual의 40~50 부근에서 튀는 부분이 나타나는 것으로 봐서 잔차가 일정하지 않음을 알 수 있다. 모델이 제대로 만들어졌다면 잔차의 파동이 비슷하게 나타나야 한다. 잔차의 ACF를 나타내는 Correlogram은 모든 값들이 허용범위 안에 들어왔다. 잔차의 정규성을 나타내는 Histogram plus estimated density는 대칭적이긴 하지만 첨도가 다소 높게 나타났다. 그리고 Normal Q-Q도 양 끝의 점들이 붉은 선을 벗어나는 것으로 보아 잔차가 정규성을 가지지 않는 것을 알 수 있다.

13.8 k-means 클러스터링(군집 모델)

k-means 클러스터링 분석 방법은 앞에서 다루었던 KNN(K-Nearest Neighbors)과 비슷한 듯하면서도 전혀 다른 모델이다. 우선 KNN은 지도 학습이고 k-means 클러스터링은 비지도학습이다. 그렇기 때문에 k-means 클러스터링은 미리 가지고 있는 정답(레이블) 없이 데이터의 특성과 구조를 발견해 내는 방식이다. KNN의 분류(Classification)와 k-means 클러스터링의 군집화(Clustering)는 다른 개념이라는 것을 염두에 두어야 한다. 군집화는 기업에서 수행하는 고객 세그먼트 분석과 유사하다. 예를 들어 성별, 연령, 지역, 구매 패턴 등의 특성이 비슷한 고객들끼리 묶어서 군집으로 분류하고 분류된 군집에 맞게 마케팅 전략을 수립하는 것이다.

k-means 클러스터링은 군집화 알고리즘 중에서 구현 방법이 매우 간단하고 실행 속도가 빠르기 때문에 많이 사용된다. K-means 방식 외에 DBSCAN, Mean-shift clustering, Agglomerative hierarchical clustering 등 다양한 클러스터링 기법이 있다. 각각 군집을 나누는 방식이 다르기 때문에 데이터의 상황에 따라 알맞은 알고리즘을 선택하여 군집화를 해야 한다. 이 책에서는 k-means를 중심으로 클러스터링 방법을 설명하겠다.

k-means 클러스터링이라는 이름에서 k는 분류할 군집의 수를 뜻한다. K를 3으로 설정하면 전체 관측치를 3개의 군집으로 분류한다. Means는 각 군집의 중심(Centroid)을 뜻한다. 군집의 중심점을 각 관측치들 간의 거리 평균값으로 구하기 때문이다. **중심점과 군집 내 관측치 간의 거리를 비용함수로 하여, 이 함수 값이 최소화되도록 중심점과 군집을 반복적으로 재정의해 준다.** 즉 k 개의 중심점을 찍어서 관측치들 간의 거리를 최적화하여 군집화를 하는 모델이 k-means 클러스터링이다. 이 역시 관측치와 중심점 간의 거리를 사용하기 때문에 데이터 표준화나 정규화를 꼭 해줘야 한다.

좀 더 자세히 설명하면, 먼저 데이터 공간에 k 개의 중심점을 임의로 찍는다. 그다음 중심점에서 각 관측치 간의 유클리드 거리를 구한 후, 중심점과 가까운 관측치들을 군집으로 할당한다. 다음으로 군집의 모든 관측치와 중심점 간의 거리 합이 최소가 되도록 중심점을 군집 중앙으로 이동시킨다. 이 과정을 중심점이 더 이상 이동하지 않을 때까지 반복(Iteration)한다. 이를 단계별로 정리하면 다음과 같다.

- 1단계: k 개의 중심점을 임의의 데이터 공간에 선정

- 2단계: 각 중심점과 관측치들 간의 유클리드 거리를 계산

- 3단계: 각 중심점과 거리가 가까운 관측치들을 해당 군집으로 할당

- 4단계: 할당된 군집의 관측치들과 해당 중심점과의 유클리드 거리를 계산

- 5단계: 중심점을 군집의 중앙으로 이동(군집의 관측치들 간 거리 최소 지점)

- 6단계: 중심점이 더 이상 이동하지 않을 때까지 2~5단계 반복

가 단계는 다음 그림 13.42를 보면 쉽게 이해할 수 있다. 우선 ①번과 같은 형태로 2차원상에 관측치가 존재한다고 해보자. 얼핏 보기에도 3개의 군집으로 분류가 가능해 보인다. 이제 k를 3으로 설정하면 k-means 클러스터링 모델은 ②번과 같이 임의의 위치에 군집의 중심점(별표)을 지정해 준다. 그러면 각 중심점과 가까운 관측치들을 군집으로 분류한다. ②번은 임의의 중심점을 찍은 상태이기 때문에 아직 군집이 제대로 분류되지 않았다.

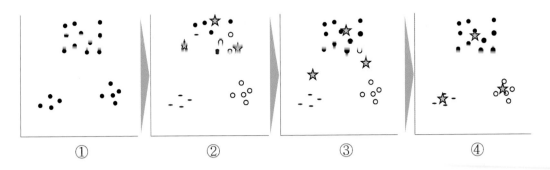

그림 13.42 k-means 클러스터링의 중심점 이동

다음으로 각 군집의 가운데로 중심점을 이동시킨다. ③번을 보면 각 중심점을 나타내는 별표가 이동한 것을 알 수 있다. 그리고 이동한 중심점에 맞춰 군집을 다시 분류한다. ③번이 ②번보다 군집을 더 깔끔하게 분류되어 보인다. 이러한 과정을 반복하면 ④번과 같이 중심점이 더 이상 이동하지 않는 상태가 된다. 전체 관측치를 3개의 군집으로 깔끔하게 분류한 것을 확인할 수 있다.

이렇게 k-means 클러스터링은 단순한 원리를 통해 군집화를 효과적으로 할 수 있다. 하지만 알고리즘 특성상 단점이 존재한다. 예를 들어 데이터가 그림 13.43의 ①번과 같은 값을 가진다고 해보자.

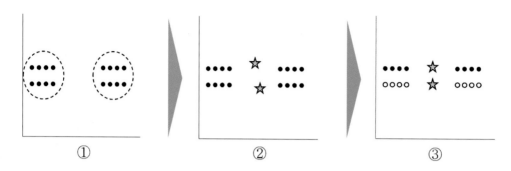

그림 13.43 k-means 클러스터링의 Local minimum 현상

합리적으로 생각했을 때, 오른쪽 군집과 왼쪽 군집으로 군집화를 해주는 것이 맞아 보인다. 그런데 만약 2개의 k 중심점을 설정했을 때, ②번과 같은 위치에 초기 중심점이 생겼을 때, 위쪽 중심점은 위에 있는 관측치들과 가장 가깝고, 아래쪽 중심점은 아래에 있는 관측치들과 가장 가깝게 된다. 따라서 ③번과 같이 위쪽과 아래쪽으로 군집화가 되는 일이 발생한다. 이러한 현상을 지역 최솟값(Local minimum) 문제라 한다.

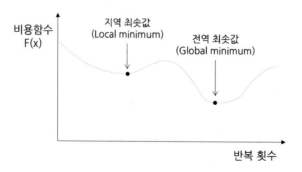

그림 13.44 Local minimum과 Global minimum

앞에서 k-means 클러스터링은 중심점과 군집 내 관측치 간의 거리를 비용함수로 하여, 이 함수 값이 최소화되도록 중심점과 군집을 반복적으로 재정의해 준다고 했다. 중심점과 군집 내 관측치의 거리 합이 최소화됐을 때 클러스터링 알고리즘이 종료되기 때문에 정말로 거리합이 최소화되는 전역 최솟값(Global minimum)을 찾기 전에 지역 최솟값에서 알고리즘이 종료되는 것이다. 이러한 **지역 최솟값**

문제를 방지하기 위해 초기 중심점 선정 방법을 다양하게 하여 최적의 모델을 선정할 수 있다. 초기 중심점 선정 방법은 랜덤 방식, 중심점들을 가능한 한 서로 멀리 떨어져서 설정하는 방법, 중심점이 밀집되지 않도록 하는 k-means++ 등 다양한 방법이 존재한다.

그럼 적절한 k의 수는 어떻게 선정할 수 있을까? K 수를 정하는 방법은 대표적으로 세 가지가 있다. 첫 번째는 비즈니스 도메인 지식을 통한 개수 선정이다. 이는 정성적인 선정 방법으로 데이터적인 근거는 다소 부족할 수 있지만, 클러스터링 자체가 해석을 통한 비즈니스 인사이트 도출이 중요하기 때문에 많은 기업에서 이 방법을 많이 사용하고 있다.

두 번째는 엘보우 기법(Elbow method)이다. 이는 군집 내 중심점과 관측치 간 거리 합(Inertia value)이 급감하는 구간의 k 개수를 선정하는 방법이다. 군집의 수가 k 개였을 때보다 k+1개일 때 거리합이 급감했다는 것은 유사한 속성의 관측치들끼리 잘 묶였다는 것을 뜻한다. 따라서 k가 더 증가해도 거리합이 별로 줄어들지 않을 때는 k를 더 증가시킬 필요가 없다는 것을 의미한다.

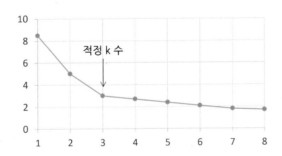

그림 13.45 Elbow method 예시

그림 13.45를 보면 k수가 3이 될 때까지 Inertia value가 급감하다가 4 이후부터는 큰 차이가 없다. 이를 통해 k수를 3으로 설정하는 것이 적절하다는 판단을 할 수 있다. 이러한 그래프 모양이 팔꿈치(Elbow) 형태를 가지고 있기 때문에 엘보우 기법이라 하는 것이다.

세 번째로 실루엣 계수(Silhouette coefficient)를 활용하여 적정 k 수를 찾을 수 있다. 실루엣 계수는 군집 안의 관측치들이 다른 군집과 비교해서 얼마나 비슷한지를 나타내는 수치다. 동일한 군집 안에 있는 관측치들 간의 평균 거리와 가장 가까운 다른 군집과의 평균 거리를 구해 실루엣 계수를 구한다.

- a_i: i와 **동일한 군집**에 속한 관측치들 간의 평균 거리
- b_i: i와 다른 군집 중 가장 가까운 군집까지의 평균 거리

$$S_i = \frac{b_i - a_i}{\max(a_i, b_i)}$$

수식을 보면, 동일한 군집 내 관측치들 간 평균 거리가 집단 간 평균 거리보다 짧을수록 실루엣 계수는 높아진다. 범위는 −1부터 1의 값을 가지며 실루엣 계수가 1에 가까울수록 k수가 적합하게 나누어졌음을 의미한다. 예를 들어 a_i 값이 0.1, b_i 값이 0.5라면 $\frac{0.5 - 01}{0.5} = \frac{0.4}{0.5} = 0.8$이 된다. K 값을 1부터 증가시켜 가며 실루엣 계수가 최대치가 될 때를 찾아 k 값을 찾는 것이다.

그런데 아무리 k 값을 잘 지정해 주었다 해도 데이터의 형태가 k-means 클러스터링 알고리즘에 적합하지 않으면 효과적인 군집화를 할 수 없다. 만약 데이터가 다음 그림 13.46과 같이 두 개의 동심원과 같은 형태를 가지고 있으면, k를 2로 설정했을 경우 안쪽의 원과 바깥쪽의 원으로 군집을 나누지 못하고 원들을 반으로 갈라서 군집화를 하게 된다.

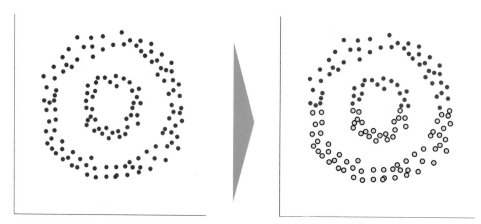

그림 13.46 k-means 클러스터링의 잘못된 군집화

k-means는 중심점과 관측치 간의 거리를 이용하기 때문에 이러한 형태의 데이터는 효과적으로 분류할 수 없다. 그렇다면 어떤 방식으로 군집화 알고리즘을 수행하면 작은 원과 큰 원을 잘 나눠줄 수 있을까? 우리가 두 원을 서로 다른 군집이라고 인식하는 이유는 관측치들의 밀도가 높은 덩어리를 하나의 군집으로 생각하기 때문이다. 이러한 밀도 기반의 원리를 이용한 클러스터링 기법이 DBSCAN(Density-based spatial clustering of applications with noise)이다.

DBSCAN은 별도의 k 수 지정이 필요 없다. 관측치들의 밀도를 통해 자동으로 적절한 군집의 수를 찾는다. 밀도를 측정하려면 두 가지 기준이 필요하다. 첫 번째로 기준 관측치로부터 '이웃'한 관측치인지 구별

할 수 있는 거리 기준(epsilon)이 필요하다. 거리 기준값이 크면 데이터 공간상 멀리 있는 관측치도 이웃한 관측치로 인식한다. 두 번째로 거리 기준 내에 포함된 이웃 관측치 수(minPts)에 대한 기준이 필요하다. 특정 거리 안에 몇 개의 이상의 관측치가 있어야 하나의 군집으로 판단할 것인가를 결정하는 것이다.

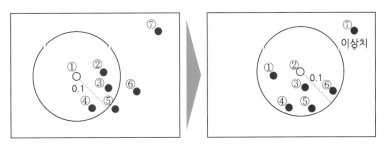

그림 13.47 DBSCAN의 군집화 원리

예를 들어 거리 기준값 ε(epsilon)을 0.1로 설정하고, 이웃 관측치 수를 3으로 설정했을 때 그림 13.47을 보면 처음 ①번 관측치의 거리 기준 안에 3개의 관측치가 포함되어 있다. 그다음 ②, ③번… 관측치로 넘어가면서 거리 기준안에 3개의 관측치가 포함되어 있는지 확인한다. 기준이 충족될 경우 해당 관측치들은 하나의 군집으로 분류된다. ⑦번과 같이 멀리 떨어져 있고 주변에 이웃한 관측치가 3개 이상 없는 관측치는 이상치로 분류된다. 그리고 ③번을 제외한 군집의 끝에 위치한 관측치들을 경계선(Border) 데이터라 한다.

이처럼 DBSCAN은 기준 밀도를 가진 관측치들을 기준으로 군집화를 하기 때문에 U자형과 같이 오목한 데이터나 H와 같은 모양을 띠는 데이터 분포도 효과적으로 군집할 수 있다. 또한 군집이 명확하지 않은 이상치를 잘 분류해 낼 수 있다. 하지만 DBSCAN은 k-means 방식에 비해 분류에 필요한 연산량이 많다. 특히 독립변수가 늘어날수록 필요한 연산량이 급증하기 때문에 변수를 적절히 설정해 줘야 한다. 그리고 데이터 특성을 모를 경우에는 적절한 파라미터 값을 설정하는 것이 어렵다는 단점이 있다.

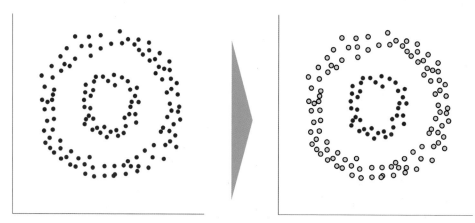

그림 13.48 DBSCAN을 통한 군집화 예시

군집화 모델은 분류된 각 군집의 특성을 파악하여 군집에 이름을 붙여서 그 특징을 정의하는 작업이 무엇보다 중요하다. k-means 클러스터링에 사용한 독립변수들이 다른 군집들에 비해서 어떠한 특성을 가지고 있는지를 확인하여 각 군집을 명확하게 정의해야 한다. 그다음 정의한 각 군집의 특성에 맞는 비즈니스 전략을 수립해야 한다. 다음 A 온라인 쇼핑몰에서 k-means 클러스터링을 해서 분류한 각 군집의 데이터 특성과 군집 이름 설정 예시를 보자.

표 13.8 A 온라인 쇼핑몰의 군집 정의 예시

군집	인원수	X1: 월평균 페이지 뷰 수(PV)	X2: 월평균 구매금액	X3: 평균 연령	군집 정의
1	2,824	32.6	187,000	31.7	신중한 소비족
2	3,241	11.2	191,000	29.1	–
3	383	13.4	383,000	63.6	골든 시니어족
...	...	...	...	...	...

A 온라인 쇼핑몰은 고객들의 월평균 페이지 뷰 수, 구매금액, 연령을 독립변수로 활용하여 군집을 분류했다. 우선 각 군집에 어느 정도의 인원이 할당됐는지 확인하여, 특정 군집에 너무 많이 인원이 쏠렸거나, 너무 적은 인원이 할당되어 군집으로서 효율성이 떨어지는 군집은 없는지 확인한다. 그리고 각 독립변수들이 다른 군집 혹은 전체 평균과 얼마나 다른지를 확인하여 군집의 특성을 파악한다. 이를 통해 각 군집의 이름을 설정해 준다.

군집 1은 다른 군집들에 비해 구매금액 대비 페이지 뷰 수가 특별히 높은 것을 알 수 있다. 따라서 다른 사람들보다 상품을 많이 보고 구매를 하는 특성이 있으므로 '신중한 소비족'이라 정의할 수 있다. 3번 군집은 구매금액이 높은 편이며 평균 연령도 높다. 이러한 특성에 따라 소비력 높은 고연령층인 '골든 시니어족'이라 정의할 수 있다. 이렇게 특성이 확실하여 쉽게 정의할 수 있는 군집도 있지만, 2번과 같이 별다른 특성이 없는 군집도 있기 마련이다. 이런 경우 무리해서 억지로 군집을 정의하기보다는 비슷한 군집끼리 묶어서 '일반 고객'으로 별도 분류하는 것도 하나의 방법이다.

군집 간의 수치적 차이를 보다 확실하게 파악하기 위해서는 앞에서 다뤘던 t-test나 ANOVA 등을 통해 군집 간 평균값 차이가 우연한 차이인지, 통계적으로 유의미한 차이인지 검증하는 절차를 거치는 것이 좋다.

13.8.1 k-means 클러스터링 실습

이제 캐글에 있는 "Mall Customer Segmentation Data"[8] 데이터셋으로 k-means 클러스터링을 실습해 보겠다. 이 절의 실습 코드는 이 책의 저장소의 **13.8.1.k-means 클러스터링 (군집 모델).ipynb** 파일에 있다.

코드 13.89 패키지 설치 및 임포트

In [1]:

```
01: # 필요한 패키지 설치 및 임포트
02: ! pip install yellowbrick
03: from sklearn.preprocessing import MinMaxScaler
04: from sklearn.cluster import KMeans
05: from yellowbrick.cluster import KElbowVisualizer
06: from sklearn.metrics import silhouette_score
07: from yellowbrick.cluster import SilhouetteVisualizer
08: from sklearn.cluster import DBSCAN
09: import pandas as pd
10: import seaborn as sns
11: import matplotlib.pyplot as plt
```

---

8 https://www.kaggle.com/datasets/vjchoudhary7/customer-segmentation-tutorial-in-python

k-means 클러스터링과 DBSCAN, 엘보우 차트, 실루엣 계수 등을 실행하기 위해 필요한 패키지들을
설치 및 임포트한다.

코드 13.90 데이터 불러오기 및 확인

In [2]:

```
01: # 데이터 불러오기
02: df = pd.read_csv("datasets/Mall_Customers.csv")
03:
04: # 데이터 샘플 확인
05: df.head()
```

Out [2]:

	CustomerID	Gender	Age	Annual Income (k$)	Spending Score (1-100)
0	1	Male	19	15	39
1	2	Male	21	15	81
2	3	Female	20	16	6
3	4	Female	23	16	77
4	5	Female	31	17	40

데이터를 판다스 데이터 프레임으로 불러온 다음 확인한다. 각 고객들의 성별과 연령, 소득, 구매 스코어
등의 정보가 기록되어 있는 것을 확인할 수 있다.

코드 13.91 산점도 행렬 시각화

In [3]:

```
01: # 산점도 행렬 시각화
02:
03: # ID 칼럼 제거
04: df1 = df.drop('CustomerID', axis=1)
05:
06: sns.set(font_scale=1)
07: sns.set_style('ticks')
08: sns.pairplot(df1,
09:              diag_kind='kde', # 상관계수가 1이면 분포로 표시
10:               hue = 'Gender',
11:              corner=True,
12:              height = 5
```

```
13:                    )
14: plot_kws={"s": 100}
15:
16: plt.show()
```

Out [3]:

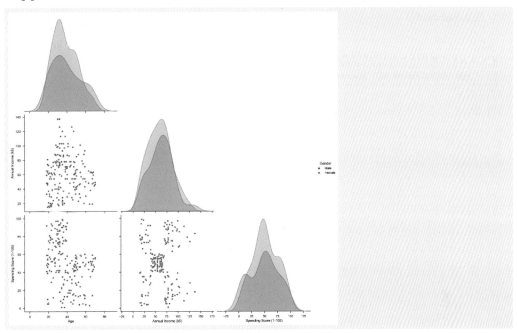

각 변수 간의 관계를 파악하기 위해 산점도 행렬을 시각화하여 분포를 확인한다. 성별 변수는 hue 옵션으로 넣어 색으로 구분되도록 했다. Spending Score(1~100) 변수와 Annual Income(k$) 변수와의 관계에서 약 5개 정도의 군집이 나눠질 수 있을 것으로 보인다. 하지만 연령과 성별 변수도 함께 사용하여 군집화를 할 예정이므로 이러한 분포는 참고만 하도록 한다.

코드 13.92 데이터 스케일 정규화 및 가변수 처리

In [4]:

```
01: # 데이터 스케일 정규화
02:
03: # Gender 변수 가변수 처리
04: df2 = pd.get_dummies(df1, columns = ['Gender'],drop_first=True)
05:
06: # 데이터 정규화 적용
```

```
07: MinMaxScaler = MinMaxScaler()
08: df_minmax = MinMaxScaler.fit_transform(df2)
09:
10: # 칼럼명 결합
11: df_minmax = pd.DataFrame(data=df_minmax, columns=df2.columns)
12:
13: df_minmax.head()
```

Out [4]:

	Age	Annual Income (k$)	Spending Score (1-100)	Gender_Male
0	0.019231	0.000000	0.387755	1.0
1	0.057692	0.000000	0.816327	1.0
2	0.038462	0.008197	0.051020	0.0
3	0.096154	0.008197	0.775510	0.0
4	0.250000	0.016393	0.397959	0.0

k-means 클러스터링이나 DBSCAN 모두 거리 기반의 군집화 알고리즘이므로 정규화 스케일링을 적용해 준다. 그리고 성별 변수는 1과 0으로 가변수 처리를 다.

코드 13.93 기본 k-means 클러스터링 모델 생성

In [5]:

```
01: # k-means 클러스터링 모델 생성
02:
03: kmeans_model_1 = KMeans(
04:     init="k-means++",
05:     n_clusters=3,
06:     n_init=10,
07:     max_iter=300,
08:     random_state=37
09: )
10:
11: kmeans_model_1.fit(df_minmax)
12:
13: # 최저 SSE 값
14: print(kmeans_model_1.inertia_)
15:
16: # 각 군집의 중심점 좌표 확인
```

```
17:  print(kmeans_model_1.cluster_centers_)
18:
19:  # 반복 횟수
20:  print(kmeans_model_1.n_iter_)
```

Out [5]:

```
29.552857611943853
[[3.86504121e-01 3.62704918e-01 5.15579446e-01 4.44089210e-16]
 [6.04567308e-01 3.88661202e-01 2.87840136e-01 1.00000000e+00]
 [1.97115385e-01 3.85245902e-01 7.21173469e-01 1.00000000e+00]]
2
```

기본적인 k-means 클러스터링 모델을 생성하여 속성을 확인한다. 중심점 설정 알고리즘은 중심점이 밀집되지 않도록 하는 k-means++로 설정했다. 그리고 n_clusters 옵션으로 3개의 중심 수를 설정하고 초기 중심위치 시도 횟수를 의미하는 n_init 옵션은 10으로 설정했다. 아웃풋 결과로 SSE는 29.5가 나왔고 각 중심점의 위치정보는 사용된 변수가 4개이기 때문에 4차원으로 표현됐다.

코드 13.94 엘보우 차트 시각화

In [6]:

```
01:  # 엘보우 차트 시각화
02:
03:  Elbow_Chart = KElbowVisualizer(kmeans_model_1, k=(1,11),)
04:  Elbow_Chart.fit(df_minmax)
05:  Elbow_Chart.draw()
```

Out [6]:

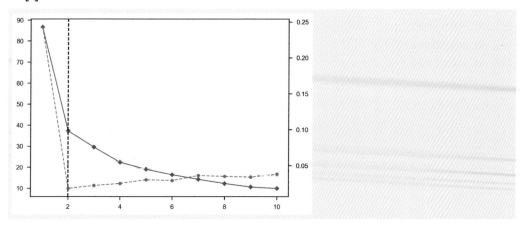

k-means 클러스터링 모델의 적정 군집 수를 판단하기 위해 엘보우 차트를 시각화한다. 2 지점에서 경사가 급감하는 모습을 보이고 있고 그다음으로 4 지점도 적절해 보인다. 2 지점이 주요하게 나온 이유는 성별 변수 때문일 것으로 예상된다.

코드 13.95 실루엣 계수 선그래프 시각화

In [7]:

```
01: # 실루엣 계수 시각화 1
02:
03: # k-means 모델 설정
04: kmeans_model_2 = {
05:         "init": "k-means++",
06:         "n_init": 10,
07:         "max_iter": 300,
08:         "random_state": 37,
09:         }
10:
11: # 각 K의 실루엣 계수 저장
12: silhouette_coef = []
13:
14: # 실루엣 계수 그래프 생성
15: for k in range(2, 11):
16:     kmeans_silhouette = KMeans(n_clusters=k, **kmeans_model_2)
17:     kmeans_silhouette.fit(df_minmax)
18:     score = silhouette_score(df_minmax, kmeans_silhouette.labels_)
19:     silhouette_coef.append(score)
20:
21: plt.style.use('seaborn-whitegrid')
22: plt.plot(range(2, 11), silhouette_coef)
23: plt.xticks(range(2, 11))
24: plt.xlabel('Number of Clusters')
25: plt.ylabel('Silhouette Coefficient')
26: plt.show()
```

Out [7]:

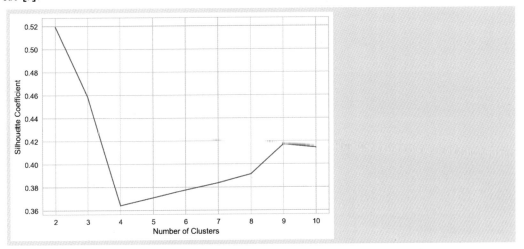

적정 군집 수를 판단하는 다른 기준인 실루엣 계숫값을 확인하기 위해 시각화를 시행한다. 2, 3 지점에서 높은 점수를 보이다가 4 지점에서 실루엣 계수가 급감한다. 이 역시 1과 0으로 구성된 성별 변수가 강한 영향을 가지기 때문인 것으로 보인다.

코드 13.96 실루엣 계수 분포 시각화

In [8]:

```
01: # 실루엣 계수 시각화 2
02:
03: fig, ax = plt.subplots(3, 2, figsize=(15,15))
04: for i in [2, 3, 4, 5, 6, 7]:
05:
06: # k-means 클러스터링 모델 생성
07:     kmeans_model_3 = KMeans(n_clusters=i,
08:                             init="k-means++",
09:                             n_init=10,
10:                             max_iter=300,
11:                             random_state=37)
12:     q, mod = divmod(i, 2)
13:
14: # 실루엣 계수 시각화
15:     visualizer = SilhouetteVisualizer(kmeans_model_3,
16:                             colors="yellowbrick",
```

```
17:                                ax=ax[q-1][mod])
18:      visualizer.fit(df_minmax)
```

Out [8]:

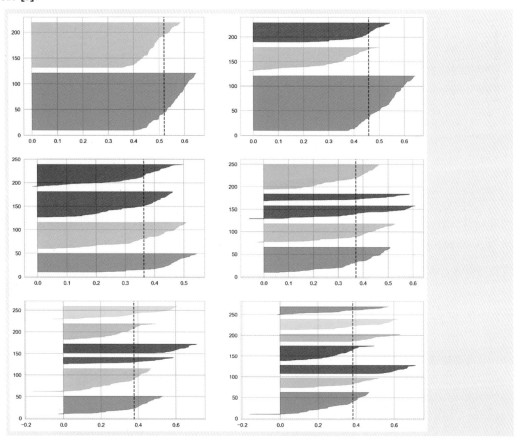

각 군집별 실루엣 계수 분포를 상세하게 보기 위해 SilhouetteVisualizer() 함수를 사용한다. 반복문을 사용하여 2개의 군집부터 7개의 군집까지 실루엣 계수 분포를 출력했다. 4개의 군집에서는 관측치가 비교적 균등하게 나뉘며 실루엣 계수의 편차도 고른 편이다. 6개의 군집부터는 일부 실루엣 계수의 음수가 크게 나타나는 것을 알 수 있다. 이번 실습에서는 군집 수를 4개로 설정하여 결과를 확인해 보도록 하겠다.

코드 13.97 k-means 클러스터 결과 시각화

In [9]:

```python
01: # k-means 클러스터 시각화
02:
03: # k-means 모델 설정
04: kmeans_model_4 = KMeans(
05:     init="k-means++",
06:     n_clusters=4,
07:     n_init=10,
08:     max_iter=300,
09:     random_state=37)
10:
11: # 군집 번호 결합
12: df2['cluster1'] = kmeans_model_4.fit_predict(df_minmax)
13:
14: # 시각화 설정
15: plt.figure(figsize = (8, 8))
16: for i in range(0, df2['cluster1'].max() + 1):
17:     plt.scatter(df2.loc[df2['cluster1'] == i,
18:                         'Annual Income (k$)'],
19:                 df2.loc[df2['cluster1'] == i,
20:                         'Spending Score (1-100)'],
21:                 label = 'cluster'+str(i))
22:
23: plt.legend()
24: plt.title('K means visualization', size = 12)
25: plt.xlabel('Annual Income (k$)', size = 10)
26: plt.ylabel('Spending Score (1-100)', size = 10)
27: plt.show()
```

Out [9]:

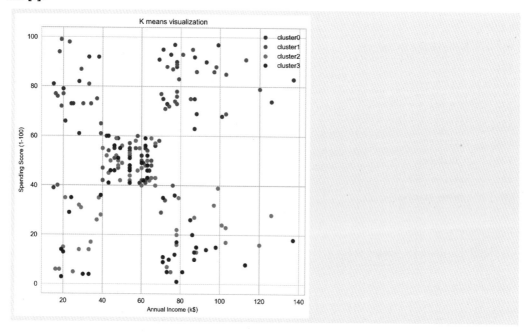

4개의 군집으로 나눈 군집의 분포를 확인하기 위해 Spending Score(1–100) 변수를 y축, Annual Income(k$) 변수를 x축으로 설정하여 시각화한다. 성별, 연령 등 다른 변수가 있기 때문에 두 가지 변수로만 군집이 잘 나뉘어졌는지 확인하는 것은 맞지 않다. 다만 대략적인 분포를 참고하기 위해 사용한다. 0번과 1번 군집은 위쪽에 주로 분포하고 있으며 2번과 3번 군집은 아래쪽에 주로 분포하고 있다.

코드 13.98 DBSCAN 결과 시각화

In [10]:

```
01: # DBSCAN 모델 생성 및 시각화
02:
03: # DBSCAN 모델 설정
04: DBSCAN_model = DBSCAN(eps=0.7, min_samples=5)
05:
06: # 군집화 모델 학습 및 클러스터 예측 결과 반환
07: DBSCAN_model.fit(df_minmax)
08: df2['cluster2'] = DBSCAN_model.fit_predict(df_minmax)
09:
10: # 시각화 설정
11: plt.figure(figsize = (8, 8))
```

```
12: for i in range(0, df2['cluster2'].max() + 1):
13:     plt.scatter(df2.loc[df2['cluster2'] == i,
14:                         'Annual Income (k$)'],
15:                  df2.loc[df2['cluster2'] == i,
16:                         'Spending Score (1-100)'],
17:                 label = 'cluster'+str(i))
18:
19: plt.legend()
20: plt.title('DBSCAN visualization', size = 12)
21: plt.xlabel('Annual Income (k$)', size = 10)
22: plt.ylabel('Spending Score (1-100)', size = 10)
23: plt.show()
```

Out [10]:

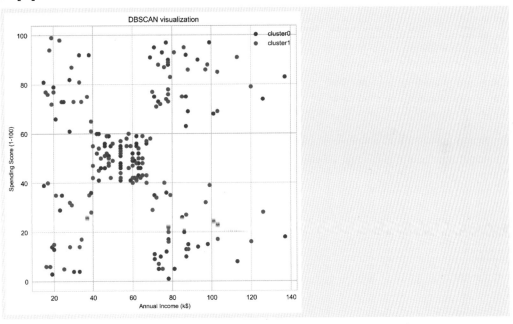

밀도 기반의 DBSCAN 모델은 군집 수가 자동으로 설정되기 때문에 관측지 간의 거리를 설정하는 eps 옵션과 한 군집에 속하는 최소 관측치 수를 설정하는 min_samples 옵션을 통해 군집 수를 간접적으로 조정할 수 있다. 예시의 옵션에서는 2개의 군집이 생성됐다.

코드 13.99 k-means 군집별 특성 확인

In [11]:

```
01: # k-means 군집별 특성 확인
02:
03: df_kmeans = df2.groupby(['cluster1']).agg({'Age':'mean',
04:                                             'Annual Income (k$)':'mean',
05:                                             'Spending Score (1-100)':'mean',
06:                                             'Gender_Male':'mean'
07:                                             }).reset_index()
08:
09: df_kmeans['cnt'] = df2.groupby('cluster1')['Age'].count()
10: df_kmeans.head()
```

Out [11]:

	cluster1	Age	Annual Income (k$)	Spending Score (1-100)	Gender_Male	cnt
0	0	28.250000	62.000000	71.675000	1.0	40
1	1	28.438596	59.666667	67.684211	0.0	57
2	2	48.109091	58.818182	34.781818	0.0	55
3	3	49.437500	62.416667	29.208333	1.0	48

k-means 클러스터링 모델로 분류된 군집별 변숫값을 집계하여 각 군집별 특성을 확인한다. 우선 성별에 따라 0, 3번 군집은 모두 남성, 1, 2번 군집은 모두 여성으로 분류됐다. 그리고 각 군집은 연령과 구매스코어에 큰 차이를 보인다. 이러한 차이를 통해 각 군집의 속성을 정의할 수 있다.

코드 13.100 DBSCAN 군집별 특성 확인

In [12]:

```
01: # DBSCAN 군집별 특성 확인
02:
03: df_DBSCAN = df2.groupby(['cluster2']).agg({'Age':'mean',
04:                                             'Annual Income (k$)':'mean',
05:                                             'Spending Score (1-100)':'mean',
06:                                             'Gender_Male':'mean'}).reset_index()
07:
08: df_DBSCAN['cnt'] = df2.groupby('cluster2')['Age'].count()
09: df_DBSCAN.head()
```

Out [12]:

	cluster2	Age	Annual Income (k$)	Spending Score (1-100)	Gender_Male	cnt
0	0	39.806818	62.227273	48.511364	1.0	88
1	1	38.098214	59.250000	51.526786	0.0	112

DBSCAN 모델의 경우 성별에 따라 두 개의 군집으로 나뉘어졌다. 성별은 더미변수이기 때문에 변별력이 강해서 다른 변수의 영향력을 압도한 것으로 보인다. 비즈니스적으로 의미 있는 군집을 만들기 위해서는 성별 변수를 제거하거나 다른 변수를 추가해야 한다.

13.9 연관규칙과 협업 필터링(추천 모델)

제품이나 콘텐츠를 추천하는 것은 아주 오래전부터 진행되어 왔다. 우리가 옷가게에 들어 갔을 때, 점원이 나에게 맞는 옷을 추천해 주는 것도 사람이 직접 하는 추천 시스템이라 할 수 있다. 전통적으로 추천의 유형은 다음의 세 가지로 구분할 수 있다.

- **Editorial and hand curated**: 전문가가 직접 아이템을 평가하여 추천하는 시스템.(ex: 미술관 큐레이터, 전문가 선정 필수 아이템 목록 등)

- **Simple aggregates**: 대중에게 인기 있는 아이템, 신규 아이템 등 특정 조건의 아이템을 추천하는 시스템.(ex: 인기 TOP 10, 최근 업로드 영상 등)

- **Tailored to individual users**: 각 개인의 특성, 선택한 아이템에 맞춰 추천하는 시스템.(ex: 아마존, 넷플릭스의 개인화 추천 등)

Editorial and hand curated와 simple aggregates 방식은 우리가 흔히 봐왔던 단순한 추천 방식이다. 이번 장에서는 개인이나 아이템의 특성에 따라 추천해주는 Tailored to individual users 방식의 추천 시스템(Recommendation system)에 대해서 알아보자.

비지도 학습 모델의 한 종류인 추천 시스템은 무수히 많은 B2C 기업들이 필수적으로 활용하고 있다. 대표적으로 아마존의 상품 추천, 넷플릭스와 유튜브의 콘텐츠 추천이 추천 시스템 모델로 작동하고 있다. 최근 오프라인 B2C 기업들도 효과적으로 타깃 캠페인 고객을 추출하기 위해 추천 시스템을 사용한다. 데이터 분석에 관심있는 사람이라면 한 번쯤은 '맥주와 기저귀' 사례를 들어봤을 것이다. 1990년대 중반 월마트에서 매주 수요일 저녁이면 맥주와 기저귀의 판매량이 동반 상승하는 현상을 우연히 발견했다. 이를 흥미롭게 여겼던 판매관리부장이 맥주와 기저귀의 진열 위치를 가까운 곳으로 바꿨더니 두 제품의 매출이 월등히 증가했다.

이처럼 제품이나 콘텐츠 간에는 우리가 놓치고 있는 연관관계들이 존재하고 있고, 이러한 관계를 수학적으로 도출하여 효과적으로 추천을 할 수 있도록 하는 모델이 추천 시스템이다. 특정 시점에 특정 고객이 관심 가질 만한 제품이나 콘텐츠를 찾아주는 것이 핵심이다. 추천 시스템의 대표적 방법으로는 연관 규칙(Association rule), 협업 필터링(Collaborative filtering), 콘텐츠 기반 필터링(Contents-based recommendation) 등이 있다. 장바구니 분석이라고도 알려져 있는 연관 규칙은 비교적 단순한 알고리즘으로 직관적이며 효과도 괜찮은 편이다. 최근에는 협업 필터링이 더 효과적이기 때문에 인기가 많이 줄었지만, 추천 시스템의 기본 사상을 이해하기 위해서 알아 두는 것이 좋다.

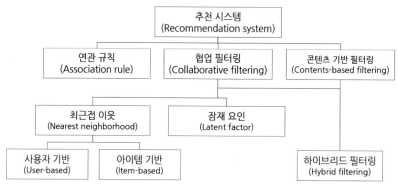

그림 13.49 추천 시스템의 분석 기법 종류

넷플릭스를 통해 인기가 높아진 협업 필터링은 데이터를 벡터로 표현하여, 데이터 간 유사도를 구해 추천 항목을 선별하는 방식으로 작동된다. 줄여서 CF로 불리는 협업 필터링은 사용하는 알고리즘에 따라 다양하게 구분된다. 그리고 콘텐츠 기반 필터링 모델과 결합한 하이브리드 필터링도 최근 많이 사용되고 있다. 이제부터 연관규칙, 협업 필터링, 콘텐츠 기반 필터링, 하이브리드 필터링에 대해서 하나씩 알아보자.

13.9.1 연관 규칙

연관규칙 분석은 A라는 제품을 구매한 사람은 B라는 제품도 구매할 확률이 높다는 결과를 이끌어 내는 모델이다. 예를 들어 삼겹살과 양파를 구매한 사람은 버섯을 구매할 가능성이 높다는 결론을 도출하는 것이다. 이를 위해서는 과거 고객들의 구매이력(트랜잭션)을 기반으로 추천 점수를 구해야 한다. 연간

규칙 분석의 대표적 알고리즘으로 Apriori, FP-Growth(Frequent Patterns by pattern fragment Growth), DHP(Direct Hashing and Pruning) 알고리즘 등이 있다. 이 책에서는 비교적 구현이 간단하고 연관규칙 알고리즘의 기반이 되는 Apriori 알고리즘을 중심으로 설명한다.

- **Apriori**: 아이템들의 조합에 대한 경우의 수를 최소화하여 처리 속도 효율을 높인 알고리즘.

- **FP-Growth**: 트리 기반 알고리즘으로, 항목 간 비교 계산을 최소화하여 처리 속도 효율을 높인 알고리즘.

- **DHP**: 빈속 납법의 개수가 많은 드랜잭션은 먼저 해시 데이블로 만들어 처리 속도 효율을 높인 알고리즘.

다음의 구매이력(트랜잭션) 데이터를 통해 연관규칙 분석의 원리에 대해 알아보자. 총 10건의 구매이력이 있으며, A부터 E까지 총 5개의 아이템이 판매됐다. 각 거래마다 한 가지 아이템만 구매한 경우도 있고, 4개의 아이템을 한꺼번에 구매한 경우도 있다.

표 13.9 구매 내역 데이터 예시

Transaction ID	Items
1	A, B
2	B
3	A, C, D
4	B, D, E
5	C, D
6	A, B, D, E
7	D, E
8	B, D, E
9	C, E
10	B, C, D

대충 눈으로 봐도 어떤 품목들이 함께 거래되는 경우가 많은지 파악할 수 있다. 하지만 실제 상황에서는 거래 내역이 수만 건을 넘어갈 것이며, 품목도 훨씬 다양하며 그 조합도 셀 수 없을 정도로 많을 것이다. 그리고 특정 품목 조합이 실제로 연관성이 높은 것인지 원래 많이 팔리는 것이라서 그렇게 보이는 것인지도 고려해야 한다.

품목 간의 연관 관계 계산은 각 품목 조합의 출현 빈도를 이용한다. 연관 규칙 분석을 알아보기 위해 먼저 조건절과 결과 절이라는 용어를 짚고 넘어가자. 상품 A를 구매한 사람은 B도 구매한다고 했을 때, A를 구매한 현상은 조건 절(Antecedent)에 해당되고, B를 구매한 현상은 결과 절(Consequent)에 해당된다. 즉, 조건절은 IF이므로 '~을 구매한다면' 이 되고 결과절은 THEN으로서 '~도 구매한다'가 되는 것이다. 이는 (A→B)로 표현할 수 있다.

연관규칙 분석은 다음의 세 가지 핵심 지표를 통해 품목 조합 간의 연관성의 수준을 도출한다.

- **지지도(Support):** 아이템 A와 B를 동시에 포함하는 거래가 발생할 확률

- **신뢰도(Confidence):** 아이템 A가 포함되는 거래에 B가 포함될 확률

- **향상도(Lift):** 아이템 A와 B가 독립적으로 판매되는 것 대비 함께 판매되는 비율

지지도는 전체 구매 횟수 중에서 해당 아이템 혹은 조합의 구매가 얼마나 발생하는지를 나타낸다. 다시 말해 조건 절 A가 일어날 확률을 뜻하기 때문에 다음과 같이 표현된다.

$$Support(A \rightarrow B) = Support(B \rightarrow A) = \frac{n(A \cap B)}{N}$$

이를 벤 다이어그램으로 표현하면 그림 13.50과 같다.

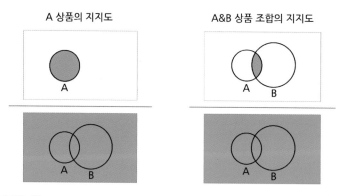

그림 13.50 지지도 벤 다이어그램

표 13.9 구매 내역 데이터 예시를 통해 각각의 아이템이 몇 번씩 판매됐으며 지지도는 어떻게 되는지 확인해 보자.

표 13.10 각 아이템의 구매이력과 지지도

아이템	구매이력 횟수	지지도
A	3	0.3
B	6	0.6
C	4	0.4
D	7	0.7
E	5	0.5

예시의 전체 구매이력 횟수는 10회이므로, 각 아이템의 지지도는 구매이력 횟수를 10으로 나눠준 값이 된다. 아이템 A는 3번의 구매이력에 포함되므로 0.3의 지지도를 갖는다. 이처럼 지지도를 통해 구매빈도가 높은 아이템이나 조합을 판별할 수 있다. 만약 전체 10,000번의 구매내역 중에 단 한 번만 판매된 아이템이 있다면, 추천으로서 큰 의미가 없을 것이다. 이러한 방법을 응용하여 아이템의 조합도 지지도를 구할 수 있다. 2개씩의 조합에 대한 지지도는 다음과 같다.

표 13.11 아이템 2개씩의 조합에 대한 지지도

아이템 조합	구매이력 횟수	지지도
A, B	2	0.2
A, C	1	0.1
A, D	1	0.1
A, E	1	0.1
B, C	1	0.1
B, D	4	0.4
B, E	3	0.3
C, D	3	0.3
C, E	1	0.1
D, E	4	0.4

표 13.11을 통해 어떤 조합으로 판매가 많이 되고 있는지 확인할 수 있다. B, D 조합과 D, E 조합이 0.4의 지지도로 가장 높다. 이런 식으로 3개, 4개 조합의 양을 늘려 가며 모든 조합의 지지도를 구할 수 있다. 그런데 이처럼 모든 조합에 대한 지지도를 계산하다 보면 계산량이 기하급수적으로 늘어나게 된다.

Apriori 알고리즘은 계산량의 증가를 막기 위해 지지도에 대한 제한을 준다. 자세한 내용은 잠시 후에 다루겠다.

신뢰도는 아이템(조합) A가 판매됐을 때 B 아이템(조합)도 함께 포함되는 조건부 확률이다. 그렇기 때문에 우유와 시리얼과 같이 연관성이 강한 조합은 높은 신뢰도를 갖게 된다. 신뢰도는 다음과 같이 표현할 수 있다.

$$Confidence(A \rightarrow B) = \frac{n(A \cap B)}{n(A)}$$

이를 벤 다이어그램으로 표현하면 그림 13.51과 같다.

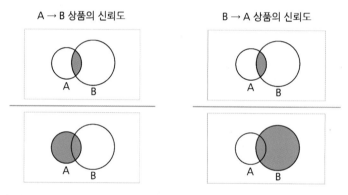

그림 13.51 신뢰도 벤 다이어그램

지지도는 전체 거래 중에서 특정 조합이 얼마나 자주 발생하는지의 기준이고, 신뢰도는 아이템(조합) 조건 절 IF가 주어졌을 때, 결과 절 THEN이 얼마나 자주 발생하는 기준이라는 차이를 혼동하지 않도록 주의해야 한다. 예시의 구매이력을 통해 다음 조합의 신뢰도를 확인해 보자.

표 13.12 신뢰도 계산 예시

조건 절		결과 절		신뢰도
	지지도		지지도	
A	0.3	A, B	0.2	0.66
B	0.6	A, B	0.2	0.33
C	0.4	C, D	0.3	0.75

조건 절		결과 절		신뢰도
	지지도		지지도	
D	0.7	D, E	0.4	0.57
...	...	...	...	...

첫번째 A 아이템의 지지도는 0.3이고, B가 함께 팔리는 경우의 지지도는 0.2다. 신뢰도는 A가 팔릴 때 B도 같이 팔리는 비율을 나타내므로, 0.2를 0.3으로 나눠준다. 따라서 신뢰도 P(A→B)는 0.67이 된다. 조건절의 지지도는 결과절의 지지도보다 항상 클 수밖에 없기 때문에 신뢰도는 1보다 클 수 없다. 이를 응용하여 아이템 조합의 신뢰도 역시 구할 수 있다. **주의할 점은 P(A→B)와 P(B→A)는 다를 수 있다는 것이다. 결과절의 지지도는 동일하지만, 조건절의 지지도는 A=0.3, B=0.6으로 다르기 때문이다.** 상관관계와 인과관계가 다른 것과 같은 이치다. 이러한 척도를 비대칭적 척도(Asymmetric measure)라 한다.

향상도는 아이템(조합) A의 판매 중 아이템(조합) B가 포함된 비율이, 전체 거래 중 아이템(조합) B가 판매된 비율보다 얼마나 증가했는지를 나타내는 지표이다. 즉, 아무 조건 없이 무작위로 아이템 B가 팔리는 확률보다, 아이템 A라는 조건절을 주었을 때 B가 얼마나 더 잘 팔리는가를 수치화한 것이다. 이를 요약하면 A와 B의 신뢰도를 B의 지지도로 나눠준 것이다. **향상도는 두 아이템(조합) 간의 연관성을 나타내는 지표이기 때문에 조건절과 결과절의 위치가 바뀌어도 값이 동일하다.** 이러한 척도를 대칭적 척도(Symmetric measure)라 한다. 향상도를 표현하면 다음과 같다.

$$Lift(A \rightarrow B) = Lift(B \rightarrow A) = \frac{Confidence(A \rightarrow B)}{Support(B)} = \frac{Confidence(B \rightarrow A)}{Support(A)}$$

이를 벤 다이어그램으로 표현하면 그림 13.52와 같다.

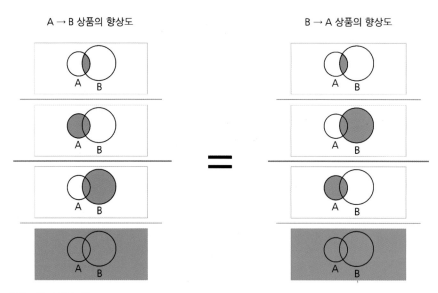

그림 13.52 향상도 벤 다이어그램

향상도는 1을 기준으로 한다. 1에 가까울수록 두 아이템(조합)은 서로 독립적인 관계라 해석할 수 있다. 1보다 작으면 서로 음의 상관관계이므로 A를 구매하는 사람은 B를 구매하지 않는 경향이 있는 것이다. 반대로 1보다 크면 A를 구매할 때는 B도 구매하는 경향이 강하다는 뜻이므로, 향상도가 높은 아이템을 추천해 주는 것이다. 앞의 구매내역을 통해 향상도가 어떻게 계산되는지 확인해 보자.

표 13.13 향상도 계산 예시

조건 절	결과 절		대상 조건		향상도
		신뢰도		지지도	
A	A → B	0.66	B	0.6	1.11
B	B → A	0.33	A	0.3	1.11
C	C → D	0.75	D	0.7	1.07
D	D → E	0.57	E	0.5	1.14
...	...	...	...	...	...

A→B의 향상도는 A→B의 신뢰도 0.66을 B의 지지도 0.6으로 나눈 값인 1.11로서 고객들이 자연적으로 B 아이템을 구매하는 확률보다 A를 구매할 때 B도 함께 구매할 확률이 1.11배 높다는 것을 의미한다. 그리고 B→A의 향상도 역시 1.11로 동일하다. 향상도가 1보다 높게 나오므로, A와 B 아이템을 함

께 추천하는 것이 좋을 것이다. 이처럼 연관규칙 분석은 지지도, 신뢰도, 향상도라는 기준 척도를 활용하여 최적의 상품을 추천해 주는 것이다.

그렇다면 세 개의 기준 척도를 어떻게 활용해서 상품을 추천해 줘야 할까? 일반적으로, 첫 번째 단계로 지지도와 신뢰도 기준을 잡아서 특정 cut off 미만의 아이템 관계를 필터링한다. 다른 분석 모델링과 마찬가지로, 추천 로직이 아무리 정확도가 높다 하더라도 비즈니스적으로 효과가 작으면 그 모델은 큰 의미가 없게 된다. 만약 상품 A와 B의 향상도가 매우 높게 나왔다 하더라도, 거래가 거의 이루어지지 않는 (지지도가 낮은) 아이템이라면 실제 기입이 얻는 이익은 미미할 것이다. 따라서 해당 아이템이나 조합이 어느 정도 판매가 되고 있다는 기준인 지지도로 추천 리스트를 선별해야 하는 것이다.

두 번째 단계로, 향상도를 내림차순으로 정렬하여, 상위에 있는 아이템 조합을 최종 선정한다. 향상도가 높다는 것은 그 아이템 조합이 추천 정확도에 효율적이라는 것이기 때문에, 최종 평가 지표로서 중요하다. 하지만, 앞에서도 말했듯, 매출에 얼마나 효과적일지도 함께 고려해야 하기 때문에 지지도를 함께 보는 것이 좋다. 만약 특정 아이템을 지정하여 추천 상품을 찾고 싶다면, 해당 아이템을 포함한 조합들을 필터링하여 지표를 확인하면 된다.

연관규칙 분석은 고려해야 할 지표가 세 가지나 되기 때문에 분석가와 비즈니스 담당자의 주관적 판단이 많이 들어갈 수밖에 없다. 이에 따라 잘못된 추천 로직이 만들어질 수 있으며, 명확하지 않은 룰 때문에 잦은 수정이 필요하게 될 수 있다. 그래서 이를 보완한 평가 척도들이 존재한다. 그중에 대표적으로 많이 사용되는 IS(Interest-Support) 측도와 교차지지도(Cross support)는 다음과 같다.

- **IS(Interest-Support) 측도**: 향상도와 지지도를 곱한 후 제곱근을 취한 값

$$IS(A,B) = \sqrt{Lift(A,B) \times Support(A,B)} = \frac{Support(A,B)}{\sqrt{Lift(A), Support(B)}}$$

IS 측도는 향상도와 지지도를 함께 고려한 측도다. 향상도와 지지도 중 하나가 너무 낮음에도 불구하고 연관규칙으로 선택되는 문제를 방지할 수 있다. 만약 향상도와 지지도 중에 비중을 더 두고 싶은 지표가 있다면, 가중치를 주어 영향력을 조정할 수 있다.

- **교차지지도(cross support)**: 전체 아이템 중 최대 지지도 대비 최소 지지도의 비율

$$sub\_ratio(P) = \frac{\min\{Support(i_1), Support(i_2), ..., Support(i_k)\}}{\max\{Support(i_1), Support(i_2), ..., Support(i_k)\}}$$

교차지지도는 개별 아이템이나 조합의 우위를 측정하는 지표는 아니다. 전체 아이템 조합에서 어느 정도 수준의 지지도 이하를 버릴 것인가를 판단할 수 있는 하나의 보조지표다. 처음에 아무런 정보가 없는 상태에서 얼마 이하의 지지도를 가진 아이템 조합을 뺄 것인지를 정하는 것은 어렵다. 하지만 전체 아이템 중에서 최대 지지도를 가진 아이템(조합) 대비 최소 지지도가 어느 정도 차이를 보이는지 알게 되면 기준을 잡기 훨씬 쉽다. 교차지지도 수치가 작을수록 지지도의 차이가 크다는 것이므로, 이는 의미 없는 아이템 조합이 포함됐을 가능성이 높다는 것을 의미한다.

그러면 이제 Apriori 알고리즘의 핵심이라 할 수 있는 지지도와 신뢰도 제한 방식에 대해 알아보자. 앞에서 언급했듯이 연관 분석은 모든 조합에 대한 지지도, 신뢰도, 향상도를 계산해야 하므로 아이템 품목이 늘어날수록 계산량이 엄청나게 증가한다. 아이템이 n 개일 때, 연산해야 하는 경우의 수는 최대 2^{n-1}개가 된다. 예를 들어 총 10개의 아이템이 있다면 최대 1,023개의 조합에 대해 연산을 해야 한다. 아이템이 하나씩 늘어날수록 연산해야 하는 양은 지수적으로 늘어나게 된다.

이러한 이유로 Apriori 알고리즘은 지지도나 신뢰도가 낮을 조합은 처음부터 연산 대상에서 제외한다. 이는 의사결정나무의 pruning과 유사한 개념이다. 그림 13.53을 통해 아이템 조합이 확장되는 흐름을 확인해 보자.

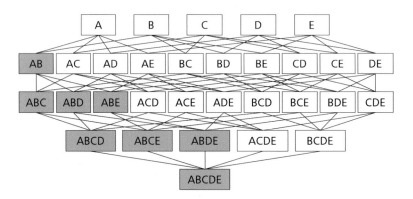

그림 13.53 아이템 조합의 확장과 pruning 예시

처음 A에서 E까지 총 5개의 아이템으로 시작하여 2개, 3개, 4개, 5개씩의 조합으로 확장해 나갈 수 있다. 그렇게 했을 때, 나올 수 있는 조합의 총 경우의 수는 31개(2^{5-1})가 된다. 이렇게 조합을 계산하는 과정을 self-join이라 한다. 만약 Apriori 알고리즘에서 최소지지도를 α로 설정했다면, 지지도가 α에 미치지 못하는 조합은 물론 해당 조합이 포함된 조합은 모두 pruning을 하여 연산 대상에서 제외한다. 예

를 들어 AB 조합이 최소 지도 α에 미치지 못한다면, AB를 포함한 모든 조합은 지지도가 AB조합의 지지도를 초과할 수 없으므로 전부 제외하는 것이다. 따라서 그림 13.53과 같이 AB가 포함된 모든 조합이 pruning 되고 이를 제외한 조합들로 수치를 산출한다. Apriori 알고리즘의 분석 순서를 정리하면 다음과 같다.

- Step 1. 최소 지지도를 설정한다.

- Step 2. 개별 아이템 중에서 최소 지지도 미만의 모든 아이템을 찾는다.

- Step 3. 제외되지 않은 아이템만을 이용해 최소 지지도 이상의 2가지 조합을 찾는다.

- Step 4. 제외되지 않은 2가지 조합을 결합하여 최소 지지도 이상의 3가지 조합을 찾는다.

- Step 5. 아이템 조합을 늘려가며 반복적으로 최소 지지도 이상의 조합을 찾는다.
  - 해당 조합들의 지지도, 신뢰도, 향상도 산출

13.9.2 콘텐츠 기반 필터링과 협업 필터링

다음 추천 시스템 방법으로, 아이템의 속성을 활용하여 추천하는 **콘텐츠 기반 필터링(Contents-based recommendation)** 방법이 있다. 이는 아이템의 메타 정보를 활용한다. 예를 들어 의류 제품을 추천한다고 했을 때, 제품의 색상, 사이즈, 가격대, 스타일 등의 속성을 데이터화하여, 다른 제품들 간의 유사도를 측정한다. 영화 콘텐츠라면 장르, 참여하는 배우, 러닝 타임 등이 속성이 될 수 있다. 그리고 고객이 선호하거나 구매한 제품과 유사한 속성을 가진 제품을 추천한다. 고객이 선호하는 것과 유사한 제품이나 콘텐츠라면 구매할 가능성이 높을 것이기 때문이다.

콘텐츠 기반의 모델은 정형화된 데이터를 통해 기존의 선호와 유사한 아이템을 추천할 수 있다는 장점이 있다. 하지만, 모든 제품에 대한 메타 정보를 입력해야 작동하기 때문에 아이템이 많아질 경우 관리가 힘들어지는 문제가 있다. 또한 구매자가 선호를 표현한 아이템과 유사한 속성을 가진 아이템만 추천하기 때문에 속성이 유사하지 않더라도 구매할 가능성이 높은 제품을 추천할 수 없다는 단점이 있다.

예를 들어 '불닭볶음면'과 '모짜렐라 치즈'는 매우 다른 아이템 속성을 가지고 있다. 하지만 고객들의 구매 성향 측면에서는 연관성이 매우 깊은 조합이다. '불닭볶음면'의 매운 맛에 고소한 풍미를 더해줄 수 있는 '모짜렐라 치즈'는 서로 상반된 속성을 통해 높은 연관성을 보이는 것이다. 콘텐츠 기반 필터링은 이러한 구매자의 구매 선호 성향을 고려하지 못한다.

이러한 콘텐츠 기반 필터링 모델의 두 가지 단점을 해결할 수 있는 모델이 협업 필터링 모델이다. 앞의 그림 13.49에서 협업 필터링은 크게 최근접 이웃 모델(Neighborhood model)과 잠재요인 모델(Latent Factor model)로 구분되는 것을 알 수 있다. 그리고 최근접 이웃 방식은 사용자 기반(User-based)과 아이템 기반(Item-based) 방식으로 구분된다.

최근접 이웃 모델은 사용자(user)들이 아이템에 매긴 평점(rating) 데이터를 기반으로 매기지 않은 아이템의 평점을 예측하는 방식으로 작동된다. 예측한 평점이 높은 아이템을 추천해 주는 것이다. 다음의 영화 평점 예시를 통해 최근접 이웃 모델의 작동 원리를 확인해 보자.

표 13.14 영화 평점 예시

	맨 인 블랙	기생충	어스	양들의 침묵	어벤져스
A	–	10	8	7	5
B	10	8	–	5	8
C	4	7	8	6	6
D	8	–	6	10	9
E	2	6	9	–	2

A에서 E까지 총 5명의 사람이 있고, 맨 인 블랙, 기생충 등 5개의 영화에 대해 평점을 준 데이터가 있다. 각 사람들이 모든 영화를 전부 본 것은 아니기 때문에 평점이 비어 있는 부분들이 있다.

우선 사용자 기반의 협업 필터링 모델은, 유사한 성향을 가진 사람들을 찾아내어 그 사람들이 선호하는 아이템을 추천해 주는 방식으로 수행된다. 유사한 성향을 가진 사람들은 피어슨 유사도나 코사인 유사도를 통해 구할 수 있다. 예를 들어 사용자 A와 B의 피어슨 유사도는 계산을 통해 0.11이라는 것을 알 수 있다. 계산 방법은 공분산과 상관성 분석 파트에서 다루었다. 사용자 A부터 E까지 서로 간의 피어슨 유사도를 모두 구하면 다음과 같은 결과가 나온다. 자기 자신에 대한 유사도는 1이 나오며, 사용자들 간의 유사도는 −1~1의 값을 갖는다.

표 13.15 모든 사용자 간의 피어슨 유사도

	A	B	C	D	E
A	1	0.11	0.59	−0.58	0.66
B	0.11	1	−0.55	−0.99	−0.5

	A	B	C	D	E
C	0.59	−0.55	1	−0.48	0.87
D	−0.58	−0.99	−0.48	1	−0.94
E	0.66	−0.50	0.87	−0.94	1

이렇게 사용자들 간의 유사도를 가지고 서로의 취향이 얼마나 비슷한지 수치화할 수 있다. 이를 통해 사용자가 보지 않았던 영화의 평점을 예측할 때 유사도가 높은 사람의 점수는 강하게, 유사도가 낮은 사람의 점수는 약하게 반영하는 것이다. 예를 들어 사용자 A의 〈맨 인 블랙〉에 대한 평점을 예측하고자 한다면 다음과 같은 공식을 사용하여 구할 수 있다.

$$pred(a,p) = \bar{r}_a + \frac{\sum_{b \in N} sim(a,b) \times (r_{b,p} - \bar{r}_b)}{\sum_{b \in N} sim(a,b)}$$

다른 사용자들이 영화 〈맨 인 블랙〉에 준 평점에 다른 영화 평점들의 평균을 **빼** 준 값에 사용자 A와의 유사도를 곱한 값을 모두 더한 다음, 사용자 A와 다른 사용자 간의 유사도를 모두 더한 값으로 나눠준다. 그다음 사용자 A가 다른 영화들에 주었던 평점의 평균을 더해주면, 사용자 A의 〈맨 인 블랙〉에 대한 예측 점수가 구해진다.

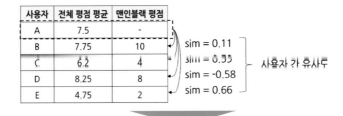

$$7.5 + \frac{0.11 \times (10 - 7.75) + 0.59 \times (4 - 6.2) + (-0.58) \times (8 - 8.25) + 0.66 \times (2 - 4.75)}{0.11 + 0.59 + (-0.58) + 0.66} \approx 4.01$$

그림 13.54 사용자 A의 '맨 인 블랙' 평점 계산 예시

이러한 공식을 통해 사용자 A의 영화 〈맨 인 블랙〉에 대한 평점은 4.01점이 될 것이라고 예측할 수 있다. 이런 식으로 각 사용자가 보지 않았던 영화들에 대한 예측 평점을 구하여, 예측 평점이 높은 순으로 영화를 추천한다.

아이템 기반의 최근접 이웃 모델도 사용자 기반과 유사하다. 관점만 사용자에서 아이템으로 바꿔서 예측 점수를 도출하면 된다. 아이템 기반은 사용자 A가 '001'이라는 아이템을 선호한다고 했을 때, '001'과 유사한 특성을 가진 '002'라는 아이템도 선호할 것이라는 가정으로 추천을 하는 방식이다. 따라서 이를 위해서는 아이템 간의 유사도를 구해야 한다. 앞의 영화 평점 예시를 통해 영화 간의 피어슨 유사도를 구하면 다음과 같은 유사도가 나오게 된다.

표 13.16 모든 영화 간의 피어슨 유사도

	맨 인 블랙	기생충	어스	양들의 침묵	어벤져스
맨 인 블랙	1	0.76	0.14	0.45	0.82
기생충	0.76	1	0.78	0.87	0.25
어스	0.14	0.78	1	0.41	−0.36
양들의 침묵	0.45	0.87	0.41	1	0.59
어벤져스	0.82	0.25	−0.36	0.59	1

만약 어떤 사람이 영화 〈어스〉를 봤다면, 이 영화와 유사도가 높은 순으로 〈기생충〉, 〈양들의 침묵〉, 〈맨 인 블랙〉, … 등의 영화를 추천해 줄 수 있다. 〈어벤져스〉와 같이 유사도가 음수로 나온 영화의 경우, 해당 사용자가 선호하지 않는 영화일 확률이 높으므로, 추천 목록에서 제외할 수 있다.

영화와 같은 콘텐츠는 물론 상품 추천에도 협업 필터링 모델을 적용해서 사용할 수 있다. 하지만 일반적으로 제품은 구매자들이 평점을 주는 경우가 드물다. 이러한 문제를 희소 행렬(sparse matrix)이라 한다. 특히나 오프라인 같은 경우는 제품을 구매하고 따로 피드백을 주는 경우가 거의 없다. 따라서 상품 추천의 경우에는 조금 다른 접근 방법이 필요하다. 주로 고객들의 구매이력을 사용한다. 온라인의 경우 클릭, 장바구니 담기 등의 데이터를 활용할 수 있다.

영화평점과 같은 호불호가 명확한 데이터를 명시적(Explicit) 데이터라 하고, 구매, 클릭 이력과 같은 데이터를 암묵적(Implicit) 데이터라 한다. 암묵적 데이터는 사용자의 호불호를 명확히 알 수 없다. 고객이 한 번 구매한 제품보다 세 번 구매한 제품을 더 선호하는지 알 수 없으며, 클릭하지 않은 제품이 단순히 보지 못해서인지 선호하지 않아서인지 알 수 없다. 넷플릭스나 왓챠와 같은 영화 스트리밍 서비스도 마찬가지로 사용자들이 콘텐츠에 대한 명확한 피드백을 주는 경우가 드물다. 단지 관심 가는 콘텐츠를 클릭해보고 시청할 뿐이다.

이와 같은 암묵적 데이터 위주의 도메인에서는 협업 필터링 중에서 잠재요인 모델(Latent Factor model)을 사용하는 것이 좋다. 잠재요인 모델은 사용자와 아이템 간의 관계 정보를 가지고 있는 데이터를 행렬분해(Matrix factorization) 하여, 데이터 안에 숨겨져 있는 잠재 요인(factor)을 도출한다. 일반적으로 20~100 가지 잠재 요인(factor)을 만든다. 잠재요인은 앞의 통계 기반 분석 방법론 중의 주성분 분석과 비슷한 개념이다. 대규모의 다차원 행렬에 차원감소 기법을 사용하여, 몇 개의 잠재요인을 추출해 낸다.

사용자	아이템1	아이템2	아이템3	아이템4	아이템5
A	-	10	8	7	5
B	10	8	-	5	8
C	4	7	8	6	6
D	8	-	6	10	9
E	2	6	9	-	2

=

	요인1	요인2	요인3	요인4	...
A	0.72	0.53	1.37	-0.58	...
B	0.11	0.87	-0.63	2.12	...
C	0.59	0.44	-0.13	1.41	...
D	1.10	-0.08	1.17	0.95	...
E	1.15	-1.04	0.73	0.92	...

X

	아이템1	아이템2	아이템3	아이템4	아이템5
요인1	-0.22	0.73	1.37	0.18	1.21
요인2	1.63	0.46	-0.34	0.23	-1.27
요인3	0.39	0.21	0.47	-0.07	0.83
요인4	-1.14	-0.52	1.24	1.43	0.47
...	...	...	...	...	...

그림 13.55 행렬 분해를 통한 잠재요인 추출 예시

그림 13.55와 같이 사용자-아이템의 암묵적 데이터 행렬을 분해하여 사용자의 잠재요인과 아이템의 잠재요인 행렬로 분해한다. 그러면 모든 사용자의 속성과 모든 아이템의 속성이 추출된다. 이 의미는 사용자들의 속성을 통해 서로 비슷한 속성을 가진 사용자를 찾아낼 수 있다는 것이다. 마찬가지로 아이템들의 속성 간 거리를 계산하여 비슷한 특성을 가진 아이템늘을 선별할 수 있다. 행렬 분해를 위한 기본 기법으로 특잇값 분해(Singular Value Decomposition, SVD)가 있다. 그런데 SVD는 데이터가 null 값으로 누락되어 있는 공간을 모두 평균값 등으로 대치(imputation)해줘야 한다. 이런 경우, 데이터가 왜곡될 가능성이 크다. 특히 아이템이 많아서 희소 행렬인 경우 문제는 심각해진다. 그래서 관측된 데이터만으로 행렬분해를 할 수 있는 알고리즘을 사용한다.

일반적으로 협업 필터링에서 사용하는 행렬 분해 알고리즘으로 ALS(Alternating Least Squares)나 SGD(Stochastic Gradient Descent)가 있다. 두 방법 모두 작동 방식은 유사하지만, ALS가 병렬 시스템을 지원하기 때문에, 대량의 데이터를 처리하는 데에 유리하다. 이를 통해 분해가 완료된 행렬을 다시 내직 하여 하나의 행렬로 만들어 주면, 기존에 가졌던 값들과 유사한 수치가 나오게 된다. 이는 각 잠재요소가 기존의 값의 속성을 가지고 있었기 때문이다. 이와 함께 기존 행렬에서는 비어 있었던 암묵적 데이터가 모두 채워지게 된다. 왜냐하면 모든 사용자와 모든 아이템의 잠재요인을 곱하여 사용자의 관심을 수치화하기 때문이다.

이렇게 각 사용자와 각 아이템 간의 잠재요인을 내적 하면 현재 A라는 사용자에게 어떤 아이템을 추천해야 할지 알 수 있다. 그림 13.56을 보면 사용자의 모든 잠재요인과, 각각 아이템의 모든 잠재요인을 내적 하여 사용자 × 아이템 행렬을 구하는 과정을 확인할 수 있다. 이렇게 각 사용자별로 모든 아이템에 대한 관심도가 생기게 되고, 관심도가 높은 순으로 아이템을 추천해 주는 것이다.

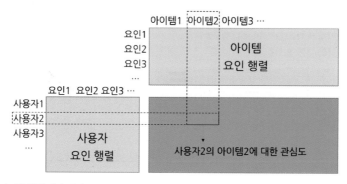

그림 13.56 사용자-아이템 행렬 내적 예시

하지만 협업 필터링에도 몇 가지 맹점이 존재한다. 첫 번째로 콜드 스타트(Cold start) 문제가 있다. 새로 가입한 사용자나, 이제 막 출시된 아이템은 상호작용 데이터가 없기 때문에 추천을 위한 스코어를 줄 수가 없다. 이런 경우, 사용자가 처음 가입할 때, 선호하는 아이템을 몇 가지를 선택하도록 하여, 콜드 스타트를 방지할 수 있다. 신규 아이템의 경우, Simple aggregates를 통해 별도로 신제품 추천 리스트를 제공하거나, 신규 아이템의 잠재요인을 특성이 유사한 아이템들의 잠재요인 평균으로 대치하여 줄 수 있다.

이와 유사한 단점으로, 아이템 수에 비해 구매, 클릭 등의 상호작용이 부족할 경우 잠재요인을 도출할 데이터가 희박하게 되어(Sparsity) 추천 성능이 떨어지게 된다. 그래서 유저와 아이템 간 상호작용 외의 속성을 함께 고려한 하이브리드 필터링 모델을 사용하기도 한다. 그리고 행동 양식이 일관적이지 않은 특이 취향 사용자(Gray sheep)에 대한 추천 정확도가 떨어지는 문제도 있다. 이러한 특이 취향 사용자는 분리해 내어 별도의 유사도 알고리즘을 적용하여 추천 정확도를 향상시킬 수 있다. 이것 또한 일종의 하이브리드 필터링이라 할 수 있다.

하이브리드 필터링은 세 종류로 구분할 수 있다.

1. 협업 필터링과 콘텐츠 기반 필터링을 각각 구현하여 혼합하는 방식

2. 협업 필터링에 콘텐츠 기반 필터링의 특성을 적용하는 방식

3. 콘텐츠 기반 필터링에 협업 필터링의 특성을 적용하는 방식

첫 번째 협업 필터링과 콘텐츠 기반 필터링을 각각 구현하여 혼합하는 방식은 각 모델의 스코어 결괏값의 가중합을 구하여 최종 스코어를 산출한다. 추천 성능에 따라 각 모델의 가중치를 조정해 준다. 혹은 가중합을 하지 않고, 각 모델 중 더 나은 결괏값을 선택하는 식으로 설계할 수 있다. 예를 들어, 처음 가입한 사람들은 콘텐츠 기반 필터링으로 아이템을 추천해 주다가, 상호작용 데이터가 어느 정도 쌓이면 협업 필터링 모델로 전환해 주는 식으로 활용할 수 있다.

두 번째 협업 필터링에 콘텐츠 기반 필터링의 특성을 적용하는 방식은 협업 필터링 모델에 사용자의 특성을 나타내는 변수를 추가한다. 이를 통해 희소 행렬의 문제를 완화할 수 있다. 앞에서 말한 신규 아이템의 잠재요인을 특성이 유사한 아이템들의 잠재요인 평균으로 대치하는 것도 이 방식에 해당된다.

세 번째 콘텐츠 기반 필터링에 협업 필터링의 특성을 적용하는 방식은, 사용자의 성별, 연령, 취향 등의 프로필 정보들을 협업 필터링 방식처럼 차원 압축하여 몇 개의 잠재 요인으로 변환하여 사용하는 방식이다. 이를 통해 보다 유의미한 속성 정보를 추를 수 있고, 데이터양을 감소시켜 시스템 효율을 높일 수 있다.

지금까지 추천 시스템의 종류인 연관규칙, 콘텐츠 기반 필터링, 협업 필터링, 하이브리드 필터링에 대해서 알아보았다. 추천시스템의 성능 평가의 경우에도, 다른 모델과 같이 정확도, 특이도, F1 스코어 등의 예측력 평가 기준을 활용한다. 나만 추천 시스템은 추천한 히니의 아이템에 대히 비응윤비 내세는 낮손 편이기 때문에 5개, 10개를 추천했을 때 반응한 비율 등을 평가지표로 사용하기도 한다. 자세한 내용은 모델 평가 부분에서 다루겠다.

13.9.3 연관규칙과 협업 필터링 실습

이제 캐글에 있는 "Market Basket Data"[9] 그리고 "Movielens dataset"[10] 데이터셋으로 연관규칙과 협업 필터링을 실습해 보겠다. 이 절의 실습 코드는 이 책의 저장소의 **13.9.3.연관규칙과 협업 필터링 (추천 모델).ipynb** 파일에 있다.

---

9 httpc://www.kaggle.com/datasets/sewonghwang/market-basket
10 https://www.kaggle.com/datasets/ayushimishra2809/movielens-dataset

연관규칙 실습

코드 13.101 연관규칙에 필요한 패키지 임포트

In [1]:

```
01: # 연관규칙 실습용 필요한 패키지 임포트
02: from mlxtend.preprocessing import TransactionEncoder
03: from mlxtend.frequent_patterns import apriori
04: from mlxtend.frequent_patterns import association_rules
05: import pandas as pd
06: import numpy as np
```

연관규칙을 위한 데이터 전처리 패키지와 apriori 알고리즘 패키지 등을 임포트한다.

코드 13.102 데이터 불러오기 및 확인

In [2]:

```
01: # 연관규칙 실습용 데이터 불러오기
02: df = pd.read_csv("datasets/market_basket.csv")
03:
04: # 데이터 샘플 확인
05: df.head()
```

Out [2]:

	cust_cd	std_dt	prdct_cd	prdct_nm
0	C617077280704	2021-06-19	A10001	tropical fruit
1	C617077280704	2021-06-19	A10002	whole milk
2	C617077280704	2021-06-19	A10003	pip fruit
3	C617077280704	2021-06-19	A10004	other vegetables
4	C617077280704	2021-06-19	A10005	cream

데이터를 판다스 데이터 프레임으로 불러온 다음 확인한다. 일자별 고객들이 구매한 제품의 코드와 상품명 정보가 기록되어 있는 것을 확인할 수 있다. 이번 실습에서는 각 고객이 동일한 날짜에 구매한 품목들은 하나의 장바구니로 가정한다.

코드 13.103 각 장바구니 정보를 리스트 형태로 변환

In [3]:

```
01: # apriori 모델 적용을 위한 품목 리스트 가공
02:
03: itemset = df.drop_duplicates(
04:     ['cust_cd', 'std_dt', 'prdct_nm']).groupby(
05:     ['cust_cd','std_dt'])['prdct_nm'].apply(list)
06:
07: itemset= pd.DataFrame(itemset).reset_index().drop(
08:     ['cust_cd', 'std_dt'], axis='columns')
09:
10: itemset = itemset.squeeze()
11:
12: itemset.head()
```

Out [3]:

```
0     [beef, herbs, tropical fruit, whole milk, chic...
1     [sugar, packaged fruit/vegetables, sausage, sp...
2     [berries, tropical fruit, fruit/vegetable juic...
3     [yogurt, beef, cream, herbs, chicken, bottled ...
4     [berries, beef, yogurt, specialty bar, bottled...
Name: prdct_nm, dtype: object
```

기존 데이터셋을 apriori 모델에 적용하기 위해서 각 장바구니의 구매 품목들을 리스트 형태로 저장한다. 우선 장바구니에서 중복된 품목은 제거한 뒤 고객-일자별로 묶어서 apply(list) 함수로 품목들을 리스트 형태로 가공한다. 첫 번째 행의 경우 beef, herbs, tropical fruit 등의 품목이 함께 구매된 것을 알 수 있다.

코드 13.104 장바구니 리스트를 더미(T/F) 형태로 변환

In [4]:

```
01: # apriori 모델 적용을 위한 장바구니 - 품목 더미 가공
02:
03: encoder = TransactionEncoder()
04: encoder_T = encoder.fit(itemset).transform(itemset)
05:
06: # 데이터프레임으로 변경
```

```
07: itemset_matrix = pd.DataFrame(encoder_T, columns=encoder.columns_)
08:
09: itemset_matrix.head()
```

Out [4]:

	beef	berries	beverages	bottled beer	bottled water	brown bread	butter	butter milk	canned beer	chicken	...	sparkling wine
0	True	False	False	False	False	False	False	False	False	True	...	False
1	False	False	False	False	False	False	False	False	False	False	...	False
2	False	True	False	False	False	False	False	False	False	True	...	False
3	True	False	False	False	True	False	False	False	False	True	...	False
4	True	True	False	False	True	False	False	False	False	True	...	False

Apriori 패키지에서는 리스트가 아닌 더미 가공이 된 행렬 형태의 데이터셋을 입력해야 하므로 TransactionEncoder() 함수를 사용하여 행렬 형태로 변환한다. 그리고 다시 판다스 데이터 프레임 형식으로 변환한다.

코드 13.105 지지도 기준 설정 및 apriori 모델 적용

In [5]:

```
01: # 지지도 0.1 기준으로 apriori 적용
02:
03: itemset_apriori = apriori(itemset_matrix, min_support=0.01, use_colnames=True)
04: itemset_apriori.head()
```

Out [5]:

	support	itemsets
0	0.166612	(beef)
1	0.105074	(berries)
2	0.017010	(beverages)
3	0.025754	(bottled beer)
4	0.095191	(bottled water)

apriori() 함수를 사용하여 apriori 알고리즘의 연관규칙 모델을 적용한다. min_support=0.01로 옵션을 설정하여 지지도가 0.1 미만인 품목이나 품목 조합은 제거한다. 이 기준은 비즈니스적 상황에 따라 달라질 수 있다. 실무에서는 각 품목의 판매비중 분포, 매출 분포 등을 분석하여 의사결정을 해야 한다.

코드 13.106 품목(조합) 간의 연관도 확인

In [6]:

```
01: # 향상도 5 이상 상품 조합 추출
02:
03: association_rules(itemset_apriori, metric="lift", min_threshold=5)
```

Out [6]:

	antecedents	consequents	antecedent support	consequent support	support	confidence	lift	leverage	conviction
0	(beef, ham)	(bottled water)	0.028179	0.095191	0.014585	0.517601	5.437508	0.011903	1.875645
1	(bottled water)	(beef, ham)	0.095191	0.028179	0.014585	0.153223	5.437508	0.011903	1.147670
2	(beef, yogurt)	(bottled water)	0.023844	0.095191	0.011977	0.502311	5.276885	0.009707	1.818022
3	(bottled water)	(beef, yogurt)	0.095191	0.023844	0.011977	0.125820	5.276885	0.009707	1.116654
4	(pastry, beef, cream)	(bottled water)	0.030163	0.095191	0.014879	0.493301	5.182229	0.012008	1.785693
5	(pastry, beef)	(bottled water, cream)	0.046916	0.047797	0.014879	0.317150	6.635276	0.012637	1.394453
6	(pastry, bottled water)	(beef, cream)	0.037474	0.069878	0.014879	0.397059	5.682200	0.012261	1.542642
7	(beef, cream)	(pastry, bottled water)	0.069878	0.037474	0.014879	0.212934	5.682200	0.012261	1.222929
8	(bottled water, cream)	(pastry, beef)	0.047797	0.046916	0.014879	0.311299	6.635276	0.012637	1.383887
9	(bottled water)	(pastry, beef, cream)	0.095191	0.030163	0.014879	0.156310	5.182229	0.012008	1.149519

association_rules() 함수를 사용하여 품목(조합) 간의 향상도, 지지도, 신뢰도 등을 확인한다. 예시에서는 향상도가 5 이상인 품목 조합을 추출했다. 향상도가 5이면 해당 품목을 자연적으로 구매할 확률보다 연관 품목을 구매했을 때 해당 품목을 구매할 확률이 5배 높은 것이므로 연관도가 매우 높다고 할 수 있다.

협업 필터링 실습

코드 13.107 협업 필터링에 필요한 패키지 임포트

In [7]:

```
01: # 협업 필터링 실습용 필요한 패키지 임포트
02: from sklearn.metrics.pairwise import cosine_similarity
03: from sklearn.metrics import mean_squared_error
04: import pandas as pd
05: import numpy as np
```

다음으로 협업 필터링 실습을 위해 필요한 패키지를 임포트한다.

코드 13.108 협업필터링을 위한 데이터 불러오기

In [8]:

```
01: # 협업 필터링 실습용 데이터 불러오기
02: df_movies = pd.read_csv("datasets/movies.csv")
03: df_ratings = pd.read_csv("datasets/ratings.csv")
04:
05: # 데이터 샘플 확인
06: df_ratings.head()
```

Out [8]:

	userId	movieId	rating	timestamp
0	1	16	4.0	1217897793
1	1	24	1.5	1217895807
2	1	32	4.0	1217896246
3	1	47	4.0	1217896556
4	1	50	4.0	1217896523

데이터를 판다스 데이터 프레임으로 불러온 다음 확인한다. movies.csv에는 각 영화의 ID와 제목 그리고 장르에 대한 정보가 있다. 그리고 ratings.csv에는 각 고객번호와 시청했던 영화의 ID와 날짜 그리고 평점 정보가 기록되어 있다.

코드 13.109 고객과 영화의 유사도 측정을 위한 전치 데이터셋 생성

In [9]:

```
01: # 고객, 영화 유사도 측정을 위한 전치 데이터셋 생성
02:
03: # ratings 데이터와 movies 데이터 결합
04: df_merge = pd.merge(df_ratings, df_movies, on="movieId")
05:
06: # 고객-아이템 평점 행렬 생성
07: df_merge_pivot = df_merge.pivot_table("rating", "userId", "title")
08:
09: # 결측 0으로 변환
10: df_merge_pivot_null = df_merge_pivot.fillna(0)
11:
```

```
12: # 아이템-사용자 평점 행렬로 전치
13: df_merge_pivot_T = df_merge_pivot_null.T
14: df_merge_pivot_T.head()
```

Out [9]:

title	userId	1	2	3	4	5	6	7	8	9	10	...	659
'71 (2014)		0.0	0.0	0.0	0.0	0.0	0.0	0.0	0.0	0.0	0.0	...	0.0
'Hellboy': The Seeds of Creation (2004)		0.0	0.0	0.0	0.0	0.0	0.0	0.0	0.0	0.0	0.0	...	0.0
'Round Midnight (1986)		0.0	0.0	0.0	0.0	0.0	0.0	0.0	0.0	0.0	0.0	...	0.0
'Til There Was You (1997)		0.0	0.0	0.0	0.0	0.0	0.0	0.0	0.0	0.0	0.0	...	0.0
'burbs, The (1989)		0.0	0.0	0.0	0.0	0.0	0.0	0.0	0.0	0.0	0.0	...	0.0

고객 간의 유사도와 영화 간의 유사도를 산출하기 위해 고객과 영화 평점이 행렬로 이루어진 테이블을 생성한다. 아웃풋 결과에서 인덱스는 모든 영화 제목으로 이루어져 있고 668명의 고객들이 각 칼럼으로 이루어진 것을 확인할 수 있다. 유사도 측정 시에는 평점이 기록되지 않은 결측값을 0으로 대치한 테이블을 사용하고 협업 필터링 시에는 결측값이 그대로 포함된 테이블을 사용한다.

코드 13.110 영화 유사도 행렬 생성

In [10]:

```
01: # 영화 유사도 행렬 생성
02: item_sim = cosine_similarity(df_merge_pivot_T)
03:
04: # 데이터 프레임 형태 변환
05: item_sim_df = pd.DataFrame(item_sim, index=df_merge_pivot_T.index,
06:                            columns=df_merge_pivot_T.index)
07:
08: item_sim_df.head()
```

Out [10]:

title	'71 (2014)	'Hellboy': The Seeds of Creation (2004)	'Round Midnight (1986)	'Til There Was You (1997)	'burbs, The (1989)	'night Mother (1986)	(500) Days of Summer (2009)	"batteries not included (1987)	...And Justice for All (1979)	10 (1979)	...	[REC] (2007)
title												
'71 (2014)	1.0	0.0	0.0	0.0	0.0	0.0	0.000000	0.000000	0.342682	0.000000	...	0.000000
'Hellboy': The Seeds of Creation (2004)	0.0	1.0	0.0	0.0	0.0	0.0	0.000000	0.000000	0.000000	0.000000	...	0.000000
'Round Midnight (1986)	0.0	0.0	1.0	0.0	0.0	0.0	0.081094	0.000000	0.257012	0.680414	...	0.000000
'Til There Was You (1997)	0.0	0.0	0.0	1.0	0.0	0.0	0.000000	0.000000	0.000000	0.000000	...	0.000000
'burbs, The (1989)	0.0	0.0	0.0	0.0	1.0	0.0	0.031610	0.231897	0.100923	0.000000	...	0.057358

앞에서 생성한 행렬 테이블에 cosine_similarity() 함수를 적용하여 영화 간의 유사도 행렬을 생성한다. 〈71 (2014)〉 영화는 그 영화 자신과는 1의 유사도를 갖고 〈...And Justice for All (1979)〉 영화와는 0.34의 유사도를 가지고 있는 것을 확인할 수 있다.

코드 13.111 특정 영화의 상위 유사도 영화 리스트 추출

In [11]:

```
01: # 500일의 썸머와 유사도가 높은 상위 5개 영화 추출
02:
03: item_sim_df["(500) Days of Summer (2009)"].sort_values(ascending=False)[1:6]
```

Out [11]:

```
title
Scott Pilgrim vs. the World (2010)    0.502121
Up in the Air (2009)                  0.498354
Social Network, The (2010)            0.497004
Forgetting Sarah Marshall (2008)      0.472271
Shutter Island (2010)                 0.468202
Name: (500) Days of Summer (2009), dtype: float64
```

item_sim_df 테이블에서 확인하고자 하는 영화명을 칼럼명으로 지정하여 유사도 값 내림차순으로 정렬하면 상위 유사도 영화 리스트를 추출할 수 있다. 〈(500) Days of Summer (2009)〉와 유사도가 높은 상위 5개의 영화로 〈Scott Pilgrim vs. the World (2010)〉, 〈Up in the Air (2009)〉 등이 추출됐다.

코드 13.112 고객 유사도 행렬 생성

In [12]:

```
01: # 고객 유사도 행렬 생성
02: user_sim = cosine_similarity(df_merge_pivot_null)
03:
04: # 데이터 프레임 형태 변환
05: user_sim_df = pd.DataFrame(user_sim, index=df_merge_pivot_null.index,
06:                            columns=df_merge_pivot_null.index)
07:
08: user_sim_df.head()
```

Out [12]:

userId	1	2	3	4	5	6	7	8	9	10	...
userId											
1	1.000000	0.101113	0.210044	0.128766	0.057896	0.077130	0.358090	0.097434	0.239189	0.026663	...
2	0.101113	1.000000	0.115559	0.034610	0.032705	0.028305	0.062914	0.471918	0.194232	0.000000	...
3	0.210044	0.115559	1.000000	0.058208	0.044426	0.012816	0.084522	0.066620	0.459703	0.068454	...
4	0.128766	0.034610	0.058208	1.000000	0.019298	0.005781	0.059089	0.024420	0.050572	0.000000	...
5	0.057896	0.032705	0.044426	0.019298	1.000000	0.053378	0.080822	0.041536	0.023168	0.011915	...

앞의 영화 유사도 행렬과 동일한 방법으로 df_merge_pivot_null 테이블에 cosine_similarity() 함수를 적용하여 고객 간 유사도 행렬 테이블을 생성한다.

코드 13.113 특정 고객의 상위 유사도 고객 리스트 추출

In [13]:

```
01: # 7번 고객과 유사도가 높은 상위 5명 추출
02:
03: user_sim_df[7].sort_values(ascending=False)[1:6]
```

Out [13]:

```
userId
403    0.432287
358    0.414600
228    0.396949
328    0.391268
590    0.387817
Name: 7, dtype: float64
```

user_sim_df 테이블에서 7번 고객을 선택하여 유사도가 높은 고객 5명을 추출했다. 이를 기반으로 보지 않은 영화에 대한 평점을 예측할 수 있다. 영화 간 유사도와 고객 간 유사도를 이용하여 평점을 계산하는 방법은 앞의 이론 부분에서 다루었다.

코드 13.114 협업 필터링용 샘플 행렬 생성

In [14]:

```
01: # 협업 필터링용 샘플 행렬 생성
02:
03: # 잠재요인 차원 30으로 설정
04: K=30
05:
06: # 샘플용 영화 30개만 필터링
07: df_merge_sample = df_merge_pivot.iloc[:,0:30]
08: df_array = df_merge_sample.values
09: user_cnt, item_cnt = df_array.shape
10:
11: # 고객수, 영화 수 x 자원 수 행렬 행성
12: np.random.seed(47)
13: user_matrix = np.random.normal(scale=1./K, size=(user_cnt, K))
14: item_matrix = np.random.normal(scale=1./K, size=(item_cnt, K))
15:
16: print("고객 행렬 확인:", user_matrix.shape)
17: print("영화 행렬 확인:", item_matrix.shape)
```

Out [14]:

```
고객 행렬 확인: (668, 30)
영화 행렬 확인: (30, 30)
```

다음으로 협업 필터링 모델을 만들기 위해 행렬 분해용 데이터 전처리를 한다. 실습용 영화 데이터셋은 영화 수가 1만 개를 넘으므로 빠른 실행을 위해 30개의 영화만 샘플로 추출한다. 그리고 잠재요인은 30개로 설정한다.

코드 13.115 RMSE 산출 함수 정의

In [15]:

```
01: # RMSE 함수 정의
02:
03: def get_rmse(df_array, user_matrix, item_matrix, not_nan_index):
04:     error = 0
05:     # 예측용 df_array 생성
06:     pred_rating_matrix = user_matrix @ item_matrix.T
07:
08:     # 결측 없는 실제 행렬과 예측 행렬 생성
09:     df_array_not_null = df_array[not_nan_index]
10:     pred_rating_matrix_not_null = pred_rating_matrix[not_nan_index]
11:
12:     # RMSE 산출
13:     mse = mean_squared_error(df_array_not_null, pred_rating_matrix_not_null)
14:     rmse = np.sqrt(mse)
15:
16:     return rmse
```

협업 필터링 기반의 영화 추천 시스템의 성능은 영화 평점의 실젯값과 예측값의 오차를 RMSE(root mean square error) 방법으로 계산하기 때문에 실제 평점과 예측 평점 행렬을 생성하고 RMSE를 산출하는 함수를 작성한다.

코드 13.116 SGD 행렬 분해 알고리즘 함수 정의

In [16]:

```
01: # 행렬 분해 함수 정의
02:
03: def matrix_factorization(df_array, K, steps=1000,
04:                          learning_rate=0.01, r_lambda = 0.01):
05:
06:     # 결측값이 아닌 df_array의 index 생성
07:     not_nan_index = np.where(np.isnan(df_array) == False)
```

```
08:
09:        # SGD 행렬 분해 알고리즘 적용
10:        for step in range(steps):
11:            for p, q, r in zip(not_nan_index[0], not_nan_index[1]
12:                                 ,df_array[not_nan_index]):
13:                # 실젯값과 예측값 차이 계산
14:                r_pq = user_matrix[p, :] @ item_matrix[q, :].T
15:                error_pq = r - r_pq
16:
17:                # SGD
18:                user_matrix[p,:] = user_matrix[p,:] + learning_rate*(
19:                    error_pq * item_matrix[q, :] - r_lambda*user_matrix[p,:])
20:
21:                item_matrix[q,:] = item_matrix[q,:] + learning_rate*(
22:                    error_pq * user_matrix[p, :] - r_lambda*item_matrix[q,:])
23:
24:            rmse = get_rmse(df_array, user_matrix, item_matrix, not_nan_index)
25:
26:            if ( (step + 1)  % 100) == 0 :
27:                print("반복 횟수: ", step + 1 ," RMSE: ", np.round(rmse,3))
28:
29:        return user_matrix, item_matrix
```

기존 행렬에서는 비어 있었던 암묵적 데이터에 잠재 요소를 채우도록 SGD 행렬분해 알고리즘 함수를
정의한다. `matrix_factorization()` 함수에 반복 횟수 1,000회, 학습 비중 0.01 등의 설정을 입력해
준다. 그리고 모델 생성 반복마다 실제 평점과 예측 평점의 RMSE를 계산하고 100회 간격으로 RMSE
수치를 출력하도록 설정한다.

코드 13.117 행렬 분해 및 행렬 내적 수행

In [17]:

```
01: # 행렬 분해, 내적
02:
03: user_matrix, item_matrix = matrix_factorization(
04:     df_array, K, steps=1000,
05:     learning_rate=0.01, r_lambda = 0.01)
06:
07: pred_matrix = user_matrix @ item_matrix.T
```

Out [17]:

```
반복 횟수:  100  RMSE:  0.097
반복 횟수:  200  RMSE:  0.027
반복 횟수:  300  RMSE:  0.024
반복 횟수:  400  RMSE:  0.023
반복 횟수:  500  RMSE:  0.021
반복 횟수:  600  RMSE:  0.02
반복 횟수:  700  RMSE:  0.02
반복 횟수:  800  RMSE:  0.019
반복 횟수;  900  RMSE:  0.019
반복 횟수:  1000 RMSE:  0.018
```

앞에서 정의한 RMSE와 SGD 행렬 분해 함수를 df_array에 적용하여 실행시킨다. 알고리즘의 반복 횟수 100회에서는 RMSE가 0.097로 산출됐다가 1,000회 째에는 0.018 수준으로 확연히 감소했다. 그리고 최종적으로 분해된 행렬을 다시 내적 하여 pred_matrix 행렬을 생성한다.

코드 13.118 최종 내적 행렬 데이터 프레임 변환

In [18]:

```
01: # 데이터 프레임 변환
02: ratings_pred_matrix = pd.DataFrame(data=pred_matrix,
03:                                 index= df_merge_sample.index,
04:                                 columns = df_merge_sample.columns)
05:
06: ratings_pred_matrix.head(5)
```

Out [18]:

title	'71 (2014)	'Hellboy': The Seeds of Creation (2004)	'Round Midnight (1986)	'Til There Was You (1997)	'burbs, The (1989)	'night Mother (1986)	(500) Days of Summer (2009)	*batteries not included (1987)	...And Justice for All (1979)	10 (1979)	...
userId											
1	-0.051631	-0.083938	-0.069660	-0.105834	-0.186691	-0.094306	-0.098581	-0.177139	-0.103241	-0.082794	...
2	0.068995	0.063763	0.029378	0.103909	0.070665	0.035862	0.094289	0.170707	0.130561	0.053904	...
3	0.128438	0.089740	0.090381	0.066533	0.103108	0.031881	0.212484	0.048289	0.182902	0.070970	...
4	2.895991	1.712282	1.787002	2.657818	2.820935	2.213617	2.082815	2.555981	3.306608	2.252366	...
5	0.001853	0.076697	-0.039216	-0.029270	-0.007633	-0.051874	-0.026496	0.004058	0.040571	-0.024389	...

앞에서 최종 생성된 `pred_matrix` 행렬을 데이터프레임 형태로 변환한 다음 데이터를 확인한다. 인덱스에는 모든 고객번호가 입력되어 있고 각 칼럼은 영화 제목으로 이루어져 있다. 아웃풋 결과에서 모든 값이 예측 점수로 채워진 것을 확인할 수 있다.

코드 13.119 영화 추천을 위한 함수 설정

In [19]:

```
01: # 영화 추천을 위한 함수 설정
02:
03: # 미상영 영화 리스트 추출 함수
04: def get_unseen_movies(df_merge_sample, userId):
05:
06:     # 모든 영화 리스트 생성
07:     movies_list = df_merge_sample.columns.tolist()
08:
09:     # 고객별 평점 테이블 생성
10:     ratings = df_merge_sample.loc[userId,:]
11:
12:     # 평점을 매기지 않은 영화 리스트 생성
13:     none_rating_list = ratings[ratings.isnull()].index.tolist()
14:
15:     # 평점 없는 영화로 미상영 영화 리스트 생성
16:     unseen_movie_list = [ movie for movie in movies_list if movie in none_rating_list]
17:
18:     return unseen_movie_list
19:
20: # 미상영 영화 중 예측 점수가 높은 순으로 정렬
21: def recomm_movie_by_userid(pred_df, userId, unseen_movie_list, top_n=10):
22:     recomm_movies = pred_df.loc[userId, unseen_movie_list
23:                             ].sort_values(ascending=False)[:top_n]
24:
25:     return recomm_movies
```

예측 평점 행렬 테이블을 활용하여 각 고객의 추천 영화 리스트를 추출하기 위한 함수를 작성한다. 고객이 좋아할 만한 영화를 추천하기 위해서는 기존에 보지 않았던 영화를 추천해야 하기 때문에 전체 영화 리스트에서 평점을 매기지 않은 미상영 영화만 필터링한 후에 예측점수가 높은 순으로 정렬하여 리스트를 생성한다.

코드 13.120 특정 고객의 추천 영화 리스트 생성

In [20]:

```
01: # 575번 고객의 추천 영화 리스트 생성
02:
03: # 575번 고객의 미상영 영화 리스트 생성
04: unseen_movie_list = get_unseen_movies(df_merge_sample, 575)
05:
06: # 미상영 영화 중 예측 평점 높은 영화 리스트 생성
07: recomm_movies = recomm_movie_by_userid(ratings_pred_matrix, 575
00:                                        ,unseen_movie_list, top_n=10)
09:
10: # 최종 데이터셋 생성
11: recomm_movies = pd.DataFrame(data=recomm_movies.values,
12:                              index=recomm_movies.index,
13:                              columns=['pred_score']).reset_index()
14:
15: recomm_movies.head(10)
```

Out [20]:

	title	pred_score
0	12 Years a Slave (2013)	3.569347
1	127 Hours (2010)	3.362532
2	101 Dalmatians (One Hundred and One Dalmatians...	2.968062
3	10 Items or Less (2006)	2.949394
4	11:14 (2003)	2.884700
5	11th Hour, The (2007)	2.742791
6	*batteries not included (1987)	2.701928
7	'71 (2014)	2.672483
8	12 Rounds (2009)	2.585290
9	10th & Wolf (2006)	2.489459

앞에서 작성한 영화 추천 함수를 적용하여 샘플로 575번 고객의 추천영화 리스트를 생성한다. 1위는 〈노예 12년(12 Years a Slave (2013))〉으로 예측점수는 3.56점이 나왔다. 이처럼 각 고객에게 추천할 콘텐츠를 바로바로 출력하여 서비스에 적용할 수 있다.

13.10 인공 신경망(CNN, RNN, LSTM)

기계학습의 정점이라 할 수 있는 인공신경망(줄여서 신경망)과 딥러닝(deep learning)은 데이터 분석, 프로그래밍, 수리적 지식이 골고루 필요해서 진입장벽이 높은 편이다. 또한 깊이 들어갈수록 내용이 매우 복잡하고 다양한 기술이 사용되기 때문에 제대로 익히려면 많은 시간과 노력이 필요하다. 하지만 신경망은 복잡한 비선형적 관계를 병렬적으로 분석하고 처리하고 오류나 잡음에 강하기 때문에 일반화 성능이 뛰어나다. 신경망과 딥러닝의 기본 개념과 함께 CNN, RNN, LSTM 등 대표 알고리즘을 알아보자.

1940년대부터 시작된 신경망(Artificial Neural Network, ANN)은 2000년대에 접어들기까지 큰 주목을 받지 못했다. 신경망 모델을 사용하려면 대량의 데이터와 함께 높은 컴퓨팅 파워가 필요해서, 환경 여건이 부족했던 당시에는 이렇다 할 성과를 내지 못했다. 하지만 빅데이터 기술이 발전함에 따라 무수히 많은 정형, 비정형 데이터를 수집할 수 있게 됐고, GPU 기반의 대량 연산이 가능해 빛을 발하기 시작했다.

이를 기점으로 관련 연구가 활발히 이루어졌고, 2004년 토론토 대학교의 제프리 힌튼(Geoffrey Hinton)교수를 필두로 딥러닝(Deep Learning) 기법이 탄생했다. 딥러닝은 신경망 모델 구조를 확장하여 일반 기계학습 알고리즘을 뛰어넘는 정확도를 자랑하며, 이미지 인식, 문장 번역 등 다양한 분야에서 쓰이고 있다. 그럼 신경망 모델의 기본 개념부터 천천히 알아보자.

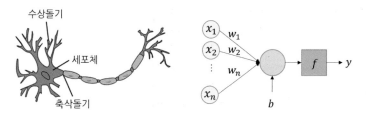

그림 13.57 생물학적 뉴런과 인공신경망의 구조 비교

신경망은 생명체의 신경계를 이루는 신경 세포인 뉴런(Neuron)을 모티브로 만들어진 기계학습 모델이다. 뉴런은 수상돌기(Dendrite)들을 통해 전기적 신호를 받는다. 이는 신경망 모델의 독립변수 가중 합 입력 부분과 같다. 입력된 전기 신호들은 세포체(soma)로 모여 합산된다. 신경망 모델도 이와 같이 각독립변수들에 가중치를 부여하여 값을 합산한다. 합산된 신호는 축삭돌기(Axon)를 통해 출력되고 생명체가 이에 반응한다. 신경망 모델에서 결괏값 Y가 출력되는 것과 같다.

실제로 뇌에서는 수많은 뉴런들이 연결되어 있고, 신경망 모델도 이와 같이 여러 개의 노드가 서로 연결되어 있다. 기본적인 신경망 구조는 입력층(Input layer), 은닉층(Hidden layer), 그리고 출력층(Output layer) 이렇게 세 가지 층으로 분류되어 있다. 입력층은 독립변수의 값들을 입력하는 역할을 하기 때문에 독립변수의 수만큼 노드를 갖게 된다. 은닉층에서는 입력층에서 들어온 값들을 합산하여 보관을 하고, 노드들을 연결하는 층 사이에는 가중치들이 있다. 중간에 있는 층이 은닉층으로 불리는 이유는 신경망 알고리즘 사이에 있어서 어떤 계산들이 이루어지는지 파악하기 힘들기 때문에 그렇게 이름 지어졌다. 그래서 신경망 모델을 블랙박스 모형이라고도 부른다.

이렇게 중간 층이 있는 것이 앞서 봤던 회귀분석과의 가장 큰 차이점이다. 그리고 신경망은 출력값과 Y값과의 차이를 봐서 은닉층의 가중치를 조절한다는 차이가 있다. 처음 주어진 가중치를 이용해 출력층의 값을 계산하고, 결괏값과의 오차를 각 가중치로 미분한 값을 처음 가중치에서 빼 주는 작업을 반복하며 가중치를 조정한다. 이를 오류 역전파(Back-propagation of errors)라 한다.

신경망의 은닉층이 2개 이상이 될 때는 딥러닝이라 부른다. 기존에는 한 개의 은닉층을 통해 은닉 노드만 증가시켜 모델을 튜닝 했으나, 제프리 힌튼 교수를 통해 은닉층을 증가시키는 것이 더 효율적임을 밝혀냄으로써 신경망 모델은 비약적 발전을 할 수 있었다. 이처럼 딥러닝은 신경망에서 파생되어 나온 모델이기 때문에 일반적으로 신경망이라고 하면 딥러닝 모델을 지칭한다.

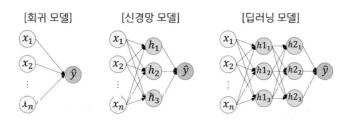

그림 13.58 회귀, 신경망, 딥러닝 모델 비교

신경망을 이루는 가장 기본 단위 구조를 퍼셉트론(Perceptron)이라 한다. 퍼셉트론은 '지각'의 뜻을 가진 Perception과 뉴런의 합성어다. 앞서 봤듯이, 입력층의 각 독립변숫값들을 하나로 합산할 때 각각에 가중치를 적용해서 보다 유의한 변수의 영향력을 강화한다. 이때 합산된 값이 정해진 임곗값을 초과했을 때는 1을 출력하고 못했을 때는 0을 출력한다. 이쯤 되면 로지스틱 회귀 모델의 시그모이드 함수가 생각날 것이다. 퍼셉트론은 학습데이터가 입력됐을 때, 분류가 제대로 됐는지를 보며 가중치를 개선해 나간다. 신경망은 여러 층의 퍼셉트론으로 구성되기 때문에 다층 퍼셉트론(multi-layer perceptron, MLP)이라 한다.

다층 퍼셉트론은 비선형 분류가 가능하기 때문에 과적합을 방지할 수 있다. 단층 퍼셉트론의 경우 AND, NAND, OR 게이트 논리 연산을 할 수 있지만, XOR 게이트 연산은 불가능하다. XOR는 배타적 논리합이다. 예를 들어 변수 X1과 X2 중 한쪽이 1일 때만 1을 출력하는 경우 XOR 게이트 연산이라 한다. 표 13.17을 보면 AND, NAND, OR, XOR 게이트의 출력 원리를 확인할 수 있다.

표 13.17 AND, NAND, OR, XOR 게이트 연산 예시

x_1	x_2	y(AND)	y(NAND)	y(OR)	y(XOR)
0	0	0	1	0	0
1	0	0	1	1	1
0	1	0	1	1	1
1	1	1	0	1	0

AND, NAND, OR 게이트를 퍼셉트론으로 구현한다고 했을 때, 각 가중치는 다음과 같이 주면 된다.

- **AND 조건:** w_1:0.3, w_2:0.3, θ:0.5

- **NAND 조건:** w_1:−0.3, w_2:−0.3, θ:−0.5

- **OR 조건:** w_1:0.3, w_2:0.3, θ:0.2

하지만 XOR 게이트는 가중치와 임계치 조합을 어떻게 하더라도 구현이 불가능하다. 이는 XOR 게이트가 비선형 구분선이기 때문이다.

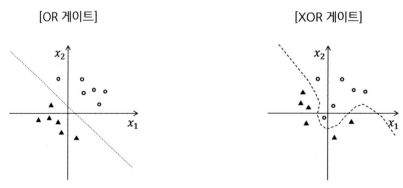

그림 13.59 XOR 게이트의 비선형성 예시

다층 퍼셉트론은 기존의 AND, NAND, OR, XOR 게이트를 조합하여 XOR 게이트를 구현할 수 있다. 다음의 예시와 같이 NAND와 OR게이트를 AND로 조합하여 XOR 게이트 구현이 가능하다.

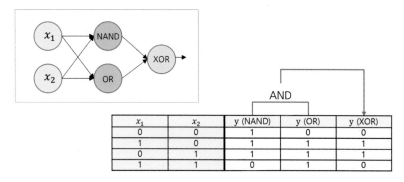

x_1	x_2	y (NAND)	y (OR)	y (XOR)
0	0	1	0	0
1	0	1	1	1
0	1	1	1	1
1	1	0	1	0

그림 13.60 다층 퍼셉트론을 통한 XOR 게이트 구현 예시

다층 퍼셉트론, 즉 은닉층을 한 개 이상 구성하여 비선형적 데이터 구조를 학습할 수 있는 것이 바로 신경망 모델인 것이다. 그런데 초기 신경망 모델은 지역 최솟값(Local minimum) 문제가 발생할 수 있었고, ReLU나 Drop-out 기법 등의 기법으로 이를 해결했다. 그 밖에 과적합을 방지할 수 있는 Initialize point 사전훈련 알고리즘 등 다양한 신경망 관련 기법들이 있다. 이러한 세부 기법들은 관련 서적을 통해 자세히 확인할 수 있다. 그럼 이제 딥러닝의 대표 알고리즘인 CNN, RNN, LSTM에 대해서 알아보자.

13.10.1 CNN

합성곱 신경망, 즉 CNN(Convolution Neural Network)은 사람의 시신경 구조를 모방한 구조로써 데이터의 특징을 추출하여 패턴을 파악한다. 1989년, 필기체 zip code 인식 알고리즘 개발 프로젝트에서 시작됐다. 예를 들어 다음 그림 13.61과 같이 16×16 픽셀 크기의 알파벳이 쓰여 있는 이미지가 있다고 해보자. 우리는 이 알파벳이 'A'라는 것을 어떻게 인식할까? 인간의 시신경이 인식하는 픽셀 단위에서 'A'라는 글자가 채워진 영역의 형태를 기억했다가 이와 비슷한 모양을 보았을 때 우리는 'A'라고 인식한다.

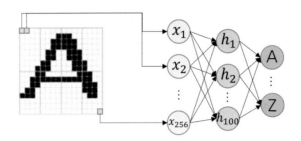

그림 13.61 CNN의 기본 개념

CNN도 마찬가지다. 각 픽셀 단위에 잉크가 채워져 있는가를 구분하여 전체 픽셀 조합이 어떤 알파벳과 유사한지 판단하여 'A'로 결과를 출력한다. 그런데 픽셀 단위가 커지게 되면 연산해야 할 양은 기하급수적으로 증가하게 되고, 모든 픽셀 단위를 일일이 연산하는 것은 비효율적이다. 전체 256개 픽셀에 100개의 은닉 노드가 있을 때 연산해야 하는 가중치와 바이어스는 28,326개나 된다. 은닉층이 늘어나면 학습에 필요한 연산량은 매우 커지게 된다.

그리고 같은 'A'라도 글씨체나 크기, 위치 등이 조금이라도 바뀌면 이와 동일한 새로운 학습 데이터를 넣어 줘야 한다. 이는 기존 데이터에만 너무 맞춰진 과적합과 같은 개념으로, 모델이 'A'라고 학습한 정보와 조금이라도 다르면 제대로 인식하지 못하는 문제가 발생하는 것이다.

그래서 CNN은 Convolution과 Pooling의 단계를 통해 데이터를 효율적으로 연산한다. Convolution, 즉 합성곱의 정의는 두 함수 f, g 가운데 하나의 함수를 반전(reverse), 전이(shift)시킨 다음, 다른 하나의 함수와 곱한 결과를 적분하는 것을 의미한다. 글로만 봐서는 이해하기가 힘들다. 다음 그림 13.62의 예시를 보자. 우선 5×5 픽셀의 이미지 원본이 있다고 하자. 실제 컬러 이미지는 각 픽셀을 RGB 3개의 실수로 표현한 3차원 데이터고, 이를 1차원 데이터 3개로 분리해 준다. 각 RGB값인 RED 채널, Green 채널, Blue 채널 3개가 생성됐다.

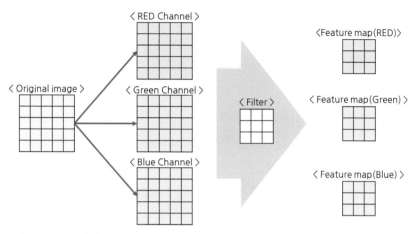

그림 13.62 CNN의 Convolution 과정

이제 각 픽셀에 필터(Filter)를 대입하여 주변 픽셀들의 값을 합성한 피처맵(Feature map)을 만든다. 피처맵은 원본 이미지에 필터를 대입하여 각 값을 합하여 만든다. 예시에서는 (3,3)의 정사각 행렬 필터를 대입했고, 각 채널들의 Feature map이 출력된다. 합성곱의 계산 방식은 다음 그림 13.63과 같다.

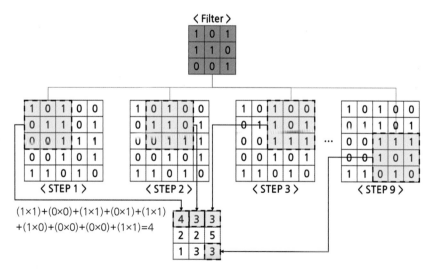

그림 13.63 CNN의 Feature map 생성 과정

쉬운 이해를 위해 모든 값은 0 또는 1로 구성되어 있다고 하자. (3,3)의 필터가 입력한 데이터들에 대입되어 Feature map의 값이 하나씩 연산된다. 필터가 순회하는 간격을 Stride라 한다. 일반적으로

Stride는 1로 설정한다. 그림 13.63의 예시는 Stride를 1로 설정하여, 한 칸씩 이동하며 총 9번의 Step
을 통해 Feature map을 만들었다. 그런데 앞서 RGB값인 RED 채널, Green 채널, Blue 채널을 통해
총 3개의 Feature map을 만든다고 했다. 이렇게 생성된 각각의 Feature map을 모두 합하여 하나의
Feature map으로 만들어 준다.

Convolution 과정에서 Feature map의 크기가 Input 데이터보다 작아지는 것을 확인했다.
Convolution을 반복할수록 Feature map 데이터의 크기는 점점 작아지게 되고 계속 반복하다 보
면 결국에는 출력 크기가 1이 되어 합성곱 연산을 할 수 없게 된다. 이러한 문제를 방지하기 위해 패딩
(Padding) 작업을 하여 기존 데이터의 가장자리를 0 또는 맞닿는 가장자리와 동일한 값으로 채워 넣는
다. 일반적으로는 0으로 채워 넣는다. 그림 13.64와 같이 입력 이미지의 외곽 부분을 0으로 채워주어 출
력된 Feature map의 크기를 기존과 동일한 4×4 픽셀로 만들어 준다. 이는 Zero-padding이라 하며
데이터 손실과 이미지 축소를 방지한다.

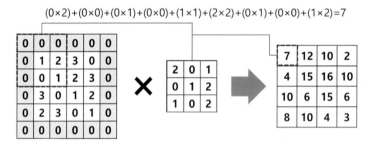

그림 13.64 CNN의 Padding 예시

Padding 과정까지 완료된 Feature map은, 이제 Pooling을 통해 사이즈를 축소한다. 이 과정을 통해
연산량을 줄이고 노이즈를 상쇄시키는 역할을 한다. Pooling은 설정된 영역 중에서 가장 큰 값이나 평
균값 등을 추출한다. Pooling 방법은 Max-pooling, Average-pooling, L2-norm pooling 등이
있으며, 보통 CNN에서는 최댓값만 가져오는 Max-pooling을 사용한다. 이는 신경망 모델이 임계치
를 넘는 큰 값의 신호들만 전달하는 원리와 유사하다. 다음 그림 13.65는 4×4 크기의 Feature map을
2×2 크기의 국소 영역으로 2 Stride 단위로 Max-pooling을 한 예시다.

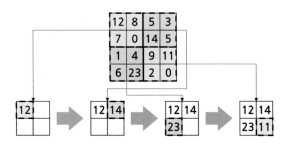

그림 13.65 CNN의 Max-pooling 예시

이렇게 Convolution과 Pooling 과정을 반복한 후, 마지막 출력층에서 해당 이미지의 범주를 분류하여 결과를 출력한다. CNN의 전 과정을 표현하면 다음 그림 13.66과 같다.

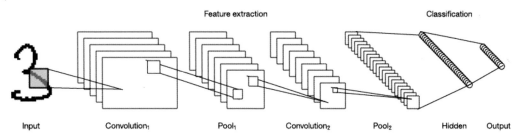

그림 13.66 CNN(LeNet)의 전체 프로세스 예시

13.10.2 RNN과 LSTM

다음으로 자연어처리 영역에서 많이 쓰이고 있는 순환신경망, RNN(Recurrent Neural Network)에 대해서 알아보자. 이름에서도 알 수 있듯이, RNN은 알고리즘 내부에 순환 구조가 들어있다. 기본적인 신경망 구조는 입력층과 출력층이 한 방향으로만 흐르는 피드포워드(Feedforward) 방식으로, 모든 입력과 출력이 서로 독립적이다. 하지만 RNN은 출력 결과가 이전 계산 결과의 영향을 받는다는 가정으로 출발했다. 즉, 이전의 연산 결과 정보를 갖고서 다음 연산을 순차적으로 진행하는 것이다. 앞서 살펴봤던 시계열 분석에서 자기 자신을 재귀적으로 참조한다고 했던 내용을 기억할 것이다. RNN도 유사한 콘셉트의 모델이다. 그림 13.67처럼 출력된 결괏값이 다시 입력되는 순환 구조를 가지고 있다.

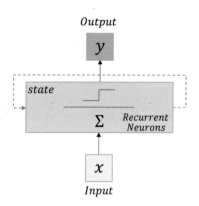

그림 13.67 RNN의 기본 구조

이 그림만 봐서는 RNN의 원리가 파악이 잘 안된다. 다만, 인풋 x가 입력되면, 퍼셉트론 안에서 계산된 파라미터 값이 다시 퍼셉트론 안으로 돌아가는 순환 구조를 보인다. 그리고 결괏값 y가 출력된다. 이 구조를 단순한 구조로 펼쳐서(Unfold) 자세히 살펴보자.

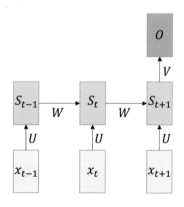

그림 13.68 RNN의 순환 구조 예시

RNN은 시차 요소가 적용되는 모델이라고 했다. 우리는 문장을 이해할 때, 앞에서 봤던 문맥을 고려하여 이해를 한다. 마찬가지로 현재까지 읽은 문장으로 다음에 나올 단어를 예상할 수 있다. "비가 내릴 듯 하늘에 가득 낀…"이라는 문장 바로 뒤에는 '먹구름'이라는 단어가 떠오른다. 우리는 이 '먹구름'을 떠올릴 때, '가득 낀'만을 고려하지 않는다. 그 앞의 '하늘', 더 앞의 '비'라는 단어들을 종합적으로 고려해서 다음에 나올 단어를 유추한다. RNN도 마찬가지다. 그림 13.68을 보면, 맨 아래의 박스는 각 시점별 입력값, 중간 부분의 박스는 RNN의 기억을 담당하는 은닉층(Hidden state)을 의미한다. 맨 위의 사각형 O는 최종 출력값이다.

각 은닉층 단위 S는 X를 입력받고 기억정보를 다음 시차의 S로 전달한다. 기억정보를 전달받은 다음 S는 새로 입력받는 X값을 종합하여 다음 S로 전달한다. 전달 과정이 끝나면 요약된 정보를 바탕으로 최종 결과를 출력한다. 물론 RNN을 사용하는 분석 주제에 따라 입출력 구조는 달라질 수 있다. 그림 13.68 처럼 다중 입력값에 단일 출력값만 있는 구조는 문장의 긍정 부정 판단과 같이, 모든 인풋 정보를 고려 해서 하나의 정답만 내면 되는 모델에 사용된다. 그 밖에 다른 분석 용도에서 적용되는 모델 구조를 살 펴보자.

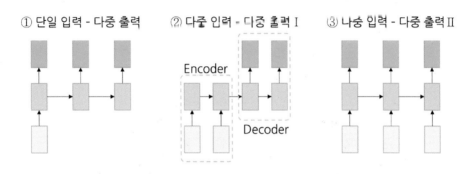

그림 13.69 분석 목적에 따른 RNN 구조 예시

단일 입력값에 다중 출력 구조로 되어 있는 ①번 구조는 이미지를 입력했을 때, 이미지 설명 캡션을 출력 하는 용도에서 사용되는 구조다. 이 경우, CNN과 RNN을 결합해 사용한다. 우선 CNN을 통해 이미지 에서 관련 단어들을 추출하고, RNN을 통해 문장을 생성하는 것이다. ②번의 앞단에서 입력만 수행되다 가 출력으로 변환되는 다중 입력–다중 출력 구조는 번역기 모델에서 사용되는 구조다. 언어 번역의 경 우, 어순이 다른 경우가 많다. 그렇기 때문에 원본 언어의 단어들을 입력하면 어순을 함께 기억한 다음 번역하고자 하는 언어의 어순으로 변환해 순차적으로 출력하는 것이다. 마지막 ③번 구조는 인풋이 들어 옴과 동시에 출력을 시작하고, 인풋이 늘어날수록 과거의 모든 인풋을 함께 고려해 결과를 출력한다. 스 마트폰의 문장 자동완성 기능과 같이 다음에 나올 단어를 예측하는 모델에 사용되거나 주식 가격 예측, 시계열 데이터 예측 등에 사용된다.

그런데 RNN은 과거 시점의 인풋과 현재 시점의 인풋과의 거리가 멀면, 초기의 가중치 값이 유지되지 않 아 학습능력이 저하되는 문제가 있다. 물론 시계열적으로 생각하면, 거리가 먼 과거의 정보의 영향력이 줄어드는 것이 자연스럽다. 하지만 다음과 같은 문장의 경우에 단어를 유추하는 경우를 생각해보자.

"서경이는 독일에서 학창시절을 보냈다. 어제 그녀를 만났는데, ***를 유창하게 잘했다."

라는 문장이 있고, ***라는 단어를 예측하고자 한다. 문장 앞에서 독일에서 학창시절을 보냈었다는 내용이 있으므로, 빈 단어는 '독일어'일 것으로 유추할 수 있다. 그런데 이렇게 예측하고자 하는 단어와 근거가 되는 단어 사이 간격이 멀게 되면 RNN은 올바르게 문맥을 연결할 수 없다. 멀리 있는 단어일수록 그 영향도가 줄어들기 때문이다. 이러한 문제를 해결할 수 있는 모델이 바로 LSTM이다.

LSTM(Long Short Term Memory networks)은 기존 RNN과 유사한 구조를 가지고 있지만 셀 스테이트(Cell state)라는 요소를 가지고 있다. 셀 스테이트는 가중치를 계속 기억할 것인지 말 것인지를 결정해주는 역할을 한다. 가중치가 기억되면, 거리가 먼 과거의 인풋이라 해도 가중치가 그대로 적용된다. RNN과 LSTM의 세부 구조를 통해 차이를 비교하면 그림 13.70과 같다.

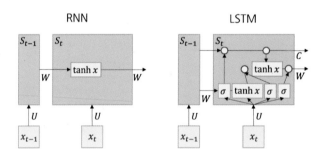

그림 13.70 RNN과 LSTM의 세부 알고리즘 비교

RNN은 일반적으로 쌍곡선 함수라고도 불리는 하이퍼볼릭 탄젠트(hyperbolic tangent) 함수를 통해 전 시점의 가중치를 −1~1 사이 값으로 산출해 다음 시점에 전달한다. 매우 심플하다. 하이퍼볼릭 탄젠트는 시그모이드 함수와 유사한 함수다. 시그모이드보다 미분 최댓값이 상대적으로 크기 때문에 가중치를 더 오래 유지할 수 있다. 수식은 다음과 같다.

$$\tanh x = \frac{\sinh x}{\cosh x} = \frac{e^x - e^{-x}}{e^x + e^{-x}}$$

하지만 결국 시차가 지날수록 과거의 가중치는 희석되어 가므로, 영향력이 급격히 줄어든다. 그리고 더 이상 가중치가 필요 없어도 유지된다. 반면 **LSTM은 은닉층에서 x_{t-1} 시점의 가중치를 그대로 넣을 것인지 시그모이드 함수로 0 or 1 사이 값으로 산출해 판단한다.** 과거 시점의 가중치 사용에 대한 출력값이 1

이면 가중치를 완전히 유지하고, 0이면 삭제한다. 그림 13.70의 σ 부분이 시그모이드 레이어에 해당한다. 0과 1의 셀 상태는 C로 다음 시차에 넘어간다. C 값이 1이면 장기 상태라 부른다. 가중치 사용이 결정되면 가중치는 하이퍼볼릭 탄젠트 함수를 통해 −1~1 사이 값으로 산출된다.

이런 식으로 기존의 RNN은 LSTM으로 성능이 보다 향상됐고, 그 외에 다양한 변칙 알고리즘이 계속 개발되고 있다. 상황에 따라서는 기본 RNN 알고리즘에 변칙 패턴을 적용한 모델이 LSTM보다 탁월한 성능을 보이기도 한다. 또한 비교적 최근에는 기존 RNN의 콘셉트에서 벗어나 encoder-decoder 구조로 이루어진 트랜스포머(Transformer) 알고리즘이 주목받고 있다. LSTM보다 학습 효율이 뛰어나고 특정 영역에서 우수한 성능을 나타낸다. 이처럼 신경망 모델은 확장 가능성이 크고 매우 활발하게 연구가 이루어지고 있다. 앞으로는 대부분의 기계학습 알고리즘이 신경망 알고리즘으로 대체될 것이다.

13.10.3 인공 신경망 실습

이제 케라스(Keras)의 mnist 숫자 이미지 데이터셋과 캐글에 있는 "google stock price"[11] 데이터셋으로 CNN과 RNN, LSTM을 실습해 보겠다. 이 절의 실습 코드는 이 책의 저장소의 **13.10.3.인공 신경망 (CNN, RNN, LSTM).ipynb** 파일에 있다.

코드 13.121 패키지 설치 및 임포트

In [1]:
```
01: # 필요한 패키지 설치 및 임포트
02:
03: !pip install tensorflow
04: import keras
05: import tensorflow as tf
06: from tensorflow import keras
07: from keras.models import Sequential
08: from keras.layers import Dense, Activation, Dropout, Flatten, LSTM
09: from keras.layers.convolutional import Convolution2D, MaxPooling2D
10: import sys
11: from sklearn.preprocessing import MinMaxScaler
12: import random
13: import seaborn as sns
14: import matplotlib.pyplot as plt
```

---

11 https://www.kaggle.com/datasets/medharawat/google-stock-price

```
15: import pandas as pd
16: import numpy as np
```

데이터 전처리 및 CNN, RNN, LSTM 모델 실행을 위한 tensorflow, keras 등의 패키지들을 설치 및 임포트한다.

CNN 실습

코드 13.122 CNN 실습용 데이터 불러오기 및 모델 생성

In [2]:

```
01: # CNN 모델 생성
02:
03: # 데이터 불러오기
04: (x_train, y_train), (x_test, y_test) = keras.datasets.mnist.load_data()
05:
06: #데이터를 10,000개로 제한
07: (x_train, y_train), (x_test, y_test) = (x_train[:10000], y_train[:10000]
08:                                       ), (x_test[:10000], y_test[:10000])
09:
10: input_shape = (28, 28, 1)
11: x_train = x_train.reshape(x_train.shape[0], 28, 28, 1)
12: x_test = x_test.reshape(x_test.shape[0], 28, 28, 1)
13:
14: # 데이터 정규화
15: x_train = x_train.astype('float') / 256.
16: x_test = x_test.astype('float') / 256.
17:
18: # 학습셋, 테스트셋 형태 출력
19: print('x_train shape:', x_train.shape)
20: print('x_test shape:', x_test.shape)
21:
22: # 학습셋, 테스트셋 범주 10 설정
23: y_train = keras.utils.to_categorical(y_train, 10)
24: y_test = keras.utils.to_categorical(y_test, 10)
25:
26: # CNN 모델 구축 -은닉층 생성
27: model = Sequential()
```

```
28: model.add(Convolution2D(32, kernel_size=(5, 5), strides=(1, 1)
29:                              , padding='same', input_shape=(28, 28, 1)))
30: model.add(Activation('relu'))
31: model.add(MaxPooling2D(pool_size=(2, 2), strides=(2, 2)))
32: model.add(Convolution2D(64, (2, 2), padding='same'))
33: model.add(Activation('relu'))
34: model.add(MaxPooling2D(pool_size=(2, 2)))
35: model.add(Dropout(0.25))
36: model.add(Flatten())
37: model.add(Dense(512))
38: model.add(Activation('relu'))
39: model.add(Dropout(0.5))
40: model.add(Dense(10))
41: model.add(Activation('softmax'))
42:
43: # CNN 컴파일
44: model.compile(loss='binary_crossentropy',
45:              optimizer='rmsprop', metrics=['accuracy'])
46:
47: model.summary()
```

Out [2]:

```
x_train shape: (10000, 28, 28, 1)
x_test shape: (10000, 28, 28, 1)
Model: "sequential_37"
```

Layer (type)	Output Shape	Param #
conv2d_75 (Conv2D)	(None, 28, 28, 32)	832
activation_97 (Activation)	(None, 28, 28, 32)	0
max_pooling2d_64 (MaxPoolin g2D)	(None, 14, 14, 32)	0
conv2d_76 (Conv2D)	(None, 14, 14, 64)	8256
activation_98 (Activation)	(None, 14, 14, 64)	0

```
max_pooling2d_65 (MaxPoolin    (None, 7, 7, 64)        0
g2D)

dropout_65 (Dropout)           (None, 7, 7, 64)        0

flatten_27 (Flatten)           (None, 3136)            0

dense_54 (Dense)               (None, 512)             1606144

activation_99 (Activation)     (None, 512)             0

dropout_66 (Dropout)           (None, 512)             0

dense_55 (Dense)               (None, 10)              5130

activation_100 (Activation)    (None, 10)              0

=========================================================
Total params: 1,620,362
Trainable params: 1,620,362
Non-trainable params: 0
---------------------------------------------------------
```

이미지 인식 및 분류 모델을 만들기 위해 keras.datasets.mnist.load_data() 함수로 숫자 이미지 데이터를 불러온다. 그리고 빠른 실습을 위해 데이터를 10,000개만 추출한 다음 CNN 모델에 맞도록 데이터 형태 변환 및 정규화를 적용한다. 숫자 이미지는 0~9까지 있으므로 10개의 범주로 분류하도록 설정한다. 그리고 Convolution2D() 함수로 CNN 모델을 생성한다. 앞의 이론에서 다뤘던 kernel_size=(5, 5), strides=(1, 1) 등의 설정과 함께 은닉층을 설정한다. 모델 설정이 끝난 다음에는 model.summary() 함수를 통해 생성된 모델 정보를 확인한다.

코드 13.123 CNN 모델 결과 출력

In [3]:

```
01: # CNN 모델 결과 출력
02:
03: # 모델 적합(반복 횟수 5)
```

```
04: model_fit = model.fit(x_train, y_train, batch_size=38, epochs=5, verbose=1
05:                       , validation_data=(x_test, y_test))
06: score = model.evaluate(x_test, y_test, verbose=0)
07:
08: # 모델 정확도 출력
09: print('Test accuracy:', score[1])
10:
11: # 샘플 결과 확인
12: pred_test = model.predict(x_test)
13: pred_test_y = np.argmax(pred_test, axis=1)
14: test_y = np.argmax(y_test, axis=1)
15:
16: count = 0
17:
18: plt.figure(figsize=(12,8))
19: for n in range(16):
20:     count += 1
21:     plt.subplot(4, 4, count)
22:     plt.imshow(x_test[n].reshape(28, 28), cmap='binary', interpolation='nearest')
23:     sample_result = "Label:" + str(test_y[n]) + ", Pred:" + str(pred_test_y[n])
24:     plt.title(sample_result)
25: plt.tight_layout()
26:
27: plt.show()
```

Out [3]:

```
Epoch 1/5
264/264 [==============================] - 12s 42ms/step - loss: 0.0885 - accuracy: 0.8548 -
val_loss: 0.0291 - val_accuracy: 0.9563
...
poch 5/5
264/264 [==============================] - 10s 40ms/step - loss: 0.0138 - accuracy: 0.9820 -
val_loss: 0.0123 - val_accuracy: 0.9815
Test accuracy: 0.9815000295639038
```

앞에서 생성한 CNN 모델을 학습셋과 테스트셋에 적용하여 모델 성능을 측정한다. 반복 횟수(epochs) 는 5회로 설정했고 배치 사이즈(batch_size)는 38로 설정했다. 배치 사이즈는 작을수록 데이터를 잘게 쪼개어 여러 번 학습하기 때문에 메모리 효율이 좋은 대신 모델의 일반화 성능은 감소한다. 따라서 상황 에 따라 설정 값을 조정해 가며 최적의 옵션을 찾아야 한다. 아웃풋 결과에서 정확도 약 98%의 우수한 성능을 보인다. 샘플 이미지 16개의 예측이 모두 맞은 것을 알 수 있다.

RNN과 LSTM 실습

코드 13.124 RNN과 LSTM 실습용 데이터 불러오기 및 확인

In [4]:

```
01: # 데이터 불러오기
02: # https://www.kaggle.com/datasets/medharawat/google-stock-price
03: df_train = pd.read_csv("datasets/Google_Stock_Price_Train.csv")
04: df_test = pd.read_csv("datasets/Google_Stock_Price_Test.csv")
05: # 데이터 샘플 확인
06: df_train.head()
```

Out [4]:

	Date	Open	High	Low	Close	Volume
0	1/3/2012	325.25	332.83	324.97	663.59	7,380,500
1	1/4/2012	331.27	333.87	329.08	666.45	5,749,400
2	1/5/2012	329.83	330.75	326.89	657.21	6,590,300
3	1/6/2012	328.34	328.77	323.68	648.24	5,405,900
4	1/9/2012	322.04	322.29	309.46	620.76	11,688,800

데이터를 판다스 데이터 프레임으로 불러온 다음 확인한다. 구글 주가의 일자별 개장 가격, 최고 최저 가격, 거래량 등의 정보가 있다.

코드 13.125 데이터 정규화 및 numpy 배열 변환

In [5]:

```
01: # 데이터 정규화 및 numpy 배열 변환
02:
03: df_train_array = df_train.iloc[:, 1:2].values
04: scaler = MinMaxScaler(feature_range = (0,1))
05: df_train_array_scaled = scaler.fit_transform(df_train_array)
06:
07: x_train = []
08: y_train = []
09: for i in range(60, 1258):
10:     # 독립변수와 종속변수 생성 - 60일 시간차
11:         x_train.append(df_train_array_scaled[i-60:i, 0])
12:         y_train.append(df_train_array_scaled[i, 0])
13:
14:     # numpy 배열로 변환
15:     x_train, y_train = np.array(x_train), np.array(y_train)
16:
17:     # 새로운 차원 추가
18:     x_train = np.reshape(x_train, (x_train.shape[0], x_train.shape[1], 1))
19:     print(x_train.shape)
```

Out [5]:

```
(1198, 60, 1)
```

RNN과 LSTM 실습은 구글 주가를 예측하는 시계열 모델을 만들 것이기 때문에 60일 기간 격차로 학습셋의 독립변수와 종속변수를 생성한다. 그리고 데이터 정규화 및 numpy 배열 변환 등의 데이터 전처리를 수행한다.

코드 13.126 RNN 모델에 LSTM 레이어 추가하여 모델 생성 및 학습

In [6]:

```
01: # RNN 모델에 LSTM 레이어 추가하여 모델 생성 및 학습
02:
03: # 모델 설정
04: RL_model = Sequential()
05: epochs = 100
06: batch_size = 28
07:
08: # 첫 번째 LSTM 레이어 및 일부 Dropout 정규화 추가
09: RL_model.add(LSTM( units = 50,
10:                    return_sequences = True, input_shape = (x_train.shape[1], 1) ))
11: # Ignore 20% of the neurons
12: RL_model.add(Dropout(0.2))
13:
14: # 두 번째 LSTM 레이어 및 일부 Dropout 정규화 추가
15: RL_model.add(LSTM(units = 50, return_sequences = True))
16: RL_model.add(Dropout(0.2))
17:
18: # 세 번째 LSTM 레이어 및 일부 Dropout 정규화 추가
19: RL_model.add(LSTM(units = 50, return_sequences = True))
20: RL_model.add(Dropout(0.2))
21:
22: # 네 번째 LSTM 레이어 및 일부 Dropout 정규화 추가
23: RL_model.add(LSTM(units = 50))
24: RL_model.add(Dropout(0.2))
25:
26: # 출력 레이어 추가
27: RL_model.add(Dense(units = 1))
28:
29: # RNN 컴파일
30: RL_model.compile(optimizer = 'adam', loss = 'mean_squared_error')
31:
```

```
32: # 학습셋에 RNN(LSTM) 모델 적용
33: RL_model.fit(x_train, y_train, epochs = epochs, batch_size = batch_size)
```

Out [6]:

```
Epoch 1/100
43/43 [==============================] - 11s 67ms/step - loss: 0.0348
Epoch 2/100
43/43 [==============================] - 3s 67ms/step - loss: 0.0061
...
Epoch 100/100
43/43 [==============================] - 3s 65ms/step - loss: 0.0013
```

기본 RNN 모델에 네 개의 LSTM 레이어를 추가하여 최종 모델을 생성한다. 시계열 예측은 오차가 큰 편이므로 반복 횟수를 100회로 설정한다. 첫 학습에서 0.034의 loss가 산출됐지만 마지막 100회에서 는 0.0013으로 감소했다.

코드 13.127 테스트셋 모델 예측 및 결과 시각화

In [7]:

```
01: # 예측 및 결과 시각화
02:
03: df_test_array = df_test.iloc[:, 1:2].values
04: # 학습셋과 테스트셋 결합
05: dataset_total = pd.concat( (df_train['Open'], df_test['Open']), axis = 0 )
06:
07: # 마지막 60일 기간 분리
08: y_test = dataset_total[len(dataset_total) - len(df_test) - 60:].values
09:
10: # 데이터를 하나의 열로 가공
11: y_test = y_test.reshape(-1, 1)
12:
13: # 테스트셋 정규화 적용
14: y_test = scaler.transform(y_test)
15:
16: # 60일 데이터 구조 생성
17: x_test = []
18: for i in range(60, 80):
19:     x_test.append(y_test[i-60:i, 0])
```

```
20: x_test = np.array(x_test)
21: # 새로운 차원 추가
22: x_test = np.reshape(x_test, (x_test.shape[0], x_test.shape[1], 1))
23:
24: # 예측값 산출
25: predicted_stock_price = RL_model.predict(x_test)
26:
27: # 정규화된 값을 기존 값으로 재 변환
28: predicted_stock_price = scaler.inverse_transform(predicted_stock_price)
29:
30: # 결괏값 시각화
31: plt.plot(df_test_array, color = 'm', label = 'real price')
32: plt.plot(predicted_stock_price, color = 'c', label = 'predicted price')
33: plt.xlabel('Time')
34: plt.ylabel('Google stock price')
35: plt.legend()
36: plt.show()
```

Out [7]:

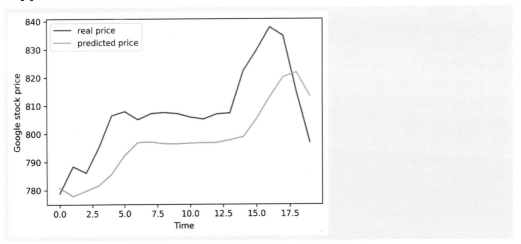

마지막으로 테스트셋을 학습셋과 결합한 다음 앞의 학습셋과 동일한 방법으로 전처리한 후 모델을 적용하여 예측값을 산출한다. 예측값은 정규화가 적용된 수치이므로 다시 기존의 스케일로 변환을 한 다음 실제 주식 가격과 비교한다. 아웃풋 결과의 그래프에서 예측 가격이 실제 가격보다 다소 낮게 산출됐지만 전체적인 추세는 유사한 것을 알 수 있다. 모델의 은닉층, 반복 횟수, 배치 사이즈 등의 옵션 값을 튜닝해 가며 모델 성능을 튜닝할 수 있다.

모델 평가

이번 장에서는 통계 기반의 모델과 머신러닝 모델의 결과 수치를 도출 및 해석하는 방법들에 대해서 다룬다. 우선적으로 기본 데이터를 학습 셋, 검증 셋 테스트 셋으로 분리해야 하는 이유와 방법들을 알아보고 회귀 기반 모델과 분류 기반, 추천 기반 모델의 성능 평가 방법을 알아본다. 그리고 기존의 시스템을 개선하거나 마케팅 효과 등을 측정할 때 주로 사용하는 A/B 테스트와 MAB 방법에 대해서 알아본다.

14.1 학습 셋, 검증 셋, 테스트 셋과 과적합 해결

앞서 일반적으로 모델을 만들 때는 데이터셋을 학습 셋(train set), 검증 셋(validation set), 테스트 셋(test set)으로 나눠서 검증 과정을 거친다고 언급했다. 엄밀히 따지면, 먼저 학습 셋과 테스트 셋을 나누고, 학습 셋의 일부를 검증 셋으로 분리한다. 각 데이터셋을 정의하면 다음과 같다.

- **학습 셋**: 모델을 학습하여 파라미터 값을 산출하기 위해 사용하는 데이터
- **검증 셋**: 학습 셋으로 과도하게 학습을 하여 과적합 되지 않기 위해 사용하는 데이터
- **테스트 셋**: 학습한 모델의 성능을 평가하기 위한 데이터

학습 셋은 말 그대로 모델을 학습하기 위한 데이터셋이다. 그런데 학습 셋 데이터만 가지고 모델을 학습하게 되면, 어느 수준까지 학습을 해야 할지 판단하기 어렵다. 보통 모델을 학습하게 되면, 가지고 있는 Y값을 잘 예측할 수 있도록 파라미터 값이 업데이트된다. 그림 14.1의 Degree 1은 모델이 너무 단순해

서 Y값을 제대로 예측을 하지 못한다. 학습이 많이 진행된 Degree 15를 보면, 학습 셋 데이터의 Y 값 들을 거의 정확하게 예측할 수 있는 모델이 만들어졌다.

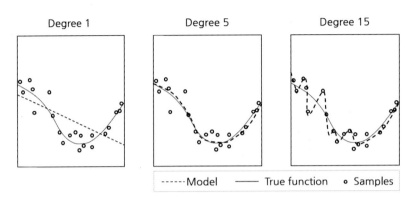

그림 14.1 학습 셋 모델 학습 예시

그런데 이런 경우는 학습 셋 데이터에만 너무 잘 맞도록 학습되어, 새로운 데이터가 입력됐을 때 제대로 예측을 하지 못하는 상황이 발생할 수 있다. 그림 14.2를 보면 Degree 15로 만들어진 모델을 테스트 셋에 적용했을 때 정확도가 떨어지는 것을 확인할 수 있다.

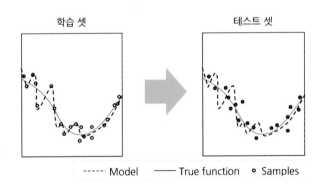

그림 14.2 과적합된 모델의 테스트 셋 적용 예시

최적의 모델이라 할 수 있는 True function과 가장 유사한 모델은 Degree 5다. Degree 15는 train 데이터에 대해서는 매우 정확한 예측을 해주지만, test 데이터에 대해서는 부정확한 예측을 한다. 이렇 게 학습 셋에 과도하게 적합(fit)하도록 학습된 경우를 과적합(overfitting)이라 한다. 반대로 그림 14.1 의 Degree 1과 같이 학습이 너무 덜 된 경우는 과소적합(underfitting)이라 한다. 과적합은 학습이 너무 많이 이루어지거나, 변수가 너무 복잡해서 발생하기도 하고, train 데이터와 test 데이터가 중복될 경우에도 발생한다.

검증 셋은 학습 셋 데이터를 통해 모델을 만들 때 과도하게 학습되지 않도록 조정을 해주는 역할을 한다. 그림 14.3과 같이 학습을 계속 진행할수록 train 데이터에 대한 모델의 오차율은 계속해서 감소한다. 하지만 학습이 특정 수준 이상을 넘어가면 다른 데이터에 모델을 반영했을 때 오히려 오차율이 높아지게 된다. 따라서 모델 학습 시에 검증 셋 데이터의 오차율이 더 이상 줄어들지 않고 오히려 늘어나는 시점에서 학습을 중단한다. 이렇듯 검증 셋 데이터는 학습 셋 데이터의 모델 학습 과정에 관여하여 모델이 과적합을 방지해 주는 역할을 한다.

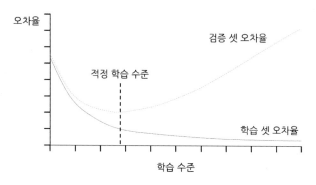

그림 14.3 학습 수준에 따른 학습 셋과 검증 셋의 오차율 변화

13.3절 '의사결정나무와 랜덤 포레스트'에서 검증 데이터의 오분류율이 높아지는 지점에서 가지치기를 했던 것과 동일한 원리다. 그림 14.3에서 점선으로 표시된 검증 셋 데이터의 오차율이 더 이상 줄어들지 않고 오히려 늘어나는 시점에서 학습을 중단한다. 이처럼 검증 셋 데이터는 학습 셋 데이터의 모델 학습 과정에 관여하여 모델의 과적합을 방지해 주는 역할을 한다.

마지막으로 테스트 셋은 학습 셋과 검증 셋으로 만든 최종 모델의 실제 '최종 성능'을 평가할 때 사용한다. 검증 셋도 결국 모델을 만들 때 관여를 한 데이터이기 때문에 모델 성능 지표가 다소 과장되어 있다. 따라서 모델 산출시에 사용되지 않았던 테스트 셋 데이터를 통하여 실제적인 모델의 정확도를 판단하는 것이다. 이러한 학습 셋, 검증 셋, 테스트 셋 데이터의 활용 구조를 표현하면 그림 14.4와 같다.

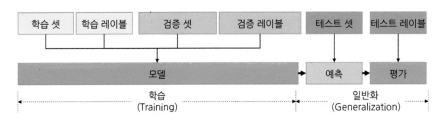

그림 14.4 학습셋, 검증 셋, 테스트 셋 데이터의 활용 구조

그림 14.4의 '레이블'은 종속변수, 즉 정답지 Y를 뜻한다. 우선 정답지가 있는 학습 셋과 검증 셋 데이터로 모델을 만들고, 모델을 테스트 셋 데이터에 적용하여 산출한 예측값을 테스트 셋 레이블과 비교하여 모델 성능을 평가한다. 이러한 방법이 과적합을 방지하는 가장 기본적인 데이터셋 분리 방법인 홀드아웃(holdout)이다. 반복 학습을 많이 하지 않는 간단한 모델에는 검증 셋 사용을 생략하고 바로 테스트 셋에 모델을 적용하여 과적합을 검증한다. 그러나 **반복 횟수가 100회 이상으로 많은 모델을 만들 때에는 앞의 인공 신경망 절의 실습에서 사용했던 model.fit(…, validation_data=(x_test, y_test))와 같이 검증 셋을 설정해 준다.** 그 밖에 과적합을 방지하기 위한 방법으로 다음과 같은 것들이 있다.

- 학습 데이터 확보

- 결측값 처리 및 이상치 제거

- 유의도가 낮은 변수 제거 및 차원 축소

- 정규화(Regularization) 적용

- 드롭아웃(Dropout) 적용

과적합 해결 방법들 중 드롭아웃을 제외하고는 앞에서 이론을 모두 다루었다. 정규화(Regularization)는 앞서 배운 데이터 정규화(Normalization)와 한글명이 같지만, 다른 개념이다. 앞의 회귀분석에서 Ridge와 Lasso를 조합한 Elastic net을 적용하는 법에 대해서 다룬 적 있다. 이러한 기법이 정규화다. 모델 내부의 계수인 세타(θ) 값에 페널티를 주어 변수의 영향력을 감소시키는 기법이다. 과적합된 모델의 각 가중치를 줄여 줌으로써 예측에 불필요한 변수의 영향을 최소화한다.

드롭아웃(dropout)은 주로 신경망 모델에서 사용된다. 최종 결괏값을 계산하기 위해서 사용되는 뉴런들 중 일부를 누락(dropout)시켜 과적합을 방지하는 기법이다. 은닉층에 드롭 아웃 확률 p를 설정하면, p의 확률로 은닉층의 뉴런들이 제외된다. 그리고 드롭아웃은 일부 뉴런이 제거된 여러 개의 모델의 결괏값을 앙상블 하기 때문에 예측 성능이 향상된다.

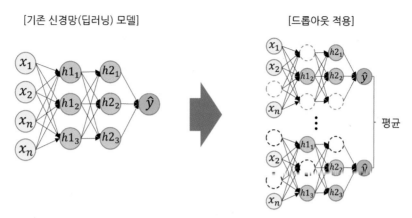

그림 14.5 드롭아웃 예시

이 내용을 보면, 앞에서 다뤘던 랜덤포레스트 모델이 떠오를 것이다. 랜덤포레스트도 드롭아웃과 유사한 콘셉트로, 일부 변수를 제외한 의사결정나무 모델을 여러 개 만들어서 나온 예측값을 앙상블 하여 최종 예측값을 산출한다. 이처럼 드롭아웃도 일종의 앙상블 학습 기법이다. 앞의 인공 신경망 절의 실습에서 드롭아웃을 적용해서 모델을 만들었다. 사용 방법을 익히고 싶은 독자는 CNN과 RNN 실습 부분에서 확인할 수 있다.

14.2 주요 교차 검증 방법

앞에서 처음 주어진 학습 셋을 7:3 정도의 비율로 학습 셋과 검증 셋으로 분리한 다음 학습 셋으로 계숫값을 산출하고 검증 셋 데이터로 학습 수준을 결정한다고 했다. 학습 셋으로 최적의 모델 정확도를 끌어내고 검증 셋으로 과적합을 방지한다. 이러한 방식을 홀드아웃 방법이라 한다고 했다. 그런데 이렇게 만든 모델은 결국 전체 중 일부인 검증 셋의 데이터로만 적정 학습 수준을 결정한 모델이기 때문에 과적합을 완전히 방지했다고 할 수 없다. 최종적으로 생성된 모델을 가지고 실제 데이터에 예측을 수행하면 테스트 때보다 훨씬 못한 정확도를 보이는 경우가 자주 발생한다.

이렇게 하나의 고정된 검증 셋 데이터로만 모델의 계숫값을 산출하면 과적합이 발생할 가능성은 여전히 존재한다. 물론 학습할 수 있는 데이터가 충분히 많다면 검증 셋만으로 충분할 수 있지만 현실은 그렇지 못한 경우가 많다. 즉, 기존의 학습 셋과 검증 셋을 단순히 쪼개서 학습하는 방식은 모든 학습 셋 데이터를 학습에 이용할 수 없고, 데이터를 분리할 때 편향이 큰 데이터들이 한쪽에 몰리는 경우에 올바른 학습과 검증이 이루어질 수 없다는 단점이 있다.

14.2.1 k-Fold Cross Validation

이러한 단점을 보완하기 위해 한정된 데이터를 가지고 최대한 과적합을 방지하여 모델을 학습시킬 수 있는 방법 중 하나가 k-fold 교차검증(k-Fold Cross Validation)이다. k-fold라는 이름에서 알 수 있듯이, 전체 학습 데이터 중 일부를 검증 셋으로 분리하는 과정을 k 번 반복하는 방법이다. 다음 그림 14.6을 보면 쉽게 이해할 수 있다.

그림 14.6 K-fold 교차검증 개념 예시

우선 전체 학습 셋을 k 개의 조각(fold)으로 분리한다. 만약 k가 5라면 학습 셋은 1번부터 5번까지 다섯 개의 셋으로 나눠질 것이다. 데이터가 분리가 된 후에는, 하나의 데이터 조각을 검증 셋으로 활용하고, 나머지 4개의 조각을 학습 셋으로 활용하여 모델을 학습한다. 그다음 학습 셋으로 사용했던 데이터 조각 중 하나를 검증 셋으로 바꾸고, 방금 검증 셋으로 사용한 데이터는 다시 학습 셋에 포함시켜 학습한다. 이러한 절차로 검증 셋을 중복 없이 바꿔가면서 모델 생성과 평가를 진행한다.

이 과정을 총 5 번 수행하면 총 5개의 모델이 나오게 된다. 학습과 검증에 사용된 데이터는 조금씩 다르기 때문에 각 모델의 계숫값과 정확도 역시 조금씩 다르게 산출된다. 다음으로 모든 분할 조합의 평균 계숫값을 구하거나 최고 성능의 모델을 선택하고 테스트 셋을 통해 최종 예측력을 평가하면 k-fold 교차검증이 마무리된다. 일련의 과정을 정리하면 다음과 같다.

- **step 1.** 학습 셋을 k 개의 조각(fold)으로 분리한다.

- **step 2.** 1개의 조각은 검증 셋으로 설정하고 나머지 조각은 학습 셋으로 설정한다.

- **step 3.** 설정한 학습 셋과 검증 셋으로 모델을 학습하여 계숫값과 정확도를 산출한다.

- **step 4.** step 1~3 과정을 k 번 반복한다.(검증 셋은 중복되지 않는다.)

- step 5. k 개 모델 계숫값 평균을 구하거나 최고 성능의 모델을 선택한다.

- Step 6. 테스트 셋을 통해 최종 예측력을 평가한다.

일반적으로 k의 수는 5~10개를 지정하여 k-fold 교차검증을 수행한다. k가 클수록 평가의 편중된 정도(bias)는 낮아지지만, 각 fold의 모델별 결과의 분산(variance)이 높을 수 있으므로 K가 무조건 크다고 좋은 것은 아니다. 그리고 k의 수만큼 모델을 만들어야 하기 때문에, 일반 홀드아웃 방식보다 연산량이 훨씬 많다는 단점이 있다.

지금까지 살펴본 홀드아웃과 k-fold 교차검증은 교차검증 방법의 가장 기본적이고 대표적인 방법이다. 그 밖에 몇 가지 교차검증 방식을 알아보자.

14.2.2 LOOCV(Leave-one-out Cross-validation)

기존 k-fold 방식에서 k를 최대화한 방법이다. 즉, k를 전체 관측치 수로 하여, 검증 셋이 관측치 하나하나가 되는 것이다. 예를 들어 전체 관측치가 1,000개 인 테스트 셋이면 k가 1,000인 k-fold 교차검증을 수행한다. 따라서 이 방식은 모델의 편중이 매우 작지만 결괏값의 분산이 다소 크다는 단점이 있다. 그래서 과적합 될 여지가 있는 방법이다. 그리고 관측치의 숫자만큼 모델을 생성하여 최종 계수를 산출하기 때문에 데이터양이 많은 경우에는 적합하지 않은 방법이다.

그림 14.7 LOOCV 개념 예시

14.2.3 Stratified K-fold Cross Validation

기존 k-fold 방식에 층화 추출 방식을 접목한 기법이다. 데이터의 특정 클래스(카테고리)가 한 곳에 몰리는 상황을 방지할 수 있다. 클래스 분포가 일정하지 않으면 각 분할 셋 간 계숫값의 분산이 커지게 된다. Stratified K-fold 교차검증은 분할 셋 안의 클래스 비율이 학습 셋 전체의 클래스 비율과 같도록 분리해 준다. 따라서 주로 분류 모델에서 사용된다. 예를 들어 전체 학습 셋 데이터의 클래스 A가 30%, 클래스 B는 60%, 클래스 C는 10%의 비율로 구성되어 있다면, 각 분할 셋의 클래스 비율을 일정하게 3:6:1이 되도록 분류해주는 것이다.

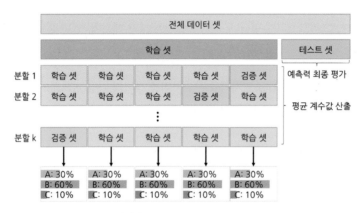

그림 14.8 Stratified K-fold Cross Validation 개념 예시

14.2.4 Nested Cross Validation

기존 k-fold 방식은 학습 셋과 테스트 셋 분리를 한 번만 하기 때문에, 모델의 성능이 테스트 셋에 크게 의존한다는 문제가 있다. 이러한 문제를 해결하기 위해 학습 셋과 테스트 셋 검증에도 k-fold 방식을 적용한 것이 중첩 교차검증(Nested CV)이다. 따라서 k-fold를 이중으로 중첩하여 사용하므로 inner loop와 outer loop로 구성된다. 다음 그림 14.9를 보면 쉽게 이해할 수 있다.

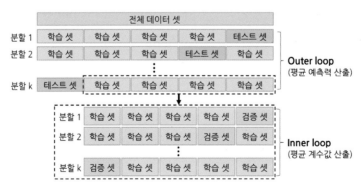

그림 14.9 Nested Cross Validation 개념 예시

Inner loop는 기존의 k-fold 교차검증과 마찬가지로 학습 셋으로 분류된 데이터를 k − 1 개의 테스트 셋과 1개의 검증 셋으로 나누어 k 번 학습을 수행하여 계숫값을 산출한다. outer loop는 inner loop 에서 만들어진 계숫값을 테스트 셋에 적용하여 정확도를 산출하는 작업을 k-fold 방식으로 수행한다. 전체 데이터를 테스트 셋 데이터로 활용하기 때문에, 만든 모델이 얼마나 잘 일반화되는지 평가하는 데 유용한 방법이다. 모델의 최종 예측력은 각 fold의 예측력 평균으로 구한다.

14.2.5 Grid Search Cross Validation

파이썬 환경에서 sklearn의 GridSearchCV 패키지로 제공되는 격자 탐색 교차검증(grid search cross validation)은 모델의 하이퍼 파라미터 값을 리스트 형태로 미리 입력해 놓은 다음 각 조건의 모델 성능을 측정하고 평가하여 효율적으로 최적의 하이퍼 파라미터 값을 찾아내는 기법이다. 예를 들어 랜덤 포레스트 모델의 최대 깊이, 최소 관측치 수 등의 조건을 다양하게 지정한 후에 각 조건의 모델을 교차검증으로 평가하여 최적의 모델 조건을 찾는 것이다. 교차검증 알고리즘은 상황에 맞게 자유롭게 선택하면 된다. 격자 탐색 교차검증은 그림 14.10과 같은 프로세스로 작동한다.

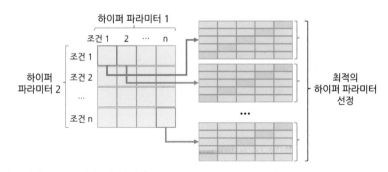

그림 14.10 Grid Search Cross Validation 개념 예시

격자 탐색 교차검증이 종료된 후에는 최적의 하이퍼 파라미터 조건과 성능을 확인할 수 있다. 그런데 그 리드 방식은 사전에 설정한 모든 하이퍼 파라미터 조건의 모델을 수행하기 때문에 조건이 많아지면 시간 이 오래 걸린다는 단점이 있다. 그래서 하이퍼 파라미터 조건이 많은 경우에는 현실적으로 가능한 횟수 (예를 들면 1,000회) 내에서 무작위로 조건을 탐색하여 최적의 조건을 찾는 무작위 탐색(randomized search) 방법을 사용하기도 한다.

14.2.6 주요 교차 검증 방법 실습

이제 캐글에 있는 "Glass Classification"[1] 데이터셋으로 주요 교차 검증 방법들을 실습해 보겠다. 이 절의 실습 코드는 이 책의 저장소의 **14.2.6.주요 교차 검증 방법.ipynb** 파일에 있다.

코드 14.1 패키지 임포트

In [1]:

```
01: # 필요한 패키지 임포트
02: from sklearn.model_selection import train_test_split
03: from sklearn.model_selection import KFold, LeaveOneOut, StratifiedKFold
04: from sklearn.model_selection import cross_val_score, GridSearchCV
05: from sklearn.metrics import accuracy_score
06: from sklearn.ensemble import RandomForestClassifier
07: import pandas as pd
08: import numpy as np
```

기본 k-Fold Cross Validation, LOOCV, Stratified K-fold Cross Validation, Nested Cross Validation, Grid Search Cross Validation 등을 실행하기 위해 필요한 패키지들을 임포트한다.

코드 14.2 데이터 불러오기 및 확인

In [2]:

```
01: # 데이터 불러오기
02: df = pd.read_csv("datasets/glass.csv")
03:
04: # 데이터 샘플 확인
05: df.head()
```

Out [2]:

	RI	Na	Mg	Al	Si	K	Ca	Ba	Fe	Type
0	1.52101	13.64	4.49	1.10	71.78	0.06	8.75	0.0	0.0	1
1	1.51761	13.89	3.60	1.36	72.73	0.48	7.83	0.0	0.0	1
2	1.51618	13.53	3.55	1.54	72.99	0.39	7.78	0.0	0.0	1
3	1.51766	13.21	3.69	1.29	72.61	0.57	8.22	0.0	0.0	1
4	1.51742	13.27	3.62	1.24	73.08	0.55	8.07	0.0	0.0	1

---

1 https://www.kaggle.com/datasets/uciml/glass

데이터를 판다스 데이터 프레임으로 불러온 다음 확인한다. 각 유리의 종류를 의미하는 Type 칼럼과 마그네슘(Mg), 알루미늄(Al), 실리콘(Si) 등의 원재료 함량에 대한 정보가 있다.

코드 14.3 k-Fold Cross Validation 첫번째 방법 수행

In [3]:

```
01: # k-fold 방법 1
02:
03: # 종속변수 문자형 변환
04: df["Type_str"]=df["Type"].apply(str)
05:
06: # 독립변수, 종속변수 분리
07: df_x1 = df[['RI','Na','Mg','Al','Si','K','Ca','Ba','Fe']]
08: df_y1 = df[['Type_str']]
09:
10: # 기본 모델 설정
11: rnf_model = RandomForestClassifier(n_estimators=100, max_depth=5,random_state=0)
12:
13: # 학습셋과 테스트셋 분리하여 생성(6:4)
14: x_train, x_test, y_train, y_test = train_test_split(
15:     df_x1,df_y1,test_size=0.4,random_state=10)
16:
17: # cross_val_score 함수로 k-fold 성능 측정
18: kfold_scores_1 = cross_val_score(rnf_model, x_train, y_train, cv = 7)
19:
20: print('k-fold 교차 검증 SCORE : ', kfold_scores_1)
21: print("k-fold 교차 검증 SCORE 평균 : {:.2f}".format(kfold_scores_1.mean()))
```

Out [3]:

```
k-fold 교차 검증 SCORE :   [0.89473684 0.68421053 0.61111111 0.55555556 0.94444444 0.72222222
 0.88888889]
k-fold 교차 검증 SCORE 평균 : 0.76
```

첫번째 기본 k-Fold 교차검증 방법을 수행한다. 우선 독립변수와 종속변수의 전처리를 하고 랜덤포레스트 모델을 설정한다. 그리고 학습 셋에 cross_val_score() 함수를 적용하고 cv = 7 옵션으로 7개의 분할 셋으로 교차검증을 수행한다. 아웃풋 결과를 통해 각 분할의 성능과 평균 성능을 확인할 수 있다.

코드 14.4 k-Fold Cross Validation 두번째 방법 수행

In [4]:

```
01: # k-fold 방법 2
02:
03: # 종속변수 문자형 변환 및 분리
04: df["Type_str"]=df["Type"].apply(str)
05: df_x2 = np.array(df[['RI','Na','Mg','Al','Si','K','Ca','Ba','Fe']])
06: df_y2 = df['Type_str']
07:
08: # k-fold 설정
09: kfold = KFold(n_splits=7, shuffle = True, random_state = 37)
10: kfold_scores_2_mean = []
11: fold_idx = 0
12:
13: # k-fold 수행
14: for train_idx, test_idx in kfold.split(df_x2):
15:
16:     train_x, train_y = df_x2[train_idx], df_y2[train_idx]
17:     test_x, test_y = df_x2[test_idx], df_y2[test_idx]
18:
19:     # 기본 모델 설정
20:     rnf_model = RandomForestClassifier(n_estimators=100, max_depth=5,random_state=0)
21:     rnf_model.fit(train_x, train_y)
22:     pred_y = rnf_model.predict(test_x)
23:     kfold_scores_2 = accuracy_score(test_y, pred_y)
24:     fold_idx += 1
25:     kfold_scores_2_mean.append(kfold_scores_2)
26:
27: print(f"k-fold 교차 검증 SCORE 평균 : {np.mean(kfold_scores_2_mean)}")
```

Out [4]:

```
k-fold 교차 검증 SCORE 평균 : 0.7526881720430108
```

두번째 k-Fold 교차검증 방법을 수행한다. **KFold()** 함수로 교차검증 방식의 옵션을 설정하고 반복문을 통해 교차검증을 수행한다. **kfold_scores_2_mean** 변수에 저장된 각 분할 셋의 예측력에 **np.mean()** 함수를 적용하여 평균 성능을 산출한다.

코드 14.5 LOOCV 수행

In [5]:

```
01: # LOOCV(Leave-one-out Cross-validation)
02:
03: # 기본 모델 설정
04: rnf_model = RandomForestClassifier(n_estimators=100, max_depth=5,random_state=0)
05: rnf_model.fit(train_x, train_y)
06: pred_y = rnf_model.predict(test_x)
07:
08: loocv = LeaveOneOut()
09: loocv_scores = cross_val_score(rnf_model,test_x,test_y, cv = loocv)
10:
11: print("테스트 셋 전체 관측치 수 : ", len(test_y))
12: print("LOOCV 검증 분할 횟수 : ", len(loocv_scores))
13: print("LOOCV 교차 검증 SCORE 평균 : {:.2f}".format(loocv_scores.mean()))
```

Out [5]:

```
테스트 셋 전체 관측치 수 :  30
LOOCV 검증 분할 횟수 :  30
LOOCV 교차 검증 SCORE 평균 : 0.70
```

LOOCV는 분할을 관측치 개수만큼 나눈 다음 교차검증을 하기 때문에, 실제로 분할 횟수가 관측치 수와 같은지 확인한다. 각 분할의 예측력이 저장된 `loocv_scores` 변수에 `len()` 함수를 적용하여 30개의 스코어가 저장된 것을 확인할 수 있다. LOOCV의 평균 예측력은 0.70으로 산출됐다.

코드 14.6 Stratified K-fold Cross Validation 수행

In [6]:

```
01: # Stratified K-fold Cross Validation
02:
03: # Stratified K-fold 교차검증 설정
04: strati = StratifiedKFold(n_splits=3)
05:
06: n_iter=0
07: print("전체 데이터셋 범주별 관측치 수 :\n",df_y2.value_counts())
08: for train_index, test_index in strati.split(df_x2,df_y2):
09:     n_iter +=1
```

```
10:     strati_train_y = df_y2.iloc[train_index]
11:     strati_test_y = df_y2.iloc[test_index]
12:     print('분할 {0}'.format(n_iter))
13:     print('학습 셋 범주별 관측치 수:\n', strati_train_y.value_counts())
14:     print('검증 셋 범주별 관측치 수:\n', strati_test_y.value_counts())
15:
16: strati_scores = cross_val_score(rnf_model,test_x,test_y, cv = strati)
17: print("Stratified K-fold 교차 검증 SCORE 평균 : {:.2f}".format(strati_scores.mean()))
```

Out [6]:

```
전체 데이터셋 범주별 관측치 수 :
2    76
1    70
7    29
3    17
5    13
6     9
Name: Type_str, dtype: int64
분할 1
학습 셋 범주별 관측치 수:
2    51
1    46
7    19
3    11
5     9
6     6
Name: Type_str, dtype: int64
검증 셋 범주별 관측치 수:
2    25
1    24
7    10
3     6
5     4
6     3
Name: Type_str, dtype: int64
...
```

Stratified K-fold 교차검증은 **StratifiedKFold()** 함수로 수행한다. 앞의 이론 부분에서 설명했듯이 각 범주의 비율이 동일하게 분할셋을 생성한다. 따라서 전체 데이터셋의 범주별 비율과 분할셋의 비율이 유사한지 확인한다. 전체 데이터셋은 76:70: 29:17:13:9의 비율로 구성되어 있다. 예시에서는 3개의 분할 셋으로 설정했으며 아웃풋 결과에서 분할 2, 3은 생략했다. 분할 1의 학습 셋과 검증 셋 범주의 비율이 전체 데이터셋의 비율과 유사하게 분포한 것을 확인할 수 있다.

코드 14.7 Nested Cross Validation 및 Grid Search Cross Validation 수행

```
In [7]:
01: # Nested Cross Validation 및 Grid Search Cross Validation
02:
03: # 학습셋과 테스트셋 분리하여 생성(6:4)
04: x_train, x_test, y_train, y_test = train_test_split(
05:     df_x2,df_y2,test_size=0.4,random_state=10)
06:
07: # 모델 시도 횟수 설정
08: NUM_TRIALS = 20
09:
10: # 그리드 하이퍼 파라미터 설정
11: hp_para = {'max_depth':[2,3,4], 'min_samples_split':[2,3]}
12:
13: # 스코어를 array로 저장
14: nested_scores = np.zeros(NUM_TRIALS)
15:
16: # 교차 검증 반복 수행
17: for i in range(NUM_TRIALS).
18:
19:     inner_loop = KFold(n_splits=3, shuffle=True, random_state=i)
20:     outer_loop = KFold(n_splits=3, shuffle=True, random_state=i)
21:
22:     # Nested Cross Validation 하이퍼 파라미터 최적화
23:     gs_cv = GridSearchCV(rnf_model, param_grid=hp_para, cv=inner_loop)
24:     nested_score = cross_val_score(gs_cv, X=x_train, y=y_train, cv=outer_loop)
25:     nested_scores[i] = nested_score.mean()
26:
27: # 테스트셋에 모델 적용
28: gs_cv.fit(x_test, y_test)
```

```
29:
30: print("각 TRIAL별 SCORE 평균 : \n", nested_scores)
31: print("전체 TRIAL SCORE 평균 : {:.2f}".format(nested_scores.mean()))
32: print("최대 TRIAL SCORE : {:.2f}".format(nested_scores.max()))
33: print("최적 하이퍼 파라미터 : \n", gs_cv.best_params_)
```

Out [7]:

```
각 TRIAL별 SCORE 평균 :
 [0.71059432 0.71077889 0.67884828 0.72646733 0.71834625 0.69545958
 0.72683647 0.68752307 0.6720192  0.68014027 0.72757475 0.7113326
 0.68014027 0.7113326  0.66426726 0.68807678 0.73366556 0.73421927
 0.67109635 0.70302695]
전체 TRIAL SCORE 평균 : 0.70
최대 TRIAL SCORE : 0.73
최적 하이퍼 파라미터 :
 {'max_depth': 4, 'min_samples_split': 2}
```

마지막으로 Nested Cross Validation에 GridSearchCV를 적용하여 교차검증을 수행한다. 우선 `NUM_TRIALS = 20`으로 설정하여 20회의 모델을 수행하도록 설정한다. 그리고 `hp_para` 변수에 랜덤 포레스트 모델의 최대 깊이 2, 3, 4와 최소 관측치 수 2, 3을 설정해 준다. 다음으로 `inner_loop`와 `outer_loop`를 설정하고 반복문으로 Nested Cross Validation을 수행한다. `GridSearchCV` 함수에는 `param_grid` 옵션에 기존에 설정한 `hp_para` 변수를 입력해 준다. 아웃풋 결과에서 총 20개의 교차검증 평균 예측력과 총 평균 예측력 등을 확인할 수 있다. Grid Search를 통한 최적의 하이퍼 파라미터는 최대 깊이는 4, 최소 관측치 수는 2로 산출됐다.

14.3 회귀성능 평가지표

회귀 모델의 성능을 평가하는 방법은 다양하게 존재한다. 이번 장에서는 회귀모델이 얼마나 높은 정확도를 가지고 있는지 평가하는 주요 방법들에 대해서 알아보자. 주요 방법들로 R^2, RMSE, MAE, MAPE, RMSLE, AIC, BIC 등의 기준이 있다. 하나씩 각 기준의 개념과 측정 방법을 알아보자.

14.3.1 R-Square와 Adjusted R-Square

결정계수, 즉 R-Square(R^2)는 모델의 독립변수들이 종속변수를 설명할 수 있는 설명력을 나타내는 0 에서 1 사이의 수치라고 앞에서 언급한 적 있다. 조금 더 정확히 정의하면 회귀모델의 회귀선이 종속변수 y값을 얼마나 잘 설명할 수 있는가를 의미한다. R-Square는 실젯값과 예측값의 차이인 오차와, 실젯값과 실젯값 평균의 차이인 편차와 관련 있다. 이를 식으로 나타내면 다음과 같다.

$$R^2 = \frac{SSR}{SST} = 1 - \frac{SSE}{SST} = \frac{\text{회귀선에 의해 설명되는 변동}}{\text{전체 변동}}$$
$$SSR = \sum(\hat{y}_i - \bar{y})^2$$
$$SSE = \sum(y_i - \hat{y}_i)^2$$
$$SST = \sum(y_i - \bar{y})^2 = SSR + SSE$$

SSR(Sum of square regression)은 회귀식의 추정값과 전체 실젯값 평균과의 편차 제곱합이다. 그리고 SSE(Explained sum of squares)는 회귀식의 추정값과 실젯값 편차 제곱의 합이다. 마지막으로 SST(Total sum of squares)는 실젯값과 전체 실젯값 평균과의 편차 제곱합이다. 이를 표현하면 그림 14.11과 같다.

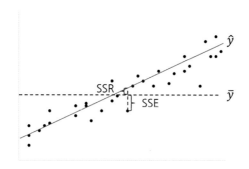

그림 14.11 SSR과 SSE 개념

따라서 R-Square 값은 SSR 값이 클수록, SST 값이 작을수록 커지게 된다. SSR 값이 크다는 것은 회귀선이 각 데이터를 고르게 설명한다는 의미이다. 그리고 SST가 작다는 것은 SSR을 제외한 SSE가 작다는 의미이다. SSE는 실젯값과 예측값의 차이이기 때문에, 당연히 작을수록 모델의 설명력이 높아지는 것이다.

Adjusted R-Square는 R-Square가 독립 변수의 개수가 많아질수록 값이 커지는 문제를 보정한 기준이다. 실제로 설명력이 전혀 없는 변수를 계속 추가하면 R-Square는 계속 증가하게 된다. Adjusted R-Squared는 SSE와 SST를 각각의 자유도(Degree of freedom)로 나누어 구하면 된다.

$$Adj\ R^2 = 1 - \frac{\frac{SSE}{T-k}}{\frac{SST}{T-1}} = \frac{(n-1)(1-R^2)}{(n-k-1)}$$

14.3.2 RMSE(Root Mean Square Error)

회귀 모델은 실젯값을 정확히 예측하기가 어렵기 때문에 모델의 정확도를 판단하는 것이 까다롭다. 분류 모델은 직관적으로 정확히 분류한 비율을 구해 정확도를 표현할 수 있다. 하지만 회귀 모델은 실제 100,000이라는 값을 100,010으로 예측했을 때, 틀렸다고 하기가 애매하다. 그래서 수치를 정확히 맞춘 비율이 아닌, 실제 수치와의 차이를 회귀 모델 평가 지표로 사용한다.

RMSE는 편차 제곱의 평균에 루트를 씌운 값으로, 실제 수치와 예측한 수치와의 차이를 확인하는 전형적인 방법이다. 예측값에서 실젯값을 뺀 후 제곱한 값을 모두 더한 다음, n으로 나누고 루트를 씌운다. 이 방식은 표준편차 공식과 동일하다. 즉, 실젯값과 예측값의 표준편차를 구하는 것이다.

$$RMSE = \sqrt{\frac{1}{n}\sum_{i=1}^{n}(y_i - \hat{y}_i)^2}$$

예측값과 실젯값의 차이가 평균적으로 어느 정도인지 측정할 수 있어 직관적으로 모델의 정확도를 가늠할 수 있다. 표본 평균과의 비교를 통해 대략적인 모델 간 정확도를 비교할 수 있다. 예를 들어 표본 평균이 100이고 RMSE가 5라면, 예측값이 표본 평균 대비 5%의 변동성을 가진다고 해석한다.

그런데 RMSE는 예측값의 스케일에 영향을 받는다. 종속변수의 단위가 커지면 RMSE도 커지는 것이다. 그래서 모델 간 정확도 비교를 할 때, 표본 데이터가 다르면 RMSE 절대치로 비교를 해서는 안 된다. 예를 들어 주택 가격 예측 모델을 비교한다고 했을 때, 평균 주택 가격이 10억 원인 A 지역의 주택 가격 예측값에 대한 RMSE와, 3억 원인 B 지역의 주택 가격 예측값 RMSE는 스케일 자체가 다르기 때문에 예측력의 좋고 나쁨을 비교할 수 없다.

14.3.3 MAE(Mean Absolute Error)

MAE는 실젯값과 예측값의 차이 절댓값 합을 n으로 나눈 값이다. 그렇기 때문에 직관적으로 예측값 차이를 비교할 수 있다. 수식은 다음과 같다.

$$MAE = \frac{1}{n}\sum_{i=1}^{n}|y_i - \hat{y}_i|$$

RMSE는 '평균 제곱 오차'고, MAE는 '평균 절대 오차'다. 즉 RMSE는 제곱한 오차 평균에 제곱근을 씌운 것이고, MAE는 오차 실젯값의 평균을 구한 것이다. 두 지표 모두 예측값과 실젯값의 차이를 평균한 값이지만 계산 방식이 다르기 때문에 특성도 차이가 있다. RMSE는 오차 값을 제곱해 주기 때문에 MAE보다 이상치에 더 민감하다. 표 14.1의 예시를 통해 두 지표가 어떻게 다른지 확인해 보자.

표 14.1 RMSE와 MAE 비교 예시

실젯값	100	100	100	100	100	절대 오차 합	RMSE	MAE
모델1 예측값	80	80	80	80	80	100	20	20
모델2 예측값	90	90	90	90	50	90	24	18

실젯값이 모두 100인 데이터가 있고, 모델1과 모델2는 서로 다른 예측값을 산출했다. 모델1은 오차가 전부 20씩 나도록 예측했고, 모델2는 하나의 값만 50의 오차가 나도록 예측하고 나머지는 10씩 오차가 나도록 예측했다. 절대 오차합은 모델1은 100이고 모델2는 90이다. RMSE 기준으로는 오차의 이상치가 없는 모델1을 더 우수하다고 평가했다. 하지만 MAE 기준은 절대 오차 합이 더 적은 모델2를 우수하게 평가했다. 이처럼 RMSE는 실젯값과 예측값의 오차가 들쑥날쑥하지 않은 모델을 더 우수하게 평가하는 특성이 있다. 절대적인 전체 오차 크기를 더 중시할지, 모델의 예측 안정성을 중시할지에 따라 MAE와 RMSE를 선택할 수 있다.

14.3.4 MAPE(Mean Absolute Percentage Error)

백분율 오차인 MAPE는 MAE를 퍼센트로 변환한 것이다. 따라서 스케일에 관계없이 절대적인 차이를 비교할 수 있으므로 다른 데이터가 들어간 모델 간 성능을 비교하기에 유용하다. MAPE값은 0부터 무한대의 값을 가질 수 있으며, 0에 가까울수록 우수한 모델이다. 산출 공식은 다음과 같다.

$$MAPE = \frac{100}{n} \sum_{i=1}^{n} \left| \frac{|y_i - \hat{y}_i|}{y_i} \right|$$

MAPE 사용 시 주의할 점이 있다. 실젯값이 0인 경우에는 0으로 나눌 수 없기 때문에 MAPE를 구할 수 없다. 다만, 대부분의 분석 소프트웨어는 알아서 실젯값이 0인 관측치를 제외하고 MAPE를 계산한다. 그렇게 때문에 실젯값에 0이 많은 데이터는 MAPE 평가 기준을 사용하는 것이 적합하지 않다.

그리고 실젯값이 양수인 경우, 실젯값보다 작은 값으로 예측하는 경우(under forecast)는 MAPE의 최 댓값이 최대 100%까지만 커질 수 있다. 반면 실젯값보다 크게 예측하는 경우(over forecast)는 MAPE 값이 한계가 없기 때문에 MAPE 기준으로 모델을 학습하면 실젯값보다 작은 값으로 예측하도록 편향될 수 있다.

마지막으로 실젯값이 0과 가까운 매우 작은 값인 경우에 MAPE가 과도하게 높아지는 경우가 발생할 수 있다. 예를 들어 실젯값이 0.01이고 예측값이 0.05면, MAPE는 400%가 된다. 성능평가 방법을 선정하기 전에, 실젯값과 예측값의 분포를 확인하고 이런 주의점들을 고려하여 가장 적합한 방법을 선택해야 한다.

14.3.5 RMSLE(Root Mean Square Logarithmic Error)

RMSLE는 앞에서 알아본 RMSE와 동일한 수식에서 실젯값과 예측값에 1을 더해준 다음 로그를 취해준 평가 방식이다. 로그를 취해 줌으로써 MAPE와 마찬가지로 상대적 비율을 비교할 수 있다. 그러한 연유로 RMSLE는 RMSE보다 오차 이상치에 덜 민감하다. 그래서 실젯값에 이상치가 존재하는 경우에 적당한 방식이다. 로그를 취하기 전에 1을 더해주는 이유는, 실젯값이 0일 때, log0이 무한대로 수렴할 수 있기 때문이다. RMSLE의 공식은 다음과 같다.

$$RMSLE = \sqrt{\frac{1}{n} \sum_{i=1}^{n} (\log(y_i + 1) - \log(\hat{y}_i + 1))^2}$$

MAPE처럼 오차 비율로 모델 성능을 평가하기 때문에 스케일이 차이가 나더라도 오차 비율이 같으면 동일한 RMSLE값을 산출한다. 예를 들어 표 14.2와 같이 스케일은 다르지만, 동일하게 10%의 오차가 나는 경우에 RMSE는 다르게 산출되지만 RMSLE는 동일하게 산출된다.

표 14.2 RMSE와 RMSLE 비교 예시

실젯값	예측값	절댓값 오차	비율 오차	RMSE	RMSLE
100,000	90,000	10,000	10%	10,000	0.1053
100	90	10	10%	10	0.1053

이처럼 RMSLE는 절댓값 오차의 스케일이 다르더라도, 비율 오차가 동일하면 같은 값이 산출된다. 그리고 RMSLE는 로그 특성상 실젯값보다 크게 예측하는 경우보다 작게 예측하는 경우에 페널티를 높게 준다. 예를 들어 실젯값 1,000을 1,500으로 예측했을 때보다, 500으로 예측했을 때 RMSLE값이 더 높아진다. 이러한 특성은 상품 수요 예측에 적합하다. 일반적으로 수요를 높게 예측해서 재고비용이 생기는 것보다, 수요를 낮게 예측해서 기회 손실이 발생하는 경우가 타격이 더 크기 때문이다.

14.3.6 AIC와 BIC

아카이케 정보 기준이라고도 불리는 AIC(Akaike's Information Criterion)는 최대 우도(likelihood)에 독립변수가 얼마나 많은가에 따른 페널티를 반영하여 계산하는 모델 평가 척도다. 즉 모델의 정확도와 함께 독립변수가 많고 적음까지 따져서 우수한 모델을 선택할 수 있도록 하는 평가 방법이다. 앞에서 변수가 많아지면 차원의 저주에 의해 모델 성능이 떨어질 수 있다고 했다. Adjusted R-Square도 변수의 개수에 대한 페널티를 준 평가 방법이라 할 수 있다.

AIC값은 작을수록 좋은 모델이며 우도가 높을수록, 변수가 적을수록 값은 작아진다. 변수가 늘어날수록 모델의 편의(bias)는 감소하지만 분산(variance)은 증가한다. AIC는 적정한 변수의 개수를 찾는 데에 유용한 모델 평가 방법이다.

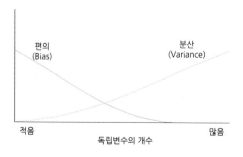

그림 14.12 독립변수의 개수에 따른 편의와 분산

AIC의 수식은 다음과 같다.

$$AIC = -2\ln(Likelihood) + 2k$$

−2Log(Likelihood)는 모델의 적합도를 의미하고, k는 모델의 상수항을 포함한 독립변수(파라미터)의 개수를 의미한다. 독립변수의 수가 증가할수록 페널티를 부여하여 AIC값이 높아지게 된다. 그런데 AIC 방법은 데이터 수에 대한 보정은 없기 때문에 관측치가 많지 않은 경우 정확도가 낮을 수 있다.

관측치가 적은 경우에는 관측치 수를 반영하여 보정된 AICc 방식을 사용할 수 있다. AIC와 마찬가지로 작은 값을 가질수록 좋은 모델로 평가한다. AICc의 수식은 다음과 같다.

$$AICc = AIC + \frac{2k(k+1)}{n-k-1}$$

AIC나 AICc와 유사한 개념으로 BIC(Bayes Information Criterion)가 있다. 수식에서 −2ln(Likelihood) 부분은 동일하며, 변수 개수에 대한 페널티 방식에 차이가 있다.

$$BIC = -2\ln(Likelihood) + k\ln(n)$$

수식에서 알 수 있듯이, 변수의 개수 ×ln(n)으로 페널티를 부여한다. 관측치의 개수에 자연로그를 취한 값을 독립변수의 개수와 곱해주기 때문에, 관측치가 8개 이상만 되어도 BIC가 AIC보다 변수 개수에 대한 페널티를 강하게 부여한다. 따라서 변수의 개수를 줄이는 것을 중요하게 여기는 상황에서는 BIC로 모델을 평가하는 것이 좋다.

14.3.7 회귀성능 평가지표 실습

이제 캐글에 있는 "House Sales in King County, USA"[2] 데이터셋으로 회기성능 평가지표를 실습해 보겠다. 이 절의 실습 코드는 이 책의 저장소의 **14.3.7.회귀성능 평가지표.ipynb** 파일에 있다. R−Square, Adjusted R−Square, AIC, BIC 출력은 앞의 선형 회귀분석 파트에서 다뤘으므로 생략한다.

---

2 https://www.kaggle.com/datasets/harlfoxem/housesalesprediction

코드 14.8 패키지 임포트

In [1]:

```
01: # 필요한 패키지 임포트
02:
03: import pandas as pd
04: import numpy as np
05: from sklearn.linear_model import LinearRegression
06: from sklearn.model_selection import train_test_split
07: from sklearn.metrics import mean_squared_error # MSE
08: from sklearn.metrics import mean_absolute_error # MAE
09: from sklearn.metrics import mean_absolute_percentage_error # MAPE
10: from sklearn.metrics import mean_squared_log_error # MSLE
```

RMSE와 MAE, MAPE, RMSLE를 산출하기 위해 필요한 패키지들을 임포트한다.

코드 14.9 데이터 불러오기 및 확인

In [2]:

```
01: # 데이터 불러오기
02: df = pd.read_csv("datasets/kc_house_data.csv")
03:
04: # 데이터 샘플 확인
05: df.head()
```

Out [2]:

	id	date	price	bedrooms	bathrooms	sqft_living	sqft_lot	floors	waterfront	view	...	grade	sqft_above
0	7129300520	20141013T000000	221900.0	3	1.00	1180	5650	1.0	0	0	...	7	1180
1	6414100192	20141209T000000	538000.0	3	2.25	2570	7242	2.0	0	0	...	7	2170
2	5631500400	20150225T000000	180000.0	2	1.00	770	10000	1.0	0	0	...	6	770
3	2487200875	20141209T000000	604000.0	4	3.00	1960	5000	1.0	0	0	...	7	1050
4	1954400510	20150218T000000	510000.0	3	2.00	1680	8080	1.0	0	0	...	8	1680

데이터를 판다스 데이터 프레임으로 불러온 다음 확인한다. 앞의 선형 회귀분석 절에서 사용했던 것과 동일한 데이터셋으로, 판매된 주택의 가격과 평수, 방 수 등의 정보가 있다.

코드 14.10 선형 회귀모델을 위한 데이터 전처리

In [3]:

```
01: # 독립변수와 종속변수 분리하여 생성
02: x = df[[ 'bedrooms', 'bathrooms', 'sqft_living',
03:        'sqft_lot', 'floors', 'waterfront', 'view', 'condition', 'grade',
04:        'sqft_above', 'sqft_basement', 'yr_built', 'yr_renovated',
05:        'sqft_living15', 'sqft_lot15']]
06: # 'id', 'date'는 키값에 해당하므로 변수에서 제외해 준다.
07: y = df[['price']]
08:
09: # 학습셋과 테스트셋 분리하여 생성(7:3)
10: # df_train, df_test = train_test_split(df, test_size = 0.4)
11: x_train, x_test, y_train, y_test = train_test_split(x, y, train_size=0.6, test_size=0.4)
```

선형 회귀모델을 적용하기 위해 독립변수와 종속변수를 분리해주고 학습 셋과 테스트 셋을 6:4의 비율로 분리해 준다.

코드 14.11 선형 회귀모델 생성 및 예측

In [4]:

```
01: # 다중회귀모델 생성
02: mreg = LinearRegression(fit_intercept=True)
03: mreg.fit(x_train, y_train)
04:
05: # 테스트셋에 모델 적용
06: y_predict = mreg.predict(x_test)
```

기본 선형 회귀모델을 적합 해주고 생성된 모델을 테스트셋에 적용하여 예측값을 산출한다.

코드 14.12 RMSE, MAE, MAPE, RMSLE 산출

In [5]:

```
01: # RMSE 산출(MSE에 루트 적용)
02: MSE = mean_squared_error(y_test, y_predict)
03: RMSE = np.sqrt(MSE)
04: print(("RMSE : {:.2f}".format(RMSE)))
05:
```

```
06: # MAE 산출
07: MAE = mean_absolute_error(y_test, y_predict)
08: print(("MAE : {:.2f}".format(MAE)))
09:
10: # MAPE 산출
11: MAPE = mean_absolute_percentage_error(y_test, y_predict)
12: print(("MAPE : {:.2f}".format(MAPE)))
13:
14: # RMSLE 산출(MSLE에 루트 적용)
15:
16: # 음숫값 전처리
17: y_predict_df = nd.DataFrame(y_predict,columns=['price2'])
18: y_predict_df2 = y_predict_df.copy()
19: y_predict_df2.loc[y_predict_df2['price2'] < 0, 'price2'] = 0
20: y_predict_rmsle = y_predict_df2.to_numpy()
21:
22: MSLE = mean_squared_log_error(y_test, (y_predict_rmsle))
23: RMSLE = np.sqrt(MSLE)
24: print(("RMSLE : {:.2f}".format(RMSLE)))
```

Out [5]:

```
RMSE : 214125.86
MAE : 139072.03
MAPE : 0.29
RMSLE : 0.69
```

RMSE는 mean_squared_error() 함수로 MSE를 구한 다음 np.sqrt()로 루트를 씌워 산출한다. 그리고 RMSLE는 mean_squared_log_error() 함수로 MSLE를 구한 다음 루트를 씌워 산출하면 된다. 그런데 이 함수는 y값이나 예측값이 음수면 에러가 발생하기 때문에 음수인 값은 0값으로 대치를 해줘야 한다. 따라서 이 방법은 음숫값이 없는 데이터셋에 적용해야 하고 경우에 따라 예측값에 음숫값이 포함되면 전처리가 필요하다.

코드 14.13 RMSLE 두 번째 방법으로 산출

In [6]:

```
01: # RMSLE ver. 2
02:
```

```
03: def rmsle(predicted_values, actual_values):
04:
05:     # 테스트셋 y 값과 예측값에 +1 및 로그
06:     log_y_test = np.log(y_test + 1)
07:     log_y_predict = np.log(y_predict + 1)
08:
09:     # 테스트셋 y 값 - 예측값 및 제곱
10:     diff = log_y_predict - log_y_test
11:     diff_square = np.square(diff)
12:
13:     # 차잇값 평균 및 루트
14:     mean_diff = diff_square.mean()
15:     final_rmsle = np.sqrt(mean_diff)
16:
17:     return final_rmsle
18:
19: rmsle(y_test, y_predict)
```

Out [6]:

```
price     0.3703
dtype: float64
```

앞의 RMSLE 산출 방식은 음수를 처리할 수 없는 문제가 있기 때문에 수식을 함수로 만들어 직접 RMSLE를 산출하는 방법을 사용할 수 있다. 우선 로그를 취하기 위해 기존 값에 1을 더해주고 로그를 적용해 준다. 그리고 테스트 셋의 y값에서 예측값을 빼 주고 제곱을 해준다. 그리고 마지막으로 차이 값 평균을 구하고 루트를 씌워주면 RMSLE를 산출할 수 있다.

14.4 분류, 추천 성능 평가지표

분류 모델도 회귀 모델만큼이나 다양한 모델 평가방법이 있다. 회귀 모델은 실젯값과 예측값의 오차가 얼마나 나는가를 주요 평가 지표였다. 분류 모델은 예측한 전체 관측치 중에서 몇 개나 정확히 분류했는가를 평가하는 것이 주요 평가 지표다. 이 책에서는 이진 분류 모델을 기반으로 설명할 것이다. 가장 기본적인 혼동 행렬(confusion matrix)부터 시작해서 F-score, ROC 커브 등 다양한 평가 방법들이 있다. 하나씩 각 기준의 개념과 측정 방법을 알아보자.

14.4.1 혼동 행렬

로지스틱 회귀분석이나 의사결정나무의 분류모델은 기본적으로 오분류율을 따져서 모델의 성능을 평가한다고 했다. 이진 분류 모델의 분류 예측 방식을 다시 한번 살펴보자. 그림 14.13과 같이 학습 셋으로 학습한 모델을 테스트 셋에 적용하여 모든 관측치의 구매 여부 '1'과 '0'에 대한 확률 값을 구한다. 우리가 예측하고자 하는 '1'에 대한 확률 값을 내림차순으로 정렬하면 위쪽에는 '1'로 분류될 관측치들이 모이고 아래쪽에는 '0'으로 분류될 관측치들이 모이게 된다. 그럼 '1'과 '0'으로 분류할 기준값인 threshold를 설정한다. 일반적으로는 중간값이라 할 수 있는 0.5로 설정한다. 그러면 '1'의 확률이 0.5 이상인 관측치들은 '1'로 분류하고, 나머지는 '0'으로 분류한다.

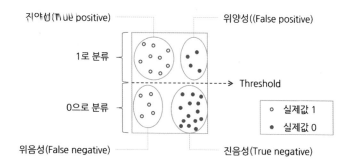

그림 14.13 분류 모델의 분류 예측 과정 예시

그러면 '1'로 예측한 관측치들 중에는 실제로 '1'인 것도 있고 '0'인 것도 있을 것이고, '0'으로 예측한 관측치들도 마찬가지일 것이다. 제대로 분류하지 못한 관측치의 수를 전체 관측치의 수로 나눠주면 오분류율을 구할 수 있다. '1'로 예측했는데 실제로도 '1'인 경우는 진양성(True positive), 실제로는 '0'인 경우는 위양성(False positive)이라고 하며, '0'으로 예측했는데 실제로도 '0'인 경우는 진음성(True negative), 실제로는 '1'인 경우는 위음성(False negative)이라고 한다. 이 개념이 혼동행렬(Confusion matrix)의 기본 틀이다.

표 14.3 혼동 행렬(Confusion matrix)의 기본 틀

Positive(1)		모델 분류 값(Predicted)	
		Negative(0)	
실젯값 (True condition)	Positive(1)	진양성 (True positive, TP)	위음성 (False negative, FN)
	Negative(0)	위양성 (False positive, FP)	진음성 (True negative, TN)

혼동 행렬에서 positive와 negative는 긍정과 부정의 의미를 뜻하지 않는다. 일반적으로 분류하고자 하는 '1'값과 '0'값을 뜻한다. 예를 들어 구매여부의 구매, 탈퇴 여부의 탈퇴, 질병 양성 여부의 양성 등이 positive, 즉 '1'인 것이다. 용어가 헷갈릴 수 있다. 다시 정리하면 다음과 같다.

- **진양성(TP, True positive):** 모델은 1(Positive)로 예측하고, 실젯값도 동일(True)

- **위양성(FP, False positive):** 모델은 1(Positive)로 예측하고, 실젯값은 상이(False)

- **진음성(TN, True negative):** 모델은 0(Negative)로 예측하고, 실젯값도 동일(True)

- **위음성(FN, False negative):** 모델은 0(Negative)로 예측하고, 실젯값은 상이(false)

이렇게 혼동행렬을 통해 오분류율을 계산할 수 있다. 오분류율뿐 아니라 민감도, 특이도 등의 기준값을 확인하여 모델의 성능을 평가할 수 있다. 그리고 모델의 목적에 맞춰 분류 기준값인 threshold를 조정할 수 있다.

14.4.2 정확도, 오분류율, 정밀도, 민감도, 특이도 그리고 f-score

앞의 혼동 행렬을 통해 확인할 수 있는 다양한 모델 평가 기준을 알아보자. 가장 대표적인 기준으로 정확도(Accuracy)가 있다. **정확도는 전체 관측치 데이터 중에서 '1'은 '1'로, '0'은 '0'으로 모델이 올바르게 분류한 비중을 뜻한다.** 즉, 모델이 얼마나 정확하게 분류를 하는지를 나타내는 기준값이 정확도다.

$$Accuracy = \frac{(TP + TN)}{(TP + TN + FP + FN)}$$

Misclassification rate로 불리기도 하는 **오분류율(Error rate)은 전체 관측치 데이터 중에서 모델이 잘못 분류한 비중을 뜻한다.** 예를 들어 전체 관측치가 100개이고, 잘못 분류한 관측치가 20개라면 오분류율은 20%, 정확도는 80%가 된다.

$$Error\ rate = \frac{(FP+FN)}{(TP+TN+FP+FN)}$$

정밀도(Precision)는 '1'으로 예측하여 분류한 관측치 중에서 실젯값도 '1'인 비중을 의미한다. 모델이 실제 '1'을 제대로 분류하는 성능이 얼마나 우수한지를 확인할 때 정밀도 기준값을 확인한다.

$$Precision = \frac{TP}{(TP+FP)}$$

정확도와 정밀도 평가 시 주의해야 할 점이 있다. 대부분의 학습 및 예측 데이터는 '1'로 분류된 관측치의 비중이 적다. 상황에 따라서는 클래스 불균형을 없애기 위해 언더샘플링(Under sampling)이나 오버샘플링(Oversampling) 등을 통해 '1'과 '0' 클래스의 비율을 비슷하게 맞춰 주기도 하지만 8:2 정도의 비율 그대로 분류 예측을 하기도 한다. 이런 경우 모델을 극단적으로 무조건 '0'으로 분류하도록 만들어도 정확도는 80%가 된다. 전체의 80%가 '0'이기 때문에 '0'인 것은 모두 실젯값과 동일하게 분류했기 때문이다. 이러한 현상을 정확성 역설(Accuracy paradox)이라 한다. 또한 모델이 단 하나의 관측치만 '1'로 분류했고 실젯값도 '1'이라면, 그 모델의 정밀도는 100%가 된다. '1'로 분류한 관측치의 실젯값이 전부 '1'이기 때문이다. 그렇기 때문에 정확도와 정밀도만으로 분류모델의 성능을 평가하는 것은 위험하다. 다른 평가 기준들을 종합해서 모델 성능 평가를 해야 한다.

재현율(Recall)로도 불리는 민감도(Sensitivity)는 실제 '1'인 관측치 중에서 모델이 정확히 '1'로 예측하여 분류한 비중을 뜻한다. 모델의 정밀도가 아무리 우수하다 하더라도 실제 '1'인 관측치를 너무 적게 찾아낸다면 좋은 모델이라 할 수 없다. 비즈니스 상황에 따라 다르지만 일반적으로 50% 이상의 민감도를 유지하는 것이 좋다.

$$Sensitivity = \frac{TP}{(TP+FN)}$$

특이도(Specificity)는 '0'으로 예측하여 분류한 관측치 중에서 실젯값도 '0'인 비중을 의미한다. 보통 전체 관측치 중에서 '1'보다 '0'이 많은 비중을 차지하기 때문에 특이도는 높게 나오는 편이다. 가끔 '1'과 '0'의 비중이 비슷하거나, '0'에 대한 분류가 중요할 경우에 특이도 기준값을 확인한다.

$$Specificity = \frac{TN}{(TN + FP)}$$

마지막으로 **정밀도와 민감도를 동시에 고려한 분류 모델 성능 평가 기준인 F-score**가 있다. F-score는 0~1 사이의 값을 갖는다. 정밀도와 민감도는 서로 트레이드오프 관계다. 정밀도가 증가하면 민감도가 감소하고, 민감도가 증가하면 정밀도가 감소하게 된다. 정밀도를 높인다는 것은 실제로 '1'일 것이 거의 확실한 관측치만 '1'로 예측하여 분류한다는 것이기 때문에, 전체 실제 '1' 중에 '1'로 분류되는 비중인 민감도는 감소할 수밖에 없다.

따라서 정밀도와 민감도 둘의 조화평균을 한 기준값을 사용하여 보다 객관적으로 분류모델을 평가할 수 있다. F-score는 정밀도와 민감도가 한쪽으로 치우치지 않을 때 상대적으로 높은 값을 갖는다. 왜냐하면 조화평균은 상대적으로 작은 값 위주로 평균을 구하기 때문이다. 모델 성능을 평가할 때는 정밀도와 민감도 그리고 F-score를 종합적으로 확인하여 판단하는 것이 좋다. F-score의 계산 공식은 다음과 같다.

$$F-score = \frac{(1 + \beta^2) \times (precision \times sensitivity)}{(\beta^2 \times precision) + sensitivity}$$

수식에서 β^2은 조화평균의 가중치로, 정밀도와 민감도의 중요도를 동일하게 본다면 β에 1을 대입해 준다. 이를 F1-score라 하며 가장 많이 쓰이는 F-score 기준값이다. 만약 정밀도를 중요시한다면 β값을 1 미만으로, 민감도를 중요시한다면 β값을 1 초과로 설정하면 된다.

F-score와 유사한 개념으로 G-mean이 있다. G-mean은 이름 그대로 기하평균(Geometric mean)을 사용한다. 조화평균과 기하평균은 4장 '데이터의 기술 통계적 측정'에서 이미 다뤘다. G-mean은 민감도와 특이도의 평균을 구한다. 따라서 실제 '1'을 제대로 분류한 비율과 실제 '0'을 제대로 분류한 비율의 기하평균이라 할 수 있다. 기하평균의 특성상 더 작은 값에 가중치를 주기 때문에, 민감도와 특이도 중 하나의 값이 확연히 떨어지면 G-mean 값은 단순 산술평균한 값보다 더 떨어지게 된다. 수식은 다음과 같다.

$$G-mean = \sqrt{specificity \times sensitivity} = \sqrt{(1-\alpha) \times (1-\beta)}$$

14.4.3 향상도 테이블과 향상도 차트 그리고 향상도 곡선

앞에서 살펴본 정확도, 오분류율, 정밀도 등은 분류 임계치인 threshold 값에 따라 변화한다. 향상도 테이블(Lift table)과 향상도 곡선(Lift curve)은 전체 threshold 값에 대한 모델을 평가하는 지표로 사용할 수 있다. 또한 적정한 threshold 값을 선정할 때에도 사용할 수 있는 유용한 모델 평가 기준이다. 향상도 테이블의 향상도(Lift)란, 전체 관측치 중에서 실제 '1'의 비율보다, 모델을 통해 '1'로 예측한 관측치 중 실제 '1'의 비율이 얼마나 더 높은지를 나타낸다.

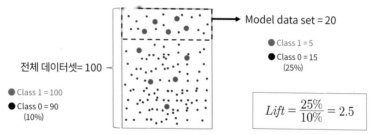

그림 14.14 향상도(Lift) 개념 예시

예를 들어, 전체 관측치가 100개이고 이 중 실제 '1'이 10개라고 해보자. 이 데이터에 모델을 적용했을 때 20개를 '1'이라 예측했고, 실제 '1'은 5개가 포함됐다. 그럼 모델의 '1' 비율은 25%고 전체 관측치의 실제 '1' 비율은 10%기 때문에 25%/10% = 2.5가 향상도 값이 된다.

우선 향상도 테이블은 모델이 '1'로 분류될 확률이 높은 관측치는 실제로 '1'인 경우가 많다는 것을 전제로 한다. 모델이 제대로 학습됐다면 '1'로 분류될 확률이 높을수록 실젯값과 일치할 확률이 높아야 한다. 만약 무작위로 '1'을 뽑는 확률보다 모델이 '1'을 분류할 확률이 낮으면 향상도는 1 미만이 된다. 향상도 테이블을 만드는 과정은 다음과 같다.

- Step1. 전체 테스트 셋 데이터를 '1' 예측확률 내림차순으로 정렬한다.

- Step2. 10분위수로 분할하여 각 분위수의 향상도 값을 산출한다.

- Step3. 완성된 향상도 테이블과 향상도 곡선을 확인하여 모델 성능을 평가한다.

- Step4. 누적 향상도 테이블을 통해 적정 threshold 값을 선정한다.

전체 1,000개의 관측치를 가진 테스트 셋 데이터를 통해 향상도 테이블을 만드는 과정을 확인해 보자. 테스트 셋에는 총 200개의 실제 '1' 값이 존재한다. 따라서 기본 향상도(Baseline lift)는 20%이다. 학습 셋으로 학습한 모델을 테스트 셋에 대입하여 출력된 '1'의 확률(Predicted probability)이 높은 순으로 표 14.4와 같이 정렬했다.

표 14.4 테스트 셋의 predicted probability 내림차순 예시

Rank	Predicted probability ↓	Actual class
1	0.937	1
2	0.925	1
3	0.896	1
4	0.885	0
5	0.877	1
...	...	...
999	0.018	0
1000	0.014	0

Predicted probability 값이 높은 관측치들은 실젯값이 대부분 '1'이고, 값이 낮아질수록 '0'인 경우가 많아진다. 이제 이 데이터를 10분위로 분할하여, 표 14.5와 같이 각 분위수의 실제 '1'값 관측치 수, 전체 실제 '1'값 중 해당 분위수에 포함된 실제 '1'값의 비율, 즉 민감도, 해당 분위수의 전체 관측치 중 실제 '1'의 비율, 즉 정밀도 그리고 해당 분위수의 향상도 값을 구한다.

표 14.5 향상도 테이블(Lift table) 예시

Decile	Frequency of Y =1	Sensitivity(%)	Precision(%)	Lift
1	84	84/200=42	84/100=84	84/20=4.2
2	50	50/200=25	50/100=50	50/20=2.5
3	26	26/200=13	26/100=26	26/20=1.3
4	14	14/200=7	14/100=14	14/20=0.7
5	8	8/200=4	8/100=8	8/20=0.4
6	6	6/200=3	6/100=6	6/20=0.3
7	4	4/200=2	4/100=4	4/20=0.2

Decile	Frequency of Y =1	Sensitivity(%)	Precision(%)	Lift
8	4	4/200=2	4/100=4	4/20=0.2
9	2	2/200=1	2/100=2	2/20=0.1
10	2	2/200=1	2/100=2	2/20=0.1

※ Baseline lift: 20%

표 14.5의 향상도 테이블 예시를 보면, 1분위수에는 해당 분위수의 100개 관측치 중 84개의 관측치가 실제 '1'인 것을 알 수 있다. 전체 데이터셋의 실제 '1'은 총 200개이므로 84/200=42%의 민감도 값을 갖는다. 그리고 1분위수에 있는 총 100개의 관측치 중 84개이 관측치가 실제 '1'값이기 때문에 84/100=84%의 정밀도 값을 갖는다.

해당 분위수의 정밀노/기본 향상도를 뜻하는 lift값은 4.2가 된다. 즉, 전체 1,000개의 관측치에서 '1'이 나올 확률보다 1분위수에서 '1'값이 나올 확률이 4.2배 높다고 해석할 수 있다. 이렇게 향상도 테이블을 활용하여 각 분위수에 포함된 실젯값 '1'의 비율을 확인하여 모델 성능을 확인할 수 있다. 상위 분위수에 '1'이 많이 포함될수록 '1'을 더 잘 맞춘다는 의미이므로 좋은 모델이라 할 수 있다.

그리고 분위수가 바뀔 때마다 향상도 값이 확연하게 줄어드는 형태가 이상적이다. 분류를 잘 못하는 모델은 실제 '1'값이 전체 분위수에 골고루 퍼져 있게 되므로 향상도 값도 분위수마다 비슷하다. 이를 보다 직관적으로 확인할 수 있도록 막대그래프로 표현한 것을 향상도 차트(Lift chart) 혹은 십분위도(Decile chart)라 부른다.

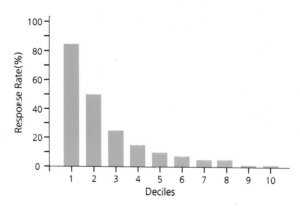

그림 14.15 향상도 차트(Lift chart) 예시

향상도 차트는 각 분위수의 민감도 값을 막대그래프로 표현한다. 좋은 모델은 상위 분위수에서 높은 막대 형태를 취하다가 갑자기 줄어드는 형태를 보인다. 만약 향상도 차트가 그림 14.16의 ③번과 같은 형태를 보인다면, 모델의 분류 성능이 매우 떨어진다는 뜻이므로 데이터와 모델을 검증해야 한다.

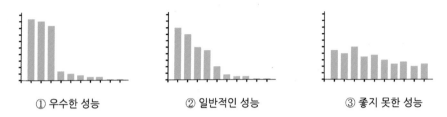

그림 14.16 모델 성능에 따른 향상도 차트 형태 예시

향상도 테이블과 향상도 차트를 누적 형태로 변환하면 임곗값 threshold를 정할 때 사용할 수 있다. 예를 들어 A쇼핑 회사에서 전체 대상 고객 중 최대 30%의 고객에게만 할인 쿠폰을 줄 여력이 있다고 해보자. 이런 경우, 누적 향상도 테이블과 차트를 활용하여 1~3분위수 동안 향상도 값이 어떻게 변화하는지 확인하여 적정 타깃 고객군의 수를 결정할 수 있다. 만약 모델 결과가 그림 14.17과 같이 나왔다면 2분위수에서 3분위수로 넘어갈 때는 민감도 값이 크게 늘어나지 않고 향상도 값이 많이 줄어들기 때문에 2분위수로 임곗값 threshold를 정하는 것으로 의사결정 할 수 있다.

Decile	Frequency of Y =1	Sensitivity (%)	Precision (%)	Lift
1	84	84/200=42	84/100=84	84/20=4.2
2	134	134/200=67	134/200=67	67/20=3.4
3	160	160/200=80	160/300=53	53/20=2.7
4	174	174/200=87	174/400=44	44/20=2.2
5	182	182/200=91	182/500=36	36/20=1.8
6	188	188/200=94	188/600=31	31/20=1.6
7	192	192/200=96	192/700=27	27/20=1.4
8	196	196/200=98	196/800=25	25/20=1.3
9	198	198/200=99	198/900=22	22/20=1.1
10	200	200/200=100	200/1000=20	2/20=1

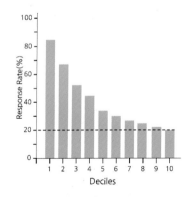

그림 14.17 누적 향상도 테이블과 차트 예시

그림 14.17의 가로로 그어진 점선은 기본 향상도를 뜻한다. 전체의 20%가 '1'값이기 때문에 기본 향상도는 20%다. 분위수가 누적될수록 기본 향상도와의 차이가 어떻게 되는지 확인하여 적정 threshold를 결정한다. 그래프의 길이 격차가 커지는 지점을 선택하는 것이 좋다. 그런데 누적 향상도 차트는 10

분위수로 띄엄띄엄 나누기 때문에 세세한 threshold를 결정하기 어렵다. 그래서 보통 100분위수로 표현된 누적 향상도 곡선(Cumulative lift curve)을 사용한다. 누적 향상도 곡선은 누적 이득 곡선 (Cumulative gain curve)으로도 불린다. 물론 일반 향상도 차트 또한 향상도 곡선으로 표현하기도 한다.

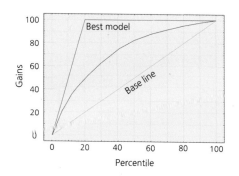

그림 14.18 누적 향상도 곡선 예시

그림 14.18에서 우상향 직선으로 쭉 그어진 선은 기준선(Base line)이다. 각 분위수에 포함된 전체 관측치 비율을 나타내기 때문에, 45도 각도를 나타낸다. 즉 "해당 분위수의 누적 관측치 수/전체 관측치 수"다. 기준선 위로 볼록하게 나온 선은 해당 분위수까지 누적된 '1'의 비율이다. 주의할 점은 이 선의 모수는 '1'인 관측치 전체이고, 기준선의 모수는 전체 관측치다.

따라서 만약 전체 관측치 중 '1'값이 20%라면, 모델이 분류를 100% 정확하게 분류한 경우 20% 분위수에서 이익률(Gains)이 100%가 되어야 한다. 그것이 그림 14.18의 'Best model' 선이다. 'Best model' 선처럼 기울기가 급하게 상승해서 최대한 빠르게 이익률 100%가 될수록 성능이 좋은 모델이다. 이렇게 기준선 및 'Best model' 선과 모델의 선을 비교하여 분류모델의 성능을 평가한다. 혹은 여러 모델의 누적향상곡선을 비교하여 최적의 모델을 선별할 수 있다.

14.4.4 ROC 곡선과 AUC

혼동행렬을 활용한 분류모델 평가지표 중 ROC(Receiver operator Characteristic) 곡선과 AUC(Area Under Curve)가 있다. 이 평가 방법은 객관적으로 모델 비교 및 평가를 할 수 있고 임곗값인 threshold를 결정하는 데에 유용하게 사용할 수 있다는 장점이 있다. ROC 곡선의 접근 방식은 향상도 테이블과 유사하다. 임곗값 threshold를 1에서 0으로 조정해 가면서 민감도(True accept rate)와 1-특이도(False accept rate) 값을 2차원 좌표에 찍어서 그래프를 그린다. 민감도는 전체 실제 '1'값 중에서 '1'로 분류된 비율이기 때문에, 모델 임곗값이 1에서 0으로 내려갈수록 증가한다. 그러다가 임곗값이 0이 될 때 민감도는 100%가 된다. 전체 데이터를 '1'로 분류하기 때문이다.

그런데 1−특이도는 전체 실제 '0'값 중에서 '1'로 잘못 분류된 비율이므로 최소화해야 하는 값인데, 임곗값이 낮아질수록 전부 '1'로 분류하기 때문에 증가한다. 다시 말해, 임곗값을 낮추면 더 많은 항목이 '1'로 분류되므로 민감도와 1−특이도가 모두 증가한다. ROC 곡선은 이러한 민감도와 1−특이도 값의 변화를 그래프로 그려서 분류 모델의 성능을 평가하는 것이다. 좋은 모델이라면 높은 threshold 구간에 실제 '1'값이 많이 몰려 있고, 낮은 구간에는 실제 '1'값이 희소할 것이다. 따라서 좋은 모델일수록 ROC 곡선은 좌측 상단에 수렴하게 된다. 다음 그림 14.19를 통해 ROC 곡선이 생성되는 과정을 확인해 보자.

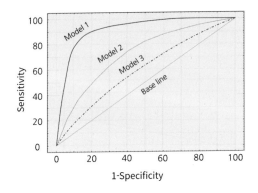

그림 14.19 ROC 곡선 예시

눈으로 봤을 때, 모델 1의 그래프가 가장 좌측 상단에 붙어있고, 모델2가 중간, 모델3은 기준선과 큰 차이가 없다. 기준선에 가깝다는 것은 랜덤에 가까운 성능이라는 뜻이므로, 모델의 가치가 없다고 볼 수 있다. 분류 성능이 우수한 모델은 낮은 1−특이도 상태에서 높은 민감도를 갖기 때문에 ROC 곡선이 좌측 상단으로 볼록한 형태를 취한다.

그런데 곡선 그래프만으로 모델의 성능을 객관적으로 판단하기는 어렵다. 그래서 ROC 곡선을 수치로 계산한 AUC(Area Under Curve) 기준을 활용한다. AUROC(Area Under a ROC Curve)로도 불리는 AUC는 이름에서 알 수 있듯이 ROC 곡선 아래의 면적 크기를 구한 것이다. 면적의 크기는 최대 100% x 100% = 1의 값을 가질 수 있다. 면적의 크기가 클수록 우수한 모델이며, 0.5는 랜덤 분류와 같은 성능이기 때문에 AUC가 0.5 이하인 모델은 무작위로 분류하는 것보다 못하다는 뜻이다. 따라서 AUC가 0.5 이하로 나왔다면 데이터에 이상이 있거나, 모델링에 심각한 실수가 있지 않은지 확인해야 한다. 일반적인 AUC값 판단 기준은 표 14.6과 같다.

표 14.6 AUC 결괏값 판단 기준

AUC 결괏값	판단
0.9~1.0	Excellent
0.8~0.9	Good
0.7~0.8	Normal
0.6~0.7	Poor
0.5~0.6	Fail

그럼 ROC 곡선으로 임곗값 Threshold를 어떻게 선정할 수 있을까? ROC 곡선의 좌표를 테이블 형태로 출력한 다음, 가장 이상적인 민감도와 1-특이도 조합에 해당되는 임곗값 지점을 찾으면 된다. ROC 곡선의 좌표 정보 테이블은 분석 환경 자체에서 제공되는 경우도 있고, 직접 만들어야 하는 경우도 있다. 임계치 구간별 민감도와 1-특이도 값 테이블은 간단한 쿼리로 구현할 수 있다.

표 14.7 ROC 곡선의 좌표 테이블 예시

Predicted probability ↑	Sensitivity(%)	1- Specificity(%)
0.000	100	100
0.275	100	99.8
0.294	100	99.5
0.302	100	98.3
0.325	100	97.6
0.335	100	97.2
0.348	98.5	96.3
0.357	98.5	95.0
...		...
0.923	3.5	0.2
0.928	1.5	0.1

14.4.5 수익 곡선

분류모델은 비용대비 효과의 불균형 문제가 존재한다. 단지 오분류율만을 계산함으로써 오분류의 가중치가 똑같다는 가정에서 발생하는 문제다. 예를 들어 정상인 사람에게 암이라고 오진하는 경우보다, 암에 걸린 환자에게 정상이라고 오진하는 경우가 더 큰 페널티를 받아야 한다. 그리고 새로운 고객을 유치할 때마다 예상 수익이 100만 원인 경우와, 10만 원인 경우의 모델 임곗값 threshold 기준은 달라져야 한다. 고객당 예상 수익이 큰 경우는 정밀도가 좀 떨어지더라도 민감도를 최대한 높이는 것이 더 이익이다.

이처럼 진양성(True positive)에 따른 이익과 위양성(False positive)에 따른 손해를 수치화하여 분류모델의 수익성을 최대화할 때 사용하는 것이 수익 곡선(Profit Curve)이다. A 화장품 회사의 신규고객 유치 마케팅을 위한 모델 구축 예시를 통해 수익 곡선 생성 방법을 알아보자.

A 화장품 회사는 신규 고객이 될 확률이 높은 고객을 타기팅하여 샘플 제공 프로모션을 수행하고자 한다. 샘플 제공 시에는 5,000원의 비용이 소요되고, 신규 고객 유치 시에는 20,000원의 수익(매출 90,000원)이 생긴다. 이를 정리하면 다음과 같다.

- **프로모션에 고객이 응했을 때의 가치**: 20,000 – 5,000 = 15,000원

- **프로모션에 고객이 응하지 않았을 때의 가치**: –5,000원

이 수치를 활용해 마케팅하고자 하는 대상 고객군의 기준을 설정할 수 있다. 이 샘플 제공 프로모션을 하여 수익을 얻기 위해서는 프로모션에 응할 확률이 최소 얼마 이상 되는 고객군을 설정해야 할까?

$$P_R(x) \times (20{,}000\,원 - 5{,}000\,원) + [1 - P_R(x)] \times (-5{,}000\,원) > 0$$
$$= P_R(x) \times 15{,}000\,원 + P_R(x) \times 5{,}000\,원 + (-5{,}000\,원) > 0$$
$$= P_R(x) \times 20{,}000\,원 + (-5{,}000\,원) > 0$$
$$= P_R(x) > 0.25$$

수식에서 확인할 수 있듯이, 프로모션 대상 고객군은 반응 확률이 최소 25% 이상 되어야 수익이 날 수 있다. 예를 들어 40명을 대상으로 프로모션을 진행했고 그중 25%인 10명이 반응했으면 20만 원의 수익이 생기고 총 20만 원의 비용이 소요되므로 수익이 0이 된다. 따라서 분류모델에서 정밀도가 25% 이상인 지점에서 threshold를 설정하는 것으로 의사결정을 할 수 있다. 이러한 원리를 이용한 것이 수익곡선이다.

하지만 물론 실제 비즈니스 상황에서는 예상 수익과 비용을 정확하게 예측하는 것이 불가능하며, 브랜드 홍보 효과 등의 측정이 어려운 요소들을 복합적으로 고려해야 하므로 수익곡선은 보조 지표로 활용하는 것이 좋다.

수익곡선을 만드는 과정은 향상도 곡선이나 ROC 곡선을 만드는 방법과 유사하다. 우선 관측치들을 Predicted probability가 높은 순으로 정렬한다. 그리고 threshold 각 지점의 정밀도를 활용하여 기대 수익을 측정한다. 이를 선그래프로 표현한 다음, 가용 예산 안에서 최대의 수익을 얻을 수 있는 지점을 선택하면 된다.

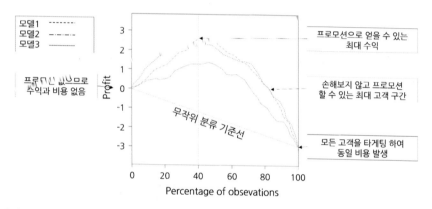

그림 14.20 수익곡선 예시

그림 14.20의 수익곡선은 타기팅한 고객의 비중이 늘어날수록 변화하는 수익을 나타낸다. x축은 전체 대상 고객의 타기팅 비중을 의미하며, y축은 억 원 단위의 수익과 손해를 의미한다. 대상 고객 100%를 타기팅했을 때는 3억 원의 손해가 발생할 것으로 예상되고, 모델 타기팅으로 얻을 수 있는 최대 수익은 약 2억 5천만 원이 기대된다. 모델3은 전체적으로 수익성이 떨어지므로 후보군에서 제외한다. 모델 1의 수익곡선은 적은 고객 대상일 때 높은 수익을 보이므로 예산이 적을 때 적절한 모델로 판단된다.

하지만 최적의 수익을 낼 수 있는 모델은 2번으로, 40% 구간대의 상위 확률 고객을 타기팅했을 최대의 수익을 얻을 수 있을 것으로 예상된다. 만약 예산이 충분하고 최대한 많은 고객에게 프로모션 하고 싶은 경우에는, 손해보지 않고 프로모션 할 수 있는 최대 고객 구간인 85% 구간의 고객을 대상으로 프로모션을 할 수 있다. 하지만 고객 구간이 넓어질수록 가정한 예상 비용에 대한 오차가 커지므로 주의해야 한다.

14.4.6 Precision at k, Recall at K 그리고 MAP

추천 시스템은 일반적으로 사용자에게 여러 개의 콘텐츠나 제품을 추천한다. 추천을 받은 것들 중에서 얼마나 실제로 선택을 했는가를 통해 추천시스템의 성능 평가를 한다. 이때 사용하는 것이 Precision at k와 Recall at k다. 앞에서 알아본 정밀도와 민감도의 개념을 차용한 평가 기준이므로 쉽게 이해할 수 있다. 우선 Precision at k와 Recall at k의 개념을 요약하면 다음과 같다.

- Precision at k: 추천한 Top K 개의 항목 중 반응한 항목의 비율

$$Precision\ at\ k = \frac{k \text{에서의 추천 항목 중 반응 항목의 수}}{k \text{에서의 추천 항목 수}}$$

- Recall at k: 반응한 전체 항목 중 추천한 Top K 개의 항목에서 반응한 항목의 비율

$$Recall\ at\ k = \frac{k \text{에서의 추천 항목 중 반응 항목의 수}}{k \text{에서의 추천 항목 수}}$$

표 14.8의 예시를 통해 개념을 이해해 보자.

표 14.8 Precision at k와 Recall at k 예시

고객A	K=1	K=2	K=3	K=4	K=5	K=6	K=7	K=8	K=9	K=10
	항목E	항목H	항목B	항목A	항목G	항목F	항목J	항목C	항목I	항목D
반응	1	0	1	1	0	1	0	0	0	1
Precision	1.0	0.5	0.67	0.75	0.6	0.67	0.57	0.5	0.44	0.5
Recall	0.2	0.2	0.4	0.6	0.6	0.8	0.8	0.8	0.8	1.0

전체 항목은 10개인 상황이고 사용자 A에 대한 추천 점수가 높은 순으로 정렬했다. 가장 왼쪽에 있는 항목은 추천 점수가 가장 높은 항목이고, 오른쪽으로 갈수록 추천 점수가 낮은 항목이다. 세 번째 행렬은 사용자 A의 실제 반응 여부를 나타낸다. 반응을 했으면 1, 반응하지 않았으면 0이다.

이제 k를 하나씩 늘려가며 Precision과 Recall의 수치를 확인한다. 예시는 전체 항목이 10개밖에 안 되지만, 실제 비즈니스 환경에서는 무수히 많은 항목이 존재할 것이다. 따라서 전체 항목을 모두 추천할 수 없고 많아야 10~30개의 항목을 추천해야 할 것이다. 이때 추천한 항목 중 얼마나 실제로 반응하는지 그리고 전체 반응 항목 중에 어느 정도나 추천 항목에 포함시킬 수 있는지를 고려하여 적정 추천 항목의 양

을 설정하는 것이다. 이러한 방법으로 전체 고객에 대한 Precision at k와 Recall at k를 구한 다음 평균을 해주면 추천시스템 모델의 평균 Precision at k와 Recall at k를 알 수 있다.

추천 시스템의 또 다른 평가 방법으로 MAP(Mean Average Precision)가 있다. 본래는 검색 엔진 등의 문서 검색 결과를 평가하는 데 사용하는 방법이지만 추천시스템의 모델 평가 활용도 가능하다. **MAP는 사용자들이 반응했던 항목 구간들의 Precision들을 모두 평균을 낸 모델 평가척도다.** 표 14.9를 통해 개념을 확인해 보자.

표 14.9 MAP 개념 설명 예시

고객A	K=1	K=2	K=3	K=4	K=5	K=0	K=7	K=8	K=9	K=10
	항목E	항목H	항목R	항목A	항목G	항목F	항목J	항목C	항목I	항목D
반응	1	0	1	1	0	1	0	0	0	1
Precision	1.0	0.5	0.67	0.75	0.6	0.67	0.57	0.5	0.44	0.5
Recall	0.2	0.2	0.4	0.6	0.6	0.8	0.8	0.8	0.8	1.0

고객B	K=1	K=2	K=3	K=4	K=5	K=6	K=7	K=8	K=9	K=10
	항목B	항목F	항목E	항목C	항목D	항목H	항목I	항목A	항목J	항목G
반응	0	1	0	1	1	0	1	0	0	0
Precision	0.0	0.5	0.33	0.5	0.6	0.5	0.57	0.5	0.44	0.4
Recall	0.0	0.25	0.25	0.5	0.75	0.75	1.0	1.0	1.0	1.0

우선 고객 A가 항목에 반응한 구간의 Precision 평균을 구한다. 총 5개의 항목에 반응을 했으므로 5개의 Precision 평균을 구한다. 즉 Recall이 1이 될 때까지 고객이 반응했던 k 구간의 Precision 평균을 구하는 것이다.

$$\text{고객 } A \text{의 } Precision \text{ 평균} = \frac{1.0 + 0.67 + 0.75 + 0.67 + 0.5}{5} = 0.718$$

동일한 방식으로 고객B의 Precision 평균도 구한다. 고객 B는 총 4개의 항목에 반응했으므로 4개의 k 구간 Precision 평균을 구한다.

$$\text{고객 } B \text{의 } Precision \text{ 평균} = \frac{0.5 + 0.5 + 0.6 + 0.57}{4} = 0.5425$$

이제 고객A와 고객B의 Precision 평균값을 또 평균하여 MAP 값을 구한다.

$$MAP(Mean\ Average\ Precision) = \frac{0.718 + 0.5425}{2} = 0.63025$$

MAP는 많은 구간의 Precision 정보를 활용하기 때문에 수치가 안정적이다. 그래서 추천 시스템 모델 간 성능을 비교할 때는 MAP값을 비교하여 최적의 모델을 선택할 수 있다. 물론 k값을 정했다면, Precision at k와 Recall at k 수치도 함께 고려하는 것이 좋다. MAP의 수식을 정리하면 다음과 같다.

$$MAP(Q) = \frac{1}{|Q|}\sum_{j=1}^{|Q|}\frac{1}{m_j}\sum_{k=1}^{m_j}Precision(R_{jk})$$

수식에서 Q는 고객 수, m은 각 고객의 반응 항목 수를 의미한다. 검색 엔진 평가 시에는 Q는 전체 검색 쿼리 수, m은 반응(relevant) 항목 수를 의미한다. 경우에 따라서는 k를 미리 제한하고 MAP를 구하기도 한다. 마트의 구매 목록이나 OTT 서비스의 콘텐츠 재생 목록은 매우 많기 때문에 예를 들어 추천 스코어 상위 10개의 MAP를 구하는 방식을 사용할 수 있다.

14.4.7 분류, 추천 성능 평가지표 실습

이제 캐글에 있는 "Personal Key Indicators of Heart Disease"[3] 데이터셋으로 분류, 추천 성능 평가지표를 실습해 보겠다. 이 절의 실습 코드는 이 책의 저장소의 **14.4.7.분류, 추천 성능 평가지표.ipynb** 파일에 있다.

코드 14.14 패키지 설치 및 임포트

In [1]:

```
01: # 필요한 패키지 설치
02:
03: !pip install scikit-plot
04: import pandas as pd
05: import numpy as np
06: from sklearn.preprocessing import RobustScaler
07: from sklearn.linear_model import LogisticRegression
```

---

3 https://www.kaggle.com/datasets/kamilpytlak/personal-key-indicators-of-heart-disease

```
08: from sklearn.model_selection import train_test_split
09: from imblearn.under_sampling import *
10: import matplotlib.pyplot as plt
11: from sklearn.metrics import confusion_matrix, plot_confusion_matrix
12: from sklearn.metrics import precision_score, recall_score, f1_score
13: import scikitplot as skplt
14: from sklearn.metrics import roc_curve
15: from sklearn.metrics import auc
16: from sklearn import metrics
```

기본 로지스틱 회귀모델과 혼동 행렬, ROC곡선, 수익곡선, precision at k 능을 위해 필요한 패키지들을 설치 및 임포트한다.

코드 14.15 데이터 불러오기 및 확인

In [2]:

```
01: # 데이터 불러오기
02: df = pd.read_csv("datasets/heart_2020_cleaned.csv")
03:
04: # 데이터 샘플 확인
05: df.head()
```

Out [2]:

	HeartDisease	BMI	Smoking	AlcoholDrinking	Stroke	PhysicalHealth	MentalHealth	DiffWalking	Sex	AgeCategory	Race	Diabetic
0	No	16.60	Yes	No	No	3.0	30.0	No	Female	55-59	White	Yes
1	No	20.34	No	No	Yes	0.0	0.0	No	Female	80 or older	White	No
2	No	26.58	Yes	No	No	20.0	30.0	No	Male	65-69	White	Yes
3	No	24.21	No	No	No	0.0	0.0	No	Female	75-79	White	No
4	No	23.71	No	No	No	28.0	0.0	Yes	Female	40-44	White	No

데이터를 판다스 데이터 프레임으로 불러온 다음 확인한다. 로지스틱 회귀분석 실습에서 사용했던 것과 동일한 데이터로, 각 사람들의 심장병 여부와 BMI, 음주 여부, 흡연 여부, 성별, 수면시간 등의 정보가 있다.

코드 14.16 모델 적용을 위한 데이터 전처리

In [3]:

```
01: # 데이터 전처리
02:
03: # 명목형 변수 가변수 처리(하나의 가변수 범주 제거 옵션 적용)
04: df2 = pd.get_dummies(df, columns = ['HeartDisease','Smoking',
05:                                     'AlcoholDrinking','Stroke',
06:                                     'DiffWalking','Sex',
07:                                     'AgeCategory','Race',
08:                                     'Diabetic','PhysicalActivity',
09:                                     'GenHealth','Asthma',
10:                                     'KidneyDisease','SkinCancer']
11:                      ,drop_first=True
12:                     )
13:
14: # 숫자형 변수 분리
15: df_num = df[['BMI','PhysicalHealth','MentalHealth','SleepTime']]
16: df_nom = df2.drop(['BMI','PhysicalHealth','MentalHealth','SleepTime'],axis=1)
17:
18: # 숫자형 변수 RobustScaler 적용
19: RobustScaler = RobustScaler()
20: df_robust = RobustScaler.fit_transform(df_num)
21:
22: # 칼럼명 결합
23: df_num2 = pd.DataFrame(data=df_robust, columns=df_num.columns)
24:
25: # 숫자형 테이블과 더미화 문자형 테이블 결합
26: df3 = pd.concat([df_num2,df_nom],axis=1)
27:
28: # 독립변수와 종속변수 분리하여 생성
29: X = df3.drop(['HeartDisease_Yes'],axis=1)
30: y = df3[['HeartDisease_Yes']]
31:
32: # 학습셋과 테스트셋 분리하여 생성(7:3)
33: X_train, X_test, y_train, y_test = train_test_split(
34:     X,y,test_size=0.3,random_state=10)
35:
36: # 학습셋과 검증셋이 잘 나뉘었는지 확인
```

```
37: print('train data 개수: ', len(X_train))
38: print('test data 개수: ', len(X_test))
```

Out [3]:

```
train data 개수:  223856
test data 개수:  95939
```

앞의 로지스틱 회귀분석 실습과 동일한 내용으로 중간 데이터 탐색과 확인은 생략했다. 명목형 변수의 가변수 처리와 숫자형 데이터의 스케일 조정, 학습셋과 테스트셋 분리 등을 실행한다.

코드 14.17 언더샘플링과 로지스틱 회귀분석 모델 학습 및 예측

In [4]:

```
01: # 언더샘플링과 모델 학습 및 예측
02:
03: # 임시 변수명 적용
04: X_train_re = X_train.copy()
05: y_train_re = y_train.copy()
06:
07: X_temp_name = ['X1','X2','X3','X4','X5','X6','X7','X8','X9','X10',
08:                'X11','X12','X13','X14','X15','X16','X17','X18','X19','X20',
09:                'X21','X22','X23','X24','X25','X26','X27','X28','X29','X30',
10:                'X31','X32','X33','X34','X35','X36','X37']
11: y_temp_name = ['y1']
12:
13: X_train_re.columns = X_temp_name
14: y_train_re.columns = y_temp_name
15:
16: # 언더샘플링 적용
17: X_train_under, y_train_under = RandomUnderSampler(
18:     random_state=0).fit_resample(X_train_re,y_train_re)
19:
20: # 칼럼명 복구
21: X_train_under.columns = list(X_train)
22: y_train_under.columns = list(y_train)
23:
24: # 학습셋 모델 학습
25: model = LogisticRegression()
```

```
26: model.fit(X_train_under, y_train_under)
27:
28: # 테스트셋에 모델 적용
29: y_predict = model.predict(X_test)
```

심장병 여부의 클래스 불균형이 있으므로 학습셋에 언더샘플링을 적용해 준 후 기본 로지스틱 회귀분석
모델을 적용하여 학습과 예측을 실행한다.

코드 14.18 기본 혼동행렬 출력

In [5]:

```
01: # 기본 혼동행렬 출력
02:
03: cm = confusion_matrix(y_test, y_predict)
04: print(cm)
```

Out [5]:

```
[[65373 22354]
 [ 1764  6448]]
```

sklearn의 `confusion_matrix()` 함수를 사용하면 간단하고 빠르게 혼동행렬을 출력할 수 있다. 좌측
상단부터 시계방향으로 진음성(TN), 위양성(FP), 진양성(TP), 위음성(FN)에 해당하는 관측치의 수가
표시됐다.

코드 14.19 혼동행렬 판다스 데이터 프레임 변환

In [6]:

```
01: # 혼동행렬 데이터 프레임 변환
02: cm_df = pd.DataFrame(data=cm,
03:                 index=[f"True Class-{i}" for i in range(cm.shape[0])],
04:                 columns=[f"Predicted Class-{i}" for i in range(cm.shape[0])])
05: cm_df
```

Out [6]:

	Predicted Class-0	Predicted Class-1
True Class-0	65373	22354
True Class-1	1764	6448

혼동행렬이 테이블 형태로 필요하거나 보다 직관적으로 확인하고 싶은 경우에는 예시와 같이
pd.DataFrame() 함수에 인덱스와 칼럼에 반복문을 사용하여 판다스 데이터프레임 형태로 출력한다.
Predicted class는 예측한 데이터를 의미하고 true class는 실제 데이터를 의미한다.

코드 14.20 혼동 행렬 시각화

In [7]:

```
01: # 혼동 행렬 시각화
02:
03: label=['HeartDisease_No', 'HeartDisease_Yes'] # 라벨 설정
04: plot = plot_confusion_matrix(model, # 분류 모델
05:                             X_test, y_test,
06:                             display_labels=label,
07:                             cmap=plt.cm.Reds,
08:                             normalize=None)
09: plot.ax_.set_title('Confusion Matrix')
```

Out [7]:

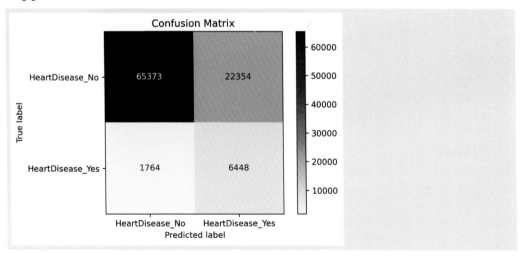

sklearn에서는 혼동행렬 시각화 기능도 제공한다. `plot_confusion_matrix()` 함수에 해당 모델과 독
립변수, 종속변수, 시각화 옵션을 삽입하여 그림 파일을 출력한다. 색상의 명도를 통해 어느 부분에 관측
치가 많이 몰려 있는지 직관적으로 확인할 수 있다.

코드 14.21 정확도, 오분류율, 정밀도, 민감도, 특이도, f-1스코어 산출

In [8]:

```
01: # 정확도, 오분류율, 정밀도, 민감도, 특이도, f-1스코어 산출
02:
03: # 정확도
04: accuracy = model.score(X_test, y_test)
05: print('정확도:{:.3f}'.format(accuracy))
06:
07: # 오분류율
08: error_rate = 1-model.score(X_test, y_test)
09: print('오분류율:{:.3f}'.format(error_rate))
10:
11: # 정밀도
12: precision = precision_score(y_test, y_predict)
13: print('정밀도:{:.3f}'.format(precision))
14:
15: # 민감도(재현율)
16: recall = recall_score(y_test, y_predict)
17: print('민감도:{:.3f}'.format(recall))
18:
19: # 특이도
20: TN = cm_df['Predicted Class-0'].loc['True Class-0']
21: FP = cm_df['Predicted Class-1'].loc['True Class-0']
22: print('특이도:{:.3f}'.format(TN/(TN+FP)))
23:
24: # f1-스코어
25: f1 = f1_score(y_test, y_predict)
26: print('f1-스코어:{:.3f}'.format(f1))
```

Out [8]:

```
정확도:0.749
오분류율:0.251
정밀도:0.224
민감도:0.785
특이도:0.745
f1-스코어:0.348
```

혼동행렬을 기반으로 산출할 수 있는 정확도, 오분류율, 정밀도, 민감도, 특이도, f−1스코어 등을 출력한다. 대부분은 sklearn의 기본 함수로 산출할 수 있고 직접 혼동 행렬 데이터를 가공하여 산출할 수 있다. 특이도의 경우는 기본 함수가 없기 때문에 앞에서 생성했던 cm_df 테이블을 활용하여 산출한다. 해당 모델은 0.749의 정확도, 0.224의 정밀도, 0.785의 민감도를 가지는 것으로 확인된다. 정밀도는 1로 예측한 것 중에서 실제로 1인 비율이므로 다소 낮아 보인다. 그런데 이것은 모델이 기본적으로 1의 스코어가 0.5 이상인 것을 1로 예측하기 때문에 스코어의 임계점을 조절해 가면서 적정한 모델 성능 수준을 찾아내야 한다.

코드 14.22 향상도 테이블 생성

In [9]:

```
01: # 향상도 테이블 생성
02:
03: # 예측 스코어 산출 및 결합
04: probability = model.predict_proba(X_test)
05: y_probability_df = pd.DataFrame(probability,
06:                        columns=['probability_0','probability_1'])
07: y_df = pd.concat([y_test.reset_index()['HeartDisease_Yes'],
08:             y_probability_df['probability_1']], axis=1)
09:
10: # 10분위 칼럼 생성
11: y_df['decile'] = pd.qcut(y_df['probability_1'],10,
12:                 labels=['10','9','8','7','6','5','4','3','2','1'])
13:
14: # 향상도 테이블을 위한 변수 설정
15: y_all = y_df['HeartDisease_Yes'].sum() # 전체 1값 수
16: base_lift = y_df['HeartDisease_Yes'
17:              ].sum()/y_df['HeartDisease_Yes'].count() # 기본 향상도
18:
19: # 분위수별 집계
20: y_df_gb = y_df.groupby(['decile']).agg(
21:    {'HeartDisease_Yes':'sum','probability_1':'count'}).reset_index()
22: y_df_gb = y_df_gb.sort_values(by='decile' ,ascending=False)
23:
24: # 향상도 테이블 요소 생성 및 후처리
25: y_df_gb['Sensitivity'] = y_df_gb['HeartDisease_Yes']/y_all
26: y_df_gb['Precision'] = y_df_gb['HeartDisease_Yes']/y_df_gb['probability_1']
```

```
27: y_df_gb['Lift'] = y_df_gb['Precision']/base_lift
28: y_df_gb = y_df_gb.rename(
29:     columns={'HeartDisease_Yes':'Frequency of Y=1','probability_1':'Decile count'})
30:
31: y_df_gb
```

Out [9]:

	decile	Frequency of Y=1	Decile count	Sensitivity	Precision	Lift
9	1	3473.0	9594	0.422918	0.361997	4.229133
8	2	1825.0	9594	0.222236	0.190223	2.222334
7	3	1150.0	9594	0.140039	0.119867	1.400375
6	4	716.0	9594	0.087189	0.074630	0.871886
5	5	464.0	9593	0.056503	0.048369	0.565080
4	6	233.0	9594	0.028373	0.024286	0.283728
3	7	153.0	9594	0.018631	0.015947	0.186311
2	8	95.0	9594	0.011568	0.009902	0.115683
1	9	55.0	9594	0.006698	0.005733	0.066974
0	10	48.0	9594	0.005845	0.005003	0.058450

향상도 차트는 predict_proba() 함수를 이용하여 각 관측치의 예측 스코어를 산출한 다음 가공하여 만든다. 우선 예측 스코어는 클래스가 0일 확률 스코어와 1일 확률 스코어가 모두 산출되기 때문에 잘 구분하여 사용해야 한다. 10분위는 pd.qcut() 함수를 사용하여 동일한 간격으로 10분위를 나눈다. 그리고 각 분위의 향상도, 정밀도, 민감도 등을 집계한다. 아웃풋 결과를 보면 3분위수까지 향상도가 1보다 크므로 상위 20~30% 부근에서 임계 기준을 정하는 것이 적절한 것으로 판단된다.

코드 14.23 향상도 차트 생성

In [10]:

```
01: # 향상도 차트 생성
02:
03: bar_x = np.arange(10)
04:
05: plt.bar(bar_x, y_df_gb['Sensitivity']*100, color='C2')
06: plt.xticks(bar_x, y_df_gb['decile'])
07: plt.title("Lift chart")
```

```
08: plt.xlabel("Deciles")
09: plt.ylabel("Respose Rate(%)")
10:
11: plt.show()
```

Out [10]:

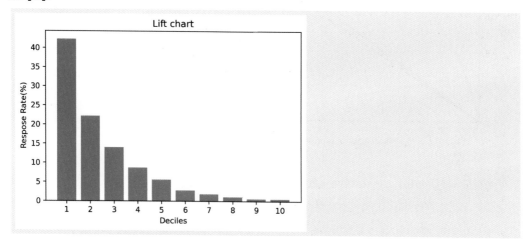

앞에서 생성한 향상도 테이블을 그래프로 시각화하면 보다 직관적으로 모델의 성능을 파악할 수 있다. 이론 부분에서 다뤘듯이 상위 분위수와 하위 분위수의 격차가 클수록 모델의 성능이 좋다. 아웃풋 결과는 준수한 수준을 보이는 것을 알 수 있다.

코드 14.24 누적 향상도 곡선 생성

In [11]:

```
01: # 누적 향상도 곡선 생성
02:
03: skplt.metrics.plot_cumulative_gain(y_test, probability)
04: plt.show()
```

Out [11]:

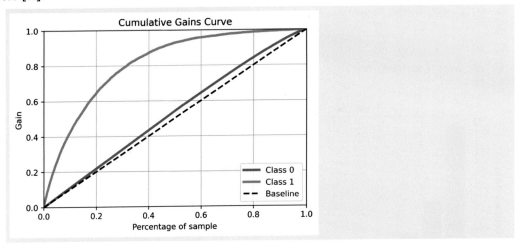

누적 향상도 곡선은 plot_cumulative_gain() 함수를 사용하여 간단하게 출력할 수 있다. 예시의 아웃풋 결과는 1값의 관측치들이 상위 20% 수준까지 급격하게 누적되는 것을 알 수 있다. 40% 구간 이후부터는 경사가 완만 해진다. 좋은 모델일수록 Gain이 1에 빨리 가까워진다. 그런데 0의 범주는 베이스라인 선과 큰 차이가 없는 것으로 보인다. 그 이유는 테스트셋을 사용하여 대부분의 관측치들이 0의 범주이기 때문이다.

코드 14.25 ROC 커브 생성 및 AUC 스코어 산출

In [12]:

```
01: # ROC 커브 생성 및 AUC 스코어 산출
02:
03: # 시각화 함수 설정
04: def plot_roc_curve(fper, tper):
05:     plt.plot(fper, tper, color='C3', label='ROC curve')
06:     plt.plot([0, 1], [0, 1], color='C9', linestyle='-.')
07:     plt.xlabel('False Positive Rate')
08:     plt.ylabel('True Positive Rate')
09:     plt.title('ROC curves for Logistic Regression')
10:     plt.legend()
11:     plt.show()
12:
13: # 예측 스코어 전처리 및 ROC 커브 생성
14: probability_cut = probability[:, 1]
```

```
15: fper, tper, thresholds = roc_curve(y_test, probability_cut)
16: plot_roc_curve(fper, tper)
17:
18: # AUC 스코어 산출
19: auc_score = auc(fper, tper)
20: print('AUC 스코어:{:.3f}'.format(auc_score))
```

Out [12]:

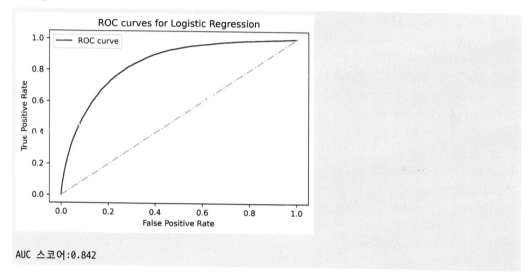

AUC 스코어:0.842

ROC 커브는 roc_curve() 함수를 사용하여 생성한다. 그래프를 보다 예쁘게 그리고 싶으면 앞에서 다양한 그래프 옵션을 설정하여 함수로 지정해 준다. AUC 스코어 역시 auc() 함수로 간단하게 산출할 수 있다. 아웃풋 결과로 0.842가 나왔기 때문에 준수한 수준의 모델이라 판단할 수 있다.

코드 14.26 수익곡선 생성

In [13]:

```
01: # 수익 곡선
02:
03: # 수익, 비용 변수 정의
04: profit = 2000000
05: cost   = -300000
06:
07: # 수익, 비용 Matrix 생성
08: profit_cost_matrix = np.array([[profit+cost, cost],[0,0]])
```

```
09:
10: # 수익곡선 시각화를 위한 혼동행렬 재배열
11: def cm_for(y_true, y_pred):
12:     [[tn, fp], [fn, tp]] = metrics.confusion_matrix(y_true, y_pred)
13:     return np.array([[tp, fp], [fn, tn]])
14:
15: # 예측 스코어 수준별 예상 수익 값 산출
16: profits = []
17: for T in sorted(y_probability_df['probability_1'], reverse=True):
18:     y_pred_pf = (y_probability_df['probability_1'] > np.array(T)).astype(int)
19:     confusion_mat = cm_for(y_test, y_pred_pf)
20:     # 임곗값에 대한 총 수익 계산
21:     profit = sum(sum(confusion_mat * profit_cost_matrix)) / len(y_test)
22:     profits.append(profit)
23:
24: # 수익곡선 시각화
25: profit_max = max(profits)
26: plt.figure();
27: plt.plot(np.linspace(0, 1, len(y_test)), profits,
28:         label = 'max profit per person: ₩{:.0f}'.format(profit_max))
29: plt.hlines(0,0,1,color="red")
30: plt.xlabel('Percentage of observations')
31: plt.ylabel('Profit')
32: plt.title('Profit Curve')
33: plt.legend(loc='lower left')
34: plt.show()
```

Out [13]:

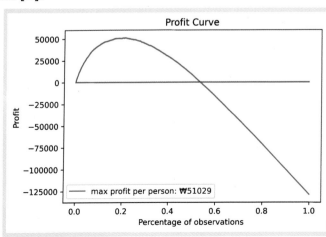

수익곡선은 별도의 함수가 없기 때문에 생성 방법이 다소 복잡하다. 우선 비즈니스 상황에 맞도록 예측 성공 시 얻을 수 있는 기대수익과 실패 시 예상 손해액을 설정한다. 예시는 심장병 예측 데이터이기 때문에 심장병을 올바르게 예측했을 시에 치료로 얻을 수 있는 병원의 기대수익을 200만 원으로 잡았고, 현실에서는 그렇지 않지만 오진으로 인한 보상금을 30만 원으로 책정했다. 수익곡선을 시각화하기 위한 혼동행렬을 생성한 다음 예측 스코어 순으로 정렬된 관측치들이 올바르게 예측됐는지에 따라 수익을 계산한다. 이렇게 산출된 값들을 선그래프로 시각화하면 수익곡선이 생성된다. 약 0.2 구간에서 수익곡선이 정점을 나타내며 인당 51,029원의 수익이 예상된다. 그리고 0.55 구간부터는 적자가 예상된다.

코드 14.27 단일 고객의 precision @ k, recall @ k, MAP 산출

In [14]:

```
01: # precision @ k, recall @ k, MAP 산출(단일 고객 데이터)
02:
03: # 기존 추천 결과 데이터
04: actual = ['A','C','D','E','H','M','P','R','S','V'] # 실제 구매 품목
05: predicted = ['A','D','F','H','M','N','O','P','X','Z'] # 예측 구매 품목
06:
07: ##################### K 수 지정 #####################
08: k = 3 # 평가지표 산출에 사용할 item 수
09: ################################################
10:
11: r =[]
12: rs = [r]
13:
14: # 예측과 실제 구매 매칭 리스트 생성
15: for p in predicted:
16:     if p in actual:
17:         r.append(1)
18:     else:
19:         r.append(0)
20:
21: # precision @ k 산출 함수 설정
22: def precision_at_k(r, k):
23:     assert k >= 1 # 설정된 k가 1 이상인지 확인
24:     # 평가지표 산출에 사용할 결과지 item k 개가 0이 아니면 True, 0이면 False
25:     r = np.asarray(r)[:k] != 0 # 결과지 item 수가 설정한 k 개보다 적으면 error
26:     if r.size != k:
```

```
27:        raise ValueError('k setting error')
28:        return np.mean(r)
29:
30: # recall @ k 산출 함수 설정
31: def recall_at_k(r, k):
32:     assert k >= 1
33:     all_r = np.sum(r)
34:     r = np.asarray(r)[:k] != 0
35:     if r.size != k:
36:         raise ValueError('k setting error')
37:     return np.sum(r)/all_r
38:
39: # average precision 산출 함수 설정
40: def average_precision(r):
41:     r = np.asarray(r) != 0
42:     out = [precision_at_k(r, k + 1) for k in range(r.size) if r[k]]
43:     if not out:
44:         return 0.
45:     return np.mean(out)
46:
47: # MAP 산출 함수 설정
48: def mean_average_precision(rs):
49:     return np.mean([average_precision(r) for r in rs])
50:
51: # print(precision_at_k(r, k))
52: # print(recall_at_k(r, k))
53: # print(mean_average_precision(rs))
54:
55: print('precision @ k:{:.3f}'.format(precision_at_k(r, k)))
56: print('recall @ k:{:.3f}'.format(recall_at_k(r, k)))
57: print('MAP:{:.3f}'.format(mean_average_precision(rs)))
```

Out [14]:

```
precision @ k:0.667
recall @ k:0.400
MAP:0.835
```

추천 모델에서 사용하는 precision at k, recall at k, MAP는 샘플 데이터를 직접 생성하여 실습한다. actual 변수의 값은 고객이 실제로 구매한 품목의 리스트로서 순서는 상관이 없다. predicted 변수의 데이터는 추천모델을 통해 산출한 추천 스코어가 높은 순으로 10개를 나열한 것이다. 즉 A 품목이 추천 스코어가 가장 높고 Z 품목은 추천 스코어가 가장 낮다. 우선 k 값을 지정하고 예측과 실제 구매 매칭 리스트를 생성한다. 그리고 precision at k와 recall at k는 설정한 k 기준으로 추천 품목과 실제 구매 품목이 일치하는 수에 따라 값을 산출한다. MAP의 경우에는 추천이 일치하는 구간만의 정밀도로 산출하기 때문에 반복문을 사용하여 해당되는 값만 추출한 다음 평균을 내어 산출한다. 아웃풋 결과에서 precision at k는 0.667, recall at k는 0.4, MAP는 0.835가 출력된 것을 확인할 수 있다.

코드 14.28 여러 고객의 precision @ k, recall @ k, MAP 산출

In [15]:

```
01: # precision @ k, recall @ k, MAP 산출(여러 고객 데이터)
02:
03:
04: #################### K 수 지정 ####################
05: k = 3 # 평가지표 산출에 사용할 item 수
06: ################################################
07:
08: # 실제 구매 품목
09: actual = [['A','C','D','E','H','M','P','R','S','V'],
10:           ['A','B','C','F','H','M','O','R','T','V'],
11:           ['C','D','E','F','H','M','O','R','T','V']]
12:
13: # 예측 구매 품목
14: predicted = [['A','D','F','H','M','N','O','P','X','Z'],
15:              ['T','M','D','O','I','X','H','B','A','J'],
16:              ['F','D','C','I','X','B','E','P','Y','Q']]
17:
18: rs = []
19: rrs = [rs]
20:
21: # 구매 품목 데이터 전처리
22: for n, items in enumerate(predicted):
23:     r = []
24:     for item in items:
```

```
25:         if item in actual[n]:
26:             r.append(1)
27:         else:
28:             r.append(0)
29:     rs.append(r)
30:
31: # precision @ k 산출 함수 설정
32: def precision_at_k(rs, k):
33:     assert k >= 1    # 설정된 k가 1 이상인지 확인
34:     # 평가지표 산출에 사용할 결과 item k 개가 0이 아니면 True, 0이면 False
35:     rs = np.asarray(rs)[:,:k] != 0
36:     if rs.shape[1] != k: # 결과지 item 수가 설정한 k 개보다 적으면 error
37:         raise ValueError('k setting error')
38:     return np.mean([np.mean(arr) for arr in rs])
39:
40: # recall @ k 산출 함수 설정
41: def recall_at_k(rs, k):
42:     assert k >= 1
43:     rs = np.asarray(rs) != 0
44:     tmp = []
45:     for arr in rs:
46:         all_r = np.sum(arr)
47:         arr =  arr[:k] != 0
48:         if arr.size != k:
49:             raise ValueError('k setting error')
50:         tmp.append(np.sum(arr)/all_r)
51:     return np.mean(tmp)
52:
53: # average precision 산출 함수 설정
54: def average_precision(rs):
55:     rs = np.asarray(rs) != 0
56:
57:     precision_li = []
58:     for arr in rs:
59:         tmp = []
60:         for k in range(arr.size):
61:             if arr[k]:
62:                 tmp.append(np.mean(arr[:k+1] != 0))
```

```
63:            precision_li.append(np.mean(tmp))
64:
65:        if not precision_li:
66:            return 0
67:        return np.mean(precision_li)
68:
69: # MAP 산출 함수 설정
70: def mean_average_precision(rrs):
71:        return np.mean([average_precision(r) for r in rrs])
72:
73: print('precision @ k:{:.3f}'.format(precision_at_k(rs, k)))
74: print('recall @ k:{:.3f}'.format(recall_at_k(rs, k)))
75: print('MAP:{:.3f}'.format(mean_average_precision(rrs)))
```

Out [15]:

```
precision @ k:0.778
recall @ k:0.494
MAP:0.832
```

마지막으로 고객이 여러 명일 때의 precision at k, recall at k, MAP를 산출한다. 방법은 앞의 단일 고객 예시와 거의 동일하다. 각 고객의 수치를 다시 평균 내주는 작업을 추가한다. 예시에서는 3명의 실제 구매 품목과 추천 품목 리스트를 생성했다. 이를 통해 추천모델의 성능을 평가하고 적정한 추천 품목 수를 찾아낼 수 있다.

14.5 A/B 테스트와 MAB

14.5.1 A/B 테스트

기업에서 기존의 시스템을 개선하거나 새로운 시도를 할 때 성과를 어떻게 측정할까? 가장 직관적이고 확실한 방법은 AS-IS와 TO-BE의 결과를 직접 비교하는 것이다. 혹은 임의로 두 집단으로 나눠서 서로 다른 콘텐츠를 보여준 다음 어떤 집단이 더 높은 성과를 보이는지를 비교한다. 이 방법이 A/B 테스트이고 주로 웹서비스에서 변화 효과를 검증하기 위해 사용된다. 구글의 경우, 41가지 종류의 파란색 중에서 어떤 색이 사람들로 하여금 더 많은 클릭을 하도록 하는지를 알아보기 위해 무작위 A/B 테스트를 진행했다. 페이스북도 타임라인에 어떤 친구의 게시글이 나와야 사람들이 가장 오래 머무는지를 알아보기 위해 다양한 피드 알고리즘을 적용하여 A/B 테스트를 진행하고 있다.

A/B 테스트의 예

예를 들어 온라인 쇼핑몰 사이트에 프로모션 이벤트 배너를 삽입하고자 한다고 가정해 보자. 디자인 팀이 그림 14.21과 같은 배너 시안 A와 B를 가져왔다. 당신은 사이트에 접속한 고객들이 관심을 가장 많이 끌 수 있는 하나의 시안을 선택해야 한다. 그런데 두 시안의 특징이 많이 다르기는 하지만 무엇이 더 매력적인지 판단이 잘 서지 않는다.

그림 14.21 A/B 테스트를 위한 배너 시안 예시

그래서 하루 동안, 두 가지 시안의 배너를 각 접속자에게 무작위로 노출하여 더 높은 클릭률(Click-Through-Rate, CTR)을 보이는 배너를 채택하기로 했다. 하루 동안 두 배너를 무작위로 노출한 결과, 각 시안의 클릭률은 다음과 같다.

표 14.10 배너 시안 클릭률 예시

	노출 인원수	클릭 수(중복 제거)	클릭률(CTR)
시안 A	3,428	183	5.338%
시안 B	3,512	221	6.293%

두 시안을 50:50의 확률로 노출하도록 설정했기 때문에 각 시안에 노출된 인원의 수는 비슷하게 나왔다. 특정 고객들이 배너를 여러 번 클릭하여 발생할 수 있는 bias를 방지하기 위해 클릭률은 중복을 제거

한 클릭 수로 구했다. 그랬을 때, 시안 B의 클릭률이 0.95%p 우수한 것으로 나타났다. %p 자체는 작지만, 증가율을 따지면 약 18%가 증가했기 때문에 차이는 있는 것으로 보인다.

이 차이가 통계적으로 유의미한 차이인지를 알아보기 위해서는 앞서 배웠던 Z-test나 T-test를 하면된다. Z-test를 했을 때, p값은 0.04가 나오므로 두 시안의 클릭률은 통계적으로 유의한 차이가 있다고할 수 있다. 따라서 우리는 A/B 테스트를 통해 시안 B가 더 우수한 배너라 판단하여 최종적으로 시안 B를 채택할 수 있다. 예시는 단순히 두 시안의 클릭률을 비교했지만, 3종 이상의 시안으로 체류시간, 가입전환율, 구매율, 재접속률 등을 비교하여 최적화할 수도 있다.

A/B 테스트 주제와 절차

A/B 테스트를 수행할 수 있는 주제는 다음과 같은 것들이 있다.

- 웹사이트 내비게이션 배치와 문구 등 UI/UX 최적화

- 추천 콘텐츠 노출 리스트 최적화

- 상품 종류와, 가격, 노출 사이즈 등 최적화

- 서비스 가입 경로 시나리오 최적화(어느 시점에 가입을 유도할 것인가?)

- 게임 아이템 드롭률 최적화

- 배너/버튼의 위치, 사이즈, 색상, 폰트, 문구 등 최적화

- 검색엔진의 키워드 검색 결과 최적화

이처럼 다양한 관점에서 A/B 테스트를 수행할 수 있다. 처음 A/B 테스트를 하고자 하는 주제 선정부터대안 적용까지는 그림 14.22와 같은 순서로 진행된다.

그림 14.22 A/B 테스트 절차

처음 실험 설계를 할 때는 무엇을 최적화하기 위한 것인가를 명확히 설정해야 한다. 목표는 세션 시간, 클릭률, 이탈률, 페이지 뷰 수 등 다양하다. 목표 설정과 함께 언제, 얼마나 실험할 것인지 기준값을 설정해야 한다. A/B 테스트 실행 시에는 각 실험 집단에 얼마나 비중을 둘 지, 배분 기준을 설정하고 반응 네

이터를 수집한다. A/B 테스트를 마친 뒤에는 고객 행동 데이터를 비교/시간/분포 시각화하여 차이를 분석한다. 동시에 통계 검정을 하여 집단 간 차이의 유의성을 확인한다. 마지막으로 결과를 시스템에 적용한 후에는 지속적으로 고객 반응을 모니터링하여 최적화를 유지할 수 있도록 관리해 줘야 한다.

A/B 테스트의 주의사항과 단점

A/B 테스트를 설계하고 실행할 때 주의해야 할 점이 몇 가지 있다. 우선 표본 그룹이 편향되지 않도록 무작위 추출을 올바르게 시행하여야 한다. 예를 들어 A 집단에는 남성, B 집단에는 여성으로 나눈 다음에 서로 다른 콘텐츠를 보여주는 것은 의미가 없다. A 집단과 B 집단 간에는 콘텐츠 이외에는 차이가 없어야 한다. 따라서 사용자의 유입경로, 기기나 운영체제, 성별과 연령 등과 같이 결과에 영향을 줄 수 있는 요소들이 집단 간 차이가 없도록 유의해야 한다. 상황에 따라서 A집단은 95%, B집단은 5%로 분리해서 일부 인원에게만 다른 대안을 보여주기도 한다. 이런 경우는 표본 추출과 같기 때문에, 추출 방법에 유의해야 한다. 앞서 층화 추출 등 다양한 표본 추출 방법을 다뤘다.

A/B 테스트의 표본 수는 물론 많을수록 좋지만, 일반적으로 1,000명 이상의 표본으로 테스트를 하는 것이 좋다. 통계적으로는 30명 이상이 되어도 유의성 검증이 가능하지만, 온라인 데이터는 변화가 크고, 클릭률 같은 경우 그 비율이 매우 작은 경우가 많기 때문에 충분한 표본을 확보하는 것이 좋다.

그리고 각 집단의 반응률은 시간대, 요일 등에 차이가 있을 수 있으므로 되도록 24시간 이상 A/B 테스트를 진행해야 한다. 이론적으로 A/B 테스트는 일시적으로 하는 것이 아니라, 지속적으로 진행하는 것이 좋다. 그 이유는 뒤에서 자세히 다루겠다.

마지막으로, A/B 테스트를 기획할 때 한 사용자가 한 가지 변화만 경험하도록 설계해야 한다. 예를 들어 광고 클릭률을 향상시키기 위해 변화를 준다고 했을 때, 폰트, 색상, 사이즈 등의 레이아웃 변화와 추천 알고리즘 변화를 동시에 주어서는 안 된다. 종류가 다른 여러 변화를 동시에 줄 경우, 그 효과를 측정하기가 어렵다. 따라서 타 부서 간의 A/B 테스트가 겹치지 않도록 사전에 상호 조율을 해야 한다.

A/B 테스트의 단점은, 테스트 가능한 경우의 수는 매우 다양하기 때문에 최적의 조건을 찾을 때까지 오랜 시간과 비용이 필요하다는 것이다. 이에 따라 덜 효과적인 조건의 테스트에 배정되는 인원들은 계속해서 늘어나고, 잠재적 손실 비용은 커져 간다. 그리고 트렌드는 계속해서 변한다. 저번 달까지 효과가 더 좋았던 A안이 이번 달에는 효과가 더 안 좋을 수 있다. 이처럼 **A/B 테스트는 기회비용이 크고, 빠른 트렌드 변화에 둔감하다는 단점이 있다. A/B 테스트의 이러한 단점을 보완한 방법이 MAB(Multi-Armed Bandit)다.**

14.5.2 MAB

강화학습의 기초 개념이라 할 수 있는 MAB 알고리즘의 출발점은 이렇다. 어느 한 도박꾼이 여러 대의 슬롯머신이 있는 카지노에 갔다. 이 도박꾼은 주어진 시간 동안만 슬롯머신을 플레이할 수 있고, 한 번에 하나의 슬롯 머신만 실행시킬 수 있다. 각 슬롯머신의 수익률은 다르며, 수익률은 계속 변화한다. 이 도박꾼이 주어진 시간 동안 최대의 이익을 얻으려면 어떤 전략으로 슬롯머신을 플레이해야 할까?

Exploration과 Exploitation

모든 슬롯머신의 보상은 다르기 때문에, 가장 높은 보상을 주는 슬롯머신을 최대한 빨리 찾아야 한다. 동시에 수익률이 가장 좋은 슬롯머신이 바뀌는 경우도 고려해야 한다. 수익률이 가장 높은 슬롯머신을 찾는 행위를 exploration이라 하며, 찾아낸 최적의 슬롯머신을 계속 플레이하여 이익을 최대화하는 행위를 exploitation이라 한다.

- **Exploration**: 최적의 보상을 얻을 수 있는 방안을 찾기 위해 계속해서 실험하는 것
- **Exploitation**: 선택한 최적의 방안을 계속 실행하여 이익을 최대화하는 것

Exploration과 exploitation은 trade-off 관계이기 때문에, 이 조합을 최적화하여 최대의 이익을 얻는 것이 MAB의 목적이다. MAB의 Multi-armed는 여러 개의 손잡이를 뜻하고, Bandit은 슬롯머신을 의미한다. 따라서, 슬롯머신의 여러 손잡이를 가장 효과적으로 사용하는 알고리즘이 MAB인 것이다. 예를 들어 도박꾼 앞에 3대의 슬롯머신이 있고, 한 시간이 주어졌다면, 먼저 세 개의 슬롯머신을 한 번씩 플레이해 볼 것이다. 그중에서 가장 좋은 결과가 나왔던 슬롯머신을 계속 사용할 수도 있고, 다른 슬롯머신도 번갈아 가며 테스트해보고 수익이 더 좋은 슬롯머신으로 바꿔가며 할 수도 있다. 이처럼 최적의 수익을 내기 위한 전략은 다양하게 나타날 수 있다. 다음의 대표적인 세 가지 MAB 알고리즘을 알아보자.

- **ε-greedy**: 일정 확률로 대안을 무작위로 탐색하는 알고리즘
- **UOB**: 대안의 결과가 불확실한 것을 우선순위로 탐색하는 알고리즘
- **Thompson Sampling**: 대안의 결과에 대한 베타 분포를 계산하여 샘플링한 값 중 가장 높은 대안을 탐색하는 알고리즘

ε-greedy

ε-greedy 알고리즘은 간단하고 직관적이어서 인기가 많은 알고리즘이다. 1-ε의 확률로 현재까지 exploration한 대안 중 가장 성과가 좋은 대안을 선택한다. 나머지 ε 값의 확률로는 무작위로 대안을 선택한다. ε 값은 0~1 사이의 값을 갖는다. 만약 ε 값이 0.2라면, 80% 확률로 지금까지 나온 결과 중에 가장 성과가 좋았던 대안을 선택하여 실행하고, 나머지 20%의 확률로 새로운 대안을 탐색한다. ε 값이 클수록 새로운 대안을 찾기 위한 exploration 작업을 더 많이 하게 되는 것이다. ε-greedy 알고리즘의 수식은 다음과 같다.

$$A_t = \operatorname*{argmax}_a Q_t(a)$$

시점 t까지 행동 a의 누적 보상을 표본 평균으로 대안의 가치 $Q_t(a)$를 추정한다. 추정된 가치가 가장 높은 대안을 1-ε의 확률로 선택하고, 나머지는 다른 대안을 무작위로 선택한다. 만약 선택을 한 번도 하지 않아서 추정치가 없다면 미리 설정된 기본값으로 추정한다. 이 알고리즘은 최적의 대안을 찾기 전에는 합당하지만, 확실한 대안을 찾았음에도 계속해서 ε 값의 확률로 탐색을 해야 한다. 따라서 지속적으로 일정 확률로 이미 확실한 최적의 대안을 선택하지 않는 단점이 있다. 이러한 단점을 보완하기 위해 ε 값을 일정 비율로 감소하도록 하여 시간이 흐르면서 exploration을 적게 하도록 하는 어닐링(Annealing) 알고리즘을 적용하기도 한다.

UCB

UCB(Upper Confidence Bound) 알고리즘은 앞의 ε-greedy 알고리즘이 대안 탐색을 좀 더 스마트하게 할 수 있도록 보완한 알고리즘이다. ε-greedy 방식은 ε 값의 확률로 무작위로 대안을 선택하기 때문에 효과적이지 못하다는 단점이 있다. UCB는 기본 방식은 ε-greedy와 마찬가지로 일정 확률로 대안을 탐색하지만, 대안을 탐색하는 방식이 보다 합리적이다. 대안들 중에서도 최적의 수익을 낼 가능성이 더 높은, 즉 불확실성이 강한 대안을 우선적으로 선택한다. 관측된 보상의 표본 평균으로 계산된 대안의 가치에, 얼마나 많은 탐색을 했는지를 함께 고려하여 대안을 평가한다. 탐색을 적게 했다는 것은 그 대안의 보상이 아직 확실하지 않다는 뜻이기 때문에 더 많은 가중치를 주는 방식이다.

수식을 보면, 기존 ε-greedy 알고리즘에 보상의 불확실성 수치가 추가됐다.

$$A_t = \operatorname*{argmax}_a \left[Q_t(a) + c\sqrt{\frac{\log t}{N_t(a)}} \right]$$

수식의 t는 시점을 의미하며 c는 exploration의 정도를 나타내는 하이퍼 파라미터다. 그리고 $N_t(a)$는 t 시점 전까지 해당 대안이 선택됐던 횟수다. 즉 전체 횟수에 로그를 취한 값을 해당 대안이 선택됐던 횟수로 나누기 때문에, 선택됐던 횟수가 늘어날수록 불확실성 수치는 줄어들게 된다. 보통 ε-greedy보다 우수한 성능을 보이지만, 처음에 모든 대안들을 한 번씩은 exploration 해야 하고, 매 시점마다 불확실성 수치를 계산해 줘야 한다는 단점은 있다.

톰슨 샘플링

톰슨 샘플링(Thompson Sampling)은 넷플릭스나 구글 애널리틱스(Google Analytics)에서 사용하는 알고리즘으로 최근 가장 좋은 성능을 보여 많이 쓰인다. UCB는 예측한 그대로의 값을 통해 최적의 수익률을 선택하는 결정론적 알고리즘이다. 하지만 톰슨 샘플링은 베타 분포(Beta distribution)를 사용하여 확률적으로 수익을 추정하고 선택하는 확률적 알고리즘이다.

우선 베타 분포부터 알아보자. 베타 분포는 확률변수 x의 범위가 0부터 1을 가진다. 베르누이 분포와 같은 이항 분포인데, 베르누이 같은 경우 샘플의 결과가 모두 1이면 μ=1이 되어 과적합이 발생한다. 하지만 베타분포는 베이지안 방식으로 파라미터를 추정하므로 샘플이 적더라도 안정된 추정값을 얻을 수 있다. 베타분포는 그림 14.23과 같은 형태를 나타낸다.

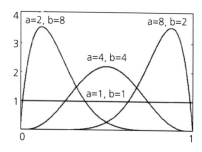

그림 14.23 베타분포 예시

톰슨 샘플링은 사전 수익률을 베타분포를 통해 다시 추정한다. 그렇기 때문에 exploration을 적게 한 상황에서는 특정 대안이 수익률이 높게 나오더라도 베타 분포에 의해 추정되어 다른 대안을 선택할 수 있는 여지가 생긴다. 그리고 exploration 횟수가 많아질수록 베타 분포의 첨도가 높아져 최적의 대안을 지속적으로 선택하게 된다.

MAB의 활용 분야

MAB의 활용 가능 분야는 다양해서, 기계학습 모델에도 적용이 가능하다. 예를 들어 추천 시스템 모델에서 여러 종류의 협업 필터링과 콘텐츠 기반 필터링 기법을 앙상블하여 사용한다고 했을 때, MAB를 적용하여 최적의 추천 정확도를 보이는 모델을 선택하도록 할 수 있다. 일반적인 앙상블 방식은 대부분 테스트 데이터의 정확도를 가지고 모델 결과를 가중 합 하여 사용한다. 하지만 MAB를 적용하면 사용자의 실제 반응 정보를 바로 반영하여 실제 반응률이 가장 좋은 모델을 적용한 아이템 추천을 하여 반응률을 극대화할 수 있다.

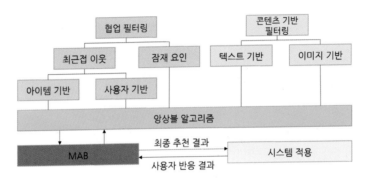

그림 14.24 추천 시스템 모델의 MAB 활용 예시

그림 14.24와 같이 다양한 종류의 추천 시스템 모델을 앙상블 하여 나온 최종 추천 결과를 MAB 과정을 통해 지속적으로 업데이트해 준다. 각 모델의 가중치를 어떻게 주고 조합을 어떻게 하는가에 따라 앙상블 추천 결과는 달라질 수 있다. 콘텐츠는 계속 바뀌고 시장의 트렌드도 빠르게 변화하기 때문에 사용자의 반응률을 신속하게 적용할 수 있도록 시스템을 구축하는 것이 중요하다.

14.6 유의확률의 함정

지금까지 회귀모델이나 A/B 테스트를 알아본 바에 따르면 P값이라 불리는 유의확률이 변수 선택 및 모델 평가에 있어 매우 중요하다는 것을 알 수 있다. 그런데 이 유의확률은 정말 절대적으로 확실한 기준값일까? 통계 및 데이터 분석을 하는 사람들이면 대부분 p값이 0.05 이하로 나오면 유의하다고 판단한다. p값은 일반적으로 '해당 변수의 효과가 없다' 혹은 '집단 간 차이가 없다'라는 귀무가설을 검증하는 데 사용된다. p값이 작다는 것은 그만큼 해당 변수가 귀무가설을 지지하지 않는 다는 것을 의미한다.

그런데 p값은 표본의 크기가 커지면 점점 0으로 수렴하게 되는 특성이 있다. 표본의 크기가 커지면 표본 오차가 작아지고, 결과적으로 p값도 작아지게 되는 것이다. 예를 들어 연 소득과 기부 여부 간의 관계를 알아보기 위한 분석을 수행했을 때, 표본이 30명인 상태에서는 p값이 0.05보다 크게 나왔다가, 표본을 300명으로 늘리니 p값이 0.05 미만으로 줄어드는 현상이 발생할 수 있다. 물론 표본을 증가시켰을 때 확실한 차이를 나타내는 관측치들이 추가되어 그런 것일 수도 있다. 하지만 표본이 30명일 때와 300명일 때의 기부 여부에 대한 연 소득 차이는 같을 수도 있다.

그림 14.25 표본 크기 차이에 따른 연 소득과 기부 여부 관계 예시

기부 여부에 따른 연 소득 차이는 10만 원으로 같음에도 불구하고, 표본을 증가시킨 것만으로도 유의확률이 조정된 것이다. 기부를 하지 않은 집단의 평균 연 소득은 3,000만 원이고, 기부를 한 집단의 평균 연 소득이 2,990만 원이라는 것으로 실질적으로 차이가 있다고 보기 힘들다. 하지만 p값은 그런 것을 판단하지 않는다. 표본이 증가할수록 p값은 줄어들며, 3,000만 원과 2,990만 원은 엄밀히 다르므로 연 소득에 따라 기부 여부가 달라진다는 결론을 유도하게 되는 것이다. 실제로 2015년 브라이언 노섹(Brian Nosek)은 유명 심리학 학술지에 실린 논문 약 100편의 연구를 재현하려 했지만 그중 재현이 가능했던 실험은 절반이 되지 않는 것으로 나타났다.

또한 p값의 기준인 0.05는 통상적으로 쓰이는 임의적인 기준이기 때문에 0.05 미만으로 나왔다고 해서 통계적 유의성이 확실히 있다고 단언할 수 없다. p값 0.05는 P값을 처음 제안한 통계학자 로널드 피셔(Ronald Fisher)가 예로 든 것이 관행적으로 정착된 것이다. 실제로 많은 기존 연구들이 p값 0.05 수준 안에 들어왔음에도 동일한 조건에서 반복검증을 시도한 결과, 처음과 다른 결과가 나오기도 한다. 이러한 재현성 위기에 따라, p값 사용을 전면 금지하자는 주장이 나오기도 했으며, 기준값을 0.005로 낮추자는 목소리가 커지고 있다.

p값 기준이 0.05인 경우에 대립가설이 참일 확률이 귀무가설이 참일 확률보다 2.5~3.4배인 데에 반해 0.005인 경우에는 14~26배에 달해 위양성 발생의 위험을 확실히 줄일 수 있다. 그 밖에 p값과 함께 효

과 크기(Effect size)를 고려한 수치 기준 및 베이지안 통계치를 추가적으로 고려하여 귀무가설 기각 여부를 결정해야 한다는 의견이 있다.

2016년 미국 통계학회(ASA)에서는 통계적 중요성 및 p값에 대한 성명서[4]를 발표했다. 6가지 주제로 이루어져 있으며, 그 내용은 다음과 같다.

---

1. p값은 데이터가 통계 모델과 얼마나 호환되지 않는지를 나타낼 수 있다.

p값의 기본 가정은 두 집단의 차이가 없거나 요인과 결과 사이의 관계가 없는 것과 같은 효과의 부재다. 즉, p값이 0.05인 것은 주어진 가설이 맞을 확률이 95%임을 의미하는 것은 아니다. 귀무가설이 참이고 다른 모든 가정이 유효하다면 적어도 현재의 결과와 같은 결과를 얻을 확률이 5%임을 의미한다.

2. p값은 연구 가설이 참일 확률 또는 데이터가 우연만으로 생성됐을 확률을 측정하지 않는다.

연구자(분석가)들은 종종 p값을 귀무가설의 진위여부 또는 우연으로 관측된 결과를 산출할 확률로 해석하려고 한다. 하지만 p값은 설명 자체에 대한 진술이 아니며, 귀무가설이 참일 때, 같은 결과를 얻을 확률을 나타낼 뿐이다.

3. 과학적 결론과 사업 또는 정책 결정은 p값이 특정 임곗값을 통과하는지에 기초해서는 안 된다.

기계적으로 p값 0.05 기준을 사용하여 가설에 대한 결론을 정당화하는 것은 잘못된 의사결정을 초래할 수 있다. 연구자(분석가)는 p값만을 고려해서는 안 되며, 현상에 대한 외부 증거, 다양한 맥락적 요인 등을 종합적으로 분석하여 결론을 내야 한다.

4. 적절한 추론에는 완전한 보고와 투명성이 필요하다.

p값 및 관련 분석 내용을 선택적으로 공개하고 보고해서는 안 된다. 다중회귀와 같이 여러 개의 변수에 대한 분석을 수행했다면 전체 변수에 대한 통계치를 투명하게 공개해야 한다. 일부 변수에 대한 결과만 선별적으로 보고한 결과는 근본적으로 해석이 불가능하다. 이러한 골라내기(cherry picking)를 지양하고 결과가 유의미하든 아니든 모든 p값과 모든 통계적 분석 결과를 공개해야 한다.

5. p값 또는 통계적 유의성은 효과의 크기나 결과의 중요성을 측정하지 않는다.

p값이 매우 작다는 것이 과학, 인문학, 경제적 중요성을 의미하지 않는다. p값이 작다고 해서 더 큰 효과가 있는 것이 아니다. 마찬가지로 p값이 크다고 해서 중요성이나 효과가 작다고 판단해서는 안 된다. 효과나 영향력이 미미함에도 불구하고 표본 크기가 매우 크거나 측정 정밀도가 충분히 높으면 작은 p값이 산출될 수 있다. 효과나 영향력의 강도를 측정하려면 상관 계수나 회귀 계수를 확인하는 것이 옳다.

6. p값은 그 자체로 모델이나 가설에 관한 증거에 대한 훌륭한 척도가 되지 않는다.

반복되는 이야기지만, p값이 작다는 것은 귀무가설이 거짓이라는 것을 나타내는 것은 아니다. 마찬가지로, 상대적으로 큰 p값은 귀무가설을 지지하는 요소임을 의미하지 않는다. 데이터 분석은 다른 접근법이 적절하고 실현 가능한 경우, p값 확인으로 끝나서는 안 된다. p값이 통계적 유의성을 확인하는 유용한 도구인 것은 맞지만, 연구나 분석의 가치를 평가하는 척도로 사용되어서는 안 된다.

---

4 https://amstat.tandfonline.com/doi/pdf/10.1080/00031305.2016.1154108

14.7　분석가의 주관적 판단과 스토리텔링

앞서 다양한 기계학습 분석 방법론과 모델 평가 방법론을 통해 최적의 예측, 분류 결과를 낼 수 있는 방법에 대해서 알아봤다. 이렇게 컴퓨터를 통해 사람이 할 수 없는 고도로 복잡한 계산을 하여 마치 점쟁이와 같은 결과를 얻어낼 수 있다. 하지만 아무리 AI, 딥러닝이 발전했다 해도 아직 데이터 분석가의 역할은 중요하다. 올바른 데이터를 선택하고 결론을 이끌어 내려면, 사람의 지식과 상식, 그리고 창의성이 필요하다. 왜냐하면 데이터에서는 나타나지 않는 사람들의 심리적 요소가 있기 때문이다.

특정 이슈에 대해서는 사람의 인사이트와 결정적 판단이 매우 중요하다. 다음 사례를 통해 분석가의 주관적 판단이 실제 분석 프로젝트에서 어떻게 적용되는지 알아보자. 어느 자동차 기업에서 멕시코 시장점유율 확대를 위해 대대적으로 공격적 마케팅을 진행하고자 한다. 현재 멕시코에서 출시한 차종은 A, B, C, D, E로 총 5종이 있다. 이 기업은 우선 차종별 주요 타깃 고객을 정의하기 위해 해당 차종의 구매기록, 프로모션 반응, 문의 기록, 지역정보 등의 정보를 수집하여 분석했다. 이를 통해 차종별로 최적화된 고객의 성별, 연령, 재산 수준, 지역 정보 등의 세그먼트를 분류했다.

그런데 유독 C 차종의 결과가 의아했다. 분명 20~30대 여성층을 겨냥한 차종인데 분석 결과는 50~60대 남성의 구매 예측 확률이 높게 나왔기 때문이다. 그래서 데이터를 좀 더 면밀히 분석하고 여러 가지 주관적 가정을 했다. C 차종은 프로모션 반응이나 문의 기록 등에서는 20대가 높은 비중을 보였지만, 구매 예측에 중요한 변수로 작용한 구매 기록이 50~60대 남성이 높았다. 그래서 멕시코의 자동차 구입 문화를 알아본 결과, 보통 첫 차를 구입하는 시기에 부모나 할아버지가 자식이나 손자, 손녀의 자동차를 대신 구입해 주는 문화가 있었던 것이다.

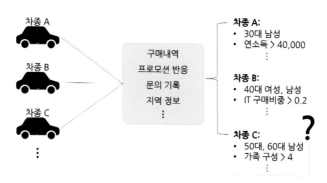

그림 14.26 자동차 구매 예측의 주관적 판단 예시

만약 이러한 배경을 모르고 분석가의 주관적 판단 없이 모델이 예측한 그대로 프로모션을 진행했다면 C 차종에 관심이 없는 50~60대 남성이 캠페인 연락을 받았을 것이다. 아무리 실제 구매를 하는 주 고객이 50~60대 남자라 해도, 제품에 관심을 갖고 구매를 결정을 하는 주체는 다르기 때문에, 그 고객을 타깃으로 삼는 것이 옳다. 따라서 분석가는 C 차종의 타기팅 학습 알고리즘을 수정하여 맞는 고객에게 프로모션을 진행할 수 있었다.

또 다른 사례로, 어느 통신 기업에서 휴대폰 약정 기간이 끝날 때마다 이탈하는 고객을 방어하는 프로모션을 기획했다. 고객들이 이탈하는 원인을 분석하고 어떤 혜택을 제공했을 때 고객들이 만족할지 열심히 분석했다. 이를 기반으로 약정 기간이 끝난 고객들에게 요금 할인, 기기 변경 지원금 등 맞춤형 프로모션을 진행했다.

그런데 어찌 된 일인지, 약정 기간이 지난 고객들 중, 프로모션을 하지 않은 고객보다 프로모션을 한 고객들의 이탈률이 더 높게 나왔다. 왜 그랬던 것일까? 고객들은 자신의 약정기간을 꼼꼼하게 확인하고 있지 않았다. 별 생각 없이 관성적으로 통신 서비스를 이용하고 있었는데, 갑자기 약정 기간이 끝났다는 프로모션 연락을 받고 자신이 다른 통신사로 바꿀 수 있음을 상기하게 된 것이다.

해지 방어를 하기 위한 프로모션이 오히려 고객의 이탈을 욕구를 일깨우는 트리거 역할을 한 것이다. 이를 알게 된 통신사는 프로모션 전략을 수정하여, 약정 기간이 끝났을 때 이탈할 확률이 높은 고객을 예측하여 프로모션을 하도록 했다. 계속 서비스를 이용할 사람은 그대로 두고 떠날 것 같은 사람만 타기팅하도록 한 것이다. 이처럼 단순한 분석을 통한 맹목적인 판단은 위험하다. 분석한 결과대로 행동했을 때 종속변수가 어떻게 반응할 것인가를 고민해야 한다.

우리는 데이터가 무조건 객관적인 진실만을 나타낸다고 생각해서는 안 된다. 1차원적인 데이터는 사람들의 문화나 심리를 나타내지 못하는 경우가 많다. 물론 분석가의 주관적 믿음과 판단으로 결과를 왜곡하거나 오류를 범할 수도 있음을 명심하고 주의해야 한다. 하지만 데이터가 쌓이는 프로세스도 결국 사람이 설계한 것이고, 분석 시스템은 보이지 않는 요소를 고려하지 않는다. 분석가는 데이터를 항상 의심해야 한다. 실제로 데이터가 잘못 입력되어 분석가의 개입이 필요한 경우가 많다.

분석가가 올바른 주관적 판단을 하기 위해서는, 첫째로 해당 분야의 도메인 지식이 수반되어야 한다. 그 분야의 생리를 잘 알지 못하면 무엇이 잘못됐는지 판단할 수 없으며 따라서 제대로 된 판단을 내리기도 힘들다. 제조 공정 데이터를 분석할 때는 공정 설비와 제조 프로세스, 공정 인력의 일하는 방식을 잘 이해해야 한다. 마찬가지로 금융 데이터를 분석할 때는 거래 프로세스, 수수료나 이자 등의 세부 로직, 도메인 용어 등을 잘 숙지해야 한다.

둘째로 통계적 지식을 기반으로 탐색적 데이터 분석(EDA)과 데이터 전처리를 성실히 수행해야 한다. 간혹 도메인에 익숙하거나 시간이 부족하여 이 단계를 소홀히 하는 경우가 있다. 하지만 이 프로세스는 데이터를 깊이 이해하고 오류를 찾아낼 수 있는 중요한 단계이기 때문에 철저히 하여야 한다. 전처리가 제대로 되지 않은 데이터는 예측력도 당연히 떨어질 수밖에 없다. 그리고 문제해결의 과정과 데이터를 꼼꼼하게 기록해 두어야 한다. 이는 팀원 간의 협업에서도 많은 도움이 되지만, 기록하고 다시 확인하는 과정을 통해 생각을 정리하고 발전시키는 데에 많은 도움이 되기 때문이다.

셋째로 적극적인 커뮤니케이션과 검증 과정이 필요하다. 분석가가 해당 데이터와 모델에만 매몰되다 보면 시야가 좁아질 수 있다. 찾아낸 중간 결과에 대해서 관련 부서나 제3자의 의견을 적극적으로 구하고 내용을 발전시켜 나가야 한다. 그리고 결과가 나왔을 때 바로 현실에 적용하거나, 샘플을 통한 A/B 테스트 등을 진행하여 사전 검증을 하는 것이 좋다. 분석가는 검증 결과를 통해 새로운 정보를 얻을 수 있으며 이를 통해 데이터와 모델에 대한 인사이트를 높여 보다 좋은 판단을 내릴 수 있다.

분석가의 올바른 주관적 판단을 위한 필수 요소

- 해당 분야의 풍부한 도메인 지식

- 통계적 지식을 기반으로 탐색적 데이터 분석(EDA)과 전처리

- 적극적인 커뮤니케이션과 데이터, 모델 검증

이렇게 분석가의 주관적 판단이 들어간 분석 결과는 타인을 이해시키고 설득시킬 수 있어야 한다. 그러기 위해서는 스토리텔링이 중요하다. 효과적으로 분석 및 예측 모델링 내용을 전달하려면 듣는 사람으로 하여금 흥미를 느끼고, 이 분석 프로젝트가 왜 필요한지를 공감하도록 해야 한다. 아무리 좋은 결과가 나왔다 하더라도, 듣는 사람이 필요성을 느끼지 못하면 소용이 없다.

일반적으로 몰입도와 전달 효과가 큰 스토리텔링 구조는 "배경→문제(위기)→극복→변화"의 흐름으로 구성된다. 분석 프로젝트의 도메인에 있는 사람들에게 스토리텔링을 할 때는 배경 부분은 생략해도 되지만, 외부 사람과 같이 해당 도메인이 익숙하지 않은 사람들에게는 배경을 간략히 소개하면서 이야기를 시작하는 것이 좋다. 주의할 점은, 무미건조한 수식이나 복잡한 표는 최소화해야 한다. 간혹 자신의 전문성을 어필하기 위해 필요 이상으로 어려운 용어나 수식 등을 나열하는 경우가 있다. 하지만 이는 듣는 이로 하여금 흥미를 떨어뜨릴 뿐 아니라 이야기의 본질을 흐리게 한다.

기원전 330년대에 쓰여진 '시학'에서, 아리스토텔레스는 이야기의 서사구조가 3막으로 이루어진다고 했다. 우리가 익숙하게 알고 있는 이야기의 서론, 본론, 결론 구조다.

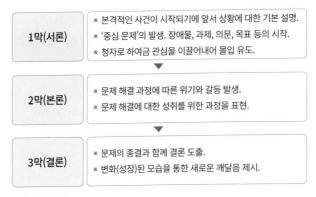

그림 14.27 아리스토텔레스의 3막 서사구조

1막인 서론 부분에서는 분석 프로젝트의 배경과 중심 문제를 소개한다. 듣는 이로 하여금 흥미를 갖고서 현재의 문제를 공감할 수 있도록 하는 것이 중요하다. 이때는 구체적인 수치가 나오는 것이 좋다. 예를 들어, "A 제품의 공정 불량률은 5%이고, 이에 따른 손실액은 연간 100억 원에 달한다. 반면 타 제품군의 불량은 1% 미만이다. A 제품의 불량률을 타 제품군 정도로 개선하면 연간 90억 원 이상의 비용을 줄일 수 있다."와 같은 명확하게 동기부여가 되는 수치의 내용이 들어가면 좋다. 특히나 비용에 민감한 임원진의 관심을 이끌어 내기에 이런 수치는 많은 도움이 된다.

2막인 본론에서는 현재의 문제를 개선하기 위해 어떠한 노력을 했는지 말한다. 여기에서 중요한 점은 듣는 이가 쉽게 이해할 수 있도록 배려하여 내용을 작성해야 한다. 동시에 분석과 개선 과정의 신뢰성을 확보하는 것도 잊지 말아야 한다. 어떤 경로로 데이터를 입수했으며, 데이터의 종류, 기간, 속성 등을 명시해야 한다. 이와 함께 현 상황과 문제점을 이해할 수 있도록 기본적인 통계 수치와 그래프를 보여준다. 전체적인 내용을 일괄적으로 나열하기보다는 핵심이 되는 내용을 최대한 심플하게 보여주는 것이 좋다.

데이터 분석이나 모델링을 설명할 때는 전문용어와 수식은 최대한 배제하고 흐름을 따라갈 수 있도록 한다. 간혹 사용한 모델에 호기심을 갖고 물어보는 사람들이 있을 수 있다. 그렇기 때문에 해당 모델의 개념을 설명한 내용을 뒤쪽에 첨부해 놓는 것이 좋다. 그런데 보통 이런 데이터 분석 쪽과 관련이 없는 사람들은 모델의 세부 내용에 관심이 없다. 중요한 것은 개선 방향의 타당성이다.

3막인 결론에서는 데이터 분석을 통해 어떠한 결과가 나왔고, 그 결론이 무엇인지 말한다. 서론과 마찬가지로 개선된 내용을 수치로 명확하게 표현한다. 어떠한 문제를 이번 프로젝트를 통해 어떻게 개선했는지를 다시 한번 상기할 수 있도록 명확히 말해야 한다. 다만 너무 성과를 강조하기만 하면 오히려 신뢰도가 떨어질 수 있다. 최대한 중립적인 관점에서 데이터에 기반하여 내용을 설명한다. 이와 함께 이번 프로젝트의 한계점을 명시해 주는 것도 좋다. 완벽한 프로젝트는 없는 법이다. 한계점을 제시함으로써 향후 고도화 프로젝트로 이어질 수도 있다.

마지막으로, 전체적인 내용을 한 문장으로 만들 수 있어야 한다. 일종의 로그라인(Log line)으로, 전체 스토리가 올바르게 구성됐는지 확인하는 가장 간단한 방법이다. 로그라인은 할리우드의 영화 스토리 시장에서 쓰이는 용어다. 작가가 자신의 시나리오를 소개하기 위해 작성하는 한 줄의 스토리 요약이다. 하나의 스토리가 문제 기반의 스토리텔링 원칙을 제대로 따르고 있는가를 확인한다. 주어부에서 서론의 문제(위기)를 표현하고, 술어부에서 본론과 결론을 축약하여 말한다. 앞의 불량률 개선 내용을 로그라인으로 표현하면 다음과 같다.

"5%의 불량률로 연간 100억 원의 손실이 발생하는 A 제품의 공정을,

센서 분석을 통해 개선하여 불량률 1%로 90억 원의 비용을 절감했다."

주어부에서 현재의 문제를 명확히 인지하고, 술어부에서 어떻게 해결이 됐는지 알 수 있게 표현한다. 이처럼 데이터 분석의 스토리텔링은 공감할 수 있는 문제를 어떻게 해결했는가를 핵심으로 이뤄진다. 데이터 분석가의 업무는 데이터 수집, 가공, 분석뿐만 아니라 효과적인 결과 전달 과정까지 이뤄져야 비로소 완성되는 것이다.